本书获联合国难民署资助
(UNHCR Contract Reference No.: CHI/2013/09)

国际难民法

International Refugee Law

刘国福◎著
By LIU Guofu

出版社
World Affairs Press

图书在版编目(CIP)数据

国际难民法 / 刘国福著. —北京：世界知识出版社，2014.12
ISBN 978-7-5012-4806-3

Ⅰ.①国… Ⅱ.①刘… Ⅲ.①难民—国际法—研究
Ⅳ.①D998.2

中国版本图书馆CIP数据核字（2014）第304147号

责任编辑 王晓娟 贾丽红
责任出版 赵 玥
责任校对 陈可望

书 名 国际难民法
Guoji Nanmin Fa

作 者 刘国福

出版发行 世界知识出版社
地址邮编 北京市东城区干面胡同51号（100010）
网 址 www.ishizhi.cn
投稿信箱 2652857746@qq.com
电 话 010-85118128（编辑部） 010-65265923（发行） 010-85119023（邮购）
印 刷 北京虎彩文化传播有限公司
经 销 新华书店
开本印张 787×1092毫米 1/16 42印张
字 数 690千字
版次印次 2014年12月第一版 2018年9月第三次印刷
标准书号 ISBN 978-7-5012-4806-3
定 价 166.00元

本书获2015年度中国国际法学会
“航天科工”国际法优秀科研成果奖

序

国际难民问题是包括中国在内的世界各国面临的严峻问题之一。2013年，联合国难民署关注人群共有4,288万，创1989年以来的历史最高纪录。其中，难民1,170万，是2001年以来的历史最高记录。人人有权为避免迫害而在他国寻求庇护。因此，保护难民意味着与全世界受威胁最严重的弱势群体休戚与共，并努力应对以解决难民问题为己任的国际难民法所面临的挑战。

我国法学界对国际难民法的研究是比较薄弱的，鲜见这方面深入研究的论著。作为一名国际法教授，我非常关注并长期从事国际难民法的研究，2009年曾在联合国难民署的支持下出版了《国际难民法》。现在又高兴地看到刘国福在联合国难民署的支持和帮助下撰写并出版这本《国际难民法》，其《中国难民法》的姊妹篇。他与我写的《国际难民法》虽然名字相同，但内容和角度还是有别的。该书以大量的调查研究和国际国内文件之规定为基础，全面系统地阐明了国际难民法的基本问题并提出了进一步发展的思考。它的结构合理，分为十五章和六个附件，近70万字。细品该书，不仅可以与作者一起进入国际难民法的世界，洞悉难民方面的国际规则，而且可以分享作者对国际难民法的独到和深入的思考。

刘国福多年来一直从事国际移民法研究，学术成果得到了有关政府部门、国际组织和学界的认可。近年来，他非常重视国际难民法的研究，完成了一些政府部门、人民团体、国际组织等单位委托的有关难民法的研究项目和实际调查。相信他精心撰写的这部《国际难民法》的问世，将对促进国际难民法在中国的进一步传播、研究和实施以及推动中国难民法制建设产生积极影响。

中国政法大学教授

梁淑英

2014年11月

Statement of the Assistant High Commissioner for Protection of the UNHCR on the Occasion of World Refugee Day in China (the launching of *International Refugee Law* and *Chinese Refugee Law*)

17 June 2015

It is my great pleasure to celebrate with you in Beijing the 2015 World Refugee Day. I wish that I could be there in person, but I am happy that I can be present at least through this video message.

As Assistant High Commissioner for Protection, I was particularly glad to learn that on the World Refugee Day this year, UNHCR China organized this event focusing on the legal and academic aspects of the work we conduct worldwide for the cause of the refugees.

China has been a signatory to the 1951 Convention since 1982. China is an important partner for UNHCR. It hosts approximately 300,000 Indo-Chinese refugees who have enjoyed the protection of the Government for the last thirty years. China is also hosting around 150 mandate refugees from other conflict areas of the world.

The recent launch of two academic studies in the Chinese language – namely *International Refugee Law* and *Chinese Refugee Law,* which were sponsored by UNHCR and authored by Professor Liu Guo Fu, is indeed a timely initiative. There is a scarcity of academic work on refugee issues in the Chinese language, and I am pleased that UNHCR has been able to support these studies and endorse this event.

The book *International Refugee Law* is an excellent compilation of various legal instruments which constitute "refugee law" and is an excellent reference handbook.

The book *Chinese Refugee Law* is a comparative study of political, civil, economic, and social rights as they are spelled out in the 1951 Convention relating to the Status of Refugees as well as in relevant provisions of Chinese domestic law. The study goes as far as proposing, in its final recommendation, drafting a possible future Chinese refugee law. It concludes that it is necessary that such a law be passed because refugee presence in the country needs to be regulated, and it would be a strong response from China to the international community on this issue.

UNHCR hopes that these publications and this event can inspire and inform discussions amongst legislators on development of Chinese refugee law. We also would encourage Law Faculties throughout the country to use these publications to create refugee law curricula in the Chinese language.

I would like to note some positive developments that we are already seeing in this direction. On 1 July 2013, China adopted the "Exit and Entry Administration Law", which is China's first piece of legislation to include a provision (art. 46) specifically dealing with refugees. The law foresees the possibility for refugees to be issued "refugee identity certificates" by the Ministry of Public Security. This is indeed a welcome development.

UNHCR looks forward to the adoption in a near future of a Chinese national law on asylum which comprehensively deals with the treatment of refugees and asylum-seekers in the country. We remains available to provide support in these efforts.

I wish you all a fruitful and productive discussion on this occasion.

Volker Turk

the Assistant High Commissioner for Protection of
the United Nations High Commissioner for Refugees (UNHCR)

联合国难民署高级专员助理
在中国2015年世界难民日纪念活动
(《中国难民法》、《国际难民法》学术出版物分享会）上的讲话

我很荣幸能在北京与大家一起参与中国2015年世界难民日（《中国难民法》、《国际难民法》学术出版物分享会）纪念活动。我虽然不能在现场与您们相聚，但是很高兴能通过视频和大家见面。

作为联合国难民署负责难民保护的高级专员助理，我非常高兴地知悉，驻华代表处今年在世界难民日期间举办这次纪念活动，聚焦我们在全球开展的法律和学术方面的难民工作。

中国自1982年以来，作为1951年《关于难民地位的公约》的缔约国，一直与联合国难民署保持着重要伙伴关系。在过去的30多年，中国政府为约30万印支难民提供保护，也正在接纳约150位来自世界各冲突地区的难民。

最近出版的由联合国难民署资助、刘国福撰写的两本中文学术专著《中国难民法》、《国际难民法》，确实具有时效性和原创性，此前很少见到关于难民问题的中文学术著作。我很高兴，联合国难民署能够支持该学术研究，并组织此次分享会。

《国际难民法》一书编撰和分析了有关难民法的各种法律文件，这些文件构成了难民法的基本内涵，是一本优秀的学术专著和实用参考书。

《中国难民法》一书则偏重比较研究，从政治、民事、经济、社会权利等方面阐述了1951年《关于难民地位的公约》与中国国内相关法律的联系。同时，提出了中国难民法构想和《难民条例》(学者建议稿)，展望了中国难民法的未来。作者在书中论证，有必要进行难民国内立法，因为中国需要规范境内的难民现象，以及积极回应国际社会对中国难民问题的关注。

联合国难民署希望，两本学术专著的出版以及今天的纪念活动，有助于立法部门进一步讨论中国难民法的发展。我们鼓励，中国法学界运用这两本学术专著开设中文的难民法课程。

我们关注到，中国在难民领域取得了一些积极进展。2013年7月1日，中国《出境入境管理法》实施，这是中国法律首次具体规范难民事务（第46条）。该法对公安部向难民签发“难民身份证件”作出了前瞻性的规定。这条规定确实是一个令人鼓舞的难民领域的进展。

联合国难国署期待，中国在不久的将来颁布实施全面规范难民和寻求庇护者地位的法律，我们将始终为此提供支持。

最后，祝愿大家在此次活动中进行充分和有效的讨论。

联合国难民署高级专员助理
沃克·特克
2015年6月17日

目 录

第一章
国际难民法概论*

本章论述国际难民法的定义，介绍国际难民文件、区域难民文件、涉及难民的国际人权文件和涉及难民的区域人权文件的主要内容，分析难民法的定义以及主要国家和地区的难民法，最后探讨国际难民法与难民法、国际移民法、国际人权法、国际人道主义法的关系，力求勾勒出国际难民法的概况。

第一节　国际难民法的定义

国际难民法是国际社会规范难民事务的原则、规则和制度的总和，以国际难民文件为核心，以区域难民文件和涉及难民的国际人权文件、区域人权文件为补充，主要通过各国难民法具体实施规范各国保护难民的基本义务。国际难民法的产生是难民保护国际化的结果，而难民保护国际化主要从1921年国际联盟设立俄国难民高级专员公署之后逐渐完成的，保护对象从国别难民发展至普遍难民，又从普遍难民扩展至联合国难民署关注人群。

狭义国际难民法适用1951年《关于难民地位的公约》和1967年《关于难民地位的议定书》定义的难民即公约难民。[①] 狭义国际难民法的主要内容包括：难民的概念、难民的甄别、难民的不推回和难民的保护等。狭义国际难民法的体系由适用于整个国际社会、主要在联合国框架下形成的关于难民的普遍性的公约和习惯法以及各种宣言、准则和决议组成。

广义国际难民法适用联合国难民署关注人群。联合国难民署关注人群是指联合国难民署关注其保护和援助需求的所有人，包括：（1）1951年《关于难民地位的公约》和1967年《关于难民地位的议定书》定义的难民；（2）1969年《关于非洲难民问题某些特定方面的公约》、1984年《卡塔赫纳宣言》定义的难民；（3）临时保护者；（4）补充保护者（5）无国籍人；（6）国内流离失所者（在某些情况下）；（7）自愿返回者，

* 本出版物在联合国难民署（UNHCR）的协助下完成，本书作者为其内容的唯一责任人，并不代表联合国难民署的观点。

① 2001年《1951年〈关于难民地位的公约〉及（或）其1967年〈议定书〉缔约国的宣言》第7段。

前难民和国内流离失所者；（8）寻求庇护者；（9）据认为已不需要国际保护的人员。[①]广义国际难民法的主要内容除狭义国际难民法的内容外，还包括对公约难民以外的其他联合国难民署关注人群的保护。广义国际难民法的体系由在联合国的框架下形成的关于难民的普遍性的公约和习惯法以及各种宣言、准则和决议，非洲统一组织（非洲联盟）、美国国家组织、欧洲理事会等区域组织下形成的，关于难民和其他联合国难民署关注人群的国际文件和区域文件组成。

第二节 国际难民文件

1951年《关于难民地位的公约》和1967年《关于难民地位的议定书》是国际难民法的最重要渊源，是国际难民保护制度的基础。[②]1967年《领土庇护宣言》、2005年《归还/恢复难民以及流离失所者住房与财产的原则》和1998年《关于国内流离失所的指导原则》、联合国难民署方案执行委员会决议等国际难民文件是国际难民法渊源的重要组成部分。

一、1951年《关于难民地位的公约》

1951年《关于难民地位的公约》（Convention Relating to the Status of Refugees）于1951年7月28日在联合国难民和无国籍人地位全权代表会议上通过，于1954年4月22日生效。截至2015年4月，共有145个缔约国（Parties）和19个签署国（Signatories），近70个国家对1951年《关于难民地位的公约》或其1967年《关于难民地位的议定书》提出了保留意见。在亚洲、中东和北非，加入公约的情况较为滞后，尽管这些地区素来具有友好和庇护的传统，但迟迟不愿建立较为正式的难民法律框架。[③]

制定《关于难民地位的公约》时考虑了四项因素：（1）1945年《联合国宪章》和1948年《世界人权宣言》所确认的人人享有基本权利和自由而不受歧视的原则，保证难民可以最广泛地行使此项基本权利和自由；（2）联合国在各种场合表示过对难民的深切关怀，并且竭力保证难民可以最广泛地行使此项基本权利和自由；（3）通过一项新的公约来修订和综合过去关于难民地位的国际公约，并扩大此项文件的范围及其所给予的保护是符合愿望的；（4）寻求庇护权的给予可能使某些国家负荷过分的负担，并且考虑到联合国已经认识到这一问题的国际范围和性质，因此如果没有国际合作，

① 联合国难民署高级专员2000年的报告，联合国大会正式记录第56届会议补编第12号(A/56/12)导言第2段。联合国难民署高级专员的报告（2007年1月1日至2008年6月30日），联合国大会正式记录第63届会议补编第12号(A/63/12)，16-18。

② 联合国大会第67届会议关于联合国难民署的决议，A/RES/67/149，2013年3月6日。

③ 联合国难民署高级专员的报告.联合国大会正式记录第64届会议补编第12号2009.A/64/12. 10。

就不能对此问题达成满意的解决。

1951年《关于难民地位的公约》规定了难民定义、难民待遇的最低标准以及难民应享有的各项基本权利。

为了有效实施，1951年《关于难民地位的公约》在序言中提出：（1）希望凡认识到难民问题的社会和人道性质的一切国家，将尽一切努力不使这一问题成为国家之间关系紧张的原因；（2）注意到联合国难民署高级专员对于规定保护难民的国际公约负有监督的任务，并认识到为处理这一问题所采取措施的有效协调，将依赖于各国和高级专员的合作。

二、1967年《关于难民地位的议定书》

1951年《关于难民地位的公约》是在第二次世界大战结束后起草的，该《公约》规定的难民定义强调，适用于因1951年1月1日之前发生在欧洲等地的事件而流落异国他乡，沦为难民的人，不适用于1951年1月1日以后发生事件所产生的难民，也不适用欧洲地区外的难民。1950年代末和1960年代初，阿尔及利亚独立战争引发阿尔及利亚难民逃往摩洛哥和突尼斯，非殖民化在非洲引发了大量难民。这些难民危机表明，难民不只是第二次世界大战及其后果所引致的短期现象。这些难民需要，但根据1951年《关于难民地位的公约》对时间和地域的限制不能获得国际保护。

有必要扩大1951年《关于难民地位的公约》的时间和地域范围。鉴于难民已是全球共同面临的议题，联合国在1966年11月18日通过《有关难民地位的议定书》，并于1967年10月4日正式生效，删除了“时间”和“地域”的限制，扩大1951年《关于难民地位的公约》适用范围至全球和1951年1月1日以后。在扩大适用范围的同时，允许已批准1951年《关于难民地位的公约》的缔约国家自行选择保留“地理限制”的效力。

中国政府于1982年9月24日交存加入书，同年12月23日，1951年《关于难民地位的公约》和1967年《关于难民地位的议定书》对中国生效。中国政府在加入该公约时，对1951年《关于难民地位的公约》第14条后半部分（在艺术权利和工业产权方面给难民以他经常居住国家的国民所享有的同样保护）和第16条第3款（在向法院起诉方面给予难民以他经常居住国家的国民所享有的待遇），和1967年《关于难民地位的议定书》第4条（本议定书缔约国间关于议定书解释或执行的争端，如不能以其他方法解决，应依争端任何一方当事国的请求，提交国际法院）提出保留。

三、1967年《领土庇护宣言》

1967年12月，联合国大会通过了《领土庇护宣言》。根据1945年《联合国宪章》关于联合国大会的规定，具有政治影响力，但没有法律约束力。尽管1967年《领土庇护宣言》不具有法律约束力，但是很多国家之后的国内立法和新签订的协议都遵循了该《宣言》的原则，该《宣言》的原则已经发展成了习惯国际法规则。[①] 国际法没有给庇护下定义，但是庇护已经成为一国为其境内的难民提供各种保护的总称。狭义上的庇护是指基本保护，即暂时不会强行将难民推回（遣返）至其生命或自由将受到威胁的领土边界，允许难民留在所在国，直至第三国找到解决方案。

根据1967年《领土庇护宣言》，庇护接受国给予难民庇护是基于尊重个人的根本自由和价值，具有人道主义特征。1967年《领土庇护宣言》序言部分指出："一国对有权援用《世界人权宣言》第14条之人给予庇护，为和平之人道行为，任何其他国家因而不得视之为不友好之行为。"生命权是享受其他人权的前提，难民庇护权是生命权的必然结果，[②] 庇护权是难民享受其他基本权利的前提。

根据1967年《领土庇护宣言》，对个人予以庇护是国家行使主权的行为。该《宣言》第1条第1、3款规定："一、一国行使主权，对有权援用《世界人权宣言》第十四条之人，包括反抗殖民主义之人，给予庇护时，其他各国应予尊重。……三、庇护之给予有无理由，应由给予庇护之国酌定之。"给予庇护权是主权行为，源于国家属地优越权。一国在其本国领土内对所有的人都有管辖和保护的权利。一个被迫害的人进入非本国的领土，就处在所在国的管辖之下，追诉或追捕他的国家就不能在其所在国领土范围内继续进行追诉或追捕。

根据1967年《领土庇护宣言》，应通过国际合作减轻庇护国负担。《宣言》第2条第1款规定："以不妨碍国家主权及联合国宗旨与原则为限，第一条第一款所述之人之境遇为国际社会共同关怀之事。"此原则与1951年《关于难民地位的公约》的国际合作原则相一致。1951年《关于难民地位的公约》序言指出："考虑到庇护权的给予可能使某些国家负荷过分的重担，并且考虑到联合国已经认识到这一问题的国际范围和性质，因此，如果没有国际合作，就不能对此问题达到满意的解决。"

根据1967年《领土庇护宣言》，不得拒斥寻求庇护者和推回获得庇护者。《宣言》第3条第1款规定："凡第一条第一款所述之人，不得使受诸如下列之处置：在边界予以拒斥，或于其已进入请求庇护之领土后予以驱逐或强迫遣返其可能受迫害之任何国家。"不得拒斥寻求庇护者是对1951年《关于难民地位的公约》关于不得推回难民的发展。1951年《关于难民地位的公约》没有规定不得拒斥寻求庇护者，只规定了不得推回难民。第33条第1款规定："任何缔约国不得以任何方式将难民驱逐或送回（推回）至其生命或自由因为他的种族、宗教、国籍、参加其一社会团体或具有某种政治

---

① 吴迪.庇护国际法律制度研究[D].华东政法大学2013届国际法专业博士学位论文.16。

② Nayar, M. G. Kaladharan. Right of Asylum in International Law: Its Status and Prospects, *Saint Louis University Law Journal, 1972*, Vol.17, p19.

见解而受威胁的领土边界。”

根据1967年《领土庇护宣言》，获得庇护者不得从事违反联合国宗旨和原则的活动。《宣言》第4条规定：“给予庇护之国家不得准许享受庇护之人从事违反联合国宗旨与原则之活动”。获得庇护者从事违反联合国宗旨与原则的活动会导致获得庇护者本国和庇护国之间的矛盾甚至冲突。此原则与1951年《关于难民地位的公约》的难民问题不应导致国家之间关系紧张的原则相一致，并予以明确。1951年《关于难民地位的公约》序言指出：“表示希望凡认识到难民问题的社会和人道性质的一切国家，将尽一切努力不使这一问题成为国家之间关系紧张的原因。”

四、2005年《归还/恢复难民以及流离失所者住房与财产的原则》

联合国大会除1967年通过《领域庇护宣言》外，还于2005年通过了《归还/恢复难民以及流离失所者住房与财产的原则》。2005年《归还/恢复难民以及流离失所者住房与财产的原则》的主要起草者是保罗·塞尔吉奥·皮涅罗，该《原则》又被称为皮涅罗原则。该《原则》包括有关合作、第二居住者、记录、国际和平行动和其他立法事项，宣布了自由迁徙、充足住房、尊重家庭、流离失所者自愿返回等权利，以及执行层面的索赔程序和文档记录。这些权利不仅适用于难民，而且适用于流离失所者。它们反映了联合国接受的国际人权原则、难民和人道主义法以及相关标准。

五、1998年《关于国内流离失所的指导原则》

1998年2月，联合国经济与社会理事会人权委员会第54届会议通过了《关于国内流离失所的指导原则》。考虑到现行法律对国内流离失所者提供一定的保护，可是还有不少领域，法律不足以成为保护和救助的基础，以及现行法律的条文出现于许多不同的国际文件内，非常分散，没有一定的针对性，很难凭此对国内流离失所者提供适当的保护和救助。1998年《关于国内流离失所的指导原则》提供了一套准则，帮助联合国秘书长的代表执行其任务，帮助国家应对国内流离失所，帮助所有其他的当局、集体和个人同国内流离失所者保持关系，并帮助政府间和非政府组织应对国内流离失所。

1998年《关于国内流离失所的指导原则》针对全世界国内流离失所者的具体需要，适用于各种不同的流离失所阶段。1998年《关于国内流离失所的指导原则》确定了一些权利和保障，确保任何人不被强迫迁移，保证他们在流离失所以及在返回本国定居和重新融合的过程中可获得保护和救助，并说明在流离失所的过程中如何取得保护和援助，并在返回本国或另地定居和重新融合的过程中如何得到保证。1998年《关于国内流离失所的指导原则》重申了分散在现有文件中的适用于国内流离失所者的有关原则，澄清了一些可能存在的灰色领域，填补了国内流离失所者法律保护方面的一些空白。

六、联合国难民署方案执行委员会的决议

联合国难民署方案执行委员会的决议是国际难民法渊源的组成部分，这些决议以1951年《关于难民地位的公约》为基础，以协商一致方式起草和通过，作为对某些具体难民保护问题的对策。执行委员会的年度决议代表着关注难民保护并具有相关经验的50多个国家的一致意见。这些国家与其他国家在制订本国法律和政策时时常参考执行委员会的年度决议。[①] 在大部分年度，联合国难民署方案执行委员会都作出了一些年度决议。2003年，执行委员会提出了《关于国际保护问题的决议》、《关于据认为不需要国际保护的人员回返问题的决议》、《关于拦截措施的保护措施的决议》和《关于防止性虐待和性剥削的决议》等决议性文件。2013年，执行委员会提出了《关于民事登记的决议》、《关于高级专员方案执行委员会及其常设委员会工作方法的决议》。

表 1-1 联合国难民署方案执行委员会的决议

年度	决议的名称
2000年	《关于国际保护的决议》 《关于独联体会议后续行动的决议》 《关于难民署工作人员和所有其他人道主义事务人员安全的决议》
2002年	《关于国际保护的一般性决议》 《关于各个庇护系统接纳寻求庇护者的决议》 《关于庇护所平民和人道主义性质的决议》 《关于东道国贡献的决议》、《关于筹资机制的决议》
2003年	《关于国际保护问题的决议》 《关于据认为不需要国际保护的人员回返问题的决议》 《关于拦截措施的保护措施的决议》 《关于防止性虐待和性剥削的决议》
2005年	《关于国际保护的一般性决议》 《关于提供国际保护，包括补充保护的决议》 《关于当地融合的决议》 《关于加强检察长办公室独立性的决议》 《关于设置助理高级专员（保护事务）职位的建议的决议》
2006年	《关于处境危险的妇女和儿童的决议》 《关于无国籍的认定、防止和减少以及对无国籍人的保护的决议》

① 凯特·雅斯特拉姆.玛丽莲·阿奇隆.难民保护：国际难民法指南[M].2004年修订版.联合国难民署.各国会议联盟.17。

续表

年度	决议的名称
2007年	《关于处于危险境况儿童的决议》 《关于执行委员会国际保护决议的性质、价值及运用的决议》
2011年	《关于行政、财务和方案事项的一般性决定》 《关于修订〈由难民事务高级专员经管的自愿基金财务细则〉的决议》
2013年	《关于民事登记的决议》 《关于高级专员方案执行委员会及其常设委员会工作方法的决议》

资料来源：作者统计和分析。

第三节　区域难民文件

一、非洲难民文件

（一）1969年《非洲统一组织关于非洲难民问题某些特定方面的公约》

1960年代，非殖民化在非洲引发了大量难民问题，大量难民不仅促成1967年联合国《关于难民地位的议定书》的通过，也推动了1969年《非洲统一组织关于非洲难民问题某些特定方面的公约》的诞生。1974年6月20日，《非洲统一组织关于非洲难民问题某些特定方面的公约》生效，并决定将每年的这一天定为非洲难民日。2000年12月，联合国大会决定从2001年起，把非洲难民日更名为世界难民日，以提醒国际社会关注全球各地难民的困难处境。1969年《非洲统一组织关于非洲难民问题某些特定方面的公约》与联合国1951年《关于难民地位的公约》、1967年《关于难民地位的议定书》构成了非洲境内国际难民保护制度的基础。

1969年《非洲统一组织关于非洲难民问题某些特定方面的公约》最重要内容是关于难民定义和安置难民的规定。该公约在1951年《关于难民地位的公约》的基础上扩大了难民定义，增加了更为客观的原因。第1条第1、2款规定："一、在本公约内，'难民'一词应指凡有正当理由畏惧由于种族、宗教、国籍、属于某一社会团体或具有某种政治见解的原因遭受迫害，因而留在其国籍所属国之外，并且不能或由于有这种畏惧而不愿受该国保护的人；或者因不具有国籍并由于上述情况留在他以前经常居住国家以外而现在不能或者由于上述畏惧不愿返回该国的人。二、'难民'一词也适用于凡由于外来侵略、占领、外国统治或严重扰乱其原住国或国籍所属国的一部分或全部领土上的公共秩序的事件，而被迫离开其常住地到其原住国家或其国籍所属国以外的另一地去避难的人。"逃离社会动荡、普遍暴力和战争的人都有权向公约缔约国申请难民地位，无论是否有充足理由畏惧自己受到迫害。

1969年《非洲统一组织关于非洲难民问题某些特定方面的公约》明确了缔约国的安置难民义务、国际分担义务、安排难民地位申请被拒绝者临时居住的义务，采取更加人道的方法解决难民问题。第2条第1款规定："非洲统一组织各成员国应尽最大努力按照各自的法律接受难民，并保证安置这些因正当理由不能或不愿返回其原住国家或其国籍所属国的难民。"第2条第4款规定："当某一成员国对难民继续给予庇护有困难时，该成员国可直接并通过非洲统一组织向其他成员国呼吁，该其他成员国应本着非洲团结和国际合作的精神，采取适当措施，以减轻给予庇护的成员国的负担。"第2条第5款规定："当难民未获得在任何庇护国居住的权利时，他在按照上款安排重新定居之前，可以在他首次提出去当难民的任何庇护国内暂时居住。"

（二）2009年《关于保护和救助非洲流离失所者的非洲公约》

2009年10月，出席非洲联盟（非盟）难民问题特别首脑会议的非洲领导人签署了《关于难民、回返者及流离失所者的坎帕拉宣言》和《关于保护和救助非洲流离失所者的非洲公约》。《关于保护和救助非洲流离失所者的非洲公约》又称《坎帕拉公约》，于2012年12月6日生效，是非洲也是世界上保护和救助国内流离失所者的首个有法律约束力的国际文件。它规定，各缔约国有义务通过法律形式，制定保护和救助流离失所者的措施，保护和救助因自然灾害和武装冲突等人为灾难而流离失所的人。非洲是世界上难民和流离失所者人数最多的地区，而这些难民和流离失所者中，以妇女、儿童、老人和残疾人居多。

难民和流离失所问题在非洲地区非常突出，《关于保护和救助非洲流离失所者的非洲公约》的生效充分显示了非洲国家在解决这一问题上的政治意愿和坚定决心，非洲地区1,700多万流离失所者的生存状况将得以改善。联合国人权事务高级专员署表示："因逃避迫害或冲突进入其他国家的人被视为难民，得到合法的国际保护。但迄今为止，国内流离失所者却总是被排除在这一保护体系之外。我们希望非洲大陆的这一历史性公约能激励其他地区和整个国际社会，使国内流离失所者的生活状况不仅在非洲，而且在全世界都得到改善。"[①]

二、美洲难民文件

1980年代，尼加拉瓜、萨尔瓦多和危地马拉都爆发了内战，共有200多万人被迫逃离家园，带来了严重的经济和社会问题。为了应对这种危机，1984年11月，一些拉丁美洲国家政府代表和法学家通过了《关于中美洲国家难民问题的卡塔赫纳宣言》（简称《卡塔赫纳宣言》）。1984年《卡塔赫纳宣言》对难民定义的扩大与1969年《非

① 郃背平.非盟通过非洲首个保护流离失所者的公约.新华网2009年10月24日。

洲统一组织关于非洲难民问题某些特定方面的公约》对难民定义的扩大相似，除“普遍暴力、外国侵略、国内冲突或严重扰乱公共秩序”外，增加了更为客观的原因——“大规模侵犯人权”。寻求庇护者只需证明客观上因为“普遍暴力、外国侵略、国内冲突、大规模侵犯人权行为或严重扰乱公共秩序的其他情况而生命、安全或自由受到威胁”，不需证明主观上有充足理由畏惧自己受到迫害。1984年《卡塔赫纳宣言》还阐明了不推回原则和融合难民的重要性，承诺将努力消除难民问题根源。虽然1984年《卡塔赫纳宣言》对于各国没有法律约束力，但是大多数拉丁美洲国家在实际工作中常常使用1984年《卡塔赫纳宣言》提出的难民定义，有些国家还将此定义写入了本国法律。美洲国家组织、联合国和联合国难民署方案执行委员会都对1984年《卡塔赫纳宣言》表示赞同。①

三、欧洲难民文件

从1950年代到1980年代，欧洲委员会先后颁布了1959年《欧洲取消难民签证协定》、1967年《关于庇护可能遭迫害者的第14号决议》、1980年《欧洲转移难民责任协定》、1981年《关于协调各国庇护程序的建议》、1984年《关于保护虽非正式难民、但符合1951年〈关于难民地位的公约〉者的建议》等难民文件，协调各成员国之间的难民政策法律。1959年《欧洲取消难民签证协定》第1条规定：如果合法居住在成员国境内的难民，持根据1951年《关于难民地位的公约》或者1946年《关于签发难民旅行文件的协议》签发的有效的国际旅行文件，并且国际旅行期限不超过3个月，出境和入境不再需要签证。

1980年代末，东欧剧变和苏联解体，造成大量难民涌向欧共体成员国，促使欧共体成员国之间加强共同难民政策的协调与合作，这种趋势在1993年欧盟成立后尤为明显。为了应对大量难民涌向欧共体成员国的形势，1990年7月，欧共体成员国签署了《确定国家对难民地位申请负有审查义务的条约》(简称1990年《都柏林条约》)，建立了成员国对来自非成员国公民难民地位申请审查责任的分担制度，即首要庇护国制度。根据1990年《都柏林条约》，外国人只能在首先抵达的成员国内提出难民地位申请，防止了重复难民地位申请现象，迈出了统一欧洲难民政策的第一步。

1995年3月，德国与法、西、葡、荷、比、卢等七国共同签署了《申根协定》，将难民地位申请纳入签证和边境管理。外国人只能在申根区域内提出一个难民地位申请，如果申请在一个申根国家被拒绝，将等同于被所有申根国家一致拒绝，不允许寻求庇护者再向任何一个其他申根国家提出类似的难民地位申请，以及停留在申根国家

① 凯特·雅斯特拉姆.玛丽莲·阿奇隆.难民保护：国际难民法指南[M].2004年修订版.联合国难民署.各国会议联盟.16。

境内。1995年《申根协定》将申根区域内部边境的消除和外部边境控制与难民制度结合起来，形成了比较完整的欧共体难民、签证和边境管理政策。

1999年5月，欧盟实施《阿姆斯特丹条约》，引入《欧共体条约》第四编“有关人员自由流动的签证、避难、移民和其他政策”的内容。在整合后的法律体系之下，欧盟理事会提出了避难、移民和跨越外部边境方面的培训、交换和合作计划，协调各成员国对《都柏林条约》的适用，扩展和加强成员国与难民地位申请来源国之间在避难、移民和跨越外部边境方面的已有合作。

2003年，欧盟实施《都柏林二号规章》，制定了更为详尽的审查难民地位申请国家确定原则的适用规则。① 只允许外国人向入境的第一个欧盟成员国提出难民地位申请。如果寻求庇护者在申请难民地位前曾入境过欧盟国家，收到难民地位申请的欧盟国家可以直接将他遣送回曾入境的欧盟国家。

2003年1月，欧盟实施《欧盟安置寻求庇护者最低标准指令》(简称2003年《欧盟安置寻求庇护者指令》)，确定了成员国向寻求庇护者提供待遇的最低标准，赋予寻求庇护者在欧盟成员国内获得一定的物质保障的权利，防止各成员国安置条件和待遇不同而导致寻求庇护者的再次迁移。2003年《欧盟安置寻求庇护者指令》适用于在成员国边境或境内提出难民地位申请，以及经许可有权作为寻求庇护者在该成员国境内停留的所有外国人和无国籍人。

2004年9月，欧盟实施《欧盟关于第三国公民或无国籍人作为难民或需要国际保护人员的资格和地位以及给予保护的最低标准的指令》(简称2004年《欧盟难民保护指令》)。2004年《欧盟难民保护指令》是欧盟第一个具有法律约束力的超国家法律文件，在欧盟层面确认认定难民和国际保护人员的标准，以及难民和国际保护人员能够获得的实体权利，还要求所有成员国采取一切适当措施，消除难民方面的国内立法与欧盟立法和参加的国际公约之间不一致的规定。②

2005年12月，欧盟实施《欧盟批准和撤销难民地位程序的最低标准的指令》(简称2005年《欧盟庇护程序指令》)，侧重难民程序性规则，规定了外国人在难民地位申请审理期间的程序权利。与侧重保护难民和临时保护者的实体性规则的2004年《欧盟难民保护指令》以及侧重保护寻求庇护者的实体性规则的2003年《欧盟安置寻求庇护者指令》一起，基本构成了欧盟难民法律体系。

欧洲在难民保护方面提出或者丰富了难民定义、首要庇护国、安全第三国、安全来源国和补充保护等概念。2004年《欧盟难民保护指令》第2条采用了1951年《关

---

① 《都柏林二号规章》在进一步确定国家审查避难申请责任的同时，规定了成员国根据主权享有对在本国提出避难申请的主动审查权。

② 郝鲁怡.欧盟国际移民法律制度研究[M].人民出版社.2011.245。

于难民地位的公约》的难民定义，但是通过第9条迫害行为和第6—8条迫害主体，承认了非国家迫害和性别迫害。2004年《欧盟难民保护指令》还对迫害行为和严重危害行为作了扩大性规定。在2011年《欧洲委员会预防和打击暴力侵害妇女行为及家庭暴力公约》起草工作中，有关性别迫害和认识到性别差异的庇护程序的用语得到了正确反映，与性别歧视有关的迫害形式已被纳入“难民”定义的范畴。[①]

首要庇护国，根据2005年《欧盟批准和撤销难民地位程序的最低标准的指令》第26条，是指非欧盟成员国国家，并且:（1）寻求庇护者已经获得该国的难民地位，并取得了难民保护；或者（2）寻求庇护者在该国享受充分的保护，包括不可推回原则的保护;（3）寻求庇护者有权重新入境。成员国有权不受理来自首要庇护国的难民地位申请。

安全第三国，根据2005年《欧盟庇护程序指令》第27条第1款，是指安全的非欧盟成员国的国家，“安全”是指符合下列情况:（1）考虑种族、宗教、国籍、属于某种社会团体或者政治意见等因素，寻求庇护者的生命和自由不受威胁;（2）尊重1951年《关于难民地位的公约》中的不推回绝境原则。（3）禁止酷刑和其他残忍、不人道或者有辱人格的待遇和处罚。（4）存在根据1951年《关于难民地位的公约》申请难民地位和取得难民权利的可能性。成员国可以根据本国法律确立的规则适用安全第三国概念。成员国有权不受理来自安全第三国的难民地位申请。

安全来源国，根据2005年《欧盟程序指令》第29条，原则上是欧盟理事会以特定多数表决方式通过的最低标准共同第三国清单上的国家。为了使安全来源国确定更加灵活，成员国可以自行确定安全来源国。如果寻求庇护者的国籍国或者无国籍申请人的居留国被视为安全来源国，则该难民地位申请应当别认定为无事实根据的申请，拒绝该申请。

补充保护，根据2004年《欧盟难民保护指令》第15条，适用于酷刑和其他残忍、不人道或有辱人格的待遇或处罚被判处死刑或者执行死刑，个人生命由于国际或者国内武装冲突面临巨大危险等情形。

第四节 涉及难民的国际人权文件

一、有关寻求庇护权

1948年《世界人权宣言》、1966年《公民权利和政治权利国际公约》规定了寻求庇护权。1948年《世界人权宣言》确认人人享有寻求庇护权。该《宣言》第14条规定:

① 联合国大会第62届会议决议，联合国难民高级专员报告：关于国际保护的说明，A/AC.96/1098，2011年6月28日第4段。

“（1）人人有权在其他国家寻求和享受庇护以避免迫害。（2）在真正由于非政治性的罪行或违背联合国的宗旨和原则的行为而被起诉的情况下，不得援用此种权利。”

1966年《公民权利和政治权利国际公约》几乎所有条款都适用于包括难民在内的外国人，并规定了出入境权和驱逐出境程序抗辩权。该《公约》第2条第1款规定：“本公约每一缔约国承担尊重和保证在其领土内和受其管辖的一切个人享有本公约所承认的权利，不分种族、肤色、性别、语言、宗教、政治或其他见解、国籍或社会出身、财产、出生或其他身份等任何区别。”第12条规定：“一、合法处在一国领土内的每一个人在该领土内有权享受迁徙自由和选择住所的自由。二、人人有自由离开任何国家，包括其本国在内。三、上述权利，除法律所规定并为保护国家安全、公共秩序、公共卫生或道德、或他人的权利和自由所必需且与本公约所承认的其他权利不抵触的限制外，应不受任何其他限制。四、任何人进入其本国权利，不得任意加以剥夺”。第13条规定：“合法处在本公约缔约国领土内的外国人，只有按照依法作出的决议才可以被驱逐出境，并且，除非在国家安全的紧迫原因另有要求的情况下，应准予提出反对驱逐出境的理由和使他的案件得到合格当局或由合格当局特别指定的一人或数人的复审，并为此目的而请人作代表”，禁止未经合法正当程序驱逐难民。

二、有关难民作为人享有的权利

1948年《世界人权宣言》、1966年《公民权利和政治权利国际公约》除规定寻求庇护权外，与1966年《经济、社会和文化权利国际公约》等国际人权文件一样，由于适用于任何人，规定了不歧视原则，也确立了难民作为人享有的权利。

1966年《经济、社会和文化权利国际公约》第一次以国际公约形式确认经济、社会和文化权利，规定了非歧视原则，尽最大能力逐步实施《公约》规定原则，基于自愿同意的关于人人获得相当生活水准的国际合作，工作权等。该《公约》第2条第1、2款规定：“一、每一缔约国家承担尽最大能力个别采取步骤或经由国际援助和合作，特别是经济和技术方面的援助和合作，采取步骤，以便用一切适当方法，尤其包括用立法方法，逐渐达到本公约中所承认的权利的充分实现。二、本公约缔约各国承担保证，本公约所宣布的权利应予普遍行使，而不得有例如种族、肤色、性别、语言、宗教、政治或其他见解、国籍或社会出身、财产、出生或其他身份等任何区分。”第6条第1款规定：“本公约缔约各国承认工作权，包括人人应有机会凭其自由选择和接受的工作来谋生的权利，并将采取适当步骤来保障这一权利。”第11条第1款规定：“一、本公约缔约各国承认人人有权为他自己和家庭获得相当的生活水准，包括足够的食物、衣着和住房，并能不断改进生活条件。各缔约国将采取适当的步骤保证实现这一权利，并承认为此而实行基于自愿同意的国际合作的重要性。”

三、有关难民儿童和难民妇女的保护

1989年《儿童权利公约》、1993年《消除对妇女暴力的宣言》针对儿童和妇女的特点，规定了对儿童和妇女的保护。妇女和儿童约占世界难民总数的80%。1989年《儿童权利公约》适用于所有儿童，并对儿童一视同仁，这其中包括难民儿童和寻求庇护儿童，并确保难民儿童可以得到适当的保护和人道主义援助。该《公约》第22条规定："1. 缔约国应采取适当措施，确保申请难民身份的儿童或按照适用的国际法或国内法及程序可视为难民的儿童，不论有无父母或其他任何人的陪同，均可得到适当的保护和人道主义援助，以享有本公约和该有关国家为其缔约国的其他国际人权和（或）人道主义文件所规定的可适用权利。2. 为此目的，缔约国应对联合国和与联合国合作的其他主管的政府间组织或非政府组织所作的任何努力提供其认为适当的合作，以保护和援助这类儿童，并为只身难民儿童追寻其父母或其他家庭成员，以获得必要的消息使其家庭团聚。在寻不着父母或其他家庭成员的情况下，也应使该儿童获得与其他任何由于任何原因而永久或暂时脱离家庭环境的儿童按照本公约的规定所得到的同样的保护。"1989年《儿童权利公约》有193个成员国，几乎包括世界上所有国家。

1993年12月，联合国发表《消除对妇女暴力的宣言》适用于包括难民妇女在内的所有妇女，各国应就其责任作出承诺，整个国际社会也应作出承诺，致力于消除对妇女的暴力。"认识到迫切需要使人人享有平等、安全、自由、人格完整和尊严的权利和原则普遍适用于妇女"，"关切地注意到难民妇女和武装冲突情况下的妇女等一些妇女群体特别易受暴力行为的伤害"。

四、有关不推回

1984年《禁止酷刑和其他残忍、不人道或有辱人格的待遇或处罚公约》规定了绝对的、不存在例外的不推回，没有将任何犯有特别严重罪行的罪犯或其他不配享有难民地位者排除在公约保护范围之外。该《公约》第3条规定："一、如有充分理由相信任何人在另一国家将有遭受酷刑的危险时，任何缔约国不得将该人驱逐、推回或引渡至该国。二、为了确定是否有这样的根据，有关当局应该考虑到所有有关的因素，包括在适当情况下，考虑在有关国家内是否存在一贯严重、公然、大规模地侵犯人权的情况。"这比1951年《关于难民地位的公约》中的不推回原则的规定彻底，后者要求将难民保护同某人畏惧因其种族、宗教、国籍、加入某一社会团体或政治见解而受到迫害联系起来。

五、有关武装冲突中难民的保护

难民受1949年《关于战时保护平民的日内瓦第四公约》及其《第一附加议定书》的特殊保护。这一额外保护承认了难民作为受冲突一方控制的外国人的脆弱性。1949年《关于战时保护平民的日内瓦第四公约》第44条规定："适用本公约内提及之管制措施时，拘留国不得将事实上不受任何政府保护之难民仅以法律上之敌国国籍而以敌侨待遇。"1977年《附加议定书》第73条规定："在敌对行动开始前依据有关各方所接受的有关国际文件或依据避难国或居留国国内法律视为无国籍人或难民的人，在任何情况下，均应是第四公约第一部和第三部的意义内的被保护人，而不加任何不利区别。"

六、有关无国籍人难民的保护

无国籍人与难民、流离失所者存在密切的联系。无国籍被认为是导致难民和流离失所的根本原因之一。无国籍权和无公民权的个人经常被迫离开他们居住的地方，成为难民或流离失所者。反过来，难民或流离失所者更容易失去国籍，特别是在离开本国后领土重新被划定时。1954年《关于无国籍人地位的公约》确定，无国籍人是指任何国家根据本国法律不认为属其国民的人，进一步规定了关于无国籍人待遇的标准。根据1961年《减少无国籍状态公约》，缔约国同意给予在其领土上出生的无国籍人国籍。缔约国还有条件地同意，如果剥夺某人国籍将使他成为无国籍人，将不采取这样的措施。不得以种族、民族、宗教或政治为理由剥夺任何个人或团体的国籍。近年来出现了加入这些关于无国籍状态公约的积极趋势。自2012年年初以来，即保加利亚、布基纳法索、厄瓜多尔、洪都拉斯、牙买加、巴拉圭、葡萄牙、摩尔多瓦、土库曼斯坦和乌克兰等10个国家加入了其中一个或两个公约。① 截至2015年4月，1954年《关于无国籍人地位的公约》共有86个缔约国（Parties）和23个签署国（Signatories），1961年《减少无国籍状态公约》有63个缔约国（Parties）和5个签署国（Signatories）。

第五节　涉及难民的区域人权文件

一、涉及难民的非洲人权文件

1981年6月27日，非洲统一组织通过了《非洲人权和民族权宪章》，1986年10月21日生效，这是发展中国家通过的第一个具有法律约束力的区域性国际人权文件。1981年《非洲人权和民族权宪章》既涉及公民权利和政治权利，又涉及经济、

① 2013年《联合国难民署高级专员的报告》第一部分（2012年1月1日至2013年6月30日）. A/68/12 (Part I). 4。

社会和文化权利；既涉及民族权，也涉及个人权；同时还规定了人的义务。1981《非洲人权和民族权宪章》在序言中指出：考虑到《非洲统一组织宪章》规定“自由平等、正义与尊严是非洲各国人民实现其合法愿望的主要目的”；致力于消灭一切形式的歧视，特别是基于种族、种群、肤色、性别、语言、宗教或政见的歧视；重申它们坚持包含在非洲统一组织、不结盟国家运动和联合国通过的宣言、公约及其他文件中的有关人和民族的权利和自由的各项原则；深信它们促进和保护人类和各民族权利和自由的义务，并考虑到非洲传统上所赋予这些权利和自由的重要性。

1981年《非洲人权和民族权宪章》将1948年《世界人权宣言》第14条和1966年《公民权利和政治权利国际公约》第12条规定的出入境权，扩展至寻求和获得庇护权。该《宪章》第12条第3款规定：“每一个人在遭到迫害时均有权依法照其他国家的法律和国际公约在其他国家寻求和获得庇护。”由于非洲统一组织和取而代之的非洲联盟没有制定难民甄别的程序和标准，难民地位申请完全由成员国根据自己法律审理。成员国法律关于难民地位申请的程序和标准的公开和正当，对落实1981年《非洲人权和民族权宪章》规定的寻求和获得庇护权有重要意义。

二、涉及难民的美洲人权文件

1969年11月22日，美洲国家间人权特别会议通过了《美洲人权公约》。《美洲人权公约》于1978年7月18日生效，是继1950年《欧洲人权公约》之后第二个区域性人权保护公约，也是1966年2月联合国大会通过两个国际人权公约后达成的第一个区域性人权保护公约。1969年《美洲人权公约》序言指出：重申它们希望在本半球，在民主制度的范围内，巩固以尊重人的基本权利为基础的个人自由和社会正义的制度；承认人的基本权利的来源并非由于某人是某一国家的公民，而是根据人类人格的属性，因此以公约形式来加强或补充美洲国家国内法提供的保护而对上述权利给予国际性保护是正当的。

1969年《美洲人权公约》规定了公民、政治、经济、社会和文化方面的权利，其中包括寻求和获得庇护权、驱逐出境程序抗辩权、不被推回权等权利。该《公约》第22条第6、7、8款规定：“六、合法地处在本公约的一个缔约国领土内的外国人，只有在执行按照法律达成的决议时，才能被驱逐出境。七、每一个人当因犯有政治罪或有关的刑事罪而正在被追捕时，有权按照国家法规和国际公约，在外国的领土上寻求庇护或受到庇护。八、如果一个外国人的生命权利或人身自由，在一个国家由于他的种族、国籍、宗教、社会地位或政治见解等原因而正遭到被侵犯的危险时，该外国人在任何情况下都不得被驱逐到或被送回到该国，不论该国是否是他的原居住国家。”

1969年《美洲人权公约》将1948年《世界人权宣言》第14条和1966年《公民权利和政治权利国际公约》第12条规定的出入境权，扩展至寻求或受到庇护权。另外，赋予成员国绝对的不推回义务，删除了1951年《关于难民地位的公约》第33条第2款规定的成员国不驱逐难民义务的例外：“但如有正当理由认为难民足以危害所在国的安全，或者难民已被确定判决认为犯过特别严重罪行从而构成对该国社会的危险，则该难民不得要求本条规定的利益”。

三、涉及难民的欧洲人权文件

1950年11月4日，欧洲委员会通过了《欧洲人权公约》，又称《欧洲保护人权与基本自由公约》，于1953年9月3日生效，这是世界上第一个区域性国际人权公约。公约体现了英国、法国及其他欧洲成员国稳固保障“有效的政治民主”的传统公民自由理念。由于当时起草中的《关于难民地位的公约》提出的难民定义强调的是因1951年1月1日之前发生在欧洲等地的事件而流落异国他乡、沦为难民的人，不适用欧洲地区外的难民，所以《欧洲人权公约》没有专门规定难民问题。

难民作为人享有1950年《欧洲人权公约》规定的权利，并且不被推回。1950年《欧洲人权公约》第1条规定：“缔约国应为在他们管辖下的每个人获得本公约第一章中所规定的权利与自由。”第14条规定：“人人对本公约列举的权利与自由的享受，应予保证，不得因性别、种族、肤色、语文、宗教、政治的或其他见解，民族或社会的出身、同少数民族的联系、财产、出生或其他地位而有所歧视。”第12号议定书对于此种保护延伸到了任何法律上的权利，即使是公约中所未保障，而仅为国内法所保障的权利或自由，亦得援引本条做为禁止歧视的依据。另外，欧洲人权法院关于1950年《欧洲人权公约》第3条的解释体现了不推回义务。第3条规定：“任何人不得加以酷刑或使受非人道的或侮辱的待遇或惩罚。”欧洲人权法院强调第3条是一种“绝对条款……不论被害者的行为为何”，任何成员国皆应被禁止将任何人驱逐或遣返至可能使其遭受到酷刑或不人道或侮辱之待遇或处罚的国家。①

1950年《欧洲人权公约》议定书的一些内容与难民密切相关。1963年第4号议定书规定了不得集体驱逐外国人的义务，适用于难民。该议定书第4条规定：“禁止集体驱逐外国人。”1984年第7号议定书规定了外国人的驱逐出境程序抗辩权，适用于难民。该议定书第1条规定：任何外国居民在面临被驱逐时都有受到正当合法且公正的程序审理之权利，即非依法定正当程序不得驱逐外国人。

1961年10月，为进一步努力保障公民的社会、经济权利，欧洲理事会通过了《欧洲社会宪章》，由序言、5个部分以及一项解释性的附录组成，1965年2月26日生效。1961年《欧洲社会宪章》要求成员国给予难民的待遇不得低于任何适用于难民的现行国际文件中规定的难民待遇。1961年《欧洲社会宪章》附录第2条规定：“各

---

① *Chahal v. United Kingdom* (1997) 23 EHRR 413; *Soering v. United Kingdom* (1989) 11 EHRR 439.

缔约国应按照1951年7月28日于日内瓦签署的《关于难民地位公约》的规定，对合法居住在其境内的难民给予尽量优惠的待遇，而且在任何情况下不得次之于缔约国承认的该公约和任何其他适用于难民的现行国际文件中规定的义务。”

第六节　难民法概论

一、难民法的定义

难民法有广义、较狭义和狭义三种解释。广义难民法与广义难民法律制度同义，指国家规范难民事务的法律规范的总称，包括所有法律上的难民法律规范。较狭义难民法与狭义难民法律制度同义，指国家规范难民事务的行政和社会法律规范的总称，并由此形成的法律规范体系。较狭义难民法具有总体人道性、内容广泛性、程序实体结合、兼具国际性的国内法、较强技术性、不断调整、形式多样等特点。狭义难民法指特定的难民法律规范，以难民命名或者实质上规范难民事务的某部法律。一国加强难民保护和解决难民问题的关键是根据国情，参考国际难民法，制定本国难民法。在难民法没有涉及的领域，例如难民甄别程序，将国际难民法融入难民法非常重要。[①] 难民法的适用范围由庇护国当局决定，但是不能小于1951年《关于难民地位的公约》和1967年《关于难民地位的议定书》定义的难民。

截至2015年4月，1951年《关于难民地位的公约》共有145个成员国，1967年《关于难民地位的议定书》共有146个缔约国。2013年，176个国家和联合国难民署驻各地办事处共受理92.97万份难民地位申请，这是过去10年里第二个数量最多的年份。比2011年的86.46万份申请增加了6%。联合国难民署受理的难民地位申请占全球受理难民地位申请总数的13%。全球有80多个国家参照1951年《关于难民地位的公约》和1967年《关于难民地位的议定书》制定了难民法。再加上运用其他法律文件形式的国家，全球国内立法中含有庇护和难民保护条款的国家共有125个。[②] 众多国家难民法的主要条款包括难民定义、难民甄别标准和程序、不推回原则、寻求庇护者和难民的权利等。

二、国际难民法与难民法的关系

国际难民法不是凌驾于难民法之上的法律，因此不能取代难民法对难民的保护。国际难民法的主要角色是规范各国保护难民的基本义务。难民法向难民提供国内保

---

① 凯特·雅斯特拉姆.玛丽莲·阿奇隆.难民保护：国际难民法指南[M]. 2004年修订版.联合国难民署.各国会议联盟. 18。

② United Nations High Commissioner for Refugees, *the Scope and Content of The Principle of Non-Refoulement*, 20 June 2001, p. 74, para. 213.

护，是保护难民的主要法律基础。国际难民法向难民提供国际保护，是保护难民的辅助法律基础。难民享有的法律上权利主要由国内法来规定和实现的。国家履行其难民方面国际文件缔约国义务的结果是通过国内法保护难民。难民保护主要和最终是由一国在其主权下通过国内法来实现。2013年3月，联合国大会第67届会议在《关于联合国难民署的决议》（A/RES/67/149）中明确指出了国家在难民保护中的首先责任和应该采取的措施：（1）再次强调保护难民首先是各个国家的责任；（2）又再次强调与国际社会妥善合作防止和减少无国籍状态首先是各个国家的责任；（3）还再次强调与国际社会妥善合作保护和援助国内流离失所者首先是各个国家的责任。

国家根据适用的国际难民法采取或继续采取措施加强保护，包括通过和执行确定难民地位和处理寻求庇护者、难民事务的难民法，使保护更为有效，并照顾妇女、儿童和老年人等有特殊需要的和易受害群体和个人。各国不能将难民推回至绝境，不能对难民采取歧视政策。各国应该确保难民享有至少与该国境内其他外国人同等的经济和社会权利。基于人道主义的原因，各国应该允许已获得临时难民地位的人的配偶和未成年子女进入本国。

各国应遵守国际难民法，加强相互合作。2001年《〈1951年关于难民地位的公约〉及（或）其1967年〈议定书〉缔约国的宣言》前言第8段指出："强调包括国际社会所有成员在内的国际团结加强了各国对保护难民的责任的尊重，难民保护制度也由于各国之间以休戚相关实际责任和负担分担的精神进行国际合作而得到加强。"执行条款第2条规定："（解决难民问题）需要进行国际合作以解决他们的苦难，采取行动解决难民流动的原因，以及通过促进和平稳定和对话等方式防止其成为国家之间紧张关系的根源。"2002年《关于难民和移徙政策之未来的海牙宣言》原则一提出："世界正在逐步走向全球化；难民的迁移和移徙乃是今后几十年的大问题。庇护和移徙政策主要责任在于国家，但现在没有一个国家能够单独行动。吁请各国制订政策，管理人口的流动，并开展国际合作。"

三、主要国家和地区的难民法[①]

（一）加拿大难民法

形式上的加拿大难民法是指2001年《加拿大移民及难民保护法》。加拿大是1951年《关于难民地位的公约》和1967年《关于难民地位的议定书》缔约国，是联合国难民署方案执行委员会的成员。加拿大批准1951年《关于难民地位的公约》时，对第23条"公共救济"和第24条"劳动立法和社会保障"予以保留。

---

① 本书第12章、第13章、第14章、第15章分别阐述美国难民法、澳大利亚难民法、德国难民法和日本难民法。

加拿大的难民定义宽于1951年《关于难民地位的公约》和1967年《关于难民地位的议定书》第1条规定的难民定义，除种族、宗教、国籍、属于某一社会团体或具有某种政治见解而遭受迫害外，扩展至遭受虐待或非人道或有辱人格待遇或羞辱刑罚的人员。2001年《加拿大移民及难民保护法》第2条第（c）款和第（d）款规定了难民的原则性定义："（c）作为加拿大基本的人道主义理想的方式，公正地考虑声称受到迫害来加拿大的人员；（d）对有正当理由畏惧由于种族、宗教、国籍、属于某一社会团体或具有某种政治见解而遭受迫害的人员，以及遭受虐待或非人道或有辱人格待遇或羞辱刑罚的人员提供庇护。"

加拿大难民包括公约难民和需要人道保护人员两类。公约难民，根据2001年《加拿大移民及难民保护法》第95条第1款、第96条，是指符合1951年《关于难民地位的公约》第1条规定难民定义的外国人，或依照签证申请处于相似情况，依据签证成为永久居民以及依据临时居留许可成为临时居民的外国人。公约难民包括接收的重新安置难民和难民地位申请成功的难民。需要人道保护人员，根据2001年《加拿大移民及难民保护法》第97条，"（1）是指身在加拿大，若被要求离境回到他们的国家或国籍所属国，或者回到之前经常居住地的国家，会使其处于：（a）危险之中，有充分证据显示，会受到1984年《禁止酷刑和其他残忍、不人道或有辱人格待遇或处罚公约》第1条所指的精神折磨。（b）冒生命危险或遭到残酷的或非同寻常的对待或惩罚，如果：i. 此人无法或因为危险，不愿使自己处于该国的保护；ii. 在该国的每个地方，此人均会面对该危险并且在或自该国，其他人通常不会面对该危险；iii. 法律认可此人面对的危险并非固有存在或偶然发生。除非忽视公认的国家准则；此外，iv. 该危险并非由于该国无法提供适当的健康或医疗保护造成"。

需要人道保护人员包括境内需要人道保护人员和境外需要人道保护人员。境外需要人道保护人员，根据2003年《加拿大移民和难民保护条例》第146条，包括庇护国类和来源国类两类人员，两者都可以申请永久居民签证。庇护国类需要人道保护人员，根据2003年《加拿大移民和难民保护条例》第147条，是指移民官员确认其出于以下两种原因需要重新安置的外国人："（a）在其国籍国及经常居住地所在国家境外；（b）其国籍国及经常居住地国家已经而且将继续遭受内战、武装冲突或严重侵犯人权行为的影响。"来源国类需要人道保护人员，根据2003年《加拿大移民和难民保护条例》第148条第1款，是指移民官员确认某外国公民出于以下三种原因需要重新安置的外国人："（1）如果（a）在其国籍国及经常居住地所在国家境内，该国是他们申请和获签永久居民签证之时，本条第2款规定的来源国；并且（b）他们（i）正亲身经历该国内战或武装冲突的严重影响；（ii）作为在加拿大境外所实施的某种行为的直接后果，已经或正在遭到居留或监禁（受到指控或并未受到指控）或遭受其他形式的刑罚，而如果在加拿大境内实施该行为，则属于正当表达思想自由，或者正当运用有关持不同政见或工会活动的公民权；（iii）有正当理由畏惧由于种族、宗教、国籍、属于某一社会团体或具有某种政治见解而遭受迫害，并且由于此项畏惧而不能或不愿受该国保护。”来源国，根据2003年《加拿大移民和难民保护条例》第148条第2款，“（2）是指符合下列情形的国家：（a）由于内战、武装冲突或基本人权得不到尊重，该国民众处于类似难民的境况之中；（b）移民官员在该国工作或进行日常工作拜会，并能够处理签证申请，而不会危及自身安全、申请人安全或加拿大使馆工作人员安全；（c）该国情况；（d）附件2中规定的国家”。

（二）英国难民法

形式上的英国难民法是指1971年《英国移民法》、1999年《英国移民和政治避难法》、2006年《英国难民和需要国际保护人员条例》（*The Refugees or Persons in Need of International Protection (Qualification) Regulations* 2006）和2006年《英国难民条例CM6918修订说明》等法律。英国批准了1951年《关于难民地位的公约》、1967年《关于难民地位的议定书》、1954年《关于无国籍人地位的公约》、1966年《公民权利和政治权利国际公约》和1966年《经济、社会和文化权利国际公约》。英国是联合国难民署方案执行委员会成员。英国对1951年《关于难民地位的公约》第8条（对一外国国民的人身、财产或利益所得采取的特殊措施不适用于难民）、第9条（对寻求庇护者采取临时措施）、第24条（难民的劳动立法和社会保障）和第25条（难民的行政协助）作出了保留，即可以不给予难民这四个条款规定的权利和利益。

英国接受了1951年《关于难民地位的公约》和1967年《关于难民地位的议定书》第1条规定的难民定义，将难民限定于受政治迫害者。《英国移民法》第11章规定了政治避难。该法第327条规定：政治避难者是指根据有关联合国难民公约关于难民规定提出，如果驱逐他出境或要求他离开英国即属于违反以上联合国难民公约关于难民规定的人。第333条规定：如果寻求政治避难者已经在英国境内或者已经达到英国口岸，其难民身份符合国际惯例和公约的规定，并且拒绝其申请将违背国际惯例和公约，如果要求他立即离境或在入境许可或延期许可期满后离境，将会造成该人回到一个由于种族、宗教、国籍、政治观点、属于某一社会团体或具有某种政治见解而遭受生命、自由迫害的国家，英国将批准其难民地位申请。从2008年10月起，英国禁止任何曾被驱逐出境不满10年的外国人返回英国申请难民地位，同时禁止任何曾自愿遣返不满五年的外国人返回英国申请难民地位，不管其情况发生什么样变化。

英国难民项目有境外难民地位申请和境内难民地位申请两类。境外难民地位申请项目包括通路（难民）保护项目（Gateway Protection Programme，GPP）和授权难民计划（Mandate Refugee Scheme，MRS）两种。通路（难民）保护项目是英国与联合国难民署合作的接收重新安置难民项目。境内难民地位申请包括难民地位申请、人道保护（Humanitarian Protection，HP）和自由裁量许可（Discretionary Leave，DL）三种。后两种 HP 和 DL 是指当难民地位申请人不符合难民定义要求时，内政部允许寻求庇护者在英国临时居留。

（三）罗马尼亚难民法

形式上的罗马尼亚难民法是指2006年《罗马尼亚难民法》（*Law no.122/2006 on Asylum in Romania*）、[①] 2008年《罗马尼亚重新安置难民令》（*Government Decision no.1596/2008 on Resettlement in Romania*）和2001年《罗马尼亚外国人法》。罗马尼亚批准了1951年《关于难民地位的公约》和1967年《关于难民地位的议定书》，以及1961年《减少无国籍状态公约》、1950年《欧洲人权公约》、1966年《公民权利和政治权利国际公约》、1966年《经济、社会和文化权利国际公约》、1984年《禁止酷刑和其他残忍、不人道或有辱人格的待遇或处罚公约》、1966年《消除一切形式种族歧视国际公约》、1989年《儿童权利公约》等涉及难民的国际人权公约。但是，罗马尼亚没有批准1954《关于无国籍人地位的公约》。罗马尼亚是联合国难民署方案执行委员会成员。

罗马尼亚在2006年《难民法》第22条，将需要国际保护的外国人的地位分为难民（Refugee status）、补充保护（Subsidiary protection）和临时保护 / 临时人道保护（Temporary protection, Temporary humanitarian protection）三种。难民，根据2006年《罗马尼亚难民法》第2条、第23—25条，是指罗马尼亚给予符合1951年《关于难民地位的公约》和1967年《关于难民地位的议定书》第1条规定难民定义的外国人或无国籍人的一种保护。

补充保护，根据2006年《罗马尼亚难民法》第2条、第26—28条，是指罗马尼亚基于1951年《关于难民地位的公约》和1967年《关于难民地位的议定书》第1条规定难民定义以外的条件，给予外国人或无国籍人的一种保护。通常情况下，补充保护的条件是有充足理由相信，如果将外国人遣返至其国籍国或者惯常居住国，他们将面临严重威胁，因而不能或者由于上述畏惧不愿寻求其本国的保护。严重威胁是指：（1）死刑；（2）酷刑、其他残忍、不人道或有辱人格的待遇或处罚；（3）国际或者国内武装冲突的普遍暴力威胁到生命或自由。

临时人道保护，根据2006年《罗马尼亚难民法》第2条、第29条、第30条，是指一种给予从第三国大规模涌入或者大规模涌入迫在眉睫而且不能返回国籍国人员的紧急的和临时的保护，以保护此种涌入人员和其他需要保护人员的利益，特别是当难

---

① 没有查找到2006年《罗马尼亚难民法》的中文版本，作者将2006年《罗马尼亚难民法》英文版翻译为中文版，并在本部分引用。中文翻译不达意之处，请以罗马尼亚文版本或者英文版本为准。

民系统面临不能有效处理此种涌入情况而带来负面影响的风险时。大规模涌入的原因通常是国际或者国内武装冲突的普遍暴力威胁到生命或自由。临时人道保护期限不超过两年。如果从武装冲突地区来的外国人获得了人道保护身份，国家难民办公室可以中止庇护程序，赋予其临时人道保护者的权利。从武装冲突地区来的外国人享有和履行寻求庇护者的权利和义务，直至获得了临时人道保护身份。行政和内务部根据难民办公室建议，在已经确定或者有信息表明有大规模和自发的人员从冲突地区涌入的情况下，起草人道保护令，交由罗马尼亚政府批准和颁发。获得临时人道保护的外国人只能在临时人道保护中止后，才可以个别递交难民地位申请。

（四）韩国难民法

形式上的韩国难民法是指2012年《难民法》。韩国于1992年批准了1951年《关于难民地位的公约》和1967年《关于难民地位的议定书》。韩国接受了1951年《关于难民地位的公约》和1967年《关于难民地位的议定书》第1条规定的难民定义，并扩展至因为人道原因可以在韩国停留的人。2012年《韩国难民法》第2条规定了难民以及因为人道原因可以在韩国停留的人的定义："难民是指因为有正当理由畏惧由于种族、宗教、国籍、属于某一社会团体或具有政治见解而遭受迫害，不能或不愿意接受其国籍国保护的外国人；如果是无国籍人，因为此种畏惧，不能或不愿意回到其入境韩国前的居留国"；"难民是指根据本法被认定为难民的外国人"；"因为人道原因可以在韩国停留的人是指对于有正当理由相信，酷刑、其他不人道待遇、惩罚或者其他情况会严重威胁生命或者个人自由者，司法部根据总统令可以允许停留"；"外国人是指不具有韩国国籍的人"。

外国人寻求避难，应该向所在地的司法部移民局长（Chief of an Immigration Office），移民分局局长（Head of an Immigration Branch Office）或者移民处理中心主任（Director of an Immigration Processing Center）递交难民地位申请。审理难民地位申请的司法部机构可以请求其他政府部门、地方政府、有关机构就有关难民认定事实给予行政协助，被请求部门没有正当理由不能拒绝提供行政协助。

2012年《韩国难民法》第18条第4、5、6款规定了审理难民地位申请的程序："（4）收到寻求难民地位申请之日起六个月内，应该就寻求难民地位申请作出第1款和第2款规定的决议。如果有不可抗力事由，审理期限可以延长最多六个月。（5）作出根据第4款延期决定的，应该在最初审理期限届满前7日内通知寻求难民地位申请人。（6）关于第1款规定的《难民认定证》和第2款规定的《拒绝通知》，应该直接交付寻求难民地位申请人，或者根据《行政程序法》第14条通过审理部门首长和其他人员或邮政单位交付寻求难民地位申请人的代表人。"

寻求庇护者被认定为难民，将获签《难民认定证》（Certificate of Refugee

Recognition）；如果没有被认定为难民，有权向难民委员会申请复议。2012年《韩国难民法》第18条第1款规定了寻求庇护者被认定为难民的情况："（1）如果司法部长接受需求避难者的申请，将作出认定寻求庇护者为难民的决议，并向寻求庇护者签发《难民认定证》。"

寻求庇护者可以就被拒绝的申请提起复议。第18条第2、3款规定了拒绝寻求庇护者申请和提起复议的情况："（2）如果司法部长决定寻求庇护者不是难民，将向寻求庇护者签发拒绝《拒绝通知》（Notice of Denial）。《拒绝通知》会载明拒绝原因，并通知寻求庇护者可以在30天内提起复议。（3）根据第2款签发的《拒绝通知》应载明决定（包括关于寻求庇护者事实认定和法律主张的决议）原因、时效和复议方式。"根据2012年《韩国难民法》第21条，难民委员会可以直接调查，也可以通过下属的官员调查难民行政复议的事实。

（五）菲律宾难民法

形式上的菲律宾难民法是指1940年《菲律宾移民法》、1998年《关于审理难民地位申请程序令》等法律。菲律宾于1981年7月批准了1951年《关于难民地位的公约》和1967年《关于难民地位的议定书》，1974年6月和1987年10月分别批准了1966年《公民权利和政治权利国际公约》和1966年《经济、社会和文化权利国际公约》。菲律宾还于2011年5月加入了1954年《关于无国籍人地位的公约》，成为东南亚第一个批准该公约的国家。

菲律宾的难民定义与1951年《关于难民地位的公约》和1967年《关于难民地位的议定书》第1条规定的难民定义几乎完全一样，其区别仅在于菲律宾的难民定义没有包括1951年《关于难民地位的公约》难民定义中关于多国籍人的解释。菲律宾1998年《关于审理难民地位申请程序令》第4条规定："有正当理由畏惧由于种族、宗教、国籍、属于某一社会团体或具有某种政治见解（而遭迫害）的原因留在其本国之外，并且由于此项畏惧而不能或不愿受该国保护的人，或者不具有国籍并由于上述事情留在他以前经常居住国家以外而现在不能或者由于上述畏惧不愿返回该国的人"。

在1951年《关于难民地位的公约》之前，菲律宾已经有了难民定义方面的法律规定。根据1940年《菲律宾移民法》第47条第2款，"出于人道主义，在不损害公共利益的前提下，总统根据规定的条件，允许因为宗教、政治或者种族原因的难民入境"。菲律宾1981年7月批准1951年《关于难民地位的公约》和1967年《关于难民地位的议定书》后，为了履行这两部公约规定的国际义务，菲律宾管理外国人出入境的部门——司法部于1998年3月批准了《关于审理难民地位申请程序令》，以根据菲律宾法律、国际义务及人道原则和考虑，建立公平、公开、有效和快捷的审理外国人难民地位申请的程序。《关于审理难民地位申请程序令》第4条修正了1940年《移民法》第47条第2款的难民定义，以1951年《关于难民地位的公约》和1967年《关于难民地位的议定书》第1条规定的难民定义替代之。

菲律宾允许外国人在入境时或者入境后，但是不允许在入境前提交难民地位申请。根据1998年《关于审理难民地位申请程序令》第7条，“外国人可以在入境时或者入境后的任何合理时候使用指定表提交难民地位申请”。也就是说，菲律宾不接受外国人在境外提交的难民地位申请。菲律宾要求外国人直接向司法部长官或在入境口岸提交难民地位申请。1998年《关于审理难民地位申请程序令》第8条规定：“外国人可以直接向司法部长官，或者向入境口岸所在地的移民局或移民分局提交难民地位申请。如果是后者，移民局或者移民分局长官或者移民官员应该在收到难民地位申请后10日内将申请转给司法部长官。”

（六）中国台湾地区难民法

中国台湾地区正在讨论和审议难民法草案，由于草案涉及很多重大和敏感问题，尤其是难民定义，引起了各界比较大的争议，目前尚未达成一致意见和获得通过。《难民法（草案）》（2009年12月31日“行政院”送审稿）第3条规定了难民的定义：因战争或大规模自然灾害被迫离开其原国籍国或原居住国，致不能在该国生活或受该国保护者，得申请难民认定。因种族、宗教、国籍、属于特定社会团体或持特定政治意见，离开其原国籍国或原居住国，且有充分正当理由畏惧受迫害，致不能受该国之保护或因该恐惧而不愿返回该国者，得申请难民认定。有前二项所定事由，且具有二个以上国籍者，以有充分正当理由不能在各该国籍国生活或受各该国籍国保护者，或恐惧受迫害，致不能受各该国籍国之保护，或因该恐惧而不愿返回各该国籍国者为限。申请人依前三项规定申请难民认定者，主管机关得先向联合国难民署请求协助认定，或透过联合国难民署转介。台湾当局接受了1951年《关于难民地位的公约》和1967年《关于难民地位的议定书》第1条规定的难民定义，并将其扩展至因为战争及自然灾害被迫离开其原国籍国或原居住国，致不能在该国生活或受该国保护者。从人权角度看，因战争或大规模自然灾害致自由、生命受到威胁，与因政治因素遭到迫害而逃离者均应有权享有基本人权的保障。

第七节 国际难民法与国际移民法、国际人权法、国际人道主义法的关系

一、国际难民法与国际移民法的关系

（一）难民和其他国际移民群体共同组成了国际移民

从人员国际迁徙的角度看，国际难民法是国际移民法的组成部分之一。难民是被迫迁徙，其他国际移民群体主要是主动迁徙，难民和其他国际移民群体共同组成了国际移民。根据2002年《关于难民和移徙政策之未来的海牙宣言》序言，“难民和国际移民对于国际社会关系极大。他们的未来在国际和平合作、稳定和经济安全之概念中是关键因素。强迫迁移和自愿迁移有很大区别，但也有联系。必须将两者放在经济及政治全球化的范畴内观察”。难民与其他国际移民群体一样在国际流动过程中涉及了入境、边检、签证、居留、工作、融入、永久居留、入籍等国际移民方面的问题，需要遵循国际移民方面的一般性规则。由于冲突升级和国家解体，强制迁徙规模不断扩大。自1980年代以来，难民迁徙已经成为国际迁徙中最显眼和最具争议的话题之一。[①]

（二）通过移民法或出入境管理法规范难民

世界各国主要是通过移民法或出入境管理法规范难民，还有一些是基于移民法或者出入境管理法颁布单行难民法规范难民。

表1-1 有关国家的难民法律

国家	难民法律
美国	1990年《美国移民和国籍法》
加拿大	2001年《加拿大移民及难民保护法》
澳大利亚	1958年《澳大利亚移民法》
英国	1971年《英国移民法》 1999年《英国移民和政治避难法》 2006年《英国难民和需要国际保护人员条例》 2006年《英国难民条例 CM6918 修订说明》

① 罗斯玛丽·塞尔斯.黄晨熹等[译].解析国际迁移和难民政策冲突和延续[M].格致出版社.上海人民出版社.2011. 60。

续表

国家	难民法律
德国	1949年《德国基本法》(2006年修订) 1990年《德国外国人入境和居留法》(2007年修订) 2004年《德国移民法》(2007年修订) 1993年《德国庇护程序法》(2004年修订) 1993年《德国寻求庇护者福利法》
罗马尼亚	2006年《罗马尼亚难民法》 2008年《罗马尼亚重新安置难民令》 2001年《罗马尼亚外国人法》
韩国	2012年《难民法》
日本	1981年《出入国管理及难民认定法》(2009年修订)
菲律宾	1940年《菲律宾移民法》 1998年《关于审理难民地位申请程序令》
中国	2012年《出境入境管理法》

资料来源：作者统计和分析。

(三)国际难民法是国际移民法的一部分

西方国家学术界将国际难民法视为国际移民法的一部分。理查德·普兰德(Richard Plender)所著《国际移民法》(*International Migration Law*)的第12章是难民(Refugees)。[①] 乔温斯基、理查德·拜鲁奇和尤恩·麦克多纳德(Ryszard Cholewinski, Richard Perruchoud and Euan Macdonald)联合主编的《国际移民法：发展中的范例和关键挑战》(*International Migration Law: Developing Paradigms and Key Challenges*)的第3章是非法移民和寻求庇护者拘留(Detention Migrants and Asylum Seekers)、第9章是变化中的难民法范例(Changing Paradigms in Refugee Law)、第10章是难民再次迁徙探究(Addressing Secondary Refugee Movements)。[②] 吉纳·克莱顿(Gina Clayton)将移民法和难民法的内容放在一本教科书中《移民和庇护法教科书》(*Textbook on Immigration and Asylum Law*)。[③] 罗斯玛丽·塞尔斯所著的《解析国际迁移和难民政策：冲突和延续》的第四章是《强制迁移》。[④]

中国学术界将国际难民法作为国际移民法的一部分。马金旗、马勇和吴华所著

① Plender, Richard. *International Migration Law*. Martinus Nijhoff Publishers, 1988.

② Cholewinski, Ryszard. *International Migration Law: Developing Paradigms and Key Challenges*. TMC Asser Press, 2007.

③ Clayton, Gina. *Textbook on Immigration and Asylum*. Oxford University Press, 2008.

④ 罗斯玛丽·赛尔斯.黄晨熹等【译】.解析国际迁移和难民政策：冲突和延续【M】.格致出版社.上海人民出版社.2011。

《国际移民法律制度比较研究》的第六章是《庇护与国际难民保护制度》。[①] 潘兴明等所著的《移民问题国际比较研究》的第二部分是"亚太地区的气候移民"。[②] 郝鲁怡所著《欧盟国际移民法律制度研究》的第五章是《欧盟难民与庇护法律制度》。[③] 本书作者著有《移民法：出入境权研究》（中国经济出版社，2006年）、《移民法：国际文件与案例选编》（中国经济出版社，2008年）、《移民法理论与实践》（法律出版社，2009年）、《移民法》（中国经济出版社，2010年）、《出入境管理法与国际移民》（法律出版社，2013年）、*Chinese Immigration Law*（Ashgate 2012）、*The Right to Leave and Chinese Migration Law*（Martinus Nihjoff Publisher 2007），均将国际难民法作为国际移民法的一部分。

二、国际难民法与国际人权法的关系

（一）侵犯人权行为是造成难民大量外流和人民流离失所问题的主要根源

从保护人权的角度看，国际难民法是国际人权法的组成部分之一。越来越多的侵犯人权行为是造成难民大量外流和人民流离失所问题的主要根源。前联合国难民署高级专员绪方贞子曾说过，必须以难民问题检验各国政府和各国人民尊重人权的诚意。国际难民法中的侵犯人权主要表现为本国的侵犯人权，接收国的拒不接受寻求庇护者、虐待或者剥夺寻求庇护者权利、侵犯难民的生命自由与安全、排外或种族主义等行为。尊重人权是预防并解决难民问题的一项必要条件。[④]

侵犯人权不仅导致难民的产生，也严重影响难民问题的持久解决。难民本国的侵犯人权往往与战争和武装冲突、国家政权变更、国家解体和民族分裂、无国籍、种族/民族冲突、宗教矛盾，以及饥荒和环境恶化等相伴而生。1951年《关于难民地位的公约》第1条3款规定，难民地位并非是永久地位，并列举了可停止适用的条件。对难民来说，在其他国家申请难民地位既不是长久之计，也不是真正的人道办法，只是被迫离开本国的一种方式和暂时的休养生息。只有在自愿基础上和尊重难民人权的情况下才能遣返难民。只要本国存在侵犯人权行为，难民自愿回国将是一件很难的事情。只有本国恢复尊重和促进各类人权以及停止暴力冲突，难民才可能自愿回国。

拒不接受寻求庇护者的趋势越来越严重。有些国家在大量寻求庇护者、经济移民以及非常规移民涌入后，实行了限制性措施，阻止这些人入境。这些措施包括对一些国家的国民作了复杂或繁琐的签证规定，并对运载无证外侨的航空公司处以罚款。

---

① 马金旗．马勇．吴华．国际移民法律制度比较研究[M]．中国人民公安大学出版社．2004。

② 潘兴明等．移民问题国际比较研究[C]．上海人民出版社．2011。

③ 郝鲁怡．欧盟国际移民法律制度研究[M]．人民出版社．2011。

④ 联合国．人权概况介绍第20号：人权与难民．联合国日内瓦办事处人权中心．2001. 1-2。

虐待或者剥夺寻求庇护者权利。在寻求庇护者申请难民地位期间和前后，应尊重他们的各项权利。有时，寻求庇护者的最低待遇标准未获尊重。在机场和边境，由于甄别难民程序不当和驱回政策，一些寻求庇护者遇到巨大问题。有时，驱回做法极不人道，例如强行将寻求庇护者送回其生命、自由和人身安全可能会遭到威胁的本国。有的寻求庇护者试图在某些地方登陆上岸，但连人带船被赶到海上，之后，要么饿死，要么遭海盗洗劫，要么被鲨鱼吞噬。有时，难民被关在难民营中，得不到法律援助，也得不到法院审理。此外，难民可能会找不到工作，也不能兴办企业或购买土地。事实上，在许多情况下，难民并不是被强行押送回去的。由于在庇护国生活毫无尊严，他们被迫离境回国。其他的虐待方式有：殴打、长期无理拘留寻求庇护者以及审问程序过于严格等。政府还可能不充分保护难民和寻求庇护者，使其容易受到种族主义和排外行为的侵扰。

侵犯难民的生命、自由与安全。没有本国政府保护的难民属于最容易遭受暴力行为的群体，[①] 难民的基本权利往往遭到蔑视。越来越多的人在申请难民地位期间受到各种措施的限制，不能安全到达目的地。有时，寻求庇护者和难民遭到拘留或被驱回本国，使其生命、自由与安全受到威胁。有些人遭到武装团伙射击，或被编入武装部队，被迫在本国冲突中为某一方卖命。寻求庇护者和难民还受到种族主义的侵害。在有些地方，难民常常受到袭击和侵害。许多难民在军人或武装团伙袭击难民营和定居点时丧生。年轻男子和未成年人则往往被拉进武装团伙或游击队，被迫在内战中卖命。难民妇女与儿童是特别容易受害的群体。在全世界的难民中，妇女的比例很高。她们往往在避难国遭到性侵害和性别暴力。[②] 必须为难民儿童提供适当的保护和人道主义援助。

难民是特别容易受害的外国人，他们往往沦为某些人发泄种族仇恨的目标。在一些国家的政治辩论中，人们往往把涉及外国人的所有问题混为一谈。寻求庇护者、难民、经济移民、移民以及季节工往往被笼统罗列为外国人。这使得时常出现不遵守保护难民和不推回难民准则的现象，难民遇袭事件有所增加。一些人从政治角度，而不是从人道角度看待难民问题，从而使移民政策与难民政策的界限开始变得模糊不清。

联合国的人权工作和难民工作密不可分。1994年，时任联合国难民署高级专员的绪方贞子在联合国人权委员会第50次会议指出："人权委员会促进对人权的尊重，难民署在保护难民并寻求解决难民问题的办法，这两方面工作之间的联系是显而易见的，我去年在人权委员会发表的演讲中曾经指出，对人权的侵犯是导致难民外逃的一

① 联合国难民署.对难民、返回者和境内流离失所者的性暴力与性别暴力预防与应对指导方针[R].联合国难民署. 2003. 1。

② 同上注。

个主要因素，也是影响他们自身安全自愿返回家园的一个障碍。因此，在本国捍卫人权，对预防和解决难民问题来说都是关键，而对庇护国而言，尊重人权也应成为难民保护的基本准则。”

（二）国际难民法与国际人权法互为补充

寻求庇护者和难民有权享受国际人权文件规定的权利和自由，必须从保护人权这一更广泛的角度看待保护难民问题。国际人权法在一定程度上弥补了国际难民法的不足。人权适用于全世界所有的人，无论是国民、外国人、寻求庇护者和难民，无论是合法还是非法地在一国国土上。当一个国家加入了有关的国际人权公约后，其政府在对待个人的某些权利时，就受其约束，负有国际法上的义务依照公约规定行事。1993年《维也纳宣言和行动纲领》在序言中清楚宣告：所有人权都是普遍、不可分割、相互依存、相互关联的，各国不论其政治、经济和文化制度为何，都有义务促进和保护所有人的人权。第23条还重申了寻求庇护权和回国权，确认了通过国际合作解决难民危机原则，强调国家在解决难民问题中的责任，强调寻求解决国内流离失所者问题的持久解决办法：

> 世界人权会议重申，每一个人无任何区别地有权在其他国家寻求并获得躲避迫害的庇护，并有权返回自己的国家。在这方面，会议强调下列文件的重要性：《世界人权宣言》、1951年《关于难民地位的公约》、该公约的1967年《关于难民地位的议定书》，以及各区域文件。会议赞赏有些国家继续在其领土内接纳和收容大量难民，并赞赏联合国难民署高级专员办事处全力以赴执行其任务。会议还对联合国近东巴勒斯坦难民救济和工程处表示赞赏。世界人权会议确认包括武装冲突在内的严重侵犯人权行为是导致人民流离失所的多重复杂因素之一。
>
> 世界人权会议确认，鉴于全球难民危机十分复杂，国际社会必须依据《联合国宪章》、有关国际文件和国际团结的要求，本着负担分摊的精神，在顾及难民署职权的前提下与有关国家和有关组织协调合作采取综合办法。这其中应包括制订战略处理难民和其他流离失所者迁移的根源和影响，加强应急准备和反应机制，提供有效的保护和援助，同时要考虑到妇女和儿童的特殊需要，设法达成持久的解决，最好争取尊严和安全的自愿遣返，包括各国际难民会议采纳的办法等。世界人权会议强调国家的责任，特别是有关本国的责任。
>
> 按照这种综合方针，世界人权会议强调，必须通过政府间组织和人道主义组织等渠道，特别注意与国内流离失所者有关的各种问题，包括他们的自愿和安全遣返和恢复，找出持久的解决办法。

将国际人权法的理论适用于难民保护领域，不仅可以确保东道国在难民到达其管辖的领域后，确保以普遍接受的人权标准对待旅居、临时或永久居留的难民，使得他们享受各项国际人权文件规定的权利和自由，也可以对产生难民的国家进行道义上的谴责。1966年《公民权利和政治权利国际公约》第2条第1款规定："本公约每一缔约国尊重和保证在其领土内和受其管辖的一切个人享有本公约所承认的权利，不分种族、肤色、性别、语言、宗教、政治或其他见解、国籍或社会出身、财产、出生或其他身份等任何区别。"2002年《关于难民和移徙政策之未来的海牙宣言》第8项原则提出："为逃避迫害而寻求并获得庇护，是普遍适用的人权。"2001年《〈1951年关于难民地位的公约〉及(或)其1967年〈议定书〉缔约国的宣言》执行条款第2条提出："重申我们认识到难民问题的社会和人道主义性质，愿意支持上述文件中所载的价值和原则，这是符合《世界人权宣言》第14条规定的在这方面需要尊重难民的权利和自由进行国际合作，以解决他们的苦难并采取行动解决难民流动的原因，以及通过促进和平稳定和对话等方式防止其成为国家之间紧张关系的根源。"

国际难民法在一定程度上弥补了国际人权法的不足。关于难民地位的规定是人权规定的重要组成部分。1951年《关于难民地位的公约》规定了难民地位的最低标准和难民应享有的各项基本权利，例如有偿就业和福利、颁发身份证和旅行证件、增收财政费用适用性、将财产转移到收容该难民之外的另一国家等权利。另外，1969年《关于非洲难民问题某些特定方面的公约》、1984年《卡塔赫拉宣言》、1954年《关于无国籍人地位的公约》、1997年《国内流离失所问题指导原则》、2005年《归还难民和流离失所者住房和财产的原则》等国际和区域文件规定了，本区域难民和其他联合国难民署关注人群的地位和享有的各项基本权利。

三、国际难民法与国际人道主义法的关系

(一)难民和战争受害者可能相互转换

从保护武装冲突受害者的角度看，国际难民法是国际人道主义法的组成部分之一。国际人道法旨在尽可能地保护并援助战争受害者，以此来限制战争造成的苦难，不考虑诉诸武力的原因或合法性，只应对冲突现实。它仅规制冲突中引发人道关注的方面，又被称为战时法。不管冲突因何而起，也不管任何一方所支持的目标是否正义，国际人道法都适用于交战方。国际人道主义法保护武装冲突的受害者，使其免受到战争的影响，并应为其提供公正的援助。国际难民法保护并援助越过国际边境的受到政治迫害的人。

如果难民身处武装冲突地区，可以以难民身份受到国际难民法的保护，以战争受害者身份受到国际人道法保护，是1949年《关于战时保护平民的日内瓦第四公约》

及其1977年《第一附加议定书》的适用对象。如果难民逃离武装冲突，但在另一个尚未卷入国际或国内武装冲突的国家得不到庇护，也就得不到国际人道主义法的保护。国际人道法对难民的保护承认了难民作为受冲突一方控制的外国人的脆弱性。

国际人道法中没有任何条款允许缔约国放弃该法的实施。一国在任何情况下都必须尊重国际人道法，给予包括难民和无国籍者在内的武装冲突受害者平等保护。难民和无国籍者应得到1949年《关于战时保护平民的日内瓦第四公约》第一部分和第二部分各条款的平等保护，不应视其为交战国国民。1949年《关于战时保护平民的日内瓦第四公约》第44条规定："适用本公约内提及之管制措施时，拘留国不得将事实上不受任何政府保护之难民仅以法律上之敌国国际而以敌侨待遇。"该《公约》第70条第2款还规定："凡占领国人民在战事开始前逃亡于被占领国领土者，不得加以逮捕、追诉、定罪或驱逐出占领地。"1977年《第一附加议定书》第73条规定："在敌对行动开始前依据有关各方所接受的有关国际文件或依据避难国或居留国国内法律视为无国籍人或难民的人，在任何情况下，均应是第四公约第一部和第三部意义内的被保护人，而不加任何不利区别。"

（二）国际人道法弥补了国际难民法的不足

国际人道法在预防流离失所和保护国内流离失所者以及解决武装冲突局势中的难民和国内流离失所者问题上发挥了重要作用，弥补了国际难民法规范国内流离失所者的不足。目前没有一部类似1951年《关于难民地位的公约》的公约保护国内流离失所者。虽然1998年《关于境内流离失所问题的指导原则》不是一部有法律约束力的国际文件，但它对流离失所问题的一些具体方面提供了有用的指导。首先，根据国际人道法，在流离失所期间，只要未直接参与敌对行动，就应作为平民受到保护。如果国内流离失所者身处卷入武装冲突的国家，并没有实际参与敌对行动，他们就被国际人道法视为平民，并有权享受为平民提供的保护。其次，国际人道法禁止强迫平民离开其居住地，除非是出于军事必要或者为了保护平民本身。在缺乏此类正当理由的情况下，大规模地或系统地迫使平民迁移的政策构成危害人类罪。国际人道法的一些规则为平民居民提供保护，而违反这些规则的行为常常构成流离失所的根本原因。例如，武装冲突各方袭击平民和民用物体，使用可能对平民产生不利影响的不分皂白的作战方法，这些都是国际人道法所明确禁止的。其他规则还包括禁止威胁平民居民生存能力的行为，如在缺乏充分军事理由的情况下毁坏庄稼、医疗机构、供水供电设施或住所的行为。这些规则若能得到遵守，也能防止流离失所。再次，国际人道法还禁止以摧毁住所的形式对平民居民实施集体处罚，攻击平民和民用物体或以不分皂白的手段实施敌对行为，使平民居民陷入饥饿或毁坏对平民居民生存所不可缺少的物体。国际人道法还有一些规则要求冲突各方允许救援物资送达最急需援助的平民居民手中。

国际人道法确保救援和人道组织能够接触武装冲突局势中的难民和国内流离失所者。冲突各方必须为药品、食物、毯子和帐篷等救援物资的供应提供便利。遗憾的是，在最近的许多冲突中，这些规则都受到了忽视，这使难民和国内流离失所者身陷险境。红十字国际委员会不断呼吁各国和非国家武装团体在应对平民时，遵守国际人道法和基本人道原则。只有通过遵守这些武装冲突规则，才能预防难民潮和国内被迫迁移。同样，只有当国际人道法得到遵守时，被迫逃离家园的人才能得到保护。[①]

① 红十字国际委员会.对人的保护——难民和流离失所者.红十字国际委员会www.icrc.org.2014年3月26日。

第二章
难民和其他联合国难民署关注人群的辨析

研究国际难民法，必须全面和客观地理解难民和联合国难民署关注人群。本章分别辨析法定难民、章程难民、公约难民、扩展难民、联合国难民署关注人群，梳理它们的历史发展和含义，最后探讨公约难民定义的主要不足和面临困境。

第一节　法定难民

联合国难民署认为：法定难民是指根据1951年《关于难民地位的公约》之前生效的国际文件被视为难民的人。[①] 法定难民定义的核心是国别。

一、20世纪20年代以前：非法定难民定义

"难民"源于近代早期的法国。1573年，法国把为躲避西班牙统治者迫害而从尼德兰逃到本国的加尔文教徒称为"难民"（Réfugié）。17世纪后半叶，源自法文的英文词Refugee开始使用。[②] 法国在1793年《宪法》中首次规定了给予政治难民以庇护的条款，该《宪法》第120条规定："法国给予为了争取自由而从本国流亡到法国的外国人以庇护。"

在20世纪以前，尽管有难民流动的现象，但是并没有造成难民问题，因此在习惯国际法中没有一个被普遍接受的难民定义。[③] 进入20世纪后，由于战争的国际化、东欧和巴尔干地区旧帝国的解体、民族国家的扩大和增加以及随之而来的对少数民族和无国家者的迫害、对原统治阶级和政治反对派的消灭，造成大规模的人口逃亡，国际社会开始面临严重的难民问题。即便如此，在第一次世界大战前有关庇护的国际法实际上仍然是不成文的，习惯国际法尚未谈到难民。[④]

---

① 凯特·雅斯特拉姆.玛丽莲·阿奇隆.难民保护：国际难民法指南[M].2004年修订版.联合国难民署.各国会议联盟.148。

② 甘开鹏.欧盟难民政策研究（1957—2007）[M].厦门大学出版社.2011. 17。

③ 丁强.对1933年《关于难民国际地位的公约》的历史考察[J].历史教学(高校版)2009(6):44。

④ Skran, Claudena. Refugees in Inter-War Europe: *The Emergence of a Regime*. Oxford: Oxford University Press, 1995:101.

二、20世纪20年代：法定难民定义的形成

法定难民是指根据1951年《关于难民地位的公约》之前生效的国际文件规定被视为难民的人。[①] 第一次世界大战是国际社会必须面临大规模难民的开始。由于1917年俄罗斯革命和1922年奥斯曼土耳其帝国崩溃，当时的欧洲出现了大规模人员非常规流动。约150万俄罗斯人因为十月革命逃亡波兰、芬兰、法国、巴尔干国家和远东地区。为了解决欧洲大陆由于俄罗斯革命和奥斯曼土耳其帝国崩溃而产生的大规模人员非常规流动，1921年8月国际联盟设立了俄国难民高级专员公署，南森博士担任高级专员，专门处理俄国难民事务，这是国际联盟为处理国际难民问题采取的第一个行动，也第一次正式承认了国际社会对解决难民问题负有责任。[②] 国际社会主要在国际联盟的组织下开展了保护难民合作，订立了一些难民方面的国际协定和公约。但是，由于当时各国都从政治外交角度考虑难民问题，国际社会尚未达成关于难民定义的一致意见，有关国家处理本国难民事务，国际联盟只处理俄国难民事务，而不处理其他国家难民的事务。

根据1926年《关于向俄国和亚美尼亚难民颁发身份证件的协议》，俄国难民是"任何来自俄国的不享有或不再享有苏维埃社会主义共和国联盟政府保护并尚未取得新国籍的人"。亚美尼亚难民是"任何亚美尼亚民族成员且为奥斯曼帝国的国民，现在不享有或不再享有土耳其共和国政府的保护并尚未取得其他国籍的人"。根据1928年《关于将被俄国和亚美尼亚难民享有的特定便利措施扩展到其他种类难民的协议》，亚述难民指"任何源自亚述或亚述——迦勒底（亦包括同样的叙利亚和库尔德人），限制不享有或不再享有他原来隶属国家的保护，并尚未取得新国籍的人"。土耳其难民是"任何源自土耳其且为前奥斯曼帝国的国民，按照1923年7月议定书的条款，不享有或不再享有土耳其共和国的保护并尚未取得其他国籍的人"。以上两份协议以及1922年《关于颁发俄国难民身份证件的协议》、1924年《向亚美尼亚难民颁发身份证件的协议》，创立了关于难民旅行和身份的证明——南森护照（Nansen Passport）。

一战后的难民方面的国际协议有诸多创新之处，同时，也存在严重问题。例如：确立了难民定义，指逃离并不享有其原籍国或原居住国保护，并尚未取得其他国家国籍的某一国家、地区或民族的成员；创造了关于难民旅行和身份的证明——南森护照。但是，一战后的难民定义针对某一国家、地区或民族的成员，有明显的个案处理色彩，大大降低了有关难民国际文件的普遍适用性，增加了普遍保护难民的法律成

---

① 凯特·雅斯特拉姆.玛丽莲·阿奇隆.难民保护：国际难民法指南[M].2004年修订版.联合国难民署.各国会议联盟148。

② Skran, Claudena. Profiles of the First Two High Commissioners. *Journal of Refugee Studies*, No.1.1988: 277-296.

本。一战后的难民方面的协议的最重要问题是，它们本身都未能产生法律义务，仅仅只是给政府提供无约束力的（不负有义务的）建议。[①]

三、20世纪30年代至40年代：法定难民定义的扩大

法定难民的范围和地位在20世纪30年代得到了扩展和明晰。1933年《关于难民国际地位的公约》第1条规定："本公约适用于1926年及1928年各协议中所规定的俄罗斯、亚美尼亚及同类的难民。但在签字或加入时对此定义可能提出修改或补充者不在此限。"1933年《关于难民国际地位的公约》是给难民提供法律保护的有约束力的第一份多边文件，是明确表达难民不应被非自愿遣送至来源国原则的第一份国际协定。它在一些关键的难民问题如地位、就业、社会权利和教育问题上作了比较全面的规定。该《公约》规定：除为公共秩序和安全的理由外，不驱逐经常居住该国的难民，给予他们在法院出庭的自由，并准予免除在某些情势下对外国人所适用的相互原则。遗憾的是，1933年《关于难民国际地位的公约》适用范围局限于已在国际联盟保护之下的难民：俄国、亚美尼亚、亚述、亚述—迦勒底和土耳其难民。缔约国仅有比利时、保加利亚、埃及、法国和挪威五个国家，而且缔约国对许多重要条款提出了保留。1933年《关于难民国际地位的公约》承前启后，继往开来，既是对20世纪20年代难民方面国际协议的巩固和进一步的发展，又成为以后有关国际难民法的样本文件，它的历史意义和影响比现实意义和影响更为深远。[②]

由于1933年《关于难民国际地位的公约》缔约国极其有限，20世纪30年代，国际社会仍然在就难民问题签订单项协议。1935年《关于确定来自萨尔难民地位的临时协议》、1936年《关于来自德国难民地位的临时协议》、1938年《关于来自德国难民地位的公约》、1939年《关于来自德国难民地位的公约的议定书》，专门规定了来自萨尔、德国、奥地利等国家的难民的地位。1938年《关于来自德国难民地位的公约》第1条第1款规定：德国难民是"任何具有或曾经具有德国国籍并且不具有任何其他国国籍，被证实在法律上或事实上均未能享有德国政府之保护的人；或先前的公约及安排未涉及，在德国定居之后从其领土内逃离，被证实在法律上或事实上，均未能享有德国保护的无国籍的人"。1938年《关于来自德国难民地位的公约》、1939年《关于来自德国难民地位的公约的议定书》都规定了难民排除情况，单纯为了私人便利而离开德国的人不是难民。

1944年，根据44个向德国、意大利和日本宣战国家签订的《联合国善后救济总

① Hathaway, James C. The Evolution of Refugee Status in International Law: 1920-1950. *The International and Comparative Law Quarterly*, Vol. 33, No. 2.1984: 350.

② 丁强.对1933年《关于难民国际地位的公约》的历史考察[J].历史教学(高校版) 2009(6):47。

署协定》，成立了联合国善后救济总署，旨在为盟军所解放的地区的战争受害者提供救济。战争受害者包括难民（refugee）和被迫流离失所者（displaced person），难民是指被驱逐出境或者被德国国家社会主义党（纳粹）征募进行强制劳动的人。被迫流离失所者是指受到纳粹或其他法西斯政党迫害的人或第二次世界大战爆发前就被视为难民的人。在中东欧被驱逐出境的德国流亡人员不属于难民或被迫流离失所者的范畴，苏联和西方同盟在《波茨坦公告》之后同意德国流亡人员由德国西部占领区接纳。[①] 第二次世界大战后，联合国善后救济总署在盟军的援助下将近700万难民和流离失所者遣送回他们的本国，1,300万的德国流亡人员被准许进入联邦德国。然而，许多难民并不愿意被遣送回本国。至1946年底，大约100万的难民仍然滞留在占领区，这些难民大部分是来自政治形势动荡的波罗的海诸国、波兰和苏联等国家。

1947年7月，根据联合国大会1946年12月通过的经济及社会理事会难民和流离失所者特别委员会《国际难民组织章程》，成立了国际难民组织。虽然《国际难民组织章程》在1948年8月20日才达到生效条件，但是国际难民组织作为联合国临时机构，在生效之前，已经开始了实质性工作。国际难民组织是世界上第一个全面处理难民问题的国际机构，实际上承继了联合国善后救济总署的工作。保护和救济对象除某些特定国家的难民外，还包括曾因反对纳粹、法西斯或其傀儡政权而遭受迫害的人；由于畏惧种族、宗教、国籍或政治见解等原因的迫害而成为难民的人及孤儿和其他流离失所者。国际难民组织的安置方式主要是自愿遣返和第三国安置，曾经为百余万人办理了第三国安置，并为得不到本国保护的难民签发身份证件，提供医疗和必要的生活条件。

东西方冷战开始后，国际难民组织着重援助来自东欧、试图摆脱苏联的控制并在美国占领区寻求庇护的难民。国际难民组织的难民安置极大地激怒了苏联，苏联将国际难民组织看作是西方的政治工具而不执行战后签订的早期协议。由于苏联抗议国际难民组织有组织地违反了联合国大会决议第8条（I）关于流离失所者遣送回国的规定，尽一切可能地阻碍遣送回国政策，国际难民组织实际上质变为招募难民和流离失所者的机构。因为苏联反对国际难民组织的难民政策和自身财政困难，国际难民组织无法有效处理难民问题，于1951年停止工作，1952年3月解散。英国、法国及国际难民组织对于各种已通过的有关流离失所者决议和协议未能执行负有不可推卸的责任。[②]

---

① Vernan, Jacques. *The Refugee in the Post-War World*, London: George Allen & Unwin Ltd, 1953: 97.

② 甘开鹏.第二次世界大战后国际难民政策的历史演变[J].海南师范大学学报(社会科学版) 2010(5).135。

第二节 章程难民

章程难民（Mandate Refugee）是联合国难民署根据1950年《联合国难民署章程》或联合国大会给予的广泛授权认定为难民的人。[①] 章程难民与公约难民的区别在于：章程难民可从联合国难民署行动中受益，但却不能享受赋予“公约难民”的权利，除非他们同时被某一公约缔约国承认为难民。章程难民的概念对于非为1951年《关于难民地位的公约》及其议定书缔约国的国家尤为重要。[②]

1949年12月，联合国大会通过了319（IV）号决议，决定设立难民署办事处（难民署）接替国际难民组织，作为联合国执行职务所必需的辅助机关，根据联合国大会的授权和支持，负责处理难民事务。联合国难民署的职能是，根据1950年《联合国难民署章程》第1条第1款，“联合国难民署秉承大会命令行使职权，一面对于本章程所规定之难民，予以联合国所主持之国际保护，一面协助各国政府，并在取得各关系国政府同意后协助私人组织，鼓励难民自动回国或与新国度同化，以期永久解决难民问题”。

根据1950年《联合国难民署章程》第2条，“高级专员之工作纯属非政治性质，以有关人道及社会为范围，其对象通常为各群各类难民”。该《章程》第6条具体规定了高级专员的主管范围的人群。第6条第1款第1项和第2项第1、2目规定：

> 甲：
>
> （一）根据1926年5月12日及1928年6月30日的协议、或根据1933年10月28日及1938年2月10日的公约、以及1939年9月14日的议定书、或国际难民组织约章被认为难民的人；
>
> （二）由于1951年1月1日以前发生的事情并因有正当理由畏惧由于种族、宗教、国籍、或具有某种政治见解的原因留在其本国之外，并且由于此项畏惧或由于个人方便以外的理由而不能或不愿受该国保护的人；或者不具有国籍并由于上述畏惧或由于个人方便以外的理由留在他以前经常居住国家以外而现在不能或者不愿返回该国的人。
>
> 国际难民组织在其执行职务期间所作关于合格问题的决定，不妨碍对符合于本款条件的人给予难民的地位。

---

① 凯特·雅斯特拉姆.玛丽莲·阿奇隆.难民保护：国际难民法指南[M]. 2004年修订版.联合国难民署.各国会议联盟. 24。

② 凯特·雅斯特拉姆.玛丽莲·阿奇隆.难民保护：国际难民法指南[M]. 2004年修订版.联合国难民署.各国会议联盟. 143。

第6条第2款规定：

> 乙：其他因现在或以前有正当理由畏惧由于种族、宗教、国籍或具有某种政治见解的原因而受迫害，以致留在其本国之外（或该人无国籍，留在其以前经常居住的国家之外），并且由于此项畏惧而不能或不愿受其本国政府保护（或该人无国籍，不能或不愿返回其以前经常居住的国家）的人。

联合国难民署还确定了难民的排除情形。根据1950年《联合国难民署章程》第6条第1款第2项第3目：

> 如有下列各项情况，上述甲款所规定的任何人，即不属于高级专员的主管范围：
>
> ⑴ 该人已自动接受其本国的保护；或者
>
> ⑵ 该人于丧失国籍后，又自动重新取得国籍；或者
>
> ⑶ 该人已取得新的国籍，并享受其新国籍国家的保护；或者
>
> ⑷ 该人已在过去由于畏受迫害而离去或躲开的国家内自动定居下来；或者
>
> ⑸ 该人由于被认为是难民所依据的情况不复存在而不能以个人方便以外的其他理由要求继续拒绝
>
> 受其本国的保护。纯属经济性质的理由，不得援为口实；或者
>
> ⑹ 该人本无国籍，由于被认为是难民所依据的情况不复存在又可以回到其以前经常居住的国家而
>
> 不能以个人方便以外的其他理由要求继续拒绝返回该国。

根据1950年《联合国难民署章程》第7条：

> 但有下列情况的人，即不属于上述第六款所规定的高级专员主管范围：
>
> ⑴ 具有一国以上国籍的人，但该人对其所属各国都符合上一款规定者，不在此限；或者
>
> ⑵ 被其居住地国家主管当局认为具有附着于该国国籍的权利和义务的人；或者
>
> ⑶ 继续从联合国其他机关或机构获得保护或援助的人；或者
>
> ⑷ 有重大理由足以认为犯了引渡条约所列罪行或《国际军事法庭伦敦约章》第六条或《世界人权宣言》第十四条第二款所述罪行的人。

联合国难民署对难民地位的甄别，不受作为1951年《关于难民地位的公约》和1967年《关于难民地位的议定书》缔约国的影响，突破了以前国际难民法认定难民限于国别的窠臼，适用于所有国家。1950年《联合国难民署章程》虽然规定了联合国向难民提供国际保护，致力于永久解决难民问题，但主要是规定高级专员的职权、组织与经费，没有规定难民的法律地位和待遇标准，保护难民的实施机制，难以永久解决难民问题。

第三节　公约难民

公约难民是指被已加入1951年《关于难民地位的公约》和/或1967年《关于难民地位的议定书》的各国政府认定为难民的人。这些人有权主张缔约国给予其难民地位。[①]

一、1951年《关于难民地位的公约》的难民定义

为了弥补1950年《联合国难民署章程》在难民事务方面规定的不足，使国际社会能够普遍和长久地承担保护难民的法律义务，并明确难民的法律地位和待遇标准，联合国在设立难民署的同时，还在1950年12月14日通过了难民和无国籍人地位的全权代表外交会议的429（V）号决议。根据429（V）号决议，1951年7月2—28日召开了难民和无国籍人地位的全权代表外交会议。会议一致通过了《关于难民地位的公约》，公约于1954年4月22日生效。1982年12月23日该公约对中国生效。这是世界上第一个保护难民的普遍性公约。

1951年《关于难民地位的公约》关于难民的定义与1950年《联合国难民署章程》关于难民的定义基本相同，并更为具体。根据《关于难民地位的公约》第1条第1款、第2款：

（一）本公约所用‘难民’一词适用于下列任何人：

（甲）根据1926年5月12日和1928年6月30日的协议、或根据1933年10月28日和1938年2月10日的公约、以及1939年9月14日的议定书、或国际难民组织章程被认为难民的人；国际难民组织在其执行职务期间所作关于不合格的决定，不妨碍对符合本款（2）项条件的人给予难民的地位。

（乙）由于1951年1月1日以前发生的事情并因有正当理由畏惧由于种族、

① 凯特·雅斯特拉姆.玛丽莲·阿奇隆.难民保护：国际难民法指南[M].2004年修订版.联合国难民署.各国会议联盟.138。

宗教、国籍、属于某一社会团体或具有某种政治见解（而遭迫害）的原因留在其本国之外，并且由于此项畏惧而不能或不愿受该国保护的人，或者不具有国籍并由于上述事情留在他以前经常居住国家以外而现在不能或者由于上述畏惧不愿返回该国的人。对于具有不止一国国籍的人，‘本国’一词是指他有国籍的每一国家，如果没有实在可以发生畏惧的正当理由而不受他国籍所属国家之一的保护时，不得认其缺乏本国的保护。

（二）

（1）本公约第一条（一）款所用"1951年1月1日以前发生的事情"一语，应理解为：

(a)“1951年1月1日以前欧洲发生的事情”；或者

(b)“1951年1月1日以前在欧洲或其他地方发生的事情”；缔约各国应于签字、批准、或加入时声明，为了承担本公约的义务，明确对这一用语采用何种解释。

（2）已经采用上述

(a) 解释的任何缔约国，可以随时向联合国秘书长提出通知，采取

(b) 解释以扩大其义务。

虽然以上关于难民的定义只适用于欧洲和1951年以前，但是仍然是国际法上关于难民的最重要定义，为很多国家的国内法所接受。1951年《关于难民地位的公约》还规定了难民的权利与义务以及缔约国应承担的义务，其规定的难民待遇标准是国际法上给予难民的最低待遇标准。

1951年《关于难民地位的公约》关于难民排除情形的规定与1950年《联合国难民署章程》关于难民排除情形的规定基本相同，并更为具体。根据1951年《关于难民地位的公约》第1条第3款：

（三）如有下列各项情况，本公约应停止适用于上述（一）款所列的任何人：

（1）该人已自动接受其本国的保护，或者

（2）该人于丧失国籍后，又自动重新取得国籍；或者

（3）该人已取得新的国籍，并享受其新国籍国家的保护；或者

（4）该人已在过去由于畏受迫害而离去或躲开的国家内自动定居下来；或者

（5）该人由于被认为是难民所依据的情况不复存在而不能继续拒绝受其本国的保护；

但本项不适用于本条（一）款（1）项所列的难民，如果他可以援引由于过

去曾受迫害的重大理由拒绝受其本国的保护。

（6）该人本无国籍，由于被认为是难民所依据的情况不复存在而可以回到其以前经常居住的国家内；

但本项不适用于本条（一）款（1）项所列的难民，如果他可以援引由于过去曾受迫害的重大理由拒绝受其以前经常居住国家的保护。

1951年《关于难民地位的公约》第1条第4—6款还规定：

（四）本公约不适用于目前从联合国难民署以外的联合国机关或机构获得保护或援助的人。

当上述保护或援助由于任何原因停止而这些人的地位还没有根据联合国大会所通过的有关决议明确解决时，他们应在事实上享受本公约的利益。

（五）本公约不适用于被其居住国家主管当局认为具有附着于该国国籍的权利和义务的人。

（六）本公约规定不适用于存在着重大理由足以认为有下列情事的任何人：

（甲）该人犯有国际文件中已作出规定的破坏和平罪，战争罪或危害人类罪；

（乙）该人在以难民身份进入庇护国以前，曾在庇护国以外犯过严重的非政治罪行；

（丙）该人曾有违反联合国宗旨和原则的行为并经认为有罪。

1951年《关于难民地位的公约》的最初目的是处理第二次世界大战后欧洲的遗留问题，对难民作出了时间限制性和地域选择性规定。[①] 第1条第2款第1项规定："（二）（1）本公约第一条（一）款所用'1951年1月1日以前发生的事情'一语，应理解为：(a)'1951年1月1日以前欧洲发生的事情'；或者(b)'1951年1月1日以前在欧洲或其他地方发生的事情'；缔约各国应于签字、批准、或加入时声明，为了承担本公约的义务，明确对这一用语采用何种解释。"这使得公约只能适用于1951年以前发生的难民，并且缔约国可以自由决定公约仅适用于发生在欧洲的难民，或适用发生在欧洲或其他地方的难民。

难民定义除限制时间和地点外，使用了"有正当理由畏惧"（well-founded fear）、"遭迫害"（being persecuted）、"社会团体"（particular social group）等模糊词，没有确定其范围和程度，没有说明进行迫害的机构，造成了学术和实践对难民定义的争

① 凯特·雅斯特拉姆.玛丽莲·阿奇隆.难民保护：国际难民法指南（中文本）[M].2004修订版.联合国难民署.各国会议联盟.第1页。

论。Ferzy Sztucki 认为：1951年《关于难民地位的公约》使用了模糊词，是因为起草者默契地认为，公约只是针对第二次世界大战结束后的欧洲难民，不需要精确的词，甚至认为精确的词反而限制了公约的弹性。[①] 但是 Ivor Jackson 认为，1951年《关于难民地位的公约》使用模糊词造成在实践中，有些国家为了逃避保护难民义务，便声称因为内战、内乱或受到国内人权侵害而逃离者不属于公约的“遭迫害”的人，而拒绝提供保护。[②]

二、1967年《关于难民地位的议定书》的难民定义

1951年《关于难民地位的公约》对难民定义作出的时间限制、地域选择和模糊词，使得1951年以后发生的难民和1951年以前发生的在欧洲以外地区的难民得不到保护。1951年以前发生的在欧洲以外地区的难民是客观存在的。随着冷战的开始，被殖民国家独立浪潮的开始，许多非欧洲地区冲突产生的难民越来越多，这些多数不符合1951年《关于难民地位的公约》的难民定义。因此有必要扩大1951年《关于难民地位的公约》的适用范围，使得非欧洲地区的难民也能获得同样的保护。

1966年12月16日，联合国大会通过了扩大难民适用范围的《关于难民地位的议定书》的2198（XXI）号决议。1967年10月4日《关于难民地位的议定书》生效，1982年12月23日该议定书对中国生效。2198（XXI）号决议和《关于难民地位的议定书》都强调了扩大难民适用范围的目的。2198（XXI）号决议规定：“考虑到1951年《关于难民地位的公约》只适用1951年1月1日前发生的事情之难民，该公约之后出现的新的难民情况不属其范围，为了使所有难民公平地享受公约难民的权利，联合国难民署方案执行委员会和经济及社会理事会审议提出一个议定书草案以弥补公约的不足，它包括了所有情况下的难民……”1967年《关于难民地位的议定书》序言指出：“考虑到1951年7月28日订于日内瓦的《关于难民地位的公约》仅适用于由于1951年1月1日以前发生的事情而变成难民的人。考虑到自通过公约以来，发生了新的难民情况，因此，有关的难民可能不属于公约的范围。考虑到公约定义范围内的一切难民应享有同等的地位而不论1951年1月1日这个期限，是合乎愿望的”。

1967年《关于难民地位的议定书》取消了1951年《关于难民地位的公约》对难民定义的时间限制和地域选择的规定，其难民定义适用于所有国家和任何时候。1967年《关于难民地位的议定书》第1条第2、3款规定：

---

① Nocholson, Frances and Twomey, Patrick. *Refugee Rights and Realities: Evolving International Concepts and Regimes*. New York: Cambridge University Press, 1999. 58.

② Jackson, Ivor C. The 1951 Convention Relations to the Status of Refugees: A Universal Basis of Protection. *International Journal Refugee Law*, 1991(3). 403-413.

二、为本议定书的目的，除关于本条第三款的适用外，‘难民’一词是指公约第一条定义范围内的任何人，但该第一条（一）款(2)项内‘由于1951年1月1日以前发生的事情并……’等字和‘……由于上述事情’等字视同已经删去。

三、本议定书应由各缔约国执行，不受任何地理上的限制，但已成为公约缔约国的国家按公约第一条（二）款(1)项(a)目所作的现有声明，除已按公约第一条（二）款(2)项予以扩大者外，应在本议定书下适用。

1967年《关于难民地位的议定书》与1951年《关于难民地位的公约》构成了一个整体，但又独立于后者单独存在。一国加入1967年《关于难民地位的议定书》，表明该国同意按照1967年《关于难民地位的议定书》提出的难民定义，对所有符合定义者执行1951年《关于难民地位的公约》的大部分条款（第2—34条）。但是绝大多数国家选择同时加入1967年《关于难民地位的议定书》和1951年《关于难民地位的公约》。通过这种做法，各国重申，这两份国际文件构成国际难民保护制度的核心。①

第四节　扩展难民

扩展难民是指根据地区性国际文件规定的扩展后难民定义或者以此为习惯国际法被各国确认为难民，并且有权享受该地区性国际文件规定的各项权利，主张缔约国或者承认该扩展后难民定义为习惯国际法的国家，给予其难民地位的人。为了使所有难民公平地享受公约难民的权利，一些地区的国家根据扩展难民范围的需要，制定了比1967年《关于难民地位的议定书》难民内涵更为宽泛的区域国际文件。目前的扩展难民的定义主要见于非洲、美洲和欧洲地区的有关难民的区域文件，逐渐发展为习惯国际法，被很多国家接受。

一、1969年《关于非洲难民问题某些特定方面的公约》的难民定义

（一）1969年《关于非洲难民问题某些特定方面的公约》关于难民范围的扩展

虽然1967年《关于难民地位的议定书》取消了1951年《关于难民地位的公约》对难民定义的时间限制和地域选择的规定，但是其难民内涵依然局限在“有正当理由畏惧由于种族、宗教、国籍、属于某一社会团体或具有某种政治见解（而遭迫害）的原因留在其本国之外，并且由于此项畏惧而不能或不愿受该国保护的人，或者不具有

① 凯特·雅斯特拉姆.玛丽莲·阿奇隆.国际难民法指南（中文本）[M].2004修订版.联合国难民署.各国议会联盟.第10页。

国籍并由于上述事情留在他以前经常居住国家以外而现在不能或者由于上述畏惧不愿返回该国的人”，简而言之受政治迫害者。实践中，非受政治迫害的情况不断出现。自1950年代后期以来，越来越多的非洲人逃离战争和内乱，由此导致1969年非洲统一组织通过了《关于非洲难民问题某些特定方面的公约》，其难民定义扩展了难民范围，不再限于受政治迫害者，这是目前世界上关于难民问题的公认的最全面和最重要的区域性公约。该《公约》作为1951年《关于难民地位的公约》、1967年《关于难民地位的议定书》的补充，共同构筑了非洲境内难民国际保护制度的基础。[①]

非洲国家认为，1951年《关于难民地位的公约》、1967年《关于难民地位的议定书》难民定义(有重大理由畏惧迫害)的含义不够宽，不能包括非洲所有的难民情况。1969年非洲统一组织《关于非洲难民问题某些特定方面的公约》第1条第1款保留了1967年《关于难民地位的议定书》的难民定义的内容，第1条第2款增加了一些更为客观的难民甄别条件。该《公约》第1条第2款规定:“难民一词也适用于凡由于外来侵略、占领、外国统治或严重扰乱其原住国或国籍所属国的一部分或全部领土上的公共秩序的事件，而被迫离开其常住地到其原住国家或其国籍所属国以外的另一地去避难的人。”凡逃离外来侵略、占领、外国统治或严重扰乱的人有权向非洲统一组织的缔约国申请难民地位，无论其是否有充足的理由担心自己受到迫害。

第二次世界大战后，非洲发生了各种形势的政治迫害，严重的外国侵略、占领和统治及内乱，大量人员因此集体逃往其他国家。在这种情势下，一国无法逐一审查每个涌入者主观上是否有正当理由的畏惧迫害，只能依据他们的逃离国家的客观情况进行甄别[②]。1969年非洲统一组织《关于非洲难民问题某些特定方面的公约》序言第1、2段提出:“一、关切地注意到非洲不断增长的难民人数，希望寻求减轻其苦难和悲痛的途径及方法，并向他们提供较好的生活和前途；二、认识到有必要采取基本上人道主义的方法来解决难民问题。”1969年《关于非洲难民问题某些特定方面的公约》增加的难民甄别的客观条件，为缔约国在难民大规模涌入情况下进行集体甄别，以更有效地进行援助和保护提供了法律依据。

1969年非洲统一组织《关于非洲难民问题某些特定方面的公约》难民定义强调的外来侵略和统治，不仅指针对当时葡萄牙和南非种族主义政权为了威胁向正在争取独立的殖民地人民提供援助的邻国而发动的战争所作的规定，还指日后可能发生的来自非洲以外的侵略、占领和外国统治。在葡萄牙殖民帝国崩溃前，葡萄牙殖民者多次轰炸和袭击了设在塞内加尔、几内亚、博茨瓦纳、赞比亚和坦桑尼亚的居住着安哥拉、

---

① 联合国第67届大会2012年12月20日决议,《向非洲境内难民、回返者和流离失所者提供援助》，A/RES/67/150。

② 夏吉生. 非洲难民的几个国际法问题[J]. 中国国际法年刊. 法律出版社. 1987. 86。

莫桑比克和几内亚比绍等国难民的营地。南非种族主义者为了同样目的，更是经常对邻国发动军事袭击。

（二）1969年《关于非洲难民问题某些特定方面的公约》要求难民不得从事颠覆活动

明确禁止难民从事颠覆活动，对于减少扩展难民范围后可能引起的缔约国间关系紧张十分必要。为了逃避迫害而离开本国的难民同跑到国外只是为了从事颠覆本国政府活动的人，在性质上是不同的。[①] 序言第4段指出："把寻求和平和正常生活的难民，同逃离本国仅仅是为了从外部进行颠覆活动的人区别开来。"序言第5段指出："决定依照1965年在阿克拉通过的关于颠覆问题的宣言和关于难民问题的决议，阻止这些颠覆分子进行活动。"第3条进一步规定：

> 一、每一难民对其所在国均负有义务，特别要求他遵守该国的法律和规章以及为维护公共秩序而采取的措施。他也不得从事反对非洲统一组织任何成员国的任何颠覆活动。
>
> 二、缔约各国承允禁止居留在各自领土上的难民通过报刊或广播，特别是使用武器，进行可能造成成员国间紧张局势的任何活动来攻击非洲统一组织的任何成员国。

（三）1969年《关于非洲难民问题某些特定方面的公约》关于难民地位丧失情形的扩展

1969年《关于非洲难民问题某些特定方面的公约》第1条第4款规定：

> 四、本公约应停止适用于任何难民，如果：
>
> （一）该人已自动再接受其国籍所属国的保护：或者
>
> （二）该人于丧失国籍后又自动重新取得原来的国籍；或者，
>
> （三）该人已取得新的国籍并享受其新国籍所属国家的保护；或者
>
> （四）该人已在过去由于畏惧受迫害而离去或躲开的国家内自动定居下来；或者
>
> （五）该人由于被认为是难民所依据的情况不复存在，而不能继续拒绝受其国籍所属国的保护；或者
>
> （六）该人在以难民身份准许进入庇护国之后，曾在庇护国以外犯过严重的

① 潘蓓英.非洲难民问题难解之源[J].西亚非洲2000(1).35-36。

非政治性罪行；或者

（七）该人曾严重地违反本公约的宗旨和目标。

与1951年《关于难民地位的公约》关于难民地位丧失情形的规定相比，上述规定的第6、7种情形为新情形，第1—5种情形与1951年《关于难民地位的公约》第1条第3款第1—5项规定的难民地位丧失情形相同。减去了1951年《关于难民地位的公约》第1条第3款第6项："该人本无国籍，由于被认为是难民所依据的情况不复存在而可以回到其以前经常居住的国家内；但本项不适用于本条（一）款（1）项所列的难民，如果他可以援引由于过去曾受迫害的重大理由拒绝受其以前经常居住国家的保护。"

1969年《关于非洲难民问题某些特定方面的公约》增加了"严重违反公约的宗旨和目标"的难民地位丧失情形，主要是考虑非洲的难民问题必须根据非洲情况来解决。[①]1969年《关于非洲难民问题某些特定方面的公约》序言规定了宗旨和目标："关切地注意到非洲不断增长的难民人数，希望寻求减轻其苦难和悲痛的途径及方法，并向他们提供较好的生活和前途；认识到有必要采取基本上人道主义的方法来解决难民问题；但是，理解到难民问题是造成许多成员国互相磨擦的根源，并希望消除这种不和睦的根源；牢记《联合国宪章》和《世界人权宣言》所肯定的人人享有基本权利和自由而不受歧视的原则。"如果寻求庇护者曾严重地违反这些宗旨和目标，显然有损于非洲难民问题的解决，其难民身份应予终止。1969年《关于非洲难民问题某些特定方面的公约》增加了"该人在以难民身份准许进入庇护国之后，曾在庇护国以外犯过严重的非政治性罪行"的难民地位丧失情形，则是为了遏制获得难民地位者从事严重的非政治性犯罪活动。

（四）1969年《关于非洲难民问题某些特定方面的公约》关于难民地位排除情形的扩展

1969年《关于非洲难民问题某些特定方面的公约》第1条第5款规定：

五、本公约的规定不适用于庇护国有重大理由认为属于下列情况的任何人。

（一）该人犯有国际文件中已作出规定的破坏和平罪、战争罪或违反人道罪；

（二）该人在以难民身份准许进入庇护国以前，曾在庇护国以外，犯有严重的非政治性罪行；

（三）该人曾有违反非洲统一组织宗旨和原则的行为并经认为有罪；

① 梁淑英.国际难民法[M].知识产权出版社.2009.57。

（四）该人曾有违反联合国宗旨和原则的行为并经认为有罪。

与1951年《关于难民地位的公约》关于难民地位排除情形的规定相比，上述规定的第1、2和4种情形，与1951年《关于难民地位的公约》第1条第6款规定的难民地位排除情形相同，第3种情形为新增情形。同时减去了1951年《关于难民地位的公约》第1条第4款关于从其他联合国机构获得保护的人，以及第5款关于具有附着于庇护国国籍权利和义务的人等两种情形。

1969年《关于非洲难民问题某些特定方面的公约》增加"该人曾有违反非洲统一组织宗旨和原则的行为并经认为有罪"，是因为非洲统一组织宗旨和原则主要是促进非洲国家的统一和团结，改善非洲各国人民的生活，保卫他们的主权、领土完整与独立等。[①] 非洲统一组织成立后，在促进民族解放，加强各国的团结与合作，调解地区冲突，协调对各种国际问题的立场等方面发挥了很大作用，为和平进步事业作出了重大贡献。在发展非洲经济，改善人民生活方面，非统组织也作出了积极的努力。如果给予违反非洲统一组织宗旨和原则并经认为有罪的人庇护，无疑有损于非洲和非洲各国的利益。

1969年《关于非洲难民问题某些特定方面的公约》减去1951年《关于难民地位的公约》第1条第4款"目前从联合国难民署以外的联合国机关或机构获取保护和援助的人"的规定，主要因为《公约》签订时，此种情形在非洲很可能不存在。减去1951年《关于难民地位的公约》第1条第5款关于具有附着于庇护国国籍权利和义务的人的规定，则主要因为非洲民众的国家边境认识不十分清晰。非洲民族、部族众多和复杂。在殖民统治时期，为了殖民统治的需要，同一个民族、部族被分割到几个国家中。对于同属一个民族、部族的居民来说，他们对国家边境的认识比其他洲居民对国家边境的认识要模糊，经常越过边境，而且越过边境之前和之后的权利和义务没有太大差异。如果将具有附着于庇护国国籍权利和义务的人包括在难民地位丧失情形之列，很多非洲难民将丧失难民身份，无法获得救助和保护。

---

① 1863年《非洲统一组织宪章》第2条第1款规定："一、本组织的宗旨如下：（一）促进非洲国家的统一与团结；（二）协调并加强它们之间的合作与努力以改善非洲各国人民的生活；（三）保卫它们的主权、领土完整与独立；（四）从非洲根除一切形式的殖民主义；并（五）在对《联合国宪章》与《世界人权宣言》给予应有的尊重的情况下促进国际合作。"第3条规定："为了实现第二条中所述的宗旨，成员国庄严地确认和申明它们遵循以下原则：一、各成员国的主权一律平等；二、不干涉各国内政；三、尊重各个成员国的主权与领土完整和独立生存的不可剥夺的权利；四、通过谈判、调解、和解或仲裁，和平解决争端；五、无保留地谴责一切形式的政治暗杀及邻国或任何其他国家所进行的颠覆活动；六、彻底献身于完全解决仍未独立的非洲领土；七、重申对一切集团的不结盟政策。"

二、1984年《卡塔赫纳宣言》的难民定义

1980年代，尼加拉瓜、萨尔瓦多和危地马拉都爆发了内战，共有200多万人被迫逃离家园，带来了严重的经济和社会问题。为了应对这种危机，1984年11月，一些拉丁美洲国家的政府代表和法学家通过了《关于中美洲国家难民问题的卡塔赫纳宣言》(《卡塔赫纳宣言》)。1984年《卡塔赫纳宣言》第三部分第三段指出："建议本地区使用的难民定义应在1951年《关于难民地位的公约》和1967年《关于难民地位的议定书》包括的诸因素外，还包括因普遍暴力、外国侵略、国内冲突、大规模侵犯人权行为或严重扰乱公共秩序的其他情况。"

1984年《卡塔赫纳宣言》对"难民"定义的扩展与1969年《关于非洲难民问题某些特定方面的公约》对难民定义的扩大相似，除"普遍暴力、外国侵略、国内冲突或严重扰乱公共秩序"外，增加了更为客观的原因——"大规模侵犯人权"。寻求庇护者只需证明客观上因为"普遍暴力、外国侵略、国内冲突、大规模侵犯人权行为或严重扰乱公共秩序的其他情况"而生命、安全或自由受到威胁，不需证明主观上有畏惧。1984年《卡塔赫纳宣言》还阐明了不推回原则、融合难民的重要性，承诺将努力消除难民问题根源。2001年第一次缔约国会议通过的《1951年关于难民地位的公约及(或)其1967年议定书缔约国的宣言》前言第3段指出："认识到1984年《卡塔赫纳宣言》对解决难民问题的重要性。虽然1984年《卡塔赫纳宣言》是宣言性质文件，对国家没有拘束力，但是美洲国家组织、联合国大会和为联合国难民署提供咨询意见的执行委员会都对《卡塔赫纳宣言》表示赞同。"2011年在科特迪瓦冲突中逃离的难民在几个邻国集体获得难民地位，就是一个很好的例证。截至2011年6月，已有15项国家法律将其作为依据，其原则也多次得到赞同，2010年通过的《关于保护美洲的难民和无国籍人的巴西利亚宣言》即是如此。①

三、2004年《欧盟难民保护指令》的难民定义

2004年9月，欧盟实施《欧盟关于第三国公民或无国籍人作为难民或需要国际保护人员的资格和地位以及给予保护的最低标准的指令》(*Council Directive 2004/83/EC of 29 April 2004 on Minimum Standards for the Qualification and Status of Third Country Nationals or Stateless Persons as Refugees or as Persons Who otherwise Need International Protection and the Content of the Protection Granted*)(简称2004年《欧盟难民保护指令》)。2004年《欧盟难民保护指令》作为难民方面的实体性规则，为欧

---

① 联合国大会第62届会议决议，联合国难民高级专员报告：关于国际保护的说明，A/AC.96/1098，2011年6月28日，第6段。

盟成员国认定难民（甄别真实需要国际保护的人员）提供了共同准则，确保这些被认定难民在所有成员国能够获得最低限度的保护。该指令是欧盟第一个具有法律约束力的超国家区域性范畴的法律文件，在欧盟层面确认认定难民和国际保护人员的标准，以及难民和国际保护人员能够获得的实体权利保护，还要求所有成员国采取一切适当措施消除难民方面的国内立法与欧盟立法和参加的国际公约之间不一致的规定。[①]

2004年《欧盟难民保护指令》第2条采用了1951年《关于难民地位的公约》的难民定义，但是通过第9条迫害行为和第6—8条迫害主体，承认了非国家迫害和性别迫害。与联合国难民署1979年《审定难民地位程序和标准手册和指南》相比，将迫害源自国家机构扩展至控制国家或者国家大部分领域的政党或组织，以及非国家政党、组织或个人，将迫害是由于种族、宗教、国籍、属于某一社会团体或具有某种政治见解扩展至由于性别，事实上拓展了难民定义的内涵。2004年《德国移民法》第60条第1款援用了这些规定。

2004年《欧盟难民保护指令》明确地扩大了难民定义中的迫害或严重危害行为主体（actors of persecution or serious harm）的范围。第6条规定："迫害行为或者严重危害可以源自：（a）国家；（b）控制国家或者国家部分领域的政党或者组织；（c）非国家主体，如果（a）和（b）规定的主体不能或者不愿提供排除迫害的保护。"第8条规定："如果寻求庇护者来源国的部分领域不存在迫害畏惧或者严重伤害的真实危险，而且寻求庇护者能够在该领域居住，则成员国有权据此决定寻求庇护者无需国际保护。"在缺少国家保护的情况下，如果非国家主体例如私人实体得到国家授权，其迫害行为可以被认为是难民法意义上的迫害行为。[②]

2004年《欧盟难民保护指令》对迫害行为（acts of persecution）和严重危害行为（serious harm）作了扩大性规定。第9条第1款规定：迫害行为必须是：（1）由于足够严重性或重复性构成对侵犯基本人权，特别是减损1950年《欧洲人权公约》第15条第2款规定的权利；（2）多种行为的累积，包括足以影响个人的与上述规定类似的侵犯个人基本人权的行为。第9条第2款规定，迫害行为可以以下列方式存在：（1）肉体或者精神的暴力行为，包括性暴力；（2）法律、行政、警察、司法方面措施本身存在歧视或者执行这些措施时有歧视；（3）不适当或者歧视性的迫害或者处罚；（4）不给予受不适当或者歧视性的迫害或者处罚者司法救济；（5）因为服兵役会导致犯战争罪等行为而拒绝服兵役，由此受到的迫害或者处罚；（6）特别针对性别或者儿童实施的行为（acts of a gender-specific or child-specific nature）。第15条规定：严重危害行

---

① 郝鲁怡.欧盟国际移民法律制度研究[M].人民出版社.2011.245.

② 2004年《欧盟关于第三国公民或无国籍人作为难民或需要国际保护人员的资格和地位以及给予保护的最低标准的指令》第6条。

为包括:（1）死刑;（2）在申请人来源国的酷刑、不人道或者有辱人格的待遇或处罚;（3）在国际或者国内武装冲突中的不加区别的暴力对平民的生命和生活构成严重的个别的危险。在2011年《欧洲委员会预防和打击暴力侵害妇女行为及家庭暴力公约》起草工作中，有关性别迫害和认识到性别差异的庇护程序的用语得到了正确反映，与性别歧视有关的迫害形式已被纳入“难民”定义的范畴。[①]

联合国难民署在1979年《审定难民地位程序和标准手册和指南》中指出：迫害通常是由国家当局实施的，但是由地方或个人所实施的严重歧视或其他侵害性行为也可以被认为是迫害，如果国家当局知情而容忍这些行为，或者国家当局拒绝或无力提供有效保护的话。[②] 如果迫害行为主体只是国家当局，那么因为内乱、种族冲突或者非国家当局引起的迫害或者有理由畏惧迫害而逃离本国者将不符合难民定义。联合国难民署在2003年《对难民、自愿遣返者和国内流离失所者的性暴力与性别暴力预防和应对指导方针》中指出：由于种族、宗教、国籍、具有某种政治见解或属于某一社会团体而遭到强奸或其他形式的性暴力，可以将这种情况看成是迫害。[③] 1979年《审定难民地位程序和标准手册和指南》和2003年《对难民、自愿遣返者和国内流离失所者的性暴力与性别暴力预防和应对指导方针》都是指南性文件，不具有法律约束力。

第五节　联合国难民署关注人群

一、联合国难民署关注人群的范围

联合国难民署关注人群是指联合国难民署关注其保护和援助需求的所有人，包括:（1）经1967年《关于难民地位的议定书》修订后的1951年《关于难民地位的公约》定义的难民;（2）1969年《关于非洲难民问题某些特定方面的公约》、1984年《卡塔赫纳宣言》定义的难民;（3）临时保护者;（4）补充保护者;（5）无国籍人;（6）国内流离失所者（在某些情况下）;（7）自愿遣返者，前难民和国内流离失所者;（8）寻求庇护者;（9）据认为无需给予国际保护的人员。[④]

联合国难民署代表以上人群行使权力的法律基础是1951年《关于难民地位的公

① 联合国大会第62届会议决议，联合国难民高级专员报告：关于国际保护的说明，A/AC.96/1098，2011年6月28日第4段。

② 1979年《审定难民身份程序和标准手册和指南》（2011年修订）第65段。

③ 联合国难民署.对难民、返回者和国内流离失所者的性暴力与性别暴力预防和应对指导方针.联合国难民署.2003.109。

④ 联合国难民署高级专员2000年的报告，联合国大会正式记录第56届会议补编第12号(A/56/12)导言第2段。联合国难民署高级专员的报告（2007年1月1日至2008年6月30日），联合国大会正式记录第63届会议补编第12号(A/63/12)，16-18。

约》、1967年《关于难民地位的议定书》、1969年《关于非洲难民问题某些特定方面的公约》、1984年《卡塔赫纳宣言》，以及联合国大会的有关难民的各项决议。[①] 1950年《联合国难民署章程》第3条规定："高级专员遵循大会或经济及社会理事会所颁发之政策指示"。联合国大会和经济及社会理事会可以根据该条将难民署关注的人由难民扩展到其他人群。1957年，联合国大会首次授权难民署向不符合法定难民定义，但是其处境应受到国际社会关注的人提供援助。[②] 1959年，联合国大会呼吁给予不符合难民定义但处于困境的人特别关注，并认可难民署通过斡旋安置未在联合国援助范围的人的贡献。[③]

二、临时保护者

（一）临时保护的定义的依据

联合国难民署认为，临时保护是指当大规模人员为逃离武装冲突、严重侵犯人权或其他形式的迫害而抵达时所作出的迅速的、短期的回应，是应对紧急情况的一种手段。大规模人员涌过边界时，对他们逐一进行难民地位申请审理不现实也不可能，采取初步或集体甄别才有意义，这样可以将保护和援助扩大到他们。多数临时保护计划为某地区所有逃离普遍冲突或人权践踏的人们提供庇护。临时保护只持续到促使人们逃离的情势已经有根本改变的时候。临时保护曾被一些西欧国家用于保护逃避1990年代初在前南斯拉夫发生的冲突的人。

大规模涌入人员属于联合国难民署认为的难民，其中许多人符合1951年《关于难民地位的公约》和1967年《关于难民地位的议定书》的难民定义，因此依据国际难民法中的原则给予他们临时保护。[④] 1981年，联合国难民署第22号决议中指出：在人员大规模是涌入的情况下，应准许他们进入首先寻求庇护的国家，即使该国无法长期收留他们，也应该在任何时候至少短期收留他们并提供保护。1998年，各国议会联盟第99届大会指出：大会敦促国际社会向因难民和流离失所者涌入而受到影响的国家提供及时、迅速的人道主义援助和支持，尤其通过大众的关爱和支持来帮助他们。

---

① 凯特·雅斯特拉姆.玛丽莲·阿奇隆.难民保护：国际难民法指南[M].2004年修订版.联合国难民署.各国会议联盟.24-25.

② 联合国大会1956年11月21日1129（XI）决议和1956年11月26日1167（XII）号决议认可了联合国难民署对匈牙利难民的援助。

③ 联合国大会1959年11月20日1388（XIV）号决议。

④ 凯特·雅斯特拉姆.玛丽莲·阿奇隆.难民保护：国际难民法指南[M].2004年修订版.联合国难民署.各国会议联盟.64。

（二）临时保护者的地位

少数国际文件明确针对临时保护中人员地位或者国家义务作出了阐述和规定。1979年联合国难民署方案执行委员会在第15号难民国际保护决议中指出：在大规模人员涌入中，寻求庇护者应该至少得到临时保护，但是没有明确临时保护的内容，这给大规模涌入人员和接受国都带来了不便。1980年，难民署方案执行委员会在第19号决议中，专门阐述了临时保护的一些原则，例如不推回绝境原则、国家公平分摊原则等。

对大规模涌入中被临时保护者较为集中的阐述出现在1981年联合国难民署难民国际保护小组委员会通过的第22号决议“大规模涌入中的寻求庇护者的保护”。它规定了16条国家应给予寻求庇护者的最低待遇标准。这些标准在持久性解决方案悬而未决的时候予以适用。当在一段时间内，大规模涌入问题无任何进展时，这些最低标准下的法律地位应当被转变为公约难民地位或其他与难民状况相适应的其他法律保护。但是，由于第22号决议不具有法律约束力，其与其他国际难民保护公约或文件之间的关系不十分明确。1982年，联合国难民署方案执行委员会在第28号决议中重申指出：在人员大规模涌入的情况下，应准许他们进入首先寻求庇护的国家，即使该国无法长期收留他们，也应在任何时候至少短期收留他们并提供保护。

大规模涌入人员获得临时保护时至少享有最低待遇。1982年，联合国难民署方案执行委员会在第28号决议中指出：在人员大规模涌入时，如果他们的地位不能迅速得到甄别，应为他们执行最低待遇标准。最低待遇标准包括：获得安全，不得歧视；免于被遣返；提供充分的接待便利，包括迅速登记；在庇护国的临时居留权；符合难民署方案执行委员会制定的最低人道主义标准的待遇，包括：提供住所，提供帮助或工作机会，享有基本医疗的权利，儿童有接受教育的权利；尊重基本的人权，包括司法权和行动自由权；为难民和分散在其他庇护国的家人提供团聚的可能，协助安排寻找失散的家人。

大规模涌入人员享有作为人的基本权利。1966年《公民权利和政治权利国际公约》第2条规定：“本公约每一缔约国承担尊重和保证在其领域和受管辖的一切个人享有本公约所承认的权利，不分种族、肤色、性别、语言、宗教、政治或其见解，国籍或社会出身、财产、出生或其他身份等任何区别。”1966年《公民权利和政治权利国际公约》所规定的国家需以宪法程序以及其他必要步骤保证实现的权利，应当是临时保护的难民保护体系中，难民在接受国所应当享有的权利，特别是公约第4条规定的“在社会紧急状态或威胁到国家的生命”时仍然不得克减的义务，更是临时保护的最低限度，应当得到庇护国的尊重。这些权力是：生命权、人道主义待遇权、任何人不得使为奴隶，不得强迫劳动；不仅因无力履行约定义务而被监禁的权利；不受有追溯法律的约束权；法律前的人格权；思想、良心和宗教自由。

一些公约或宣言等形式的国际文件部分规定了临时保护下大规模人员所应当享有的权利。1967年《领土庇护宣言》第3条第(3)款规定："倘一国于任何案件中决定有理由对本条第一项所宣告之原则例外办理，该国应考虑能否于其所认为适当之条件下，以暂时庇护或其他方法予关系人以前往另一国之机会。"因此，临时保护难民在适当情况下，至少可以享有"前往另一国之机会"，尽管这是一个极具限制性的条款。1984年《禁止酷刑和其他残忍、不人道或有辱人格的待遇或处罚公约》第2条规定，如果有充分理由相信回归者有遭受酷刑危险，则不得推回。

三、补充保护者

（一）补充保护者的定义和依据

补充保护者（person eligible for subsidiary protection），又称次要保护者、事实难民、辅助性保护者，是指获得次要性难民保护的人。寻求庇护者不符合难民定义的要求，但是存在使生命和自由面临巨大危险的情形，可以获得补充保护在庇护国居留。对于需要国际保护的人，人们在审查他们的难民地位申请后发现，他们不符合1951年《关于难民地位的公约》的难民定义。这些人逃离武装冲突、严重内乱和其他形式的严重伤害，但是没有1951年《关于难民地位的公约》难民定义要求的理由。他们符合1969年《关于非洲难民问题某些特定方面的公约》和1984年《卡塔赫拉宣言》中更为广泛的难民定义，因而在联合国难民署关注的人之列。他们应获得正式和合法的地位，并持续一段必需的时间，享有明确的权利和义务。①

（二）补充保护的实践

在欧洲，2004年《欧盟难民保护指令》第15条规定：补充保护适用于酷刑和其他残忍、不人道或有辱人格的待遇或处罚，有被判处死刑或者执行死刑的危险，个人生命由于国际或者国内武装冲突面临巨大危险等情形。该《指令》将难民和次要保护合称国际保护（refugee and subsidiary protection are called international protection）。

在法国，补充保护的对象是不完全符合避难身份，但可能面临如下危险的人：（1）死亡;（2）酷刑，非人道或有辱人格的待遇和处罚;（3）直接遭受国内或国外武装冲突严重威胁。法国难民与无国籍保护局（L'office français de protection des réfugiés et apatrides, OFPRA）认为威胁难民的危险已不存在，辅助性庇护居留到期后则不会延长。难民身份和辅助性庇护由法国难民与无国籍保护局（OFPRA）负责授

① 凯特·雅斯特拉姆.玛丽莲·阿奇隆.难民保护：国际难民法指南[M].2004年修订版.联合国难民署.各国会议联盟.64。

予，由国家级难民权益法院（La Cournationale du droit d'asile, CNDA）全权裁决。[①]

在德国，补充保护适用于尽管寻求庇护者不符合难民定义的要求，但是存在着使生命和自由遭受巨大危险的情形（neither the right to asylum nor refugee protection can be granted, but grave dangers nonetheless exist for liberty, life or limb）。巨大危险可以源于但不限于政治迫害，必须是存在于寻求庇护者遣返目的地国，也就是说是与目的地国有关的遣返障碍。2009—2011年，德国共给予6,495名外国人补充保护地位，是同期给予22,970名外国人难民地位的28.27%。其中的2011年，德国给予2,575人补充保护地位，占当年给予7,100名外国人难民地位的36.27%。

2004年《德国移民法》(2007年修订）第25条第3款和第60条第2、3、5或7款规定：补充保护居留许可适用于以下四种情形：(1）不能遣返外国人至其将面临酷刑、不人道或者有辱人格的待遇或处罚的真实危险的国家；(2）不能遣返外国人至其将面临被处以死刑或者执行死刑的危险的国家；(3）不能遣返外国人至1950年《欧洲人权公约》禁止驱逐出境至的国家；(4）不能遣返外国人至生命和自由受到具体和严重威胁的国家。而且，不能遣返平民至生命或自由由于国际或国内武装冲突面临严重的个人的危险。寻求庇护者生命和自由面临的威胁必须是针对其个人的，而不是针对来源国所有人。另外，根据2004年《德国移民法（2007年修订）》第60条第7款，如果外国人被遣返，个人健康会受到严重伤害，健康状况也可能导致给予补充保护。如果外国人被遣返导致病情显著恶化甚至危及生命，可以视之为个人健康受到严重伤害。

德国补充保护者有权获得有限制的居留许可，根据所附条件在德国居留，直至遣返障碍消除。补充保护者的居留许可有效期至少一年。实践中，补充保护者收到的居留许可是1年或者2年[②]。外国人获得德国补充保护的法律地位后，在失业救济、医疗保障和中小学教育方面享有与德国公民一样的权益，自动获得失业救济、医疗保障和国家资助就读小学和中学。另外，外国人获得德国补充保护的法律地位后，在就业、家庭救济、住房、大学教育、家庭团聚方面，享有有限的权益。

四、寻求庇护者

联合国难民署认为，寻求庇护者（asylum seeker）是指向国家或者联合国难民署申请难民地位，正在等候最终审理结果的人。在难民地位申请得到公平的审查之前，依据不推回原则，寻求庇护者有权不被遣返回国，并有权享受符合人道主义标准的

---

① 法国内政、海外、地方政府与移民事务部. 申请避难指南2011版. 2011, 3。

② Allen, Tim. *EU Member States Granted Protection to 84,100 Asylum Seekers in 2011*. Eurostat Press Office News Release. 96/2012 - 19 June 2012.

待遇。[①]

2003年，联合国大会通过了第A/RES/57/187号决议，敦促所有国家和有关非政府组织和其他组织与难民署一道，本着国际团结和共挑重担、分担责任的精神，合作并调集资源，以便增强已收容大批难民和寻求庇护者的国家的能力和减轻它们所承受的沉重负担。[②] 联合国难民署方案执行委员会作出了关于在大规模涌入的情况下保护寻求庇护者的第22号决议、关于拘留难民和寻求庇护者的第44号决议，关于保卫庇护所的第82号决议，以及关于难民和寻求庇护者登记的第91号决议。联合国难民署方案执行委员会在2002年《关于各个庇护系统接纳寻求庇护者的决议》中指出：在促进各国同难民署之间的合作方面，难民署为了行使其国际保护的职责，应该获得有关寻求庇护者的数据；同时寻求庇护者也有权与难民署取得联系；强调寻找永久解决办法的责任和费用的分摊，促进和加强了资源有限的东道国在难民署的监督下接纳寻求庇护者和作出必要的接纳安排的能力；促请各国和难民署同其他有关的行为者合作，同针对寻求庇护者的种族主义、种族歧视、仇外心理以及相关的不容忍行为作斗争，并且采取适当措施创造或者加强同当地社区的和睦关系。

五、国内流离失所者

（一）国内流离失所者的定义

根据联合国难民署1998年《国内流离失所问题指导原则》导言第二段，国内流离失所者（internal displaced persons）是指被强迫或不得不逃离或离开家园或习惯住处的个人或群体，他们离乡尤其是迫于或为了逃避武装冲突、普遍暴力、侵犯人权行为或天灾人祸，但他们并没有越过国际承认的国家边界。流离失所一般都为受影响的人民带来最严重的困难和痛苦。流离失所会使家庭分裂，切断人与人之间的社会和文化联系，中断可靠的雇员关系，摧毁教育机会，使人们无法获得食物、住房、医药等关键的日常生活需要，使无辜人士易于遭受营地受攻击、失踪和强奸等种种暴力行为。国内流离失所者不管他们是集中在营地里，逃到乡间避难，或混入其他穷苦人们的社区中，他们仍然是最易受迫害的人群，急需要外界的保护和援助。[③]

（二）联合国难民署关注国内流离失所者的原因

联合国难民署关注国内流离失所者是因为国内流离失所者与难民的保护需求大致

① 凯特・雅斯特拉姆．玛丽莲・阿奇隆．难民保护：国际难民法指南[M]. 2004年修订版．联合国难民署．各国会议联盟．137. 56。

② 联合国大会第57届会议决议，《联合国难民署》，A/RES/57/187，2003年2月6日，第10段。

③ 联合国难民署1997年《关于国内流离失所指导原则的介绍性说明》第1段。

相同。由于国内流离失所者没有跨越边境，他们得不到1951年《关于难民地位的公约》、1967年《关于难民地位的议定书》、1950年《联合国难民署章程》的保护。成为难民的关键之一是跨越国境。被迫离开家园，并无法跨越或选择不跨越国境的人，即使和跨越国境者遭遇很多同样的情形和困难，也不被视为难民。与难民不同，国内流离失所者在特别针对其境况的国际法中，不具有特别身份。国内流离失所者仅属描述性质。

由于造成民众被迫流离失所的原因以及由此产生的后果，通常与出现难民的原因及其后果有着密切的联系，联合国难民署肩负的人道主义使命和历届联合国大会通过的决议，促使难民署关注国内流离失所者，并采取行动，代表国内流离失所者呼吁，动员各方对国内流离失所者提供支持。从1970年代至今，每当联合国大会或秘书长呼吁难民署参与联合国系统的人道主义行动时，难民署就会积极参与国内流离失所者的救助工作。联合国难民署正越来越多为某些地区的国内流离失所者提供有限的帮助，促进和实施对难民问题的长久解决，例如预防人口外流或稳定返回人口。这些行动都是应联合国秘书长或联合国大会的要求，并得到有关国家认可的。加强联合国难民署对于国内流离失所问题的反应能力，在某些情况下率先开展保护和援助工作。

（三）联合国难民署关注国内流离失所者的依据

1975年，联合国大会确认难民署的活动是帮助难民和流离失所者，[①] 并认可难民署对印支半岛流离失所者的人道主义援助。[②] 1976年，经济及社会理事会指示难民署努力为其代表的难民、流离失所者和认为灾难的受害者继续工作，以减轻其关注人群的痛苦。[③] 1997年，联合国大会委派给紧急救济协调员一项任务，负责机构间的协调，用以给国内流离失所者提供保护和帮助（1997年第52/12号决议）。它增强了机构间常设委员会在1994年指定紧急救济协调员是“主要联系点”的决定，以支持在该领域内对国内流离失所问题的有效答复。紧急救济协调员的这部分任务特别重要，因为没有哪一个单一的机构正式被指派负责国内流离失所者问题。

1998年，难民署制定的《关于国内流离失所问题的指导原则》被成员国认可，成为涵盖国内流离失所者权利的主要国际框架。它是由联合国秘书长国内流离失所者问题前任代表佛朗西斯·邓提议，与前任紧急救济协调员，已故的塞尔希奥·比埃拉·德梅洛共同编撰的。联合国大会1998年12月9日第53/125号决议确立了难民署向国内流离失所者提供人道主义援助和保护的标准。2003年，联合国难民署方案执

---

① 联合国大会1975年3459（XXX）号决议。

② 联合国大会1975年12月9日3454号决议。

③ 经济及社会理事会1976年8月2日2011（LXI）决议。

行委员会在《2004年进程所引起提议的决议》中指出：难民署在某些局势下向国内流离失所者提供保护和援助的职能符合大会的有关决议，即“根据秘书长或联合国主管机关的具体要求并在征得有关国家的同意后发挥作用……同时考虑到其他有关组织的使命和专门知识的互补性，但为国内流离失所者进行的活动不能损害庇护制度”。

2003年，联合国大会在第A/RES/57/186号决议中确认：必须为联合国难民署职权所涉的难民和流离失所者采取协调一致的国际行动，考虑到难民署在向难民和流离失所者提供国际保护和物质援助以及促进永久解决他们的问题方面所做的杰出工作。2013年，联合国大会通过了第A/RES/67/149号决议，再次强调与国际社会妥善合作保护和援助国内流离失所者首先是各个国家的责任；并注意到难民署当前为保护和援助国内流离失所者而开展的活动，包括在这个领域的机构间安排范围内开展的活动，强调这类活动应符合大会相关决议且不得损害该署的难民事务授权以及庇护制度，鼓励高级专员继续就该署的这方面作用与各国进行对话。[①]

作为主权的重要部分，国内流离失所者所在国政府在对其协助及保护方面担负主要责任。国际社会的角色是补充性的，否则可能引发干涉内政和侵犯主权之忧。如果所在国不愿或无法满足国内流离失所者的需求，包括难民署在内的国际人道主义参与者可以应后者的请求，配合国家主管部门的工作为国内流离失所者提供帮助。目前还没有专门针对国内流离失所者的国际机构或国际条约。所有机构和组织应互相合作，满足保护国内流离失所者的需要，符合协作手段。缺乏保护和援助国内流离失所者的明确标准是一个突出的问题，需要制订规范性指导，以界定国内流离失所者及其特定权利，并需要建立能及时、可预测和全面应对他们需要的制度性措施。[②]

六、自愿遣返者

自愿遣返者是指无论是以自发的还是有组织的返回本国和经常居住地区，但是还未融入的前难民和国内流离失所者（returned refuges and returned IDPs）。[③] 自愿遣返只应该在难民本人作出明智的决定的基础上，并在保证其身体、法律和物质安全和有尊严的条件下进行。

尽管大部分难民愿意返回本国，但是他们在寻求这一持久解决办法时，常常面临巨大障碍。最理想的情况是，冲突已经停止，对人身安全的威胁已经被排除或人权状况方面的其他改善已经消除了难民逃亡的原因。改善难民输出国状况根本上是输出国当局的责任，也需要国际社会的帮助。

---

① 联合国大会第67届会议决议，《联合国难民署》，A/RES/67/149，2013年3月6日，第5段。

② 2012年联合国大会第67届会议秘书长《关于保护和援助境内流离失所者的说明》第21段。

③ UNHCR. *UNHCR Mid-Year Trends 2013*. UNHCR. 2013. 12 and 13.

庇护国通常热衷于尽快地推动自愿遣返以减轻接收难民给本国资源和社会带来的压力。然而，过早遣返是不可取的。在充分了解本国形势的基础上，难民可以自由决定回国，并且要有足够的国际保护和援助。太多的情况是，所提供的保护和庇护国的援助是不足的，自愿遣返者经常带着一种他们远离本国时各种状况可能已经得到改善的希望，选择返回本国。在这种情况下的遣返，自愿遣返者被迫再次逃亡的可能性很大。

自愿遣返的法律基础是人人享有回国权，并享有基本待遇。1966年《公民权利和政治权利国际公约》第12条第4款规定："任何人进入其本国权利，不得任意加以剥夺。"1951年《关于难民地位的公约》没有明确规定自愿遣返或自愿遣返者问题。

1969年《关于非洲难民问题某些特定方面的公约》和1984年《卡塔赫拉宣言》都规定了自愿遣返。1969年《关于非洲难民问题某些特定方面的公约》第5条规定：

> 一、在任何情况下，都应尊重遣返必须属于基本自愿的性质，如违背本人自愿，不得遣返难民。
>
> 二、庇护国在原住国家的合作下，应对要求遣返难民的安全回国作出适当安排。
>
> 三、原住国家在接受回国难民时，应为其重新定居提供方便，准许他们享有该国国民的全部权利和特权，并使他们履行同等义务。
>
> 四、对自愿遣返的难民绝不得以形成难民地位的任何原因曾离开其国家为由而给予惩罚。任何时候如有必要，可通过国家新闻工具和通过非洲统一组织行政秘书长发出号召邀请难民回家，保证原住国家出现的新环境将使他们能安全回国过正常和平生活，不必担心受扰受罚，并由庇护国将该号召的原文交给难民，并向他们解释清楚。
>
> 五、由于以上各项保证或出于本人的主动而自由决定返回祖国的难民，应得到庇护国、原住国、志愿代理机构、国际组织和各国政府间组织尽可能提供的一切协助，以便利他们返回国内。

自愿遣返会导致难民身份的丧失。自愿遣返本国意味着获得了本国的保护，同时也就丧失了庇护国的保护。1951年《关于难民地位的公约》第1条第3款第4、5、6项规定：如有下列各项情况，本公约应停止适用于难民定义所列的任何人：（4）该人已在过去由于畏受迫害而离去或躲开的国家内自动定居下来；或者（5）该人由于被认为是难民所依据的情况不复存在而不能继续拒绝受其本国的保护；（6）该人本无国籍，由于被认为是难民所依据的情况不复存在而可以回到其以前经常居住的国家内；……

尽管1950年《联合国难民署章程》第9条规定，“高级专员应在人力物力许可范围内，办理大会可能交办之其他工作，包括遣返难民及安顿难民工作在内”，但是难民一旦越过边境回到本国，传统上认为，难民署关于难民的工作就结束了。为了持久地解决难民问题，联合国难民署方案执行委员会在18 (XXXI)（1980年），40 (XXXVI)（1985年），74 (XLV)（1994年）和85 (XLIX)（1998年）等决议中表达了对遣返结果、遣返过程公正的关切。难民署只有在人身安全可以得到一定程度的保障后才会积极推动自愿遣返。难民署在自愿遣返者问题上的作用是通过一些有关特别难民状况的协议体现的。例如，1995年《波黑和平协议总体框架》（General Framework Agreement for Peace in Bosnia and Herzegovina ）附件7中规定：联合国难民署是自愿遣返的领导机构，有责任监督遣返条件。

七、据认为无需给予国际保护的人员

根据2003年联合国难民署方案执行委员会《关于据认为无需给予国际保护的人员回返问题的决议》:“据认为无需给予国际保护的人员是指某些人员，这些人已寻求国际保护，但经在公正程序下对其申请作适当审议后，据认为无资格根据1951年《关于难民地位的公约》规定的标准获得难民地位，或按照其他国际义务或国内法不需要国际保护。”2003年，联合国难民署方案执行委员会在《2004年进程所引起提议的决议》中指出:“承认在难民和受难民署关注的需要返回原籍的其他人员问题上，难民署的保护和援助职能；建议其与发展机构一道促进发展的工作应与其各自任务保持一致，以鼓励通过统一的机构间规划实现可持续返回，并制定过渡战略，包括支持社区接受此类人员。”2003年联合国难民署方案执行委员会《关于据认为无需给予国际保护的人员回返问题的决议》第10条指出:“建议难民署根据情况，通过下列方式协助各国在据认为无需给予国际保护的人员回返方面作出的努力:（一）与各国一道，倡导有关各国有责任重新接纳其国民的原则，以及减少无国籍状态的原则;（二）就接纳据认为无需给予国际保护的人员的回返，采取明确立场;（三）继续与各国对话，审查其有关公民身份的立法，尤其是当该法律允许放弃国籍，但与此同时不能确保有关人员获得另一国的国籍，或有可能被用来制止或拖延某人返回国籍国。”

八、无国籍人

（一）无国籍人的定义

根据1954年《关于无国籍人地位的公约》第1条第1款，无国籍人是指任何国家根据它的法律不认为是它的国民的人。联合国难民署关注无国籍人是由于无国籍人与流离失所者、难民之间存在密切的联系。无国籍被认为是导致流离失所和难民的根本原因。[①] 无国籍权和无公民权的个人经常被迫离开他们居住的地方，成为流离失所者或难民。反过来，流离失所者或难民也更容易失去国籍，特别是在离开本国后领土重新被划定时。由于无国籍人与流离失所者和难民的紧密联系，联合国大会指定联合国难民署作为负责监督防止和减少无国籍情况出现的机构。

1954年《关于无国籍人地位的公约》的无国籍人定义不包括事实上无国籍人。《公约最后文件》通过无约束力建议提到了事实上无国籍人的问题："当认为某一个人拥有合理的理由来拒绝身为某国国民的保护，每一个缔约国都应同情地考虑给予这个人公约所给予无国籍人的待遇。"该《公约》起草者认为，由于缺少有效的公民身份而遭遇迫害离开国籍所在国是事实上的无国籍人，应该成为难民。[②] 根据1951年《关于难民地位的公约》，无国籍难民和有国籍难民一样可以得到保护。由于个人的种族、宗教、国籍、某一社会团体的成员或政治意见而被任意剥夺公民身份，这个人可以被认定为难民。[③] 然而，事实上的无国籍人不一定受到了迫害，有事实根据的对迫害的恐惧是1951年《关于难民地位的公约》规定的难民定义的关键。一些事实上的无国籍人没有从居住国获得公民身份，而且又没有资格成为难民或法律上的无国籍人。实践中，大多数向联合国难民署寻求帮助的无国籍人，不管是法律上的无国籍人还是事实上的无国籍人，都不是难民而无权申请庇护。[④]

（二）联合国难民署关注无国籍事务的依据

根据1950年《联合国难民署章程》第6条第1款第2项和1951年《关于难民地位的公约》第1条第1款第2项，符合难民定义的人都可能是无国籍人。1954年《关于无国籍人地位的公约》和1961年《减少无国籍状态的公约》通过后，联合国难民署扩大了对无国籍人的责任范围。1975年，联合国大会第3274（29）号决议和第31/ 36号决议指定难民署负责审查受益于1961年《关于无国籍人地位的公约》的个人申请，并协助个人向相关国家的主管机构提交申请。[⑤] 随后，此授权得以深化和扩展。1995年，联合国大会通过了第A/RES/50/152号决议，鼓励难民署代表无国籍人行动，扩大1954年和1961年无国籍公约的缔约国数量和执行力。该决议还敦促难民署"在向相关国家进行国籍登记的准备和执行过程中提供相关技术和咨询服务"。2005年，联

---

① 凯特·雅斯特拉姆.玛丽莲·阿奇隆.难民保护：国际难民法指南[M]. 2004年修订版.联合国难民署.各国会议联盟. 44。

② 凯特·雅斯特拉姆.玛丽莲·阿奇隆.难民保护：国际难民法指南[M]. 2004年修订版.联合国难民署.各国会议联盟. 11。

③ Achiron, Marilgn.国籍和无国籍：议员手册.联合国难民署.各国会议联盟.2005. 10。

④ Achiron, Marilgn.国籍和无国籍：议员手册.联合国难民署.各国会议联盟.2005. 11。

⑤ 1961年《减少无国籍状态公约》第11条规定了确认无国籍的工作。第11条规定："个人在申请公约利益的时候可以请求机构对他的申请进行检验并协助其向相关主管机构提交该申请。"

合国人权委员会在《关于人权和任意剥夺国籍的决议》（E/CN.4/2005/L.58）中，鼓励难民署继续收集该方面的信息，并在报告和行动两方面继续解决剥夺国籍的问题。2006年联合国难民署方案执行委员会《关于无国籍状态的认定、防止和减少以及对无国籍者的保护的第106号决议》为各国、国际组织和非政府组织的行动提供了指南，"要求难民署在识别、避免和减少无国籍现象及对无国籍人给予保护"。2013年，联合国大会通过了第A/RES/67/149号决议，敦促难民署继续依照联合国大会有关决议和执行委员会的决议，在无国籍方面开展工作。[①]

联合国大会决议赋予了难民署在无国籍问题上的普遍授权，难民署的活动不局限于1951年《关于无国籍人地位的公约》和1961年《减少无国籍状态的公约》。难民署在无国籍问题上的职责涵盖了所有无国籍状况。联合国大会呼吁难民署鼓励各国尽快加入1954年《关于无国籍人地位的公约》和1961年《关于减少无国籍状态的公约》，并就国籍立法问题向各国政府提供技术和法律咨询。为此，难民署同各国政府合作起草了国籍法，协助各国协调新的法律体系，为无国籍的个人和群体提供援助和咨询，并协助国际社会就无国籍问题条约展开磋商。[②]

（三）联合国难民署关注无国籍的行动

难民署努力保护无国籍者的权利并防止无国籍现象的产生。2007年，孟加拉国政府确认了25—30万讲比哈里/乌尔都语的人的公民地位。1971年孟加拉从巴基斯坦分离以后，他们的公民权利一直得不到承认。这一决定解决了亚洲一个旷日持久的无国籍问题。在尼泊尔，因国籍失效或无国籍证明而造成的无国籍现象是一个由来已久的问题。通过一次大规模的颁发公民证行动，260万人从中受益。为了确认这次活动所遗漏的人群，联合国难民署开展了一次评估，并于2008年与尼泊尔政府一起采取后续措施。[③] 2013年开展了61项以无国籍问题为目标的行动，无国籍问题相关活动的全球支出三年内增加了近两倍。

联合国难民署努力促进各国加入1954年《关于无国籍人地位的公约》和1961年《减少无国籍状态公约》。近年来出现了加入这些关于无国籍状态公约的积极趋势，保加利亚、布基纳法索、厄瓜多尔、洪都拉斯、牙买加、巴拉圭、葡萄牙、摩尔多瓦共和国、土库曼斯坦和乌克兰等10个国家，自2012年年初以来加入了其中一个或两个公约。截至2015年4月，1954年《关于无国籍人地位的公约》共有86个缔约国（Parties）和23个签署国（Signatories），1961年《减少无国籍状态公约》有63个缔

① 联合国大会第67届会议决议，《联合国难民署》，A/RES/67/149，2013年3月6日，第5段。

② 凯特·雅斯特拉姆.玛丽莲·阿奇隆.难民保护：国际难民法指南[M].2004年修订版.联合国难民署.各国会议联盟.25-26。

③ 2008年《联合国难民署高级专员的报告》第29段。

约国（Parties）和5个签署国（Signatories）。

联合国难民署将完善国籍法立法范本，避免和减少无国籍状态的工作作为全球战略优先事项之一。难民署推动对国籍法的改革并为范围广泛的许多国家提供了技术咨询。2012年，有11个国家修订了国籍法，出台或修订了避免和减少无国籍状态的法律。难民署加强了查明立法差距的能力，开发了一个对国籍法进行分析的全球数据库，就国籍法中歧视妇女的问题开展了进一步的国家和区域研究。难民署加强了在预防无国籍状态方面的工作，为民事登记和记录程序提供支助，同时为受影响的人群提供信息和法律援助。难民署还促进各国颁布确定无国籍状态的程序，以甄别在各国领土上的无国籍难民并确保对他们的处置符合1954年《关于无国籍人地位的公约》和相关标准。在这一进程中为了向各国提供支助，难民署印发了甄别个人是否为无国籍人程序指南。

第六节　公约难民定义的主要不足与面临困境

一、公约难民排除了种族、宗教、国籍、社会团体成员身份和政治见解以外的原因

1951年《关于难民地位的公约》将难民的客观条件确定为由于种族、宗教、国籍、社会团体成员身份和政治见解五项原因而遭到迫害，排除了战争、冲突、武装入侵、侵犯人权等产生当代难民的主要原因，这使得能够直接受益于难民国际保护制度的人数极为有限。2004—2013年10年间，公约难民占联合国难民署关注人群比例最高未超过49%。2013年上半年，公约难民1,110.77万，只占联合国难民署关注人群3,868.82万的28.71%。

二、公约难民排除了未能跨出国界到达他国领土的受迫害者

1951年《关于难民地位的公约》将难民的主观条件确定为不能或不愿返回国家。一些人因为种族、宗教、国籍、社会团体成员身份和政治见解而遭到迫害但无力而不是不愿逃离迫害国的人，以及因外部原因而导致的国内流离失所者，都无法享受目前国际难民法对于难民的保护和援助。事实上，逃离本国与没有逃离本国的受迫害者的处境基本相同，国内流离失所者也可能遭遇公约难民定义列明的迫害。公约难民用语过于原则。主权国家出于自身利益，常常对公约难民定义作出任意性或限制性的解释。在确定难民条件时，往往会加入强烈的政治和外交考虑，一般都倾向于保护逃离自己敌国的难民，而不愿意保护逃离其他国家的难民，特别是保护来自盟国的寻求庇护者。例如：冷战时期的美国更愿意接纳反共的难民，对世界上其他国家的难民以及对联合国负责和倡导的难民保护行动，表现的不够积极。

三、没有公约难民的甄别和安置方面的程序性规定

公约难民的甄别和安置方面的程序性规定的缺失，削弱了整个难民国际保护制度的有效运行。1951年《关于难民地位的公约》和1967年《关于难民地位的议定书》对难民在庇护国应享受的实体权利准则作了细致的规定，但是没有规定难民甄别和安置的程序，这就需要庇护国根据本国情况通过国内法予以完善。但是，主权国家往往会利用甄别和安置程序的缺失限制难民保护，并让限制难民保护披上符合1951年《关于难民地位的公约》和1967年《关于难民地位的议定书》的外衣。在以主权国家为核心的难民甄别体制下，没有公约难民甄别和安置方面程序性规定势必赋予主权国家太大的自由裁量权。2012年，主权国家作出了62.7万份难民地位申请审理决定，而联合国难民署只作出了其中5.44万份的决定。联合国难民署批准难民地位申请率77.6%，主权国家批准难民地位申请率仅为32.4%。[①]

四、公约难民定义面临的困境

如何弥补公约难民与联合国难民署认为的难民和关注人群之间的保护缺口是国际社会解决难民问题面临的主要困境。公约难民是指被已加入1951年《关于难民地位的公约》和/或1967年《关于难民地位的议定书》的各国政府认定为难民的人。这些人有权主张缔约国给予难民的权利和福利。联合国难民署认为的难民是指根据1951年《关于难民地位的公约》、1967年《关于难民地位的议定书》、1969年非洲统一组织《关于非洲难民问题某些特定方面的公约》、1950年《联合国难民署章程》认定的难民，以及享有补充保护的人、享有临时保护的人。[②] 联合国难民署关注人群是指联合国难民署提供保护和援助的所有人，这其中包括：（1）1951年《关于难民地位的公约》和/或1967年《关于难民地位的议定书》定义的难民；（2）逃离冲突或严重扰乱公共秩序者，即1969年《关于非洲难民问题某些特定方面的公约》、1984年《卡塔赫纳宣言》所定义的难民；（3）临时保护者；（4）补充保护者；（5）寻求庇护者；（6）国内流离失所者（在某些情况下）；（7）无国籍人；（8）据认为无需给予国际保护的人员。[③] 联合国难民署统计的难民和关注人群的范围已经远远超过了1951年《关于难民地位的公约》和1967年《关于难民地位的议定书》适用的人群。

1951年《关于难民地位的公约》签订60多年来，国际社会有呼吁扩大难民范围

---

① UNHCR. *UNHCR Statistical Yearbook 2012*. UNHCR. 2013. 47.

② UNHCR. *UNHCR Mid-Year Trends 2013*. UNHCR. 2013. 12.

③ 联合国难民署高级专员2000年的报告，联合国大会正式记录第56届会议补编第12号(A/56/12)导言第2段。联合国难民署高级专员的报告（2007年1月1日至2008年6月30日），联合国大会正式记录第63议补编第12号(A/63/12)，16-18。

的声音，但是除1967年《关于难民地位的议定书》取消了“1951年1月1日以前在欧洲或其他地方发生的事情”限制外，1951年《关于难民地位的公约》没有在难民范围方面进行调整。1969年非洲统一组织《关于非洲难民问题某些特定方面的公约》将难民扩展到由于外来侵略、占领、外国统治和国内冲突而被迫逃离本国者。1984年《卡塔赫拉宣言》将难民扩展到由于大规模侵犯人权而逃离本国者。还有呼吁，将难民扩展至环境难民、经济难民和国内流离失所者。

很多国家却认为没有任何难民方面的国际文件要求其承担1951年《关于难民地位的公约》和1967年《关于难民地位的议定书》之外的保护义务和责任。如果扩展1951年《关于难民地位的公约》、1967年《关于难民地位的议定书》的难民范围，缔约国将要履行远高于目前的1951年《关于难民地位的公约》要求缔约国履行的难民国际保护义务，1951年《关于难民地位的公约》现有缔约国和其他计划加入的国家可能会对难民范围扩大产生强烈反弹，因而望而却步。如果不纳入，绝大多数流离失所和生活极度困难者将游离于1951年《关于难民地位的公约》之外，对他们的国际保护只能依据国内法以及法律层次较低的联合国决议、国际性指导原则、建议和指南，而联合国决议、指导原则、建议和指导原则还不足以从根本上建立难民国际保护新机制。

第三章
难民和其他联合国难民署关注人群的目前形势、产生原因和影响[①]

研究国际难民法需要认识和掌握难民与其他联合国难民署关注人群的目前形势、产生原因和影响，否则研究成果就会与难民与其他联合国难民署关注人群相脱节。难民与其他联合国难民署关注人群之间相互依存和转化，有着不可分割的联系。本章分析难民和其他联合国难民署关注人群的目前形势及其特点，探讨难民和其他联合国难民署关注人群产生的原因，论证难民与其他联合国难民署关注人群对输出国、庇护国和自身产生的影响。

第一节　难民和其他联合国难民署关注人群的目前形势[②]

一、联合国难民署关注人群

联合国难民署关注人群是指联合国难民署关注其保护和援助需求的所有人，包括:（1）经1967年《议定书》修订后的1951年《关于难民地位的公约》定义的难民;（2）1969年《关于非洲难民问题某些特定方面的公约》、1984年《卡塔赫纳宣言》定义的难民;（3）临时保护者;（4）补充保护者;（5）无国籍人;（6）国内流离失所者（在某些情况下）;（7）自愿遣返者，前难民和国内流离失所者;（8）寻求庇护者;（9）据认为无需给予国际保护的人员。[③]

2012年，联合国难民署关注人群共有3,583万，其中1,049.8万难民、92.82万寻求庇护者、52.59万返回的难民、1,767.04万国内流离失所者、154.54万返回的国内流离失所者、330.358万无国籍人和132.97万其他关注人群。在联合国难民署关注人群

---

① 除说明外，本章数据来自UNHCR. *UNHCR Global Trends 2013*. UNHCR 2014; UNHCR. *UNHCR Mid-Year Trends 2013*. UNHCR 2013; UNHCR. *UNHCR Global Appeal 2014-2015*. UNHCR 2013; UNHCR. *UNHCR Statistical Yearbook 2012*. UNHCR.2013; UNHCR. *Collective Centre Guidelines*. UNHCR 2010。除说明外，有关比例性数据，由作者自己计算。

② 本章引用数据中的2013年是指截至2013年年底，2012年是指截至2012年年底。

③ 联合国难民署高级专员2000年的报告，联合国大会正式记录第56届会议补编第12号(A/56/12)导言第2段。联合国难民署高级专员的报告（2007年1月1日至2008年6月30日），联合国大会正式记录第63议补编第12号(A/63/12)，16-18。

中,49%是女性,49%是18岁以下儿童,13%是5岁以下儿童,4%是60岁及以上老人。

2013年，联合国难民署关注人群共有4,288万，比2012年增长了19.67%，创1989年有详细统计以来的历史最高记录，这是因为世界各地发生了很多人道主义危机，超出了2000年代的难民严重状况。在4,288万联合国难民署关注人群中，其中1,100.4万难民、70万处于难民境况的人、117.2万寻求庇护者、41.46万返回的难民、2,392.6万国内流离失所者、135.6万返回的国内流离失所者、346.39万无国籍人和83.6万其他关注人群。受叙利亚和非洲多个地区不断升级的危机的影响，2013年难民和联合国难民署保护或援助的难民（含难民、处于难民境况的人）和国内流离失所者比2012年增长了740万，达到3,560万。其中难民从2012年的1,050万增长到1,170万，联合国难民署保护或援助的国内流离失所者从2012年的1,770万增长到2,393万。

世界前十位联合国难民署关注人群庇护国都是发展中国家，分别是叙利亚（697.3万），哥伦比亚（536.8万），刚果（金）(381.4万)，巴基斯坦（246万），苏丹（208.3万），伊朗（145.1万）、索马里（128.6万）、缅甸（121.2万），阿富汗（98.6万）、中非（91.1万），共计占联合国难民署关注人群总数的62.07%。按地区划分，联合国难民署关注人群来自非洲的1,301万，来自中东和北非的1,135万，共占关注人群总数的56.81%。来自亚太、欧洲和美洲分别有777.1万、422.6万、652.7万。中国大陆、香港特别行政区、澳门特别行政区分别庇护了301,427名、1998名、6名联合国难民署关注人群。中国大陆庇护的301,427名联合国难民署关注人群中,301,047名是难民,另外380名是寻求庇护者。

世界前十位联合国难民署关注人群本国也都是发展中国家，分别是叙利亚（918万）、哥伦比亚（578.2万）、刚果（金）(419.1万)、阿富汗（360万）、苏丹（258.8万）、索马里（243.2万）、伊拉克（152.3万）、中非（115.5万）、巴基斯坦（93.4万）、缅甸（92.7万）。根据联合国难民署统计局（UNHCR Bureaux）统计，撒哈拉以南非洲、中东和北非分别输出了1,302万、1,148万联合国难民署关注人群，分别占联合国难民署关注人群总数4,288万的30.26%、26.77%。欧洲只输出了173万联合国难民署关注人群，仅占联合国难民署关注人群总数4,288万的4.03%。中国大陆、香港特别行政区、澳门特别行政区分别输出了219,919名、79名、6名联合国难民署关注人群。中国大陆输出了219,919名联合国难民署关注人群中，195,137名是难民，另外24,782名是寻求庇护者。

二、难民

本部分的难民是指联合国难民署认为的难民（refugees under UNHCR's mandate），即指根据1951年《关于难民地位的公约》、1967年《关于难民地位的议定书》、1969年非洲统一组织《关于非洲难民问题某些特定方面的公约》、1950

年《联合国难民署章程》认定的难民，处于难民境况的人（peoples in refugee-like situations），以及联合国难民署援助的人（of whom assisted by UNHCR）。[①]

（一）难民规模和分布

2013年，联合国难民署认为的难民1,170万，是2001年以来的最高数额，比2012年的1,050万增长了11%即120万，比2011年的1,040万增长了130万，是1994年以来增长最多的一年。在1,170万难民中，有1,100.4万难民，70万处于难民境况的人。2008—2012年五年间，联合国难民署认为的难民数量相对稳定，约为1,040—1,050万。另外，2013年，还有在联合国近东巴勒斯坦难民救济和工程处（UNRWA）登记的约500万巴勒斯坦难民。在1,170万难民中，354.7万在亚太地区、293.3万在撒哈拉以南非洲、263.1万在中东和北非、178.7万在欧洲、80.6万在美洲。亚太地区的354.7万难民中，在巴基斯坦和伊朗有240万阿富汗难民，占69%。撒哈拉以南非洲293.3万难民中，主要来自索马里、苏丹、刚果（金）、中非和厄立特里亚。中东和北非的263.1万难民，主要来自叙利亚。欧洲的178.7万难民，主要叙利亚和伊朗。美洲的80.6万，主要来自哥伦比亚。根据联合国难民署2015年1月发布的《全球难民趋势报告》，截至2014年上半年，全球难民人数达1,300万，创1996年来全球难民人数新高。

（二）难民庇护国

发展中国家为庇护难民作出了重要贡献。1980年代晚期，发展中国家庇护了近90%的世界难民。到1990年代，由于巴尔干半岛的冲突，发达国家庇护了大部分巴尔干难民，发展中国家庇护世界难民的比例下降到70%。1990年晚期，巴尔干半岛冲突结束后，巴尔干难民之前自愿遣返或者就地融合。此后，发展中国家庇护了绝大部分新产生的难民，庇护世界难民的比例不断上升。2013年，发展中国家庇护了86%的世界难民，是过去22年来最高比例。最不发达国家庇护了24%的世界难民即280万难民。

2013年，以人均每美元国内生产总值（购买力平价）庇护难民为标准，世界前十大难民庇护国均为发展中国家，分别是巴基斯坦（512名难民）、埃塞俄比亚（336名难民）、肯尼亚（295名难民）、乍得（199名难民）、苏丹（177名难民）、刚果（金）（153名难民）、乌干达（152名难民）、约旦（117名难民）、孟加拉（111名难民）、也门（95名难民）。世界最大难民庇护发达国家是德国，人均每美元国内生产总值（购买力平价）仅庇护15名难民。以千人庇护难民为标准，世界前五大难民庇护国也都是发展中国家，分别是黎巴嫩（178名难民）、约旦（88名难民）、乍得（34名难

① UNHCR. *UNHCR Global Trends 2013*. UNHCR. 2014. 11.

民）、毛里塔尼亚（24名难民）。

2013年，亚太地区庇护了354.7万难民，占总难民数的约1/3，其中240万是在巴基斯坦和伊朗的阿富汗人。撒哈拉以南非洲接收了290万难民，占总难民数约1/4，主要来自索马里（778,400），苏丹（605,400），刚果民主共和国（470,300），中非（251,900）和厄立特里亚（198,700）。中东和北非接收了260万难民，约占难民总数的22%，主要来自叙利亚（180万）。欧洲接收了180万难民，约占难民总数的15%，主要来自叙利亚（663,700）和伊朗（127,200）。美洲只接收了80万难民，仅占难民总数的7%。

2013年，以庇护难民数量为标准，世界前十大难民庇护国除美国外，都是发展中国家。发展中国家共庇护了世界难民的86%，远高于10年前的70%，创20年来的最高比例。世界最不发达国家庇护了280万难民。世界前十大难民庇护国是巴基斯坦（161.2万）、伊朗（85.74万）、黎巴嫩（85.65万）、约旦（64.19万）、土耳其（60.99万）、肯尼亚（53.49万）、乍得（43.45万）、埃塞俄比亚（43.39）、中国（30.1万）和美国（26.36万）。

由于1979年以来的阿富汗冲突和战争，巴基斯坦在过去35年中的22年，都是世界最大的难民庇护国。2013年，巴基斯坦仍然是世界上最大的难民庇护国，接收了161.2万难民，与伊朗接收的难民一样，绝大部分都来自阿富汗。叙利亚危机使73.7万人成为新登记的难民，黎巴嫩、约旦从而成为世界第三、第四大难民庇护国。逃往土耳其的47.8万叙利亚难民获得了土耳其政府的临时保护，土耳其成为世界第五大难民庇护国。中非、马里等许多撒哈拉以南非洲地区的危机的该地区的难民比2012年增长了15.8万，达到290万，创2002年以来最高记录。客观情况也发生了一些积极变化，16.85万名撒哈拉以南非洲难民安全和有尊严地返回了本国，包括刚果（金）（6.84万）、索马里（3.61万）和科特迪瓦（2万）。中国作为第九大难民庇护国，接收了30.1万名印支难民。美国作为第十大难民庇护国，接收了26.36万名难民。

（三）难民本国

2012年，世界前十大难民本国都是发展中国家，分别是阿富汗（258.62万）、索马里（113.67万）、伊朗（74.62万）、叙利亚（72.9万）、苏丹（56.89万）、刚果（金）（50.93万）、缅甸（41.54万）、哥伦比亚（39.41）、越南（33.69万）、厄立特里亚（28.54万）。258.62万阿富汗难民占世界难民总数1050万的25%。

2013年，世界前十大难民本国还都是发展中国家，分别是阿富汗（255.6万）、叙利亚（246.8万）、索马里（112.2万）、苏丹（64.9万）、刚果（金）（49.9万）、缅甸（47.9万）、伊朗（40.1万）、哥伦比亚（39.4万）、越南（31.4万）和厄立特里亚（30.8万）。世界前三大难民本国阿富汗、叙利亚和索马里输出的难民占世界难民总数的53%。与2012年相比，2013年的世界前十大难民本国构成没有改变，只是由于冲突发生和安全状况改善，难民本国位次发生了一些变化。阿富汗从1981年开始至今，已经连续33年是第一大难民本国，世界上每五个难民中就有一个来自阿富汗，其中95%居住在巴基斯坦和伊朗。德国是除巴基斯坦和伊朗以外最大的阿富汗难民庇护国，庇护了24,200名。叙利亚由2011年的世界第36位难民本国跃升至2013年第2位。根据目前的叙利亚状况，叙利亚有可能在2014年取代阿富汗成为第一大难民本国。

（四）难民居住状况

大部分难民居住在发展中国家的农村，生存状况堪忧。2012年，1050万难民中的80%即840万难民的居住状况是清楚的，其他20%情况不明。居住情况清楚的840万难民的54%居住在私人住处，35.3%居住在计划或管理的难民营（planned/managed camp）。2013年，1,170万难民中有81%即947万难民的居住状况是清楚的，其他19%即223万难民的居住状况不明。在居住状况清楚的947万难民中，58.2%难民自己寻找住所（individual accommodation，private），比2012年上升了3.9%。34.6%难民居住在计划或管理的难民营，3.7%居住在自我管理的难民营，3.2%居住在收容所。计划或管理的难民营一直是发展中国家安置联合国难民署关注人群的最主要方式。

世界前四大难民营都在肯尼亚，一并被称为达达布（Dadaab）难民营，接收了50多万难民。位于坦桑尼亚的Nyaragusu难民营是世界第五大难民营，接收了6.81万难民，大部分来自刚果（金）。联合国难民署关注人群3,580万中的2,050万居住在1,300多个场所。国内流离失所者、返回的国内流离失所者和返回的难民主要居住在城市，而难民和寻求庇护者主要居住在农村，例如53%的难民居住在农村。

三、寻求庇护者

本部分的寻求庇护者是指联合国难民署认为的寻求庇护者，即向国家或者联合国难民署申请难民地位，正在等候最终审理结果的人（Asylum seekers，pending cases）。在难民地位申请得到公平的审查之前，依据不推回原则，寻求庇护者有权不被遣返回国并享受符合人道主义标准的待遇。①

（一）寻求庇护者的规模

2013年，各国和联合国难民署驻各地办事处共受理106.8万份难民地位申请，比

① 凯特·雅斯特拉姆.玛丽莲·阿奇隆.难民保护：国际难民法指南[M].2004年修订版.联合国难民署.各国会议联盟.137.56。

2012年的92.97万份难民地位申请增长了15%，是过去十年来的最高记录，向发达国家提交难民地位申请增长了28%。在106.8万份难民地位申请中，有91.46万份是初次申请，15.29万份是申诉申请。在106.8万份个人难民地位申请中，有19% 即20.32万份难民地位申请是向联合国难民署提交的，远远超出2012年的13% 即12.55万份。

（二）寻求庇护者目的地国

1. 2012年寻求庇护者目的地国的情况

2012年，176个国家和联合国难民署驻各地办事处共受理92.97万份难民地位申请，其中75.27万份是初次申请，16.7万份是申诉或者诉讼申请。比2011年的86.4万份难民地位申请增长了6%，向发达国家提交的难民地位申请增长了8%。联合国难民署受理了11.58万份难民地位申请，占世界难民地位申请总数92.97万份的13%。

2012年，世界前十大寻求庇护者目的地国是南非（8.2万）、美国（7.04万）、德国（6.45万）、法国（5.51万）、瑞典（4.39万）、英国（2.75万）、瑞士（2.59万）、加拿大（2.02万）和肯尼亚（2万），合计占难民地位申请总数92万的44.51%。2012年，南非是世界第一大寻求庇护者目的地国，受理了8.2万份难民地位申请，占世界难民地位申请总数92万份的10% 强，连续5年位列世界第一大寻求庇护者目的地国。南非2012年受理的8.2万份新难民地位申请比2011年受理的10.7万份新难民地位申请减少了23%，但是仍然比2006年受理的5.34万份新难民地位申请多出了53.59%。2003—2012年10年间，南非总计受理了近100万新难民地位申请，其中的53.2万份新难民地位申请由津巴布韦人提交。2012年，津巴布韦人向南非提交了2.05万份新难民地位申请。

美国是2012年世界第二大寻求庇护者目的地国，受理了7.04万份难民地位申请，比2011年受理的6.44万份难民地位申请增长了9%。美国受理的难民地位申请的前三大来源群体是中国人（24%）、墨西哥人（17%）和萨尔多瓦人（7%）。跨国有组织犯罪、团体暴力和贩毒推高了中美洲国家民众向美国提交的难民地位申请数量。

德国是2012年世界第三大寻求庇护者目的地国，受理了6.45万份难民地位申请，比2011年受理的4.57万分难民地位申请增长了41%，受理难民地位申请数量已经连续增长了三年。德国受理的难民地位申请的前五大来源群体是塞尔维亚人（1.04万）、阿富汗人（7,500）、叙利亚人（6,200）、伊朗人（5,400）和科索沃人。由于大批人员逃离叙利亚，来自叙利亚人的难民地位申请，从2011年的2,600份猛增至2012年的6,200份。

法国是2012年世界第四大寻求庇护者目的地国，受理了5.51万份难民地位申请，比2011年受理的5.21万份难民地位申请增长了6%，是该国自2004年以来的受理难民地位申请的最高数。法国受理的难民地位申请的前三大来源群体是俄罗斯人

（5,400）、刚果（金）人（5,300）、塞尔维亚人（4,000）。

瑞典是世界第五大寻求庇护者目的地国，受理了4.39万份难民地位申请，比2011年受理的2.96万份难民地位申请增长了48%，是该国自1992年南斯拉夫战争以来受理难民地位申请的第二最高数。瑞典受理的难民地位申请的前三大来源群体是阿富汗人、索马里人和叙利亚人。来自叙利亚人的难民地位申请从2011年的650份暴增至2012年的7,800份。

2012年，联合国难民署受理了11.07万初次难民地位申请和5,100份难民申诉申请。前十大受理难民地位申请的联合国难民署办事处位于肯尼亚（2万）、马来西亚（1.94万）、土耳其（1.67万）、印度尼西亚（7,200）、埃及（6,700）、利比亚（4,500）、巴基斯坦（3,900）、喀麦隆（3,500）、索马里（3,400）和也门（3,400）。前五大受理难民地位申请办事处受理的难民地位申请占11.07万份总数的73%。

2. 2013年寻求庇护者目的地国的情况

2013年，德国是世界上第一大寻求庇护者目的地国受理了10.96万份难民地位申请，比2012年的6.45万份增长了70%，保持了连续六年的增长。俄罗斯人（1.49万）和叙利亚人（1.19万人）是德国第一和第二大难民地位申请来源群体。

美国是世界上第二大寻求庇护者目的地国，受理了8.44万份难民地位申请，比2012年增长了19% 即1.37万，增长的寻求庇护者主要是叙利亚人、洪都拉斯人和埃及人。中国人（1.23万）①、墨西哥人（1.07万）、萨尔瓦多人（5,700）是美国第一、第二和第三大难民地位申请来源群体。

南非是世界上第三大寻求庇护者目的地国，受理了7万份难民地位申请，比2012年减少15% 即1.2万份，是从2009年最高数22.23万份难民地位申请以来的连续下降。

法国是世界上第四大寻求庇护者目的地国，受理了6.02万份难民地位申请，比2012年的5.51万份增长了9%，是1989年以来的最高数。大多数难民地位申请来自塞尔维亚人（5,900）、刚果（金）人（5,300）、阿尔巴尼亚人（5,000）、俄罗斯人（4,700）。

瑞典（5.43万）、马来西亚（5.36万）、土耳其（4.48万）分别是世界上第五、第六、第七大寻求庇护者目的地国。世界前七大寻求庇护者目的地国收到的难民地位申请共计占正在审理的难民地位申请的44.65%。

2013年，联合国难民署受理了19.46万份难民地位申请，其中8,600份是难民地位申诉申请。世界前五大难民地位申请受理联合国难民署办事处是马来西亚（5.36万）、土耳其（4.48万）、肯尼亚（1.92万）、埃及（1.08万）、印度尼西亚（8,300）

① 作者不同意美国制定的难民甄别标准以及由此对中国人难民地位申请的受理、审理、批准、安置等事务的处理。关于本书这方面的数据、介绍、解释等，均持该观点。

的办事处，合计占联合国难民署受理的难民地位申请总数的70%。联合国难民署4/5的难民地位申请审理结果是由在八个国家的办事处作出的。

（三）寻求庇护者来源群体

2012年，世界前六大寻求庇护者来源群体是刚果（金）人（5.41万）、阿富汗人（5万）、叙利亚人（3.23万）、巴基斯坦人（3.07万）、厄立特里亚人（3.02万）、索马里人（2.97万），合计占92万份难民地位申请的24.67%。从2008年开始，津巴布韦人不再是世界主要的寻求庇护者来源群体。刚果（金）人主要向卢旺达和布隆迪提交难民地位申请，分别为1.71万和8,200份难民地位申请。厄立特里亚人主要向苏丹提交难民地位申请。叙利亚人向90个国家提交了难民地位申请，其中的60%是向德国（7,500）、瑞典（4,800）、土耳其（4,400）、印度尼西亚（4,100）、奥地利（4,000）提交。

2013年，各国或者联合国难民署驻各地办事处共受理了91.46万份初次难民地位申请。叙利亚人是世界第一大寻求庇护者来源群体，向100个国家和联合国难民署驻各地办事处提交了6.43万份难民地位申请，除中东地区以外，主要是向欧洲国家寻求庇护，特别是瑞典（1.63万）、德国（1.19万）、保加利亚（4,500）和荷兰（2,700）。刚果（金）人是世界第二大寻求庇护者来源群体，提交6.04万难民地位申请。世界第三至第十大寻求庇护者来源群体是缅甸人（5.74万）、阿富汗人（4.91万）、伊拉克人（4.57万）、俄罗斯人（3.98万）、厄立特里亚人（3.5万）、塞尔维亚人（3.47万）和巴基斯坦人（3.36万）。世界前十大寻求庇护者来源群体有八个是因为战争、冲突或大规模人道灾难。

（四）难民地位申请批准情况

2013年，各国和联合国难民署办事处共作出65.97万份难民地位审理决定，联合国难民署作出了7.21万份难民地位审理决定，占65.97万份总难民地位审理决定的11%，远远高于2012年的5.44万份，创历史最高比例。21.34万名寻求庇护者被认定为难民，7.46万名寻求庇护者被给予临时或者补充保护。37.17万名难民地位申请被拒绝。

2013年，综合各国和联合国难民署的难民地位审理决定，难民认定率（Refugee Recognition Rate, RRR）是32%，总认定率（Total Recognition Rate, TRR）是44%。难民认定率是指寻求庇护者人数与被认定为公约难民人数的比率，而总认定率是指寻求庇护者人数与被认定为难民和给予难民性保护人数的比率。世界上发达国家难民认定率最高的国家是瑞士（68%）、瑞典（68%）、挪威、意大利（64%）。进行难民地位申请审理的联合国难民署十个办事处中，除驻喀麦隆办事处（22%）和驻也门办事处（48%）外，其他八个办事处的总认定率在70%以上。叙利亚人、缅甸人和厄立特里亚人的难民地位申请总认定率（TRR）最高，初次申请批准率都在90%以上。难民地位申请总认定率（TRR）比较高的是索马里人（82%）、伊拉克人（79%）、刚果（金）人（74%）、阿富汗人（65%）。世界十大难民来源群体中，总认定率比较低的俄罗斯人（28%）、巴基斯坦人（22%）、塞尔维亚人（5%）。

2012年，26.19万人的难民地位申请被批准，其中21.09万人被认定为难民，5.1万人被给予补充保护或临时保护，2.05万人通过申诉或者诉讼申请被认定为难民或给予补充保护或临时保护，43.8万难民地位申请被拒绝，比2011年拒绝的难民地位申请增长了7.72万。国家的总认定率32.4%，联合国难民署的总认定率77.6%。2003—2012年，国家的总认定率为24.8%—39.3%，不到联合国难民署总认定率65.7%—84.9%的一半。世界前七大给予难民地位、补充保护或临时保护国是美国（2.53万）、德国（1.71万）、卢旺达（1.51万）、苏丹（1.4万）、瑞典（1.37万）、马来西亚（1.31万）和土耳其（1.09万）。

四、国内流离失所者

本部分的国内流离失所者（internally displaced persons）是指联合国难民署保护和援助的国内流离失所者和处于国内流离失所者境况的人（IDPs，protected/assisted by UNHCR including people in IDP-like situations）。根据1998年《境内流离失所问题指导原则》导言第2段，国内流离失所者是指被强迫或不得不逃离或离开家园或习惯住处的个人或群体，他们离乡尤其是迫于或为了逃避武装冲突、普遍暴力、侵犯人权行为或天灾人祸，但他们并没有越过国际承认的国家边界。

2013年，全世界约有3,330万国内流离失所者，其中的2,393万国内流离失所者获得了联合国难民署的保护和援助，比2012年的1,770万增长了622万，比2011年的1,550万增加了612万，创国内流离失所者的历史最高纪录。2013年，全世界新增760万国内流离失所者，近140万国内流离失所者自愿返回。联合国难民署负责世界各地19处国内流离失所者安置点的管理。2013年6月，也门实施一项保护和援助因为冲突、暴力、自然灾害的国内流离失所者政策，受到了联合国难民署的欢迎。

世界前十大联合国难民署保护和援助的国内流离失所者来源于叙利亚（652.1万）、哥伦比亚（536.8万）、刚果（金）（296.4万）、苏丹（187.3万）、索马里（133.3万）、伊拉克（95.4万）、中非（89.4万）、巴基斯坦（74.8万）、阿富汗（63.1万）、阿塞拜疆（60.9万）。由于不断升级的冲突和暴力，450万叙利亚人流离失所，使叙利亚国内流离失所者达到了652.1万，联合国难民署保护和援助了其中的340万人。536.8万哥伦比亚人登记为国内流离失所者，新增了11.5万人。刚果（金）重燃战火，使得该国国内流离失所者增至296.4万，居民不断被迫流动带来了许多问题。在中非，

2013年12月的战事使得84.4万人流离失所，针对平民的攻击和在安置点的武装人员严重影响了联合国难民署对这些流离失所者提供紧急救助。

五、自愿遣返者

本部分的自愿遣返者是指以自发或有组织返回本国和经常居住地区但是还未融入的前难民和国内流离失所者（returned refuges and returned IDPs）。[①] 自愿遣返（voluntary repatriation）应该在难民本人作出明智的决定的基础上，并在保证其身体、法律和物质安全和有尊严的条件下进行。自愿遣返是大多数难民和庇护国喜爱的，也是联合国难民署鼓励的永久解决难民问题的方案。[②] 对许多难民来说，安全和有尊严的自愿遣返是理想的，有时是唯一可行的解决方案。

（一）自愿遣返难民

自愿遣返难民人数总体上不断下降，陷入困难境地。2012年，52.6万难民返回本国，其中一半返回了阿富汗、伊朗和科特迪瓦，虽然比2011年的53.2万难民返回本国增长了0.6万，比自愿遣返难民数相对少的2009年25.15万和2010年19.7万有较大增长，但是仍然远少于2003—2008年各年度的难民返回本国数。以下6年的难民返回本国人数分别是：2003年109.49万、2004年143.44万、2005年110.56万、2006年73.37万、2007年73.06万、2008年60.38万。2013年，41.46万难民返回本国，低于2012年的52.6万、2011年的53.2万。2004—2013年，共有650万难民自愿遣返，而1994—2003年，共有1,460万难民自愿遣返。50%的自愿遣返难民即20.6万得到了联合国难民署的保护和援助，是十年来联合国难民署保护和援助自愿遣返者的最低比例，这主要是因为14.08万在土耳其的叙利亚难民自发返回。

2012年，自愿遣返难民离开的国家都是发展中国家。世界前五大自愿遣返难民离开的国家是土耳其（14.08万）、刚果（金）（6.29万）、叙利亚（4.59万）、巴基斯坦（3.12万）、肯尼亚（2.88万）、利比亚（1.87万）和乍得（1.69万）。除在土耳其的叙利亚难民是自发返回本国外，在刚果（金）、巴基斯坦、利比亚、伊朗的绝大多数自愿遣返难民由联合国难民署组织并得到了援助。

2013年，自愿遣返难民的离开国也都是发展中国家。世界前八大自愿遣返难民的离开国是叙利亚（14.08万）、刚果（金）（6.84万）、伊拉克（6.09万）、阿富汗（3.97万）、索马里（3.61万）、科特迪瓦（2万）、苏丹（1.7万）和马里（1.43万），

① UNHCR. *UNHCR Mid-Year Trends 2013*. UNHCR. 2013. 12.

② 凯特·雅斯特拉姆.玛丽莲·阿奇隆.难民保护：国际难民法指南[M]. 2004年修订版.联合国难民署.各国会议联盟. 87。

联合国难民署援助了其中很多难民的自愿遣返。

（二）自愿遣返国内流离失所者

自愿遣返国内流离失所者人数下降。国内流离失所者返回需要本国的稳定和安全以及国际社会的支持，实现这些需要克服不少障碍。尽管国内流离失所者人数猛增，但是自愿遣返的国内流离失所者却增长不多，在一些年份还出现了下降。2013年，联合国难民署帮助和援助了135.6万国内流离失所者返回，比2012年154.54万下降了12%，比2011年324.58万下降了58%。世界前五大自愿遣返国内流离失所者国家是刚果（金）（59.52万）、菲律宾（21.16万）、索马里（10.47万）、也门（9.31万）、巴基斯坦（9.01万）。类似的国内流离失所者返回人数下降情况还出现在2008年和2004年。2008年，136.14万国内流离失所者返回本国，比2007年的207.01万返回国内流离失所者下降了34.2%。2004年，14.65万国内流离失所者返回本国，比2003年的23.78万返回国内流离失所者下降了38.4%。

六、就地融合者

本部分的就地融合者是指取得庇护国国籍，融入庇护国社会的难民。[①] 难民取得庇护国国籍后就丧失了难民地位，以庇护国公民身份在庇护国内充分参与各种社会、经济和文化生活，寻求庇护国对公民的保护。2012年，联合国难民署支持超过1万名前利比里亚难民在居住国实现了就地融合，其中包括约4,000人在加纳实现了就地融合。为先前逃离安哥拉的难民提供庇护的几个国家同意为符合某些标准的难民改变法律地位。有6.4万名前安哥拉难民从中获益，其中约5.1万人在刚果民主共和国得到安置，有1万人在赞比亚，2,000人在纳米比亚以及800人在刚果共和国得到安置。在苏丹东部，过渡解决方案旨在为过去40年里接纳厄立特里亚难民的难民营增加经济上的自力更生，使难民营逐步过渡成为乡村社区。随着贫困的难民和东道家庭收入的增加，这些举措已逐步取得成果。[②] 2013年，至少有7.16万名难民取得了庇护国的国籍，主要是美国（大约5万多）、加拿大（1.48万）、贝宁（3,700）、比利时（2,500）、爱尔兰（730）、几内亚（300）。联合国难民署一直建议庇护国收集和通报给予难民本国国籍的数据。2013年，共有31个国家向联合国难民署通报了给予难民本国国籍的数据，这是联合国难民自1997年收集取得庇护国国籍数据以来的最高记录。加拿大在2013年首次向联合国难民署通报给予难民本国国籍的数据。

---

① UNHCR. *Executive Committee Conclusion No. 67, Resettlement as an Instrument of Protection.* 1991, page g.

② 联合国难民署高级专员的报告（2012年1月1日至2013年6月30日），2013年向联合国大会第68届会议提交，A/68/12(Part I)第49段。

七、重新安置难民

本部分的重新安置（resettlement）是指将难民、国内流离失所者等联合国难民署关注人群迁移或融合至另一个地理区域和环境，通常是第三国。[①] 为了能够被推荐重新安置，难民必须既符合联合国难民署的标准，又符合重新安置国家的难民标准。对于生命或自由在最初庇护国内面临危险、又不能返回本国的难民，重新安置是至关重要的保护工具，也是国家之间分担责任的重要机制，[②] 永久解决难民问题方案的重要组成部分。

重新安置难民接收能力远远低于需求。2013年，联合国难民署驻80个国家的办事处向有关国家提交了9.32万名的难民重新安置申请，比2012年的8.9万名增长了4,200人，而2013年联合国难民署认为的难民有1,170万。2011年，在联合国难民署获授权处理的范围下，全球1,050万难民当中有约80.5万难民需要重新安置，可是当年各国接收的重新安置难民名额仅约8万。[③]

重新安置难民本国主要是发展中国家。2013年，由联合国难民署提交申请重新安置申请的9.32万名难民主要是缅甸人（2.35万）、伊拉克人（1.32万）、刚果（金）人（1.22万）、索马里人（9,000）、不丹人（7,100）。被代表的9.32万名难民，其中12%是危险中的妇女和女孩，连续三年超过了联合国难民署方案执行委员会第105号结论（2006年）要求的10%，42%是法律和或身体上有保护需要，22%是没有可期待的永久解决方案，16%是暴力和（或）酷刑的幸存者。

重新安置难民所在国主要是发展中国家。重新安置难民所在国主要是尼泊尔（1.07万）、泰国（8,800）、马来西亚（8,500）、土耳其（7,200）、叙利亚（4,200）、肯尼亚（3,600）、约旦（3,400）、黎巴嫩（3,300）。尼泊尔、泰国、马来西亚已经从2011年连续三年成为世界前三大重新安置难民所在国。2013年，最受益于联合国难民署重新安置难民帮助的是缅甸人（1.67万）、伊拉克人（1.43万）、不丹人（1.07万）、索马里人（8,800）、刚果（金）人（4,500）、阿富汗人（4,400）。

重新安置难民庇护国主要是发达国家。2012年和2013年，美国、加拿大、澳大利亚、瑞典、挪威、英国、新西兰、芬兰、丹麦、荷兰、德国、西班牙、法国、巴西、爱尔兰、葡萄牙、菲律宾、乌克兰、冰岛、阿根廷、智利、匈牙利、列支敦士登、比利时等27个国家接受重新安置的难民。[④] 2013年，21个国家接收了9.84万名

---

① 理查德·佩鲁查得（Richard Perruchoud）. 茅海红[译]. 国际移民法词汇. 国际移民组织. 2008. 60。

② 联合国难民署高级专员的报告（2006年1月1日至2007年6月30日），2007年向联合国大会第68届会议提交，A/62/12. 第47段。

③ R·努里（R. Nuri）. 长远解决难民困境：重新安置. 联合国难民署网站2013年1月17日。

④ UNHCR. *UNHCR Statistical Yearbook 2012*. UNHCR.2013. 163.

重新安置难民，比2012年的8.9万名多出了9,400名。世界前五大重新安置难民庇护国是美国（6.63万）、澳大利亚（1.32万）、加拿大（1.22万）、瑞典（1,900）、英国（970）。美国、澳大利亚和加拿大三个国家一共接收了90%的重新安置难民。2012年，世界前五大重新安置难民庇护国是美国（6.63人）、加拿大（9,624人）、澳大利亚（5,937人）、瑞典（1,873人）和挪威（1,228人），合计84,951人，占重新安置难民总数89,007的95.44%。美国自1970年代以来从70多个国家接收了大约300万名难民。

表3-1　2012年世界接受难民重新安置的国家

位次	国家	重新安置难民数量
1	美国	66,289
2	加拿大	9,624
3	澳大利亚	5,937
4	瑞典	1,873
5	挪威	1,228
6	英国	1,039
7	新西兰	781
8	芬兰	731
9	丹麦	476
10	荷兰	429
11	德国	307
12	西班牙	80
13	法国	62
14	巴西	39
15	爱尔兰	39
16	葡萄牙	27
17	菲律宾	15
18	乌克兰	9
19	冰岛	9
20	阿根廷	8
21	智利	3
22	匈牙利	1
23	列支敦士登	1
总计		89,007

数据来源：UNHCR. *UNHCR Statistical Yearbook 2012*. UNHCR.2013.

绝大部分被重新安置难民是通过联合国难民署提出的申请，并得到了联合国难民署的保护和援助。2013年，联合国难民署驻80个国家的办事处向有关国家提交了9.32

万名的难民重新安置申请。21个国家共接收了9.84万名重新安置难民，比2012年的8.9万名多出了9,400名。联合国难民署帮助了9.84万名中的7.16万名离开所在国和抵达重新安置国。

八、无国籍人

本部分的无国籍人是指符合联合国难民署关于无国籍人条件的人（persons under UNHCR's statelessness mandate）。根据1954年《关于无国籍人地位的公约》第1条第1款，无国籍人是指任何国家根据它的法律不认为是它的国民的人。联合国难民署的无国籍人统计还包括正在等待一个国家关于国籍申请决定无国籍人。尽管取得国籍的权利已经得到国际公认，但是新的无国籍案例仍然在继续出现。解决无国籍问题仍是21世纪面临的主要挑战之一。

法律上无国籍人人数总体上大幅增长。2004年，有145.59万无国籍人，2006年增长到580.06万，2007年降至293.73万，2008年增长到657.22万。2013年，世界上有1,000万无国籍人，其中346.93万是联合国难民署认为的法律上的无国籍人。有75个国家提供了无国籍人口的统计数字，比2012年多出3个国家，而在2004年联合国难民署开始系统收集无国籍人人口数据时只有30个国家有这一统计数据，联合国难民署努力收集无国籍人数据取得了成效。2013年的350万无国籍人，略多于2012年334万，多出16万主要是因为多米尼克宪法法院确立了新国籍标准。根据新国籍标准，很多1929年以后出生在多米尼加的海地人不再是多米尼加公民。

根据1954年《关于无国籍人地位的公约》和习惯国际法所定义的无国籍人是法律上的无国籍人，也是被各国和联合国难民署认定的无国籍人。如何认定事实上无国籍人，目前国际社会还没有达成共识。解决无国籍人的主要方法时给予无国籍人国籍。2013年，至少19个国家的3.77万名无国籍人取得了国籍。

第二节　难民和其他联合国难民署关注人群目前形势的特点

本节主要探讨难民和其他联合国难民署关注人群目前形势的特点。难民与其他联合国难民署关注人群相互依存和转化，有着不可分割的联系。第二次世界大战结束以来，局部战争和地区性武装冲突持续不断，难民和其他联合国难民署关注人群总人数不断增长，2013年达到4,287.66万。

一、联合国难民署关注人群总人数不断增长

2003年以来，局部战争和地区性武装冲突持续不断，联合国难民署关注人群总人数不断增长。如表3—2，2013年，联合国难民署关注人群总计4,287.66万，是

2003年的1,701.01万的2.52倍。2009年，联合国难民署关注人群总人数3,646.08万，创联合国难民署关注人群第二多历史纪录。除2006—2007年和2009—2010年，联合国难民署关注人群总人数分别同比减少了3.6%和7.0%外，2003—2013年的其他年份，联合国难民署关注人群总人数均同比增长。2005—2006年和2003—2004年，联合国难民署关注人群分别同比增长了56.1%和14.8%，为2003—2013年11年间关注人群总人数增速最快的两年，这主要因为2006年伊拉克安全局势不断恶化、以色列黎巴嫩真主党武装冲突以及2004年美国在伊拉克发动军事行动引起人员大规模逃离本国。

表3-2　2003—2013年联合国难民署关注人群总人数

单位：万人

年份	难民	寻求庇护者	返回的难民	国内流离失所者	返回的国内流离失所者	无国籍人	其他被关注人群	合计
2003	959.82	99.76	109.49	418.17	23.78		90.53	1701.01
2004	957.48	88.52	143.44	542.65	14.65	145.59	59.70	1952.03
2005	866.20	80.21	110.56	661.68	51.94	238.37	96.04	2105.00
2006	987.77	74.39	73.37	127.94	186.42	580.60	104.55	3286.53
2007	1139.10	74.01	73.06	1374.02	207.01	293.73	6.87	3167.80
2008	1048.98	82.58	60.38	1444.22	136.14	657.22	16.69	3446.21
2009	1039.65	98.39	25.15	1562.81	222.95	655.96	41.17	3646.08
2010	1054.97	83.75	19.77	1469.79	292.33	346.30	125.56	3392.47
2011	1040.48	89.53	53.19	1547.34	324.58	347.71	141.18	3544.01
2012	1049.80	92.82	52.59	1767.04	154.54	333.58	132.97	3583.34
2013	1100.38	117.18	41.46	2392.56	135.62	346.92	83.61	4287.66

数据来源：UNHCR. *UNHCR Statistical Yearbook 2013*. UNHCR.2014. 联合国难民署其他年度的统计报告。

二、难民、寻求庇护者和自愿遣返难民人数占联合国难民署关注人群总人数比例均大幅下降

尽管世界各地不断发生冲突和动荡，许多人遭遇迫害和无家可归，但是难民人数只有微幅增长，寻求庇护者人数不升反降，自愿遣返难民人数更是大幅下降，与联合国难民署关注人群总人数大幅增长形成了鲜明反差。如表3—2，2003—2013年，难民人数微幅增长了14.64%，从959.28万增长至1,100.38万。虽然难民人数微幅增长了14.64%，但是联合国难民署关注人群总人数大幅增长了1.52倍，以致难民占联合国难民署关注人群总人数的比例从2003年的56.4%跌至2013年的25.7%，创11年来最低历史记录。

2003—2013年，寻求庇护者人数不升反降，从2003年的99.76万降至2013年的117.18万，如表3—3，占联合国难民署关注人群总人数的比例从2003年的5.9%降至2.7%。从2003年到2012年，自愿遣返难民人数更是大幅下降，从2003年的109.49万降至2013年的41.45万，占联合国难民署关注人群总人数的比例从2003年的6.4%降至2012年的0.97%。

表3-3 2003—2013年各类联合国难民署关注人群占总关注人群比例

单位：%

年份	难民	寻求庇护者	返回的难民	国内流离失所者	返回的国内流离失所者	无国籍人	其他被关注人群	合计
2003	56.4	5.9	6.4	24.6	1.4		5.3%	100%
2004	49.1	4.5	7.3	27.8	0.8	7.5	3.1	100%
2005	41.1	3.8	5.3	31.4	2.5	11.3	4.6	100%
2006	30.1	2.3	2.2	38.9	5.7	17.7	3.2	100%
2007	36.0	2.3	2.3	43.4	6.5	9.3	0.2	100%
2008	30.4	2.4	1.8	41.9	4.0	19.1	0.5	100%
2009	28.5	2.7	0.7	42.9	6.1	18.0	1.1	100%
2010	31.1	2.5	0.6	43.3	8.6	10.2	3.7	100%
2011	29.4	2.5	1.5	43.7	9.2	9.8	4.0	100%
2012	29.3	2.6	1.5	49.3	4.3	9.3	3.7	100%
2013	25.7	2.7	0.97	55.8	3.2	8.1	1.9	100%

数据来源：UNHCR. *UNHCR Statistical Yearbook 2013*. UNHCR.2014. 联合国难民署其他年度的统计报告。

难民、寻求庇护者和自愿遣返难民人数占联合国难民署关注人群总人数比例均大幅下降，与2003年以来世界上绝大多数国家的难民标准和配额政策都没有松动或更加严格，并施行新的拒寻求庇护者于境外的政策有关。联合国秘书长在2010年世界难民日致辞中指出："在纪念世界难民日（6月20日）之际，我们必须注意到一个令人不安的趋势：能够返回家园的难民人数在下降。2005年，100多万人自愿返回了自己的国家。去年，只有25万人这样做，这是二十年来的最低数字。出现这种现象的原因包括阿富汗、刚果民主共和国和苏丹南部的长期动荡。"难民标准和配额政策都没有松动或更加严格主要表现为难民总认定率（TRR）没有上升。如表3—4，2003—2012年，世界平均难民总认定率（TRR）在27.3%—44.5%区间浮动，2009年达到这十年间的最高总认定率46.5%（TRR），然后逐年下降，2012年为37.4%。

表3-4　2003—2012年难民总认定率

单位：%

	2003	2004	2005	2006	2007	2008	2009	2010	2011	2012
国家	24.8	25.2	30.3	37.7	37.7	33.6	39.3	33.2	32.7	32.4
联合国难民署	65.7	73.1	83.3	76.7	76.7	77.7	84.9	80.4	77.8	77.6
联合	27.3	28.7	36.1	44.5	44.5	40.3	46.5	38.5	37.5	37.4

数据来源：UNHCR. *UNHCR Statistical Yearbook 2012*. UNHCR.2013. 联合国难民署其他年度的统计报告。

三、国内流离失所者、无国籍人、返回的国内流离失所者人数明显增长

世界各地不断发生冲突和动荡，许多人遭遇迫害和无家可归，在不能获得国家的难民、寻求庇护者地位的情况下，只能寻求联合国难民署提供国内流离失所者和无国籍人地位的保护和援助，并在本国国内形势趋于稳定和安全时返回，以致国内流离失所者、无国籍人、返回的国内流离失所者人数明显增长，占联合国难民署关注人群总人数比例显著上升。在国内流离失所者方面，如表3—2和表3—3，从2003年到2013年，由于世界各地不断发生冲突和动荡，联合国难民署保护和援助的国内流离失所者人数增长了4.72倍，从418.17万猛增到2,392.56万，创11年间最高记录，占联合国难民署关注人群总人数的比例从24.6%猛增到55.8%。

在无国籍人方面，如表3—2和表3—3，由于2008年科索沃独立等因素，无国籍人数从2007年的293.73万猛增至2008年的657.22万，创2004—2013年11年期间的无国籍人数最高记录。2009年，无国籍人数仍然居于高位，达655.96万。2010年，无国籍人问题才得到缓解，降为346.3万。从2004年到2013年，无国籍人人数增长了1.38倍，从145.59万猛增到346.93万，占联合国难民署关注人群总人数的比例从7.5%增长到8.1%。

在返回的国内流离失所者方面，如表3—2和表3—3，由于联合国难民署卓有成效的工作和有关国家的配合，2010和2011年，返回本国的国内流离失所者人数分别为292.33万和324.58万，为从2003年到2012年10年间第二和第一高记录。从2003年到2013年，返回本国的国内流离失所者人数增长了6.5倍，从23.78万增长到135.62万，占联合国难民署关注人群总人数比例从1.4%增长到3.2%。

表3-5 2003—2013年联合国难民署关注各类人群同比增长率

单位：%

年份	难民	寻求庇护者	返回的难民	国内流离失所者	返回的国内流离失所者	无国籍人	其他被关注人群	合计
2003-04	-0.2	-11.3	31.0	29.8	-38.4		-34.1	14.8
2004-05	-9.5	-9.4	-22.9	21.9	254.5	63.7	60.9	7.8
2005-06	14.0	-7.3	-33.6	93.4	258.9	143.6	8.9	56.1
2006-07	15.3	-0.5	-0.4	7.4	11.0	-49.4	-93.4	-3.6
2007-08	-7.9	11.6	-17.4	5.1	-34.2	123.7	142.9	8.8
2008-09	-0.9	19.1	-58.3	8.2	63.8	-0.2	146.7	5.8
2009-10	1.5	-14.9	-21.4	-6.0	31.1	47.2	205.0	-7.0
2010-11	-1.4	6.9	169.0	5.3	11.0	0.4	12.4	4.5
2011-12	0.9	3.7	-1.1	14.2	-52.4	-4.1	-5.8	1.1
2012-13	4.8	26.24.	-21.2	35.39	-12.3	4	-37.2	11.97
2013	25.7	2.7	0.97	55.8	3.2	8.1	1.9	100%

数据来源：UNHCR. *UNHCR Statistical Yearbook 2013*. UNHCR.2014. 联合国难民署其他年度的统计报告。

四、发展中国家是难民和其他联合国难民署关注人群的主要本国和来源国家

发展中国家和地区输出了绝大部分难民和其他联合国难民署关注人群。世界前十位联合国难民署关注人群本国都是发展中国家，分别是叙利亚（918万）、哥伦比亚（578.2万）、刚果（金）（419.1万）、阿富汗（360万）、苏丹（258.8万）、索马里（243.2万）、伊拉克（152.3万）、中非（115.5万）、巴基斯坦（93.4万）、缅甸（92.7万）。根据联合国难民署统计局（UNHCR Bureaux）统计，撒哈拉以南非洲、中东和北非分别输出了1,302万、1,148万联合国难民署关注人群，分别占联合国难民署关注人群总数4,288万的30.26%、26.77%。欧洲只输出了173万联合国难民署关注人群，仅占联合国难民署关注人群总数4,288万的4.03%。

联合国难民署关注人群占本国人口比例较高的都是发展中国家。如表3—6，2008年，10.48%的阿富汗人口是联合国难民署关注人群。2012年，由于一些阿富汗难民返回了阿富汗，联合国难民署关注人群占阿富汗人口比例降至9.1%。因为大量索马里人逃至肯尼亚和埃塞俄比亚，联合国难民署关注人群占索马里人口比例由2008年的6.14%升至2012年11.79%。2008—2012年期间，联合国难民署关注人群占苏丹、厄立特里亚、马里人口比例都有明显上升，分别从1.23%、3.46%和0.01%上升到1.6%、4.97%和1.07%。

表3-6　2008—2012年联合国难民署关注人群占本国人口比例

单位：%

国家	2008	2009	2010	2011	2012
阿富汗	10.48	10.42	10.76	9.38	9.10
索马里	6.14	7.23	7.99	11.18	11.79
叙利亚	0.07	0.09	0.09	0.09	3.38
苏丹	1.23	1.06	1.09	1.40	1.60
厄立特里亚	3.46	3.76	3.88	4.39	4.97
塞尔维亚	1.90	2.02	1.90	1.68	1.64
不丹	15.16	12.64	10.47	8.09	5.80
波黑	2.99	3.74	3.79	3.74	3.78
克罗地亚	2.22	1.76	1.52	1.44	1.44
马里	0.01	0.02	0.03	0.03	1.07
圣文森特和格林纳丁斯	0.69	0.78	0.87	1.03	1.20
布隆迪	3.27	1.06	0.91	1.10	0.80

数据来源：UNHCR. *UNHCR Statistical Yearbook 2012*. UNHCR.2013. 联合国难民署其他年度的统计报告。

2013年、2012年世界前十大难民本国都是发展中国家。2012年，世界前十大难民本国是阿富汗（258.62万）、索马里（113.67万）、伊朗（74.62万）、叙利亚（72.9万）、苏丹（56.89万）、刚果（金）（50.93万）、缅甸（41.54万）、哥伦比亚（39.41）、越南（33.69万）、厄立特里亚（28.54万）。2013年，世界前十大难民本国为阿富汗（255.6万）、叙利亚（246.8万）、索马里（112.2万）、苏丹（64.9万）、刚果（金）（49.9万）、缅甸（47.9万）、伊朗（40.1万）、哥伦比亚（39.4万）、越南（31.4万）和厄立特里亚（30.8万）。世界前三大难民本国是阿富汗、叙利亚和索马里，输出的难民占世界难民总数的53%。阿富汗从1981年开始至今，已经连续34年是第一大难民本国，世界上每五个难民中有一个是阿富汗人。

五、发展中国家庇护了绝大多数难民和其他联合国难民署关注人群

发展中国家庇护了绝大多数难民和其他联合国难民署关注人群，为保护和援助难民和其他联合国难民署关注人群作出了重要贡献。联合国秘书长在2008年世界难民日致辞中指出："与许多工业化国家民众的印象恰恰相反的是，发展中国家尽管资源有限，事实上承担着为更多的难民提供庇护的压力。"联合国难民署高级专员古特雷斯说："发展中国家已不能继续独力支撑，发达国家必须致力扭转失衡。我们需要增加收容额，需要加快推动和平进程，使难民能早日归家。"

1980年代晚期，发展中国家庇护了近90%的世界难民。2013年，发展中国家庇

护了86%的世界难民，远高于10年前的70%，创20年来的最高比例。最不发达国家庇护了24%的世界难民即280万难民。2013年，46%的世界难民，即540多万难民，由人均每美元国内生产总值（购买力平价PPP）5,000美元以下国家庇护。以人均每美元国内生产总值（购买力平价PPP）庇护难民为标准，世界前十大难民庇护国均为发展中国家，分别是巴基斯坦（512名难民）、埃塞俄比亚（336名难民）、肯尼亚（295名难民）、乍得（199名难民）、苏丹（177名难民）、刚果（金）（153名难民）、乌干达（152名难民）、约旦（117名难民）、孟加拉（111名难民）、也门（95名难民）。世界最大难民庇护发达国家是德国，人均每美元国内生产总值（购买力平价PPP）仅庇护15名难民。

2013年，以千人庇护难民为标准，世界前五大难民庇护国也都是发展中国家，分别是黎巴嫩（178名难民）、约旦（88名难民）、乍得（34名难民）、毛里塔尼亚（24名难民）。

2013年，以庇护难民数量为标准，世界前十大难民庇护国除美国外，都是发展中国家，分别是巴基斯坦（161.2万）、伊朗（85.74万）、黎巴嫩（85.65万）、约旦（64.19万）、土耳其（60.99万）、肯尼亚（53.49万）、乍得（43.45万）、埃塞俄比亚（43.39）、中国（30.1万）和美国（26.36万）。巴基斯坦仍然是世界上最大的难民庇护国，接收了161.2万难民。

反对难民的情绪在发展中国家，甚至在庇护难民很少的发达国家都时有发生。2013年11月，德国施内贝格市计划为外来难民在距市区3公里外建立了一个收容中心，接收目前尚被临时安置在军营中的250余名难民。11月16日，1,500名德国民众游行抗议该计划，他们手拿火炬和灯光高喊着标志性的口号：我们是人民。事后证明，这一活动背后有德国国家民主党的支持。[①] 2014年8月，由于不满叙利亚难民大量涌入，数百名土耳其首都伊斯坦布尔民众上街游行并打砸属于叙利亚人的商店和车辆。最后，警察出面驱散了游行人群。[②]

六、寻求庇护者主要来自发展中国家，目的地国主要是发达国家和邻国

寻求庇护者主要来自发展中国家。2012年，世界前六大寻求庇护者来源群体是刚果（金）人（5.41万）、阿富汗人（5万）、叙利亚人（3.23万）、巴基斯坦人（3.07万）、厄立特里亚人（3.02万）、索马里人（2.97万），合计占92万份难民地位申请的24.67%。从2008年开始，津巴布韦人不再是世界主要的寻求庇护者来源群体。2013年，叙利亚人是世界第一大寻求庇护者来源群体，向联合国难民署和100个国家和地

① 姜楠.德国民众游行抗议“新纳粹党”的反难民活动[EB/OL].国际在线2013年11月18日。

② 廖德剑.土耳其首都爆发反叙利亚难民游行，出现打砸乱象[EB/OL].环球网2014年8月26日。

区提交了6.43万份难民地位申请，除中东地区以外，主要是向欧洲国家寻求庇护，特别是瑞典（1.63万）、德国（1.19万）、保加利亚（4,500）和荷兰（2,700）。刚果（金）人是世界第二大寻求庇护者来源群体，提交了6.04万难民地位申请。世界第三至第十大寻求庇护者来源群体是缅甸人（5.74万）、阿富汗人（4.91万）、伊拉克人（4.57万）、俄罗斯人（3.98万）、厄立特里亚人（3.5万）、塞尔维亚人（3.47万）和巴基斯坦人（3.36万）。

寻求庇护者目的地国主要是发达国家和邻国。2013年，德国受理了10.96万份难民地位申请，俄罗斯人（1.49万）和叙利亚人（1.19万人）是德国第一和第二大难民地位申请来源群体。美国是世界上第二大寻求庇护者目的地国，受理了8.44万份难民地位申请，中国人（1.23万）、墨西哥人（1.07万）、萨尔瓦多人（5,700）是美国第一、第二和第三大难民地位申请来源群体。南非是世界上第三大寻求庇护者目的地国，受理了7万份难民地位申请，主要来自撒哈拉以南非洲。法国是世界上第四大寻求庇护者目的地国，受理了6.02万份难民地位申请，主要来自塞尔维亚人（5,900）、刚果（金）人（5,300）、阿尔巴尼亚人（5,000）、俄罗斯人（4,700）。

七、女性、儿童均占难民近一半

如表3—7所示，2006—2013年期间，女性、儿童均占难民近一半。2009年，41%的难民是18岁以下儿童，是该期间的最低记录，但是仍然远远高于世界20%的18岁以下儿童占总人口的平均比例。2013年，49%难民是女性，50%难民是18岁以下儿童。18岁以下儿童占难民比例最高地区是东非、索马里和埃塞俄比亚（60%）、中部非洲和大湖区（56%）。

表3-7　2006—2012年难民中女性和儿童占比

单位：%

年份	女性	18岁以下儿童	18—59岁	60岁及以上
2006	47	47	49	4
2007	47	46	49	5
2008	48	44	51	5
2009	47	41	54	5
2010	47	44	51	5
2011	48	46	49	5
2012	48	46	49	5
2013	49	50	46	4

数据来源：UNHCR. *UNHCR Statistical Yearbook 2012*. UNHCR.2013; UNHCR. *UNHCR Global Trends 2013*.UNHCR 2014.

八、联合国难民署关注人群主要源于战争、冲突和重灾国家

联合国难民署高级专员安东尼奥·古特雷斯说，“人道主义组织为拯救这些生命（难民）提供了援助，但我们没有办法防止或制止战争，这需要政治努力和政治意愿，国际关注的重点应更多集中在这里。”

2001年，美国入侵伊拉克后，因连年战火催生的伊拉克联合国难民署关注人群约为450万。[①]

2010年，叙利亚政府与反对派势力开始武装对峙以来，冲突区域的联合国难民署关注人数日益增加，无数叙利亚人无家可归。2013年，叙利亚输出联合国难民署关注人群918万，其中难民247万、国内流离失所者652万，是世界最大的联合国难民署关注人群本国。根据目前的叙利亚状况，叙利亚有可能在2014年取代阿富汗为第一大难民本国。2013年1—6月，叙利亚新增难民130万人，大约每新增10个难民就有8个在叙利亚。叙利亚人是世界第一大寻求庇护者来源群体，向联合国难民署和100个国家和地区提交了6.43万份难民地位申请。第二至第十大寻求庇护者来源群体是阿富汗人、缅甸人（5.74万）、阿富汗人（4.91万）、伊拉克人（4.57万）、俄罗斯人（3.98万）、厄立特里亚人（3.5万）、塞尔维亚人（3.47万）和巴基斯坦人（3.36万）。世界前十大寻求庇护者来源群体有八个是因为战争、冲突或大规模人道灾难。

2012年12月中非爆发冲突以来，已经有17.5万人流离失所，约有60万儿童受到该国武装冲突的影响。[②] 2013年1—6月，叙利亚、中非、刚果（金）、马里和索马里等冲突迫使超过150万人成为难民。

2013年，世界前十大联合国难民署保护和援助的国内流离失所者来源于叙利亚（652.1万）、哥伦比亚（536.8万）、刚果（金）（296.4万）、苏丹（187.3万）、索马里（133.3万）、伊拉克（95.4万）、中非（89.4万）、巴基斯坦（74.8万）、阿富汗（63.1万）、阿塞拜疆（60.9万）。这十个国家都不同程度上存在战争、冲突和重灾。由于不断升级的冲突和暴力，450万叙利亚人流离失所，使叙利亚国内流离失所者达到了652.1万。刚果（金）重燃战火，使得该国国内流离失所者增至296.4万，居民不断被迫流动带来了许多问题。在中非，2013年12月的战事使得84.4万人流离失所。

与2013年年底相比，2014年上半年全球新增难民550万人，中东、北非等地区战争冲突频发是难民人数上升的主要原因。自2011年3月叙利亚危机爆发以来，仅逃至黎巴嫩的叙利亚难民就一度超过120万。

---

① 黄培昭.韦冬泽.苑基荣.席来旺.动荡与冲突阻挡世界难民回家路[N].人民网2011年6月21日。

② 王礼陈.吴陈.联合国难民署呼吁中非共和国交战双方确保民众安全[N].新华网2013年3月16日。

九、难民生存状况不佳

大部分难民居住在发展中国家的农村，生存状况堪忧。2013年，在1,170万难民中有81%即947万难民的居住状况是清楚的，其他19%即223万难民的居住状况不明。居住状况清楚的947万难民中，有58.2%的难民自己寻找住所（individual accommodation，private），比2012年上升了3.9%。34.6%难民居住在计划或管理的难民营（Planned/managed camp），3.7%居住在自我管理的难民营，3.2%居住在收容所。计划或管理的难民营一直是发展中国家安置联合国难民署关注人群的最主要方式。

世界前四大难民营都在肯尼亚，一并被称为达达布（Dadaab）难民营，是世界上最大的计划或管理的难民营，接收了50多万难民。位于坦桑尼亚的Nyaragusu难民营是世界第五大难民营，接收了6.81万难民，大部分来自刚果（金）。2012年，计划或管理的难民营和自我管理的难民营几乎全部位于乡村地区，位于城市地区的只分别占0.4%和0.5%。2013年，4%的美洲难民和24%的中东和北非难民居住在农村，而64%撒哈拉以南非洲的难民和25%亚洲的难民都居住在农村。

表3-8　2012—2013年难民居住情况①

单位：万人

居住类别	关注人群数		占总数比例		女性占比		儿童占比		城市占比	
	2012	2013	2012	2013	2012	2013	2012	2013	2012	2013
计划或管理的难民营	295.55	327.43	35.3%	34.6%	50%	51%	56%	56%	0.4%	7.1%
自我管理的难民营	54.23	34.58	6.5%	3.7%	52%	53%	58%	60%	0.5%	1.0%
收容中心	32.35	30.43	3.9%	3.2%	48%	48%	56%	35%	18.0%	93.9%
私人住所	455.19	551.09	54.3%	58.2%	46%	48%	39%	46%	93.4%	88.3%
接待或中转场所	2100	3.39	0.0%	0.4%	53%	51%	60%	59%	8.3%	2.8%
合计	837.53	946.92	100%	100%	48%	49%	46%	50%	53.4%	56.1%
情况不明	212.27	223.4								
总计	1049.8	1170.32								

数据来源：UNHCR. *UNHCR GLobal Trends 2013*. UNHCR.2014; UNHCR. *UNHCR Statistical Yearbook 2012*. UNHCR.2013.

许多难民在战争、冲突和重灾中逃离本国，已经几乎耗尽了财富和资源，并可能患有疾病和营养不良。联合国难民署关注人群被主要安置在发展中国家的乡村地区，

① UNHCR. *Collective Centre Guidelines*. UNHCR. 2010. 5. Collective Centres are pre-existing buildings and structures used for the collective and communal settlement of the displaced population in the event of conflict or natural disaster.

这些地区的基础设施、医疗卫生、教育、住房、饮用水等条件都十分落后，生存环境恶劣。关注人群庇护国无力向被关注人群提供充足的医疗资源和教育资源，甚至难以应对爆发的传染性疾病。关注人群在庇护国常会受到接受国人民的歧视和排斥，通常生活在社会最底层。很多被关注人群没有身份和工作，只能从事最底层的薪酬最低的工作，也没有能力为子女提供良好的教育。联合国难民署和当地政府配发每日的食品、饮用水。限于人力和资金的不足，不能满足日益增加的被关注人群的需求。由于很多难民营建在战争、冲突发生地附近的边境地带，被关注人群和难民营管理人员的安全仍然受到威胁，保护和援助工作面临着越来越多的障碍。

十、大规模人员涌入邻国

大规模涌入人员通常因为不愿意远离本国，或者处于困境无法远离本国而流向邻国。人们在面临紧急困境时，最主要的目的是尽快逃离困境确保安全，获得保护和援助，不会过多考虑提供安全、保护和援助的国家是否加入1951年《关于难民地位的公约》和1967年《关于难民地位的议定书》、颁布了内国难民法以及是否发达国家等。2012年，非难民公约签约国接收了大量的大规模涌入人员。例如，710,230名叙利亚人涌入邻国，其中307,740名和12,900名涌向1951年《关于难民地位的公约》缔约国土耳其和埃及，131,890名、131,180名和63,260名分别涌向非1951年《关于难民地位的公约》缔约国黎巴嫩、约旦和伊拉克。如表3–9，大规模涌入人员流入国都是发展中国家，一些国家颁布了难民法，一些国家没有颁布难民法。潜在庇护国吸引力是非常主观的概念，与法定义务关系不大。地缘政治和家族联系更有可能决定大规模人员的涌入，对于寻求庇护者和庇护国也是如此。[①]

表3-9　2012年大规模涌入人员流入和流出

流出国家	流入国家	涌入人员人数	流入国是否缔约国
叙利亚	土耳其	307,740	是
叙利亚	黎巴嫩	131,890	不是
叙利亚	约旦	131,180	不是
叙利亚	伊拉克	63,260	不是
叙利亚	埃及	12,900	是
刚果（金）	乌干达	40,180	是
刚果（金）	卢旺达	17,100	不是
刚果（金）	布隆迪	8,200	是

① 凯特·雅斯特拉姆.玛丽莲·阿奇隆.难民保护：国际难民法指南[M].2004年修订版.联合国难民署.各国会议联盟.112。

续表

流出国家	流入国家	涌入人员人数	流入国是否缔约国
刚果（金）	津巴布韦	1,240	不是
索马里	埃塞俄比亚	35,820	是
索马里	也门	22,290	是
索马里	肯尼亚	13,760	是
索马里	吉布提	3,170	是
苏丹	南苏丹	99,990	不是
苏丹	埃塞俄比亚	35,240	是
苏丹	以色列	3,440	是
马里	毛利塔利亚	54,030	是
马里	尼日尔	50,200	不是
马里	布基纳法索	38,380	不是

注：缔约国是指1967年《关于难民地位的议定书》的缔约国。

数据来源：UNHCR. *UNHCR Statistical Yearbook 2012*. UNHCR.2013.

第三节　难民和其他联合国难民署关注人群的产生原因

本节主要探讨难民和其他联合国难民署关注人群的产生原因。难民与其他联合国难民署关注人群相互依存和转化，有着不可分割的联系，他们的产生既有战争和武装冲突、国家政权变更、国家解体、民族分裂、侵犯人权、无国籍等政治方面的原因，也有种族/民族冲突、宗教矛盾等文化方面的原因，以及饥荒和环境恶化等经济和环境方面的原因。产生难民与其他联合国难民署关注人群的政治、文化、经济和环境等原因常常相互交织，共同发挥作用。

一、战争和武装冲突

联合国秘书长潘基文在2013年世界难民日秘书长致辞中指出：“战争仍是（产生难民与其他联合国难民署关注人群的）主要原因，叙利亚危机是大规模流离失所的一个主要实例。仅五个受战争影响国家的难民就占了联合国难民署高级专员新的报告中所列全部难民的一半以上；这五个国家是：阿富汗、索马里、伊拉克、叙利亚和苏丹。大量新的流离失所现象已在马里和刚果（金）出现。”

在非洲，2013年12月期间，中非共和国局势持续动荡，暴力、抢劫、杀戮以及其他侵犯人权的行为不断发生，该国的内部流离失所者人数已超过90万，仅首都班吉就有51.2万人无家可归。2011年，由于索马里中南部地区纷争不断，加上连年干旱，30万索马里人背井离乡。安哥拉和莫桑比克因为近20年的内战和自然灾害，百万人流离失所。由于卢旺达和布隆迪的部族武装冲突，200多万难民逃往刚果（金）东部地区。厄立特里亚和埃塞俄比亚之间长达10多年的战争，曾迫使成千上万人逃往他国。苏丹近50年的内战，迫使大量难民逃往埃塞俄比亚、扎伊尔、中非和肯尼亚谋生。

在亚洲，1970年代的柬埔寨内战产生了约200万难民。苏联和美国发动的阿富汗战争导致了几百万的难民，仅流向伊拉克的阿富汗难民就有200万之多。1994年起连续五年的塔吉克斯坦内战造成15万人丧生，100万人无家可归。①2001年美国入侵伊拉克后，因连年战火催生的难民总人数约为450万。②2010年叙利亚政府与反对派势力开始武装对峙以来，冲突区域的难民日益增加。2013年，叙利亚的难民和其他联合国难民署关注人群918.04万，其中难民246.84万。

二、国家政权变更、国家解体和民族分裂

国家政权变更、国家解体和民族分裂使得民众处于国家更替之中，如果不能顺利和平稳过渡，极易产生难民和其他联合国难民署关注人群。1978年阿富汗的达乌德政府被军事政变推翻，塔拉基政权上台，1992年拉巴尼政权上台，1995年塔利班政权上台，三次政权更迭致使几百万人逃离阿富汗。1990年，希望独立或者加入尼泊尔的不丹尼泊尔族人策划了推翻不丹君主政权行动，但是没有成功。很多尼泊尔族人逃入尼泊尔和印度沦落为难民，约14万不丹难民进入尼泊尔，生活在尼泊尔东部的7个难民营中，至今还没有回国。1990年代初的南斯拉夫解体导致20多万人丧生，无数人致残，数百万人流离失所，创下了第二次世界大战后欧洲最大的人道主义悲剧。1991年，苏联解体后，各个加盟共和国均已成为国际社会中的独立主权国家，生活在这些新独立国家的俄罗斯人立刻从原苏联的最大民族变成了当地外来的少数民族。这些俄罗斯人失去俄罗斯国籍，又得不到或者不愿意得到所在国家的国籍，成为无国籍人，生活处境艰难。塔吉克斯坦曾是苏联经济最落后的共和国，在苏联解体后不久就陷入内战，数万人伤亡，数十万人成为难民。1999年，20多万东帝汶土著民族，由巴布亚族与马来族或者波利尼西亚族组成的混血人种，为了争取建成民族国家，在全民公投后的骚乱中曾逃到西帝汶。

三、不同政治见解

在某些国家掌权的政治派别利用国家权力以国家的名义，限制、剥夺异己分子的

① 王举.塔吉克斯坦内战分析[D].兰州大学2008届硕士学位论文。

② 黄培昭.韦冬泽.苑基荣.席来旺.动荡与冲突阻挡世界难民回家路[N].人民网2011年6月21日。

人身自由、言论自由、选举权、回国权等政治权利，使他们成为难民。乌干达的阿明、赤道几内亚的马西埃·恩圭马以及中非共和国的博卡萨等人，在执政期间严厉镇压反对派，使大批居民被迫逃到邻国。[①] 阿明用铁腕手段统治乌干达，通过处决和强行流放的途径铲除潜在的异己分子。伊拉克战争前萨达姆时期的库尔德人也是受到政治迫害而被迫沦为难民的。

四、种族/民族冲突

种族/民族原因造成了大量的平民沦为难民。犹太人在第二次世界大战期间遭受迫害，希特勒大规模屠杀犹太人，大量的犹太人逃往其他国家。百年巴以种族/民族冲突最严重的后遗症之一就是制造了波及整个中东地区的巴勒斯坦难民问题，形成了现代史上人数最多、规模最大、持续时间最长的政治难民潮。巴勒斯坦难民是世界难民人群中的最大群体，总数接近350万。从第一代难民的出现到现在，巴勒斯坦难民问题已经持续了50多年，目前仍看不到解决的希望。难民问题已经成为巴以实现和平的一个巨大障碍。1994年，卢旺达爆发内战，胡图族人煽动屠杀图西族人，300多万人逃离该国。斯拉夫驻联合国使团团长弗帕维切维奇1993年2月11日在日内瓦人权会议上指控克罗地亚族军队对塞族实行种族清洗政策。他说，克罗地亚的种族清洗已使25万塞族人逃离家园，成千上万的塞族人被迫改姓和改变宗教信仰。[②] 1970年代后，由于人口膨胀、放牧过度，荒漠化现象不断加剧，非洲达尔富尔地区的阿拉伯牧民为了水源被迫南迁，并因争夺水草资源与当地黑人部落发生冲突。2003年，苏丹南部达尔富尔地区由种族冲突演化为内战，大量人员被迫逃往埃塞俄比亚、刚果、中非和肯尼亚谋生。2007年12月，肯尼亚举行了有争议的选举，随后爆发了族际暴力，造成约35万名流离失所者。

五、宗教矛盾

宗教矛盾一直是产生难民的重要原因。1947年6月，英国最后一任驻印度总督蒙巴顿提出了按宗教特点把印度分为印度和巴基斯坦两个自治领的“蒙巴顿方案”，方案一公布，教民的大迁徙和教派大仇杀便拉开了序幕。据统计，仅旁遮普省在分治中有就50多万人死于教派仇杀，还有1,200万人无家可归。[③] 1979年伊朗爆发伊斯兰革命，伊朗政府强调要向所有伊斯兰国家“输出原教旨主义的伊斯兰革命”，公开号召占伊拉克人口60%的什叶派“进行伊斯兰革命”，推翻伊拉克现政权建立“伊斯兰共

---

① 潘蓓英.非洲难民问题难解之源[J].西亚非洲2000(1):34。

② 孙云.世纪末的热战：聚焦科索沃[M].当代世界出版社.1999。

③ 余合虎.腥风血雨中的印度宗教冲突[N].合肥晚报逍遥津周刊2002年3月14日。

和国”。伊拉克则支持伊朗境内少数民族如库尔德族的民族自决要求。随着政治、宗教的矛盾激化和边界武装冲突的加剧，1980年9月两伊战争全面爆发，近八年的两伊战争使无家可归的难民超过300万。

苏丹北部地区居民信奉伊斯兰教，多属逊尼派。南部尼罗河居民多信奉原始宗教或基督教，南北两地长期存在宗教矛盾。为反抗政府强行在当地推行阿拉伯化和伊斯兰化政策，南部居民于1955年发动了反政府抵抗运动。1956年苏丹独立后，南部三省要分离并成立阿扎尼亚共和国。在政府镇压下，大批南部居民被迫逃往乌干达、前扎伊尔、中非共和国和埃塞俄比亚。1972年，长达17年的苏丹内战结束时，有20万苏丹难民生活在埃塞俄比亚，17.8万人在乌干达，616万人在前扎伊尔，212万人在中非共和国。1983年苏丹内战再度爆发。由宗教和民族矛盾引发的战争又使几十万苏丹人沦为难民。[①]

六、无国籍

没有任何国籍的状态对相关个体而言是非常不利的，在某些情况下，可能会对个体的生命构成毁灭性打击，使其沦为难民。联合国难民署认为，如果既是无国籍又是难民的话，倾向于将他们列为难民，因为他们能有更多机会走难民程序被送往第三国，可以开始真正的生活，享受教育等权利。[②] 联合国秘书长在2007年世界难民日致辞中指出:“由于族裔或历史原因，他们被剥夺了拥有国籍的权利。对他们而言，回家可能不取决于是否签署和平协定和开展遣返活动，而是取决于能否克服官僚障碍和获得正式身份。”

法律上无国籍人是指不被任何国家依照本国法律认定为本国的人。[③] 国际法上没有得到普遍认可的事实上无国籍人的定义。本书作者认为，事实上无国籍人是指具有国籍但是不能提供国籍证明或者获得国籍国保护的人。2013年，世界上有1,000万无国籍人，其中346.93万是联合国难民署认为的法律上的无国籍人。[④] 无国籍主要源于法律和技术问题或者种族、民族、宗教、语言和其他因素的歧视。一些少数民族往往是一种更为恶劣的无国籍形式的受害者，即由于某些政治、宗教或种族歧视的原因，整体遭到蓄意排斥。[⑤] 有些人没有国籍是因为他们或他们先辈出生时所在的国家重新成立国家，或是被占领、分裂、解体或摆脱了殖民化状态。每当一个国家经历了这样

① 潘蓓英.非洲难民问题难解之源[J].西亚非洲2000(1):34。

② 任芊.无国籍人士——游走在国界边缘的“隐形人”。国际在线2012年5月28日。

③ 1954年《关于无国籍人的地位的公约》第1条。

④ UNHCR. *UNHCR Mid-Year Trends 2013*. UNHCR. 2013.22.

⑤ 联合国.受到排斥的人：无国籍人的隐蔽世界.联合国网站.http://www.un.org/chinese/events/tenstories/07/theexcluded.shtml. 2013年3月17日访问。

的根本性改变后，谁是该国公民而谁不是的问题就凸现出来了。1970年代末和1980年代，我国接收了约28万因排华和战争逃离本国的印支人，其中一些人目前还没有取得正式的中国国籍，又因为逃离本国失去了本国国籍，成为事实上无国籍人。

七、饥荒

环保人士发出警告：全球粮食供应体系可能会随时崩溃，让数亿人陷入饥荒，在世界各地引发骚乱，导致政府垮台和无数难民。[①] 非洲之角长期以来是全球粮食安全状况最差的地区之一，2010年以来遭遇60年不遇的大旱，加上全球粮价高涨、区域内部分国家冲突不断等因素，粮食安全状况每况愈下。世界粮食计划署2011年的统计显示，该地区需要人道主义援助的人口达875万。[②]

联合国秘书长在2008年世界难民日致辞中指出："往往很难将难民与纯粹因饥饿而被迫越境的人区分开。"根据联合国粮农组织2001年3月发表的《粮食作物与粮食短缺》，由于天灾人祸不断，生活在全球33个国家的6,000万人正面临不同程度的缺粮问题。撒哈拉以南非洲地区是缺粮最严重的地区，有16个国家极度缺粮。埃塞俄比亚、厄立特里亚、肯尼亚、苏丹和坦桑尼亚的1,800万人需要国际社会继续提供紧急粮食援助。亚洲的不少国家也受到缺粮问题的困扰。阿富汗因持续内战和旱灾出现严重的粮食危机。亚美尼亚、格鲁吉亚和塔吉克斯坦因遭受旱灾，也需获得粮食援助。粮食的短缺直接对当地居民的生命构成威胁，为了活命，贫困地区的人口被迫离开家园，成为流离失所者。

八、环境恶化

有越来越多的证据表明，如气候变化、干旱，以及资源减少和获取资源的不平等等环境因素对流离失所有着超乎以往的重大影响。[③] 联合国秘书长在2008年世界难民日致辞中指出："冲突和贫穷是人们被迫离乡背井的最常见原因，如今又因气候变化、资源日益稀少及粮食短缺而变本加厉，而这几种因素又会导致将来更严重的不安全局势。"1940年，环境难民首次被提及，1970年代受到了联合国环保署与联合国难民署的关注。环境难民通常是指由于显著的环境破坏（含天灾与人祸）有碍其生存并（或）严重影响生活品质，人民被迫暂时或永远搬离其原来居处的人。[④] 世界上最贫困的人民基本被迫生活在世界上最危险的自然灾害频发地区，更大程度上带来了其被迫迁移

① 史冀.粮食危机明年或再袭全球[R].深圳特区报2012年10月22日B8版。

② 黄培昭.张梦旭.战乱饥荒导致难民空前激增[N].人民日报2011年7月7日。

③ 气候变化、自然灾害和人的流离失所：联合国难民署的观点.联合国难民署.2008。

④ Kibreab, Gaim. Environmental Causes and Impact of Refugee Movements: A Critique of the Current Debate. *Disasters*. 1997(1):20-38.

原居住地的必然性。

1986年，乌克兰切尔诺贝利核电站的核污染事故，其所形成的核辐射使得10万平方公里以内的区域，包括1,600个村庄，共1,500万人丧失了赖以生存的环境，大批居民被迫迁出了家园。自1996年以来，每年因地震、海啸、干旱等自然因素而导致的受灾人数平均在2.1亿。根据红十字国际委员会2001年《世界灾难报告》，约有2,500万人沦为环境难民，为世界难民总数的58%。2004年发生在印度尼西亚苏门答腊北部外海的强烈海底地震引发大规模海啸，造成至少23.15万人死亡或失踪，180万流离失所。2005年发生在美国南部的卡特里娜飓风所造成永久性无法返回家园人员达到33万人。2010年环境难民已达至5,000万，经政府间气候变化专门委员会预测，2050年，环境难民的总数甚至可能将达到15亿。① 预计今后将会有更多的人被迫流离失所，其中有些人是为了逃避因气候变化造成的民事冲突。从因水位上升而消失的国家逃离的人很可能变成无国籍者而进入联合国难民署关注的范畴。如何确保气候变化直接或间接造成的流离失所人员得到有效的保护，其福利得到恰当的保障，确保他们找到解困的长久之计，这些问题应得到国际社会的优先关注。②

九、侵犯人权

造成人们大规模外逃现象的根源多种多样，十分复杂，侵犯人权是造成人们大规模外逃的主要根源。侵犯人权往往与战争和武装冲突、国家政权变更、国家解体和民族分裂、无国籍、种族 / 民族冲突、宗教矛盾，以及饥荒和环境恶化等等相伴而生。联合国人权委员会人权与大规模逃难问题特别报告员在向人权委员会1982年第三十八届会议提交的研究报告中指出：除非能够找到对抗践踏人权或公开违反人权的方法，除非能够更公平地分享世界的资源，除非能够克制而宽容，使每一个人，不论其种族、宗教、社会出身或政党都有所归属——或能循一定的途径寻找工作，追求像样的生活，免于争斗——这个世界将继续发生大批人口外逃的问题。这个问题如不加以解决，对世界的和平和稳定会造成越来越大的威胁。③ 在许多地方，偏狭、种族主义、排外、侵略、民族和种族紧张气氛以及冲突越来越猖獗，许多群体深受其害，寻求庇护者和难民首当其冲。国际社会仍必须面对难民问题的挑战。难民庇护国应履约保护难民，鼓励宽容异己，而难民输出国（本国）则有责任防止出现造成本国人民大量外流的事件。

---

① Milan, Stefania. Eco-Refugees Seek Asylum, http: / /www. alternet. org / envirohealth /19179 /Inter Press Service.

② 2008年《联合国难民署高级专员的报告》导言第4段。

③ E/CN.4/1503号文件第9段。

十、减少和消除产生原因

分析难民和其他联合国难民署关注人群产生原因，有利于采取措施纠正和消除这些原因，防止再度出现难民和其他联合国难民署关注人群问题。如果侵犯人权行为是造成难民和其他联合国难民署关注人群外流的原因，则可通过联合国各人权机构不断监督、国际社会谴责侵犯人权行为并指定特别报告员研究具体情况并提出建议等方式，解决这一问题。如果暴力冲突是造成难民和其他联合国难民署关注人群外流的原因，各方应保持克制和冷静，避免激化局势，通过政治和外交途径弥合分歧，力争通过调解消除冲突，在法律和秩序框架内解决问题，并尊重人道主义法的各项规定。如果贫穷是造成难民和其他联合国难民署关注人群外流的主要原因，可以通过发展援助或技术援助来解决。

第四节　难民和其他联合国难民署关注人群的影响

本节分析难民与其他联合国难民署关注人群对输出国、庇护国及难民的影响。难民与其他联合国难民署关注人群对输出国、庇护国及难民的影响是国际社会和各国制定难民国际文件及难民政策法律的主要考虑因素。理清这些影响对于理解国际难民法和各国现行的难民法律政策必不可少。

一、输出国的稳定、发展和重建

难民和其他联合国难民署关注人群输出国处于暴力、武装冲突等公共秩序混乱环境中，往往不能或者不愿向难民和其他联合国难民署关注人群提供充分的保护。难民和其他联合国难民署关注人群离开处于暴力、武装冲突等公共秩序混乱环境中的本国，有助于保护他们自身的安全，但是也造成了输出国人力资本流失。如表3—10，截至2013年，难民和其他联合国难民署关注人群超过百万的国家有叙利亚、阿富汗、哥伦比亚、苏丹、刚果（金）、伊拉克、索马里、缅甸和巴基斯坦等九个国家。叙利亚、阿富汗、哥伦比亚的难民和其他联合国难民署关注人群分别为623.73万、408.52万和515.72万，占各自国家总人口比例为27.68%、15.71%和11.12%，都超出了10%。如此高比例的人员逃离，势必造成了输出国人力资本的大量流失，进而影响输出国的政治稳定和经济发展。

表3-10 2013年主要国家的难民和其他联合国难民署关注人群及返回难民和IDP的人数

国家	难民和其他联合国难民署关注人群	总人口	比例	返回难民和 IDP
哥伦比亚	578.15万	4636万	0	0
叙利亚	918.04万	2253万	1.53%	140,761
缅甸	92.72万	5500万	2.95%	27,383
伊拉克	152.29万	3123万	4.15%	63,270
索马里	243.2万	1.0835亿	4.31%	104,706
苏丹	255.82万	3089万	7.31%	29,742
巴基斯坦	93.35万	1.97亿	9.64%	90,637
刚果（金）	419.11万	7171万	14.2%	595,200
阿富汗	360.04万	2600万	17.08%	61,496

数据来源：UNHCR. *UNHCR Global Trend 2013*. UNHCR.2014.

难民和其他联合国难民署关注人群返回本国艰难，不利于输出国的重建。由于输出国的政治、经济、安全形势不容乐观，短期很难改善，使得难民和其他联合国难民署关注人群不愿意回国。如表3—10，2013年，只有140,761名叙利亚国内流离失所者、27,383名缅甸国内流离失所者返回，仅占其源自该国联合国难民署关注人群总人数的1.53%和2.95%。没有一名哥伦比亚联合国难民署关注人群返回本国。这些逃离的难民和其他联合国难民署关注人群包括一大批精英，精英培养非一日之功，精英的匮乏会严重影响输出国的重建。

难民和其他联合国难民署关注人群返回本国后安置工作十分艰巨。长期居住在国外的难民和其他联合国难民署关注人群正在渐渐失去对本国的国家认同，这使得国家认同原本就一直不高、中央政府权威低下的输出国在艰难的重建过程中缺少凝聚力，不利于民族自信心的恢复。难民和其他联合国难民署关注人群返回本国后，会因为耕地、居住地、工作、社会保障等矛盾与当地居民发生冲突，甚至由于争夺土地等资源以及由于生活困难铤而走险走上犯罪道路。

二、庇护国政治

保护难民和其他联合国难民署关注人群意味着同世界上受威胁最严重的弱势群体休戚与共，宣传和表达对他们的尊重和礼遇，鼓励人们就难民保护问题进行公开讨论，这些活动会促进庇护国的政治民主和唤起人们对弱势群体的关注和同情，有利于庇护国的政治改革、民主化进程和社会保障制度的完善。但是可能会冲击庇护国的政局。当今各国政府都十分关注国内人民的经济和社会需要，代表不同阶层利益的政党会因为难民和其他联合国难民署关注人群问题的不同认识而产生对立与冲突，由此造成政局不稳。在欧洲，以反对外国移民、保护本国民族利益为特征的欧洲极右翼政党，赢得了部分社会中下层民众的支持与信任，在欧洲国家的政坛上异军突起，一定程度上改变了欧洲国家的政局。

越来越多的人因为经济原因寻求庇护，对各国的难民政策形成了挑战。无法实现自己目的的移民为了规避发达国家和相对比本国发达的国家在不断增加的移民压力面前采取的移民管制措施，经常采取非法手段进入目的国。一些人通过申请难民地位的渠道在其他国家合法居留。公正、有效地区分寻求庇护的难民和寻求经济利益的移民成为各国政府待解的一道难题。难民和其他联合国难民署关注人群问题也迫使执政党或政府，迎合中下层选民的意愿，收紧难民政策，影响了庇护国的国际移民政策走向。

难民和其他联合国难民署关注人群卷入当地政治是庇护国很担心的事情。如果数量不是太多的话，对庇护国主要是财政、经济上的负担。如果数量非常庞大，会对庇护国的国家安全产生影响。1960、1970年代，在约旦的巴勒斯坦难民想与约旦反对派势力联手，共同推翻约旦王室。黎巴嫩内战期间，巴勒斯坦难民坚定地支持黎巴嫩的穆斯林。影响阿拉伯国家接受巴勒斯坦难民态度的主要原因来自政治方面。约旦给巴勒斯坦难民以公民权，主要是约旦对约旦河西岸仍有企图。其他阿拉伯国家不愿接受难民，是因为它们认为巴勒斯坦难民问题应该由以色列解决，不能让以色列逃避责任。①

三、庇护国经济

难民和其他联合国难民署关注人群会补充庇护国劳动力不足、增加税收和刺激内需。根据2004年《德国移民法》(2007年修订)第25条第1款，难民从获得居留许可时起，就享有就业权，可以无限制地在德国从事经济活动。根据该法第9条第1款，永久居留许可授权持证人从事经济活动，不受期限或者地域限制，不带任何附加条款。2000、2001和2002年，德国分别签发了155,086份、168,530份和140,223份无限制工作许可，其中的大部分是签发给获得了难民地位的外国人，分别占同期德国签发的无限制和有限制工作许可总数1,083,268，1,054,526和945,073的14.32%、15.98%和14.84%，难民对补充德国劳动力不足发挥了一定作用，为德国的经济发展作出了贡献。②

① 魏香镜.叙难民潮引发人道主义危机[N].南方日报2012年8月2日A07版。

② Hohmann, René. *Refugees' contribution to Europe Country Report: Germany*. The Resource Project Received Funding From the European Refugee Fund. 2004.10.

如果不及时给予难民和其他联合国难民署关注人群工作权，赋予合法工作地位，他们将不能工作或者非法工作，这会加重庇护国的财政支出和经济发展负担，甚至挑战外国人就业管理。难民和其他联合国难民署关注人群到达目的地国后，庇护国不得不支付大量费用予以安置。除供应基本生活物资外，庇护国还提供医疗、卫生、教育等方面的援助。据估算，欧洲国家从1990年到1998年为安置难民和其他联合国难民署关注人群而支付的费用高达400亿美元。[①]2013年10月，联合国难民署方案执行委员会第64届会议批准了53.1亿美元的2014年预算，其中48.8亿美元用于计划项目，3.949亿美元用于运转准备金，35.7%用于非洲，28.9%用于中东和北非。[②]2013年8月，联合国驻地代表兼人道协调员沃特金斯对黎巴嫩媒体发表谈话说，目前，逃到黎巴嫩的叙利亚难民人数已迫近70万人，从叙利亚逃至黎巴嫩的巴勒斯坦难民达9万人，另外还有4万生活在叙利亚的黎巴嫩人也因为逃避战火而返回祖国。这些人给黎巴嫩带来了沉重经济负担。[③]联合国秘书长潘基文在2012年世界难民日致辞中指出："肯尼亚的第三大城市是一个难民营，收容了超过50万索马里人，其中许多已流亡了二十多年。尼日尔、毛里塔尼亚和布基纳法索——正在遭受饥荒和干旱——现在收容了逃离马里冲突的约175万名难民。我们不能让这些国家独力承受这种负担。"

如果庇护国不及时向难民和其他联合国难民署关注人群提供技能培训和进行自身的经济转型，接收这些人员会推高失业率，尤其是无技能和低技能人员的失业率。难民和其他联合国难民署关注人群要在庇护国稳定生活下去，重要的是找到一份维持基本生计的工作，不十分计较工作岗位和工作报酬。当大量的廉价的难民和其他联合国难民署关注人群劳动力涌入庇护国劳动力市场时，会出现难民和其他联合国难民署关注人群与本国国民争夺工作岗位的社会现象，许多当地居民会失去工作机会，这不仅使庇护国的政府感到担忧，也使庇护国的一般社会民众感到忧虑。越来越多的叙利亚难民涌入黎巴嫩，使本已陷入困境的黎巴嫩经济雪上加霜，尤其在就业方面同黎巴嫩人形成激烈竞争。[④]

四、庇护国社会

庇护国接收和重视难民和其他联合国难民署关注人群，给予他们适时、适当和适量的保护和援助，能够引进和培养高层次人才，增进当地居民与难民和其他联合国难民署关注人群之间的相互理解和包容，还可以实现社会的公平和正义，让庇护国社会增强融合和自我更新的能力。美国是世界上接收和安置难民最多的国家，也是难民社

---

① 宋全成.赵雪飞.论欧洲难民问题及其消极影响[J].人文杂志2007 (2):67。

② UNHCR. *UNHCR Global Appeal 2014-2015*. UNHCR. 2013.81-82.

③ 联合国官员称叙难民涌入给黎巴嫩带来严重影响.中国新闻网2013年8月21日。

④ 联合国官员称叙难民涌入给黎巴嫩带来严重影响.中国新闻网2013年8月21日。

会最成熟的国家之一，难民是美国社会变革和发展的动力之一。美国接收的难民中涌现了爱因斯坦、基辛格、科马内奇等高层次人才，英国接收的难民中涌现了弗洛依德、维克多·雨果等高层次人才。西哈努克、胡志明等政治家也曾在中国避难。

难民和其他联合国难民署关注人群也带来了教育、医疗、住房压力增加，犯罪率上升和社会治安状况恶化等社会稳定问题。一些联合国难民署关注人群没有庇护国合法身份，文化水平低，找不到工作，很大一部分人没有稳定的生活来源。如果不能通过合法途径获得身份和改善生活，他们就会以非法移民身份生存，甚至卖淫、盗窃、抢劫、拐卖人口和贩卖毒品，与当地的黑恶势力勾结，从事各种违法犯罪活动，破坏庇护国的社会稳定。当难民和其他联合国难民署关注人群被视作争夺自然资源与经济资源的竞争对手时，便会爆发与当地人的矛盾。武装人员肆无忌惮地闯入难民营和安置点，有恃无恐地恐吓这些终日为自身安全而奋争的难民。[①] 2012年8月29日晚，大约200名叙利亚难民在约旦首都安曼北部的扎尔特里难民营内举行游行示威，抗议难民营的恶劣条件和服务。约旦当局随即出动安全部队维护治安，示威者向治安人员投掷石块，造成26名安全部队人员受伤。为了安全部队和警察的安全，当局使用催泪瓦斯驱散示威人群。[②]

五、庇护国文化

难民和其他联合国难民署关注人群能够丰富和激活庇护国文化，使庇护国文化散发出兼收并蓄、多彩缤纷的新气象。印支文化已经成为接收印支难民国家的文化之一，并为当地居民喜闻乐见。在海南省万宁市兴隆镇经营伊萨娜印尼餐厅的印尼归侨杜添江和梁惠贞认为，东南亚文化在兴隆镇已经扎根60多年，东南亚歌舞等特色文化已成为兴隆镇的特色旅游产品，十分受游客青睐。兴隆华侨农场建场初期，印尼归难侨们在辛苦的劳作之余，三五成群地聚在一起，唱一曲印尼歌曲，跳一段东南亚舞蹈。杜添江和梁惠贞经营的印尼餐厅装修风格十分别致，到处点缀着木雕、椰雕、油画等精致的手工艺制品，印尼传统音乐声声响起，整个餐厅充满了浓郁的东南亚风情。[③] 广东省政府侨办巡视员朱尔武2012年提出，广东省是全国华侨农场最多，安置归难侨最多、最早的省份，全省有23个华侨农场，现有来自24个国家的归难侨6.9万人。侨（母国）文化成为华侨农场独特的文化优势，也是广东省建设文化强省的重要文化资源。[④]

---

① 凯特·雅斯特拉姆.玛丽莲·阿奇隆.难民保护：国际难民法指南[M].2004年修订版.联合国难民署.各国会议联盟.2004。

② 20万叙利亚难民外逃影响周边国家.新华网2012年8月29日。

③ 张茜翼.印尼老归侨见证海南兴隆华侨农场巨变[EB/OL].中国新闻网2013年2月15日。

④ 谭芸馨.广东台山华侨农场上演东南亚风情侨文化盛宴[EB/OL].中国新闻网2012年9月29日。

如果不包容、理解和欣赏难民和其他联合国难民署关注人群文化，也会造成庇护国文化的变异和断裂。联合国秘书长在2007年世界难民日致辞中指出："（难民）颠沛流离，历经沧桑。离开家园非但没有使他们得到教育或就业机会，反而使他们前途迷茫，一无所有，而且不为他人容忍，给他们留下了创伤。"对于难民和其他联合国难民署关注人群来说，去安全稳定特别是发达国家生活和定居，往往是他们梦寐以求的生活理想。即使难民地位申请没有被批准，也多不愿意返回本国。他们往往通过已经在庇护国定居的同乡建立起来的移民网络留下来，不惜非法移民。这些非法移民远离庇护国主流文化，不为当地人容忍，自我形成独立于庇护国主流文化之外的边缘或者孤岛文化。

即使难民地位申请被批准，由于民族、宗教、语言和饮食等文化方面的差异，难民和其他联合国难民署关注人群带来的异域文化也可能与庇护国的主流文化发生冲突。联合国秘书长在2006年世界难民日致辞中指出："受到庇护的难民也可能被看成一种威胁而不是受害者，遭受到不容忍和敌对行为。"无论是主观上不积极融入，还是客观上很难融入，结果都是难民和其他联合国难民署关注人群的文化与庇护国文化之间不包容和不融合，引发难民和其他联合国难民署关注人群文化与庇护国文化之间的冲突，这对于难民和其他联合国难民署关注人群以及庇护国都是十分不利的。

六、庇护国环境

难民和其他联合国难民署关注人群在涵养和保护庇护国环境的同时，也在破坏和摧毁庇护国的环境。全球难民和其他联合国难民署关注人群人数一直居高不下，国际社会应对大规模难民潮的机制并不完善，经费十分紧张，有限的救助资金仅能满足部分难民的衣食需求。大批难民和其他联合国难民署关注人群长期生活在条件艰苦的难民营或自生自灭，不得不通过破坏环境获得资源，以饮鸩止渴地生存。为了维持日常的生机，很多生活在坦桑尼亚、扎伊尔等国家难民营里的卢旺达难民，偷猎和捕杀坦桑尼亚平原上的大猩猩等珍稀野生动物，滥砍滥伐扎伊尔维尤加国家公园的数百平方英里原始森林用作棚屋建材和烹饪之柴，破坏植被，大片开垦难民营地周围的土地。根据美国国际开发署的报告，2002年6月，阿富汗全国的粮食安全水平已经从两年前的59%骤然跌至9%，水资源安全水平从43%下降到15%。难民和其他联合国难民署关注人群高峰过后，大片遗弃的营地需要进行清扫和恢复环境，仅在阿富汗就有200个营地需要清理。许多地方由于缺少资金而被迫放弃，成为不再适合人类生存的不毛之地。

难民和其他联合国难民署关注人群保护面临可持续发展的问题。很少受到环境破坏影响的庇护国不愿意再接纳难民和其他联合国难民署关注人群。忽视难民和其他联合国难民署关注人群对环境的影响，有可能危及他们的基本权利和难民庇护制度。在联合国难民署开展的人道主义救助事务中，越来越多地不惜耗费有限的捐助款项实施环境项目。在肯尼亚的达达布（Dadaab）难民营，联合国难民署出资80万美元延续一项木柴计划，免费为每个难民家庭提供30%的烹饪需要，减少烧柴对环境的破坏和妇女外出受到性袭击的可能。在科索沃，联合国难民署为难民购买取暖木柴花费了数百万美元；在阿富汗，为帮助大规模重建，从南非和坦桑尼亚购买了大批木材；在非洲，联合国难民署已计划关闭30多个难民营，仅在非洲最大的国家苏丹，联合国难民署已拨款1,000万美元用于难民营关闭后的环境处理工作。① 联合国难民署驻华代表处新闻官员2009年在讨论大规模缅甸果敢边民涌入中国时，提出："当有大批难民势必造成很大的压力。就城市本身以及环境方面来说，难民也许会砍伐树林取火做饭，如果没有正确处理好，就会造成当地居民和难民之间的紧张情绪。而这些都是联合国难民署进行援助时要考虑到的，我们所有的项目是既要让难民受益，也要让当地居民受益。这样的话，双方就会相对容易和谐共处。"②

七、庇护国与输出国及其他庇护国之间的关系

保护难民和其他联合国难民署关注人群可以获得难民和其他联合国难民署关注人群及有关关注难民问题的国家和人士的赞赏和支持，建立和改善庇护国的人权、人道、慈善等方面的国际形象，竖起人道主义大旗，占据道义的国际制高点，瓦解敌对国家，改善和提升与获得难民援助国家和关注难民问题国家的关系，在外交和国际战略上取得主动。美国通过接收和安置难民，弘扬了人道主义，塑造了尊重和保障人权的国家形象，提升了本国的国际地位。美国难民法的主要指导思想是利用难民的象征作用和宣传价值，打击美国与敌对的国家，冷战以前主要是共产党国家，冷战特别是2001年"9·11"事件以后主要是"恐怖主义国家"，树立美国是人心所向国家的形象，输出其价值观，加强国内凝聚力。第二次世界大战后，联邦德国的国家战略具有赎罪性质，尤其是对第二次世界大战期间遭受德国侵略的国家，目的是改善国家形象和与西欧国家间的政治关系。第二次世界大战后，日本将积极参与国际社会对难民的救助活动作为大国外交的重要内容。时任日本首相大平正芳曾说，日本应把参与解决难民问题作为走向国际化的一扇门。

能否妥善处理难民和其他联合国难民署关注人群问题影响着庇护国与庇护国之间的关系。难民保护主要由庇护国根据本国的政治、经济、文化和安全利益确定，但也受到其他庇护国难民保护政策的影响和国际社会的约束。自2011年3月叙利亚危机爆发以来，大批叙利亚人为躲避战火逃到周边国家。据联合国难民署2013年统计，

① 李小丽.难民问题的现实影响和发展[R].中国网www.china.com.cn 2003年1月。

② 杨春.姚欢.中国政府及时应对难民涌入[N].新世纪周刊2009年9月9日。

共有245.73万叙利亚难民逃往约旦、伊拉克、黎巴嫩和土耳其等邻国，对这些国家造成影响，这些国家呼吁国际社会分担责任，帮助接纳和安置大量涌入的叙利亚难民。联合国难民署关注人群从2003年的1,701万增长到2013年的4,288万，增长了152%，但是其中被认定的难民只从2003年的959万增长到2013年的1,100万，仅增长了15%，这说明发达国家在收紧难民政策。当一个国家收紧难民政策时，原本将流入本国的难民会流向其他国家，其他国家为了避免接收更多的难民，会随之收紧难民政策。

对难民营、安置点管理不当，会使其成为输出国反对派活动的大本营。一旦输出国形势缓和，难民营中的反对派会返回本国从事颠覆本国政权活动。一旦形势不好，他们又会变成难民回到难民营。巴勒斯坦解放组织曾利用在黎巴嫩的难民营作为据点，引发了与黎巴嫩的矛盾和冲突。[①] 难民和其他联合国难民署关注人群的流动和状况，主要取决于输出国的经济社会稳定和国家安全，但也与庇护国的难民政策宽严、外国人管理健全、边防检查松紧相关，输出国和庇护国可能相互指责彼此与难民相关的政策。由于卢旺达和布隆迪的部族武装冲突，200多万难民逃往刚果（金）东部地区，导致了刚果（金）与卢旺达、布隆迪和乌干达相互间指责，并引发了武装冲突。

八、难民自身[②]

难民因为逃避迫害被迫迁徙到庇护国，虽然获得了保护，取得了居留权或者永久居留权，但是面临着文化、家庭、物质很多方面的损失。难民如果没有合适的渠道和机会接触、了解庇护国的政治制度、经济环境、文化传统和风俗习惯，很难理解和热爱庇护国，进而长期、永久居住，成为这个国家的一分子。否则就有可能成为过客，不仅不会为这个国家作出应有的最大贡献，而且可能引发难民和本国人的矛盾和对立，导致排外势力不断抬头，损害国家利益。当难民输出国和庇护国的社会形态有显著不同时，难民迁徙过程往往带来不确定或者不安全感。因为当一个人必须放弃原来的角色、生活习惯和价值观，接受全新的角色、生活方式和价值观时，往往要承受极大的认同震撼和适应压力，面临一系列跨文化适应困扰和问题。

很多难民为了逃避迫害不得不经历语言和文化离别之苦，离开熟悉和适应的语言和文化，来到一个陌生的不适应的语言和文化。陌生的不适应的语言和文化导致沟通不畅、文化冲突、教育子女困扰和人与人不信任。语言不通使难民无法与当地人自如沟通和充分发挥拥有的技能，文化各异使难民无法深入适应当地人的生活和工作，受到各种隐性歧视，以致难民不得不生活在相对封闭和孤独的环境中。人与人之间不信

---

① 魏香镜.叙难民潮引发人道主义危机[N].南方日报2012年8月2日A07版。

② 本部分的难民是指难民和其他联合国难民署关注人群。

任破坏了日常生活应有的安全感和稳定感。难民孤岛现象在许多国家一再出现。

社会地位落差给难民带来巨大的社会压力。拥有较高社会地位的难民在迁徙前常常在输出国拥有高级职位、体面职业和良好人脉资源和不少社会名誉，这些都会因为迁徙而失去，来到庇护国后可能需要从零开始、重新奋斗，巨大的社会地位落差使许多拥有较高社会经济地位的难民自信心受挫，生活在郁闷之中。在伦敦的索马里难民法蒂玛护士说："我的护士工作对我的生活非常重要。现在，每当我走进这里的医院，他们认为我一无是处和一无所知。"①

家庭解体使难民享受不到家庭的温暖，甚至失去家人。和异族或异国认识通婚则会引发更多的家庭纠纷。许多难民在逃避迫害过程中与家人失去联系。一位生活在英国的儿童难民说："战争发生时，我和家人失散了。我不知道他们在哪儿。有人发现了我是一个人，就把我带到这儿。他们离开后，我去了一家儿童收养机构。"②如果难民与异族或异国人士结婚，由于婚姻家庭价值观和个人成长背景不同，会出现婚姻感情基础脆弱、亲友不和善、婆媳关系不融洽等家庭纠纷，甚至出现家庭暴力和离婚。

适应能力不同使得家庭成员的家庭地位发生翻转，挑战家庭成员的传统角色定位。由于年轻难民特别是儿童难民比年长难民学习新语言快，适应新环境能力强，他们就更容易融入庇护国。这会使得家庭成员的家庭地位发生翻转，不是由父母照顾子女，而是改由子女照顾父母适应庇护国的新环境。父母有时必须依赖子女的翻译和解释，才能接受医疗服务或与其他人沟通。父母传统的家庭地位权威被剥夺，子女被过早地赋予照顾别人的重任，接触生活的困难和艰辛。

难民很难控制自己的生活，不得不依赖他人和有关机构，对前途迷茫和丧失信心。很多难民有着很长时间的等待难民地位申请审理结果的经历。在此期间，他们常常生活在条件非常艰苦的难民营，为了获得生存的基本资源，他们不得不放下尊严接受施舍或者抢夺这些基本自愿，以致逐渐丧失了自尊和自立。由于导致迫害的原因很难在短时间内消除，许多寻求庇护者不能返回本国，对彻底解决自身问题感到悲观无助。难民身份迟迟没有着落，无法在寻求庇护国真正开始新生活，只好寄人篱下，无所事事，心情常常沮丧和绝望。

妇女和儿童难民面临性暴力和性别暴力。武装冲突期间，社会结构遭到破坏，妇女和儿童在逃避战争、迫害和寻求庇护时面临着遭受性暴力和性别暴力的危险。在逃避迫害中家庭成员常常走散，儿童与父母分离，妇女独立挑起保护和维持家庭的重

---

① Sales, R., and Gregory, J.. "Refugee Women in London: the Experience of Somali Women", Refugee, *Journal of the Centre for Refugee Studies*, Vol 17, no.1, pp.16-20.

② Hek, R., Sales, R. and Hoggart, L.. *Supporting Refugee and Asylum Seeking Children: An Examination of Refugees: Experience and the Support Structures the Facilitate Settlement in School*, Unpublished Report, Middlesex University. 2001. 12.

担。根据2003年联合国难民署《对难民、返回者和国内流量失所者的性暴力和性别暴力预防和应对指导方针》，难民、返回者和国内流离失所者在难民经历的各个过程都可能面临性暴力和性别暴力。（1）在逃离迫害之前，性暴力和性别暴力主要是被有权势的人虐待，性交易，冲突各方武装成员包括保安部队的性侵害、强奸和诱拐，集体强奸和强迫怀孕。（2）在逃离迫害期间，性暴力和性别暴力主要是匪徒、边境哨兵和海盗的性攻击，被人贩子和奴隶贩子捉去贩卖。（3）在庇护国，性暴力和性别暴力主要是当权者的性攻击、胁迫和敲诈；对被寄养的失散儿童的性虐待；家庭暴力；在临时设施内，在检柴打水等过程中的性侵犯；为生存所迫的性行为、强迫卖淫；对在庇护国寻求合法地位或申请得到援助和资源的人进行性剥削；有害的传统性习俗死灰复燃。（4）在被遣返过程中，性暴力和性别暴力主要是对失散妇女和儿童的性虐待；来自有权势者的性虐待；匪徒或边境哨兵的性攻击和强奸；强迫遣返。（5）在重新融入社会过程中，性暴力和性别暴力主要是把对返回者施以性虐待作为一种形式的处罚；以给予合法地位为条件进行性敲诈；被排除在决策过程之外；剥夺或阻碍享有资源的权利，获得个人文件证据的权利和重新获得被占有财产的权利。

难民亲眼目睹和经历了困苦和艰难，精神健康会受到很大损害。英国内政部的一项研究发现，在263名受访的难民中，2/3的人出现紧张、焦虑和抑郁，而且常常持续多年。[①] 创伤性症状包括噩梦重现、记忆障碍、恐慌、失眠、对苟且偷安内疚等。1996年，一位来自土耳其的库尔德寻求庇护者说："我觉得自己突然离开了土耳其的朋友。我是一个机会主义者，不该丢下他们。我们一共是五个小伙子，总是一起玩。其中三人被监禁，一人死去。我（却苟活）感到很内疚。"

难民可能被输出国和庇护国排斥，成为社会的弱势者。难民地位使难民无法获得本国的保护，不能依据国籍行使政治、经济和文化权利。各国为了保护本国利益，会限制难民享有的本国权利，阻碍难民运用本国的社会资源和享有社会福利。另外，难民第二代与输出国和庇护国有着巨大的隔阂。虽然难民第二代有着跨国文化的双重优势，但是由于第二代作为移入国国民的优越感，会出现不认同父辈移出国甚至父辈的情形，同时庇护国其他国民会因为其具有的其他国家的血统和文化，而可能视其为另类。双重隔阂会使得难民第二代承受来自父辈输出国和父辈以及庇护国的双重压力，处处被当作弱势和认为有问题。

帮助难民融合，势必要赋予和保障难民权利，这可能会触及本国人利益，考验本国人对难民的吸纳和包容程度。赋予和保障过多，会引起本国人的不满和抵触，甚至爆发排外和种族主义。赋予和保障过少，则有违人权和法律的基本准则，不利于难民与本国人和睦相处以及融入当地社会。成功的难民融合制度应该是能够正确把握赋予

---

① Carey-Wood, J., Duke, K., Karn, V. and Marshall, T. *The Settlement of Refugees in Britain*, London: HMSO. 1995.

和保障外国人权益度的制度。难民能否顺利融入移入国社会是衡量难民政策成果与否的一个重要标准，难民融合制度在这一过程中发挥着关键作用。

难民融合制度是指一国为了减少和消除难民与本国人的冲突，消除或者降低难民面临的跨文化适应困扰和问题，采取提高难民素质要求和为入境难民提供安居服务等措施，帮助其融入本国的制度。融合、整合、融入的含义相同，但与同化有所区别。融合、整合、融入是在尊重和保障难民自身文化和特色的前提下，引导难民尽可能多地理解、接受庇护国的主流价值观、制度体系和文化传统，避免被当地社会边缘化。很好地实现了难民融合的社会，通常是一个多元文化的社会。同化则是指湮灭难民的文化和特色，使难民与本民族趋于一同。

九、面临的挑战与保护工作

难民和其他联合国难民署关注人群的影响，特别是对庇护国的消极影响威胁着已经脆弱的难民和其他联合国难民署关注人群的保护和援助工作。如联合国难民署所述，曾经打开国门接收难民和其他联合国难民署关注人群的国家由于担心背上沉重的负担，害怕引发无序的难民潮和偷渡风波，或是出于国家安全考虑，纷纷拒收难民和其他联合国难民署关注人群。对庇护制度的公然明显滥用和人口的无序流动使得一些国家对寻求庇护者生出戒心，担心资源不能充分用于处境最艰难者。当难民和其他联合国难民署关注人群与居住国居民有着明显的文化隔膜时，容易沦为暴力攻击和恐吓的目标。为了阻止已经入境者申请难民地位，越来越多的政府拘留非法入境者，一厢情愿地将拘留措施作为打击非法入境的有效手段。已经到达可能的庇护国的难民被拒绝或者因无法申请而被遣返。

必须关注的是，如果各国只考虑本国利益，过于关注难民和其他联合国难民署关注人群的近期政治、经济、文化等方面的消极影响，不愿为解决难民和其他联合国难民署关注人群问题付出真诚和切实的努力，忽视持久解决难民和其他联合国难民署关注人群问题是对全球和平、安全与稳定作出的极好的投资，无视保护难民和其他联合国难民署关注人群给输出国、庇护国与难民和其他联合国难民署关注人群自身带来的巨大积极效用，人类将在政治、经济、社会、文化和人道主义方面面临造成更大的灾难和负担。不关注和保护难民和其他联合国难民署关注人群的国家将可能也会成为输出国之一，或者面临难民和其他联合国难民署关注人群更大的负面影响。

第四章 国际难民法的权利基础

寻求庇护权、不被推回权、驱逐难民权、驱逐外国人权是与难民问题联系最密切的权利，也是国际社会公认的基本权利。寻求庇护权是指在本国受迫害的人向其他国家寻求庇护的权利。不被推回权是指难民享有的不被所居住地国以任何方式推回至，其生命或自由因为他的种族、宗教、国籍、属于某一社会团体或具有某种政治见解而受威胁的领土边界的权利。驱逐难民权是指一国驱逐对本国构成威胁的难民出境的权利。对国家在履行保护难民义务的同时，维护国家利益至关重要。一个人有权寻求庇护，不意味着庇护国应给予其庇护。主权国家有权拒绝外国人难民地位申请和驱逐难民出境，不意味着有权将难民推回至绝境。深入分析寻求庇护权、不被推回权、驱逐难民权、驱逐外国人权，有助于深刻理解国际难民法的权利基础，进而建设符合权利理论的国际难民法。

第一节 寻求庇护权

寻求庇护权是国际社会公认的基本人权之一，也是与难民问题联系最为密切的一项基本人权，理论上从属于出境权。出境权源于人的本性或者本能，寻求庇护权亦然。寻求庇护权的本质是国家限制，尽管每个人都有在其他国家寻求庇护和逃避迫害的权利，国际社会也倡导，各个国家应该积极为寻求庇护者提供庇护，但是国家没有国际义务给予其庇护。是否支持寻求庇护者，批准其难民地位申请，是一个国家的内政事务。

一、寻求庇护权的定义

寻求庇护权是指在本国受迫害的人向其他国家寻求庇护的权利。联合国人权委员会认为：出于禁止种族歧视、禁止非人道对待、尊重家庭生活等因素的考虑，外国人可以享受寻求庇护权。① 每个人都有在其他国家寻求庇护和逃避迫害的权利，其本国应该允许他向其他国家寻求庇护。可以寻求庇护的区域一般指本国以外，也包括在本

① 联合国人权委员会：外国人的地位。联合国文件CCPR//C/21/Rev., 1989。

国的外国使领馆和使领馆全体人员。给予寻求庇护者庇护不应被视为对寻求庇护者原籍国的不友善行为。[①] 一旦给予寻求庇护者庇护，庇护国就没有义务引渡寻求庇护者，而且有权利拒绝寻求庇护者原籍国的其他要求。[②]

二、寻求庇护权与出境权

由于寻求庇护通常以出境为前提，所以寻求庇护权与出境权有着紧密联系。寻求庇护权有着出境权的特征，因为寻求庇护是出国的目的之一，而出境权是不限目的的。根据1948年《世界人权宣言》第14条第2款，在真正由于非政治性的罪行或违背联合国的宗旨和原则的行为而被起诉的情况下，不得援用寻求庇护权。除此之外，都可以出境援用寻求庇护权。寻求庇护权是出境权的延伸，因为出境权仅允许人们离开本国，而寻求庇护权还包括离开本国后，允许其根据国际文件和目的地国法律的规定提交难民地位申请。

与出国旅游、出国探亲等出境方面权利相比，寻求庇护权的权利特征是最弱的。由于给予庇护的内政性，除非国家基于某种义务批准寻求庇护者的请求，否则寻求庇护权将没有意义。[③] 国际人权学者 Nehemiah Robinson 认为：1948年《世界人权宣言》承认每个人都有“寻求”并且“享有”庇护的权利，但并没有“被准予庇护”的权利。[④] 没有庇护国的支持，寻求庇护就很难实现。给予庇护不仅要允许寻求庇护者入境，给予寻求庇护者难民地位，而且要妥善安置寻求庇护者，采取自愿遣返等措施永久解决难民问题。为了减轻给予庇护给本国带来的负担，很多国家非常严格地审核难民地位申请。

三、寻求庇护权的限制

是否批准难民地位申请和给予外国人庇护是一个国家的内政事务。尽管1948年《世界人权宣言》第14条第1款规定，“人人有权在其他国家寻求和享受庇护以避免迫害”，但是根据1928年《关于外国人地位的公约》第1条，国家有权利通过颁布法律规定何种条件下外国人可以入境以及居住在他们的领土内。因此，每个国家可以根据自己的意志和承担的国际义务决定是否接收寻求庇护者。

---

① Foldesi, Tamas. The Right to Move and Its Achilles' Hell: The Right to Asylum, in *Connell Journal of International Law*, Spring 1993. 2.

② Robinson, Nehemiah. *The Universal Declaration of Human Rights: Its Origin, Significance, Application and Interpretation*. New York: Institute of Jewish Affairs, World Jewish Congress. 1958. 122.

③ Meron, Theodor. *Human Rights Law-Making in the United Nations: A Critique of Instruments and Process*. New York: Clarendon Press, 1986. 153.

④ Robinson, Nehemiah. *The Universal Declaration of Human Rights: Its Origin, Significance, Application and Interpretation*. New York: Institute of Jewish Affairs, World Jewish Congress. 1958. 122.

一个国家有权根据其承担的国际义务和国内法律、政策允许或拒绝难民地位申请。目前没有一部有法律约束力的普遍性国际文件，禁止成员国拒绝难民地位申请。1966年《公民权利和政治权利国际公约》和1950年《欧洲人权公约》都没有规定个人的寻求庇护权和国家的给予庇护义务。尽管1951年《关于难民地位的公约》定义了“难民”一词，大略地建立了难民甄别程序，以确保符合难民定义的个人得到保护，但是没有法典化寻求庇护权的行使。1969年《美洲人权公约》和1981年《非洲人权公约》虽然规定了寻求庇护权的行使，但是要求寻求庇护者必须遵守寻求庇护国的法律。1969年《美洲人权公约》第22条第7款规定，每一个人当因犯有政治罪或有关的刑事罪而正在被追捕时，有权按照国家法律和国际公约，在外国的领土上寻求庇护或受到庇护。1981年《非洲人权公约》第12条第3款规定，每一个人在遭到迫害时均有权依法按照其他国家的法律和国际公约在其他国家寻求和获得庇护。

1967年《领土庇护宣言》肯定了国家限制寻求庇护权的绝对性，该《宣言》第1条规定：“一． 一国行使主权，对有权援用《世界人权宣言》第十四条之人，包括反抗殖民主义之人，给予庇护时，其他各国应予尊重。二．凡有重大理由可认为犯有国际文件设有专条加以规定之破坏和平罪、战争罪或危害人类罪之人，不得援用请求及享受庇护之权利。三．庇护之给予有无理由，应由给予庇护之国酌定之。”

各国都不允许没有合法证件的外国人进入本国境内，但是多数难民在初次入境时往往没有合法证件，尤其是当迫害突然到来或是当局拒绝提供出国合法证件时。在这种情况下，接收国应当对没有合法证件的寻求庇护者采取宽容态度，不将他们推回至绝境，也不按照惯常处理非法入境者的做法对其进行处罚。寻求庇护者应当恪守义务，入境后及时向接收国有关部门或联合国难民署驻当地代表处提出难民地位申请，确定自己的身份。

不允许没有合法证件的寻求庇护者入境源于寻求庇护者一旦入境，不论审理结果如何，入境几乎总是会发展为定居的现实。“可拒绝”（excludable）类移民与“可驱逐”（deportable）类移民的地位的不同影响着接收国对寻求庇护者的态度。“可拒绝”类外国人，是指没有进入本国领土的外国人，其拥有的权利非常有限；“可驱逐”类外国人是指在本国领土之内的外国人，在被驱逐的前后过程中都拥有很多权利。在过去的几百年中，美国法院已经承认进入和尚未进入美国领土的外国人地位的不同。

各国应根据人道主义目标以及1951年《关于难民地位的公约》的宗旨审理难民地位申请，捍卫国际难民保护机制，尊重寻求庇护者的权利与自由，积极给予寻求庇护者庇护。联合国难民署方案执行委员会指出：“国家应当尽最大努力为真诚的寻求庇护者提供庇护。”[①] 虽然成员国都基于1951年《关于难民地位的公约》的规定审理难民地位申请，但是因为各成员国家的法律不同，审理难民地位申请的具体标准和程序也不同。理论上，各个国家审理寻求庇护者申请的标准应该趋于一致，但是，统一审理难民地位申请标准和程序的过程将是非常漫长的。根据联合国难民署的统计，2013年，联合国难民署关注人群共计4,288万，各国和联合国难民署驻各地办事处共受理仅106.8万份难民地位申请，这已经是过去十年来的最高记录，比2012年的92.97万份难民地位申请增长了15%，向发达国家提交难民地位申请增长了28%。关于难民地位申请情况，请参见本书第三章难民和其他联合国难民署关注人群的目前形势、产生原因和影响第一节难民和其他联合国难民署关注人群的目前形势第三部分寻求庇护者。

第二节　不被推回权

一、不被推回权的定义

（一）不被推回权的定义

不被推回权（Prohibition of expulsion or return / refoulement）是国际难民法的核心，又称不推回原则、不被推回原则、难民不被推回绝境原则、不遣返原则，是指难民享有的不被所居住地国以任何方式推回至，其生命或自由因为他的种族、宗教、国籍、属于某一社会团体或具有某种政治见解而受威胁的领土边界的权利。主权国家有权拒绝外国人难民地位申请和驱逐难民出境，不意味着有权将难民推回至绝境。不被推回权已经发展为习惯国际法。每个人都有不被推回权，该权利不得被任意剥夺。

只有当被驱逐有正当理由面临绝境时，难民才适用不被推回权。绝境是指生命或自由因为他的种族、宗教、国籍、属于某一社会团体或具有某种政治见解而受威胁。1951年《关于难民地位的公约》第1条难民定义使用了“正当理由畏惧”，第33条不被推回权使用了“生命和自由受到威胁”。难民定义与不被推回权有着紧密的联系。任何正当理由畏惧应被理解为对生命和自由的威胁，关于对“种族、宗教、国籍、属于某一社会团体或具有某种政治见解”的理解，应充分考虑难民定义对其的解释。换句话说，不被推回权适用于任何一个有正当理由畏惧迫害，或者由充分理由相信他如果被驱逐到某一特定国家即将面临酷刑危险的难民。

联合国难民署对不被推回权做出了如下解释：“不论对给予寻求庇护者难民地位

---

① 1990年第15号一般决议：联合国难民署计划执行委员会通过的难民国际保护决议中“没有收容国家的难民”的解释。日内瓦：联合国难民署办公室。

有什么样的争议，难民地位申请审理国都不得‘以任何形式’强制驱逐难民至其生命或自由受威胁的领土边界。”[①] 国家在本国领土或者领水外实施驱逐行为时，必须遵守此原则，不论何地，国家都有义务不将难民驱逐或推回绝境。因为驱逐出国对被驱逐者会产生非常严重的后果，只有在拟被驱逐者将威胁国家安全或其他国家同意给予其庇护，才可以遣返难民。

（二）不被推回权是国际难民法的核心和解决难民问题的基础

国际难民法禁止以任何形式，无论直接还是间接地，强行遣返难民至生命或自由受到威胁的地方。不被推回权大体得到了各国的遵守，包括没有签署1951年《关于难民地位的公约》的国家。1997年《联合国大会关于人权和人口大规模流亡的决议》第16条规定：“呼吁各国尤其通过尊重不遣返原则来确保有效保护难民。”摩洛哥指示执法部门尊重难民署的难民证件，不得逮捕和驱逐需要关注的人员，从而大幅减少了驱逐数量。但是许多国家发生了违反不被推回权的事件。为了控制移民，寻求庇护者甚至难民也被当作非常规移民驱逐出境。联合国难民署经常出面为面临被驱逐出境的寻求庇护者和难民进行干预，虽然并不总能防止驱逐出境。[②]

尽管国际社会批评将难民驱逐或推回绝境的行为，即强制遣返寻求庇护者和难民，尤其是被视为非常规移民，但是未进行国际保护需求评估，此类事件仍屡屡发生。1997年《联合国大会关于人权和人口大规模流亡的决议》序言指出，感到不安的是，不遣返原则和难民权利普遍遭受侵犯，有时导致难民丧生。有报告表明，大批难民和寻求庇护者在极其危险的情况下被遣返和被驱逐。2003年，人权观察劝说俄罗斯政府允许1.1万名无家可归的车臣人留在车臣邻邦英古什共和国的难民营中，不要将他们遣返至受战火蹂躏的故土，这些车臣人三年前为逃避俄罗斯军队打击车臣分裂活动而逃离了家园。[③]

只有国家允许难民进入其境内，即使是暂时的，并且能够提供最基本的保护，才可能通过国际合作为难民提供永久解决办法留有时间和空间上的余地。[④] 否则，难民的生命或自由将受到威胁。联合国难民署方案执行委员会在2002年《关于各个庇护系统接纳寻求庇护者的决议》中建议：为了保护难民免受遣返，同时让他们获得接纳安排，不论其性别，均应让寻求庇护者进行登记，同时发给证明其身份的适当文件，其有效期到就其难民地位申请作出最后决定为止。

---

① 联合国难民署：《1993年海地禁止案法官顾问》，6IJRL 86 (1994)。

② 2008年《联合国难民署高级专员的报告》第17段。

③ 俄罗斯：为无家可归的车臣难民提供庇护[J].《人权观察》2013（9）。

④ 梁淑英. 国际难民法[M]. 知识产权出版社. 2009. 216.

（三）不被推回权的效力

1951年《关于难民地位的公约》不允许保留不被推回权。1951年《关于难民地位的公约》第42条第1款规定，任何国家在签字、批准或加入时，不能对公约第33条不被推回权的规定作出保留。1967年《关于难民地位的议定书》第7条第1款作出了同样的规定。联合国难民署方案执行委员会多次在决议中强调，不允许克减不被推回权。克减通常是指通过协议排除适用一般国际法规则。

由于不被推回权被国际社会广泛接受，成为习惯国际法规则，并且不允许被保留或克减。即使一国不是1951年《关于难民地位的公约》的缔约国，也有义务尊重和履行不被推回权，成员国根据1951年《关于难民地位的公约》，非成员国则根据习惯国际法。如果此原则受到威胁、可能被违反时，联合国难民署可以干预有关当局，必要时向国际社会公开相关情况。面临被推回者可以向禁止酷刑委员会等有关人权机构求助。不被推回权自身的模糊性以及实践中存在不尊重和不履行不被推回权的现象，削弱了不被推回权的权威，影响了不被推回权的强制执行力。

二、不被推回权的法律地位

（一）国际文件中的不被推回权

不被推回权是从庇护原则和政治犯不引渡原则发展而来的。1933年《关于难民国际地位的公约》是国际法中第一份声明不被推回权的国际文件，保护难民在其生命可能受到威胁的情况下不被强行遣返。该《公约》第3条规定：各缔约国都承诺不使用类似驱逐出境或拒绝入境的警力措施将已居住于该国的难民驱除或阻挡其进入，除非因国家安全或公共秩序的理由。且缔约各方允诺在任何情形下不在难民本国边界拒绝其入境。1937年，只有捷克、法国、意大利、比利时等八个国家批准该公约，而且英国反对不被推回权。

1936年《关于来自德国难民地位的临时协议》和1938年《关于来自德国难民地位的公约》规定了不被推回权。1938年《关于来自德国难民地位的公约》第5条规定：1. 难民被要求离开缔约国时，必须给予合理的时间以便作出必要的安排；2. 缔约国对其领土内的难民应采取不歧视措施，已合法居住的难民不能被驱逐或押解，除非为国家安全或公共秩序的目的才能采取；3. 缔约国不能把难民押解回德国领土，但是如果他们拒绝安排前往第三国或类似目的之安排者不在此限。一些国家的国内法或司法实践也体现了不被推回权。[①] 由于批准以上国际文件和体现不被推回权的国家非常有限，不被推回权还不是一个成熟的国际惯例。

---

① Goodwin-Gill, Guy S. *The Refugee in International Law*, Clarendon Press, 1996, 117-121.

不被推回权得到了1951年《关于难民地位的公约》等国际文件的普遍确认。具有法律约束力的不被推回权始于1951年《关于难民地位的公约》。该《公约》第33条禁止缔约国在难民的生命或自由会因其种族、宗教、国籍、属于某一社会团体或具有某种政治见解而在某一国家受到威胁时将其驱逐或遣返（“送返”）到该国领土的边界。第33条的最初条文是：“任何缔约国不得以任何方式将难民驱逐或送回（“推回”）至其生命或自由因为他的种族、宗教、民族、属于某一社会团体或具有某种政治见解而受威胁的领土边界”，没有任何例外规定。该条文未能被大会接受。最后修正此条文时增加了第2款“但如有正当理由认为难民足以危害所在国的安全，或者难民已被确定判决认为犯过特别严重罪行从而构成对该国社会的危险，则该难民不得要求本条规定的利益”。

1949年《关于战时保护平民之日内瓦公约》第45条第4款、1966年《公民权利和政治权利国际公约》第6和第7条、1967年《领土庇护宣言》第3条、1984年《禁止酷刑和其他残忍、不人道或有辱人格的待遇或处罚公约》第3条、1989年《有效防止和调查法外处决、任意处决和即审即决事件的原则》第5条、2006年《保护所有人免遭强迫失踪国际公约》第16条等国际文件的条款都规定了不被推回权。1984年《禁止酷刑和其他残忍、不人道或有辱人格的待遇或处罚公约》规定了绝对的，不存在例外的不推回。该《公约》第3条规定：“1. 如有充分理由相信任何人在另一国家将有遭受酷刑的危险时，任何缔约国不得将该人驱逐、推回或引渡至该国。2. 为了确定是否有这样的根据，有关当局应该考虑到所有有关的因素，包括在适当情况下，考虑在有关国家内是否存在一贯严重、公然、大规模地侵犯人权的情况。”

根据不被推回权，在有充分理由相信任何人在另一国将有遭受酷刑和其他严重侵犯人权的情形的危险时，禁止将该人驱逐到该国。如果这项原则得到尊重，就可以为保护难民人权提供极为重要的保障。联合国大会在第60/158号决议中，敦促各国充分尊重国际难民法和国际人权法所规定的不遣返义务，同时，如果有可信、相关的证据表明有关人员犯有属于国际难民法驱逐条款范围内的任何犯罪行为，包括恐怖主义行为，则应在充分尊重不遣返义务和其他法律保障措施的情况下对具体案件中的难民地位裁决的有效性进行审查。[①] 决议分别规定了生命权和不被加以酷刑或施以残忍的、不人道的或侮辱性的待遇或刑罚权。消除种族歧视委员会1996年A/51/18号文件指出：缔约国有义务确保难民和流离失所者的返回是自愿的，并遵守不被推回权。

① 联合国毒品和犯罪问题办公室. 反恐怖主义刑事司法对策手册. 联合国. 2009. 25。

表4-1　主要国际文件关于不被推回权的规定

国际文件名称和条款	有关不被推回权的规定
1951年《关于难民地位的公约》第33条	1. 任何缔约国不得以任何方式将难民驱逐或送回（"推回"）至其生命或自由因为他的种族、宗教、国籍、属于某一社会团体或具有某种政治见解而受威胁的领土边界。 2. 但如有正当理由认为难民足以危害所在国的安全，或者难民已被确定判决认为犯过特别严重罪行从而构成对该国社会的危险，则该难民不得要求本条规定的利益
1949年《关于战时保护平民之日内瓦公约》第45条第4款	男女保护人在任何情况下不得被移送于因其政治意见或宗教信仰有恐惧迫害之理由之国家。
1966年《公民权利和政治权利国际公约》第6条和第7条	联合国经济与社会理事会人权委员会在实践中（解释和适用）赋予了第6条生命权和第7条不被加以酷刑或施以残忍的、不人道的或侮辱性的待遇或刑罚权不被推回权含义。 如果被驱逐者正面临酷刑、谋杀、严重侵犯1966年《公民权利和政治权利国际公约》保护的权利的危险，则驱逐其出国行为不符合1966年《公民权利和政治权利国际公约》的规定。①
1967年《领土庇护宣言》第3条	1. 凡第一条第一款所述之人，不得使受诸如下列之处置：在边界予以拒斥，或于其已进入请求庇护之领土后予以驱逐或强迫遣返其可能受迫害之任何国家。 2. 唯有因国家安全之重大理由，或为保护人民，例如遇有多人大批涌入之情形时，始得对上述原则例外办理。 3. 倘一国于任何案件中决定有理由对本条第一项所宣告之原则例外办理，该国应考虑能否于其所认为适当之条件下，以暂行庇护或其他方法予关系人以前往另一国之机会。
1984年《禁止酷刑和其他残忍、不人道或有辱人格的待遇或处罚公约》第3条	1. 如有充分理由相信任何人在另一国家将有遭受酷刑的危险时，任何缔约国不得将该人驱逐、推回或引渡至该国。 2. 为了确定是否有这样的根据，有关当局应该考虑到所有有关的因素，包括在适当情况下，考虑在有关国家内是否存在一贯严重、公然、大规模地侵犯人权的情况。
1989年《有效防止和调查法外处决、任意处决和即审即决事件的原则》第5条	不得强迫遣返或引渡任何人到某一国家，如果有相当理由认为该人在该国将成为法外、任意或即决处决的受害者的话。
1997年《关于国内流离失所的指导原则》第15条第4款	（d）有权受到保护，不被强迫遣返至任何其生命、安全、自由、健康会受到威胁的地方，或被强迫在此种地方重新定居。
2006年《保护所有人免遭强迫失踪国际公约》第16条	1. 如果有充分理由相信，将某人驱逐、送返（"遣返"）、移交或引渡到另一国，有造成此人遭受强迫失踪的危险，任何缔约国均不得采取上述行动。 2. 为确定是否存在这种理由，主管当局应斟酌一切有关因素，包括在适用的情况下，考虑有关国家是否存在一贯严重、公然或大规模侵犯人权或严重违反国际人道主义法的情况。

资料来源：作者统计和分析。

① 联合国人权委员会.外侨地位：1986年7月22日《公民权利和政治权利国际公约》第15号综合评论，联合国文件ICCPR//C/21/Rev.

（二）区域文件中的不被推回权

不被推回权得到了1969年《非洲统一组织关于难民问题某些特定方面的公约》、1969年《美洲人权公约》、1950年《欧洲人权公约》、1966年《有关难民地位和待遇的原则》（曼谷原则）等各大洲区域文件的普遍确认。

在非洲，1969年《非洲统一组织关于非洲难民问题某些特定方面的公约》、2009年《关于保护和救助非洲流离失所者的非洲公约》都确认了不被推回权。1969年《非洲统一组织关于非洲难民问题某些特定方面的公约》是目前唯一具有约束力的区域性难民公约。该《公约》第2条第3款规定："成员国对任何人不得采取拒绝入境、送返或驱逐等措施迫使该人返回或留在使其生命、人身安全或自由因第1条第1、2款所述之由受到威胁的领土内。"

在美洲，1969年《美洲人权公约》、1984年《卡塔赫纳宣言》都保护不被推回权。1969年《美洲人权公约》第22条第8条规定："如果一个外国人的生命权利或人身自由，在一个国家由于他的种族、国籍、宗教、社会地位或政治见解等原因而正遭到被侵犯的危险时，该外国人在任何情况下都不得被驱逐到或被送回到该国，不论该国是否是他的原居住国家。"1984年《卡塔赫纳宣言》第5条指出：重申不被推回权与不在边境拒绝作为国际难民保护基石的重要性和意义。不被推回权已经成为习惯国际法，具有强行法的效力。

在欧洲，1950年《欧洲人权公约》、1967年《欧洲庇护面临迫害危险的个人的第14号决议》、1995年《关于最低限度的庇护程序保证的决议》、2000年《欧洲基本权利宪章》都确认不被推回权。1950年《欧洲人权公约》第3条规定："任何人不得被施以酷刑或使受非人道的或侮辱的待遇或惩罚，国家有义务在其司法管辖范围内尊重每一个人，不将其驱逐至司法管辖权范围外的绝境。"不被驱逐必须是紧迫的，仅仅是为了减少危险不构成紧迫，在某国或者自己的社区偶尔遇到问题以致一般地不能安居，也不构成紧迫。被驱逐者必须出示其正面临着或者如果被驱逐将面临与第3条规定相反的特殊的个人的风险，才可以要求驱逐国履行不将难民驱逐或推回绝境义务。被驱逐者以前被逮捕和拘留时所受的侮辱的待遇，可以作为真实风险存在的证据。如果一个外国人在一段较长时期内被数次从一个国家驱逐到另一个国家，却没有一个国家采取措施改善被驱逐者的待遇，就会产生穿梭驱逐的问题。2000年，《欧洲联盟基本权利宪章》第18条和第19条规定："寻求庇护的权利必须得到保证"，任何人如果在一个国家只要可能被判处死刑、酷刑或其他不人道或有辱人格的待遇或处罚，均不得将其遣返至该国。

在亚洲和阿拉伯地区，1966年《有关难民地位和待遇的原则》（曼谷原则）和1992年《阿拉伯世界保护难民和流离失所者宣言》（开罗宣言）都承认不被推回权。1966年《有关难民地位和待遇的原则》（曼谷原则）第3条指出："如果一个外国人的生命权利或人身自由，在一个国家由于他的种族、国籍、宗教、社会地位或政治见解等原因而正遭到被侵犯的危险时，该外国人在任何情况下都不得被拒绝入境、被送回或驱逐到该国。”1992年《阿拉伯世界保护难民和流离失所者宣言》第2条申明：“重申禁止将难民送回或驱逐到其生命或自由将处于危险中的国家的原则的重要性，并认为该原则是国际法中的强制性规则。”

表4-2　主要区域文件关于不被推回权的规定

区域文件的名称和条款	关于不被推回权的规定
1969年《非洲统一组织关于非洲难民问题某些特定方面的公约》第2条第3款	成员国对任何人不得采取拒绝入境、送返或驱逐等措施迫使该人返回或留在使其生命、人身安全或自由因第1条第1、2款所述之由受到威胁的领土内。
1969年《美洲人权公约》第22条第8款	如果一个外国人的生命权利或人身自由，在一个国家由于他的种族、国籍、宗教、社会地位或政治见解等原因而正遭到被侵犯的危险时，该外国人在任何情况下都不得被驱逐到或被送回到该国，不论该国是否是他的原居住国家。
1984年《卡塔赫纳宣言》第5条	重申不被推回权与不在边境拒绝作为国际难民保护基石的重要性和意义。不被推回权已经成为习惯国际法，具有强行法的效力。
1950年《欧洲人权公约》第3条	任何人不得加以酷刑或使受非人道的或侮辱的待遇或惩罚，国家有义务在其司法管辖范围内尊重每一个人，不将其驱逐至司法管辖权范围外的绝境。
2000年，《欧洲联盟基本权利宪章》第18条和第19条规定	寻求庇护的权利必须得到保证。任何人如果在一个国家只要可能被判处死刑、酷刑或其他不人道或有辱人格的待遇或处罚，均不得将其遣返该国。
1966年《有关难民地位和待遇的原则》（曼谷原则）第3条	如果一个外国人的生命权利或人身自由，在一个国家由于他的种族、国籍、宗教、社会地位或政治见解等原因而正遭到被侵犯的危险时，该外国人在任何情况下都不得被拒绝入境、被送回或驱逐到该国。
1992年《阿拉伯世界保护难民和流离失所者宣言》第2条	重申禁止将难民送回或驱逐到其生命或自由将处于危险中的国家的原则的重要性，并认为该原则是国际法中的强制性规则。

资料来源：作者统计和分析。

（三）不被推回权是习惯国际法规则

不被推回权被国际社会广泛接受，已成为习惯国际法规则。1951年《关于难民地位的公约》确立不被推回权之前，不被推回权已经存在于1933年《关于难民国际地位的公约》、1936年《关于来自德国难民地位的临时协议》、1938年《关于来自德国难民地位的公约》，属于正在形成中的习惯国际法。1951年《关于难民地位的公约》关于不被推回权的表述与1933年《关于难民国际地位的公约》关于不被推回权的表述基本相同，是体现而不是创设习惯国际法。

不被推回权具有创设规范的性质，不仅是契约性的义务，而且是被广泛接受的规范。从上述一系列具有法律约束力的国际文件、区域文件对不被推回权的承认和接受可以看出，不被推回权具有明显的人权和人道主义性质，具有普遍适用的要求。联合国难民署方案执行委员会多次在其有关决议中“强调不推回这一基本的人道主义原则已经在全球和地区通过的各种国际文件中得以体现，并且被各国普遍接受”（1977年第6号决议），“重申国际保护的基本原则特别是日益获得国际法强制规则性质的不被推回权的重要性”（1982年第25号决议）。类似的阐述还见于联合国难民署1980年第17号决议，1996年第79号决议，1997年第81号决议。1984年欧洲理事会部长委员会针对“对满足1951年《关于难民地位的公约》的标准但并未被正式认定为难民的个人的保护”的第13号建议中指出，“不被推回权已经作为适用于所有人的一般性原则而获得承认”。

不被推回权被世界大多数国家普遍接受和运用。在国家层面，承认和实施不被推回权不仅具有广泛性，而且达到了普遍性。大约90%的联合国成员国是包含不被推回权的国际文件的缔约国。即使是属于剩下的大约10%的国家，也没有任何实践表明这些国家不承认不被推回权。① 众多国家将不被推回权纳入国内法律体系。截至2003年，有大约80个国家对不被推回权进行了专门立法或明确地将1951年《关于难民地位的公约》或1967年《关于难民地位的议定书》纳入国内法。如果考虑给予包含不被推回权的其他国际文件以国内效力，那么这一数字将上升到125个国家。②

不被推回权被国际社会普遍接受。除一系列具有法律约束力的国际人权文件、1966年《有关难民地位和待遇的原则》（曼谷原则）、1984年《卡塔赫纳宣言》、1992年《阿拉伯世界保护难民和流离失所者宣言》等区域性文件，1967年《领土庇护宣言》、1989年《有效防止和调查法外处决、任意处决和即审即决事件的原则》等联合国大会决议，1997年《关于国内流离失所的指导原则》等联合国经济与社会理事会人权委员会决议，2000年《关于国际保护的决议》、2005年《关于提供国际保护，包括补充保护的决议》等联合国难民署方案执行委员会的决议都承认和接收不被推回权。尽管根据1945年《联合国宪章》第12条和第14条，联合国大会所通过的决议只是“建议”，但是联大决议具有很强的政治影响力。联合国难民署方案执行委员会通过的决议广泛代表了国际社会的意见，在一定领域和程度上成为关于难民问题的国际统一的指标，起到设定标准的作用。

① Lauterpacht, Elihu and Bethlehem, Daniel. The Scope and of the Principle of Non-refoulement Opinion, in Erika Feller Turk and Frances Nicholson edited, *Refugee Protection in International Law*, Cambridge University Press, 2003, Annex 2.1 146-147.

② Ibid., 148.

三、不被推回权禁止的行为

1951年《关于难民地位的公约》第33条规定了禁止驱逐出境或送回（推回）原则："（一）任何缔约国不得以任何方式将难民驱逐或送回（推回）至其生命或自由因为他的种族、宗教、国籍、属于某一社会团体或具有某种政治见解而受威胁的领土边界。（二）但如有正当理由认为难民足以危害所在国的安全，或者难民已被确定判决认为犯过特别严重罪行从而构成对该国社会的危险，则该难民不得要求本条规定的利益。"1951年《关于难民地位的公约》没有对"驱逐或送回（推回）"的含义作出明确解释。总的来讲，不被推回权禁止对难民或流离失所者边界拒绝、境外推回、引渡、驱逐，推回大规模涌入人员，也就是不将合法或非法的入境者驱赶回其迫害国。

（一）边界不拒绝

边界不拒绝是指国家不得在边界处拒绝难民或寻求庇护者进入。[①] 边界不仅限于陆地边界，还包括水上边界和空中边界。一国当局不得在专属经济区、公海或者机场海关处拒绝有"正当理由畏惧迫害"的人入境。[②] 不在边境拒绝难民入境不意味着必须要向其提供庇护，是否给予庇护由庇护国自由裁量。很多国际文件都规定了边界不拒绝。根据1950年《联合国难民署章程》第8条第4款，"劝导各国准许难民入境，即属赤贫难民，亦当不予拒绝"是联合国难民署的工作职责之一。根据1969年《非洲统一组织关于非洲难民问题某些特定方面的公约》第2条第3款，成员国对任何人不得采取拒绝入境措施迫使该人返回或留在使其生命、人身安全或自由受到威胁的领土内。

---

① 有学者指出：边界不拒绝是指有关国家应接受越过边界进入本国境内的难民，即使在难以给予难民长期保护的情形下，也不应将其推回到生命和自由受危险的国家领土，而不论他们的入境是否合法或是否已被确认为难民。梁淑英.国际难民法[M].知识产权出版社.2009.153。

② Moreno-Lax, Violeta. Seeking Asylum in the Mediterranean: Against a Fragmentary Reading of EU Member States' Obligations Accruing at Sea, *International Journal of Refugee Law*, July, 2011, Vol. 23, p.174.

表4-3 主要国际文件和区域文件关于边境不拒绝的规定

文件名称和条款	关于边境不拒绝的规定
1950年《联合国难民署章程》第8条第4款	劝导各国准许难民入境，即属赤贫难民，亦当不予拒绝。
1951年《关于难民地位的公约》第33条	（一）任何缔约国不得以任何方式将难民驱逐或送回（推回）至其生命或自由因为他的种族、宗教、国籍、参加其一社会团体或具有某种政治见解而受威胁的领土边界。 （二）但如有正当理由认为难民足以危害所在国的安全，或者难民已被确定判决认为犯过特别严重罪行从而构成对该国社会的危险，则该难民不得要求本条规定的利益。
1966年《有关难民地位和待遇的原则》（曼谷原则）第3条	如果一个外国人的生命权利或人身自由，在一个国家由于他的种族、国籍、宗教、社会地位或政治见解等原因而正遭到被侵犯的危险时，该外国人在任何情况下都不得被拒绝入境、被送回或驱逐到该国。
1967年《领土庇护宣言》第3条第1款	凡第一条第一款所述之人，不得使受诸如下列之处置：在边界予以拒斥，或于其已进入请求庇护之领土后予以驱逐或强迫遣返至其可能受迫害之任何国家。
1967年欧洲理事会部长会议《给予处于迫害危险中人的庇护的决议》第2条	各会员国应保证接纳有迫害恐惧者，不使用边境拒绝、驱逐或其他强迫方法，使其返回或者居留在其生命或自由因为他的种族、宗教、国籍、参加其一社会团体或具有某种政治见解而受威胁的领土。
1969年《非洲统一组织关于非洲难民问题某些特定方面的公约》第2条第3款	成员国对任何人不得采取拒绝入境、送返或驱逐等措施迫使该人返回或留在使其生命、人身安全或自由因第1条第1、2款所述之由受到威胁的领土内。
1984年《卡塔赫拉宣言》第5条	重申不被推回权与不在边境拒绝作为国际难民保护基石的重要性和意义。不被推回权已经成为习惯国际法，具有强行法的效力。
联合国难民署方案执行委员会1977年第6号决议和1979年第15号决议	对于不管是否已经被正式认定为难民的人，在边界不拒绝和在本国领土内不推回；各国应该尽力对真正的寻求庇护者给予保护，迫使其返回或推回是各国共同认为的破坏原则的行为。

资料来源：作者统计和分析。

很多国家的难民法都规定了边界不拒绝。瑞典1988年《外国人法》第2节规定：禁止对难民边境拒绝或把难民驱逐到可能遭受迫害的国家。1983年丹麦《外国人法》第7节第1条第1款规定，在丹麦边境的外国难民，按照1951年《关于难民地位的公约》的规定应允许居留，除非有其他国家被认为是该难民的第一庇护国。荷兰1965年《外国人法》第15条第2款、比利时1980年《外国人法》第50条第2款等都有边境不拒绝难民的规定。①

① 王玉玮.论难民不推回原则[D].中国政法大学2001届国际法专业硕士学位论文.25-26。

（二）境外不推回

境外不推回是指不在本国领土之外拦截寻求庇护者，使其不能提出难民地位申请。虽然很多国际文件、区域文件和一些国家的难民法都规定了边境不拒绝，但是在实践中不少国家为了逃避或者减轻难民涌入边境对本国安全的影响，以及带来的经济和社会负担，规避边境不拒绝，竭力实施境外推回，御难民于国门之外。国际社会对境外推回是否侵犯不被推回权有争议。

联合国难民署认为：境外推回侵犯不被推回权。1951年《关于难民地位的公约》第33条第1款规定："不得以任何方式将难民驱逐或送回（推回）至其生命或自由因为他的种族、宗教、国籍、参加其一社会团体或具有某种政治见解而受威胁的领土边界。"虽然该条没有规定从何处推回，但是从表述中可以看出，无论采取何种方式，只要其结果导致难民驱逐或送回（推回）至其生命或自由因为他的种族、宗教、国籍、参加其一社会团体或具有某种政治见解而受威胁的领土边界，就构成推回。有时逃离原籍国的人，包括初步证据表明很可能需要国际保护的人，却在边境处被禁止入境或被拖回海上。在东南亚，有报告称，在2009年初大批"船民"被拦截并被拖回海上，造成人员生命损失，难民署对此表示严重关切。①

美国、澳大利亚、德国等国家认为：境外推回不侵犯不被推回权，各国在控制非正常移徙以及确保海空运输安全方面享有合法权益，并有权采取各种措施维护其权益。美国最高法院在Sale诉Haitian Centers Council案中指出，1951年《关于难民地位的公约》第33条第2款不被推回权的例外规定了"难民足以危害所在国"，相应地，第1款不被推回权也只适用于所在国的情形，所以不被推回权不适用于境外。

澳大利亚实施了境外关押难民政策。2001年9月，在坦帕事件发生后，发布了"太平洋解决方案"（Pacific Solution），后来称"太平洋策略"（Pacific Strategy），通过把船民转移到太平洋岛国来否决寻求庇护者在澳大利亚寻求庇护的权利，形成了霍华德政府时期的境外关押难民政策。政策把寻求庇护船民视为对国家安全的威胁，首要目的是使寻求庇护船民远离澳大利亚本土。主要内容是：（1）扩大了海军和空军的监视范围，允许他们在印尼以外的国际海域拦截进入澳大利亚海域的寻求庇护者。（2）与新西兰和瑙鲁达成安置坦帕船民协议。新西兰将接受150名坦帕船民并且永久承认他们是难民。剩下的将被送到瑙鲁，澳大利亚政府答应给瑙鲁两千万澳元用来改善电力、通信和医疗服务。（3）在瑙鲁设立难民拘留中心，每月向瑙鲁支付大约100万美元。②（4）澳大利亚《在2001移民修正案法案》加入"境外区域"概念，并添加

① 联合国难民署高级专员的报告.联合国大会正式记录第六十四届会议补编第12号2009.A/64/12. 9-10。

② 澳大利亚：反对党与瑙鲁商难民中心事宜。中国网络电视台http://news.cntv.cn/world/20100727/118167.shtml 2012-12-23访问。

到《1958年移民法修正案》第5条第1款中，圣诞岛、阿什莫尔和卡迪亚（Cartier）岛、科科斯（Cocos）（Keeling）岛、澳大利亚海以及其军事设施资源等澳大利亚领土不再是澳大利亚移民区域。境外关押难民政策在减少寻求庇护者乘船非法抵达澳大利亚水域的目标方面取得了成功，但是也付出了代价。船民到来人数在2000年和2001年达到高点，在境外关押难民政策实施之后，船民到来人数在2002—2003财政年度锐减为零。但是境外关押难民政策还是遭到了有关方面的强烈批评。前自由党总理弗雷泽说，在人道主义问题上，澳大利亚的国际名声从来没有比现在更坏的时候。

完全否定境外推回符合不被推回权不能解决难民涌入、滥用寻求庇护权、一国应对难民涌入不力的现实困难，而且会导致难以实施的情况。国际社会一方面从人道主义层面谴责境外推回给寻求庇护者带来的苦难，另一方面努力保护被境外推回者的权益。2003年，联合国难民署方案执行委员会在《关于拦截措施的保护措施的决议》中指出：承认各国在控制非正常移徙以及确保海空运输安全方面享有合法权益，并有权采取各种措施维护其权益。鼓励各国进一步研究拦截措施，包括这些措施对其他国家的影响，以确保所采取的措施不妨碍其根据国际法所承担的义务。建议拦截措施应从以下考虑出发，确保被拦截人员中的寻求庇护者和难民获得适当待遇：

在其主权领土或领海范围内采取拦截行动的国家，在解决被拦截人员的保护需要方面负有主要责任；

所有被拦截人员在任何时候都应当得到尊重人权的人道待遇。国家当局和以拦截国名义行动的部门，应履行其根据国际法所承担的义务，采取一切适当步骤来实施拦截措施，以维护和保护被拦截人员的生命权和不受酷刑或其他残忍、不人道或有辱人格的待遇或惩罚的权利；

拦截措施应从国际法角度考虑到寻求和需要国际保护者与可求助其国籍国或另一国家保护者之间的基本差别；

采取拦截措施，不应造成寻求庇护者和难民无法获得国际保护的结果，或导致需要国际保护的人被直接或间接遣送至某一领土的边境，在那里他们的生命或自由可能会因《公约》提出的理由而受到威胁，或基于国际法有其他理由要求得到保护。被认定需要给予国际保护的被拦截人员，应可获得永久性解决办法；

对于妇女和儿童以及在其他方面易受伤害的人的特殊需要，应作为优先事项予以考虑；

被拦截的寻求庇护者和难民，如果是《关于打击陆地、海上和空中偷运移徙者的补充议定书》第6条所述行为客体，不应依据该议定书对其提出刑事诉讼；在符合1951年《公约》第31条条款的情况下，任何被拦截人员如非法进入或逗留在某一国家，亦不应因此而受到刑事起诉；

被拦截人员如不寻求庇护或决定不要求国际保护，应被迅速送回其各自原籍国或其他国籍国或惯常居住国，并鼓励各国开展合作，为这一处理过程提供便利；①

所有执行拦截措施的人员，包括国家官员和商业实体雇员，均应接受专门训练，包括熟悉可利用的手段，以指导被拦截人员向采取拦截行动的国家有关当局或在适当情况下向难民署说明对国际保护的需要。

（三）不引渡

不引渡是指不将难民引渡至其生命或自由因为他的种族、宗教、国籍、属于某一社会团体或具有某种政治见解而受威胁的领土边界。因为1951年《关于难民地位的公约》第33条"不得以任何方式将难民驱逐或送回（推回）"包括以引渡方式，所以不被推回权包含了不引渡难民至其生命或自由因为他的种族、宗教、国籍、属于某一社会团体或具有某种政治见解而受威胁的领土边界。② 关于引渡的国际文件普遍规定：不得引渡犯罪嫌疑人至其可能遭受迫害的国家。例如，1990年联合国《引渡示范条约》第3条第2款规定："遇下述情况，不得准予引渡：被请求国有充分理由确信，提出引渡请求是为了某人的种族、宗教、国籍、族裔本源、政治见解、性别或身份等原因而欲对其进行起诉或惩处，或确信该人的地位会因其中任一原因而受到损害。"第6款规定："遇下述情况，不得准予引渡：被要求引渡者在请求国内曾受到或将会受到酷刑或其他残忍、不人道或有辱人格的待遇或处罚，或者没有得到或不会得到《公民权利和政治权利国际公约》第14条所载的刑事诉讼程序中的最低限度保障。"

表4-4　主要国际文件、区域文件和双边条约关于不引渡的规定

文件名称和条款	关于不引渡的规定
1957《欧洲引渡公约》第3条第2款	如果被请求引渡国有实质性理由认为一项以普通刑事犯罪为由的引渡请求，其真实目的是为了实施有关种族、宗教、国籍或政治观点等方面的迫害或惩罚，被请求国不得将该个人引渡给请求国。
1967年欧洲理事会部长会议《给予处于迫害危险中的人庇护的决议》第2条	各会员国应保证接纳有迫害恐惧者，不使用边境拒绝、驱逐或其他强迫方法，使其返回或者居留在其生命或自由因为他的种族、宗教、国籍、参加其一社会团体或具有某种政治见解而受威胁的领土。

① 联合国难民署《关于据认为不需要国际保护的人员回返问题的决议》(A/AC.96/987，第21段)。

② UNHCR. *The Scope and Content of the Principle of Non-Refoulement*, 20 June 2001, para. 71, p. 27.

续表

文件名称和条款	关于不引渡的规定
1980年联合国难民署方案执行委员会《关于难民国际保护问题的决议》	难民应当得到保护，避免被引渡到一个他们有正当理由畏惧由于1951年《关于难民地位的公约》第1条（1）款第（2）项中列举的原因而遭迫害的国家；请各国保证在订立引渡条约时和制定有关引渡的法律时，应充分考虑到不被推回权。 不引渡适用于满足难民定义标准以及依据公约第1条第（6）款第（2）项被排除在外的人。
1981年《泛美引渡条约》第4条第5款	如果认为该项引渡涉及对个人种族、宗教、国籍方面的迫害或歧视，不得将个人引渡给请求国。
1990年联合国《引渡示范条约》第3条第2款和第6款	第3条第2款规定："遇下述情况，不得准予引渡：被请求国有充分理由确信，提出引渡请求是为了某人的种族、宗教、国籍、族裔本源、政治见解、性别或身份等原因而欲对其进行起诉或惩处，或确信该人的地位会因其中任一原因而受到损害……" 第6款规定："遇下述情况，不得准予引渡：被要求引渡者在请求国内曾受到或将会受到酷刑或其他残忍、不人道或有辱人格的待遇或处罚，或者没有得到或不会得到《公民权利和政治权利国际盟约》第14条所载的刑事诉讼程序中的最低限度保障。"
2005年《中国和西班牙引渡条约》第3条第2款	应当拒绝引渡的理由： （二）被请求方有充分理由认为，请求引渡的目的是基于被请求引渡人的种族、性别、宗教、国籍或者政治见解而对该人进行刑事诉讼或者执行刑罚，或者该人在司法程序中的地位将会因为上述任何原因受到损害。

资料来源：作者统计和分析。

许多国家的司法实践承认和确认不被推回权适用于引渡。在欧盟，欧洲人权法院1989年在Soering案中指出：引渡一个人到面临酷刑、不人道或有辱人格的待遇或处罚的真正危险的国家，不符合《欧洲人权公约》第3条"任何人不得加以酷刑或使受非人道或侮辱的待遇或处罚"的规定。欧盟委员会在Altun v. Germany案中裁定，即使引渡政治犯并不一定引发《欧洲人权公约》第3条规定的问题，但是首先要确定"引渡行为是否可能引发因政治原因而遭受迫害的危险，是否可能导致对申请人不公正或不成比例的判决结果并导致其遭受非人道待遇"。[①] 在法国，法国行政法院在Bereciartua-Echarri案裁决：只要上诉人还具有难民地位就不能被引渡回国，除非符合第33条第2款规定的难民不被推回权的例外。在英国，英国上议院审理的Fernandez诉新加坡案认为，对引渡和难民案件当事人严重的迫害威胁足以证明继续施加保护的正当性。在瑞士，1990年瑞士联邦法院指出，1951年《关于难民地位的

① Goodwin-Gill, Guy S. *The Refugee in International Law*, Oxford: Clarendon Press, 1996, 148-151.

公约》第33条的目的是保护难民避免其在庇护国丧失保护。如果一名不能够被合法地推回到本国的难民仍然能被引渡是不公平的。

联合国难民署强调了不被推回权包含不引渡。联合国难民署方案执行委员会在1980年《关于难民国际保护问题的决议》中指出：难民应当得到保护，避免被引渡到一个他们有正当理由畏惧由于1951年《关于难民地位的公约》第1条第1款第（2）项中列举的原因而遭迫害的国家；请各国保证在订立引渡条约时和制定有关引渡的法律时，应充分考虑到不被推回权。不引渡适用于满足难民定义标准以及依据1951年《关于难民地位的公约》第1条第6款第2项被排除在外的人。

（四）不驱逐

不驱逐是指不将难民驱逐至其生命或自由因为他的种族、宗教、国籍、属于某一社会团体或具有某种政治见解而受威胁的领土边界。1951年《关于难民地位的公约》第32条与第33条都规定了“不驱逐”。第33条中的“不驱逐”是“不推回”的同义语，适用对象是一切停留在缔约国领土的难民，是广义上的“不驱逐”。关于第33条“不驱逐”的分析，见“边界不拒绝”部分和“不引渡”部分。第32条中的“不驱逐”适用的对象是合法停留在缔约国领土上的居民，是狭义的“不驱逐”。未进行国际保护需求评估，即强制遣返寻求庇护者和移民，尤其是被视为非法入境者，此类事件仍屡屡发生。2008年收到了1,777份可靠的遣返报告，涉及至少58个国家。在至少47个国家，寻求庇护者的入境标准不可接受。在至少55个国家，边境当局没有系统地向主管当局报告寻求庇护者的情况。难民署得到可靠报告说，有数百名厄立特里亚人遭到拘留和驱逐，尽管一再呼吁有关当局不要强行遣返人员。[①]

（五）不推回涌入的大规模人员

不推回涌入的大规模人员是指不将涌入的大规模人员推回至其生命或自由因为他的种族、宗教、国籍、属于某一社会团体或具有某种政治见解而受威胁的领土边界。1951年《关于难民地位的公约》产生的原因主要是第二次世界大战之后产生的难民潮，不被推回权理应适用于涌入的大规模人员，否则与难民保护的初衷不符，但是1951年《关于难民地位的公约》没有关于大规模人员涌入方面的规定。1969年非洲统一组织《关于非洲难民问题某些特定方面的公约》和1984年《卡塔赫纳宣言》关注了大规模人员涌入问题。1984年《卡塔赫纳宣言》第3条指出：考虑到中美洲地区的大规模难民涌入情况，有必要考虑扩大难民定义。第16条指出：认识到美洲国家组织和联合国难民署关于通过国际合作项目解决难民问题的重要性，提议下一步重点

---

① 联合国难民署高级专员的报告. 2009年向联合国大会第六十四届会议提交，A/64/12第42段。

关注中美洲、墨西哥和巴拿马大规模人员涌入引发的问题。

联合国大会一直将不被推回权作为保护难民和无家可归者的根本性原则，[①] 但是大规模人员涌入会给接收国带来巨大的经济和社会负担，严重影响接收国的社会秩序和国内安定。接收国为了维护本国利益和安全，通常将这些人员遣返或推回，以摆脱给本国带来的负担。在1977年的领土庇护会议上，土耳其曾建言：如果大规模难民涌入可能对缔约国安全造成严重危险，可以考虑不引用不被推回权。[②]

就涌入的大规模人员的实际保护而言，国际社会逐渐发展了临时庇护制度。临时庇护是一种短暂的接收，临时的给予大批难民庇护，为寻求永久性解决方案提供过渡的时间。临时庇护方便难民找到暂时的生存场所，生命安全得以保障，为持久性方法的提出提供过渡的时间。临时庇护得到了国际社会的认可。临时庇护首先见于1979年联合国难民署方案执行委员会第15号《难民国际保护决议》，该决议指出：在大规模涌入中，寻求庇护者应该至少得到临时庇护，但是没有明确临时庇护的内容，这给大规模涌入人员和接受国都带来了不便。1980年，难民署方案执行委员会在第19号决议中，专门阐述了临时庇护的一些问题，例如不被推回权、国家公平分摊原则等。1967年《领土庇护宣言》第3条第2、3款规定："二. 唯有因国家安全之重大理由，或为保护人民，例如遇有多人大批涌入之情形时，始得对上述原则例外办理。三. 倘一国于任何案件中决定有理由对本条第一项所宣告之原则例外办理，该国应考虑能否于其所认为适当之条件下，以暂行庇护或其他方法予关系人以前往另一国之机会。"

四、不被推回权的适用对象

（一）符合公约难民定义的人

公约难民享有不被推回权，无论他是否经历过难民甄别程序，也不论庇护当局是否对其予以官方确认。联合国难民署在《根据1951年〈关于难民地位的公约〉及其1967年〈议定书〉确定难民地位的程序和标准手册》中指出："符合经1951年《关于难民地位的公约》定义中规定条件和标准的人都构成公约意义上的难民。沦为难民的时间必然早于官方正式认定难民地位的时间。授予难民地位并不能使一个人成为难民，而是对其难民地位的正式宣告。难民并非因为获得承认而成为难民，而是因为本身属于难民而获得承认。"

---

① Lauterpacht, Elihu and Bethlehem, Daniel. *The Scope and Content of the Principle of Non-refoulement: Opinion*. Cambridge University Press, 2003, 119.

② Guy s. Goodwin-Gill, *The Refugee in International Law*, Clarendon Press, 1996, 139-141.

（二）非法留在庇护国的难民

非法留在庇护国的难民，与公约难民一样，享有不被推回权。任何符合1951年《关于难民地位的公约》定义的难民都适用不被推回权，国家不能在不被推回权方面对难民有任何歧视。如果一国没有正式承认难民地位，根据1984年联合国难民署方案执行委员会第35号关于难民地位证件的决议第五段，“有必要由联合国难民署办事处征得庇护国主管部门的同意，证明某人在办事处的职权范围内被认为是难民”。

（三）寻求庇护者

寻求庇护者，与公约难民一样，享有不被推回权。寻求庇护者可能是事实上的难民，不被推回权适用于寻求庇护者。1977年联合国难民署方案执行委员会第6号决议中指出：不被推回权的根本重要性在于不论个人是否已经正式地被认可为难民。在关于不被推回权注释（Note on Non-Refoulement）中指出：在不推回领域，特别注意难民地位的确定只是宣告性质的事实。

一些国际文件明确指出不被推回权适用于寻求庇护者，例如，1966年《有关难民地位和待遇的原则》（曼谷原则）和1967年《领土庇护宣言》。1967年《领土庇护宣言》第3条第1、2款规定：“一. 凡第一条第一款所述之人，不得使受诸如下列之处置：在边界予以拒斥，或于其已进入请求庇护之领土后予以驱逐或强迫遣返其至可能受迫害之任何国家。二. 唯有因国家安全之重大理由，或为保护人民，例如遇有多人大批涌入之情形时，始得对上述原则例外办理。”第1条第1款规定：“一国行使主权，对有权援用《世界人权宣言》第14条之人，包括反抗殖民主义之人，给予庇护时，其他各国应予尊重。”

一些国际文件在规定不被推回权时使用了“外国人在任何情况下”等非常宽泛的用语，涵盖了寻求庇护者。例如，1969年《关于难民问题某些特定方面的公约》和1969年《美洲人权公约》。1969年《美洲人权公约》第22条第8款规定：“如果一个外国人的生命权利或人身自由，在一个国家由于他的种族、国籍、宗教、社会地位或政治见解等原因而正遭到被侵犯的危险时，该外国人在任何情况下都不得被驱逐到或被送回到该国，不论该国是否是他的原居住国家。”

（四）基本人权面临严重侵犯的人

人权公约的发展扩展了难民不被推回权的适用对象范围。面临酷刑、残忍、不人道或有辱人格的待遇或处罚的人享有不被推回权。1984年《禁止酷刑和其他残忍、不人道或有辱人格的待遇或处罚公约》第3条规定：1. 如有充分理由相信任何人在另一国家将有遭受酷刑的危险时，任何缔约国不得将该人驱逐、推回或引渡至该国。2. 为了确定是否有这样的根据，有关当局应该考虑到所有有关的因素，包括在适当情况下，考虑在有关国家是否存在一贯严重、公然、大规模地侵犯人权的情况。

因宗教信仰而恐惧面临迫害的人享有不被推回权。1949年《关于战时保护平民之日内瓦公约》第45条第4款规定："男女保护人在任何情况下不得被移送于因其政治意见或宗教信仰有恐惧迫害之理由之国家"。

面临酷刑、谋杀、严重侵犯1966年《公民权利和政治权利国际公约》保护权利等危险的人享有不被推回权。联合国经济与社会理事会人权委员会在实践中（解释和适用）赋予了第6条生命权和第7条不被加以酷刑或施以残忍的、不人道的或侮辱性的待遇或刑罚权不被推回权含义。如果被驱逐者正面临酷刑、谋杀、严重侵犯1966年《公民权利和政治权利国际公约》保护的权利的危险，则驱逐其出国行为不符合1966年《公民权利和政治权利国际公约》的规定。[①]

将成为法外、任意或即决处决的受害者享有不被推回权。1989年《有效防止和调查法外处决、任意处决和即审即决事件的原则》第5条规定："不得强迫遣返或引渡任何人到某一国家，如果有相当理由认为该人在该国将成为法外、任意或即决处决的受害者的话。"

生命、安全、自由、健康会受到威胁的境内流离失所者享有不被推回权。1997年《关于国内流离失所的指导原则》第15条第4款规定："有权受到保护，不被强迫遣返至任何其生命、安全、自由、健康会受到威胁的地方，或被强迫在地方重新定居"。

遭受强迫失踪危险的人享有不被推回权。2006年《保护所有人免遭强迫失踪国际公约》第16条规定："1. 如果有充分理由相信，将某人驱逐、送返（"遣返"）、移交或引渡到另一国，有造成此人遭受强迫失踪的危险，任何缔约国均不得采取上述行动。2. 为确定是否存在这种理由，主管当局应斟酌一切有关因素，包括在适用的情况下，考虑有关国家是否存在一贯严重、公然或大规模侵犯人权或严重违反国际人道主义法的情况。"

五、不被推回权的适用地域

（一）不被推回权适用于任何将面临绝境的领土边界

1951年《关于难民地位的公约》在不被推回权中使用了领土边界（the frontiers of territories），没有对边界（frontiers）作出绝境以外的任何限制，也就是说缔约国不仅不能将难民推回至其本国领土，而且不能将其推回至"其生命或自由因为他的种族、宗教、国籍、属于某一社会团体或具有某种政治见解而受威胁"的任何领土边

① 联合国人权委员会.外侨地位：1986年7月22日《公民权利和政治权利国际公约》第15综合评论，联合国文件ICCPR//C/21/Rev。

界。使用领土（territories），而没有使用国家（state）表明，不被推回权适用地域与该地域是否有国家的法律地位无关，重点是该地域是否会导致被驱逐者“其生命或自由因为他的种族、宗教、国籍、属于某一社会团体或具有某种政治见解而受威胁”。领土可能是由一个运转正常的国家在统治，也可能是由叛乱集团所控制。不被推回权关注的重点及判断的标准是难民是否会在该领土内遭受危险。难民受到在执行维和/或其他任务的另一国武装力量的庇护时，庇护国不可以将其推回至将面临绝境的本国领土。

（二）遣送寻求庇护者至安全第三国

不被推回权允许不受理来自安全第三国的难民地位申请，将寻求庇护者遣送到安全第三国（safe third country）。不被推回权禁止将难民推回的领土边界包括第三国（the third countries）边界。第三国虽然不会直接对难民施加迫害，但是可能将难民遣返到可能使其遭受迫害的领土。如果难民在第三国不会遭受迫害，可以推回难民至该国。联合国难民署方案执行委员会1989年在第58号决议中指出：难民和寻求庇护者以非正常方式离开已经得到保护的国家，如果能够在前往国得到保护免于被推回，那么可以被送至该国。

虽然不被推回权没有禁止将难民推回到安全第三国，但是不被推回权要求实施安全第三国政策国家适当评估第三国是否安全。安全第三国应该不会对难民实施迫害，也不会将其遣返至可能使其遭受迫害的领土。联合国难民署方案执行委员会1998年在《关于国际保护的决议》中指出：关于将寻求庇护者从其提出要求，但是尚未对该要求作出决定的国家领土送至第三国，包括通过双边或者多边重新接纳协议，应当确定该第三国根据公认的国际标准对待这些寻求庇护者，确保提供有效保护避免将其推回，并且将向这些寻求庇护者提供寻求并获得庇护的可能。联合国难民署2001年在《不被推回权的适用范围和内容》中指出：缔约国在遣送寻求庇护者至安全第三国之前，必须对相关事实作严格考察，以确定该第三国家确实安全。

国际社会没有关于安全第三国的统一标准，交由各国确定。各国出于本国利益和安全考虑，认定安全第三国的标准，以致各国的安全第三国标准存在不小差异。根据2005年《欧盟庇护程序指令》，安全第三国（safe third country）是指安全的非欧盟成员国的国家。2005年《欧盟庇护程序指令》没有规定哪些国家是安全第三国，只是规定了认定安全第三国的条件的规则，交由成员国根据这些条件和规则以及本国情况自由裁量安全第三国的范围。“安全”是指符合下列情况：（1）考虑种族、宗教、国籍、属于某种社会团体或者政治意见等因素，寻求庇护者的生命和自由不受威胁；（2）尊重1951年《关于难民地位的公约》中的不推回绝境原则。（3）禁止酷刑和其他残忍、不人道或者有辱人格的待遇和处罚。（4）存在根据1951年《关于难民地位的公约》

申请难民地位和取得难民权利的可能性。[①] 欧盟成员国可以根据本国法律确立的规则（rules laid down in national legislation）适用安全第三国概念：（1）关联规则，寻求庇护者与安全第三国之间存在关联，寻求庇护者能够合理地前往安全第三国。（2）方法论规则，安全第三国适用于特定国家和特定申请人。可以是针对特定申请人个案考虑某国是安全第三国，也可以是针对一般性安全考虑指定某国是安全第三国。（3）个别审查规则，通过个别审查确定不保护特定寻求庇护者国家为安全第三国，要考虑该国是否允许寻求庇护者对酷刑和其他残忍、不人道或者有辱人格的待遇或处罚提出抗辩。[②] 成员国有权不受理来自安全第三国的难民地位申请。

如果寻求庇护者的国籍国或者无国籍申请人的居留国被视为安全来源国，则该难民地位申请应当被认定为无事实根据的申请，拒绝该申请。寻求庇护者要推翻该假定，必须证明该假定是错误的。与没有规定哪些国家是安全第三国类似，2005年《欧盟庇护程序指令》没有规定哪些国家是安全来源国（safe country of origin），只是规定了认定安全来源国的原则，交由成员国根据这些原则以及本国情况自由裁量安全来源国的范围。安全来源国原则上是欧盟理事会以特定多数表决方式通过的最低标准共同第三国清单上的国家（minimum common list of third countries regarded as safe countries of origin）。[③] 为了使安全来源国确定更加灵活，该《指令》第30条规定，成员国可以根据以下原则自行确定安全来源国：（1）国内有关法律法规为免受迫害提供保护的国家；（2）遵守1950年《欧洲人权公约》、1966年《公民权利和政治权利国际公约》规定的权利和自由的国家；（3）尊重1951年《关于难民地位的公约》不推回至绝境的国家；（4）建立了有效地救济侵犯权利和自由的体系的国家。

如果寻求庇护者的国籍国或者无国籍申请人的居留国被视为首要庇护国，则不接受其难民地位申请，将其推回至首要庇护国。在欧盟，首要庇护国（first country of asylum）是指非欧盟成员国国家，并且：（1）寻求庇护者已经获得该国的难民地位，并取得了难民保护；或者（2）寻求庇护者在该国享受充分的保护，包括不可推回原则的保护；寻求庇护者有权重新入境。[④]

六、不被推回权的例外

1951年《关于难民地位的公约》和1967年《关于难民地位的议定书》没有给予难民不推回的绝对保护，而是作出了例外性规定，即第33条第2款“如有正当理由认为难民足以危害所在国的安全，或者难民已被确定判决认为犯过特别严重罪行从而构

① 2005年《欧盟批准和撤销难民地位程序的最低标准的指令》第27（1）条。

② 同上注，第27（2）条。

③ 同上注，第29条。

④ 同上注，第26条。

成对该国社会的危险，则该难民不得要求本条规定的利益”，以及第1条第6款“（六）本公约规定不适用于存在重大理由足以认为有下列情事的任何人：（甲）该人犯国际文件中已作出规定的破坏和平罪，战争罪或危害人类罪；（乙）该人在以难民地位进入庇护国以前，曾在庇护国以外犯过严重的非政治罪行；（丙）该人曾有违反联合国宗旨和原则的行为并经认为有罪”。第33条第2款比第1条第6款设置了更严格的条件。第33条第2款要求难民地位申请人所犯的“特别严重罪行”足以威胁庇护国家或社会的安全，第1条第6款没有此项要求。第1条第6款规定当事人所犯的罪行都是“以难民身份进入庇护国以前”的行为，而第33条第2款没有规定犯罪的时间。

（一）1951年《关于难民地位的公约》不被推回权适用例外作严格解释

由于1951年《关于难民地位的公约》第32条第2款和第1条第6款规定的原则性，留给了缔约国解释的巨大自由裁量权。对于是否“难民足以危害所在国的安全，或者难民已被确定判决认为犯过特别严重罪行从而构成对该国社会的危险”，主要由难民所居住地国分析和决定。为了确保缔约国不过于宽泛地解释不被推回权适用例外，根据联合国难民署1997年11月发布的不推回的解释，“鉴于将难民推回他面临迫害危险的国家的严重后果，应当最大谨慎地适用第33条第2款的例外规定。全面考虑案件的所有情形是必要的”。缔约国应以善意主张解释不被推回权适用例外情形，仅仅出于逃避难民给该国带来的经济压力或政治冲击而主张规避不推回的必要性，则很难将此理解为善意。

（二）不被推回权例外只适用规定情形

不被推回权适用例外情形必须仅限于对有正当理由认为难民足以危害所在国的安全，或者难民已被确定判决认为犯过特别严重罪行从而构成对该国社会的危险。在国际法中，“国家安全”的解释应当与1945年《联合国宪章》的有关规定保持一致，1945年《联合国宪章》中的安全指政治独立与领土完整。安全概念必须是基于存在的国家，不能是执政的政府。[①] 在一般意义上，国家安全是指保护国家和国家的民众不受间谍、阴谋破坏、政治暴乱、公共暴乱、袭击国防设施以及直接的或者与某国相联合的外国干预等。只有当国家政治独立和领土完整受到外力威胁时，国家安全才可以被引用为合理的限制人权的原因。是否对国家安全构成威胁的评估通常是由行政部门作出，司法补救的可能性很小。关于“足以危害所在国的安全”严重危险性的上述阐述，适用于“构成对社会的危险”。根据联合国难民署国际保护司关于第33条

---

① Hannum, Hurst. *The Right to Leave and Return in International Law and Practice*. Dordrecht the Netherlands: Martinus Nijhoff Publishers 1987. 28.

的评论，“足以危害所在国的安全”可能包括协助另一国征服所在国或所在国的一部分，企图以武力或其他非法手段颠覆所在国政府，或者从事反对另一国的活动，其结果严重威胁到所在国政府。其他行为还包括间谍行为、蓄意破坏军事设施、恐怖活动等。[①]

第32条第2款“有正当理由认为难民足以危害所在国的安全”是指难民在未来可能对庇护国国家安全形成危害，而不是过去的危害。虽然过去的行为可以作为判断对未来造成危害的“正当理由”，但是规定的重点是在于将来是否可能对国家安全造成危害。第32条第2款规定的“危害”是针对庇护国，而不包括其他国家（如庇护来源国）或国际社会。如果有正当理由表明难民或寻求庇护者可能对其他国家或者国际社会造成危害，庇护国当局不得对该人适用难民不被推回权的例外，以在难民被推回后面临的迫害威胁与难民本身对庇护国将来造成的威胁之间寻求利益最大化的平衡。[②]

“难民已被确定判决认为犯过特别严重罪行从而构成对该国社会的危险”要求判决是确定的、特别严重罪行和所犯罪行对该国社会造成危险。“确定判决”要求判决在程序上符合最低国际标准的前提下，没有上诉的可能性。使用“特别”和“严重”是为了严格限制不被推回权例外情形的适用，要综合考虑所犯罪行的时间、地点、过程、动机、恶意等情形。适用时由各国自行确定，可以参照1951年《关于难民地位的公约》第1条第6款的规定，犯下破坏安全罪、战争罪和危害人类罪以及非政治的特大罪行的人或违反联合国目的和目标的行为者，都可能符合不适用条款中确立的标准。“对该国社会造成危险”特指非常严重的危险，要对罪行的性质、罪行严重性、犯罪发生的时间地点、是否存在累犯等情形进行综合考量。同时要考虑难民被推回或遣返后所面临的危险与该难民留下给国家安全造成威胁两者之间的平衡。

（三）不被推回权适用例外情形要求的“危害”、“危险”必须是严重和紧迫的

根据《国家责任条款草案评注》，不能仅仅是担心有此可能。危害除了“足以”之外，还必须是迫切的，近在眼前的，或者是不可避免的。“采取的行动必须是可采取保护利益的唯一办法。如果可采用其他合法办法，即使是代价较高或者较不方便的方法，也不能援引此种例外”。办法不限于单方面行为，可以包括通过与其他国家或国家组织的合作采取行动而采取的其他形式行为。所以，只有在别无选择时，不被推回权才适用例外情形。

---

① Grahl-Madsen, Atle. Commentary on the Refugee Convention 1951 Article 2-11, 13-37, Comments to Article 33, Division of International Protection of the United Nations High Commissioner for Refugees, 1997.

② Lauterpacht, Elihu and Bethlehem, Daniel. *the Scope and Content of the Principle of Non-refoulement*, UNHCR 20 June 2001. para. 164, 54.

（四）对不被推回权适用例外情形的审查必须是个案的比例性的审查

"有正当理由认为"要求不对难民适用不被推回权必须基于个案审查和比例审查。个案审查是指个别审查难民的情形是否符合不被推回权。个案审查可以使难民所居住地国特别地考虑对不驱逐难民将给其本人和本国带来的危险。比例审查是指根据难民被驱逐后所面临的危险与不驱逐难民给本国带来的危险之间是否成比例，审查难民情形是否符合不被推回权适用例外。比例审查可以避免仅因为所犯罪行严重就将难民驱逐至其生命或自由受威胁的领土边界的武断。

（五）对不被推回权适用例外的限制

1967年《领土庇护宣言》提出，即使国家出于正当理由可以不适用不推回，该国也要考虑将该难民送到一个安全第三国的可能性，而不是直接将其推回至绝境。该《宣言》第3条第3款规定："三. 倘一国于任何案件中决定有理由对本条第一项所宣告之原则例外办理，该国应考虑能否于其所认为适当之条件下，以暂行庇护或其他方法予关系人以前往另一国之机会。"1969年《美洲人权公约》、1984年《卡塔赫纳宣言》都保护不被推回权，并没有规定例外情形。非洲统一组织和联合国难民署联合通过的1980年《国内难民立法指南》，没有提到任何不被推回权的例外情形。国际人权法的发展也限制不推回至绝境原则的适用的例外。人权委员会1992年第20号一般评论指出：如果推回至绝境将导致个人遭受酷刑等不人道行为的侵害，那么不允许对不被推回权有任何适用例外。国家不得通过引渡、不人道或推回将一个人送到另一国而使该人遭受酷刑或者残忍、不人道或侮辱性的对待或刑罚。

七、对难民不被推回权的评价

难民不被推回权没有向难民提供有效庇护，因为它仅要求有关国家不将难民送回至迫害国，并未与此同时确立对难民的长期庇护义务。而且，难民不被推回权的轮廓目前仍不清楚，各国在对不被推回权进行解释，认定难民的身份和范围时，仍赋予其主观意向，多倾向于国家利益，国际标准付诸阙如，国家自由裁量权仍居主导地位尤其是面临大规模人员涌入情形时。难民不被推回权仍需要进一步明确，适应国际难民形势发展的需要。

难民不被推回权在一般国际法上已经成为一项习惯国际法规则。一项习惯国际法规则的形成须具备两个要素：一个是各国的一般实践，即各国长期经常采取的同一国际行为，称物质因素；另一个是这种国际实践表现的行为规范被各国接受为法律，称"法律的确信"或心理因素。国际习惯形成后对所有未提出异议的国家具有拘束力，但对于在习惯形成过程中持反对意见者一般不发生效力。难民不被推回权的适用具有相当的广泛性。尤其是联合国大会对于联合国难民署有关不被推回权的报告，几乎一致决议采行，作成决议后亦表示大致同意。虽然反对意见仍有，但是证明习惯国际法形成的国际实践不一定是每一个国家都默示或明示作为法律予以遵守或接受的。在实践中，还没有国家明确反对不被推回权，一般国家推回难民也都是以某人不具有难民条件或违背国家安全和公共秩序为理由的。

不被推回权是一项条约法规则，但具有“基本造法性质”的规则。即该规则能够适用于未来的一般事项而不是特定事项，它“作为法律而被承认为一般习惯，会被认为带来同国际习惯相同的强有力的立法效果，即使是非当事国，也不能不承认其内容表示了一般国际法”。这具体表现在各有关国家和国际组织的立法实践中和有关国内、国际法院的判决中。这说明难民不被推回权已经具备了物质因素和“法律的确认”，已成为一项习惯国际法规则。

1951年《关于难民地位的公约》确立的难民不被推回权仅规定除特定情形外，不得将难民送回其原受迫害地，它并没有确立各国对难民的长期庇护义务。而在实践中，庇护是比不推回更进一步的保护措施。由此各国可以通过各种方式来规避不被推回权以拒绝寻求庇护者入境。另一方面，1951年《关于难民地位的公约》第33条的规定仍显原则性太强、操作性较差，赋予各国以较多的自由裁量权，因此各国在考虑维护本国利益时尤其面临大批难民涌入时会对不被推回权的含义及范围加以限制，各国的理解与解释也是易生歧义、不尽相同的。

第三节　驱逐难民权

一、驱逐难民权的定义

驱逐难民权是指一国驱逐对本国构成威胁的难民出境的权利。根据1951年《关于难民地位的公约》第32条第1款，缔约各国因国家安全或公共秩序理由，可以将合法在其领土内的难民驱逐出境。一个国家有权根据国内法驱逐对本国构成威胁的难民人，除非有证据显示该国滥用了权利，或者明显是出于恶意行使权利，否则联合国人权委员会不会评估该国主管部门是否正确解释并应用了法律。[①] 被驱逐的难民接到指令后，必须在规定期限内出国，一般而言，没有将来再返回的可能。[②] 个人出境权不是抗辩国家驱逐难民权的理由，难民不愿意回国不等于可以不被遣送回国。国家有义务接纳她的公民回国，否则被驱逐的难民将无国可回。由于驱逐难民出境涉及被驱逐者回到何处，为了保护难民不致流离失所，国际法对驱逐难民赋予了比拒绝难民地位

---

① *Maroufidou v. Sweden*, (R.13/58) HRC 36, 160. In Sieghart, Paul.*The International Law of Human Rights*, New York: Oxford University Press, 1983.185.

② *Bruckman v. Federal Republic of Germany*. In Sieghart,Paul. *The International Law of Human Rights*, New York: Oxford University Press, 1983.185.

申请更多的限制。[①]

驱逐难民可能会侵犯人权。驱逐难民不可以干涉被驱逐者的私生活和家庭生活。[②] 欧洲人权法院在 Chabal v. United Kingdom 一案中指出：在驱逐外国人的情形下，采取的所有行为必须是围绕驱逐，而且是公正的。如果拘留外国人是由于误用权利，而致使拘留是为了非驱逐的目的，则拘留是不公正的。[③] 不向待遣羁押的病人或者出意外事故者提供治疗也是一个严重的问题。驱逐难民地位申请失败者通常由政府机关特别是移民部门或者警察部门完成，但是，最近私有保安公司涉足了押解行业。世界各国雇佣的私有押解公司在完成任务过程中有意使用镇静剂、行使不必要的身体暴力、延长拘留期和非法拘禁。澳大利亚人权律师委员会强烈反对澳大利亚政府在这方面的做法，他们认为：此种做法置被驱逐者于私人机构的监管之下，私人机构会在政府无法控制的条件下，无明确期限地羁押被驱逐者，侵犯被驱逐者的人权。[④]

二、驱逐难民权的理由限制

（一）驱逐难民权的法定理由

驱逐难民权的理由限制是指驱逐难民必须具有法定理由。1951年《关于难民地位的公约》第32条第1款规定：缔约各国除因国家安全或公共秩序理由外，不得将合法在其领土内的难民驱逐出境。1954年《无国籍人士地位公约》第31条规定：缔约各国除因国家安全或公共秩序理由外，不得将合法在其领土内的无国籍人驱逐出境。如果寻求庇护者已经被赋予难民地位，即使畏惧回国的原因已经消除，也不能要求其回国，这项确立已久的人道主义原则已经被法律化。只有因国家安全或公共秩序理由，才可以驱逐合法在领土内的难民。政治观点、宗教信仰和受过特殊培训都不是驱逐难民的合法理由。1951年《关于难民地位的公约》没有对国家安全或公共秩序这两项驱逐理由作具体说明，而是交由主权国家根据本国利益自主解释和决定，这扩大了难民接收国的自由裁量权。实践中，各国往往通过解释国家安全或公共秩序而滥用驱逐难民权，灵活甚至任意驱逐难民。联合国难民署方案执行委员会曾建议：应在极为特殊的情形下实施驱逐。当对难民进行驱逐而遇到现实困难时，各国应考虑给予违法难

---

① Tiburcio, Carmen. *The Human Rights of Aliens under International and Comparative Law*, The Hague the Netherlands:Kluwer Law International, 2001. 220.

② Reid, Karen. *A Practitioner's Guide to the European Convention on Human Rights*. London: Sweet & Maxwell. 274-281.

③ 7317/75, (Dec.) 1976年10月6日 6 D.R. 141, Reid, Karen. *A Practitioner's Guide to the European Convention on Human Rights*. London: Sweet & Maxwell. 1998. 192.

④ Crock, Mary and Saul, Ben. *Future Seekers: Refugees and the Law in Australia*. Sydney: The Federation Press, 2002. 98.

民与该国国内违法者相同待遇，并且只有在出于上述两项绝对必要理由的情形下才对难民进行监禁或拘留。[①] 在中亚，从乌兹别克斯坦强行遣返长期滞留的阿富汗难民的举动尤其令人关注。在欧洲，不对“船民”的保护需求进行评估就将他们遣返回北非国家的做法同样令人担忧。[②]

（二）国家安全

国家安全是指保护国家和国家的民众不受间谍、阴谋破坏、政治暴乱、公共暴乱、袭击国防设施以及直接的或者与某国相联合的外国干预等。[③] 只有当国家政治独立和领土完整受到外力威胁时，国家安全才可以被引用为合理的限制人权的原因。“国家”是由一群具有相同种族、语言及传统的人组成的一个政治实体。[④] 国家的概念不包括任何政府或者管理精英，无论政府是由民主选举还是强加于民众。[⑤]“安全”是指使安全或者让安全。[⑥] 安全概念必须基于存在的国家，不能是执政的政府。[⑦] 在国际法中，“国家安全”的解释应当与1945年《联合国宪章》的规定保持一致，1945年《联合国宪章》中的安全指政治独立与领土完整。恐怖活动一般被认为是对国家安全造成威胁的行为。

基于国家安全驱逐难民是最便捷的驱逐难民出境的理由。政府可以在保障难民权益的总体政策框架下，合法地将对国家安全构成真正威胁的行为确定为基于国家安全驱逐难民。[⑧] 如果难民犯有1951年《关于难民地位的公约》第1条第6款第1项规定的

---

① 欧盟采取一系列措施限制驱逐外国人出境权，限制措施涉及欧洲联盟享有出入境权的全体民众。1992年《欧洲联盟（EC）条约》第39条第3款规定：只有当某成员国的国民危害公共政策、公共安全或者公共卫生时，才可以驱逐他们或他们的家庭成员出国。限制措施有两种：（1）对驱逐外国人出境权实施的方式进行的特别限制。比如驱逐外国人出境不能出于经济原因；驱逐外国人出境只能是基于被驱逐者的个人行为；犯罪前科以及护照、身份证到期都不能作为驱逐其出国的理由。（2）对成员国驱逐外国人出境的原因进行的一般限制。如果成员国要驱逐其他成员国的国民，要根据公约来评价驱逐的原因是否公正。除非某人的现状或行为对那个国家的公共政策、公共安全或公共卫生构成了真正的足够的威胁，否则不能限制其他成员国的国民进入本国、在本国居住和在本国自由迁徙。36/75 Rutili [1975] ECR 1219; Directive 64/221 Article2. Guild, Elspeth. *Security of Residence and Expulsion: Protection of Aliens in Europe. the Hague*, the Netherlands: Kluwer Law International, 2000. 65。

② 联合国难民署高级专员的报告.联合国大会正式记录第六十四届会议补编第12号2009.A/64/12. 9-10。

③ Nygh, Peter E. and Butt, Peter, *Butterworths Australian Legal Dictionary*. Sydney: Butterworths. 774.

④ Garner, Bryan A., *Black's Low Dictionary*, 7th edition. St. Paul, Minn., the USA: West Group, 1999. 100.

⑤ Hannum, Hurst, *The Right to Leave and Return in International Law and Practice*. Dordrecht, the Netherlands: Martinus Nijhoff Publishers 1987. 28.

⑥ Nygh, Peter E. and Butt, Peter. *Butterworths Australian Legal Dictionary*. Sydney: Butterworths. 774.

⑦ Hannum, Hurst, *The Right to Leave and Return in International Law and Practice*. Dordrecht, the Netherlands: Martinus Nijhoff Publishers 1987. 28.

⑧ Ingles, Jose博士：关于人人有权离开任何国家，包括其自己的国家，并返回他的国家的无种族歧视的研究：提交给防止种族歧视和保护少数民族分委员会的特别报告（英文），简称Ingles出入境权研究报告，UN Sales No. 64. XIV. 2, 纽约，1963.

适用于难民排除情形的破坏和平罪、战争罪或危害人类罪，而且正因此被起诉，那么他/她的行为应该被视为威胁国家安全。各个国家会具体定义或者列举威胁国家安全的行为，以判定哪些难民会被因威胁国家安全而驱逐出境。1993年《中国国家安全法》第4条规定：

任何组织和个人进行危害中华人民共和国国家安全的行为都必须受到法律追究。本法所称危害国家安全的行为，是指境外机构、组织、个人实施或者指使、资助他人实施的，或者境内组织、个人与境外机构、组织、个人相勾结实施的下列危害中华人民共和国国家安全的行为：

（一）阴谋颠覆政府，分裂国家，推翻社会主义制度的；

（二）参加间谍组织或者接受间谍组织及其代理人的任务的；

（三）窃取、刺探、收买、非法提供国家秘密的；

（四）策动、勾引、收买国家工作人员叛变的；

（五）进行危害国家安全的其他破坏活动的。

是否对国家安全构成威胁的评估通常由行政部门作出，司法补救的可能性很小。人权学家约瑟夫 (Joseph) 和舒尔茨 (Sehultz) 认为："如果行政部门不愿意对他们自己的司法部门公布评估国家安全的证据，他们肯定也不会愿意对像联合国人权委员会这样的机构公布这样的材料。"[①]

（三）公共秩序

公共秩序通常指公共场所有序安宁的行为。公共秩序是被广泛接受的基本准则，它与民主社会的建立基础尊重人权是一致的。缺少公共秩序会引起社会不稳定或者整个国家行政秩序的混乱。刑法规定了暴乱、伤害、下流淫秽和毁坏财产等妨害公共秩序的行为。[②] 公共秩序是一个法国法律概念（*ordre public*），不是源于英语的抽象翻译，比普通法中的公共秩序概念适用范围要宽。[③] 英美法中的公共秩序是指非无序行为。[④] 法律中的公共秩序旨在最大限度地保护保护公众以及社会组织利益，它不仅与社会的价值观一致，而且与文明和公平的普遍原则一致。如果为了保护公共利益，公

---

① Jospeh, Sarah and Sehultz, Jenny et al.. *The International Covenant on Civil and Political Right: Cases, Materials, and Commentary*, New York: Oxford University Press, 2000. 274.

② Nygh, Peter E. and Butt, Peter. *Butterworths Australian Legal Dictionary*. Sydney: Butterworths. 55.

③ Lockwood, B., Finn, J. and Jubinsky, G., *Working Paper for the Committee of Experts on Limitation Provisions*. 7 HRQ 35, 1985.

④ 14 GAOR Annexes, UN Doc.A/4299 at 7, 1959

共秩序可以成为驱逐难民的理由。大陆法和普通法体制均要求政府官员独立而且清楚地了解公共利益的基本形式和每个案件中的民主价值观意识。[①] 出入境权项下的公共秩序是基于保护公共特别是集体的充分利益而限制难民权益的基础之一。根据公共秩序驱逐难民与难民的具体利益直接相关。

三、驱逐难民权的目的地限制

驱逐难民权的目的地限制是指禁止以任何方式将难民驱逐至其生命或自由因为他的种族、宗教、国籍、属于某一社会团体或具有某种政治见解而受威胁的领土边界，给予难民一个合理的期间，以便取得合法进入另一国家的许可。驱逐难民出境虽然不直接涉及难民的生命权和自由权，但是如果作出后可能侵犯其生命权和自由权，驱逐难民也是应予以禁止的。联合国难民署认为："不论对给予寻求庇护者难民地位有什么样的争议，难民地位申请审理国都不得'以任何形式'强制驱逐难民至其生命或自由受威胁的领土边界。"[②]

如果被驱逐者正面临酷刑或使受非人道的或侮辱的待遇或惩罚，则驱逐其出国行为不符合1984年《禁止酷刑和其他残忍、不人道或有辱人格的待遇或处罚公约》、1966年《公民权利和政治权利国际公约》和1950年《欧洲人权公约》等国际文件的规定。[③] 1950年《欧洲人权公约》第3条规定：任何人不得被加以酷刑或使受非人道的或侮辱的待遇或惩罚，国家有义务在其司法管辖范围内尊重每一个人，不将其驱逐至司法管辖权范围外的绝境。[④] "领土边界"可以是"国籍国"、"生活国"即目前以公民或者国民身份生活的国家的边界，也可以是"出生国"的边界。

主张不被推回的原因必须是紧迫的，仅仅是为了减少危险不构成紧迫，在某国或者自己的社区偶尔遇到问题以致一般的不能安居，也不构成紧迫。被驱逐者必须出示其正面临着或者如果被驱逐，将面临与加以酷刑或使受非人道的或侮辱的待遇或惩罚的风险，才可以要求驱逐国执行不推回原则。被驱逐者以前被逮捕和拘留时所受的侮辱的待遇，可以作为真实风险存在的证据。如果一个外国人在一段较长时期内被数次从一个国家驱逐到另一个国家，却没有一个国家采取措施改善被驱逐者的待遇，就会

---

① Henkin, Louis. *The International Bill of Rights: the Covenant on Civil and Political Right*. New York: Columbia University Press, 1981. 302.

② 联合国难民署：1993年海地禁止案法官顾问.IJRL 86 (1994)。

③ 联合国人权委员会：外侨地位：1986年7月22日《公民权利和政治权利国际公约》第15号综合评论.联合国文件ICCPR//C/21/Rev.

④ *Kirkwood v. UK*, 19479/83, (Dec.) March 12, 1984, 37 D.R. 158：案件.申请者被引渡到美国.起诉他将会面临被判处死刑的危险。出自Reid, Karen. *A Practitioner's Guide to the European Convention on Human Rights*. London: Sweet & Maxwell. 1998. 268。

产生穿梭驱逐的问题。[①]

根据1984年《禁止酷刑和其他残忍、不人道或有辱人格的待遇或处罚公约》第3条，如有充分理由相信任何人在另一国家将有遭受酷刑的危险时，任何缔约国不得将该人驱逐、推回或引渡至该国。为了确定是否有这样的根据，有关当局应该考虑到所有有关的因素，包括在适当情况下，考虑在有关国家内是否存在一贯严重、公然、大规模地侵犯人权的情况。

国际社会批评将难民推回绝境的行为。2003年，人权观察劝说俄罗斯政府允许1.1万名无家可归的车臣人留在车臣邻邦英古什共和国的难民营中，不要将他们遣返至受战火蹂躏的故土，[②]2008年，联合国难民署敦促南非停止驱逐津巴布韦难民和寻求庇护者，并允许他们合法居住在南非。联合国难民署说，提出这一特别请求是因为考虑到南非发生的针对外国人的暴力事件，这些暴力事件已经导致42人死亡。[③]

给予难民一个合理的期间，以便取得合法进入另一国家的许可。驱逐难民时必须给予难民一个合理的期间，以便取得合法进入另一国家的许可，不得强行遣返。1951年《关于难民地位的公约》第32条第3款规定："缔约各国应给予上述难民一个合理的期间，以便取得合法进入另一国家的许可。缔约各国保留在这期间内适用它们所认为必要的内部措施的权利。"没有取得合法进入另一国家的许可，被驱逐难民将无处可去和无国可回，驱逐也无法执行和被落实。联合国难民署方案执行委员会在2005年《关于国际保护的一般性决议》第10条中指出：回顾其在决议中多次提到的不强行遣返原则；表示深切关注，由于驱逐难民导致强行遣返，致使难民保护受到严重破坏；呼吁各国避免采取这种措施，特别是要避免违反不强行遣返的原则遣返或驱逐难民。

四、驱逐难民权的程序限制

驱逐难民权的程序限制是指被驱逐难民有权提出反对驱逐出境的理由，使案件得到主管部门或由主管部门特别指定的一人或数人的复审，并为此目的而请人作代表，又称难民驱逐出境程序抗辩权。必须按照正当法律程序作出驱逐决定，就指控的国家安全或公共秩序威胁提出证据，并允许被指控者提供反驳指控的证据。1951年《关于难民地位的公约》第32条第2款规定："驱逐难民只能以按照合法程序作出的判决为根据。除因国家安全的重大理由要求另作考虑外，应准许难民提出有利于其自己的

---

① *Tabiri v. Sweden*, 25129/94, (Dec.) January 11, 1995, *Paez v. Sweden* 29482/95, (Rep.) December 6, 1996; Chabal, Judgment paras 99-107, (Rep.) paras. 108-114, 7729/76, (Rep.) July 17, 1980, 21 D.R. 73. Reid, Karen. *A Practitioner's Guide to the European Convention on Human Rights*. London: Sweet & Maxwell. 1998. 270-274.

② 俄罗斯：为无家可归的车臣难民提供庇护[J].人权观察2003(9)。

③ 更多的不将难民驱逐至绝境内容，见本书第四章国际难民法的权利基础第二节不被推回权。

证据，向主管当局特别指定的人员申诉或者为此目的委托代表向上述当局或人员申诉。”1981年《非洲人权和民族权宪章》第12条第4、5款规定：“四、合法地处于本宪章各缔约国之内的非本国国民，惟按照依法作出的决定方可被驱逐出境。五、大规模地驱逐非本国国民应予以禁止，大规模的驱逐是指对民族、种族、人种或宗教团体的驱逐。”

“准许难民提出有利于自己的证据”没有改变难民驱逐出境程序抗辩权是一种程序权的本质。尽管司法机关应该开庭审理不服驱逐出境的诉讼，但是驱逐出境程序抗辩权并没有赋予被驱逐者出庭权。所以，驱逐出境程序抗辩权保护的是提出书面原因权而不是审理权。如果没有明显的程序瑕疵，联合国人权委员会不会推翻一个国家的驱逐难民出境的决定。

“委托代表”是指有权自由指定代理人代表自己，例如有关当事人有权指定诉讼律师。在 Chahal v. United Kingdom 案中，欧洲人权法院判决：陪审团审理限制了驱逐决定申述权，没有给予申诉者充分的程序保障。具体来说，陪审团向申诉者披露的适用的法律规定太少，没有授权申诉者聘请法律代表，应该实施的建议权而不是判决权。[①] 联合国人权委员会注意到，寻求庇护者很难有充分的法律陈述的机会，以挑战行政决定[②]。

难民驱逐出境程序抗辩权从程序上确保驱逐是公正的，不保证难民不被驱逐，目的是防止国家滥用与驱逐有关的实体法，任意驱逐难民。除因国家安全的重大理由外，难民驱逐出境程序抗辩权赋予被驱逐难民从程序上对抗驱逐、向主管部门或者其授权机构提起申诉的程序权。难民驱逐出境程序抗辩权赋予被驱逐难民程序权而不是实体权，主要是因为是否驱逐、什么时候驱逐和为什么驱逐外国人是一个国家主权范围内的事情。

从程序上限制驱逐难民权是不够的，只不过比根本没有好些。如果国家考虑了因国家安全原因的重大理由，限制就不适用。另外，复审机关可能依然是做出最初决定的机关，复审的公平性很难保证。欧洲的实践值得关注，欧洲在论及外国人被驱逐问题时，拒绝了将有关驱逐出境程序抗辩权条款加入1950年《欧洲人权公约》第4议定书的建议。

---

① Nowak, Manfred. *UN Covenant on Civil and Political Rights: CCPR Commentary*. Kehl am Rhein, Strasbourg, Arlington: N. P. Engel Press, 1993.283.

② UNdoc. ICCPR/C/79/Add. 55 (1995), para.16.

第四节 驱逐外国人权

难民是外国人，驱逐难民除适用驱逐难民权外，还适用驱逐外国人权。驱逐外国人出境不仅仅是国家的主权行为，也是国家根据自身政治、经济、安全情况作出的管理行为。考虑到国家利益的重要性，国家实施驱逐外国人出境权的行为是可以理解的也是必要的。但是，实施驱逐外国人出境权必须既考虑到国家利益，又要考虑到寻求庇护权的人权内涵。只有完全遵守不推回原则的驱逐外国人出境，才是可以接受的。此外，驱逐国必须赋予被驱逐外国人驱逐出境程序抗辩权，确保被驱逐外国人有机会从程序上抗辩驱逐出境、获得补救，这些机会应该是以非歧视方式给予的。

一、驱逐外国人权的渊源

难民是外国人，驱逐难民除适用驱逐难民权外，还适用驱逐外国人权。许多国际文件都规定了驱逐外国人权。1948年《世界人权宣言》第9条规定："任何人不得加以任意……放逐。"没有合理理由，不得强迫任何人离开任何国家，包括其本国。1981年《非洲人权公约》第12条第4款、第5款规定："合法地处于本公约各缔约国之内的非本国国民，惟按照依法作出的决定方可被驱逐出境；大规模地驱逐非本国国民应予以禁止。大规模的驱逐是指对民族、种族、人种或宗教团体的驱逐。"1966年《公民权利和政治权利国际公约》第13条规定："合法处在本公约缔约国领土内的外国人，只有按照依法作出的决定才可以被驱逐出境，并且，除非在国家安全的紧迫原因另有要求的情况下，应准予提出反对驱逐出境的理由和使他的案件得到合格当局或由合格当局特别指定的一人或数人的复审，并为此目的而请人作代表。"

二、"合法处在本公约缔约国领土内的外国人"

1966年《公民权利和政治权利国际公约》第13条中的"合法处在本公约缔约国领土内的外国人"说明，其保护合法处在本公约缔约国领土内的外国人抗辩任意驱逐其出境。联合国人权委员会指出：无论缔约国的国内法律怎样规定，国家都有义务不得以任意形式驱逐合法外国人。如果基于公共利益驱逐非法外国人，必须阐明原因。[①] 驱逐外国人时，要符合禁止任意行为原则和均衡原则，并且一定是有必要和基于公众利益。[②] 反对任意驱逐的规则适用于所有的驱逐出境的形式，包括递解与驱

---

① 联合国人权委员会：外侨地位：1986年7月22日《公民权利和政治权利国际公约》第15号综合评论第9段.UN CCPR//C/21/Rev.,15/27/1989, 22/07/1986。

② Plender, Richard. *International Migration Law*. Dordrecht, the Netherlands: Martinus Nijhoff Publishers, 1988.475.

逐。但是，驱逐出境程序抗辩权不是许可性驱逐的实质理由。禁止任意驱逐意味着某些驱逐是允许的。例如，中国政府在1987年驱逐了法新社驻京记者麦乐仁，驱逐的理由是，他“从事了与与其记者身份不相符的活动。”

只有当外国人合法离开来源国和进入目的地国，并且从事与所持签证或者居留证要求相符的活动，才被确认为合法外国人。如果外国人违反了来源国法律，例如非法离境，即使是合法入境，也不能确认其为合法外国人。[①] 外国人在居住国的身份不影响其合法性，但是如果持有的所在国的签证或者居留证已经无效，就不再是合法外国人。[②] 外国人驱逐出境程序抗辩权中的“法”是指国内法，有关入境和居留方面的国内法决定驱逐出境程序抗辩权的范围。联合国人权委员会认为：“如果外国人入境或者停留的合法性不确定，国家必须根据1966年《公民权利和政治权利国际公约》第13条规定采取驱逐措施。”[③] “外国人”包括无国籍人或者多重国籍人。国家可以驱逐非法进入领土或签证到期仍然滞留在国家领土内的外国人，而且不受驱逐出境程序抗辩权的制约。

三、“依法作出决定”

1966年《公民权利和政治权利国际公约》第13条中的“依法作出决定”说明，法院或者行政机关必须以程序公平和不歧视的方式合法地作出决定。1966年《公民权利和政治权利国际公约》第26条规定：“所有的人在法律前平等，并有权受法律的平等保护，无所歧视。在这方面，法律应禁止任何歧视并保证所有的人得到平等的和有效的保护，以免受基于种族、肤色、性别、语言、宗教、政治或见解、国籍或社会出身、财产，出生或身份等任何理由的歧视。”禁止关于驱逐出境的任何形式的歧视。联合国人权委员会在Maroufidou v. Sweden案中提出了解释“依法作出决定”的Maroufidou公式：“‘法’是指成员国的国内法，国内法的有关规定必须符合1966年《公民权利和政治权利国际公约》。保护外国人不被任意驱逐环境下的国内法解释对有关成员国当局及其法院来说，是一件必要的事情。联合国人权委员会没有职权来评估，有争议的成员国的主管部门在基于选择议定书审理案件时是否已经正确解释和应用了国内法。除非有证据证明，有争议的成员国的主管部门没有善意地解释和运用国内法，或者滥用了权利。”

---

① 14102/88 Sweden, (Dec.) 1989年10月9日，63 D.R. 195; 12068/86 Germany.1 December 1986.51 D. R. 237, in Reid, Karen. *A Practitioner's Guide to the European Convention on Human Rights*. London: Sweet & Maxwell. 1998. 247。

② 21069/92 S.Mar., (Dec.) 1993年7月9日，75 D.R. 245, in Reid, Karen. *A Practitioner's Guide to the European Convention on Human Rights*. London: Sweet & Maxwell. 1998. 271。

③ 联合国人权委员会：外侨地位：1986年7月22日《公民权利和政治权利国际公约》第15综合评论第9段.UN CCPR//C/21/Rev., 1989年.15/27, 22/07/1986。

四、"一人或数人的复审"

1966年《公民权利和政治权利国际公约》第13条中的"一人或数人的复审"说明，被驱逐外国人有权向作出驱逐决定的上一级机关提出申诉。联合国人权委员会认为：Hammel v. Madagascar 案，Giry v. the Dominican Republic 案和 Canon Garcia v. Ecuador 案的被告侵犯了驱逐出境程序抗辩权，因为原告被剥夺了驱逐决定申诉权。[①] 联合国人权委员会在《公民权利和政治权利国际公约》第15号外侨地位的综合评论中指出：第13条的原则不仅与有权复审有关，而且与驱逐出境抗辩起诉有关。

五、"除非在国家安全的紧迫原因另有要求的情况下"

1966年《公民权利和政治权利国际公约》第13条中的"除非在国家安全的紧迫原因另有要求的情况下"说明，必须给予外国人抗辩驱逐出境补救的有效机会。只有在因"国家安全的紧迫原因"被驱逐出境时，外国人驱逐出境程序抗辩权才不适用。联合国人权委员会在 V.M.R.B. 诉 Canada 案中认为：1966年《公民权利和政治权利国际公约》第13条中的"紧迫"，意味着驱逐国必须提供被驱逐者是国家安全严重威胁者的有说服力的证据。[②] 很明显，上述广泛接受的"紧迫"的解释仍然太模糊而不能从根本上降低国家不适用驱逐出境程序抗辩的可能性。"主管机关"一词有着类似的问题，因而这些缺点可能严重削弱驱逐出境程序抗辩权的效用。

六、禁止集体驱逐外国人

禁止集体驱逐的外国人，[③] 包括难民和非法移民。欧洲人权委员会（EUCM）在 Becker v. Denmark 一案中指出：集体驱逐外国人出境是指主管部门为强迫外国人集体出国而采取的所有措施，在采取措施之前，没有合理和客观地审查外国人集体中的每个个案，也没有考察要采取的每个措施。1950年《欧洲人权公约》第4议定书第4条规定："禁止集体驱逐外国人。"1969年《美洲人权公约》第22条第9款规定："禁止集体驱逐外国人。"1981年《非洲人权公约》第12条第5款细化了禁止集体驱逐外国人：大规模地驱逐非本国国民应予以禁止，大规模的驱逐是指对民族、种族、人种或宗教团体的驱逐。联合国人权委员会在《公民权利和政治权利国际公约》第15号

---

① Nos. 155/1983, 193/1985, 319/1988, in Nowak, Manfred. *UN Covenant on Civil and Political Rights: CCPR Commentary*. Kehl am Rhein, Strasbourg, Arlington: N. P. Engel Press, 1993. 229.

② Jagerskiold, S. Freedom of Movement in Henkin, Louis. *The International Bill of Rights: The Covenant on Civil and Political Rights*. New York: Columbia University Press, 1981. 184.

③ Maroufidou v. Sweden, Communication No. 58/1979案例. 人权委员会. 年度报告36 UN GAOR, Supp. (No.40) (1981) p160; Agee v. U.K. App. No. 7729/76, 欧洲人权委员会. 文件，1976年12月17日，7 DEC. & REP.164。

外侨地位的综合评论中指出：禁止集体驱逐外国人，不仅禁止驱逐外国人本人，而且禁止驱逐外国人具有所在国国籍的家庭成员。[①]2010年8月，联合国反种族主义委员会敦促法国政府避免集体驱逐罗姆人 / 吉普赛人回到原籍国家，主要为罗马尼亚和保加利亚。法国政府表示，吉普赛人的非法营地是人口贩卖、低居住标准、剥削儿童、乞讨、卖淫地的罪恶温床。联合国消除种族歧视委员会，一些离开法国的吉普赛人没有就他们的权利得到明确通知，也并非自愿同意离境，并对法国境内针对吉普赛人的种族主义政治言论和暴力上升“表示不安”，建议法国避免集体遣返吉普赛人。

---

① 联合国人权委员会：外侨地位：1986年7月22日《公民权利和政治权利国际公约》第15综合评论第10段.联合国文件CCPR//C/21/Rev., 15/27/1989, 22/07/1986。

第五章
国际难民法的基本原则

基于难民问题的人权性、国家主权性、国际性和人道性，国际难民法发展和秉持了尊重和保障人权、国家首要责任、国际团结合作、不歧视、不推回、[①] 不惩罚、临时保护、适当待遇等八项基本原则，难民保护必须遵循。

第一节　尊重和保障人权原则

一、尊重和保障人权原则的定义和基础

尊重和保障人权原则是指保护难民，必须尊重和保障其人权的原则，其基础是难民问题的人权性。难民问题与人权问题紧密相连。侵犯人权是产生难民问题的主要原因。越来越多的侵犯少数民族权利、种族 / 民族冲突、宗教矛盾造成了难民大量外流和民众流离失所。拒不接受寻求庇护者的趋势越来越严重。有些国家当局在大量寻求庇护者、经济移民以及非常规移民涌入后，实行了限制性措施，阻止这些人入境。有时，寻求庇护者的最低待遇标准未获尊重。一些国家强行将寻求庇护者送回其“其生命或自由因为他的种族、宗教、国籍、属于某一社会团体或具有某种政治见解而受威胁”的领土边界。有的寻求庇护者试图在某些地方登陆上岸，但连人带船被赶到海上，之后饿死、遭海盗洗劫或被鲨鱼吞噬。政府还可能殴打、长期无理拘留寻求庇护者以及审问程序过于严格，不充分保护难民和寻求庇护者，使其容易受到种族主义和排外行为的侵扰。有时，难民被关在难民营中，得不到法律协助和法院审理。难民可能找不到工作，也不能兴办企业或购买土地。事实上，在许多情况下，难民并不是被强行遣返回去的，而是因为在庇护国生活毫无尊严，被迫离境回国。在有些地方，难民常常受到袭击和侵害。许多人在军人或武装团伙袭击难民营和定居点时丧生。年轻男子和未成年人则往往被拉进武装团伙或游击队，被迫在内战中卖命。难民是特别容易受害的外国人，往往沦为某些人发泄种族仇恨的目标。在一些国家的政治辩论中，人们往往把涉及外国人的所有问题混为一谈。寻求庇护者、难民、经济移民、移民以及季节工往往被笼统罗列为外国人。人们渐渐从政治角度，而不是从人道角度看待难

① 关于不推回原则，请参见本书第四章国际难民法的权利基础第二节不被推回权。

民问题，从而使移民政策与难民政策的界限开始变得模糊不清。①

尊重和保障人权是预防并解决难民问题的必要条件，也是实现人类发展和维护人类尊严的必要条件。要预防难民外流，就必须减少和消除侵犯人权行为。只要侵犯人权行为继续存在，难民就不可能自愿遣返，难民问题就得不到永久解决。各项人权相互依存，人权不仅包括公民权利和政治权利，而且还包括经济、社会和文化权利。解决难民问题需要更加重视难民原籍国的政治和经济状况，如侵犯人权行为、发展水平以及经济状况。从国际层面看，可以通过联合国各人权机构不断监督、国际社会谴责侵犯人权行为并指定特别报告员研究具体情况并提出建议等方式，解决各国侵犯人权行为。

联合国人权领域的工作和难民领域的工作密不可分，难民问题能够检验各国政府和各国人民尊重人权的诚意。1994年，时任联合国难民署高级专员的绪方贞子在联合国人权委员会第50次会议上评论人权委员会和联合国难民署在保护人权工作的关系时指出："人权委员会促进对人权的尊重，难民署在保护难民并寻求解决难民问题的办法，这两方面工作之间的联系是显而易见的，我去年在人权委员会发表的演讲中曾经指出，对人权的侵犯是导致难民外逃的一个主要因素，也是影响他们自身安全自愿返回家园的一个障碍。因此，在原籍国捍卫人权，对预防和解决难民问题来说都是关键，而对庇护国而言，尊重人权也应成为难民保护的基本原则。"保障人类尊严是联合国人权理事会和联合国难民署的共同宗旨，联合国人权领域的工作和难民领域的工作是密不可分的。联合国人权方案处理各国境内个人权利问题，而难民组织则负责促进离开原籍国的难民获得最基本权利。

二、国际或区域文件关于难民方面尊重和保障人权的规定

表5-1　主要国际文件、区域文件关于尊重和保障难民人权的规定

国际或区域文件名称	尊重和保障难民人权的规定
1951年《关于难民地位的公约》序言第1、2段	考虑到《联合国宪章》和联合国大会于一九四八年十二月十日通过的《世界人权宣言》确认人人不歧视地享有基本权利和自由的原则； 考虑到联合国在各种场合表示过它对难民的深切关怀，并且竭力保证难民可以最广泛地行使此项基本权利和自由。
1967年《领土庇护宣言》序言第1段	鉴于《联合国宪章》之宗旨为维持国际和平及安全，发展所有各国间之友好关系，与促成国际合作以解决国际间属于经济、社会、文化或人道性质之问题，且不分种族、性别、语言或宗教，增进并激励对于全体人类之人权及基本自由之尊重。

① 联合国.人权概况介绍第20号：人权与难民.联合国日内瓦办事处人权中心.2001. 15-17。

续表

国际或区域文件名称	尊重和保障难民人权的规定
1969年《关于非洲难民问题某些特定方面的公约》序言第6段	牢记《联合国宪章》和《世界人权宣言》所肯定的人人享有基本权利和自由而不被歧视的原则。
1997年《国内流离失所问题指导原则》原则1	国内流离失所者应在充分平等的条件下同国内其他人民一样享受国际法和国内法所保证的同等权利和自由。他们不得由于在国内流离失所而受到歧视，享受不到任何权利和自由。
2001年《〈1951年关于难民地位的公约〉及(或)其1967年〈议定书〉缔约国的宣言》执行条款第2条	重申我们认识到难民问题的社会和人道主义性质，愿意支持上述文件中所载的价值和原则，这是符合《世界人权宣言》第14条规定的，在这方面需要尊重难民的权利和自由，进行国际合作以解决他们的苦难，采取行动解决难民流动的原因以及通过促进和平稳定和对话等方式防止其成为国家之间紧张关系的根源。
2002年《关于难民和移徙政策之未来的海牙宣言》第8项原则	为逃避迫害而寻求并获得庇护，是普遍适用的人权。
2003年《联合国大会向非洲境内的难民、回返者和流离失所者提供援助的决议》第10、11条	10. 还注意到除其他以外，侵犯人权、贫穷、自然灾害和环境退化与人口流离失所问题之间的联系，呼吁各国同非洲联盟合作，加倍作出协调努力，促进和保护所有人的人权并解决这些问题； 11. 鼓励联合国难民署高级专员办事处继续同联合国人权事务高级专员办事处和非洲人权及人民权利委员会在各自任务范围内进行合作，促进和保护非洲境内难民、回返者和流离失所者的人权和基本自由。
2005年《归还难民和流离失所者住房和财产的原则》序言	承认全世界有几百万难民和流离失所者仍然处于岌岌可危和不稳定的生活状态，而所有难民和流离失所者都有权安全和有尊严地自愿返回其原来住所和土地；重申身为难民和流离失所者的女性和女童的权利，承认需要采取积极措施，确保其住房、土地和财产归还权得到保障。
2010年《联合国大会关于保护和援助国内流离失所者的决议》序言第2段、第8条	8. 注意到必须在和平进程中酌情考虑到国内流离失所者的人权和特殊保护及援助需要。

资料来源：作者统计和分析。

三、尊重和保障人权原则的内容

尊重和保障人权原则要求尊重和保障难民的人权，给予难民应有的待遇。在寻求庇护期间和前后，应尊重和保障寻求庇护者和难民的各项权利。尊重和保障人权是预防并解决难民问题的一项必要条件。很多关于难民的国际和区域文件都是为了保证难民可以享受其权利和自由。1951年《关于难民地位的公约》序言第1、2段开篇明义："考虑到《联合国宪章》和联合国大会于一九四八年十二月十日通过的《世界人权宣言》确认人人不歧视地享有基本权利和自由的原则；考虑到联合国在各种场合表示过它对难民的深切关怀，并且竭力保证难民可以最广泛地行使此项基本权利和自由。"1969年《关于非洲难民问题某些特定方面的公约》序言第6段规定："牢记《联合国宪章》和《世界人权宣言》所肯定的人人享有基本权利和自由而不被歧视的原则。"1951年《关于难民地位的公约》规定了难民待遇的最低标准和难民应享有的各项基本权利。它还确定了难民的地位，并规定了获得有偿就业和福利、颁发身份证和旅行证件、增收财政费用适用性、将财产转移到收容该难民之外的另一国家的权利。另外，1969年《关于非洲难民问题某些特定方面的公约》、1984年《卡塔赫拉宣言》、1954年《关于无国籍人地位的公约》、1997年《国内流离失所问题指导原则》、2005年《归还难民和流离失所者住房和财产的原则》等国际或区域文件都规定了难民或其他联合国难民署关注人群待遇的最低标准和应享有的各项权利和自由。

尊重和保障人权原则要求从保护人权这一更广泛的角度看待保护难民。难民有权享受国际和区域人权文件规定的权利和自由。1948年《世界人权宣言》、1966年《公民权利和政治权利国际公约》、1966年《经济、社会、文化权利国际公约》、1979年《消除对妇女一切形式歧视公约》、1984年《禁止酷刑和其他残忍、不人道或有辱人格的待遇或处罚公约》、1989年《儿童权利公约》等国际人权文件都确立了不歧视原则，适用对象无论公民还是难民。1966年《公民权利和政治权利国际公约》第2条第1款规定："本公约每一缔约国尊重和保证在其领土内和受其管辖的一切个人享有本公约所承认的权利，不分种族、肤色、性别、语言、宗教、政治或其他见解、国籍或社会出身、财产、出生或其他身份等任何区别。"另外，1950年《欧洲人权公约》、1969年《美洲人权公约》、1981年《非洲人权公约》、1994年《阿拉伯国家人权宪章》等区域人权文件也确立了不歧视原则，适用于本区域内民众，不限于是否是公民、难民。许多公认人权权利直接适用于难民，其中包括生命权、免遭酷刑和虐待权、获得一国国籍权、自由迁徙权、出境权和不被推回权。

即使寻求庇护者因为不符合难民条件不能享受难民待遇和法律地位，但是也享有基本人权和作为外国人的待遇。一些国家坚持认为，多数寻求庇护者事实上不是难民，而是经济移民。从人权角度来看，这一情况令人极为关注，因为并不总能明确区分难民和经济移民。如果将重点放在生命和自由受到威胁上，那么行将饿死的人和因政治见解遭到任意处决威胁的人并无多大差别。不管是难民还是经济移民，不管是否为公民，也不管是因受迫害、武装冲突、生命受到威胁而逃难，还是因为不堪赤贫而逃难，逃难者都有权享受基本人权和作为外国人的最低待遇。[①] 在国际难民法中确立

① 联合国.人权概况介绍第20号：人权与难民.联合国日内瓦办事处人权中心.2001.12。

尊重和保障人权原则不仅可以确保接收国在难民到达其管辖的领域后，以普遍接受的人权标准对待停留、临时或永久居留的难民，使得他们享受各项国际人权文件规定的权利和自由，而且可以对产生难民的国家进行道义上的谴责。[①]

第二节　国家首要责任原则

一、国家首要责任原则的定义和基础

国家首要责任原则是指保护难民由国家承担首要责任的原则。保护难民、防止和减少无国籍状态、保护和援助国内流离失所者首先是国家的责任，基础是难民问题的国家主权性。基于国家主权，每个国家有义务尊重和保障公民的权利。难民的出现源于国家不愿意或无能力对本国国民提供正常的保护。[②] 由于战争和武装冲突，国家政权变更、国家解体和民族分裂，侵犯人权，无国籍等政治方面的原因，种族 / 民族冲突、宗教矛盾等文化方面的原因，以及饥荒和环境恶化等经济和环境方面的原因，产生了难民。国际保护是在国家不保护难民时才出现的。[③] 虽然由于难民问题的复杂性、严重性和国际性，以及解决难民问题需要付出的巨大成本，国际合作在保护难民中的地位越来重要，但是国际保护不能削弱和取代国家首要责任。2012年9月，联合国难民署方案执行委员会在审议常设委员会第54次会议报告时指出："许多国家强调责任分担是（难民）国际保护机制的核心，然而必须铭记保护领土上难民的首要义务者是该国。"

二、国际或区域文件关于难民方面国家首要责任的规定

表5-2　主要国际文件、区域文件关于难民方面国家首要责任的规定

国际或区域文件名称	难民方面国家首要责任原则的规定
1966年《关于境内流量失所者原则》原则三	国家当局首先有义务和责任向在其管辖下的国内流离失所者提供保护和人道主义援助。国内流离失所者有权向国家当局要求应得到保护和人道主义援助。国内流离失所者在要求庇护的时候不得受到迫害或惩罚。
1966年联合国人权委员会《关于境内流量失所者原则的指导性说明》	自从联合国首先提请国际社会注意国内流离失所的危机之后，许多政府间和非政府组织已扩大了它们的职权和活动范围，设法更有效地解决国内流离失所者的需要。有些国家政府已作出了反应，承认它们首先有义务保护和援助在它们管辖下受影响的人民。

① 张爱宁. 难民保护面临的国际法问题及对策 [J]. 政法论坛 2007(6): 163-170.

② Haddad, Emma. The refugee: the individual between sovereigns, *Global Society*, Vol. 17, 2003, p. 297.

③ UNHCR. *An Introduction to International Protection: Protecting Persons of Concern to UNHCR*. UNHCR. 2005. 12.

续表

国际或区域文件名称	难民方面国家首要责任原则的规定
2001年《1951年〈关于难民地位的公约〉及(或)其1967年〈议定书〉缔约国的宣言》	(1)呼吁所有国家根据适用的国际标准采取或继续采取措施加强庇护，包括通过和执行确定难民地位和处理寻求庇护者和难民的难民法和程序，使保护更为有效，并对易受害群体和包括妇女儿童和老年人在内的有特殊需要的个人予以特别照顾； (2)呼吁各国继续努力，尤其是为了新的威胁和挑战的原因，特别是通过仔细地适用1951年《关于难民地位的公约》第1条第6款和第33条第2款，以保证庇护体制的完整性； (3)促请所有国家审议为了加强执行1951年《关于难民地位的公约》和(或)其1967年《议定书》而可能需要采取的方式，并保证各缔约国与难民署加强合作以促进难民署监督这些文件条款执行情况的责任。
2002年《关于难民和移徙政策之未来的海牙宣言》	世界正在逐步走向全球化；难民的迁徙和移徙乃是今后几十年的大问题。庇护和移徙政策的主要责任在于国家，但现在没有一个国家能够单独行动。吁请各国制订政策，管理人口的流动，并开展国际合作。国际人权、人道主义法和难民法规定必须尊重人权和人格，这就赋予各国以义务和责任。普遍标准适用于难民和移徙者，像适用于其他任何人一样。
2009年《联合国大会关于向非洲境内难民、回返者和流离失所者提供援助的决议》序言	确认接收国对其境内难民的保护和援助负有首要责任，同时必须加倍努力与国际社会适当合作，分担重负并共担责任，制订和执行全面持久的解决战略，强调各国在向其管辖范围内的国内流离失所者提供保护和援助并与国际社会适当合作消除流离失所问题的根源方面，负有首要责任。
2012年联合国难民署方案执行委员会审议常设委员会第54次会议报告	许多国家强调责任分担是(难民)国际保护机制的核心，然而必须铭记保护领土上难民的首要义务者是该国。
2013年《联合国大会关于联合国难民署的决议》	6. 再次强调保护难民首先是各个国家的责任； 7. 又再次强调与国际社会妥善合作防止和减少无国籍状态首先是各个国家的责任； 8. 还再次强调与国际社会妥善合作保护和援助国内流离失所者首先是各个国家的责任。
2013年《联合国大会向非洲境内难民、回返者和流离失所者提供援助的决议》序言	确认接收国对各自境内难民的保护和援助负有首要责任。

续表

国际或区域文件名称	难民方面国家首要责任原则的规定
2013年《联合国大会关于向非洲境内难民、回返者和流离失所者提供援助的决议》序言	确认接收国对各自境内难民的保护和援助负有首要责任，同时需要加倍努力，与国际社会妥善合作，分担重负和共担责任，制订和执行全面持久的解决战略，强调各国在为自身管辖范围内的国内流离失所者提供保护和援助以及与国际社会妥善合作消除流离失所问题的根源方面，负有首要责任。
2013年《联合国大会向非洲境内难民、回返者和流离失所者提供援助的决议》序言	确认接收国对各自境内难民的保护和援助负有首要责任；强调各国在为自身管辖范围内的国内流离失所者提供保护和援助以及与国际社会妥善合作消除流离失所问题的根源方面，负有首要责任。
2013年联合国大会《关于联合国难民署的决议》	15. 强烈谴责针对难民、寻求庇护者和国内流离失所者的攻击行为以及对他们人身安全和福祉构成威胁的行为，吁请所有有关国家，适当时也吁请武装冲突当事方，采取一切必要措施以确保尊重人权和遵守国际人道主义法； 17. 强调各国需要确保不让在其领土上攻击人道主义人员和联合国人员及有关人员的行为人逃脱惩处，并确保按照本国法律和国际法义务，迅速将实施此类行为的人绳之以法； 18. 痛惜难民和寻求庇护者遭到推回和非法驱逐，并吁请所有有关国家确保遵守相关的保护难民原则和人权原则； 29. 吁请各国为重新安置创造机会，以此作为一种持久解决办法，确认有必要增加重新安置地点的数目并使重新安置后的难民能够更好地融入社会，吁请各国确保在其重新安置方案中订立包容性、无歧视的政策，指出重新安置是一个旨在保护难民及解决难民问题的战略工具； 30. 鼓励各国继续努力，全面解决各自区域内需要国际保护的人民的需要，包括向接收大量需要国际保护者的容留社区提供支持； 32. 强调所有国家均有义务接受本国国民返回，吁请各国便利经确定不需要国际保护的本国国民返回，并申明有关人员的返回必须以安全和人道的方式且在人权和尊严得到充分尊重的情况下进行，不论这些人员的地位为何。

资料来源：作者统计和分析。

保护难民的国家首要责任原则得到了国际社会的普遍认可。2002年《关于难民和移徙政策之未来的海牙宣言》指出庇护政策的主要责任在于国家："世界正在逐步走向全球化；难民的迁徙和移徙乃是今后几十年的大问题。庇护和移徙政策的主要责任在于国家，但现在没有一个国家能够单独行动。吁请各国制订政策，管理人口的流动，并开展国际合作。根据国际人权法、人道主义法和国际难民法必须尊重人权和人格，这就赋予各国以义务和责任。普遍标准适用于难民和移徙者，像适用于其他任何人一样。”2013年3月，联合国大会第67届会议在《关于联合国难民署的决议》（A/RES/67/149）指出国家在难民保护、防止和减少无国籍状态、保护和援助国内流离失所者中的首要责任：（1）再次强调保护难民首先是各个国家的责任；（2）又再次强调与国际社会妥善合作防止和减少无国籍状态首先是各个国家的责任；（3）还再次强调与国际社会妥善合作保护和援助国内流离失所者首先是各个国家的责任。2013年《联合国大会向非洲境内难民、回返者和流离失所者提供援助的决议》序言指出：确认接收国对各自境内难民的保护和援助负有首要责任。

保护国内流离失所者的国家首要责任原则得到了国际社会的普遍认可。1966年《关于境内流量失所者原则》原则三规定：“国家当局首先有义务和责任向在其管辖下的国内流离失所者提供保护和人道主义援助。国内流离失所者有权向国家当局要求应得到保护和人道主义援助。国内流离失所者在要求庇护的时候不得受到迫害或惩罚。”1966年联合国人权委员会在《关于境内流量失所者原则的指导性说明》中指出：“自从联合国首先提请国际社会注意国内流离失所的危机之后，许多政府间和非政府组织已扩大了它们的职权和活动范围，设法更有效地解决国内流离失所者的需要。有些国家政府已作出了反应，承认它们首先有义务保护和援助在它们管辖下受影响的人民。”2013年《联合国大会向非洲境内难民、回返者和流离失所者提供援助的决议》序言规定：“确认接收国对各自境内难民的保护和援助负有首要责任；强调各国在为自身管辖范围内的国内流离失所者提供保护和援助以及与国际社会妥善合作消除流离失所问题的根源方面，负有首要责任。”

三、国际首要责任原则的内容

国家首要责任原则构成了对国家依据主权保护难民的限制。难民保护制度的有效运作意味着国家主权和履行国际义务的平衡。国际难民法、国际人权法、国际人道主义法为国家创设了保护难民的国际义务，使国家在保护难民方面不得采取任意行动。国家根据1951年《关于难民地位的公约》承担不推回难民义务，使得国家不能任意决定是否允许外国人入境或将其驱逐出境。国家受到相关国际公约义务约束本身也是国家主权的体现，是国家出于本身意愿自愿接受公约规定的义务。起草1951年《关于难民地位的公约》时，将不推回难民义务视为“国家驱逐外国人至其来源国的主权权利的例外”。不推回难民义务要求国家按照该义务行事，不按照本国非法移民控制和边境控制法律处置寻求庇护者。

国家应根据适用的难民保护国际标准履行国家首要责任。虽然国家处理难民问题属于国内法范畴，其他任何国家无权干涉，但是国际社会就处理难民问题达成了一些共识，形成了难民保护国际标准。所以，国家既在本国领土上享有完整的、不受限制的主权以决定是否给予庇护和保护难民，又需要根据适用的难民保护国际标准保护难民。2001年《1951年〈关于难民地位的公约〉及(或)其1967年〈议定书〉缔约国的宣言》就履行国家首要责任时如何使用难民保护国际标准提出:(1)呼吁所有国家根据适用的国际标准采取或继续采取措施加强庇护,包括通过和执行确定难民地位和处理寻求庇护者和难民的难民法和程序,使保护更为有效,并对易受害群体和包括妇女儿童和老年人在内的有特殊需要的个人予以特别照顾;(2)呼吁各国继续努力,尤其是为了新的威胁和挑战的原因,特别是通过仔细地适用1951年《关于难民地位的公约》第1条第6款和第33条第2款,以保证庇护体制的完整性;(3)促请所有国家审议为了加强执行1951年《关于难民地位的公约》和(或)其1967年《议定书》而可能需要采取的方式,并保证各缔约国与难民署加强合作以促进难民署监督这些文件条款执行情况的责任。

国家应积极和全面地履行保护难民的国家首要责任。国家作为首要责任者,要尊重难民和其他联合国难民署关注人群的人权,不推回和非法驱逐他们,为永久解决难民问题创造机会。2013年3月,联合国大会第67届会议在《关于联合国难民署的决议》(A/RES/67/149)中明确指出了国家在难民保护中履行国家首要责任应该采取的六项措施:

(1)强烈谴责针对难民、寻求庇护者和国内流离失所者的攻击行为以及对他们人身安全和福祉构成威胁的行为,吁请所有有关国家,适当时也吁请武装冲突当事方,采取一切必要措施以确保尊重人权和遵守国际人道主义法;

(2)强调各国需要确保不让在其领土上攻击人道主义人员和联合国人员及有关人员的行为人逃脱惩处,并确保按照本国法律和国际法义务,迅速将实施此类行为的人绳之以法;

(3)痛惜难民和寻求庇护者遭到推回和非法驱逐,并吁请所有有关国家确保遵守相关的保护难民原则和人权原则;

(4)吁请各国为重新安置创造机会,以此作为一种永久解决办法,确认有必要增加重新安置地点的数目并使重新安置后的难民能够更好地融入社会,吁请各国确保在其重新安置方案中订立包容性、无歧视的政策,指出重新安置是一个旨在保护难民及解决难民问题的战略工具;

(5)鼓励各国继续努力,全面解决各自区域内需要国际保护的人民的需要,包括向接收大量需要国际保护者的容留社区提供支持;

(6)强调所有国家均有义务接受本国国民返回,吁请各国便利经确定不需要国际保护的本国国民返回,并申明有关人员的返回必须以安全和人道的方式且在人权和尊严得到充分尊重的情况下进行,不论这些人员的地位为何。

第三节　国际团结合作原则

一、国际团结合作原则的定义和基础

国际团结合作原则是指各国在接收、安置、援助、保护、难民事务开支以及消除和减少难民产生根源方面的责任分担和加强合作的原则，其基础是难民问题的国际性。难民问题是国际社会相互依存的典型例证，一国的难民问题会立即对其他国家造成影响。[①] 没有国际合作，就不能满意地解决难民问题。国际团结合作原则得到了国际社会的普遍认可。

开展难民事务方面的国际团结合作能够支持和加强难民保护。2005年联合国难民署方案执行委员会《关于国际保护的一般性决议》第12条规定："重申，包括国际社会所有成员的国际团结将使各国能加强履行对难民的保护责任，各国本着团结精神承诺实行国际合作，分担负担和责任，这将有助于加强难民保护制度。"2013年《联合国大会向非洲境内难民、回返者和流离失所者提供援助的决议》第19条规定："促请高级专员公署、非洲联盟、次区域组织和所有非洲国家与联合国系统各机构、政府间组织和非政府组织以及国际社会一起，共同加强和振兴现有的伙伴关系，并建立新的伙伴关系，以支持难民、寻求庇护者和国内流离失所者保护制度。"一些难民和寻求庇护者被无限期拘留，违反了适用的国际标准和协议。尽管根据1951年《关于难民地位的公约》和其他国际文件规定，国家有义务提供合作，但是有些国家常常不准联合国难民署进入拘留所评估国际保护需求。

二、国际或区域文件关于难民方面国际团结合作的规定

几乎所有关于国际和区域难民文件都规定了通过分担负担和加强合作解决难民问题方面的内容。1951年《关于难民地位的公约》序言第4段规定："考虑到庇护权的给予可能使某些国家负荷过分的重担，并且考虑到联合国已经认识到这一问题的国际范围和性质，因此，如果没有国际合作，就不能对此问题达到满意的解决。"1969年《关于非洲难民问题某些特定方面的公约》序言第11段指出："确信本公约提出的解决非洲难民问题的各项措施需要由必须使非洲统一组织和联合国难民署高级专员办事处之间进行密切和持续的合作才会具有效能。"2011年，联合国难民署在《关于国际保护的说明》中指出：流离失所是一个全球问题，需要在国际合作与团结及负担和责任共担原则的基础之上，寻求全球性的解决办法。另外，1966年《难民地位和待遇原则》（曼谷原则）、1984年《卡塔赫拉宣言》、1984《关于援助非洲难民的宣言和行动纲

---

① 联合国.人权概况介绍第20号：人权与难民.联合国日内瓦办事处人权中心.2001.2。

领》、1993年《维也纳宣言和行动纲领》都确认，难民状况的改善是国家的普遍责任，必须由所有的成员国公平地分担。为了解决难民问题，国际社会必须依据1945年《联合国宪章》、有关国际文件和国际团结的要求，本着负担分摊的精神，在顾及难民署职权的前提下与有关国家和有关组织协调合作采取综合办法。

表5-3　主要国际文件、区域文件关于难民方面国际团结合作的规定

难民文件名称	关于国际团结合作的规定
1951年《关于难民地位的公约》序言第4段	考虑到庇护权的给予可能使某些国家负荷过分的重担，并且考虑到联合国已经认识到这一问题的国际范围和性质，因此，如果没有国际合作，就不能对此问题达到满意的解决。
1966年《难民地位和待遇原则》（曼谷原则）第8条第2款	国家在寻找和实施关于难民问题的持久解决方法时，应该推进全面解决方法，包括所有有关国家和国际组织的混合解决。
1967年《关于难民地位的议定书》第2条第1款	缔约各国保证同联合国难民署或继承该办事处的联合国任何其他机关在其执行职务时进行合作，并应特别使其在监督适用本公约规定而行使职务时获得便利。
1969年《关于非洲难民问题某些特定方面的公约》序言第11段	确信本公约提出的解决非洲难民问题的各项措施需要由必须使非洲统一组织和联合国难民署高级专员办事处之间进行密切和持续的合作才会具有效能。
1969年《关于非洲难民问题某些特定方面的公约》第2条第3款	当某一成员国对难民继续给予庇护有困难时，该成员国可直接并通过非洲统一组织向其他成员国呼吁，该其他成员国应本着非洲团结和国际合作的精神，采取适当措施，以减轻给予庇护的成员国的负担。
1984年《卡塔赫拉宣言》序言第12段	确认，与联合国难民署、其他可能接受中美洲难民的国家合作。
1984《关于援助非洲难民的宣言和行动纲领》	难民状况的改善是国家社会的普遍责任，必须由所有的成员国公平地分担。
1993年《维也纳宣言和行动纲领》第23段	世界人权会议确认，鉴于全球难民危机十分复杂，国际社会必须依据《联合国宪章》、有关国际文件和国际团结的要求，本着负担分摊的精神，在顾及难民署职权的前提下与有关国家和有关组织协调合作采取综合办法。
1997年《联合国大会关于人权和人口大规模流亡的决议》第4、5条	4. 再次请各国政府以及有关的区域、政府间和人道主义组织酌情加强合作并协助全世界为解决难民和流离失所者大规模流亡所引起的严重问题及其根源作出的努力。 5. 强调所有国家和国际组织均有责任与受到难民和流离失所者大规模流亡影响的国家合作，特别是受影响的发展中国家。
2003年《联合国大会向非洲境内的难民、回返者和流离失所者提供援助的决议》序言	深信必须加强各国援助和保护难民、回返者和流离失所者的能力，国际社会必须在分挑重担的范畴内，增加对受难民、回返者和流离失所者影响的国家提供的物质、财政和技术援助，同时解决现有援助安排不足的问题并支持关于这方面的各项倡议。

续表

难民文件名称	关于国际团结合作的规定
2003年《联合国大会向非洲境内的难民、回返者和流离失所者提供援助的决议》第16条	吁请各国与国际组织在其职权范围内进行合作，采取一切必要措施，确保尊重保护难民的原则，特别是确保武装分子的存在或活动不致损害难民营的平民和人道主义特性。
2003年《联合国大会向非洲境内的难民、回返者和流离失所者提供援助的决议》第24条	呼吁国际社会本着团结和分担责任的精神积极响应非洲难民到第三国重新定居的要求，并赞赏地注意到一些非洲国家表示愿意为难民提供重新定居的地方。
2003年《联合国大会向非洲境内的难民、回返者和流离失所者提供援助的决议》第25条	吁请国际捐助界酌情与收容国达成协议，提供财政和物质援助，帮助在收容难民的地区执行以社区为基础的发展方案，既有益于难民，还有益于收容难民的社区。
2005年联合国难民执委会《关于国际保护的一般性决议》第12条	重申，包括国际社会所有成员的国际团结将使各国能加强履行对难民的保护责任，各国本着团结精神承诺实行国际合作，分担负担和责任，这将有助于加强难民保护制度。
2010年《联合国大会关于保护和援助国内流离失所者的决议》序言第5条	吁请各国提供持久解决办法，并鼓励加强国际合作，包括提供资源和专门知识，以帮助受影响国家特别是发展中国家在国内流离失所者的援助、保护和复原方面作出国家努力并制定有关政策。
2013年《联合国大会向非洲境内难民、回返者和流离失所者提供援助的决议》序言	确认接收国对各自境内难民的保护和援助负有首要责任，同时需要加倍努力，与国际社会妥善合作，分担重负和共担责任，制订和执行全面持久的解决战略。
2013年《联合国大会向非洲境内难民、回返者和流离失所者提供援助的决议》第15条	又重申国际社会所有成员的国际团结可推动各国更加尊重各自的保护难民责任，而且国际社会本着各国团结及分担重负和共担责任的精神致力于国际合作，将使难民保护制度得以加强。
2013年《联合国大会向非洲境内难民、回返者和流离失所者提供援助的决议》第19条	促请难民署、非洲联盟、次区域组织和所有非洲国家与联合国系统各机构、政府间组织和非政府组织以及国际社会一起，共同加强和振兴现有的伙伴关系，并建立新的伙伴关系，以支持难民、寻求庇护者和国内流离失所者保护制度。

续表

难民文件名称	关于国际团结合作的规定
2013年《联合国大会向非洲境内难民、回返者和流离失所者提供援助的决议》第24、26、27条	24. 呼吁国际社会本着团结、分担重负和共担责任的精神，积极回应在第三国重新安置非洲难民的需要； 26. 敦促国际社会本着国际团结和分担重负的精神，继续慷慨资助高级专员公署的难民方案，同时考虑到由于遣返可能性等原因，非洲对有关方案的需求大增，因此应确保非洲能获得合理公平份额的难民专用资源； 27. 鼓励高级专员公署和相关国家查明旷日持久的难民情况，以便制定具体、多边、全面和切实的办法，解决此种难民情况，包括在多边框架内更好地分担国际重负和共担国际责任，实现持久解决。
2013年《联合国难民署方案执行委员会关于民事登记的决议》	鼓励各国在需要时，请求其他国家、难民署和其他联合国机构、基金会和方案，以及民间社会和区域组织提供技术和其他援助。
2013年《联合国难民署方案执行委员会关于支援叙利亚难民接收国并与它们分担责任问题的声明》	我们重申为支持接收国并应对难民和接收社区的援助需要，就国际支援和分担责任作出的承诺。我们感谢各成员国表明决心，并确认将对接收国家和社区、难民署、为叙利亚难民工作的其他联合国行动者和有关人道主义行动者给予支持。

资料来源：作者统计和分析。

三、国际团结合作原则的内容

向在异国他乡躲避迫害的人给予庇护的做法，是人类文明最初的标志之一。给予庇护是一种人道主义、非政治性的和平行为，充分体现了人与人、国与国之间的友善和互助。向非本国公民提供难民国际保护本身就是国际团结合作的表现。2011年，联合国难民署在《关于国际保护的说明》中指出：1951年《关于难民地位的公约》的重点是国际保护制度。设立国际保护制度的初衷是取代向海外公民提供的外交和领事保护，如今国际保护的最大特点是确保未得到本国保护者的一系列权利和需求得到满足。1997年《联合国大会关于人权和人口大规模流亡的决议》第4条、第5条规定：再次请各国政府以及有关的区域、政府间和人道主义组织酌情加强合作并协助全世界为解决难民和流离失所者大规模流亡所引起的严重问题及其根源作出的努力；强调所有国家和国际组织均有责任与受到难民和流离失所者大规模流亡影响的国家合作，特别是受影响的发展中国家。

国际团结合作推动一国向其他国家和国际组织寻求国际援助。2013年《联合国难民署方案执行委员会关于民事登记的决议》指出："鼓励各国在需要时，请求其他国家、难民署和其他联合国机构、基金会和方案，以及民间社会和区域组织提供技术和其他援助。"1969年《关于非洲难民问题某些特定方面的公约》第2条第3款规定："当某一成员国对难民继续给予庇护有困难时，该成员国可直接并通过非洲统一组织向其他成员国呼吁，该其他成员国应本着非洲团结和国际合作的精神，采取适当措施，以减轻给予庇护的成员国的负担。”2013年《联合国大会向非洲境内难民、回返者和流离失所者提供援助的决议》序言指出：接收国需要加倍努力，与国际社会妥善合作，分担重负和共担责任，制订和执行全面持久的解决战略。

国际团结合作义务主要限于与联合国难民署和非洲统一组织团结合作的义务。1967年《关于难民地位的议定书》第2条第1款规定：“缔约各国保证同联合国难民署或继承该办事处的联合国任何其他机关在其执行职务时进行合作，并应特别使其在监督适用本公约规定而行使职务时获得便利。”1969年《关于非洲难民问题某些特定方面的公约》序言第11段规定：“确信本公约提出的解决非洲难民问题的各项措施需要由必须使非洲统一组织和联合国难民署高级专员办事处之间进行密切和持续的合作才会具有效能。”尽管成员国有与联合国难民署和非洲统一组织团结合作处理难民事务的义务，但是国际社会没有建立就难民事务分担负担和团结合作的具体制度。

除与联合国难民署和非洲统一组织团结合作的义务外，一国没有在难民事务方面与其他国际组织和国家团结合作的义务。目前没有一部有法律约束力的国际文件要求国家或国际组织必须在难民事务方面分担负担和团结合作。国家和国际组织履行国际团结合作原则往往出于人道主义和自身利益而自愿作出承诺。2013年《联合国难民署方案执行委员会关于支援叙利亚难民接收国并与它们分担责任问题的声明》指出：“我们重申为支持接收国并应对难民和接收社区的援助需要，就国际支援和分担责任作出的承诺。我们感谢各成员国表明决心，并确认将对接收国家和社区、难民署、为叙利亚难民工作的其他联合国行动者和有关人道主义行动者给予支持。”

国际团结合作原则贯穿于解决难民问题的各个环节，体现为物质援助、资金捐款、人员支持、接收难民等各种形式。世界各国在难民的接收、安置、援助、保护、难民事务开支以及消除和减少难民产生根源方面，都有责任分担负担和加强合作。规定了国际团结合作方面内容的难民国际和地区性文件都强调，成员国应以国际团结合作精神分担重负和共担责任，全面和持久地解决难民问题。2003年《联合国大会向非洲境内的难民、回返者和流离失所者提供援助的决议》序言指出：“深信必须加强各国援助和保护难民、回返者和流离失所者的能力，国际社会必须在分挑重担的范畴内，增加对难民、回返者和流离失所者影响的国家提供的物质、财政和技术援助，同时解决现有援助安排不足的问题并支持关于这方面的各项倡议。”2013年《联合国大会向非洲境内难民、回返者和流离失所者提供援助的决议》序言：“确认接收国对各自境内难民的保护和援助负有首要责任，同时需要加倍努力，与国际社会妥善合作，分担重负和共担责任，制订和执行全面持久的解决战略。”尽管联合国难民署等国际组织一再表示给予作为难民接收国的发展中国家充分援助，但是过去大部分的援助实践都面临物资短缺的威胁。

第四节 不歧视原则

一、不歧视原则的定义和基础

不歧视（Non-discrimination）原则是指每一难民享有的权利和自由不因获得难民地位原因及难民个体之间的区别而有所不同的原则，其基础是人人平等。不歧视原则是国际人权文件和难民文件广为确认的一项基本原则。每一难民应该无歧视地获得一致的人权和难民待遇。2011年，联合国难民署在《关于国际保护的说明》（A/AC.96/1098）中指出：不歧视原则是1951年《关于难民地位的公约》的基本原则之一。

二、国际或区域文件关于难民方面不歧视的规定

1945年《联合国宪章》和1948年《世界人权宣言》肯定了人人享有基本权利和自由而不被歧视的原则。1945年《联合国宪章》序言指出：重申基本人权，人格尊严与价值，以及男女平等权利之信念。第55条规定：尊重人人平等权利。1948年《世界人权宣言》第2条规定："人人有资格享受本宣言所载的一切权利和自由，不分种族、肤色、性别、语言、宗教、政治或其他见解、国籍或社会出身、财产、出生或其他身份等任何区别。并且不得因一人所属的国家或领土的政治的、行政的或者国际的地位之不同而有所区别，无论该领土是独立领土、托管领土、非自治领土或者处于其他任何主权受限制的情况之下。"

1966年《公民权利和政治权利国际公约》规定了公民权利和政治权利领域的不歧视原则，适用于一切个人。1966年《公民权利和政治权利国际公约》第2条规定：

> 一、本公约每一缔约国承担尊重和保证在其领土内和受其管辖的一切个人享有本公约所承认的权利，不分种族、肤色、性别、语言、宗教、政治或见解、国籍或社会出身、财产、出生或身份等任何区别。
>
> 二、凡未经现行立法或措施予以规定者，本公约每一缔约国承担按照其宪法程序和本公约的规定采取必要的步骤，以采纳为实施本公约所承认的权利所需的立法或措施。
>
> 三、本公约每一缔约国承担：
>
> （甲）保证任何一个被侵犯了本公约所承认的权利或自由的人，能得到有效的补救，尽管此种侵犯是以官方资格行事的人所为：
>
> （乙）保证任何要求此种补救的人能由合格的司法、行政或立法当局或由国家法律制度规定的任何合格当局断定其在这方面的权利；并发展司法补救的可

能性；

（丙）保证合格当局在准予此等补救时，确能付诸实施。

“一切个人”权利不只是针对本国公民，也针对“缔约国境内守法的外国公民”[①]，并且包括未被国际法承认的为独立国家的缔约地区的公民[②]和非法居住的外国人[③]。如提布科艾奥 (Tiburcio) 论述，“一个外国人是依照某个国家法律的个人，无需考虑其来源国家。”[④]这意味着一个外国人是一个外国政府法律管辖的客体。拥有多重国籍的个人，在其所在国籍之外的国家，或一个无国籍的人将被看作和作为一个外国人对待。“一切个人”的权利也应该针对一国境内的难民。

1966年《经济、社会和文化权利国际公约》规定了经济、社会和文化权利领域的不歧视原则，承认了发展中国家可以自行决定对非本国国民享受国际公约中所承认的经济权利，给予什么程度的保证。1966年《经济、社会和文化权利国际公约》第2条第2款规定：“本公约缔约各国承担保证，本公约所宣布的权利应予普遍行使，而不得有例如种族、肤色、性别、语言、宗教、政治或见解、国籍或社会出身、财产、出生或身份等任何区分。”平等的经济、社会和文化权利能够促进难民融入庇护国。经济权利与经济资源紧密相关，一国给予难民经济权利会消耗和减少本国公民享有的经济资源，可能引发难民和本国公民之间的冲突和矛盾。该《公约》第2条第2款还规定：“发展中国家，在适当顾到人权及它们的民族经济的情况下，得决定它们对非本国国民的享受本公约中所承认的经济权利，给予什么程度的保证。”发展中国家因此可以决定给予外国人（包括难民）经济权利某种程度的保证。一旦决定了给予外国人（包括难民）经济权利某种程度的保证，则应予普遍行使，而不得有任何区分。

1966年《消除一切形式种族歧视国际公约》第5条、1979年《消除对妇女一切形式歧视公约》第3条、1984年《禁止酷刑和其他残忍、不人道或有辱人格的待遇或处罚公约》第3条、1989年《儿童权利公约》第2条等人权国际文件的规定，以及1950年《欧洲人权公约》第1条、1969年《美洲人权公约》第1条、1981年《非洲人权和民族权签章》第2条等人权区域文件的规定，都明确规定人人享有公约 / 宪章所确认和保障的各项权利和自由，不因种族、族群、肤色、性别、语言、宗教、政见或任何

① 1966年《公民权利和政治权利国际公约》(ICCPR)（中英文）第13条，1976年3月23日生效，*999 UNTS 171*，1969年《美洲人权公约》（中英文）第22条(6)，1978年7月18日生效，OAS公约集，No.36 (1969)。

② 1981年《非洲人类及人民权利公约》（英文），简称《非洲人类及人民权利公约》第12条(4), 1986年10月21日生效，1520 UNTS No.26, 363，非洲统一组织文件doc. CAB/LEG/67/3/rev.5; 21 ILM 58 (1982)。

③ Joseph, Sarah and Sehultz, Jenny et al.. *The international Covenant on Civil and Political Rights: Cases Materials and Commentary*. New York: Oxford University Press, 2000. 250

④ Tiburcio, Carmen. *The Human Rights of Aliens under International and Comparative Law*, The Hague, the Netherlands: Kluwer Law International, 2001. -1.

其他见解、国籍、社会出身、财产、出生或其他身份等而受到歧视。1993年《维也纳宣言和行动纲领》强调：各国按照《联合国宪章》有责任促进和鼓励尊重所有人的人权和基本自由，不分种族、性别、语言、宗教。

三、不歧视原则的内容

1951年《关于难民地位的公约》、1967年《关于难民地位的议定书》、1969年《关于非洲难民问题的某些特定方面的公约》等难民方面的国际和区域文件使不歧视原则在难民方面得以具体化。1951年《关于难民地位的公约》第3条（不得歧视）规定："缔约各国应对难民不分种族、宗教或国籍，适用本公约的规定。"1951年《关于难民地位的公约》的本意不是区别对待难民，而是扩大给予难民的保护。序言第三段指出："考虑到通过一项新的协定来修正和综合过去关于难民地位的国际协定并扩大此项文件的范围及其所给予的保护是符合愿望的。"1967年《关于难民地位的议定书》的制定就是为了消除因时间、地域不同对难民形成的歧视。序言指出："考虑到一九五一年七月二十八日订于日内瓦的《关于难民地位的公约》仅适用于由于一九五一年一月一日以前发生的事情而变成难民的人。考虑到自通过公约以来，发生了新的难民情况，因此，有关的难民可能不属于公约的范围。考虑到公约定义范围内的一切难民应享有同等的地位而不论一九五一年一月一日这个期限，是合乎愿望的。"

1969年《关于非洲难民问题的某些特定方面的公约》将不得歧视难民原因由1951年《关于难民地位的公约》规定的不分种族、宗教或国籍扩展至不分种族、宗教、国籍、属于某一社会集团或具有某种政治见解。根据1969年《关于非洲难民问题的某些特定方面的公约》第4条（不得歧视）规定："各成员国承允对所有难民不分种族、宗教、国籍、属于某一社会集团或具有某种政治见解，均适用本公约的规定。"除获得难民身份原因外，任何基于难民自身特征不同，例如性别，而分别给予不同难民待遇也是不能被接受的。安置难民的基础是其获得的难民身份，获得难民身份的原因不应该导致其难民待遇的变化。

1997年《关于国内流离失所的指导原则》等难民方面的国际文件使不歧视原则在国内流离失所者方面得以具体化。1997年《关于国内流离失所的指导原则》原则1.1指出："国内流离失所者应在充分平等的条件下同国内其他人民一样享受国际法和国内法所保证的同等权利和自由。"原则4.1指出："他们不得由于在国内流离失所而受到歧视，享受不到任何权利和自由。《指导原则》在适用时不得有任何歧视，例如基于种族、肤色、性别、语言、宗教或信仰、政治或其他见解、国籍、族裔或社会阶层、法律或社会地位、年龄、残疾、财产、出身或任何其他类似的标准的歧视。"2005年《联合国归还/回复难民以及流离失所者住屋与财产的原则》第1.2条规定："难民和流离失所者住房和财产归还原则平等适用于所有难民、国内流离失所者和逃离本国但并不符合难民的法律定义的其他类似流离失所者，他们被任意或非法地剥夺了其原有住房、土地、财产或惯常居住地，无论是何种原因或情况造成了最初的流离失所。”

有正当理由和无偏见的差别待遇不属于歧视。有正当理由和无偏见主要指以下三种情形：第一，委员会认可范围内的差别可以被推定是正当理由，例如未婚配偶和已婚配偶所获社会福利的不同。第二，委员会没有充分证据论证一般适用标准可以推翻不同群体间的差别，因此对法律不歧视保护权利的适用标准缺少公正评判。第三，差别待遇是从实施和程度上都作了谨慎分析的结果。联合国人权事务委员会认为：如果一种差别的权利分配是有正当理由和无偏见的，满足了不歧视原则的要求，并且没有因为差别权利分配而终止责任，或者在1966年《公民权利和政治权利国际公约》第26条下采取步骤，提供平等机会，就不属于歧视。1997年《关于国内流离失所的指导原则》原则4.3指出了必要的差别待遇：“若干国内流离失所者，如儿童、特别是无人照顾的未成年者、孕妇、幼童的母亲、单身妇女家长、残疾人、老年人等等，应有权按照他们的情况得到保护和援助，并得到考虑到他们的特殊需要的待遇。”

不歧视难民如此重要，以致缔约国不能对此予以保留。1951年《关于难民地位的公约》第42条第1款规定：“任何国家在签字、批准、或加入时、可以对公约第一、三、四、十六（一）、三十三，以及三十六至四十六（包括首尾两条在内）各条以外的规定作出保留。”

第五节　不惩罚原则

一、不惩罚原则的定义和基础

不惩罚原则，又称非法难民不被刑事处罚权，是指不刑事惩罚已经非法进入或居留在本国领土的难民，只要其直接来自生命或自由受到威胁的领土，并立即来到当局并说明正当原因的原则，其基础是人道主义。尽管外国人入境必须获得目的地国许可和办理手续，但是由于难民是为了躲避生命或自由所受迫害而逃离本国，紧急之下可能未持有任何身份证明，也没有办理任何入境手续，秘密地越过边界去寻求保护，以致非法进入别国，成为非法入境者。显而易见，没有身份证件或没有遵守入境手续而非法进入他国所造成的危害，与生命或自由受迫害所造成的危害相比是次要的。所以，国家不应以对待一般外国人的移民法律标准要求非法进入或居留在本国领土的难民，也就不应对其非法入境或居留行为处以刑事处罚。刑事处罚包括不提起刑事诉讼，不根据刑事法律定罪判刑和处以罚金。

不惩罚原则是国际难民法的一项基本原则。2011年，联合国难民署在《关于国际保护的说明》（A/AC.96/1098）中指出：不惩罚原则是1951年《关于难民地位的公约》

的基本原则之一。1951年《关于难民地位的公约》第31条规定:“(一)缔约各国对于直接来自生命或自由受到第一条所指威胁的领土未经许可而进入或居留于该国领土的难民，不得因该难民的非法入境或居留而加以刑罚，但以该难民毫不迟延地自行投向当局说明其非法入境或居留的正当原因者为限。(二)缔约各国对上述难民的行动，不得加以除必要以外的限制，此项限制只能于难民在该国的地位正常化或难民获得另一国入境准许以前适用。缔约各国应给予上述难民一个合理的期间以及一切必要的便利，以便获得另一国入境的许可。”

二、适用不惩罚原则的条件

不是对所有难民都适用不惩罚原则，只有对同时符合以下四项条件的难民才适用不惩罚原则。

(一)生命或自由受到1951年《关于难民地位的公约》第1条规定受迫害的领土的威胁

1951年《关于难民地位的公约》第1条第1款第2项规定:“因有正当理由畏惧由于种族、宗教、国籍、属于某一社会团体或具有某种政治见解(而遭迫害)的原因留在其本国之外，并且由于此项畏惧而不能或不愿受该国保护的人；或者不具有国籍并由于上述事情留在他以前经常居住国家以外而现在不能或者由于上述畏惧不愿返回该国的人。”此条件要求难民来自的领土必须是畏惧由于种族、宗教、国籍、属于某一社会团体或具有某种政治见解而遭迫害的领土。难民由于该领土中存在的迫害威胁着他们的生命或自由而逃离，并非法进入或居留于别国领土。[①]

(二)直接来自

根据1951年《关于难民地位的公约》第31条第1款，不得因该非法入境或居留而加以刑罚的难民，应“直接来自生命或自由受到1951年《关于难民地位的公约》第1条所指威胁的领土”。1951年《关于难民地位的公约》不禁止刑事处罚非“直接来自”的难民。联合国难民署认为：直接来自的国家是指:(1)本国;(2)保护、安全和保障不能得到保证的另一国家;(3)短期停留的过境国家，但是在那里没有提出过申请或得到过庇护。对“直接来自”的认定必须个案分析，不得做严格的时间限制。[②] 难民生命或自由在庇护国领土受到1951年《关于难民地位的公约》第1条所指

① 梁淑英.非法入境难民的处理原则[J].法学杂志2008(6):4。

② 凯特·雅斯特拉姆.玛丽莲·阿奇隆.难民保护：国际难民法指南[M].2004年修订版.联合国难民署.各国会议联盟.95。

的威胁，进行第二次逃离，第二次逃离可被认定为“直接来自”。以此类推，第三次逃离也可以被认定为直接来自。第二次逃离不是因为1951年《关于难民地位的公约》第1条规定的种族、宗教、国籍、属于某一社会团体或具有某种政治见解而遭迫害，就不能被认定为“直接来自”。[①] 如果被原庇护国拒绝永久居住的难民希望到另外国家而免除刑罚，那么他必须遵守该国的移民法。另外，“直接来自”适用于在船舶第一次停靠的港口离船的难民，即使船舶第一次停靠的港口不是难民进入庇护国的第一个港口。同样，“直接来自”也适用于在参加运动会、会议、参观考察等活动期间脱团的难民，如果难民在发现脱团机会之前不得不经过其他国家。

（三）毫不迟延地自行向当局说明其非法入境或居留的正当原因

“毫不迟延”通常指立即。应给予“毫不迟延”一个适当的期间，而不能机械地施加限制，因为寻求庇护者常常要解决创伤、语言、信息缺乏的问题。由于过去的经验而恐惧或怀疑权力机构，缺乏基本生存手段问题等，往往使其不能达到法定时间要求。[②] 离开船舶或者脱团后，为了躲避搜索而一直藏匿，直至船舶离港前往下一港口或者所在团前往下一个城市或者回国后才自行向当局说明，只要藏匿时间不是不合理的，应被认为“毫不迟延”。

“自行”是指自愿和主动，非强迫。只有自愿和主动，才能免除其违反移民法的刑罚。如果是在自愿和主动前往当局的路上或者非因本人意志不得不放弃前往当局说明的行为，应被认为“自行”。

“当局”不限于非法入境地区的边检站、移民（出入境）部门和地方政府。由于非法入境寻求庇护者所处的困境，如果非法入境的难民成功抵达庇护国的首都或主要城市，并及时向首都或主要城市的非移民（出入境）部门说明，应被认为符合“当局”要求。

“正当原因”限于遭遇迫害或畏惧迫害的各种情况，并因寻求庇护者逃离时所处情形而有所区别。要证明有“正当原因”，非法入境难民不是要说明为什么选择了庇护国，而是要说明为什么非法入境或者出现在庇护国。由于知道已经签发了针对本人的驱逐和处罚决定因而逃离本国到其他国家寻求庇护，不是“正当原因”。每位寻求庇护者遭遇的迫害不尽相同，不能机械而要根据每位寻求庇护者的实际情况评定寻求庇护非法入境或者居留的原因是否正当。

---

① UNHCR. *Handbook and Guidelines on Procedures and Criteria for Determining Refugee Status Under the 1951 Convention and The 1967 Protocol Relating to the Status of Refugees*. Article 31. Reissued Geneva, December 2011.

② 凯特·雅斯特拉姆.玛丽莲·阿奇隆.难民保护：国际难民法指南[M]. 2004年修订版.联合国难民署.各国会议联盟. 95。

（四）进入或居留于该国领土的难民

“进入或居留于该国领土”是指已经在庇护国，不包括未入境。未入境难民没有违反庇护国的刑事法律，不会受到刑事处罚，也就谈不上不予以刑事处罚。“难民”不仅指难民，也指寻求庇护者，由于一部分寻求庇护者事实上是还未被承认的难民。难民不是因为被认可而成为难民，而是因为符合难民条件而是难民。瑞士代表团在讨论1951年《关于难民地位的公约》第31条时提出，许多难民单凭一己之力很难非法入境或居留，常常需要其他人的帮助，所以不惩罚原则不仅适用于非法入境或居留的难民，而且应适用于帮助难民非法入境或居留的人。1931年《瑞士外国人法》第23条第2款规定，不惩罚非法入境或居留的难民及其帮助者。1951年《关于难民地位的公约》通过时，没有采纳瑞士代表团的意见，只是将其意见放入会议记录，不惩罚原则限于非法入境或居留的难民，不包括帮助难民非法入境或居留的人。

三、对已经非法入境或居留的难民不得加以除必要以外的限制

（一）国家采取必要措施限制非法入境或居留的难民的行动

国际难民法允许国家采取限制非法入境或居留难民的行动的必要措施。1951年《关于难民地位的公约》第31条第2款规定:“缔约各国对上述难民的行动，不得加以除必要以外的限制，此项限制只能于难民在该国的地位正常化或难民获得另一国入境准许以前适用。缔约各国应给予上述难民一个合理的期间以及一切必要的便利，以便获得另一国入境的许可。”“此项限制只能于难民在该国的地位正常化或难民获得另一国入境准许以前适用”表明限制是临时的。理解1951年《关于难民地位的公约》第31条第2款离不开理解1951年《关于难民地位的公约》第26条和第9条。第26条规定:“缔约各国对合法在其领土内的难民，应给予选择其居住地和在其领土内自由行动的权利，但应受对一般外国人在同样情况下适用的规定的限制。”缔约国对外国人的限制适用于合法在其领土内的难民。根据第31条第2款采取的限制措施临时适用于非法在本国的难民，根据第26条采取的限制措施长期适用于合法在本国的难民。1951年《关于难民地位的公约》第31条第2款沿袭了第9条规定的临时限制。第9条规定:“本公约的任何规定并不妨碍一缔约国在战时或其他严重和特殊情况下对个别人在该缔约国断定该人确为难民以前，并且认为有必要为了国家安全的利益应对该人继续采取措施时，对他临时采取该国所认为其国家安全是迫切需要的措施。”

“地位正常化”是指难民申请被批准，取得永久居留资格。向寻求庇护者签发永久居留资格以外的其他居留文件不能认为是使其地位正常化。由于各国实施严格的难民政策，寻求庇护者获得难民永久居留资格越来越难，所以庇护国因而有了较大空间对已经非法入境和居留的寻求庇护者实施限制。

“限制措施”主要指拘留。联合国难民署根据1951年《关于难民地位的公约》第35条、1967年《关于难民地位公约的议定书》第2条，于1999年发布了《关于拘留寻求庇护者的标准和适用条件的指南》，并在2012年发布更新版《关于寻求庇护者的拘留和替代拘留的标准和适用条件的指南》，提出了尊重寻求庇护者权利，寻求庇护者享有人身自由、安全和自由迁徙等权利，拘留必须依法进行，拘留不能任意，拘留不能歧视，应规定居留最长期限，给予拘留决定或者延期拘留最低的程序保障，拘留待遇应人道化和有尊严，给予受酷刑者、儿童、妇女、被绑架者、残疾者、老人等特殊寻求庇护者群体特殊照顾，接受对拘留的独立的监督和检查等10项寻求庇护者的拘留和非拘留选择的标准和适用条件，并逐项详细说明。①

2003年1月，欧盟实施《欧盟安置寻求庇护者最低标准指令》（*Council Directive 2003/9/EC of 27 January 2003 Laying Down Minimum Standards for the Reception of Asylum Seekers*）（简称2003年《欧盟安置寻求庇护者指令》），保障寻求庇护者和难民与拘留有关的权益。确定了成员国向寻求庇护者提供待遇的最低标准。允许成员国限制寻求庇护者在境内居留和自由迁徙，成员国不能因为庇护申请需要审查这唯一的理由而对寻求庇护者进行拘留。寻求庇护者可以在接收国（安置国）的整个领域内或指定区域内自由迁徙，但这种区域限制不能影响寻求庇护者的生活以及依据《欧盟安置寻求庇护者指令》所享受的所有权利和利益。成员国有权依据公共利益、公共秩序理由或者给予加快进度、有效监督寻求庇护者的目的来决定寻求庇护者的居留。第7条还规定了扣留条款（confine an applicant to a particular place），扣留是指将寻求庇护者限制在特殊区域内不得自由迁徙。成员国有权以合法或公共秩序理由将寻求庇护者限制在特殊区域。在一定条件下，成员国可以作出允许寻求庇护者暂时离开居留地或者指定区域（并非扣留区域）的决定。决定应当是客观地、公正地而且根据具体情况作出，如果成员国不允许寻求庇护者暂时离开居留地或者指定区域，应当提供理由。②

（二）不拘留寻求庇护者是原则

在任何情况下，不应简单地因难民非法入境或在一国非法居留而拘留他们。1948年《世界人权宣言》承认人人有寻求庇护权，但在寻求庇护时，寻求庇护者经常是被迫到达或进入庇护国家，他们与常规移民不同，他们许多人不能获得合法的护照或签证。故在考虑对他们的行动自由的任何限制时应考虑到这一事实，并认识到许多寻求

---

① UNHCR. *Detention Guidelines: Guidelines on the Applicable Criteria and Standards Relating to the Detention of Asylum Seekers and Alternatives to Detention. 2012.*

② 2003年《欧盟安置寻求庇护者最低标准指令》第7条。

庇护者都经历过身体和心灵的创伤。

根据联合国1988年《保护所有遭受任何形式拘留或监禁的人的原则》用语部分，拘留是指除“因定罪以外被剥夺人身自由的任何人的状况”，与监禁“因定罪而被剥夺人身自由的任何人的状况”相对应。[①] 联合国人权理事会任意拘留问题工作组在2012年《关于习惯国际法中任意剥夺人身自由的定义和范围的第9号审议意见》中鲜明地提出：一切的剥夺人身自由均为拘留。[②] 任意拘留问题工作组是国际人权系统中被前人权委员会和人权理事会授命专门接受和审查任意剥夺人身自由案件的唯一机构。联合国难民署赞同联合国人权理事会及其任意拘留问题工作组关于“一切的剥夺人身自由均为拘留”的观点，在1999年《关于拘留寻求庇护者的标准和适用条件的指南》中提出，“（关于寻求庇护者）拘留是指将人控制于非常狭窄的地方或者区域，包括监狱、封闭式集中营、拘留场所或者机场转运区，实质性限制其迁徙自由，离开这些地方或者区域的唯一机会是离开该国”[③]。

（三）拘留寻求庇护者是例外

拘留寻求庇护者必须依据符合国际人权法的国内立法。只有在考虑到所有可能的替代方法后，才能拘留寻求庇护者。如果必须拘留，拘留应在最短时间内，以非歧视方式进行。拘留不应针对不遵守接待中心或难民营管理规定的难民、未来的寻求庇护者、纠缠的寻求庇护者，不应当作为对于非法进入或非法出现的难民的惩罚性措施。联合国难民署方案执行委员会《关于拘留难民和寻求庇护者决议》（第44号）规定，寻求庇护者只有在以下四种情况下才可以被拘留：（1）为核实身份，即身份可能未确定或有争议的情况；（2）为查明庇护申请所依据的内容，这意味着要为获得基本事实而进行初步询问，并不意味着整个地位确定过程中或无限制居留；（3）在寻求庇护者已销毁其旅行或身份证件，或使用欺骗性的证件来误导他们打算申请庇护的国家的权力机构时，权力机构必须证明寻求庇护者表现不诚实和想误导庇护国家权力机构或拒绝与之合作。由于无法取得任何证件的寻求庇护者不应当仅以此原因而被拘留；（4）为维护国家安全和公共秩序，这涉及到有证据表明寻求庇护者有犯罪前科或可能对国家安全或公共秩序构成威胁。作为贩卖或偷渡计划的一部分抵达的寻求庇护者一般不包括其中，并且不应当仅以此原因而被拘留，他们一般是犯罪活动的受害者，而不是

---

① 联合国大会1988年12月9日第43/173号决议通过。

② 哈吉·马利克·索乌.任意拘留问题工作组报告[R].人权理事会第二十二届会议议程项目三增进和保护所有人权——公民权利、政治权利、经济、社会和文化权利，包括发展权.2012年12月，第57段。

③ UNHCR.*UNHCR's Guidelines on the Applicable Criteria and Standards Relating to the Detention of Asylum Seekers. 2012.*

犯罪者。[①]

根据有关拘留方面的国际文件，属于以下五种情形之一的，可能会构成对寻求庇护者的任意行政拘留：

（1）非常规移民和寻求庇护者长期遭受行政拘留，且无法得到行政或司法复议或补救。[②]

（2）将非常规移民和寻求庇护者临时关押在车站、港口、机场或对其进行持续监视的任何其他设施内，包括未获承认的移民或寻求庇护者中心、港口或国际机场所谓的国际或过境区、收容中心或医院。[③]

（3）限制活动范围、对非常规移民和寻求庇护者的拘留、过境地区的拘留、边境管制检查点等专门针对国际移民拘留。

（4）整个案件表明并非必要，而行政拘留对非常规移民和寻求庇护者的行政拘留。[④]

（5）对非常规移民的过度刑事拘留，即使因为合法、后勤或以其他方面的理由而无法驱逐非常规移民，包括驱逐可能违反不推回原则或仅因找不到前往原籍国的交通工具。[⑤]

（四）向被拘留的寻求庇护者请提供必要的保障

拘留国应向被拘留者提供充分的保障，否则对寻求庇护者的行政拘留是任意拘留。为被拘留者提供的保障应包括以下五个方面：

（1）在入境时拘留外国人，以被拘留外国人理解的语言，至少在口头上告知他在拒绝其入境的性质、理由和措施，或者允许其在本国临时居住的情况。

（2）被拘留有可能通过电话、传真或者电子邮件等有效沟通媒介与律师、领事代表或亲属联系。

（3）自动或者迅速地将拘留的外国人交付法官或者有权、独立和公平的机构，并提供向法官和上述机构起诉的可能，使拘留决定受到法院、主管、独立和公平机构的

---

① 凯特·雅斯特拉姆，玛丽莲·阿奇隆.难民保护：国际难民法指南[M].2004年修订版.联合国难民署.各国会议联盟.94。

② 2012年联合国人权理事会任意拘留问题工作组《关于习惯国际法中任意剥夺自由的定义和范围的第9号审议意见》。

③ 联合国人权理事会任意拘留问题工作组提交经济及社会理事会的报告，E/CN.4/1998/44,第41段；工作组第16/2011号意见(中国)。联合国人权理事会任意拘留问题工作组第1、第4、第5和第7号意见。

④ 勒伊拉·泽鲁居伊.2008年任意拘留问题工作组报告[R]。人权理事会第七届会议议程项目3增进和保护所有人权——公民权利、政治权利、经济、社会和文化权利，包括发展权。2008年1月，第46段。

⑤ 联合国人权理事会任意拘留问题工作组在第45/2006号意见11中指出：因拘留期限过长，对一名因原籍国的安全问题无法驱逐出境的索马里公民的拘留是任意性的。该人已经被拘留四年半，在服满徒刑后受移民当局管辖。

审查。

（4）登记进入和离开拘留场所的外国人，并具体说明采取的相应措施及其理由。

（5）以被拘留外国人理解的语言，告知其被拘留期间的惩戒以及各种保障。[①]

（五）产生任意拘留寻求庇护者问题的主要原因和替代拘留方法

产生任意拘留寻求庇护者问题的主要原因是存在着不同的法律或者根本没有法律，或在实践中违反国家的移民（出入境管理）法或适用的国际人权法的规定。目前，各国没有建立或者完善任意拘留国际移民方面的法律主要表现为：

（1）一些国家在没有关于拘留国际移民的法律或者规定的情况下，拘留国际移民。即使存在着关于拘留国际移民的法律，但其规定各不相同。一些国家则完全没有管理移民和难民程序的法律。

（2）一些国家为了确定非常规移民的身份和驳回寻求庇护者申请，或者确保将他们驱逐回原籍国国家，允许以刑事和国家安全之外的原因拘留寻求庇护者和难民。

（3）一些国家将拘留作为遏止今后难民或移民流入的手段之一。

（4）一些国家以法律规定了拘留的最长限期但是没有严格执行，而其他一些国家则未规定这类限期。

（5）一些国家的法律规定拘留令须由法官下达，但大多数国家诉诸行政拘留。

（6）在有无审查拘留是否合法及是否可经常采用的可能性方面，程序保障的程度各不相同。在实践中，一些国家未制定允许剥夺人身自由的法律，错误地将移民拘留中心称为“过境中心”或“客店”，将“拘留”称为“扣留”。[②]

国际社会积极探索替代拘留寻求庇护者的方法。通常而言，一国政府部门从以下五个方面采取措施，确保拘留寻求庇护者只是例外和最后手段：（1）假定拘留是不必要的；（2）审查和评估个案；（3）评估社会环境，由社会安置取代拘留；（4）有条件地由社会安置替代拘留；（5）拘留是例外情况下的最终手段。有效地运用替代拘留寻求庇护者方法，可以削减拘留成本，提高寻求庇护者遵守有关法律和配合国际移民管理以及自愿回国和独立离境的可能性，减少错误拘留和错误诉讼，改善拥挤和长期拘留，尊重、保障和实现人权，促进一些地区的寻求庇护者社会融合，提高寻求庇护者

---

① 联合国人权委员会任意拘留问题工作组. 1998年任意拘留问题工作组报告[R]. 人权委员会第55届会议议程项目11（a）公民权利和政治权利酷刑和拘留问题. 1998年12月，第69段。1999年《任意拘留问题工作组第5号评议》（E/CN.4/2000/4, 附件二）。

② 勒伊拉·泽鲁居伊. 2008年任意拘留问题工作组报告[R]. 人权理事会第七届会议议程项目3增进和保护所有人权——公民权利、政治权利、经济、社会和文化权利，包括发展权. 2008年1月，第42和43段。

的健康和社会福利。[①]

（六）给予获得另一国入境许可的合理期间和必要便利

国家不接受和安置非法入境难民时，应给予其一个合理期间以及一切必要便利，以便获得另一国的入境许可。1951年《关于难民地位的公约》没有说明什么是合理期间和必要便利，原则上讲，各国应对之作对难民最有利解释。合理期间一般指难民获得第三国入境许可所需要的准备、提交入境申请和等候审理结果的时间。必要便利一般指难民获得第三国入境许可所需要的帮助和支持，例如与家人、朋友、联合国难民署、志愿组织等联系以获得相关的信息、材料和费用。

第六节　临时庇护原则

一、临时庇护原则的定义和基础

临时庇护原则是指对大规模涌入人员就地临时保护和安置的原则，基础是大规模人员涌入问题的人道性。大规模人员涌入给接收国带来巨大的经济和社会负担，严重影响接收国的社会秩序和国内安定。接收国为了维护本国利益和安全，通常将涌入的大规模人员遣返或推回，以摆脱他们给本国带来的负担，而不严格遵守和执行国际社会确认的不推回原则。[②] 在1977年的领土庇护会议上，土耳其曾建言：如果大规模人员涌入可能对缔约国安全造成严重危险，可以考虑不引用不推回原则。[③]

临时庇护是难民保护体系中的一种保护方案，具有独特的不可取代的法律地位。接收国在边境允许大规模人员进入不能被认为是自动的和持久性的解决大规模涌入问题。接收国在接受大规模涌入时，应明确声称此种涌入是临时性的，并向国际社会表明，接收国需要国际社会的援助。只要内乱、战争、环境恶化等恶劣情形依然存在，大规模人员涌入的情况就会发生，目前特定地区已发生的大规模人员涌入情况在一定程度上就会继续存在下去。

临时庇护得到了国际社会的认可。临时庇护首先见于1979年联合国难民署方案执行委员会在第15号《难民国际保护决议》，该《决议》指出：在大规模涌入中，寻求庇护者应该至少得到临时庇护，但是没有明确临时庇护的内容，这给大规模人员涌入和接受国都带来了不便。1980年，难民署执行委员会在第19号决议中，专门阐述了临时庇护的一些问题，例如不推回绝境原则、国家公平分摊原则等。1967年《领

① Sampson, R., Mitchell G. and Bowring, L. *There are Alternatives: A Handbook for Preventing Unnecessary Immigration Detention.* International Detention Coalition, 2011, 8-9, 62-63.

② Lauterpacht, Elihu and Bethlehem, Daniel. *The Scope and Content of the Principle of Non-refoulement: Opinion, 119.*

③ Goodwin-Gill, Guy S. *The Refugee in International Law*, Clarendon Press, 1996, 139-141.

土庇护宣言》第3条第2、3款规定："二. 唯有因国家安全之重大理由，或为保护人民，例如遇有多人大批涌入之情形时，始得对上述原则例外办理。三. 倘一国于任何案件中决定有理由对本条第一项所宣告之原则例外办理，该国应考虑能否于其所认为适当之条件下，以暂行庇护或其他方法予关系人以前往另一国之机会。"2011年，阿根廷开始向可能有其他国际保护需求的、未受承认的难民提供临时庇护，还向自然灾害受灾者发放人道主义签证。[①]

1969年非洲统一组织《关于非洲难民问题某些特定方面的公约》和1984年《卡塔赫纳宣言》都关注了大规模涌入人员问题。1984年《卡塔赫纳宣言》第3条指出：考虑到中美洲地区的大规模人员涌入情况，有必要考虑扩大难民定义。该《宣言》第16条指出：认识到美洲国家组织和联合国难民署关于通过国际合作项目解决难民问题的重要性，提议下一步重要关注中美洲、墨西哥和巴拿马大规模涌入人员引发的问题。尽管1951年《关于难民地位的公约》产生的原因主要是第二次世界大战之后产生的难民潮，但是1951年《关于难民地位的公约》并没有关于大规模涌入人员方面的规定。

二、大规模人员涌入的解决方案

在大规模涌入中，寻求庇护者应得到临时庇护。临时庇护是难民保护体系中的一种保护方式，具有独特的不可取代的法律地位。基于大规模人员涌入及其接收国面临的巨大困境以及国际社会解决大规模人员涌入问题的必要性，临时庇护是解决大规模人员涌入的比较适宜方式，它告知国际社会，临时庇护仅仅是临时性的，要求国际社会应当关注一个永久解决方案的产生。

临时庇护是一种短暂的接收，临时地给予大规模涌入人员庇护。临时庇护方便他们找到暂时的生存场所，生命安全得以保障，为永久解决方案的提出提供过渡的时间。临时庇护可以作为"难民急需得到保护"和"永久解决方案"之间的缓冲剂。在很多情况下，引起大规模涌入的原因如战争等等不知道会持续多久，也无法预料最终会有多少大规模人员涌入，接收国和国际社会在向大规模涌入人员提供临时庇护期间，寻找最终适合的解决方案。

大规模人员涌入面临着困境。在人员大规模涌入的情形下，庞大的处于困境的异国人员流动会给接受国带来巨大的困难和压力。当成千上万处于困境的异国人员涌入一国的时候，接受国会面临无法在短时间内提供充分的食物、衣物和住处的压力，国内资源因此急剧紧张。自2011年6月缅甸政府军与克钦族反政府武装之间的冲突爆发

① 2011年《联合国难民署高级专员的报告：关于国际保护的说明》第17段.A/AC.96/1098。

以来，已有约7.5万人被迫流离失所，其中有数千人流落到中国境内。[①] 联合国难民署敦促中国政府为因逃避战乱而前往中国的缅甸人提供临时庇护，并尊重他们的人道主义需求，不要将其遣送回一个安全和生计都可能受到威胁的环境之中。联合国难民署还进一步表示，该署为支持中国在局势稳定前向这些民众提供援助而随时待命。[②] 大部分难民在接受国的情况都非常困窘，他们是有条件地暂时居住和存在，不能得到充分融入当地社会中的机会。如果引起大规模涌入的国内冲突等情形不能很快结束，这种极度不适的生活继续持续下去只会导致人们无法忍受。因此，如果把这种暂时性的庇护作为持久性的解决大规模涌入问题的方案，从人道主义的角度来说，是不可取的。

接受大规模涌入人员的国家面临困境。一个国家很难接受将永久解决方案作为接受大规模涌入人员的义务。当情势发展到大规模涌入已经威胁到国家安全甚至世界和平与安全的时候，作为接受国，往往会考虑其他解决方法，如尽早遣返、其他地方安置等等，以摆脱压力。当处于大规模人员涌入来源国的形势、来自国际的压力等不允许接收国遣返大规模人员涌入时，例如可能违反不推回原则，接收国为了本国利益，会采取措施拒绝人员继续大规模涌入，或是在维护国家安全或是保护当地居民的借口下，威胁甚至付诸驱逐难民的行动。

相对于给予难民地位、就地安置和自愿遣返等永久解决难民问题方案来说，临时庇护是一个折中方案。当永久解决难民问题对于接收国是不可能完成的任务时，临时庇护不失为一种务实的机制。如果各国政府过分利用临时庇护机制，就会使已经很脆弱的难民地位更不稳定，因为临时庇护使得接收国可以不承担永久解决难民问题的责任，这是国际社会要尽力避免的。与单份申请难民地位相比，大规模涌入更为复杂和难以解决。与单个寻求庇护者最需要的是永久性保护不同，大规模人员涌入最需要的是尽快离开本国，进入另一国，得到一定程度的保护。所以，临时庇护对他们非常重要。

临时庇护离不开国际团结合作。接收国一国的力量能够保护单个寻求庇护者，但是保护大规模涌入人员，往往需要整个国际社会的合作。[③] 国际团结合作原则要求世界各国在难民的接纳、安置、援助、保护、难民事务开支的分摊以及消除和减少难民产生根源方面有责任加强团结与合作。难民是一群离开本国之后得不到本国保护的人，如果没有将保护他们的权利作为国际社会的共同法律义务确定下来的话，他们将十分悲惨。联合国难民署方案执行委员会在第19号决议中指出："因为地理原因面对

---

① 联合国难民署对中国遣返缅甸避难者表示关注[N].中国日报2012年9月9日。

② 联合国难民署对中国遣返缅甸避难者表示关注[N].中国日报2012年9月9日。

③ Riera, Jose and Achiron, Marilyn. *Agenda for Protection*. UNHCR. 2003. 57.

大规模涌入发生时，根据公平负担分摊原则应当得到国际社会的立即援助。”

三、大规模涌入人员中临时庇护者的法律地位

为了解决大规模人员涌入及其接收国的困境，需要给予大规模人员涌入临时庇护的法律地位，以便利难民离开本国和进入另一国，有国家愿意接受大规模涌入人员，国际社会等待机会寻找永久解决方案，否则很少有国家愿意承担巨大的永久安置的压力而接受大规模涌入人员。不推回原则和国际合作原则是临时庇护的法律基础，关于不推回原则的论述，见本书第四章国际难民法的权利基础第二节不被推回权。关于国际团结合作原则，见本章第三节国际团结合作原则。

1979年联合国难民署方案执行委员会在第15号难民国际保护决议中指出：在大规模涌入中，寻求庇护者应该至少得到临时庇护，但是没有明确临时庇护的内容，这给大规模人员涌入和接受国都带来了不便。1980年，联合国难民署方案执行委员会在第19号决议中，专门阐述了临时庇护的一些问题，例如不推回原则、国家公平分摊原则等。

少有国际文件明确具体针对临时庇护中难民地位或者国家的义务作出阐述和规定。对其较为集中的阐述出现在1981年联合国难民署难民国际保护小组委员会通过的第22号决议《大规模涌入中的寻求庇护者的保护》。它规定了16条国家应给予寻求庇护者的最低待遇标准。这些标准在永久解决方案悬而未决的时候予以适用。当在一段时间内，大规模涌入问题无任何进展时，这些临时庇护者地位应当被转变为公约难民地位或其他与难民状况相适应的其他法律保护。由于联合国难民署方案执行委员会的决议不具有拘束力，其与其他国际难民保护公约或文件之间的关系不十分明确，第22号决议《大规模涌入中的寻求庇护者的保护》不具有法律约束力。

1951年《关于难民地位的公约》和1967年《关于难民地位的议定书》不适用于大规模人员涌入。1951年《关于难民地位的公约》和1967年《关于难民地位的议定书》是国际难民保护的基石，其基础性地位不容动摇。各国普遍适用的个案甄别难民的方法不适用于大规模涌入人员，公约难民对主观因素的考察排除了集体审查基础上给予难民临时庇护保护的做法的合理性。

大规模涌入人员享有作为人的基本权利。1966年《公民权利和政治权利国际公约》第2条第一款规定：“本公约每一缔约国承担尊重和保证在其领域和受管辖的一切个人享有本公约所承认的权利，不分种族、肤色、性别、语言、宗教、政治或其见解，国籍或社会出身、财产、出生或其他身份等任何区别。”1966年《公民权利和政治权利国际公约》所规定的国家需以宪法程序以及其他必要步骤保证实现的权利，应当是临时庇护的难民保护体系中，难民在接受国应当享有的权利，特别是《公约》第4条规定的“在社会紧急状态或威胁到国家的生命”时仍然不得克减的义务，更是临时庇护

保护的最低限度，应当得到庇护国的尊重。这些权力是：生命权、人道主义待遇权、任何人不得使为奴隶，不得强迫劳动；不得仅因无力履行约定义务而被监禁的权利；不受有追溯法律的约束权；法律前的人格权；思想、良心和宗教自由。

其他公约或宣言等形式的国际文件也部分规定了临时庇护下难民应当享有的权利。1967年《领土庇护宣言》第3条第3款规定："倘一国于任何案件中决定有理由对本条第一项所宣告之原则例外办理，该国应考虑能否于其所认为适当之条件下，以暂时庇护或其他方法予关系人以前往另一国之机会。"临时庇护难民在适当情况下，至少可以享有"前往另一国之机会"，尽管这是一个极具限制性的条款。1984年《禁止酷刑和其他残忍、不人道或有辱人格的待遇或处罚公约》第2条规定，如果有充分理由相信回归者"有遭受酷刑危险"，则不得推回。

第七节　适当待遇原则

适当待遇原则是指赋予难民地位应在保障难民权益和维护国家利益之间保持平衡的原则。难民地位是指一国给予难民的权利和赋予的义务，尤其是权利，是外国人地位在难民问题上的具体化。难民是指被认定符合1951年《关于难民地位的公约》和《关于难民地位的议定书》难民定义的难民。难民在庇护国的地位是安置难民的基础，确定难民在庇护国的地位必须遵循适当难民待遇的原则。

一、适当待遇原则：从内容切入

根据待遇内容不同，可以将1951年《关于难民地位的公约》的难民待遇原则划分为国民待遇、可能国民待遇、低国民待遇、最惠国待遇、可能最惠国待遇、外国人一般待遇、专门待遇、可能专门待遇、参照待遇等九项原则。

（一）难民国民待遇原则

难民国民待遇原则是指一国给予在本国境内的难民与本国公民相同待遇的原则，又称难民相同待遇原则。根据1951年《关于难民地位的公约》，一国赋予难民宗教仪式和子女宗教教育、知识产权、向经常居住地国家法院提起诉讼、以工资受偿的雇佣的限制的免除、初等教育、公共救济、报酬和社会保障等10项权利时，应遵循国民待遇原则。

表5-4　适用于国民待遇原则的难民权利

序号	名称	对象	内容	出处
1	宗教仪式和子女宗教教育	在其领土内的难民	缔约各国对在其领土内的难民，关于举行宗教仪式的自由以及对其子女施加宗教教育的自由方面，应至少给予其本国国民所获得的待遇	第4条
2	知识产权（艺术权利和工业产权）	难民（在其经常居住的缔约国内）	关于工业财产的保护，例如对发明、设计或模型、商标、商品名称以及对文学、艺术和科学作品的权利，难民在其经常居住的国家内，应给予该国国民所享有的同样保护。	第14条前半段
3	向法院起诉	难民（在其经常居住的缔约国内）	难民在其经常居住的缔约国内，应向法院申诉的事项，包括诉讼救助和免予提供诉讼担保在内，应享有与本国国民相同的待遇。	第16条第2款
4	以工资受偿的雇佣的限制的免除	在难民地位公约对有关缔约国生效之日已免除此项措施的难民；或者具备下列条件之一的难民：(a) 已在该国居住满三年；(b) 其配偶具有居住国的国籍，但如难民已与其配偶离异，则不得援引本项规定的利益；(c) 其子女一人或数人具有居住国的国籍。	无论如何，对外国人施加的限制措施或者为了保护国内劳动力市场而对雇佣外国人施加限制的措施，均不适用。	第17条第2款
5	定额供应	难民	如果存在着定额供应制度，而这一制度是适用于一般居民并调整着缺销产品的总分配，难民应被给予本国国民所享有的同样待遇。	第20条
6	初等教育	难民	缔约各国给予难民凡本国国民在初等教育方面所享有的同样待遇。	第22条第1款
7	公共救济	难民（合法居住在领土内）	缔约各国对合法居住在其领土内的难民，就公共救济和援助方面，应给以凡其本国国民所享有的同样待遇。	第23条

续表

序号	名称	对象	内容	出处
8	报酬和社会保障	难民（合法居住在领土内）	缔约各国对合法居住在其领土内的难民，就下列各事项，应给以本国国民所享有的同样待遇：(1)报酬，包括家庭津贴——如此种津贴构成报酬一部分的话、工作时间、加班办法、假日工资、对带回家去工作的限制、雇佣最低年龄、学徒和训练，女工和童工、享受共同交涉的利益，如果这些事项由法律或规章规定，或者受行政当局管制的话；(2)社会保障（关于雇佣中受损害、职业病、生育、疾病、残疾、年老、死亡、失业、家庭负担或根据国家法律或规章包括在社会保障计划之内的任何其他事故的法律规定），但受以下规定的限制：(a)对维持即得权利和正在取得的权利可能作出适当安排；(b)居住地国的法律或规章可能对全部由公共基金支付利益或利益金的一部分或对不符合于为发给正常退职金所规定资助条件的人发给津贴，制订特别安排。 难民由于雇佣中所受损害或职业病死亡而获得的补偿权利，不因受益人居住地在缔约国领土以外而受影响。	第24条第1、2款
9	行使权利时给予行政协助	难民	除对贫苦的人可能给予特殊的待遇外，为行使权利难民提供行政协助服务时，可以征收费用，但此项费用应有限度，并应相当于为类似服务向本国国民征收的费用。	第25条第4款
10	平等缴纳税费	难民	缔约各国不得对难民征收其向本国国民在类似情况下征收以外的或较高于向其本国国民在类似情况下征收的任何类捐税或费用。	第29条第1款

注：出处是指1951年《关于难民地位的公约》。

（二）难民可能国民待遇原则

难民可能国民待遇原则是指一国有权利而不是有义务给予难民国民待遇，或者在难民符合一定条件时才给予其国民待遇的原则。1951年《关于难民地位的公约》在以工资受偿的雇佣的权利方面，要求缔约国给予国民待遇的同情考虑，在自雇，自由职业，动产和不动产的取得及与此有关的其他权利，房屋，初等教育以外的教育，特别是获得研究学术机会、承认外国学历、减免学费及奖学金等四个方面要求缔约国给予尽可能优惠的待遇。通常而言，对外国人最优惠待遇是国民待遇，将“尽可能优惠待遇”视同可能的国民待遇。

表5-5 适用于可能国民待遇原则的难民权利

序号	名称	对象	内容	出处
1	动产和不动产的取得及与此有关的其他权利	难民	缔约各国在动产和不动产的取得及与此有关的其他权利，以及关于动产和不动产的租赁和契约方面，应给予难民尽可能优惠的待遇。	第13条
2	以工资受偿被雇佣	难民	缔约各国对于使一切难民的权利相同于本国国民的权利方面，应给予同情的考虑，特别是对根据招工计划或移民入境法进入其领土的难民的此项权利。	第17条第3款
3	自雇	合法在其领土内的难民	缔约各国对合法在其领土内的难民，就其自己经营农业、工业、手工业、商业以及设立工商业公司方面，应给以尽可能优惠的待遇。	第18条
4	自由职业	合法居留于其领土内的难民	缔约各国对合法居留于其领土内的难民，凡持有该国主管当局所承认的文凭愿意从事自由职业者，应给以尽可能优惠的待遇。	第19条
5	住房	合法居留于其领土内的难民	缔约各国对合法居留于其领土内的难民，就房屋问题方面，如果该问题是由法律或规章调整或者受公共当局管制，应给以尽可能优惠的待遇，	第20条
6	初等教育以外的教育、特别是获得研究学术机会，承认外国学历、减免学费、奖学金	难民	缔约各国应初等教育以外的教育，特别是获得研究学术的机会，承认外国学校的证书、文凭和学位，减免学费以及发给奖学金方面，应对难民给以尽可能优惠的待遇，	第22条

注：出处是指1951年《关于难民地位的公约》。

1951年《关于难民地位的公约》第17条第3款规定：缔约国应同情地考虑，在以工资受偿雇佣方面，给予难民国民待遇，特别是对根据招工计划或移民法进入其领土的难民。换句话说，缔约国应尽可能不将劳动力市场测试、外国人工作职业清单、工作签证配额等保护本国公民就业权和限制外国人在本国就业的措施，适用于难民。

（三）难民低国民待遇原则

难民低国民待遇原则是指一国给予难民的待遇少于或者低于本国公民的待遇的原则，又称难民差别待遇原则。一国实行难民低国民待遇是为了保护国家利益和本国公民权益。难民低国民待遇包括难民低于庇护国公民的待遇及难民高于其他外国人但仍低于庇护国公民的待遇两种情况。

1. 难民低于庇护国公民的待遇

1951年《关于难民地位的公约》第42条第1款规定：“任何国家在签字、批准或加人时，可以对公约第一、三、四、十六（一）、三十三，以及三十六至四十六（包括首尾两条在内）各条以外的规定作出保留。”第一、三、四、十六（一）、三十三条分别指难民定义、不得歧视、宗教、向法院提起诉讼、禁止驱逐出境或送回（推回）等权利。第三十六至四十六条分别指国内立法、对以前公约的关系、争端的解决、签字批准和加入、领土适用条款、联邦条款、保留、生效、退出、修改、联合国秘书长的通知等公约程序性规定。保留意味着可以作出低于国民待遇的规定。所以，一国可以以保留的方式，就除难民定义、不得歧视、宗教、向法院提起诉讼、禁止驱逐出境或送回（推回）以外的难民权利，作出低国民待遇的规定。如果一国在批准1951年《关于难民地位的公约》时没有作出保留，则不能作出低国民待遇的规定。

2. 难民高于其他外国人但仍低于庇护国公民的待遇

1951年《关于难民地位的公约》第17条第2款规定：“无论如何，对外国人施加的限制措施或者为了保护国内劳动力市场而对雇佣外国人施加限制的措施，均不得适用于在本公约对有关缔约国生效之日已免除此项措施的难民，亦不适用于具备下列条件之一的难民：（a）已在该国居住满三年；（b）其配偶具有居住国的国籍，但如难民已与其配偶离异，则不得援引本项规定的利益；（c）其子女一人或数人具有居住国的国籍。”在以工资受偿的雇佣方面，难民享有比其他外国人更高的待遇。限制外国人在本国就业的措施，例如劳动力市场测试、外国人工作职业清单、工作签证配额等，不适用于自身或者配偶子女符合条件的难民。

（四）难民最惠国待遇原则

难民的最惠国待遇原则是指一国给予难民的待遇不低于它现在或将来给予任何第三国公民的待遇的原则，又称难民正常待遇原则。难民最惠国待遇不是单独给予一国难民特别优惠或者最优惠的待遇，而是给予该国难民的待遇不低于给予任何第三国公民的待遇，不论给予任何第三国公民的待遇是国民待遇、差别待遇，还是优惠待遇。1951年《关于难民地位的公约》在结社和以工资受偿的雇佣的权利等两个方面规定了最惠国待遇。

表5-6 适用于最惠国待遇原则的难民权利

序号	名称	对象	内容	出处
1	结社	难民（合法居住在领土内）	关于非政治性和非营利性的社团以及同业公会组织，缔约各国对合法居留在其领土内的难民，应给以一个外国的国民在同样情况下所享有的最优惠国待遇。	第15条
2	以工资受偿被雇佣	难民（合法居住在领土内）	缔约各国对合法在其领土内居留的难民，就从事工作以换取工资的权利方面，应给以在同样情况下一个外国国民所享有的最惠国待遇。	第17条第1款

注：出处是指1951年《关于难民地位的公约》。

（五）难民可能最惠国待遇原则

难民可能最惠国待遇原则是指一国有权利而不是有义务给予难民最惠国待遇的原则。1951年《关于难民地位的公约》第24条第4款规定："缔约各国对以缔约国和非缔约国之间随时可能生效的类似协定报酬和劳动保障所产生的利益尽量给予难民一事，将予以同情的考虑。"缔约国可以就与任何非缔约国签署生效的报酬和劳动保障的国际文件产生的利益，给予或者不给予难民。如果给予难民，任何非缔约国公民获得的报酬和劳动保障方面的利益，难民也会随之获得，享有最惠国待遇。

（五）难民外国人一般待遇原则

难民外国人一般待遇原则是指一国给予难民的待遇不得低于在同样情况下给予一般外国人待遇的原则。1951年《关于难民地位的公约》在由于个人身份而取得的权利，动产和不动产，以工资受偿的雇佣的限制，自营职业，自由职业，房屋，初等教育以外的教育特别是学术研究、承认外国学历、减免学费以及发给奖学金，国际条约涉及的社会保障，迁徙自由，以及发放难民行政文件包括旅行证件的费用等十个方面规定了难民的不得低于在同样情况下给予外国人一般待遇。外国人一般待遇通常指针对外国人普遍给予的待遇，不是根据特别的国际文件和国内法律给予的待遇。至于外国人一般待遇的内容和标准，因国家及其签署的国际文件和实施的国内法律而定。

表5-7 适用于外国人一般待遇原则的难民权利

序号	名称	对象	内容	出处
1	个人身份适用法律	难民	难民以前由于个人身份而取得的权利，特别是关于婚姻的权利，应受到缔约一国的尊重，如必要时应遵守该国法律所要求的仪式，但以如果他不是难民该有关的权利亦被该国法律承认者为限。	第12条第2款
2	动产和不动产	难民	缔约各国在动产和不动产的取得及与此相关的其他权利，以及关于动产和不动产的租赁和契约方面，应给予难民尽可能优惠的待遇，无论如何，此项待遇不得低于在同样情况下给予一般外国人的待遇。	第13条

续表

序号	名称	对象	内容	出处
3	以工资受偿被雇佣	难民	无论如何，对外国人施加的限制措施或者为了保护国内劳动力市场而对雇佣外国人施加限制的措施，均不得适用于在本公约对有关缔约国生效之日已免除此项措施的难民，亦不适用于具备下列条件之一的难民：(a) 已在该国居住满三年；(b) 其配偶具有居住国的国籍，但如难民已与其配偶离异，则不得援引本项规定的利益；(c) 其子女一人或数人具有居住国的国籍。	第17条第2款
4	自雇	合法居留于其领土内的难民	缔约各国对合法居留于其领土内的难民，就其自己经营农业、工业、手工业、商业以及设立工商业公司方面，应给以尽可能优惠的待遇，无论如何，此项待遇不低于一般外国人在同样情况下所享有的待遇。	第18条
5	自由职业	合法居留于其领土内的难民	缔约各国对合法居留其领土内的难民，凡持有该国主管当局所承认的文凭愿意从事自由职业者，应给以尽可能优惠的待遇，无论如何，此项待遇不得低于一般外国人在同样情况下所享有的待遇。	第19条第1款
6	住房	合法居留于其领土内的难民	缔约各国对合法居留于其领土内的难民，就房屋问题方面，如果该问题是由法律或规章调整或者受公共当局管制，应给以尽可能优惠的待遇，无论如何，此项待遇不得低于一般外国人在同样情况下所享有的待遇。	第21条
7	初等教育以外的教育、学术研究、承认外国学历	难民	缔约各国对初等教育以外的教育，特别是获得学术研究的机会，承认外国学校的证书、文凭和学位、减免学费以及发给奖学金方面，应对难民给以尽可能优惠的待遇，无论如何，此项待遇不得低于一般外国人在同样情况下所享有的待遇。	第22条第2款
8	国际条约涉及的社会保障	难民	缔约各国之间所缔结或在将来可能缔结的协定，凡涉及社会保障既得权利或正在取得的权利，缔约各国应以此项协定所产生的利益给予难民，但以符合对有关协定各签字国国民适用的条件者为限。	第24条第3款
9	境内居住和迁徙自由	合法在其领土内的难民	缔约各国对合法在其领土内的难民，应给予选择其居住地和在其领土内自由行动的权利，但应受对一般外国人在同样情况下适用的规定的限制。	第26条

续表

序号	名称	对象	内容	出处
10	发放难民行政文件包括旅行证件的费用	难民	（一）缔约各国不得对难民征收其向本国国民在类似情况下征收以外的，或较高于向其本国国民在类似情况下征收的任何种类捐税或费用。 （二）前款规定并不妨碍对难民适用关于向外国人发给行政文件包括旅行证件在内的法律和规章。	第29条

注：出处是指1951年《关于难民地位的公约》。

（七）难民专门待遇原则

难民专门待遇原则是指一国专门给予难民但是不给予本国公民和其他外国人的待遇的原则。由于难民专门待遇只适用于难民，例如难民身份证件，不适用庇护国公民和其他外国人，所以不能归类于以本国国民待遇为基准的国民待遇、低国民待遇、超国民待遇，或以外国人待遇为基准的最惠国待遇或者互惠待遇。1951年《关于难民地位的公约》在个人身份适用法律、给予行政协助、难民身份证件、为在领土内居留的难民签发难民国际旅行证件、认可以前签发的国际旅行证件、转移携入的资产来重新定居国、不被处罚、获得另一国入境许可的合理期间和必要便利、驱逐出境、禁止驱逐出境或送回（推回）等十个方面作出原则性规定，缔约国应保障难民的权利。而这些权利的具体内容交由缔约国国内法作出具体性规定。例如，1951年《关于难民地位的公约》第28条规定：缔约各国对合法在其领土内居留的难民，除因国家安全或公共秩序的重大原因应另作考虑外，应发给旅行证件、以凭在其领土以外旅行。难民国际旅行证件具有外国人签证性质，不适用于本国公民和其他外国人，虽然必须签发，但是如何签发应由一国国内法作出规定。

表5-8 适用于专门待遇原则的难民权利

序号	名称	对象	内容	出处
1	个人身份适用法律	难民	难民的个人身份，应受其所住地国家的法律支配，如无住所，则受其居住地国家的法律支配。	第12条第1款
2	给予行政协助	难民	（一）如果难民行使一项权利时正常地需要一个对他不能援助的外国当局的协助，则难民居留地的缔约国应安排由该国自己当局或由一个国际当局给予此项协助。 （二）第一款所述当局应将正常地应由难民的本国当局或通过其本国当局给予外国人的文件或证明书给予难民，或者使这种文件或证明书在其监督下给予难民。 （三）如此发给的文件或证书应代替由难民的本国当局或通过其本国当局发给难民的正式文件，并应在没有相反证据的情况下给予证明的效力。	第25条第（1）、（2）、（3）款
3	获得身份证件	不持有有效旅行证件的任何难民	缔约各国对在其领土内不持有有效旅行证件的任何难民，应发给身份证件。	第27条
4	为在领土内居留的难民签发难民国际旅行证件	合法在其领土内居留的难民	缔约各国对合法在其领土内居留的难民，除因国家安全或公共秩序的重大原因应另作考虑外，应发给旅行证件，以凭在其领土以外旅行。	第28条第1款
5	认可以前签发的国际旅行证件	难民	根据以前国际协定由此项协定缔约各方发给难民的旅行证件，缔约各方应予承认，并应当作根据1951年《关于难民地位的公约》第28条发给的国际旅行证件同样看待。	第28条第2款
6	资产转移	携入资产的难民	缔约国应在符合其法律和规章的情况下，准许难民将其携入该国领土内的资产，移转到难民为重新定居目的而已被准许入境的另一国家。	第30条第1款
7	不被处罚	直接来自生命或自由受到迫害威胁的领土未经许可而进入或逗留于本国领土的难民	缔约各国对于直接来自生命或自由受到第一条迫害威胁的领土未经许可而进入或逗留于该国领土的难民，不得因该难民的非法入境或逗留而加以刑罚，但以该难民毫不迟延地自行投向当局说明其非法入境或逗留的正当原因者为限。	第31条第1款

续表

序号	名称	对象	内容	出处
8	获得另一国入境许可的合理期间和必要便利	直接来自生命或自由受到迫害威胁的领土未经许可而进入或逗留于本国领土的难民	缔约各国应给予直接来自生命或自由受到迫害威胁的领土未经许可而进入或逗留于本国领土的难民，一个合理的期间以及一切必要的便利，以便获得另一国入境的许可。	第31条第2款
9	驱逐出境程序抗辩	难民	（一）缔约各国除因国家安全或公共秩序理由外，不得将合法在其领土内的难民驱逐出境。 （二）驱逐难民出境只能以按照合法程序作出的判决为根据。除因国家安全的重大理由要求另作考虑外，应准许难民提出有利于其自己的证据，向由主管当局特别指定的人员申诉或者为此目的的委托代表向上述当局或人员申诉。 （三）缔约各国应给予上述难民一个合理的期间，以便取得合法进入另一国家的许可。缔约各国保留在这期间内适用它们所认为必要的内部措施的权利。	第32条
10	禁止驱逐出境或送回(推回)	难民	（一）任何缔约国不得以任何方式将难民驱逐或送回("推回")至其生命或自由因为他的种族、宗教、国籍、参加某一社会团体或具有某种政治见解而受威胁的领土边界。 （二）但如有正当理由认为难民足以危害所在国的安全，或者难民已被确定判决认为犯过特别严重罪行从而构成对该国社会的危险，则该难民不得要求本条规定的利益。	第33条

注：出处是指1951年《关于难民地位的公约》。

（八）难民可能专门待遇原则

难民可能专门待遇原则是指一国有权利而不是有义务专门给予难民但是不给予本国公民和其他外国人的待遇的原则。1951年《关于难民地位的公约》规定，缔约国在为不能向其合法居住地国家取得旅行证件的难民签发国际旅行证件、转移不论在何地方的并在另一国重新定居所需的财产和入籍便利等三个方面，应同情地考虑难民或者特别尽力为难民办理。

表5-9 适用于可能专门待遇的难民权利

序号	名称	对象	内容	出处
1	为不能向其合法居住地国家取得旅行证件的难民签发国际旅行证件	在领土内而不能向其合法居住地国家取得旅行证件的难民	缔约各国特别对于在其领土内而不能向其合法居住地国家取得旅行证件的难民发给上述旅行证件一事，应给予同情的考虑。	第28条第1款
2	转移不论在何地方的并在另一国重新定居所需的财产	获得另一国家入境许可的难民	如果难民申请移转不论在何地方的并在另一国家重新定居所需要的财产，而且该另一国家已准其入境，则缔约国对其申请应给予同情的考虑。	第30条第2款
3	入籍便利	难民	缔约各国应尽可能便利难民的入籍和同化。它们应特别尽力加速办理入籍程序，并尽可能减低此项程序的费用。	第34条

注：出处是指1951年《关于难民地位的公约》。

（九）难民参照待遇原则

难民参照待遇原则是指一国将参照难民经常居住国公民享有的待遇给予没有在本国经常居住的难民相应待遇的原则。难民待遇常常是针对在本国经常居住的难民，对于没有在本国经常居住的难民，则要参照难民经常居住国公民享有的待遇。1951年《关于难民地位的公约》在向法院起诉的事项，包括诉讼救助和免予提供诉讼担保，以及知识产权保护等两个方面规定了难民的参照待遇。

1951年《关于难民地位的公约》第16条第3款规定："难民在其经常居住的国家以外的其他国家内，就第（二）款所述事项，应给以他经常居住国家的国民所享有的待遇。""第（二）款所述事项"是指"向法院起诉的事项，包括诉讼救助和免予提供诉讼担保"。在诉讼救助和免予提供诉讼担保等向法院起诉的事项方面，难民在其经常居住国家以外的其他国家时，享有其经常居住国家的国民所享有待遇。

1951年《关于难民地位的公约》第14条规定：关于工业财产的保护，例如对发明、设计或模型、商标、商品名称以及对文学、艺术和科学作品的权利，难民在任何其他缔约国领土内，应给以他经常居住国家的国民所享有的同样保护。也就是说，在向法院起诉的事项，包括诉讼救助和免予提供诉讼担保，以及工业产业保护方面，一国给予不在本国经常居住的难民的待遇，与给予该难民经常居住国公民的待遇相同。

二、适当待遇原则：从基础切入

根据待遇基础不同，可以将1951年《关于难民地位的公约》的难民待遇原则划分为必须给予难民外国人一般待遇、从有利难民角度考虑给予难民待遇、可以给予难民公约规定以外的权利和利益、居住三年后免除立法相互条件要求、继续给予难民无需在相互条件下已经有权享受的权利和利益、免除适用外国人的特殊措施、可以对未被认定为难民者采取措施、难民对居住国负责等八项原则。

（一）必须给予难民外国人一般待遇原则

必须给予难民外国人一般待遇（accord to refugees the same treatment as is accorded to aliens generally）原则是指一国应给予难民外国人一般待遇，不以其本国是否给予难民庇护国公民同等待遇为条件，不因难民身份而给予其与其他外国人有所区别，除非难民公约规定的待遇对难民更为有利的原则。1951年《关于难民地位的公约》第7条第1款规定："（一）除本公约载有更有利的规定外，缔约国应给予难民一般外国人所获得的待遇。"该款的目的是保证难民获得适用于所有外国人的权利和利益，价值是在公约规定的权利之外的非公民一般权利上的合作。外国人包括难民、技术移民、投资移民、留学生、旅游者、劳工、非法移民等群体，每类外国人群体在居住国享有居留和工作权等方面的各自待遇，同时共享生命和财产保护等外国人一般待遇。外国人一般待遇是包括难民在内的外国人享有的最基本待遇，必要时可以通过其本国获得保护。难民作为外国人群体的一个重要组成部分，享有外国人一般待遇，一国不得取消或者改变。

（二）从有利难民角度考虑给予难民权利和待遇原则

从有利难民角度考虑给予难民待遇（consider favourably the possibility of according to refugees）原则是指难民庇护国从有利难民角度考虑，给予难民在居住三年后免除立法相互条件要求，以及继续给予难民无需在相互条件下已经有权享受的权利和利益以外的权利和利益，以及给予不满足免除立法相互条件以及继续给予难民无需在相互条件下已经有权享受的权利和利益的要求的难民，免除相互条件的可能性。1951年《关于难民地位的公约》第7条第4款规定："（四）缔约各国对无需在相互条件下给予难民根据第（二）、（三）两款他们有权享受以外的权利和利益，以及对不具备第（二）（三）两款所规定条件的难民亦免除相互条件的可能性，应给予有利的考虑。"此款规定不是结果性义务，是努力性义务，要求难民庇护国对难民有利待遇应该高度认真对待和切实努力争取。难民庇护国应该从有利于难民的角度考虑，除居住三年后免除立法相互条件要求，和继续给予难民无需在相互条件下已经有权享受的权利和利益以外的权利和利益，以及免除难民不具备免除相互条件要求的可能性。

（三）可以给予难民公约规定以外的权利和利益原则

可以给予难民公约规定以外的权利和利益原则（rights granted apart from this

Convention）是指难民庇护国可以自愿地以给予难民1951年《关于难民地位的公约》规定之外的权利和利益的原则。难民可以享有超出1951年《关于难民地位的公约》规定的权利和利益。1951年《关于难民地位的公约》第五条（本公约以外的权利）规定："本公约任何规定不得认为妨碍一个缔约国并非由于本公约而给予难民的权利和利益"。1951年《关于难民地位的公约》规定的难民待遇是缔约国必须给予所有难民的待遇，而不是缔约国给予难民的所有待遇。就超出公约规定的所有难民待遇以外的其他待遇而言，一国可以根据难民群体的特征予以区别。缔约国给予本国难民超出公约规定的所有难民待遇以外的其他待遇，可以是根据本国国内法，也可以是根据国际文件。缔约国必须是自愿而不是被强迫给予难民1951年《关于难民地位的公约》规定之外的权利或利益。

（四）居住三年后免除立法相互条件要求原则

居住三年后免除立法相互条件要求（exemption from legislative reciprocity）原则是指一国给予难民的待遇，不得以难民本国立法是否给予本国公民同等待遇为条件，除非难民在本国居住未满三年。1951年《关于难民地位的公约》第7条第2款规定："（二）一切难民在居住期间三年以后，应在缔约各国领土内享受立法上相互条件的免除"。立法相互条件，虽然有利于保护难民庇护国利益，使其公民能够在难民本国得到相应保护，但是也可能使正在被迫害的难民处于由于无法享受有关待遇而处于更悲惨境地。"居留满三年"是平衡适用和免除立法相互条件的产物，试图既保护难民庇护国的利益又保护难民的利益。居住满三年是立法相互条件免除的前提，否则，如果难民本国立法没有给予庇护难民国公民待遇，那么该国立法可以不给予难民相应的待遇。1964年《奥地利行医法》第3条第3款规定：居住在奥地利满三年的难民在奥地利行医免除相互条件的要求。

不要求难民居住期间是连续居住。1951年《关于难民地位的公约》第7条第2款没有界定难民在庇护国的居住时间。第10条规定了继续居住："（一）难民如在第二次世界大战前被强制放逐并迁徙至缔约一国的领土并在其内居住，这种强制居留时期应被认为在该领土内合法居住期间以内。（二）难民如在第二次世界大战时被强制逐出缔约一国的领土，而在本公约生效之日以前返回该国准备定居，则在强制放逐以前和以后的居住时间，为了符合于继续居住这一要求的任何目的，应被认为是一个未经中断的期间。"难民短暂地到其他国家居住，返回难民庇护国后，累计居住满三年，可以主张立法相互条件免除。难民迁徙到其他国家居住满三年，则可以在该国主张立法相互条件免除。

居住三年后免除立法相互条件要求原则适用于动产和不动产、自营职业、自由职业、房屋和公共教育方面的权利和利益，以及1951年《关于难民地位的公约》未规定的权利和利益。1951年《关于难民地位的公约》第7条第5款规定："第（二）、（三）两款的规定对本公约第十三、十八、十九、二十一和二十二条所指权利和利益，以及本公约并未规定的权利和利益，均予适用。"

（五）继续给予难民无需在相互条件下已经有权享受的权利和利益原则

继续给予难民无需在相互条件下已经有权享受的权利和利益（continue to accord to refugees the rights and benefits to which they were already entitled）原则是指一国在1951年《关于难民地位的公约》对其生效前已经给予难民无需相互条件的权利和利益，应该继续给予难民。1951年《关于难民地位的公约》第7条第3款规定："缔约各国应继续给予难民在本公约该国生效之日他们无需在相互条件下已经有权享受的权利和利益。"此款目的是保证难民享受权利和利益的延续性和稳定性，不因1951年《关于难民地位的公约》的生效而缩减。为了实现该款目的，应对"权利和利益"作广义解释。该公约于1954年4月22日生效，1982年12月23日对中国生效，对中国的生效时间已经30年。我国在1982年12月23日以前已经给予难民无需相互条件的权利和利益，在1982年12月23日以后应该继续给予难民。

继续给予难民无需在相互条件下已经有权享受的权利和利益原则适用于动产和不动产、自营职业、自由职业、房屋和公共教育方面的权利和利益，以及1951年《关于难民地位的公约》未规定的权利和利益。1951年《关于难民地位的公约》第7条第5款规定："第（二）、（三）两款的规定对本公约第十三、十八、十九、二十一和二十二条所指权利和利益，以及本公约并未规定的权利和利益，均予适用。"

（六）免除适用外国人特殊措施原则

免除适用外国人特殊措施（exemption from exceptional measures）原则是指难民庇护国不得将其对一个外国公民的人身、财产或利益所得采取的特殊措施适用于难民的原则。1951年《关于难民地位的公约》第8条规定："关于对一外国国民的人身、财产或利益所得采取的特殊措施，缔约各国不得对形式上为该外国国民的难民仅仅因其所属国籍而对其适用此项措施。缔约各国如根据其国内法不能适用本条所表示的一般原则，应在适当情况下，对此项难民给予免除的优惠。"

该条前半段是保护难民权利和利益，要求难民庇护国不得将针对某外国公民的人身、财产或利益所得采取的特殊措施，适用于具有该外国国籍的难民。1949年《关于战时保护平民之日内瓦公约》第44条规定："适用本公约内提及之管制措施，居留国不得将事实上不受政府保护的难民仅依其法律上之敌国国籍而以敌侨待遇之。"

该条后半段是保护难民庇护国利益，允许难民庇护国在适当情况下，不对难民免除适用针对其国籍国国民采取的特殊措施。难民庇护国享有主权管辖外国人，可对外国公民的人身、财产或利益所得采取特殊措施。2012年《中华人民共和国出境入境管理法》第44条规定："根据维护国家安全、公共安全的需要，公安机关、国家安全机关可以限制外国人、外国机构在某些地区设立居住或者办公场所；对已经设立的，可以限期迁离。"1951年《关于难民地位的公约》没有规定何为"适当情况"。从该《公约》竭力保证难民可以最广泛地行使基本权利和自由的宗旨来看，难民庇护国应该努力将针对外国人的人身、财产或利益所得采取的特殊措施，免除适用于具有该国国籍的难民。

（七）可以对未被认定为难民者采取措施原则

可以对寻求庇护者采取措施（provisional measures）原则是指一国为了国家安全利益，可以在特殊情况下针对未被认定为难民者采取措施。1951年《关于难民地位的公约》第9条规定："本公约的任何规定并不妨碍一缔约国在战时或其他严重和特殊情况下对个别人在该缔约国断定该人确为难民以前，并且认为有必要为了国家安全的利益应对该人继续采取措施时，对他临时采取该国所认为其国家安全是迫切需要的措施。"对未被认定为难民者采取措施需要同时满足以下六个条件：在战时或其他严重的特殊情况下；在被认定为难民以前；有必要；为了国家安全的利益；国家安全迫切需要；对个别人。1993年《德国庇护程序法》（2007年修订）第53条第1款规定："通常应向提出庇护申请并且不必或者不在居住于接收中心的外国人提供集体膳宿。在此背景下，应考虑公共利益和外国人利益。"

（八）难民对居住国负责原则

难民对居住国负责（general obligations）原则是指难民作为外国人的一部分，应该尊重居住国的属地管辖权，和其他外国人一样，遵守居住国的法律和规章以及为维持公共秩序而采取的措施，就自己在庇护国的一切行为，对庇护国承担责任，没有任何例外和特权。难民庇护国确定难民待遇除遵守以上八项原则外，可以要求难民对本国负责，承担一定的义务。1951年《关于难民地位的公约》第2条（一般义务）规定："一切难民对其所在国负有责任，此项责任特别要求他们遵守该国的法律和规章以及为维持公共秩序而采取的措施。"法律、规章和措施是指每一部有效的，尤其是与难民有关的法律、规章和措施，不论其内容如何。

第六章
难民甄别标准

难民甄别是指由政府机关或联合国难民署作出审查，确定一个已提交难民地位申请或者以其他的方式表达他（或她）需要国际保护意愿的人，是否确实是难民。[①] 明晰难民甄别的标准是保护难民的开始和建设难民法制的起点。1951年《关于难民地位的公约》和1967年《关于难民地位的议定书》没有规定难民甄别的具体标准。联合国难民署1979年颁布、1992年重编和2011年重印了《难民地位甄别程序与标准手册：根据1951年〈关于难民地位的公约〉和1967年〈关于难民地位的议定书〉》(*Handbook on Procedures and Criteria for Determining Refugee Status under the 1951 Convention and the 1967 Protocol relating to the Status of Refugees*)。该《手册》的内容是难民甄别的最低国际标准，也向进行难民甄别的联合国难民署工作人员，以及各国政府、执业律师、决策者和司法部门提供了难民甄别标准方面的国际法解释。[②] 研究难民甄别的标准，有利于理解国际社会关于难民甄别的要求，并有助于有效保护难民和制定最适合本国的甄别标准。

第一节　自然人

根据1951年《关于难民地位的公约》第1条第1款，要被甄别为难民，须符合以下五个要件：(1)自然人；(2)留在其本国或以前经常居住国家以外；(3)不能或不愿受本国保护的人，不能或不愿返回经常居住国；(4)这些不能或者不愿意是因为有正当理由的畏惧被迫害；(5)畏惧被迫害是由于种族、宗教、国籍、属于某一社会团体或具有某种政治见解。第1、2、5项是客观要件，第3、4项是主观要件。对第1条第1款难民定义的解释，应基于自由和人道主义精神，根据1951年《关于难民地位的公约》的宗旨和目的，依据其原意。[③]

---

① Refugee Status Determination - Identifying Who is a Refugee, UNHCR, 1 September 2005.

② 各国的法律传统、资源和环境都存在差异，1951年《关于难民地位的公约》要求难民甄别决定要基于个案情况而作出，各国根据1951年《关于难民地位的公约》、1967年《关于难民地位的议定书》、联合国难民署1979年《难民地位甄别程序与标准手册》等国际文件，制定各自的难民甄别标准。

③ 联合国难民署2013年第4号《关于国际保护的指导方针》第2段。

被甄别为难民的必须是自然人。难民应该是平民，一个在庇护国继续从事针对其本国的武装行动的人不能被视为难民。难民可以是罪犯。一个受到刑事犯罪指控的人，不管是否被判决有罪，可能因为政治原因或者其他原因受到迫害而因此成为难民。[①] 如果一个人拥有多国的国籍，即便他受到国籍国之一的迫害，还可以寻求另外国籍国的保护，因此一般不承认拥有多国国籍的人为难民。难民可以是逃避服兵役者。在由于宗教信仰理由拒绝服兵役的选择未获尊重，或正在发生的冲突明显地触犯了国际准则的情况下，如果以当局可能归咎于他们的政治见解为由畏惧受迫害的逃避兵役者，可以合法地获得难民地位。

难民是自然人决定了难民甄别是个别甄别。大规模人员涌入的时候，要个别甄别他们每一个人是否为难民，是不可能，也是不现实的。如果大规模人员逃难显示该群体的成员都可以被认定为难民时，庇护国采取初步甄别或集体甄别才是有意义的。这样可以在获得“永久解决方案”之前，没有给予逃难人员难民地位的情况下，通过临时保护的方式向其提供基本保护和援助。临时庇护通常是指对大规模涌入人员的就地临时保护和安置。在实践中，多存在于一国初步甄别大规模涌入人员为难民的情况下。该国有时候会向这些被初步甄别为难民的涌入人员提供土地，用作建造新的居住区、耕作或者其他从事其他经济活动。临时保护不适用于已被正式认定的难民。

在甄别难民时，需要整体评估寻求庇护者的情况。必须对寻求庇护者的人格、背景和个人经历有一个全面的把握，对本国历史、地理和文化等方面的具体情况有一种切实的分析和最新的了解。对寻求庇护者作为妇女、男人、某国人的一般性概括没有什么作用，而且采取这种做法，容易导致忽视甄别难民需要把握的寻求庇护者的具体重要特点。

第二节　留在其本国或以前经常居住国家以外

通常情况下，一个人只要在他本国领土内，就得不到国际保护。国际社会普遍不承认域外庇护，国际社会对难民的保护不得侵犯其本国的属地管辖权。“留在其本国之外”针对的是拥有国籍的寻求庇护者。大多数情况下，寻求庇护者保留着本国国籍。“身处经常居住国之外”是针对无国籍人士。此语境下的“国籍”是指一个人有某个国家的国民或公民的法律资格。实践中有时可能会出现不能确定寻求庇护者是否拥有迫害国国籍的情况，例如，当事人不知拥有何国国籍、不具有所声称的国籍，或

① 凯特·雅斯特拉姆.玛丽莲·阿奇隆.难民保护：国际难民法指南[M].2004年修订版.联合国难民署.各国会议联盟.49。

当事人是无国籍人，此时要考虑其最近经常居住国是否对其实施了迫害。[①] 无国籍人成为难民的前提是因受到迫害或畏惧迫害而离开最近经常居住国。[②]

寻求庇护者声称的“有正当理由的畏惧”必须与本国有关联。如果寻求庇护者并非畏惧本国对其施加的迫害，而是畏惧其他国家对其实施迫害，没有必要寻求庇护，也不可能成为难民。[③] 此时他最应该作的是寻求本国的保护，例如请求本国提供领事保护或者外交保护。如果一个人拥有多国的国籍，即便他受到本国之一的迫害，还可以寻求其他本国的保护。在审查具有双重或多重国籍的难民地位申请个案时，必须区分法律意义上的国籍和实际存在的国籍。如果一个人受到了实际本国的迫害，他在申请难民地位时就必须身处该国之外，还要证明其拥有的法律意义上的本国不会提供保护。在这种情况下，即使寻求庇护者拥有一国国籍，并对该国并无畏惧，但这种国籍或许不起作用，因为它并不包含通常给予国民的保护。在这种情况下，拥有多个国籍与要求难民保护并不矛盾。一般来说，只有当提出保护的要求遭受拒绝后，方能断定某个国籍不起作用。如果对保护未予明确拒绝，但在一定时间内不予答复，则可视为拒绝。[④]

寻求庇护者必须身处本国或经常居住国之外不是要求寻求庇护者一定非法逃离出国，也不是要求寻求庇护者一定是因畏惧迫害而出国。寻求庇护者有可能先在国外居留了一段时期之后再向所在国当局申请难民地位。外交官、留学生、外派劳工、战犯等长期驻留外国的人，在居留国外期间，国内发生了重大事变会导致其因畏惧迫害而不能回国。[⑤] 联合国难民署把离开本国时不是难民，到外国之后才成为难民的人称做“当地难民”(Sur Place Refugee)[⑥]。一个身处国外的人有可能因为自己的行为而成为“当地难民”，例如，同已经取得难民地位的人形成联盟或在外国向其本国发布了本人的政治立场，有可能因为这样的行为而畏惧回国之后受到迫害。[⑦]

---

① UNHCR. *Handbook on Procedures and Criteria for Determining Refugee Status Under the 1951 Convention and the 1967 Protocol Relating to the Status of Refugees*, December 2011, para. 89.

② Ibid., para. 102.

③ Ibid., para. 90.

④ 联合国难民署编.甄别难民地位的程序与标准手册（中文本）.1995.6。

⑤ UNHCR. *Handbook on Procedures and Criteria for Determining Refugee Status Under the 1951 Convention and the 1967 Protocol Relating to the Status of Refugees*, December 2011, para. 95.

⑥ Ibid., para. 94.

⑦ Ibid., para. 96.

第三节 不能或不愿受本国保护的人，不能或不愿返回经常居住国

难民通常都是失去本国保护的人。凡是具有一国国籍的人，都有权要求当局向其提供保护。尤其是当一国公民在国外受到外国迫害时，本国应对其履行保护的义务。[①] 本国应允许身处国外的本国公民返回本国。[②] 如果本国不仅不履行保护国民的义务，反而对其实施了种族、宗教、国籍、特殊团体和政治异见原因等方面的迫害，一国国民就有可能不能或不愿接受本国保护。[③]

"不能接受本国保护" 意味着寻求庇护者本人主观上希望本国能够帮助他脱离困境，但是客观情况不允许。寻求庇护者或许曾经向本国当局提出过保护的要求，但是当局拒绝提供或无力提供保护。例如，当局拒绝承认该国颁发的护照、拒绝护照延期或拒绝寻求庇护者入境，都属于1951年《关于难民地位的公约》上的拒绝保护。[④] 本国政府当局拒绝提供保护的客观情况，往往会加剧寻求庇护者的畏惧。

"不愿接受本国保护" 表明寻求庇护者的主观态度是拒绝接受本国保护。寻求庇护者拒绝接受本国保护，是因为 "有正当理由畏惧" 本国可能对其施加的迫害。如果一个人愿意接受本国保护，就表明其不具备 "有正当理由的畏惧"。如果本国能够提供有效保护且寻求庇护者没有正当理由拒绝该保护，寻求庇护者就不可能获得国际保护，也不具备难民地位。对于具有双重或多重国籍的人，如果没有正当理由证明可能遭受本国之一的迫害，不得拒绝该本国的保护，也不认为其缺乏本国的保护。双重或多重国籍的人至少能取得一个国家保护的情况下，国内保护应当优先于国际保护。[⑤]

"不能或不愿返回经常居住国" 针对无国籍人，将有国籍人的 "本国" 替换成了 "经常居住国"。因为经常居住国有义务保护无国籍人，公约将 "不能或不愿接受本国保护" 替换成 "不能或不愿返回经常居住国"[⑥]。一个无国籍人不必然有难民地位，无国籍人成为难民的前提同样是畏惧源于种族、宗教、国籍、属于某一社会团体或具有某种政治见解等方面的迫害。实施迫害的主体必须是 "以前经常居住国家"。无国籍

---

① 领事保护主要是协助当事人维护自己权益，起到帮助受害人用尽当地救济的作用，并不是代替个人主张其权利。外交保护和国际人权组织救济，是对当地救济和领事保护的重要补充。外交保护是国家的权利，个人无权要求国家进行外交保护。刘国福.中国公民境外权益法律救济手段探析[J]。外交评论2010(3): 143。

② 刘国福.移民法：出入境权研究[M].中国经济出版社.2006. 1。

③ UNHCR. *Handbook on Procedures and Criteria for Determining Refugee Status Under the 1951 Convention and the 1967 Protocol Relating to the Status of Refugees*, December 2011, para. 97.

④ Ibid., para. 99.

⑤ 联合国难民署编.甄别难民地位的程序与标准手册（中文版）[C]. 1995. 26。

⑥ UNHCR. *Handbook on Procedures and Criteria for Determining Refugee Status Under the 1951 Convention and the 1967 Protocol Relating to the Status of Refugees*, December 2011, para. 101.

人可能有多个“经常居住国”，只需其中一个可能对其施加迫害即可满足1951年《关于难民地位的公约》标准，并不要求所有的经常居住国都对其施加迫害。[①]

第四节　有正当理由的畏惧迫害

一、有正当理由的畏惧迫害的定义

不能或不愿受本国保护，不能或不愿返回经常居住国的人，必须有正当理由的畏惧迫害。“有正当理由的畏惧迫害”(well founded fear) 是指个人对于已经发生的侵害、迫害或者即将来临的侵害、迫害，在思想上或心理上存有畏惧，[②] 不能是出于个人的假想或虚构。现实生活中有多种原因可能造成一个人被迫离开本国，但是在1951年《关于难民地位的公约》的语境下，仅“有正当理由的畏惧迫害”被迫离开本国是获取难民地位的核心条件。[③] 判定有正当理由的畏惧迫害是否存在，需要从主观和客观两方面进行考虑。逃避饥荒、自然灾害等原因不是获取难民地位的相关理由，在认定难民地位时不会被纳入考虑范围，除非这些原因与畏惧迫害发生混合。

二、畏惧的主观性

“畏惧”具有主观性。畏惧迫害是受害人的一种主观心理活动，判断一项行为是否构成迫害，要考虑寻求庇护者的意见和主观感受。一国当局在确认难民地位时，要考虑寻求庇护者的陈述。难民在日常生活中很少接触和使用“畏惧迫害”和“迫害”等术语。尽管难民往往能对他本人遭受的苦难有明确的认识，但可能不会使用这些法律性、政治性的词描述他的经历和受到的迫害。难民在陈述自己的困难经历时很少能援引1951年《关于难民地位的公约》中的“正当理由的畏惧”和“迫害”等术语，它们往往隐含在难民讲述的事实中。[④] 当书面证据不足以证明畏惧的真实情况时，就需要同可信度调查结合在一起进行判断。如果发现当事人的言行同其自称的畏惧不匹配，难民审理官员需要对寻求庇护者的诚信度进行调查，确定寻求庇护者所称导致畏惧的事实是否可信。

判断是否具有主观畏惧与评估寻求庇护者的个性是分不开的，因为不同个体对同等程度刺激产生的反应各不相同。一个人的性格、背景、社会影响力、财富多寡、个性的坦率程度，都可能会证明其是否具有诚信的品质，以及所持有的主观畏惧是否具

---

① UNHCR. *Handbook on Procedures and Criteria for Determining Refugee Status Under the 1951 Convention and the 1967 Protocol Relating to the Status of Refugees*, December 2011, para. 101.

② Ibid., para. 45.

③ Ibid., para. 39.

④ Ibid., para. 46.

有“正当理由”[①]。一个人可能有强烈的政治或宗教信念，这使他的心理产生更极端的反应；另一个人可能没有这种强烈的信念，对同等刺激的反应就相对漠然。一个人可能会因为一时冲动而决定逃跑，另一个则可能对逃跑进行一番精心策划。[②] 难民审理官员通常会考虑寻求庇护者的个人经历、家庭背景、种族、宗教、国家、社会或政治团体以及本人对自己处境的解释等，即一切可能有助于证明其申请动机的要素。这些要素共同的作用是证明其是否诚信，主观畏惧是否合乎情理。[③] 在有些情况下，虽然寻求庇护者描述的历史事件确实是真实的，但是寻求庇护者本人并未产生畏惧情绪。对于某些看似夸张的畏惧，如果其他情形能证明夸张情绪是“有正当理由的”，也可以将其视为合理的。[④]

畏惧迫害不要求个人受到了实际的迫害，只要求确实存在使个人有受到迫害的现实可能。1951年《关于难民地位的公约》中的难民定义未要求当事人所称迫害已经达到相当程度或已经实际发生，只要有正当理由畏惧受到迫害，即使迫害对某一特定的当事人尚未发生，也并不影响他寻求并获得难民地位。[⑤]

三、畏惧的客观性

“有正当理由的”表明，认定个人难民地位时不能只考虑个人的主观想法，还要考虑本国国内客观情势，体现了主观因素和客观因素的结合。一国当局在确定难民地位时必须将寻求庇护者的陈述放在本国国内情势中进行考虑，而不能只听寻求庇护者的陈述。寻求庇护者本国的国内客观情势是评估寻求庇护者陈述内容可信度的重要依据。一般来讲，如果寻求庇护者可以在合理程度内证明以他本国情势及自身情况继续停留或返回国内，可能会受到1951年《关于难民地位的公约》列举原因的迫害，可以认定寻求庇护者的主观畏惧是“有正当理由的”。[⑥] 如果以往发生的迫害已经涉及到他的朋友、亲戚、同一种族或社会团体的其他成员，寻求庇护者就有足够的“正当理由”相信迫害迟早会发生在他本人身上。如果申请者的家人和亲戚都没有受到迫害或骚扰，就表明在一定程度上申请者本人也是安全的。

---

① UNHCR. *Handbook on Procedures and Criteria for Determining Refugee Status Under the 1951 Convention and the 1967 Protocol Relating to the Status of Refugees*, December 2011, para. 43.

② Ibid., para. 40.

③ Ibid., para. 41.

④ Ibid., para. 41.

⑤ 王铁崖.国际法.法律出版社. 1995. 89-90。

⑥ UNHCR. *Handbook on Procedures and Criteria for Determining Refugee Status Under the 1951 Convention and the 1967 Protocol Relating to the Status of Refugees*, December 2011, para. 42.

（一）本国国内情势

评估寻求庇护者可能受迫害的风险，必须放到本国国内情势中进行判断。当客观证据已经清楚表明正常人都会在当时产生畏惧时，除非寻求庇护者是异于常人的勇敢或是愚钝，否则都会产生畏惧的情绪，庇护当局此时无需过分考虑寻求庇护者的主观方面。难民审理官员不能擅自运用庇护国国内的标准审视相关事实。加拿大移民上诉委员会认为："民主社会通常靠和平手段维持社会秩序，生活在民主社会的人很难理解当权者会直接或间接地骚扰本国公民。我们必须避免将主观意志强加到庇护的审查工作中，而是应当充分尊重本国国内的客观情势"。① 寻求庇护者本国的相关法律规定特别是法律的适用方式，同判断本国国内的客观情势密切相关。②

寻求庇护者的畏惧来源于本国的迫害，但是1951年《关于难民地位的公约》不要求其在全国所有地方都可能受到迫害。③ 例如，当国内发生严重种族冲突或全面内战时，可能只有国内部分区域会对特殊种族和民族的人实施迫害，而另外一部分国土内则不会实施这样的迫害。难民审理官员不能因为寻求庇护者没有向国内安全区域寻求帮助而拒绝给予难民地位，因为这在一般情况属于对寻求庇护者不合情理的要求。④ 联合国难民署2013年发布第4号《关于国际保护的指导方针》，解释1951年《关于难民地位的公约》和1967年《关于难民地位的议定书》第1条语境的"境内逃离"（internal flight or relocation alternative）。第4号《关于国际保护的指导方针》第13段规定：有明显证据证明，迫害当局在实际管制区域内实施迫害，全国性政府不能有效管理被迫害区域，可以考虑境内逃离的可能性。

（二）发生过的事件

发生过的事件对未来事件具有普遍性的借鉴意义，曾发生在寻求庇护者身上的事件是一项判断未来迫害风险的重要因素。澳大利亚高级法院认为："未来是不可预知的，但是我们通常可以评估未来事件的发生概率。发生过的事件虽不能直接决定未来会发生什么，但是多方面的生活经验都表明，发生过的事件是判断未来事件发生概率高低的有效依据。发生过的事件发生过程中涉及的要件和时机被人们总结成了规律，可以根据规律判断未来事件的发生概率。根据这些规律还可以判断，什么因素的介入将会导致未来事件不再发生。"⑤

---

① James C. Hathaway, *The Rights of Refugees Under International Law*, Cambridge University Press, 20051.

② UNHCR. *Handbook on Procedures and Criteria for Determining Refugee Status Under the 1951 Convention and the 1967 Protocol Relating to the Status of Refugees*, December 2011, para. 43.

③ Ibid., para. 91.

④ Ibid., para. 104.

⑤ High Court of Australia, *Minister for Immigration Ethnic Affairs v. Guo*, 144 ALR 567, 1997.

（三）发生过的迫害

发生过的迫害可以独立证明未来再次发生迫害的风险。发生过的迫害是证明寻求庇护者将来还可能受到迫害的最佳证据，足以证明未来迫害危险的存在。除非本国发生了实质性的变化，否则可以认为同样的政权还会继续实施同样的迫害……总之，即便不能认为寻求庇护者曾受过迫害，就必须认定其“有正当理由的畏惧迫害”，但是仅凭发生过的迫害的事实就足以证明再次受迫害风险的存在。[①]2004年《欧盟关于第三国公民或无国籍人作为难民或需要国际保护人员的资格和地位以及给予保护的最低标准的指令》（*Minimum Standards for the Qualification and Status of Third Country Nationals or Stateless Persons as Refugees or as Persons who Otherwise Need International Protection and the Content of the Protection Granted*）（简称2004年《欧盟难民保护指令》）第4.4条规定：如果寻求庇护者曾受迫害、严重侵害或曾被威胁迫害或严重侵害，可以据此认定寻求庇护者具备“有正当理由畏惧迫害”或存在遭受严重侵害的危险。除非有合理理由确定这样的迫害或严重侵害不会再次发生。

如果寻求庇护者确实曾在本国因1951年《关于难民地位的公约》规定的五个原因之一受过迫害，而本国的情形至今仍没有发生实质性改变，发生过的迫害能够直接决定未来再次发生迫害的风险。难民审理官员需判断本国是否已发生改变，并且通常需要主动寻找发生改变的证据。寻求庇护者本国国内表面上的改变没有任何价值，改变的力度必须达到能够彻底解决导致难民逃难的问题的程度。需要结合寻求庇护者的苦难经历来分析本国的改变能否符合公约的要求。[②] 联合国难民署方案执行委员会第69号决议（1992年）规定：本国国内情势的变化应是根本性和长久性的变化，该国人民因为国内变化不再需要国际保护。

（四）逃离

寻求庇护者在短时间内成功躲避迫害不能说明他将来仍旧是安全的，不能作为不存在客观风险的证据。难民审理官员不能混淆“客观畏惧”与“面临危险时刻的勇气和镇定”。寻求庇护者一直停留在本国直到情况最危险时刻的事实，不能说明他继续停留仍是安全的，不能认定缺失受迫害的危险。[③] 新西兰难民地位上诉机构认为：寻求庇护者短暂逃避迫害并不能排除日后受迫害的可能，要将重点放到迫害者的态度上；“上诉人竭尽全力再加上好运气才暂时逃避了警察的追踪。不能因此断言上诉人

---

① Hathaway, James. C. *The Law of Refugee Status*, Butterworths, 1991,8.

② De Monigny J in the Federal Court of Canada in *Christopher v. Canada Minister of Citizenship and Immigration*, 2005 FC 730, 20 May, 2005.

③ Judge Pregerson in *Canales-Vargas v. Gonzales*, US 9th Circuit Court of Appeals, Case No. 03-71737.

在未来不会再受迫害，重点是警察是否还在继续追查上诉人”[①]。

（五）持有护照

拥有本国颁发的有效护照不是获取难民地位的障碍。[②] 寻求庇护者持有本国颁发的有效护照，不能证明发证当局不打算迫害寻求庇护者，也不能证明希望得到本国保护以及他本人对迫害并非真心畏惧。本国有时会向不受当局欢迎的国民颁发护照，以确保他离开本国。有时，护照甚至还可能是通过秘密途径获取的。很多寻求庇护者的经历表明，持有护照通过合法途径出国是他们逃生的唯一方式。他们在办理护照时所持的政治观点可能并未被当局知晓，一旦为当局所知同样有受迫害的危险。[③] 一旦确认了难民地位，难民通常不应该保留本国颁发的有效护照。如果寻求庇护者口头上宣称不能或不愿接受本国的保护，却毫无理由地坚持保留本国颁发的有效护照，可能会被认为该寻求庇护者对迫害的“畏惧”不具有“正当理由”。

四、畏惧与迫害原因的因果关系

畏惧必须是“由于”种族、宗教、国籍、属于某一社会团体或具有某种政治见解“的原因”。要证明受迫害的畏惧确属正当，必须把畏惧与公约中所列的一个或多个原因联系起来。1951年《关于难民地位的公约》中所列的原因必须是一个相关的起促成作用的因素，虽然它不必被证明是唯一的或主要的原因。在许多国家，必须明确地建立起畏惧与迫害的因果关系，而在另一些国家，因果关系不作为一个单独的问题进行分析，而是纳入难民定义的整体分析。在许多难民地位申请中，审理者感到困难的问题可能不是确定可以适用的原因，而主要是确定畏惧与迫害原因的因果关系。国家或非国家迫害行为人把公约中所列的原因强加给寻求庇护者足以建立起所需要的因果关系。

如果受到法人、丈夫、伴侣或其他非国家行为人迫害危险与1951年《关于难民地位的公约》所列原因没有关系，但是国家由于1951年《关于难民地位的公约》所列的某一原因不能或不愿意提供保护，也可以确定存在畏惧与迫害原因的因果关系。如果受到非国家行为人迫害与1951年《关于难民地位的公约》所列原因中有关系，可以确定存在畏惧与迫害原因的因果关系，无论缺乏国家保护是否可以与1951年《关于难民地位的公约》联系起来。

---

① New Zealand Refugee Status Appeals Authority in Appeal No. 135/92, Re RS, 27 August 1991.

② UNHCR. *Handbook on Procedures and Criteria for Determining Refugee Status Under the 1951 Convention and the 1967 Protocol Relating to the Status of Refugees*, December 2011, para. 48.

③ Ibid., para. 47.

第五节 迫害的构成要件

“迫害”是1951年《关于难民地位的公约》难民定义中的核心术语，是产生“有正当理由畏惧”的根源。该《公约》没有明确说明何种行为构成公约意义上的迫害，需要从迫害的主体、受迫害者的主观方面、迫害的客体、迫害的客观方面予以探究。

一、迫害的主体

迫害的主体通常是一个国家的当局，包括：中央政府、地方政府及其分支机构；控制政府或实际控制某块领土的组织和机构。国家行为主要包括国家行政行为和国家司法行为两种。国家行政行为是指国家行政管理机关运用法律、规定、政策进行的社会管理，这往往涉及到限制部分人的某些自由或者有时甚至会伴有施行强制措施。当国家行政行为基于特定原因（种族、宗教、国籍、属于某一社会团体或具有某种政治见解）以歧视性的方式施行，并造成了足够严重的后果，使得受到迫害者产生合理的畏惧不愿返回该国，就构成迫害。一般来说，仅仅针对一个或几个群体的行为不能被认定为迫害，除非该项措施所追求的目的是被国际社会所谴责、或被认为是明显不当的；或者该项措施被滥用导致特定群体受到歧视或不公正待遇。对于针对个人的行政措施，当该项措施对公民的基本人权构成有目的的、严重的、持续的侵害时，往往被成员国认定为迫害。不能仅由于国家司法行为限制当事人的权利而认定其是迫害。当国家司法行为存在歧视性或故意违反刑法规定对申请人进行处罚，该歧视性司法的后果足够严重，有足够的理由使申请人畏惧返回该国，才可构成迫害。还要考虑刑事处罚的性质，刑事处罚轻重与犯罪行为是否相适应，本国的法律体系是否完善和人权保护程度，以及对刑法的违反是否是故意等因素。①

在某些特殊情况下非国家当局也能构成迫害主体，例如个人、群体实施迫害，当局知情而容忍这些行为，或者当局拒绝、无力或不愿阻止、提供有效保护。如果一国的多数人对少数人实施了严重歧视性行为或其他攻击性行动，而当局拒绝提供或无力为少数人提供有效保护，此时多数人对少数人的歧视或攻击就构成迫害。守法的宗教群体可能对其他宗教信仰者实施宗教迫害。② 从被害人角度来说，不管谁进行迫害，不管迫害者是国家当局还是当局之外的其他力量，结果没有本质上的区别，都会体现为物质与精神上的巨大损失。在 Regina v. Secretary of State For The Home

① 王森.欧盟难民保护制度研究[D]. 2011届中国政法大学国际法专业硕士学位论文，10-11.

② UNHCR. *Handbook on Procedures and Criteria for Determining Refugee Status Under the 1951 Convention and the 1967 Protocol Relating to the Status of Refugees*, December 2011, para. 65.

Department, Ex Parte Adan & Regina v. Secretary of State For The Home Department Ex Parte Aitseguer 的判例中，英国上议院（House of Lords）确认了第三人行为构成“迫害”的可能性。在前一份申请中，申请人 Adan 声称由于自己属于少数族派成员受到了迫害，当时在索马里并不存在有效的政权，英国上议院仍承认她具有难民地位。在后一份申请中，申请人 Aitseguer 声称自己受到了伊斯兰武装组织（Groupe Islamique Armé）的迫害。阿尔及利亚政府对此没有采取支持的态度，由于其明知存在的情形而无法提供任何实质上的保护，英国上议院支持 Aitseguer 的难民地位申请。该案判决指出：“在受到来自本国的迫害后，任何人都有获得难民保护的权利。无论该迫害的存在是由于本国缺少有效政府，抑或是得到了政府的鼓励或默许……在本案中，缺少有效政府控制的索马里以及无法提供必要保护的阿尔及利亚，在本质上都没有区别，即无法救济申请人所受的迫害。此时，该申请人有权获得难民保护。”①

2004年《欧盟难民保护指令》第2条采用了1951年《关于难民地位的公约》的难民定义，但是通过第9条迫害行为和第6—8条迫害主体，承认了非国家迫害和性别迫害，将迫害源自国家政府扩展至控制国家或者国家大部分领域的政党或组织，以及非国家政党、组织或个人，将迫害是由于种族、宗教、国籍、属于某一社会团体或具有某种政治见解扩展至由于性别，事实上扩大了难民的适用范围。2004年《德国移民法》第60条第1款援用了这些规定。

2004年《欧盟难民保护指令》对迫害或严重危害行为主体（actors of persecution or serious harm）作了扩大性规定。迫害行为或者严重危害可以源自：（a）国家；（b）控制国家或者国家部分领域的政党或者组织；（c）非国家主体，如果（a）和（b）规定的主体不能或者不愿提供排除迫害的保护。该《指令》第8条规定：如果寻求庇护者来源国的部分领域不存在迫害畏惧或者严重伤害的真实危险，而且寻求庇护者能够在该领域居住，则成员国有权据此决定寻求庇护者无需国际保护。也就说，在缺少国家保护的情况下，如果非国家主体例如私人实体得到国家授权，其迫害行为可以被认为是难民法意义上的迫害行为。②

二、受迫害者的主观方面

任何对寻求庇护者已经造成的实际迫害或可能造成迫害的危险，都必须参照当事人的主观意见、感受进行判断。每个人的心理素质不同、每个案件的客观情况不同，对迫害的解释随着个案具体情况的不同而有所变化。2004年《欧盟难民保护指令》

---

① *Regina v. Secretary of State For The Home Department, Ex Parte Adan; Regina v. Secretary of State For The Home Department Ex Parte Aitseguer*. UK House of Lords. Judgements of 19 December 2000. Opinion of Lord Steyn.

② 2004年《欧盟关于第三国公民或无国籍人作为难民或需要国际保护人员的资格和地位以及给予保护的最低标准的指令》第6条。

第4.1条规定：应以人为本进行评估是否给予国际保护，尤其要考虑……寻求庇护者个人的地位和个性等多方面的因素，包括个人背景、性别和年龄等。在全盘考虑这些主观因素的基础上，判断发生在当事人身上的行为是否构成迫害或者严重伤害。

三、迫害的客体

迫害行为侵犯的客体是人的生命、自由以及其他方面的基本人权。凡是对人的生命和自由造成侵害或威胁的行为，以及酷刑和其他残忍、不人道、或有辱人格的待遇或处罚，都构成国际难民法上的迫害。联合国难民署认为：在难民保护中的迫害是指基本人权由于种族、宗教、国籍、属于某一社会团体或具有某种政治见解的原因而遭受严重伤害的行为。[①] 国际移民组织认为：难民保护中的迫害是指因种族、宗教、国籍、属于某一社会团体或具有某种政治见解而危及难民的生命或自由的行为。[②] 联合国难民署确认了三类可能遭受“迫害”的人权：第一类，1948年《世界人权宣言》和1966年《公民权利和政治权利国际公约》规定的禁止缔约国作出任何减损的根本权利。例如，生命权、禁止奴役及禁止酷刑和非人道或有辱人格的待遇或处罚等权利。第二类，1948年《世界人权宣言》和1966年《公民权利和政治权利国际公约》规定的在适当情形下允许缔约国减损的权利，例如免遭武断逮捕和拘留、思想自由、言论自由及其他政治权利。第三类是1948年《世界人权宣言》和1966年《经济、社会和文化权利国际公约》规定的经济和社会权利，例如受教育权和谋生权。[③]

任何情况下侵犯第一类权利和绝大多数的第二类权利都会构成迫害，1951年《关于难民地位的公约》第33条特别针对的是第一类权利和第二类权利。侵犯第三类权利，例如侵犯谋生的权利，一般不能单独构成迫害。但如果是长期性、系统性侵犯经济社会权利，对当事人造成了严重的损害后果，也有可能构成迫害。歧视性地禁止从事工作，会切断当事人的生活经济来源，导致其难以在社会上立足，[④] 显现出来的歧视性足以构成迫害。寻求庇护者以经济、社会权利受迫害为由申请庇护容易和纯粹的经济移民发生混淆。庇护审查当局很难严格区分是为了逃避经济方面的迫害还是为了寻找更舒适的生活方式[⑤]。有的人表面上看起来是因经济原因离开原本国，实际上却是因为种族、宗教或政治观点或属于特定团体的原因被当局者限制了发展经济的能

① 凯特·雅斯特拉姆.玛丽莲·阿奇隆.难民保护：国际难民法指南[M]. 2004年修订版.联合国难民署.各国会议联盟.15。

② International Organization for Migration. *International Migration Law Glossary On Migration*, International Organization for Migration Publisher, 2004, p. 47.

③ Battjes, Hemme. *European Asylum Law and International Law*, Martinus Nijhoff Publishers, Leiden/Boston, 2006, pp. 231-232.

④ Symes, Mark, Jorro, Peter and Berry, Adrian. *Asylum Law and Practice*, Bloomsbery Professional Press, 2010 1.

⑤ Ibid, 2010 2.

力。如果这些隐藏政治目的的经济措施造成了特殊人群在国内无法在经济上立足，这些受害者据此在外国可以寻求庇护。① 歧视性分配教育资源，可能在未来就业时造成不公平的待遇。侵犯教育权，将耽误他人一生最好的学习时机。对未成年人采取歧视性的教育方式，严重背离了国际社会所接受的共同标准，构成了1951年《关于难民地位的公约》上的迫害。②

四、迫害的客观方面

（一）迫害的多样性

1. 欧盟关于迫害表现形式的规定

1951年《关于难民地位的公约》没有关于迫害表现形式的规定。2004年《欧盟难民保护指令》对迫害行为（acts of persecution）和严重危害行为（serious harm）作了扩大性规定。迫害行为必须是：（1）由于足够严重性或重复性构成侵犯基本人权，特别是减损《1950年欧洲人权公约》第15条第2款规定的权利；（2）多种行为的累积，包括足以影响个人的与上述规定类似的侵犯个人基本人权行为。第9条第2款规定：迫害行为可以以如下方式存在：（1）肉体或者精神的暴力行为，包括性暴力；（2）法律、行政、警察、司法方面措施本身存在歧视或者执行这些措施时有歧视；（3）不适当或者歧视性的迫害或者处罚；（4）不给予受不适当或者歧视性的迫害或者处罚者司法救济；（5）因为服兵役会导致犯战争罪等行为而拒绝服兵役，由此受到的迫害或者处罚；（6）特别针对性别或者儿童实施的行为（acts of a gender-specific or child-specific nature）。③ 严重危害行为包括：（1）死刑；（2）在申请人来源国的酷刑、不人道或者有辱人格的待遇或处罚；（3）在国际或者国内武装冲突中的不加区别的暴力对平民的生命和生活构成严重的个别的危险。④

2004年《欧盟难民保护指令》第9条第2款规定了迫害的表现形式：符合定义要求的迫害行为包括但不限于以下几种：（a）对他人身体或心理的伤害行为，包括性侵犯；（b）不公正的立法、司法、行政或警察措施，或者上述措施本身合法，实施方式不公正；（c）量刑不当或不公平的起诉或惩罚行为；（d）错判错罚却拒绝给予司法赔

① UNHCR. *Handbook on Procedures and Criteria for Determining Refugee Status Under the 1951 Convention and the 1967 Protocol Relating to the Status of Refugees*, December 2011, para. 63.

② Joint Judgment of High Court of Australia in *Chen Shi Hai v Minister for Immigration and Multicultural Affair*, 170 ALR 553, 2000.

③ 2004年《欧盟关于第三国公民或无国籍人作为难民或需要国际保护人员的资格和地位以及给予保护的最低标准的指令》第9条第1款。

④ 2004年《欧盟关于第三国公民或无国籍人作为难民或需要国际保护人员的资格和地位以及给予保护的最低标准的指令》第15条。

偿；(e) 因拒绝执行军事命令而受审或受罚，该军事命令中包含严重犯罪的指令；(f) 特别针对性别或特别针对未成年人的行为。

欧盟通过描述具体的考虑因素以及各成员国和欧盟案例法的补充，来确定甄别难民的标准。欧盟在实践中主要从质和量两方面认定迫害行为：程度足够严重（be sufficiently serious），或持续性地侵害人权（accumulation of various measures）。各成员国倾向针对侵犯1950年《欧洲人权公约》第15条第2款所规定的不可克减的基本人权（例如生命权、健康权、自由权等）这一情形赋予受迫害人难民地位；或者由于其他情形根据案件事实，能够认定申请人受到的迫害使其确实无法在本国继续生活。①

2. 身体伤害

身体伤害是难民所遭受的迫害行为中最常见的一种表现形式，但并非所有的身体伤害都是迫害。除非非常凶残或伤势非常严重，偶发性的殴打一般不是迫害。但受害人若可能面临再次遭受殴打的危险，就有可能被认定为受到了迫害。② 不仅考虑被害人身体上受到的伤害，而且要分析由此对被害人造成的畏惧、心理痛苦以及内心的自卑等。因为宗教仪式或习俗传统而对人身体造成的严重伤害属于迫害，宗教或习俗上的理由不能作为法律上免责的依据。在法国、加拿大和美国，生殖器切割已经被正式确认为是一种迫害，畏惧在其本国遭受生殖器切割的女性有充分理由要求取得难民地位。联合国难民署鼓励其他国家采取同样立场。③ 直接伤害身体和向受害者发出加害的威胁都可能构成迫害。迫害可以表现为国家安全人员给受害人拨打的威胁电话、身边朋友被杀害之后的审讯、通过死亡威胁迫使被害人放弃财产等。④

3. 性别和性暴力

尽管1951年《关于难民地位的公约》在难民定义中没有具体提到性别，但是性别可以影响或决定受到的迫害或伤害类型以及受到这种待遇的原因。联合国难民署2006年发布第1号《关于国际保护的指导方针》，解释1951年《关于难民地位的公约》和1967年《关于难民地位的议定书》第1条语境下的“与性别有关的迫害”（Gender-related persecution），一个人可能因为种族、宗教、国籍、属于某一社会团体或具有

---

① European Union. *Joint Position Defined by the Council on the Basis of Article K.3 of the Treaty on European Union on the Harmonized Application of the Definition of the Term "Refugee" in Article 1 of the Geneva Convention of 28 July 1951 Relating to the Status of Refugees (Annex 1)*, 4 March 1996, 96/196/JHA.

② UNHCR. *Handbook on Procedures and Criteria for Determining Refugee Status Under the 1951 Convention and the 1967 Protocol Relating to the Status of Refugees*, December 2011, para. 52.

③ 凯特·雅斯特拉姆.玛丽莲·阿奇隆.难民保护：国际难民法指南[M]. 2004年修订版.联合国难民署.各国会议联盟.50。

④ Battjes, Hemme. *European Asylum Law and International Law*, Martinus Nijhoff Publishers, Leiden/Boston, 2006, p. 142-143.

某种政治见解受到性别和性暴力。为了准确地甄别难民，对整个难民定义应当以一种可能涉及性别问题的意识进行解释，这是一项公认的原则。这种做法不仅被联合国难民署方案执行委员会所通过，而且得到了联合国大会的认可。在1999年10月第87（N）号决议中，“执行委员会赞赏地注意到一些国家作出了特别努力，把性别视角引入庇护政策、规定和行动之中；鼓励各国、联合国难民署和其他相关的行动参与者努力使迫害可以与性别相关、可以通过性迫害实施的思想得到更广泛的接受，并纳入它们的保护标准之中；进一步鼓励联合国难民署和其他相关的行动参与者就与性别有关的难民问题制定、促进和执行指导方针、行为准则和培训方案，以支持把性别观点主流化和加强性别政策执行中的责任制”。

性暴力和性别暴力可以是迫害。当由于种族、宗教、国籍、具有某种政治见解或属于某一社会团体而受到强奸或其他形式的性暴力时，根据1951年《关于难民地位的公约》和1950年《联合国难民署章程》对于难民的定义，可以把这种情况看成是迫害。[①] 联合国难民署认为：对于不能服从严格的社会礼教习俗而逃避已经达到迫害程度的严重歧视和非人道待遇的女性，应给予其难民地位。她们受到的迫害可能源自政府当局，或者个人，而政府不能实施足够的充分保护。为了理解与性别有关的迫害，需要界定和区分“性别”和“性”。“性别”是指男女之间的关系，这种关系建立在社会或文化建构和界定的、赋予男人或妇女的身份、地位、角色和责任之上，而性则是一种生物特性。性别不是静止的或固有的，而是随着时间的延续获得社会和文化建构的意义。与性别有关的要求可以既由妇女又由男人提出，不过鉴于这种迫害的特殊性，这些要求更常见的情况是由妇女提出。在一些情况下，要求庇护者的性别对要求的合理性关系很大，决策者需要非常注意，然而，在另一些情况下，一个女寻求庇护者的难民地位要求与她的性别毫无关系。与性别有关的要求典型地包括以下行为，虽然绝不限于这些行为：性暴力，家庭暴力，强制性计划生育，妇女生殖器切割，因违反社会习俗而受到惩罚，以及对同性恋者的歧视。[②]

4. 过度惩罚

过度惩罚可能是迫害。[③] 当事人因违反法律而遭受的合法惩处不构成迫害。一个人从事反对现有政权活动而受到现行法律的惩处，国际社会一般将其视为国家正常的

---

① 联合国难民署.对难民、返回者和境内流离失所者的性暴力与性别暴力预防与应对指导方针[R].联合国难民署2003. 109。

② 联合国难民署.对难民、返回者和境内流离失所者的性暴力与性别暴力预防与应对指导方针[R].联合国难民署2003. 111。

③ UNHCR. *Handbook on Procedures and Criteria for Determining Refugee Status Under the 1951 Convention and the 1967 Protocol Relating to the Status of Refugees*, December 2011, para. 57.

司法活动。[①] 如果国内当局对政治异见份子的镇压超出了合理的限度，也就是镇压不能严厉到与该法律目的不相称的地步，这些镇压行为有可能构成迫害。[②] 如果寻求庇护者符合1951年《关于难民地位的公约》要求的“对迫害有正当理由的畏惧”，但同时他是一名刑事罪犯。在此种情况下，就要考虑他所犯罪行的严重性是否达到1951年《关于难民地位的公约》难民定义中的排除条件。司法机关的追诉是否构成迫害，必须参照本国国内相关法律进行判断。虽然有的国家法律本身不公平，但是在多数情况下国家法律都是符合国际社会普遍接受的人权规则，问题多出在法律的实施阶段。当局有可能将合法的法律程序作为打击政敌的武器，实现对其进行迫害的目的。[③]

5. 被贩运

被他人贩运可以成为申请难民地位的理由。2000年《联合国打击跨国有组织犯罪公约关于预防、禁止和惩治贩运人口特别是妇女和儿童行为的补充议定书》第3条规定：(a)“人口贩运”系指为剥削目的而通过暴力威胁或使用暴力手段，或通过其他形式的胁迫，通过诱拐、欺诈、欺骗、滥用权募、运送、转移、窝藏或接收人员。剥削应至少包括利用他人卖淫进行剥削或其他形式的性剥削、强迫劳动或服务、奴役或类似奴役的做法、劳役或切除器官；(b)如果已使用本条(a)项所述任何手段，则人口贩运活动被害人对(a)项所述的预谋进行的剥削所表示的同意并不相干；(c)为剥削目的而招募、运送、转移、窝藏或接收儿童，即使并不涉及本条(a)项所述任何手段，也应视为“人口贩运”；(d)“儿童”系指任何18岁以下者。联合国难民署2006年发布第7号《关于国际保护的指导方针》，解释1951年《关于难民地位的公约》和1967年《关于难民地位的议定书》第1条语境下的人口贩运受害者和危险人员(victims of trafficking and persons at risk of being trafficked)，一个人可能因为种族、宗教、国籍、属于某一社会团体或具有某种政治见解被贩运。考虑到贩运是对人权的严重侵害，被贩运通常构成迫害。

一些被贩运的妇女或未成年人可以根据1951年《关于难民地位的公约》提出有效的难民地位申请。为强迫卖淫或性剥削目的强制性地或欺骗性地招募妇女或未成年人是一种甚至可能导致死亡的与性别有关的暴力或虐待行为，是一种酷刑和残忍的、不人道的或有辱人格的待遇。通过诱拐、监禁和/或没收护照或其他身份证件，妇女的行动自由将受到严重限制。此外，被贩运的妇女和未成年人在逃跑和/或返回之后

---

① UNHCR. *Handbook on Procedures and Criteria for Determining Refugee Status Under the 1951 Convention and the 1967 Protocol Relating to the Status of Refugees*, December 2011, para. 66.

② McHugh J. in the High Court of Australia in *Applicant A v Minister for Immigration and Ethnic Affairs*, 190 CLR 225, 1997.

③ UNHCR. *Handbook on Procedures and Criteria for Determining Refugee Status Under the 1951 Convention and the 1967 Protocol Relating to the Status of Refugees*, December 2011, para. 58.

可能面临严重的后果，包括贩运集团或个人的报复，很可能再次被贩运、受到社区或家庭的严重排斥或受到严重歧视。其他形式的人口贩运在个案中也可以等同于迫害，根据具体情况而定。[①]

6. 多重行为的共同侵犯

寻求庇护者有时会受到多重行为的共同侵犯，虽然每一项行为本身单独不能构成1951年《关于难民地位的公约》上的迫害，但是多重行为的"累积效果"将最终导致构成迫害行为。例如，因为违犯社会或宗教规范而提出的难民地位要求可以从宗教的角度分析，也可以从政治见解的角度分析，还可以从属于某一社会团体的角度分析。不必要求申请难民地位者精确说明为什么他或她有正当理由畏惧受迫害。[②] 具体到哪些行为的累积、到什么程度才能算是迫害，并没有形成普遍适用的规则。对于这个问题，要适用具体问题具体分析的方法，考虑本国国内各个方面的要素，包括地理、历史、人种等方面。[③]

（二）迫害的歧视性

如果一个行为存在严重的歧视倾向，就极有可能构成迫害。[④] 1951年《关于难民地位的公约》序言部分确认了"人人享有基本权利和自由不受歧视的原则"，表明公约认为形式各样的迫害都含有歧视的性质。不同群体之间的差别待遇存在于许多社会中，受到较差待遇的人未必就是迫害措施的受害者，歧视待遇仅在有限的情况下才能构成迫害。如果歧视措施将导致对受害人实质性的不利后果，将可能构成迫害。例如，严重限制当事人谋生的权利；严重干涉当事人的宗教自由；严重限制当事人获取教育资源的途径。[⑤] 有时歧视的措施本来不严重，却导致了当事人对未来生存产生了畏惧和不安，这些措施仍有可能构成令人"有正当理由畏惧"的迫害。单个的歧视措施是否构成迫害，必须通过对所有情形进行认真考虑。若当事人同时受到多种不严重的歧视，也有可能认定其共同构成迫害，这是一个量变产生质变的过程。[⑥]

即使法律或政策有正当的目的，如果执行方法导致对有关人造成有严重歧视性的

---

① 联合国难民署.对难民、返回者和境内流离失所者的性暴力与性别暴力预防与应对指导方针[R].联合国难民署2003. 115。

② 联合国难民署.对难民、返回者和境内流离失所者的性暴力与性别暴力预防与应对指导方针[R].联合国难民署2003. 116。

③ UNHCR. *Handbook on Procedures and Criteria for Determining Refugee Status Under the 1951 Convention and the 1967 Protocol Relating to the Status of Refugees*, December 2011, para. 53.

④ Symes, Mark, Jorro, Peter, and Berry, Adrian. *Asylum Law and Practice*, Bloomsbery Professional Press, 2010, p. 149.

⑤ UNHCR. *Handbook on Procedures and Criteria for Determining Refugee Status Under the 1951 Convention and the 1967 Protocol relating to the Status of Refugees*, December 2011, para. 54.

⑥ Ibid., para. 55.

后果，也等同于迫害。根据美国难民法，计划生育对人口增长压力是一种适当的对策，然而通过采用强行堕胎和绝育的手段执行这些政策是与人权法相抵触的。这些做法尽管可能是在执行正当法律的背景下采取的，但仍属于严重虐待，被认为是迫害。[①] 本书作者不同意美国难民法的上述规定。

正常情况下，歧视本身可能不等同于迫害，但是某种模式的歧视或差人一等的待遇，累积起来可能构成迫害，从而应当得到国际保护。如果歧视措施导致给有关人造成严重偏见性的后果，譬如谋生、从事宗教活动或享受现有教育设施的权利受到严重限制、为其他目的进行的人口贩运，就等同于迫害。如果国家实施一项政策或措施，不给个人某些权利或保护使他们免于遭受严重的虐待，那么造成严重伤害而不受追究在保护方面的差别对待可以是迫害。例如，家庭暴力或个人由于与众不同的性倾向而受到虐待。在1997年Prahastono诉澳大利亚移民和多元文化部难民地位申请被拒案中，[②] 澳大利亚联邦法院认为：就业歧视是否构成迫害取决于很多因素，包括限制是否导致压迫，或者对就业者形成危害。在一个没有私营企业的经济体中，被剥夺在政府机构和公有企业就业的机会构成了迫害。与此相类似，只可以获得贬低身份或者危险工作机会是一种压迫，也构成迫害。关于本案，请参见本书第十三章澳大利亚难民法第三节难民的甄别。

寻求庇护者拒绝遵守社会或文化为自己界定的性别角色或性别行为期望而受到的歧视，构成迫害。例如，同性恋者、改变性别者或异性装扮者，他们受到公众的极端敌视、暴力、虐待、严重的或连续的歧视。在把同性恋视为非法的社会中，对同性恋行为施以严重的刑事处罚可以是迫害。即使在不把同性恋行为视为犯法的地方，寻求庇护者仍能提出令人接受的有效申请：国家宽恕或容忍对他或她的歧视行为或伤害，或者国家未能有效地保护寻求庇护者免受这种伤害。[③]

确认一个国家的有利于某族群的“积极歧视政策”并不能必然得出，该政策对未受益族群构成歧视。“积极歧视”与迫害没有必然联系。在1997年Gunaseelan诉澳大利亚移民和多元文化事务部难民地位申请被拒案中，[④]Gunaseelan是印度裔马来西亚公民。他在进入澳大利亚时申请难民地位。他提出，由于马来西亚政府向马来裔公民提供优惠待遇，致使他在教育和就业方面受到歧视，而遭受痛苦构成伤害。澳大利亚联邦法院驳回了Gunaseelan的请求，确认一个国家的有利于某族群的“积极歧视政

① 联合国难民署.对难民、返回者和境内流离失所者的性暴力与性别暴力预防与应对指导方针[R].联合国难民署2003. 113。

② Federal Court of Australia, Hill Judge, 8 July 1997.

③ 联合国难民署.对难民、返回者和境内流离失所者的性暴力与性别暴力预防与应对指导方针[R].联合国难民署2003. 114。

④ Federal Court of Australia, French J, 9 May 1997.

策”（state policy of positive persecution）并不能必然得出，该政策对未受益族群构成歧视。一项政策是否构成迫害取决于该政策对劣势团体造成的负面或者歧视影响的性质和范围。积极歧视政策可以用来克服某族群的不利之处。关于本案，请参见本书第十三章澳大利亚难民法第三节难民的甄别。

（三）迫害的放任性

即使某个国家可能禁止一种迫害性的行为，例如女性生殖器切割，但是这个国家可能放任、宽恕或容忍这种行为，或者不能有效地停止这种行为。在这种情况下，这种行为等同于迫害。因此，制定了一部禁止或谴责某种迫害行为的法律，其本身并不足以证明有关个人的难民地位申请是不正当的。确定一部法律本身是迫害性的对于甄别一些与性别有关的要求具有重要意义。鉴于有关的法律可能来自未必符合国际人权标准的传统或文化规范和实践，其重要意义尤其显得突出。然而如所有的要求一样，寻求庇护者必须被认为他或她有正当理由畏惧那部法律造成的迫害。有时这样的法律未必导致对他或她的迫害，例如，一部迫害性的法律继续存在，但却不再被实施。[①]

在英国 Horvath v. Secretary of State for the Home Department 中，申请人是 Roma community 的成员，并且是斯洛伐克的公民。他和他的家人离开斯洛伐克来到英国并申请难民地位。他主张：害怕来自把 Roma community 当作目标的光头党（skinhead group）的迫害，而斯洛伐克的警察无法提供充分的保护。他的申请被拒绝了，专门裁判官（special adjudicator）以他不是可靠证人为由驳回了其上诉。但是，移民上诉裁判所（IAT）认定其证据前后一致，并复审有关可靠性的裁定。IAT 同意：他有充分根据担心来自光头党的暴力，但这并不是迫害，因为他没有证明他不能或不愿意寻求国家的保护。上诉法院、上议院关注本国保护的可用性（availability），都驳回了他的上诉。上议院认为，国家保护的失败是难民法整个体系的前提。1951 年《关于难民地位的公约》目的是在个人不再享有其本国的保护时提供替代性保护。“迫害”暗示了国家在保护个人免受来自其迫害者的虐待或暴力方面的失败。

（四）迫害的现实性

一个人可以是难民，如果迫害是现实的，即使形成难民地位的事件是他离开本国后发生的单个人的行为，例如在国外表达政治观点。[②] 1992 年 5 月李某和刘某从中国乘船来到澳大利亚。她们被关押在拘留中心时，和其他难民地位申请人一起进行了在

---

① 联合国难民署. 对难民、返回者和境内流离失所者的性暴力与性别暴力预防与应对指导方针 [R]. 联合国难民署 2003 113。

② 刘国福. 移民法国际文件与案例选编 [C]. 中国经济出版社. 2009. 401。

屋顶上举行的绝食、抗议和示威。在示威过程中，李某和刘某从屋顶跌落，严重受伤。刘某因此而截瘫。澳大利亚联邦法院考虑了与本案有关的事实，认为，李某和刘某回国后可能受到的就业限制构成了迫害。[①] 关于本案，请参见本书第十三章澳大利亚难民法第三节难民的甄别。

第六节 畏惧迫害的原因

1951年《关于难民地位的公约》规定的难民定义要求寻求庇护者受迫害的原因在于其所属的“种族、宗教、国籍、属于某一社会团体或具有某种政治见解”。当事人往往是因多个原因同时起作用而受到的迫害，而他本人有时却不清楚具体是为何受到迫害或可能受迫害。[②] 寻求庇护者只需提供“有正当理由的畏惧”的证明，难民审理官员负责查明迫害的原因，然后判断其原因是否属于1951年《关于难民地位的公约》规定的范围。[③] 另外，联合国难民署将因为普遍的暴力和扰乱公共秩序的事件导致其生命、安全或自由受到严重威胁，所以不能返回本国的人认定为难民。[④]

一、种族

针对种族原因实施的歧视措施导致了个人的基本人权受到严重影响，通常构成1951年《关于难民地位的公约》上的迫害。1996年Chahal v. the United Kingdom案中，Chahal主张由于自己支持印度锡克族（Sikh）在Punjab地区的独立运动，导致在印度受到酷刑和不人道待遇，并向英国申请难民保护。欧洲人权法院认定了Chahal在印度国内存在着受到迫害的可能性，并承认了Chahal作为锡克族成员的事实是受到迫害的基础，故认定了他的难民地位。[⑤] 在加拿大，属于少数民族的成员，害怕受到大多数民众或非政府组织的迫害而警察又没有办法，也不愿意保护的，可以被认定为难民。

1965年《消除一切形式种族歧视国际公约》第1条规定，“种族”包括了种族、肤色、世系、民族或人种等要素。卢旺达国际刑事法庭认为：公约对种族团体的定义基于与特定的地理区域相联系的遗传的外貌特征，而不考虑语言、文化、民族或宗教的因素。1948年《防止和惩治灭绝种族罪行公约》规定，种族包括了民族、人种、种

---

① Federal Court of Australia, Drummond J, No WAG184 of 1992, Brisbane, 19 August 1994. BC9400276.

② UNHCR. *Handbook on Procedures and Criteria for Determining Refugee Status Under the 1951 Convention and the 1967 Protocol Relating to the Status of Refugees*, December 2011, para. 66.

③ Ibid., para. 67.

④ 外籍人士向联合国难民署驻中国/北京地区代表处寻求庇护须知。

⑤ *Chahal v. the United Kingdom*, European Court of Human Right, Judgement of 15 November 1996.

族和宗教团体。种族迫害主要是基于种族歧视或种族矛盾而引起的由国家、个人或社会团体对另一种族群体的迫害，或对其基本人权和自由的侵犯。任何国家内出现的种族迫害都会使一个种族最基本的生存和自由权遭受严重侵害。[①] 仅有个人属于某个种族的事实，不能单独证明他就一定对迫害具有“正当理由的畏惧”。一个种族成员是否可能受到迫害以及是否具有畏惧心理，要结合具体申请中的特殊情况综合考虑。[②]

为了避免种族歧视和种族迫害，联合国于1948年和1973年分别制订了《防止和惩治灭绝种族罪行公约》和《禁止和惩治种族隔离罪行国际公约》。1948年《防止及惩治灭绝种族罪公约》第2条规定：“本公约内所称灭绝种族系指蓄意全部或局部消灭某一民族、人种、种族或宗教团体，犯有下列行为之一者：（a）杀害该团体的成员；（b）致使该团体的成员在身体上或精神上遭受严重伤害；（c）故意使该团体处于某种生活状况下，以毁灭其全部或局部的生命；（d）强制施行办法，意图防止该团体内的生育；(e) 强迫转移该团体的儿童至另一团体。”

1973年《禁止和惩治种族隔离罪行国际公约》第2条规定：

> 为本公约的目的，所谓‘种族隔离的罪行’，应包括与南部非洲境内所推行的相类似的种族分离和种族歧视的政策和办法，是指为建立和维持一个种族团体对任何其他种族团体的主宰地位，并且有计划地压迫他们而作出的下列不人道行为：
>
> 一、用下列方式剥夺一个或一个以上种族团体的一个或一个以上成员的生命和人身自由的权利：
>
> （一）杀害一个或一个以上种族团体的成员；
>
> （二）使一个或一个以上种族团体的成员受到身体上或心理上的严重伤害，侵犯他们的自由或尊严，或者严刑拷打他们或使他们受残酷、不人道或屈辱的待遇或刑罚；
>
> （三）任意逮捕和非法监禁一个或一个以上种族团体的成员；
>
> 二、对一个或一个以上种族团体故意加以旨在使其全部或局部灭绝的生活条件；
>
> 三、任何立法措施及其他措施，旨在阻止一个或一个以上种族团体参与该国政治、社会、经济和文化生活者，以及故意造成条件，以阻止一个或一个以上这种团体的充分发展，特别是剥夺一个或一个以上种族团体的成员的基本人权

---

① 梁淑英. 国际难民法. 知识产权出版社. 2009. 76。

② UNHCR. *Handbook on Procedures and Criteria for Determining Refugee Status Under the 1951 Convention and the 1967 Protocol Relating to the Status of Refugees*, December 2011, para. 70.

和自由，包括工作的权利、组织已获承认的工会的权利、受教育的权利、离开和返回自己国家的权利、享有国籍的权利、自由迁移和居住的权利、自由主张和表达的权利以及自由和平集会和结社的权利；

四、任何措施，包括立法措施，旨在用下列方法按照种族界线分化人民者：为一个或一个以上种族团体的成员建立单独的保留区或居住区，禁止不同种族团体的成员互相通婚，没收属于一个或一个以上种族团体或其成员的地产；

五、剥削一个或一个以上种族团体的成员的劳力，特别是强迫劳动；

六、迫害反对种族隔离的组织或个人，剥夺其基本权利和自由。

由于种族原因而进行的迫害可以表现为针对男人和妇女的各种不同的形式，例如，迫害者可能执意要毁灭一个族群的民族特征和/或它的繁荣，采用的手段是杀戮、残害和监禁男人；对妇女，可能认为她们是民族或种族特征的传播者而采用另一种迫害手段，例如通过性暴力和限制生育。①

二、宗教

（一）宗教信仰和宗教传播自由是基本人权之一

宗教信仰和宗教传播自由是基本人权之一。1948年《世界人权宣言》第18条规定："人人有思想、良心和宗教自由之权；此项权利包括其改变宗教或信仰之自由，及其单独或集体、公开或私自以教义、躬行、礼拜及戒律表示其宗教或信仰之自由。"1966年《公民权利和政治权利国际公约》第18条规定："一、人人有思想、信念及宗教之自由。此种权利包括保有或采奉自择之宗教或信仰之自由，及单独或集体、公开或私自以礼拜、戒律、躬行及讲授表示其宗教威信仰之自由。二、任何人所享保有或采奉自择之宗教或信仰之自由，不得以胁迫侵害之。三、人人表示其宗教或信仰之自由，非依法律，不受限制，此项限制以保障公共安全、秩序、卫生或风化或他人之基本权利自由所必要者为限。四、本公约缔约国承允尊重父母或法定监护人确保子女接受符合其本人信仰之宗教及道德教育之自由。"

（二）申请宗教难民地位的指导方针

由于宗教原因畏惧迫害是1951年《关于难民地位的公约》语境下寻求庇护者获取难民地位的合法前提之一。联合国难民署2004年发布第6号《关于国际保护的指

① 联合国难民署.对难民、返回者和境内流离失所者的性暴力与性别暴力预防与应对指导方针[R].联合国难民署2003. 116。

导方针》，解释1951年《关于难民地位的公约》和1967年《关于难民地位的议定书》第1条语境下的“与宗教有关的迫害”（religion-based refugee）。第6号《关于国际保护的指导方针》指出：虽然1951年《关于难民地位的公约》没有对宗教作出定义，但可以通过参照有关的国际人权标准，使其适用范围包括思想自由、良心自由或信仰自由。此外，《指导方针》解释说，因宗教理由提出的申请可以把“宗教作为信仰”、“宗教作为身份”和“宗教作为一种生活方式”等一个或更多的因素作为理由（第5—8段）。第6号《关于国际保护的指导方针》对“信仰”一词的解释包括有神论、非神论和无神论信仰。24就确定寻求庇护人的“宗教或信仰”来说，第6号《关于国际保护的指导方针》规定，如果寻求庇护人已经被他人认定属于某个团体，并因此而害怕受到迫害，便无须了解或懂得任何宗教知识。

宗教歧视并非一定达到为承认难民地位所要求的宗教迫害程度。特惠待遇的歧视和施加迫害的歧视有所不同，后者无论是与其他手段并用还是单施，都严重限制申请人对基本人权的享受。第6号《关于国际保护的指导方针》还规定，存在歧视性的法律其本身通常不构成迫害。在任何情况下，评估这种法律（例如关于背教或亵渎的法律）的执行情况及其影响对确定迫害的存在都至关重要。此外还必须从年龄、性别和多样化角度出发，分析担心当事人可能受到的宗教人权侵犯的影响。

因宗教而进行的迫害可能采取各种形式。根据案例的具体情况，包括对当事人的影响，其中的例子可包括禁止参加某个宗教社团、禁止与他人一起公开或私下拜神、禁止宗教教育、或因某些人信仰自己的宗教、隶属某个宗教社团或与之认同、或改变信仰而对他们倍加歧视。同样，在某种宗教占主导地位的社区，或国家机构和宗教机构紧密相关的社区，因某人不接受主导宗教或遵从其做法而对此人进行歧视，在具体情况下可相当于迫害。迫害可以是宗教之间的（针对持不同信仰的信徒或社区）、宗教内部的（同一宗教内部、但不同派别或同一派别不同成员之间的迫害），或两者兼而有之。申请者可属于某一宗教少数群体或多数群体。不同教派通婚的个人也可因宗教理由提出申请（第6号《关于国际保护的指导方针》第12段）。

强迫皈依宗教是严重侵犯思想、良心和宗教自由这一基本人权的行为。根据第6号《关于国际保护的指导方针》第28段，强迫皈依常能满足构成迫害的客观条件，但申请者仍需要表明关于皈依将对自己本人构成迫害的主观恐惧，例如，另一种宗教关系到当事人的明确个人特性或生活方式，或是当事人已选择脱离某一宗教教派或团体。

强制进行与儿童或其父母的宗教信仰、个人特性或生活方式相抵触的宗教教育，要求参加宗教仪式或发誓效忠某一宗教象征物等行为，如果成为对某人自身的宗教信仰、个人特性或生活方式不可容忍的干涉，以及（或）如果不服从可导致过于严厉的惩罚，则强迫遵守就可构成迫害（第6号《关于国际保护的指导方针》第21段）。

个人如在离开本国后改变宗教信仰，可产生就地提出难民地位申请的效力。第6号《关于国际保护的指导方针》第34段至36段规定：在这种情况下，往往会产生具体的可信度问题，而且必须严格、深入地考察具体情况和改变信仰的真实性。如果利己活动的投机性质显而易见，而且如果将当事人送回本国并不会造成严重的不利后果的话，则这些活动并不构成因1951年《关于难民地位的公约》规定的理由而害怕迫害的可靠证据。最关键的评估因素是，申请者在审查申请时，是否确实有充分理由害怕遭受迫害，将其送回本国将产生什么后果。不能因为离国后改变信仰的行为而假定庇护的申请是捏造的，移民当局应当考虑到申请人目前和过去的具体情况，在个案基础上评估改变信仰的真实性。① 对整个难民甄别过程来说，重要的是了解寻求庇护者本国的准确、客观的最新情况，包括过去或现在宗教迫害的情况。难民审理官员所作决定不应完全基于预先选定的资料来源，尤其是当本国或有关地区的情况自上次更新以来据称已有变化的时候。②

迫害的风险不一定取决于申请人对其宗教的详细实质知识，因为个人可能因被认定的宗教信仰而受到迫害。不应期望因宗教理由提出难民地位申请的人在本国为避免迫害而隐藏其宗教信仰或秘密进行宗教实践。③ 寻求庇护者属于某个特殊宗教团体的单独事实，不足以构成授予难民地位的前提。但是也不排除在个案中，根据相关客观情况认为具备某个特殊宗教团体的成员资格就足以证明“有正当理由畏惧”的存在。④ 在加拿大，属于少数宗教团体的成员，害怕受到大多数民众或非政府组织的迫害而警察又没有办法，也不愿意保护的，可以被认定为难民。

（三）与性别有关的宗教迫害

在某些国家，宗教为妇女和男人分别规定了特殊的角色或行为准则。如果一名妇女没有履行为她规定的角色或拒绝遵守行为准则而受到了惩罚，可能有正当理由畏惧由于宗教的原因而遭迫害。不遵守这种准则可以被认为是一名妇女持有不可接受的宗教见解的证明，而不论她实际的信仰如何。一名妇女可能因为她具体的宗教信仰或行为，或强加在她身上的信仰和行为，包括她不愿意持有某些具体的信仰，不愿意实践规定的宗教，或者不按照规定宗教的教导规范自己的行为，而受到伤害。

在与性别有关的要求中，宗教原因与政治见解原因之间有一些重叠，特别是在强

---

① 宗教或信仰自由问题特别报告员阿斯玛·贾汉吉尔根据联合国大会2009年第63/181号决议提交的临时报告《消除一切形式的宗教不容忍》第24段。

② 同上注，第67段。

③ 同上注，第22—23段。

④ UNHCR. *Handbook on Procedures and Criteria for Determining Refugee Status Under the 1951 Convention and the 1967 Protocol Relating to the Status of Refugees*, December 2011, para. 73.

加到某人身上的政治见解范围内。宗教信条要求妇女遵守某种行为规范，而与之不符的行为却被视为不可接受的政治见解的证据。例如，在某些社会中，为妇女规定的角色可能是出于国家或官方宗教的需要。当局或其他迫害行为人可能认为一名妇女不履行这种角色就是不实践或不相信某些宗教信仰。同时，不履行规定角色可能被解释为持有不可接受的政治见解，这些见解威胁了作为某些政治权力之源头的基本结构。在宗教机构与国家机构、法律和教义缠结在一起的社会中情况尤其如此。①

（四）宗教迫害事件

世界各地发生了很多宗教迫害事件。在孟加拉国，从2001年选举以来，宗教少数群体，特别是印度教徒，成为一再发生的袭击的受害者，其中包括数十人被杀和印度教女孩被强奸。据报导，数百个家庭被赶离家乡，逃往印度避难。据说发生了多起袭击印度教庙宇的事件。在不丹，据指控基督教被禁，基督教徒据称一再受到虐待，而且据称一些基督教徒在1993年被驱逐，前往尼泊尔避难。在印度，1993年，古吉拉特发生印度教徒和穆斯林的宗教间冲突，造成多人死亡，25万名印度教徒被迫逃离家园，前往印度北方的营地，还有50个庙宇在冲突期间遭破坏。在印度尼西亚，摩鹿加群岛的Keswui岛和Teor岛出现强迫基督教徒改变信仰以及袭击基督徒的事件，包括毁坏他们在安汶的礼拜场所。在缅甸，1992年，信仰伊斯兰教的罗辛亚族公民据说遭到法外处决、酷刑、任意拘留、被迫失踪，他们流离失所，其城镇和清真寺被毁。据报告差不多有30万名罗辛亚族人在1992年4月底以前逃至孟加拉国，据称有几千人被边境卫兵打死。在也门，一名居住索马里难民据说因背教被一个法院判处死刑，尽管该法院说，如果他重新改信伊斯兰教，将不执行死刑。他后来被驱逐出也门领土，作为因背教罪名在也门继续接受审判的替代办法。②

三、国籍

国籍是寻求庇护者受迫害原因中最模糊和不确定的一种。几乎没有国家因为一个人具有本国国籍而对其进行迫害，由于本国会向本国国民提供领事或者外交保护，也很难因为一个人具有他国国籍而对其进行迫害。1951年《关于难民地位的公约》语境下的国籍（nationality）不应被理解为只是指国际法意义上的“公民资格”，一个人与国家的法律联系纽带，还指一个族群或语群的成员资格，可能与“种族”的意思

① 联合国难民署.对难民、返回者和境内流离失所者的性暴力与性别暴力预防与应对指导方针[R].联合国难民署2003. 117。

② 宗教或信仰自由问题特别报告员阿斯玛·贾汉吉尔根据联合国大会2007年第61/161号决议提交的临时报告《消除一切形式的宗教不容忍》第11-13页。

重叠。[①] 当一国领土内存在多个不同种族或使用不同语言的民族时，强势民族有可能对弱势民族采取敌对态度或施加不利措施。在某些情况下，属于弱势的少数民族本身，就足以证明存在对迫害的“正当理由畏惧”。[②] 若多个民族之间的冲突涉及政治运动时，此时专门针对某一“民族”成员的迫害，往往难以区分是由于民族原因还是政治见解原因引发的。[③] 多数情况下，少数民族的成员会畏惧来自强势民族的迫害。但是也有不少事例证明，占人口多数的民族有时也会畏惧作为统治者的少数民族的迫害。[④]

由于各国国籍法的不同，一个人可能是单一国籍、多国籍或者无国籍。如果本国能够提供有效保护且寻求庇护者没有正当理由拒绝该保护，寻求庇护者就不具备难民地位。对于具有双重或多重国籍的人，如果没有正当理由证明可能遭受本国之一的迫害，不得拒绝该本国的保护，也不认为其缺乏本国的保护。一个无国籍人并不必然享受难民地位，无国籍人成为难民的前提同样是畏惧源于种族、宗教、国籍、属于特殊团体或政治异见等方面的迫害。无国籍人可能有多个“经常居住国”，只需其中一个可能对其施加迫害即可满足1951年《关于难民地位的公约》标准，并不要求所有的经常居住国都对其施加迫害。[⑤] 如同由于种族原因一样，由于国籍原因进行的迫害不专门针对妇女或者男性。针对女性的迫害常常采取了具有性别特征的形式，例如性暴力。

四、属于某一社会团体

（一）“属于某一社会团体”的定义

与“种族”、“宗教”、“国籍”、“具有某种政治见解”相比，“某一社会团体”可以包含很多内容，几乎是一个不加限制的对外开放的概念，很可能会出现一些国家为了自己的私利而任意扩大或者缩小解释该概念的情况。[⑥] 联合国难民署认为：社会团体（social group）是指由出身、风俗和社会地位相似的人组成的群体，或者这些人被社会认为是一个团体；可以把家庭看作是一个团体，同样，社会的某个联合体或某个

---

① UNHCR. *Handbook on Procedures and Criteria for Determining Refugee Status Under the 1951 Convention and the 1967 Protocol Relating to the Status of Refugees*, December 2011, para. 74.

② Ibid., para. 74.

③ Ibid., para. 75, p. 14.

④ Ibid., para. 76, p. 14.

⑤ Ibid., para. 101.

⑥ 李明奇.对难民公约中“某一社会团体”的分析[J].广西民族师范学院学报2012(1):98。

阶层也可以看作是一个团体。[①] 不应要求这个社会团体有内聚力，或者要求它的成员自愿地结合在一起，或团体的每一个成员都处于被迫害的危险之中。社会团体应有可能在独立于迫害的情况下予以识别；然而，在具体的背景中歧视或迫害可能成为决定团体的一个相关因素。基于“社会团体”畏惧迫害的主张可能经常和在其他情况下，基于种族、宗教或国籍等畏惧迫害的主张相重叠。这样的某一社会团体成员身份成为受迫害的根源是因为不相信他们会忠于政府或其成员的政治观点或经济活动，或这个社会团体本身的存在，被认为是实现这个政府政策的障碍。[②] 仅仅是某一社会团体成员的身份一般不足以主张其难民地位，不过，也有可能存在特殊的情况，使单纯的社会成员身份足以成为畏惧迫害的理由。[③]

（二）“社会团体”的标准

联合国难民署2002年发布第2号《关于国际保护的指导方针》（Guidelines on International Protection），解释1951年《关于难民地位的公约》和1967年《关于难民地位的议定书》第1条语境下的“属于某一社会团体”（membership of a particular social group），提出了认定社会团体的两个标准：即“被保护特征判断方法”与“社会认知判断方法”。前者主要从被保护团体本身是否是先天的、不可变更的，或者其是否属于基本人权等方面进行判断；而“社会认知判断方法”则主要分析社会其他成员对某一群体的特定看法。[④] 联合国难民署还认为：对于某一社会团体的认定不应仅仅局限在性取向方面，性别、年龄、身体残疾、健康状况等因素都可以作为认定为特定社会团体的因素之一。[⑤]

如果被保护团体本身不是先天的、不可变更的，通常不能被认为难民法语境下的“属于某一社会团体”。在英国移民上诉法庭（Immigration Appeal Tribunal）2001年裁决的Montoya案中，寻求庇护者在自己父亲开办的一家咖啡工厂做管理工作，这个工厂设在哥伦比亚。寻求庇护者声称，他面临来自一个革命团体的威胁和酷刑，而

---

① UNHCR. *Handbook on Procedures and Criteria for Determining Refugee Status Under the 1951 Convention and the 1967 Protocol Relating to the Status of Refugees*, December 2011, para. 77.

② Ibid., para. 78.

③ Ibid., para. 79.

④ Guidelines on International Protection No. 2: "Membership of a Particular Social group" within the context of Article 1A(2) of the 1951 Convention and/or its 1967 Protocol relating to the Status of Refugees (HCR/GIP/02/02), Legal publications, 7 May 2002.

⑤ UNHCR Annotated Comments on the EC Council Directive 2004/83/EC of 29 April 2004 on Minimum Standards for the Qualification and Status of Third Country Nationals or Stateless Persons as Refugees or as Persons Who Otherwise Need International Protection and the Content of the Protection Granted, OJ L 304/12, 30/9/2004, Comment on Article 10 (C).

政府对这个团体或者不能或者不愿控制。他说他的家庭成为目标是因为他们是有钱的地主；他进一步表示，他的叔叔曾经在同一个村子开办一家咖啡工厂，就受到过类似的威胁，最终被杀害了。英国移民上诉法庭注意到，在哥伦比亚，私人土地所有者没有得到有效的保护。但是，它得出结论认为：寻求庇护者不能根据1951年《关于难民地位的公约》中的"某一社会团体"而获得难民地位，因为被声称的团体不是建立在这样的特征之上即团体的成员不能改变、或者不能被要求改变。英国移民上诉法庭认为，寻求庇护者可以改变他的地主身份，并且这样做的话不会对他的身份或良知产生根本性影响。

2004年《欧盟难民保护指令》没有对"社会团体"作出定义，而是在第10条第（c）款列举了社会团体的三种情况：（1）某一群体具有某些先天特征，或具有无法改变的共同背景，或具有可被辨识的、无法改变的根本特点，正是由于这一特点或特征，致使他们遭受到或可能遭受来自本国的迫害；（2）某一群体在特定社会观念下被认为具有独特的身份。这里所强调的并不仅仅是基于该团体的客观特征，而是包含有社会对于他们的特殊评价；（3）某一具有特定性取向的群体也可以被认定为"社会团体"。这实际上只是上述第二种情况的一个例证，即该群体的形成主要由于特定社会对于其带有偏见的认知。但由于该情况比较典型，故而指令对此作出单独的规定。前两项标准与联合国难民署所采取的"被保护特征判断方法"十分类似，第三种情况则可以被归纳为"社会认知判断方法"。

英国上议院提出了认定"某一社会团体"的四点标准：（1）如果涉及到本国罪行起诉，只有带有歧视性的诉讼才能够作为难民保护的原因之一，并且该歧视措施的原因在于当事人属于特定的社会团体；（2）"属于某一社会团体"需要先定义该社会的范围，因为某些群体在一定的社会属于"特殊群体"，而在其他社会则并不特殊；（3）社会团体不一定都有严密的组织，有些社会团体的组成比较松散，或者仅仅是由于面临同样的境遇；（4）社会团体应是独立于该项起诉而存在的，无论是受到起诉，该群体均因为自身的原因面临着受到歧视的风险。也就是说，是否受到本国的起诉并非是判断特殊群体存在与否的必要条件。[①]

（三）女性是一个特殊社会团体

由于违反社会习俗而遭受残忍或非人道待遇的女性应被视为一个特殊社会团体。因为"家庭"原因而受到迫害，应被认为属于某一社会团体原因受到迫害。天生的和不可改变的特点把人区分为不同的社会子集，妇女则是这些子集中的一个明显例子，她们经常受到与男人不同的对待。她们的特点也使她们成为社会中的一个群体，使她

---

① *R v Immigration Appeal Tribunal, ex parte Shah and Islam* [1999] 2 AC 629, p 650.

们在一些国家受到不同的待遇和遵守不同的标准。妇女常常因为持有她们家庭的或男性亲戚的政治见解，并且因为他们男性家庭成员或者男性亲戚的活动而受到迫害，可以从强加于她的政治见解角度进行分析，也可以从她是某一社会团体的成员的原因，即因为她“家庭”的原因，而受到迫害。[①] 男性也可能因为妻子而受到迫害。联合国难民署方案执行委员会1985年第39号结论《难民妇女与国际保护》指出：“各国……有权自由地采用这种解释：由于违犯了她们所在社会的社会规范受到粗暴或不人道待遇的寻求庇护的妇女，可以根据1951年联合国《关于难民地位的公约》第一条第（一）款第（乙）项的含义被看作是‘属于某一社会团体’。”同样地，社会团体包含同性恋者、改变性别者或异性装扮者。妇女团体规模之大有时被用作拒绝一般性地承认“妇女”为某一社会团体的理由。这一论点在事实上或情理上都是站不住脚的，因为其他原因都没有受规模问题的限制。

1993年，加拿大成为第一个全面采纳“性别指导方针”的1951年《关于难民地位的公约》缔约国，正式承认社会团体这个标准可以适用于因为性别原因而逃离迫害的妇女。在联合国难民署和加拿大之后，美国在1995年发布了类似文件，规定处理来自妇女的难民地位申请时的考虑要点，性别可以独自或与其他特征结合在一起确定一个特定的社会团体。美国承认，基于性别的迫害是避难的潜在理由，尽管在美国法院缺乏整齐划一的做法。澳大利亚、加拿大、英国和瑞士认为：一个女性如果因为拒绝穿着束缚性服装，或者因为坚持自主选择配偶和过独立生活面临危险，可以被认定为难民。德国、荷兰、瑞士在这方面取得了进展。联合国难民署鼓励其他国家正式采取这种做法。[②] 同性恋应被视为一个特殊社会团体。联合国难民署认为：因为是同性恋而遭受攻击、不人道待遇和严重歧视，政府不能或者不愿提供充分保护，应该被认定为难民。[③]

在R v. Immigration Appeal Tribunal, Ex p Shah and Islam [1999] 2 AC 629案中，寻求庇护者由于娶了一名巴基斯坦妇女而被家族驱逐，并因惧怕被处以通奸的罪名而不愿返回本国，因此该申请者以作为“特定社会团体”而恐惧受到迫害为由向英国政府提出了难民地位申请。英国上议院基于案件事实支持了该申请者属于“特定社会团体”的主张。法官在判决中区分了两个群体：从广义上讲，该妇女应属于“巴基斯坦妇女的群体”；而从狭义上讲，也可以被归属于“触犯社会道德规范的妇女”。[④] 在加

---

① 联合国难民署.对难民、返回者和境内流离失所者的性暴力与性别暴力预防与应对指导方针[R].联合国难民署2003. 119。

② 凯特·雅斯特拉姆.玛丽莲·阿奇隆.难民保护：国际难民法指南[M]. 2004年修订版.联合国难民署.各国会议联盟.50。

③ 同上注，51。

④ *R v Immigration Appeal Tribunal, ex parte Shah and Islam* [1999] 2 AC 629, p 645.

拿大，被势力强大的犯罪集团或黑社会如贩毒组织迫害的人群，因为性取向而受到迫害的，妇女因为害怕丈夫的殴打，或其他家庭成员的暴力惩罚等，妇女不同意包办婚姻，特殊的着装要求，生殖切断等遭受的迫害，被认定为难民。

五、具有某种政治见解

因政治见解的不同而受到迫害的难民是典型的“政治难民”。如果持有不同政见者公开表达了其政治观点，且这种见解受到或可能受到迫害措施的威胁，可以认为一种“有正当理由的畏惧”就产生了。联合国难民署认为，对政治见解作广义的理解，包括针对国家机器、政府、社会和政策可能涉及的任何问题的任何见解。[①] 这可能包括对性别角色的见解，也可能包括不符合准则的行为，而这种行为导致迫害者将某种政治见解强加于他。在加拿大，属于反对党的成员，畏惧因政见不同或不支持执政党而受到迫害，可以被认定为迫害。一名妇女可能不愿意从事某项活动，例如不愿为政府军提供饭食，从而被迫害者解释为持有相反的政治见解。妇女与男性相比，从事引人注目的高姿态政治活动的可能性较小，较常见的是从事反映其主要性别角色的低级别政治活动。例如，互利反政府军伤病员，招募同情者，散发传单等。[②]

因为具有某种政治见解申请难民地位，需要证明：原本国政府机构或有权机关确实知晓申请人持有某种政治观点，或将认为申请人持有该政治观点；该政治观点无法被原本国政府接受；鉴于该国情况，申请人极有可能，或已经因为持有，或者仅仅被认为持有该政治观点而受到本国的迫害。[③] 一般来讲，仅仅持有不同于当局的政治观点，不足以证明“有正当理由畏惧”迫害。除非该政治观点已经达到为当局所不能容忍的程度，并且因此已经受到或可能受到迫害。[④]

不存在绝对的政治见解或非政治见解，其性质是由个案的背景决定的。构成政治见解应满足两个条件：第一，持有或者被认为持有当局或社会不能容忍的见解，这些见解批评当局和社会的政策、传统或方法；第二，这些见解已经受到或可能受到当局或社会有关群体的注意，或者这些见解是由当局或社会有关群体强加给寻求庇护者的。这样一种见解不一定总是已经表达出来，也不一定总是已经受到每种形式的歧视或迫害。当局评估因为具有某种政治见解原因畏惧迫害，要充分考虑寻求庇护者返回

---

① 联合国难民署.甄别难民地位的程序与标准手册（中文本）[C]. 1995. 12。

② 联合国难民署.对难民、返回者和境内流离失所者的性暴力与性别暴力预防与应对指导方针[R].联合国难民署 2003. 119。

③ European Union. Joint Position Defined by the Council on the Basis of Article K.3 of the Treaty on European Union on the Harmonized Application of the Definition of the Term "Refugee" in Article 1 of the Geneva Convention of 28 July 1951 Relating to the Status of Refugees (Annex 1), 4 March 1996, 96/196/JHA.

④ UNHCR. *Handbook on Procedures and Criteria for Determining Refugee Status Under the 1951 Convention and the 1967 Protocol Relating to the Status of Refugees*, December 2011, para. 80.

本国或经常居住地将面临的结果。①

难民审理官员要严格区分申请人到底是因为“持有政治观点”而受惩罚，还是因为出于政治目的从事其他违法行动而受到处罚。如果因违反法律规定而受到制裁，不能算作因具有某种政治见解而受到迫害。②

国家有义务避免对持有政见的自由进行任何形式的干涉。例如，不得通过教化、洗脑、用刺激心理的药物或其他操作手段进行干涉，并应防止私人实施这些行为。国际法允许人人表达自己的意见，禁止国家对持有不同政见者施加迫害。1948年《世界人权宣言》第19条规定：“人人有主张和发表自由之权；此项权利包括保持主张而不受干涉之自由，及经由任何方法不分国界以寻求、接受并传播消息意见之自由。”1966年《公民权利和政治权利国际公约》第19条规定：“人人有保持意见不受干预之权利。人人有发表自由之权利，此种权利包括以语言、文字或出版物、艺术或自己选择之其他方式，不分国界，寻求、接受及传播各种消息及思想之自由。”

国家可以在特定情况下通过立法限制持不同政治主张和表达自由。1966年《公民权利和政治权利国际公约》第19条第3款规定：“三、本条第二项所载权利之行使，附有特别责任及义务，故得予以某种限制，但此种限制以经法律规定，且为下列各项所必要者为限：(a) 尊重他人权利或名誉；(b) 保障国家安全或公共秩序，或公共卫生或风化。”1966年《公民权利和政治权利国际公约》第20条规定：“一、任何鼓吹战争之宣传，应以法律禁止之。二、任何鼓吹民族、种族或宗教仇恨之主张，构成煽动歧视、敌视或强暴者，应以法律禁止之。”联合国人权事务委员会在其就该条发表的一般性意见中认为，缔约国应以法律明确规定此类宣传和鼓吹行为违反公用政策，并规定对违反者的适当制裁措施。

---

① 联合国难民署.对难民、返回者和境内流离失所者的性暴力与性别暴力预防与应对指导方针[R].联合国难民署2003. 119。

② UNHCR. *Handbook on Procedures and Criteria for Determining Refugee Status Under the 1951 Convention and the 1967 Protocol Relating to the Status of Refugees*, December 2011, para. 84.

第七章
难民甄别程序

难民甄别程序在难民保护中发挥非常重要的作用。1951年《关于难民地位的公约》和1967年《关于难民地位的议定书》没有规定难民甄别程序，将其交由缔约国根据自己的宪法和公共管理体制，建立最适合本国的甄别程序。[①] 联合国难民署1979年颁布、1992年重编和2011年重印了《难民地位甄别程序与标准手册：根据1951年〈关于难民地位的公约〉和1967年〈关于难民地位的议定书〉》。该《手册》规定了难民甄别程序，也向进行难民甄别的联合国难民署工作人员，以及各国政府、执业律师、决策者和司法部门提供了难民甄别程序方面的国际法解释。[②] 研究难民甄别程序，有助于理解国际社会关于难民甄别程序的要求，有利于有效保护难民和制定最适合本国的甄别程序。

第一节　难民甄别的主体

一、国家

国家有责任难民甄别，以有效履行1951年《关于难民地位的公约》规定的缔约国保护难民的义务，并防止推回寻求庇护者。[③] 1951年《关于难民地位的公约》和1967年《关于难民地位的议定书》没有规定难民甄别程序，将其交由缔约国根据自己的宪法和公共管理体制，建立最适合本国的甄别程序。[④] 美国、英国、法国、澳大利亚、加拿大等国家建立了针对难民甄别的正式程序，日本等国家将有关难民甄别问题放到了外国人入境许可一般程序，还有些国家通过非正式程序安排难民甄别。国家

---

① UNHCR. *Handbook on Procedures and Criteria for Determining Refugee Status Under the 1951 Convention and the 1967 Protocol Relating to the Status of Refugees*, December 2011, para. 189.

② 各国的法律传统、资源和环境都存在差异，1951年《关于难民地位的公约》要求难民甄别决定要基于个案情况而作出，各国根据1951年《关于难民地位的公约》、1967年《关于难民地位的议定书》、联合国难民署1979年《难民地位甄别程序与标准手册》等国际文件，制定各自的难民甄别程序。

③ 凯特·雅斯特拉姆.玛丽莲·阿奇隆.难民保护：国际难民法指南[M]. 2004年修订版.联合国难民署.各国会议联盟.55。

④ UNHCR. *Handbook on Procedures and Criteria for Determining Refugee Status Under the 1951 Convention and the 1967 Protocol Relating to the Status of Refugees*, December 2011, para. 189.

的难民甄别程序存在一些缺陷。主要是：审理质量低；难民地位申请成功率低；经常缺乏正当保障，滥用加急程序；自动适用与加急程序有关的拘留；无暂停效应的上诉；缺乏获得法律咨询的机会；大量案件积压等。[①]

国家难民甄别机构应具有独立性。难民甄别制度体现了国际难民法的尊重和保障人权原则。在这一制度下，虽不能完全排除对国家利益的考虑，但这种考虑会或多或少地被难民保护所固有的人道主义色彩以及国家承担的保护难民的国际义务所淡化。以加拿大为例，移民与难民委员会是一个具有准司法性质的行政裁判所（administrative tribunal），其最终对议会负责，不隶属于制定和实施移民政策的公民与移民部。移民与难民委员会主席经加拿大总理批准，并经与委员会副主席和移民庭庭长协商，可以制定有关移民与难民委员会的工作、惯例和程序的规则。移民与难民委员会的运作可有效排除公民与移民部的支配和干涉。移民与难民委员会成员的产生需经过严格的选拔程序并由加拿大总理任命。候选人必须具备以下九种行为能力，即交流能力、抽象思维能力、决策能力、获取信息能力、分析判断能力、组织能力、结果导向能力、自我控制能力、文化感知能力。这种以能力为导向的成员的产生和任命模式决定了有在移民行政当局工作经验的人，并不必然能满足候选人的条件并最终进入移民与难民委员会，这样就从移民与难民委员会成员来源的层面上为甄别者的独立性提供了一定的保障。移民与难民委员会成员有实施听证以及仅根据证据和法律作出决定的完全自由，他们不得被要求以某种特定的方式解释和适用难民定义，也不得被指令人为地提高或降低难民的接受率。[②]

二、联合国难民署

联合国难民署是国家甄别难民的重要参与者和独立甄别难民的实施者，通过甄别难民，贯彻和监督1951年《关于难民地位的公约》和1967年《关于难民地位的议定书》的实施。联合国难民署参与国家甄别难民，源于1951年《关于难民地位的公约》和1967年《关于难民地位的议定书》的监督者地位，和与缔约国合作的权利。1951年《关于难民地位的公约》第35条第1款和1967年《关于难民地位的议定书》第2条第1款规定：缔约各国保证与联合国难民署或承继该署的联合国任何其他机关在其执行职务时进行合作，并应特别使其在监督适用本公约规定而行使职务时获得便利。1969年《关于非洲难民问题某些特定方面的公约》第8条第1款规定：各成员国应同联合国难民署合作。2010年，联合国难民署启动了“进一步提高庇护质量”项目，重点放在四个南欧国家和五个中欧国家。联合国难民署继续与希腊合作，改革其庇护

---

① 联合国难民署2011年《关于国际保护的说明》第21段。

② 赵向华.加拿大的难民地位甄别制度及其借鉴意义[J].安阳师范学院学报2013(1). 27。

制度，向委内瑞拉难民部提供帮助，处理积压的上诉。

联合国难民署发挥难民甄别方面的顾问职能。联合国难民署有着丰富的解释和适用1951年《关于难民地位的公约》和1967年《关于难民地位的议定书》的法律和实践经验。在一些国家，难民署有权通报和查阅难民地位申请文件和决定，并提出意见，还可能是上诉机关的组成部分，对难民地位申请的否定决定进行复议审理。有时，难民署实质性地介入机场的特殊难民甄别程序或涉及已经确定难民地位人员的驱逐和遣返程序。① 联合国难民署的难民甄别程序责任被概括为使需要保护的难民获得有效的保护。具体做法是：（1）评估申请人的主张及其本国状况的确定性；（2）提供类似案件的处理信息，或者相似法律条款；（3）提供正当理由的畏惧和迫害等基本概念的权威解释；（4）使1951年《关于难民地位的公约》及1967年《关于难民地位的议定书》的适用符合人道主义目标。②

联合国难民署独立甄别难民，源于1950年《联合国难民署章程》赋予的独立甄别难民的权利。该《章程》第1条第1款规定：联合国难民署秉承大会（联合国大会）命令行使职权，对于本章程所规定之难民，予以联合国所主持之国际保护。第6条规定：因有正当理由畏惧由于种族、宗教、国籍、或具有某种政治见解的原因留在其本国之外，并且由于此项畏惧或由于个人方便以外的理由而不能或不愿受该国保护的人；或者不具有国籍并由于上述畏惧或由于个人方便以外的理由留在他以前经常居住国家以外而现在不能或者不愿返回该国的人，是联合国难民署主管范围的人。

联合国难民署在中国、中国香港特别行政区、巴基斯坦等批准1951年《关于难民地位的公约》或1967年《关于难民地位的议定书》但庇护程序尚不完备的，以及仍未批准1951年《关于难民地位的公约》或1967年《关于难民地位的议定书》的国家和地区，继续按照授权甄别难民。2010年，难民署在57个国家进行了“授权甄别难民”，有时工作环境十分复杂，例如，有的国家面临着大规模人员涌入或其他不稳定因素和不安全状况。联合国难民署一直根据巴基斯坦的授权从事难民身份甄别工作（refugee status determination RSD）。联合国难民署2012年在巴基斯坦设有三个办公室，雇佣299名员工，预算1.335亿美元。③

2013年，联合国难民署受理了19.46万份新难民地位申请。世界前五大难民地位申请受理联合国难民署办事处是马来西亚（5.36万）、土耳其（4.48万）、肯尼亚（1.92万）、埃及（1.08万）的办事处，合计占难民署受理的难民地位申请总数的70%。联合国难民署4/5的难民地位申请审理结果是由在八个国家的办事处作出的。

---

① 凯特·雅斯特拉姆.玛丽莲·阿奇隆.难民保护：国际难民法指南[M]. 2004年修订版.联合国难民署.各国会议联盟. 56。

② Goodwin-Gill, Guy S. *The Refugee in International Law*. Clarendon Press, 1996. 327.

③ UNHCR. UNHCR Global Appeal 2012-13. UNHCR. 2012. 185.

2010年，联合国难民署启用了协助运作的重要举措，以便更准确地预测和评价人员需求，为难民甄别的业务管理人员和需要裁定复杂案件的工作人员制定更为专门化的培训。[①]

目前的难民地位申请数量超出了联合国难民署及时审理的能力。为了应对大量案件积压，联合国难民署制定了难民地位甄别正式配额基准，并设立了多个难民地位甄别的固定职位。尽管许多规模最大的难民地位甄别行动位于1951年《关于难民地位的公约》缔约国国内，但联合国难民署依然承担着过多的难民地位甄别的责任，因此联合国难民署正在鼓励各国更加充分地承担起难民地位甄别的责任。[②]

第二节 难民甄别程序的基本要求

一、难民甄别程序的国际法律渊源

寻求庇护者通常面临非常困难、脆弱的境况，身处陌生环境，在向外国提交难民地位申请时，可能在技术上或心理上遇到严重困难，存在语言不通的障碍。因此，难民地位申请应当备有必要知识和经验，理解寻求庇护者面临的困难、障碍和需求的机构，根据其专门的甄别程序予以审查。[③] 考虑到难民甄别程序的重要性，联合国难民署方案执行委员会1977年通过了第8号决议《难民地位的甄别》，1982年通过了第28号决议《国际保护问题全体小组委员会关于确定难民地位的早期决议的后继行动，特别关系到难民署在各国确立难民地位中所起的作用》，1983年通过了第30号决议《显然无依据地或滥用申请难民地位或庇护的问题》，1979年制定了《难民甄别程序与标准手册》。2005年12月欧盟公布了《欧盟批准和撤销难民地位程序的最低标准的指令》(*Council Directive 2005/85/EC of 1 December 2005 on Minimum Standards on Procedures in Member States for Granting and Withdrawing Refugee Status*)(简称2005年《欧盟庇护程序指令》)，为难民地位申请人提供最低的程序保护，该指令的适用范围为除丹麦之外的全体欧盟成员国，各国应最晚于2007年12月1日通过相应的国内法以施行该指令，适用于该日之后提交的难民地位申请。以上决议、手册、指令构成了难民甄别程序的主要国际法律渊源。

二、难民甄别程序的基本要求

联合国难民署方案执行委员会考虑到寻求庇护者通常面临的非常困难、脆弱境

---

① 联合国难民署2011年《关于国际保护的说明》第22段。

② 同上注，第23—24段。

③ UNHCR. *Handbook on Procedures and Criteria for Determining Refugee Status Under the 1951 Convention and the 1967 Protocol Relating to the Status of Refugees*, December 2011, para. 190.

况，及1951年《关于难民地位的公约》和1967年《关于难民地位的议定书》没有难民甄别程序方面的规定，于是在其1977年10月第28次会议上，通过了第8号决议《关于难民地位的甄别》，建议难民甄别程序应当满足以下七点基本要求，反映寻求庇护者非常困难和脆弱的境况，确保向寻求庇护者提供确定的必要的保障：

（1）缔约国边境或领土内接受难民地位申请的负责官员，例如移民官员或边境警察，应得到明确指示，以便处理可能属于有关国际规则范围内的案件。该负责官员应根据不推回原则行动，并将此类案件提交给上级主管机构处理。

（2）应使寻求庇护者得到程序方面的必要的指导和帮助，说明他应遵循的程序事项。

（3）对难民地位申请应有确定的主管当局——尽可能是统一的中央当局负责审查，并应尽快作出初审的决定。

（4）对寻求庇护者应提供必要的帮助，包括为其提供能胜任的翻译人员，以便使他的案情提交有关当局。同时申请人还应及时被告知，他可以与联合国难民署的代表取得联系。

（5）如果承认申请人的难民地位，应将该认可的决定通知本人并发给他难民地位证件。

（6）如果不承认申请人的难民地位，应给他合理的时间按照现行办法向同一或另一主管的行政或司法机构提出上诉，请求重新考虑其难民地位的决定。

（7）在上述第3项提到的主管当局未就申请人的初步申请作出决定之前，应准许他继续居住在该国，除非主管当局已经确定他的申请显然是滥用程序。申请人在向上级行政或司法机关上诉期间，也应被允许在该国居留。

联合国难民署方案执行委员会还表示，希望所有尚未建立满足以上基本要求的难民甄别程序的1951年《关于难民地位的公约》及其《关于难民地位的议定书》的缔约国，以适当的形式和程序，采取适当的步骤在未来建立诸如此类的程序，并与联合国难民署积极合作。

联合国难民署方案执行委员会在2002年《关于各个庇护系统接纳寻求庇护者的决议》中进一步指出：确认必须制订和实施公平和迅速的甄别程序，以便迅速确认确实需要国际保护的寻求庇护者，使他们避免长期处于不稳定的状态，防止滥用庇护系统以及减少接纳部门的全面压力。

三、难民甄别程序的核查清单

联合国难民署制定了难民甄别程序的核查清单，这是在执行委员会指导方针、实践经验和专家意见的基础上提出来的，用来评估寻求庇护者是否得到了公正、中立程序的难民甄别。

途径方面。（1）寻求庇护者是否有获得甄别程序的途径，即是否被允许提交难民地位申请？

面谈之前。（1）寻求庇护者是否得到了关于甄别程序的指导？（2）是否给予寻求庇护者同联合国难民署接触的机会？（3）有没有留给寻求庇护者足够时间准备难民地位申请？

面谈。（1）难民审理部门是否派合格官员与申请人进行完整的谈话？（2）翻译人员是否胜任和中立？（3）寻求庇护者是否可以获得法律代理？（4）对无人陪伴儿童作了哪些安排？

上诉。（1）当难民地位申请被拒绝时，是否有正式的上诉机制？（2）是否有其他主管部门处理上诉？（3）允许寻求庇护者停留在庇护国等待上诉结果吗？

联合国难民署的监督职能。（1）联合国难民署对寻求庇护者的情况和甄别程序是否有充分的知情权？

难民甄别程序应该是公正、中立和有效的。国家可以通过调配充分资源，提高难民甄别效率。及时审理难民地位申请对寻求庇护者、社会公众和国家都是有益的。及时审理有利于寻求庇护者确定自己的未来，放心地重建逃离本国后的生活，否则一切处于不稳定之中，无法规划和开始新生活。及时审理有利于社会公众了解和支持寻求庇护者，配合难民管理部门安置寻求庇护者。及时审理有利于庇护国识别不符合难民标准的申请人，减少安置他们的成本，尽快遣返他们回国。

四、接纳寻求庇护者的基本要求

在难民甄别期间，庇护国要接纳寻求庇护者，向他们提供必要的实物援助和或者资金援助，帮助寻求庇护者实现自立。如果提供机会的话，许多寻求庇护者都能达到一定程度的自立。以此为前提，接纳寻求庇护者安排可以是互利的。

虽然在作出接纳寻求庇护者安排时可有一定程度的灵活性，但是各种接纳措施必须尊重人的尊严以及适用的国际人权法和标准。寻求庇护者在需要援助时应当能够同政府或者非政府组织取得联系，以便满足他们的基本需求，其中包括食物、衣服、住所、医疗以及对于个人隐私的尊重。性别敏感性和年龄敏感性应当反映在接纳安排之中，特别是要考虑儿童在教育、心理、娱乐以及其他方面的特别需要，尤其是无人陪伴儿童。接纳安排也应考虑到遭到性虐待和性剥削，以及遭到创伤和酷刑的受害者的特别需要以及其他弱势群体的特别需要。在作出接纳安排时应当考虑与当地家庭的团聚，特别是在接纳中心的家庭团聚。

为了保护难民免受任意驱逐，同时让他们获得接纳安排，不论其性别，均应让寻求庇护者进行登记，同时发给证明其身份的适当文件，其有效期到对其难民地位申请作出最后决定为止。根据庇护程序的性质以及接纳安排的类型，有关社会和经济福利的种类和范围可以有所不同。在促进各国同联合国难民署之间的合作方面，根据数据保护和机密的原则，同时考虑到进入接纳中心或者其他难民中心的人的利益，联合国难民署为了行使其国际保护的职责，应该获得有关寻求庇护者的数据；同时寻求庇护者也有权与联合国难民署取得联系。

在作出接纳安排的同时，必须促进有利于寻求庇护者公众舆论以及对于庇护系统的信心和信任，因为他们对于任何接纳安排的有效执行是十分重要的。庇护当局要和联合国难民署、其他有关的行为者合作，同针对寻求庇护者的种族主义、种族歧视、仇外心理以及相关的不容忍行为作斗争，并且采取适当措施创造或者加强同当地社区的和睦关系。可采取的办法包括：促进对于寻求庇护者和难民的尊重，宣传他们的需求以及推动寻求庇护者对于当地文化、习俗及宗教的尊重。①

五、难民甄别程序的发展：以中国香港地区为例

（一）中国香港地区难民甄别程序存在的问题

完全实现难民甄别程序基本要求不是一件容易的事情，即使制定《难民甄别的程序与标准手册》的联合国难民署，在实施难民甄别程序时，也受到一些批评。中国香港地区社区组织协会于2005年11月至2006年6月期间，研究香港难民甄别机制，共访问100名向联合国难民署香港办事处提交难民地位申请的寻求庇护者，② 其中一成(10.0%)受访者已被核实其难民地位、六成多（63%）的受访者在等候核实难民地位，其余二成多受访者已接获联合国难民署香港办事处二次通知拒绝其难民地位申请。该协会2006年7月发布了《香港难民甄别机制研究报告》，认为联合国难民署香港办事处难民甄别的机制存在以下八方面问题。

（1）联合国难民署香港办事处拒绝承认寻求庇护人士获得法律咨询的权利。超过九成（91%）的受访者表示，联合国难民署香港办事处没有向申请人告知有关权利，不容许律师在场参与面谈。

（2）联合国难民署香港办事处只与申请人作极短面谈即拒绝难民地位申请。在首次面谈后申请不成功的受访者中，近四成（39%）表示，他们获得少于两小时的面谈。另外，在先后两次面谈申请不成功的受访者中，六成半（65%）的受访者表示他们获得不多于两小时的面谈，陈述上诉理由。

---

① 联合国难民署方案执行委员会2002年《关于各个庇护系统接纳寻求庇护者的结论》。

② 香港社区组织协会2005年研究香港寻求避难人士甄别难民身份机制期间，香港有1,535名寻求庇护者。

（3）没有经常提供口译，口译服务素质令人存疑。超过四成（41%）受访者认为口译仅总结申请人陈述内容，近四成（37%）受访者表示，他们在理解口译的口内容时出现困难。超过一成半（16%）需要口译的受访者表示，至少一次面谈缺乏口译在场协助翻译。

（4）没有向申请人提供个案详细信息。近九成（88%）被访者表示，联合国难民署香港办事处没有问及是否同意面谈中的各项要点；绝大部分（98%）受访者表示，联合国难民署香港办事处的人员没有向当事人提供文件副本。

（5）没有提供拒绝申请的理由。超过八成（81%）受访者表示，他们从未收到联合国难民署香港办事处的任何书面回复，告知申请被拒理由。按照一般情况而言，联合国难民署香港办事处只向未能成功申请人作口头通知。近三成（27%）受访者表示，联合国难民署香港办事处从未向申请人解释甄别不成功的理由。

（6）联合国难民署香港办事处面谈方式令人不安。超过七成（72%）受访者表示感觉面谈期间极不自在，近两成（19%）受访者表示，面谈者态度具威胁性，近四成（37%）感觉面谈者武断其个案，态度不中立。

（7）联合国难民署香港办事处缺乏投诉机制。近四成（37%）受访者曾向联合国难民署香港办事处投诉，其中近七成（69%）没有得到任何回复。

（8）联合国难民署香港办事处处理甄别申请速度缓慢。超过四成（43%）受访者需要等候7个月或以上，方能获通知难民地位申请是否成功。二成多（22%）受访者表示，他们在首次申请失败后，需再等候13至24个月，方获告知申请是否成功。

（二）中国香港地区难民甄别程序的完善

1979年，联合国难民署在中国香港地区设立常驻办事处，以应对当时越南乘船外逃难民（船民）的大量涌入。一开始，该办事处旨在协助越南难民，但随着时间的推移，它的目标逐渐转变，力求为所有抵达香港的寻求庇护者提供帮助。香港办事处的工作范围涵盖了澳门特别行政区。1989年至1995年，大约20万乘船外逃印支难民抵达香港，其中14.4万印支难民被安置到第三国，5.8万人自愿返回原籍国，1,400人就地融合。1996年以来，由于香港政府没有签署1951年《关于难民地位公约》，没有制定法律框架监管庇护权的授予，因此联合国难民署依据它的工作职能肩负起了难民甄别，援助寻求庇护者和难民，以及谋求和促进长远解决方案（大多是重新安置）的主要工作。2000年2月，中国香港特区政府宣布了扩大本地收容计划，允许所有在香港越南难民和船民（约2,400人）申请领取香港身份证成为当地居民。香港特区在对每一个综合行动计划中的案子提供本地收容选择的工作上尤为灵活，并不受限于其原先定在2000年4月的最后期限。

2004年6月，香港在 Secretary for Security v. Sakthevel Prabakar 一案（（2004）7

HKCFAR 187）中，终审法院裁定，由于对依据1984年《禁止酷刑公约和其他残忍、不人道或有辱人格的待遇或处罚公约》提出的申请作出的决定可能涉及申请人的生命安危，而且有可能令其失去免受酷刑对待的基本人权，因此在作出有关决定时必须达到严格的公正标准。2004年末，香港入境事务处制订了一个单独且独立的监管机制，以审查依据1984年《禁止酷刑公约和其他残忍、不人道或有辱人格的待遇或处罚公约》提出的申请。2006年6月起，香港特别行政区政府通过社会福利署逐渐接管援助最寻求庇护者的工作。2008年12月，FB v. Director of Immigration一案（(2009)2 HKLRD 346）裁定，之前用于审查依据《禁止酷刑公约》提出的申请的监管机制并未达到严格的公正标准。2009年12月，一套改善了相关程序以达到严格公正标准的完善监管机制开始实行，用以审查依据1984年《禁止酷刑公约和其他残忍、不人道或有辱人格的待遇或处罚公约》提出的申请。联合国难民署和香港特区政府签署了一份谅解备忘录。依据这份备忘录，移民官员将协助联合国难民署进行能力建设以及难民甄别工作。

2012年7月，《入境（修订）条例》开始实行，为通过已完善的监管机制来评估依据1984年《禁止酷刑公约和其他残忍、不人道或有辱人格的待遇或处罚公约》提出的申请提供法律支持。2012年12月，伴随着《入境（修订）条例》的实施，建立一套甄别酷刑申请的法定程序和上诉机制，及成立酷刑申请上诉委员会的工作也逐渐展开。2012年12月，在终审法院对Ubamaka Edward Wilson v. Secretary for Security一案(FACV 15/2011)作出裁定之后，依据香港法例第383章《香港人权法案》第3条（BOR3）第8款，无权进入和停留在香港的人士（如非法移民和预期滞留者）可申请不驱回保护。

2013年3月，在C & Ors v. the Director of Immigration & Another一案中（[2013] 4 HKC 563），终审法院裁定，入境事务处处长需要在将难民遣返回原籍国之前依据当局的既定政策进行“迫害申请”调查。有关这项发展的更多信息，请查询“判例法”。7月，香港特区政府在立法会保安事务委员会公布了采用统一审核机制（Unified Screening Mechanism, USM）的计划。统一审核机制将用于审查基于以下三项理由提出的不驱回申请：(a)《联合国禁止酷刑和其他残忍、不人道或有辱人格的待遇或处罚公约》中定义的酷刑（就《禁止酷刑公约》提出的申请）；(b)《香港人权法案》第3条限定的酷刑和其他残忍、不人道或有辱人格的待遇或处罚（就《香港人权法案》第3条提出的申请）；和/或(c) 1951年《关于难民地位公约》第33条原则规定的迫害（迫害申请）。

2014年3月，实行统一审核机制（Unified Screening Mechanism），以审核根据包括《入境条例》所指的酷刑，《香港人权法案条例》所指的酷刑或残忍、不人道或侮辱之处遇或惩罚，以及参照1951年《关于难民地位的公约》不推回原则所指的迫害等风险为理由，要求避免从香港被驱逐、遣返或引渡至另一国家而提出的免遣返保护申请。须被或可被遣返或递解离境的人（或在移交逃犯法律程序中被要求移交的人），如声称从香港被驱逐、遣返或引渡至另一国家会遭受上述风险，可向入境事务处提出免遣返申请。在统一审核机制下，入境处会根据所有适用的理由，一次性审核其免遣返申请。香港特区终审法院在2012年12月及2013年3月分别作出两项判决后，香港特区政府于2013年7月向立法会保安事务委员会陈述，将实施统一审核机制，以现行《入境条例》的酷刑申请法定审核机制为基础，在符合法律要求的高度公平标准的程序下，根据所有适用的理由一并审核免遣返申请。

统一审核机制的程序按照《入境条例》的酷刑申请法定审核机制所制订，包括要求申请人完成一份免遣返申请表格以提供理由及证据，其后入境事务主任会安排申请人出席会面，提供资料及回答有关该申请的问题。为使酷刑申请上诉委员会可一并处理不服入境处决定的申请人所提出的上诉呈请，行政长官已经授权上诉委员会全体委员，以其个人身份，根据1990年《香港特别行政区基本法》第48条第13款，处理根据《入境条例》第ⅦC部分所指的酷刑以外的其他理由所提出的呈请。

香港特区政府发言人表示：统一审核机制将有助我们落实相关政策目标，即按照合乎法律所要求的高度公平标准的程序，审核为抗拒被驱逐、遣返或引渡至另一国家而提出的免遣返申请；同时避免经济移民滥用程序，以达致延长非法留港的目的。发言人重申：实施统一审核机制并不影响特区政府就1951年《关于难民地位的公约》和1967年《关于难民地位的议定书》从未适用于香港的一贯立场，及不给予任何人庇护或核实任何人的难民身份的坚定政策。联合国难民署将继续按其授权为难民提供保护。为此，入境事务处会将迫害风险获确立的免遣返申请人转介至联合国难民署，让该署考虑确认该申请人为难民，以及为获确认为难民的人安排移居至第三国。①

此后，联合国难民署香港办事处不再审核难民地位申请，在难民和庇护政策上更多地担任顾问的角色，标志着联合国难民署香港办事处在工作职能中的一大重要发展。随着香港难民法制建设推进，拥有健全难民法律体系的香港更有能力实行完整的难民甄别程序，完整的难民甄别程序已被证明能为关注人群提供更多便利。由此，联合国难民署香港办事处与全球其他办事处一样，将把重心更多地放在其他的难民保护的职能上，这进一步接近了联合国难民署的全球行动和战略，其中包括由国家负责难民地位甄别，当地难民署办事处进行协助指导的目标。

另外，联合国难民署香港办事处在寻求庇护者法律服务方面也取得了很大进展。2009年，联合国难民署香港办事处允许寻求庇护者由法定代理人陪同完成难民地位申请各个环节。寻求庇护者可以从难民地位申请登记到难民地位申请最终决定期间任

---

① 酷刑申请审核机制统一[N].大公报网2014年2月8日。

何时候聘请法定代理人。香港司法中心（Hong Kong Justice Centre），原香港难民咨询中心（Hong Kong Refugee Advice Centre），以及一些当地律师从事难民法业务。根据联合国难民署香港办事处的要求，律师必须事先在办事处登记，证明有能力从事难民法业务，例如修读难民法课程或者有难民法方面的经验，才可以接受聘任担任寻求庇护者的法定代理人。

第三节　难民甄别程序的原则

审理难民地位申请，需要遵循寻求庇护者负担举证主要责任、难民审理官员负担举证协助责任、推定诚信、保密等原则，确认寻求庇护者主张的事实，审查清楚寻求庇护者主张难民地位的基本理由和支持这些理由的各种证据，判断其是否符合难民标准。

一、寻求庇护者负担举证主要责任

寻求庇护者负担举证主要责任，自己提供与难民地位申请有关的证据。这与谁主张、谁举证的法律一般证据原则相一致。难民审理官员等负责难民甄别的人评估证据的有效性和陈述的真实性。考虑到寻求庇护者提交证据的现实困难，各国难民甄别程序的证据规则应当适当放松标准。[①] 寻求庇护者逃离本国，很难携带完整的证据甚至身份文件，并且频繁地更换地点，不能通过有关文件或其他证据来支持他的陈述，以致提供证据证明其陈述是一种例外。

难民审理官员负担举证协助责任。[②] 在某些难民地位申请案件中，需要难民审理官员使用独立调查、推定诚信等方法确认事实，或者根据所掌握的信息和资源为寻求庇护者提供证明其所述事实的必要证据。放松寻求庇护者举证责任标准不意味着，即使提供的证据与寻求庇护者提出的主张不一致，也要接受其主张。

二、推定诚信

很难要求寻求庇护者提供证据证明案件中的每一部分。多数情况下寻求庇护者提交证据往往不足以证明其所陈述事实的真实性，他们逃难至国外时随身只带了生活必需品，有时甚至连身份证件都丢失了。如果以他们提供的证据为条件，可能造成大多数难民地位申请得不到受理和批准。联合国难民署建议：在当事人尽力提供证据仍不

---

① UNHCR. *Handbook on Procedures and Criteria for Determining Refugee Status Under the 1951 Convention and the 1967 Protocol relating to the Status of Refugees,* December 2011, para. 196.

② Ibid., para. 195.

能完全证明的情况下，可以推定难民是诚信的，相信其所述事实是真实的。[①] 换句话说，如果寻求庇护者的理由处于将信将疑的情况，除非有明显不利的理由，那么应推定寻求庇护者诚信，给予其疑点利益。诚信推定的前提是“难民审理官员用尽了他可以使用的一切手段还是不能找到必要的证据，同时还认为申请人提供的事实在一定程度上是可信的，不存在前后陈述相互矛盾之处”[②]。当所有可获得的证据已经获得、得到检查，而且难民审理官员对寻求庇护者已有一般程度上的信任度时，才能给予寻求庇护者疑点利益。寻求庇护者的陈述必须是一致和可信的，不能违背一般已知事实。

三、保密

需要确保难民地位申请审理的保密性，这有助于寻求庇护者无所保留地陈述事实。难民审理官员要告知寻求庇护者，不会对外透漏申请人面谈的谈话内容。必要时，有些谈话内容甚至不能让申请人的配偶或其他家人知晓。难民审理官员获取申请人的信任是非常重要的。受到申请人信任才能更有效地协助申请人表达观点、陈述主观情绪，将案件向良性方向引导。[③] 难民审理官员要确保宽松的面谈环境，在面谈时保持足够的耐心和专业技巧。如果寻求庇护者在本国受过迫害，这种苦难经历会使他在与难民审理官员面谈时感到紧张和害怕，以致不能畅所欲言，详细和准确地陈述自己所受的迫害。[④] 另外，需要向与性别有关的寻求庇护者，特别是酷刑或创伤的幸存者，提供一种同情和支持的环境，这种环境能使他们确信自己要求的保密性得到保障。一些寻求庇护者因为对发生在他们身上的事情感到羞耻，或由于创伤未愈，可能不愿意把他们所受的或畏惧的迫害和盘托出。他们可能继续害怕有权势的人，或者害怕遭到家庭和 / 或社区的排斥与报复。[⑤]

---

① UNHCR. *Handbook on Procedures and Criteria for Determining Refugee Status Under the 1951 Convention and the 1967 Protocol relating to the Status of Refugees*, December 2011, para. 203.

② Ibid., para. 195.

③ 联合国难民署. 与难民地位申请人的面谈（中文本）[C], 1996. 15。转引自梁淑英. 国际难民法 [M]. 知识产权出版社. 2009. 138。

④ UNHCR. *Handbook on Procedures and Criteria for Determining Refugee Status Under the 1951 Convention and the 1967 Protocol relating to the Status of Refugees*, December 2011, para. 198.

⑤ 联合国难民署1995年《对难民的性暴力：预防和应对的指导方针》，总结经验教训的机构间会议议事录报告2001年《在难民形势中预防和应对性暴力与性别暴力》。

第四节 难民甄别程序

一、申请

受迫害者来到庇护国后，应合理和不拖延地向庇护国当局或者联合国难民署代表机构提出难民地位申请，避免错过提交难民地位申请的期限。提出难民地位申请时，提交如实填写的申请表，回答申请表的所有问题，例如，本人和家庭成员的基本信息，迫害事实等，并附上相关证据。填写申请时，可以要求提供法律援助，用于理解和适用难民法。提交难民地位申请时，通常不需要支付申请费。如果申请被拒绝，需要补交申请费。在法国，如果申请难民地位，应提供如下材料：(1)居留申请表(有18种语言)，用法语填写；(2)四张近期免冠照片，反映本人相貌；(3)相关身份证明，必要时，需提供伴侣或子女身份证明；(4)离开所在国之后到入境法国期间的停留证明。(5)住宿证明：需向省政府提供在法国的常驻地址。如在法国无固定住址，可以填写私人住址、酒店或经省政府认可的协会。无法提供护照或其他身份证件的，可书面陈述申请。

为了避免滥用寻求庇护权和维护本国利益，很多国家规定了提交难民地位申请的限制。根据1990年《美国移民和国籍法》第208条第1款，在授予难民(境内)(asylum)的过程中，有三种情况属于例外，是不可以申请的：(1)存在安全的第三国。如果司法部长认为，根据双边或多边协议，申请人可以移至第三国(非美国、非原居住国或迫害发生国)，而且第三国没有发生迫害，那么通常不能给予申请人难民(境内)地位，除非是司法部门认为给予申请人难民(境内)地位有利于公共利益。(2)申请时间有限制。申请人必须在入美一年以内申请难民(境内)地位。(3)如果之前申请过难民(境内)地位被拒，不能再申请。上面的第二点和第三点不包括"国家情况发生变化"或者"个人情况发生变化"。如果申请人原居住国或个人情况发生变化，可以在情况发生变化一年以内提出申请。如果之前提交的难民(境内)地位申请被拒，但现在国家情况或个人情况发生了变化，可以再次提交申请(或者申请重开之前的案件)。不过，要说服移民法官"国家情况发生变化"以及"个人情况发生变化"，需要有非常有力的证据。

在加拿大，从2004年12月开始，从美国入境到加拿大的申请人不得在加拿大边境提交难民地位申请。已在加拿大境内的申请人，不论如何入境的，可以提交申请。但是这不包括抵达加拿大机场的人，即他们先飞抵美国，然后在美加边境递交难民地位申请，除非是18岁以下的儿童，或有亲人在加拿大，如父母、祖父母、子女、孙子女、侄子女、外甥子女、叔叔、阿姨等。

瑞士从2014年5月，比利时从2013年9月开始，不受理从印度到该国的中国西藏地区的人士的难民地位申请，拒绝给予其各项难民辅助，禁止其在该国短暂居留。很多从印度到欧洲各国的流亡西藏地区人士，因为拥有印度政府颁发的难民证件（RC）和出国旅行证（IC），被认为不符合1951年《关于难民地位的公约》规定的难民定义。

二、受理（登记和识别）

对有效的难民地位申请，要予以受理。应有明确指定机构负责受理难民地位申请，这些机构应清楚地知道自身的职责和义务。受理机构往往包括：边检站、机场、火车站、海港以及移民局、警察局、出入境管理局等地方政府相关部门。应授权边检站、机场、火车站、海港受理偷渡寻求庇护者的难民地位申请。[①]

要记录难民地位申请人的资料，登记和识别申请人，并提供一份证明其合法停留身份的证明，这份证明应有效至对他们的申请作出最终有效决定。联合国难民署在2003年《关于国际保护问题的决议》中指出：确认早期和有效登记制度和登记普查作为保护手段的重要性，同时，它作为一种办法，有助于定量评估提供和满足人道主义援助方面的需求，执行适当的永久解决方案。联合国难民署还认为，多数寻求庇护者都曾在其国籍国或经常居住国遭受过酷刑或有过服刑的经历，实施拘留或类似拘留强制措施会使这部分申请者在精神上、心理上产生重大负担，并因此给其带来不必要的痛苦。拘留或类似拘留强制措施将不可避免地影响到申请者接受法律援助的权利的实现。联合国难民署建议，只有在没有其他替代措施的特殊情况下才可对寻求庇护者实施拘留或类似拘留强制措施。

日本曾经对寻求庇护者实施收容，2004年日本废除了这一规定。1981年《出入国管理和难民认定法》第24条规定：对于非法入境、非法登陆或非法居留的难民地位申请者来说，提出难民地位申请本身并不能使其免于受到强制遣返的处罚。这部分申请者往往没有合法的地位，这就导致从提出难民地位申请到被告知难民甄别结果期间，其一直处于被出入境管理部门收容的境地。2004年，日本修改《出入国管理和难民认定法》，新法第61条第2款第4项规定：尚未取得居留资格的外国人（包括非法入境、非法登陆、非法居留的外国人），如果直接从可能遭受迫害的国家领土来到日本，且在登陆日本后6个月内提出难民地位申请，则法务大臣可允许其在日本境内暂时居留。暂时居留许可的有效期将一直延续到难民甄别程序结束为止。根据新法第61条第2款第6项的规定，在暂时居留许可的有效期内，出入境管理部门不对上述难民地位申请者启动强制遣返程序。这意味着，在难民甄别过程中，这部分申请者将不再面临被收容的危险。这一修订因为考虑到了难民所处的特殊境地、反映了难民法的

---

① 凯特·雅斯特拉姆.玛丽莲·阿奇隆.难民保护：国际难民法指南[M].2004年修订版.联合国难民署.各国会议联盟.66。

人道主义精神而受到联合国难民署的欢迎。[①]

进行登记和获得证件是甄别难民的基本条件，尤其是作为不推回的保障和获得服务的基础。2010年，联合国难民署为约40个行动提供了帮助，提高登记、数据收集、分析和证件发放的水平及质量。难民署在30个国家为寻求庇护者和难民提供了身份证件。在其中12国，难民署与政府联合发放此类证件。难民署为驻地办事处提供了大量帮助，确保正确、一致并系统地使用ProGres数据登记系统。例如，在厄瓜多尔改进了登记工作，共承认27,740人为难民，并将1,169人转至常规程序进行进一步审查。2010年，难民署设立了流动小组，在登记机会有限的地方开展登记工作，例如，刚果民主共和国的自建难民定居点、马来西亚的城市地区、哥伦比亚境内流离失所者相关区域[②]。

在中国，2012年《出境入境管理法》第46条规定：申请难民地位的外国人，在难民地位甄别期间，可以凭公安机关签发的临时身份证明在中国境内停留。在法国，一旦提交了难民地位申请文件，难民地位申请就交由法国难民与无国籍保护局（OFPRA）进行审理。根据情况，难民地位申请或进入正常程序，省政府将签发临时居留许可（autorisation provisoirede séjour，APS），或者进入优先程序，这种情况下省政府不会签发APS临时居留许可。合法停留身份的证件是申请人身份和地位的证明。寻求庇护妇女应拥有同等的获得独立于他们男性亲属之外的身份文件的权利，并且以自己的名字出具。

三、提供信息（告知）

庇护国应向寻求庇护者提供以他理解的语言作出的关于难民地位申请，特别是其享有权利和承担义务的信息，这有利于公平和有效地进行难民甄别。很多寻求庇护者不了解难民地位申请，不知道难民甄别的标准和程序，通过不准确渠道获得难民信息会使难民地位申请审理复杂化。庇护国应向寻求庇护者提供免费的中立的口译服务，帮助寻求庇护者与难民审理官员交流和沟通。为寻求庇护妇女配备妇女口译员，减少因为性别不同而产生的交流和沟通障碍，特别是寻求庇护妇女遭受性别暴力的迫害时。为无人陪伴儿童指定一名最大程度代表其利益的监护人，帮助其陈述事情和表达诉求。另外，庇护国应告知寻求庇护者，他们有权联系联合国难民署、他们的律师或者代理人。适当的时候，寻求庇护者有权获得联合国难民署或者其他人权组织的难民援助。[③]

---

① 赵向华.论日本的难民甄别制度[J].北华大学学报（社会科学版）2012(6). 86。

② 联合国难民署2011年《关于国际保护的说明》第25—26段。

③ 凯特·雅斯特拉姆.玛丽莲·阿奇隆.难民保护：国际难民法指南[M]. 2004年修订版.联合国难民署.各国会议联盟.67。

四、面谈

由于寻求庇护者提交证据的现实困难，庇护国需要重视与寻求庇护者的面谈，安排一位能客观和公正作出决定的官员与寻求庇护者面谈，听取寻求庇护者的陈述。面谈可以使难民审理官员评估寻求庇护者的举止和行为，补充提出必要的详细的问题，避免和减少书面审理的不足。开放而令人放心的环境对面谈者和寻求庇护者建立起信任感非常重要，有助于寻求庇护者完全披露有时属于敏感和私人的情况。面谈房间的布置应当有益于寻求庇护者与面谈者之间的交流和沟通，促进信任，减少寻求庇护者感到权力不平等的可能性。

面谈者应向寻求庇护者自我介绍，然后介绍口译，清楚地解释每个人的角色和面谈的确切目的。应使寻求庇护者放心，其要求将以最保密的方式对待，寻求庇护者提供的情况绝不会告诉他或她的本国定居，甚至朋友和家人。难民审理官员应说清楚自己不是创伤心理咨询师，以免误导寻求庇护者。

寻求庇护者在面谈中必须实事求是地讲述知道的所有事实，协助面谈者查明案件事实。寻求庇护者尽量提供相关证据证明所述事实的真实性，对未能提供的证据作出说明解释，并尽可能向难民审理官员提供一切与自身及自身经历相关的详细信息。事实上，大多数难民除了自己的证词以外没有其他证据可以支持他们的申请。难民地位的认可不应依赖于任何特定的正式证据，可以仅仅依赖寻求庇护者的可信证词。[①]

难民审理官员可以就寻求庇护者提出的证据或陈述的事实发问，寻求庇护者应当回答问题以及之后的任何追问。[②] 难民审理官员在整个谈话过程中应持中立立场，持怜悯和不偏不倚的态度，应避免使用可能被认为进行恫吓或在文化上缺乏敏感性或不适当的身体和手势语言。在寻求庇护者讲述事实时，面谈者应尽可能地让其讲下去，不打断或者少打断。

进行多次面谈通常是必要的。通过多次面谈，可以让难民审理官员根据寻求庇护者提出的信息以及充分解释他的观点和感受的情况下，获得对寻求庇护者的信心。首次面谈往往通过一些预设的标准问题，获取一些基本信息。凭借这些基本信息很难作出申请人是否符合难民标准的决定。[③] 难民审理官员一般在首次面谈中大致了解寻求

---

① 凯特·雅斯特拉姆.玛丽莲·阿奇隆.难民保护：国际难民法指南[M].2004年修订版.联合国难民署.各国会议联盟.68。

② UNHCR. *Handbook on Procedures and Criteria for Determining Refugee Status Under the 1951 Convention and the 1967 Protocol Relating to the Status of Refugees*, December 2011, para. 205.

③ Ibid., para. 200.

庇护者，在进一步面谈中澄清首次面谈获取的不一致和模糊的信息，[①] 找到重要事实中的误解或隐藏信息的解释。

庇护国应在必要的地方建立心理咨询、社会咨询和其他支持服务机制，提供训练有素的心理咨询或者社会咨询服务，在面谈前后向寻求庇护者提供必要的帮助和支持，使他们适应面谈环境，尽早彻底披露有关属于敏感的和私人的情况。

五、确认事实

在难民甄别程序的确认事实环节，寻求庇护者应当：（1）实话实说，协助难民审理官员充分了解和理解案情。（2）努力通过现有的证据支持其陈述，对缺少的证据要给出充分的理由。如果有必要，必须尽力获得更多的证据。（3）尽可能提供详细的关于自己的所有相关信息和过去的经历，使难民审理官员能够认定相关事实。寻求庇护者应当对所有原因给出一致解释支持申请，并且寻求庇护者要回答向他提出的任何问题。

难民审理官员应当：（1）确保寻求庇护者尽可能提供所有可获得的证据。（2）评估寻求庇护者的可信度和对证据进行评价，如果有必要，可给予寻求庇护者疑点利益，以便建立对案件的主观和客观判断。（3）为了正确审理寻求庇护者的难民地位申请，要将对案件的判断与1951年《关于难民地位的公约》规定的难民定义相联系。

六、决定

庇护国应明确指定一个部门，最好是一个中央部门作为难民地位申请的初审部门。初审部门应掌握寻求庇护者的档案、面谈记录及审理过程中涉及的有关机构的建议。该机构在作出决定时，应结合寻求庇护者本国的情况，评估寻求庇护者提供的所有相关信息，并判断寻求庇护者的情况是否符合国际难民标准或庇护国难民标准。难民地位申请决定应以书面形式通知寻求庇护者。[②]

初审部门的难民审理官员在确认事实的基础上，基于以下考虑，作出难民地位申请审理的决定：

（1）根据案件情况，在全面和综合整个案件基础上评估寻求庇护者的陈述。不能仅仅根据虚假陈述拒绝难民地位申请。

（2）考虑寻求庇护者经历的累积效应，不能仅根据单一事件决定寻求庇护者的申请。以单一事件决定寻求庇护者的申请，可能会产生误判。有时一个小事件可能

---

① UNHCR. *Handbook on Procedures and Criteria for Determining Refugee Status Under the 1951 Convention and the 1967 Protocol Relating to the Status of Refugees*, December 2011, para. 199.

② 凯特·雅斯特拉姆.玛丽莲·阿奇隆.难民保护：国际难民法指南[M]. 2004年修订版.联合国难民署.各国会议联盟.68。

是“最后一根稻草”，需要将所有有关事件放在一起，认定寻求庇护者“有正当理由”畏惧。

（3）以公正、理解的精神适用难民标准。难民审理官员对案件事实所作的决定以及他对寻求庇护者的个人印象将会对难民地位申请决定产生重要影响。难民审理官员不能以“寻求庇护者可能是‘不值得处理的案件’”的个人考虑而影响其决定。

（4）对于无人陪伴儿童，应根据该名儿童的最大利益作出决定。

根据联合国难民署的示范文本，初审决定的内容应包括如下七点：

（1）全部有关申请人个人资料的基本介绍，即难民署掌握的和登记表中的申请人基本资料。

（2）作为申请依据的1951年《关于难民地位的公约》和1967年《关于难民地位的议定书》或其他国际文件的规定。

（3）作为支持申请提供的证明、证据的概要，及按照时间顺序和可读形式记录的申请人陈述。

（4）对案件类型的评估。

（5）对每个问题所提供证据和有关法律要点进行简要说明。

（6）对每个问题所作的事实及法律决议，包括详细的理由。

（7）对决议的简要说明。

在欧盟，成员国可以就难民地位申请作出六种决定:（1）不予受理（inadmissible）;（2）明显无合理依据（manifestly unfounded of the application）;（3）无合理依据（unfounded of the application）;（4）批准申请（founded of the application）;（5）程序终止（decision not to continue the examination）;（6）拒绝申请。[①] 其中“安全第三国”的认定有可能成为审查作出“不予受理”或“无合理依据”决定的理由。

七、复议和（或）诉讼

难民地位申请复议和（或）诉讼程序是一种监督机制，有助于保护寻求庇护者难民地位申请中的合法权利，并对难民甄别程序进行纠错。联合国难民署方案执行委员会1977年第8号决议《确定难民的地位》要求缔约国给予难民地位申请人复议和（或）诉讼的机会:“如果不承认申请人为难民，应有合理时间按照现行办法向同一个或另一个主管行政机构或司法机构提出复议和（或）诉讼，请求正式重新考虑该项决定”。庇护国应给予被拒绝的寻求庇护者一段合理时间提出复议和（或）诉讼，并且

① Battjes, Hemme. ‘Asylum procedures’, in *European Asylum Law and International Law*, Leiden/Boston: Martinus Nijhoff publishers, 2006. 304.

告知其复议和（或）诉讼程序及相应的权利和义务。复议和（或）诉讼机构应具有独立性和公正性，与初审机构不是同一个机构，或者至少使用与初审机构中不同官员。在等待复议和（或）诉讼审理决议期间，有权继续合法在庇护国居留。

复议和（或）诉讼机构受理复议上诉案件后，迅速指派专人全面审查初审决议。在确认事实方面，复议和（或）诉讼机构要审查初审查明的事实是否属实；审查当事人所提交的证据是否能够证明其所述事实；在证据缺失的情况下初审机构适用“推定诚信”是否适当。在法律适用方面，复议上诉机构要审查初审中适用的国际法和国内法规则是否正确，初审机构对拒绝当事人申请所依据的法律理解是否正确，以及适用是否恰当。复议上诉机构审查确认事实和法律适用后，可以作出复议上诉审查决议，并及时将决议通知复议上诉人。[①]

在法国，收到法国难民与无国籍保护局的拒绝申请时，一个月内可向国家级难民权益法院（La cournationale du droit d’asile, CNDA）上诉，解释为何不认同OFPRA法国难民与无国籍保护局的决定，或者要申请辅助性庇护而不是重新申请难民地位的理由，并且解释不愿回国的原因。国家级难民权益法院（CNDA）否决难民地位申请后，如果拥有新材料，证明回国后面临的危险和迫害仍旧存在，可以要求法国难民与无国籍保护局再次审核申请。上诉书寄出后，国家级难民权益法院会向指定地址寄送一份上诉收据，证明上诉已经被受理。上诉人应手持该收据到省政府请求延长三个月的短期居留。上诉人可以申请法律援助，相关费用由国家全部或部分负责。对国家级难民权益法院的决定，可以向行政法院提出撤销原判决的诉讼。行政法院不会重新审核全部请求，只会审核一些法律上的问题。这个程序繁琐且需要专业律师（可申请法律援助），不会延长申请人在法国的居住期，也不会阻止被遣返回国。

在加拿大，移民和难民委员会（Immigration and Refugee Board, IRB) 根据1951年《关于难民地位的公约》第1条和1984年《禁止酷刑和其他残忍、不人道或有辱人格待遇或处罚公约》第3条，审理在加拿大境内提交的难民地位申请。当事人不服移民和难民委员会难民地位申请审理决定的，可以向难民复议处（Refugee Appeal Division）申请复议。难民复议处在收到复议申请后，通常在90天内作出决定，开庭审理的除外。难民复议处审理以书面审理为主，个别情况下，进行开庭审理。当事人不服难民复议处审理决定的，可以向联邦法院提起诉讼。联邦法院通常会拒绝90%的难民地位申请诉讼，而不给出理由。境内难民地位申请被拒绝者可以向加拿大公民和移民部申请遣返前风险评估，从而暂时不被遣返。公民和移民部只审查提交的新证据，不审理原遣返决定。如果接受不被遣返的理由，可以根据人道和同情理由给予遣返前风险评估申请者加拿大永久居留权。即使考虑了不被遣返的理由，仍然可以遣返

① 吴迪.庇护国际法律制度研究[D].华东政法大学2013届国际法专业博士学位论文，113-114。

遣返前风险评估申请者。所有难民和寻求庇护者都有权聘请律师作为自己的代理人提交避难、复议和诉讼申请。加拿大的几个省还向其无力支付律师费者提供无偿法律援助。

第五节　特殊群体的难民甄别程序

一、无人陪伴儿童

审理无人陪伴儿童寻求庇护者的难民地位申请，需要结合儿童的智力发展程度、成熟程度和根据其个人、家庭和文化背景，寻求熟悉儿童心理活动的专家帮助。[①] 1989年《儿童权利公约》第1条规定："为本公约之目的，儿童系指18岁以下的任何人，除非对其适用之法律规定成年年龄少于18岁。"审理儿童难民地位申请，要特别考虑其心理伤害。由于未成年，儿童更容易感觉受到迫害。儿童非常可能因为敌对环境而悲伤，相信一些可能不存在的威胁，由于陌生环境害怕。儿童还会因为身体伤害而害怕受到进一步伤害。[②]

庇护国应当尽量为儿童寻求庇护者指定一位监护人，以代表和维护其最大权益。如果不能指定，那么庇护国自身就要承担充分保障当事人权利最大化的义务。难民审理官员要考察儿童寻求庇护者的心智成熟程度。通常可以认为16或16岁以上的儿童已经具备了一定的心智水平，可能对迫害产生心理恐惧。而一般认为16岁以下的儿童不具备这样的理解能力，他们虽然可能会感到害怕，但并不是1951年《关于难民地位的公约》语境下的恐惧。[③]

如果庇护当局确定儿童的心智尚未达到产生"有正当理由畏惧"的水平，那么就要更重视客观情况的考察。例如，客观情况表明儿童属于某特定团体，该团体的其他人都获得了难民地位，可以证明该儿童也是难民。[④] 难民审理官员可以考察儿童父母或其他家庭成员的态度。如果儿童寻求庇护者远在本国国内的父母或监护人有理由希望当局认定该儿童具备"有正当理由的恐惧"，则可以认定该儿童具备此种恐惧，[⑤] 否则，需要与儿童心理问题专家共同确定该儿童是否具有"正当理由的恐惧"，并适用"诚信推定"。

---

① UNHCR. *Handbook on Procedures and Criteria for Determining Refugee Status Under the 1951 Convention and the 1967 Protocol relating to the Status of Refugees*, December 2011, para. 214.

② 联合国难民署2009年第8号《关于国际保护的指导方针》，解释1951年《关于难民地位的公约》和1967年《关于难民地位的议定书》第1条语境的儿童寻求庇护（Child asylum claims）第5段。

③ UNHCR. *Handbook on Procedures and Criteria for Determining Refugee Status Under the 1951 Convention and the 1967 Protocol relating to the Status of Refugees*, December 2011, para. 215.

④ Ibid., para. 217.

⑤ Ibid., para. 218.

审理无人陪伴儿童难民地位申请，应与1989年《儿童权利公约》一致，以儿童最大利益、不受歧视、[①] 生命和成长权、[②] 自由表达权 [③] 作为指导原则。[④]1989年《儿童权利公约》规定了儿童最大利益原则，该《公约》第3条第1款规定，“关于儿童的一切行为，不论是由公私社会福利机构、法院、行政当局或立法机构执行，均应以儿童的最大利益为一种首要考虑”，这一规定无歧视地适用于所有儿童。1989年《儿童权利公约》规定了给予申请难民地位儿童特殊保护，第22条第1款规定：“缔约国应采取适当措施，确保申请难民地位的儿童或按照适用的国际法或国内法及程序可视为难民的儿童，不论有无父母或其他任何人的陪同，均可得到适当的保护和人道主义援助，以享有本公约和该有关国家为其缔约国的其他国际人权和或人道主义文书所规定的可适用权利。”

二、妇女

为了确保妇女提出的与性别有关的难民地位申请能够在难民甄别过程中得到公正、中立和有效的审理，庇护国应当提供同情和支持的申请和审理环境。联合国难民署2002年发布了第1号《关于国际保护的指导方针》(Guidelines on International Protection)，解释1951年《关于难民地位的公约》和1967年《关于难民地位的议定书》第1条的“与性别有关的迫害”(gender-related persecution)。美国、澳大利亚、加拿大、英国、南非、瑞典等国家和联合国难民署都颁布了一些法律文件，采取一系列措施，确保妇女提出的与性别有关的难民地位申请得到公正、中立和有效的审理。[⑤]

---

① 1989年《儿童权利公约》第2条规定：1.缔约国应遵守本公约所载列的权利，并确保其管辖范围内的每一儿童均享受此种权利，不因儿童或其父母或法定监护人的种族、肤色、性别、语言、宗教、政治或其他见解、民族、族裔或社会出身、财产、伤残、出生或其他身份而有任何差别。2.缔约国应采取一切适当措施确保儿童得到保护，不受基于儿童父母、法定监护人或家庭成员的身份、活动、所表达的观点或信仰而加诸的一切形式的歧视或惩罚。

② 1989年《儿童权利公约》第6条规定：1.缔约国确认每个儿童均有固有的生命权。2.缔约国应最大限度地确保儿童的存活与成长。

③ 1989年《儿童权利公约》第12条规定：1.缔约国应确保有主见能力的儿童有权对影响到其本人的一切事项自由发表自己的意见，对儿童的意见应按照其年龄和成熟程度给以适当的看待。2.为此目的，儿童特别应有机会在影响到儿童的任何司法和行政诉讼中，以符合国家法律的诉讼规则的方式，直接或通过代表或适当机构陈述意见。

④ 参见联合国难民署2009年第8号《关于国际保护的指导方针》，解释1951年《关于难民地位的公约》和1967年《关于难民地位的议定书》第1条语境的儿童寻求庇护（Child asylum claims）第5段。

⑤ 参见美国移民和归化局1995年《供裁决妇女庇护要求的庇护官员参照执行的意见》，澳大利亚移民和人道主义事务部1996年《难民和人道主义签证申请者：供决策者在性别问题上执行的准则》，加拿大移民和难民部1996年《关于畏惧与性别有关的迫害而提出难民地位要求的妇女的处理准则之四：最新版》，难民和流亡者欧洲委员会1997年《关于寻求庇护的妇女和难民妇女问题的立场》，英国难民妇女法律小组1998年《英国庇护要求甄别中的性别准则》，南非难民事务全国联合会1999年《庇护甄别中的性别准则》，英国移民上诉委员会2000年《庇护的性别准则》，瑞典移民局法律惯例处2001年《基于性别的迫害：调查和评价妇女保护需要的准则》等。

难民审理官员应当在没有男性成员在场的情况下与寻求庇护妇女单独面谈，保证她们有机会充分陈述自己的情况。应向她们解释，她们可以根据自己的合法权利提出正当要求。需要用寻求庇护妇女懂得的方式和语言向她们介绍难民甄别程序，如何利用这种程序以及法律咨询等情况。

难民审理官员应当告知寻求庇护妇女，她们可以选择与自己同性别的面谈者和口译，对于寻求庇护妇女应自动提供女性面谈者和女性口译。面谈者和口译应了解寻求庇护妇女文化或宗教的敏感点，年龄和文化程度等个人因素，并对此作出反应。联合国难民署方案执行委员会1990年第64号决议《难民妇女与国际保护》第1条第3款规定："在难民地位的甄别程序中，只要有必要就应提供熟练的女面谈者，同时确保寻求庇护妇女对这些程序有足够的了解，即使在她们由家庭男成员陪伴时。"

难民审理官员应当在所有的难民地位申请面谈中既提出一些自由发挥性问题，又提出一些具体问题，以此披露与难民地位申请相关的性别问题。例如，由于面谈中所提的问题具有男人倾向性，参加间接政治活动的妇女或被硬说成持有某种政治见解的妇女在面谈中常常不提供有关信息。寻求庇护的妇女可能不把关于"酷刑"的问题与她们畏惧的各种伤害，例如强奸、性虐待、女性生殖器切割、"为荣誉而死"、强迫婚姻等，联系起来。为了建立信任和得到一切必要的情况，可能需要举行第二次甚至更多次面谈，特别是对性暴力和其他形式创伤的受害人。在这方面，面谈者应当对寻求庇护者的创伤和情绪作出应答；当寻求庇护者变得情绪悲伤时，面谈应当停止。

当认为某一个案件可能出现与性别有关的要求时，需要进行充分的准备，这种准备不仅使面谈者能够在面谈中提出适当的问题和应付可能出现的问题，而且还能与寻求庇护者建立亲密和信任的关系。应当搜集与妇女的难民地位申请相关的本国的情况，例如，妇女在法律面前的地位，妇女的政治权利，妇女的社会与经济权利，寻求庇护妇女本国的文化与社会习俗以及不遵守这些习俗可能带来的后果，这种有害的传统习俗的盛行情况，举报侵犯妇女暴力的情况和形式，她们可能得到的保护，对施暴者予以什么处罚，提出过难民地位申请的妇女回到原籍国后可能面临的危险等。与性别有关的难民地位申请的证据比其他难民地位申请的证据难以得到。对性暴力事件很少告发或者没有起诉，可能找不到有关的统计数据或报告。替代形式的信息或许有所帮助，例如，在书面报告中类似境遇中的其他妇女的证据或口头证词，非政府组织、国际组织或其他独立研究提供的证据。

寻求庇护妇女讲述自己经历的感情的表达形式和程度不应影响她的可信度。难民审理官员应当了解文化差异和创伤对人们的行为起着重要和复杂的作用。在某些个案中，寻求客观的心理或医学证据或许是适宜的，但是不必追究强奸或性侵犯行为本身的确切细节，应弄清导致这种行为的事件和行为发生后的事件，周围的环境和细节，例如，是否使用枪支，施暴者讲了什么话，侵犯类型，发生在哪里以及怎样发生的，有关施暴者的详细情况，例如，是军人还是平民等。还可能需要探明施暴者的作案动机。在有些情况下应当注意，妇女可能意识不到自己被侵害的原因。[①]

三、严重精神或者心理疾病患者

审理患有严重精神或心理疾病患者的难民地位申请，需要减少他们所负的举证责任。难民审理官员要尽可能地通过其他途径获取关于申请人的信息，包括联系其家人、朋友、监护人或其他熟人。难民审理官员可从确定的客观事实中得出结论，例如申请人属于某一社会团体，该团体中的其他人都被认定了难民地位，可以推断该人同其他成员的经历和遭遇是一样的。[②] 审理患有严重精神或心理疾病患者的难民地位申请，需要寻求精神医学专家的帮助。难民审理官员根据精神医学专家出具的报告，判断寻求庇护者的疾病性质和严重程度，确定其是否具备在面谈中陈述事实和提交证据的能力。[③] 根据寻求庇护者的精神或者心理疾病性质和严重程度，难民审理官员可选择不同的方式让申请人履行其陈述义务。难民审理官员判定严重精神或心理疾病患者寻求庇护者是否具有"恐惧"时，应更加注重客观方面。难民审理官员判断寻求庇护者对于迫害行为的反应是属于正常反应还是属于过激反应，更多要依靠客观情形，而不仅是主观陈述。[④] 同正常的甄别程序一样，要考察寻求庇护者恐惧迫害的程度和性质。

四、极端暴力受害者

最常见的极端暴力受害者是被拘留的人、战俘、酷刑和性暴力的受害者。人们遭受极端暴力之后，会有非常强烈的无助感和屈辱感，绝望甚至对生活失去信心。甄别极端暴力受害者的难民地位申请，要避免命令式询问，注意个人身心受伤害非常严重的情况，尊重他们的人格和尊严，提供心理辅导，消除极度消沉者自杀的可能性。面谈者应充满感情地与极端暴力受害者交流，取得其信任，深入了解所经历的极端暴力和带来的影响；亲自或者通过医院了解被拘留和受过酷刑寻求庇护者身心所受的伤害和遗留的伤痕，推断拘留、酷刑的性质和严厉程度。被拘留和受过酷刑的人常常因为身体不适请求帮助，难民审理官员在提供帮助时，应与其就身体不适原因进行交流，进一步了解造成身体不适的拘留、酷刑等情况。

---

① 联合国难民署.对难民、返回者和境内流离失所者的性暴力与性别暴力预防与应对指导方针[R].联合国难民署 2003. 121-122。

② UNHCR. *Handbook on Procedures and Criteria for Determining Refugee Status Under the 1951 Convention and the 1967 Protocol Relating to the Status of Refugees*, December 2011, para. 208.

③ Ibid., para. 210.

④ Ibid., para. 209.

五、被拦截者

为了保护国家安全，区别寻求庇护者和非法入境人员，降低接纳寻求庇护者的成本，打击贩运人口，一些国家对入境人员采取了拦截措施。为了保证被拦截者的寻求庇护权，拦截国应确保被拦截者获得适当的难民甄别待遇。

在其主权领土或领海范围内采取拦截行动的国家，在解决被拦截者的保护需要方面负有主要责任。所有被拦截者在任何时候都应当得到尊重人权的人道待遇。国家当局和以拦截国名义行动的部门，应履行其根据国际法所承担的义务，采取一切适当步骤来实施拦截措施，以维护和保护被拦截者的生命权和不受酷刑或其他残忍、不人道或有辱人格的待遇或惩罚的权利。拦截措施应从国际法角度考虑到寻求和需要国际保护者与可求助其国籍国或另一国家保护者之间的基本差别。

采取拦截措施，不应造成寻求庇护者和难民无法获得国际保护的结果，或导致需要国际保护的人被直接或间接遣送至某一领土的边境，在那里他们的生命或自由可能会因1951年《关于难民地位的公约》规定的理由而受到威胁，或基于国际法有其他理由要求得到保护。被认定需要给予国际保护的被拦截人员，应可获得永久性解决办法。对于妇女和儿童以及在其他方面易受伤害的人的特殊需要，应作为优先事项予以考虑。

被拦截的寻求庇护者和难民，如果是2000年《关于打击陆地、海上和空中偷运移徙者的补充议定书》第6条所述行为对象，不应依据该《补充议定书》对其提出刑事诉讼；在符合1951年《关于难民地位的公约》第31条的情况下，任何被拦截人员如非法进入或停留在某一国家，不应因此而受到刑事起诉。被拦截人员如不寻求庇护或决定不要求国际保护，应被迅速送回其各自本国或其他国籍国或惯常居住国，并鼓励各国开展合作，为这一处理过程提供便利。

所有执行拦截措施的人员，包括国家官员和商业实体雇员，均应接受专门训练，包括熟悉可利用的手段，以指导被拦截人员向采取拦截行动的国家有关当局或在适当情况下向难民署说明对国际保护的需要。①

第六节　难民甄别特别程序

一、集体甄别/初步甄别

当大规模人员正逃离武装冲突或其他大规模人权侵犯时，即使对他们是否应当被承认为难民存在疑惑，也要逐个审查难民地位申请是不可能和不现实的。联合国难民

① 联合国难民署方案执行委员会在2003年《关于拦截措施的保护措施的结论》。

署和一些国家通常根据他们掌握的大规模涌入人员的本国客观情势，集体甄别整个大规模涌入人员。大规模涌入人员中的每位成员被初步地，即在没有相反证据的情况下，确认为难民。这样可以在获得一个“永久解决方案”之前，在没有按照1951年《关于难民地位的公约》和1967年《关于难民地位的议定书》解决大规模涌入人员难民地位的情况下，向需要人员提供基本保护和援助。即使已经作出集体甄别，也可以拒绝给予其中个别人难民地位，但是这点在实践中很难做到。

没有采取集体甄别的国家需要提供临时庇护。当存在明显保护需求但又极少或根本不能逐个迅速地确定这些需求的时候，临时庇护被用作应对大规模涌入紧急情况的一种手段。联合国难民署方案执行委员会第22号决议（1981年）指出：在难民大量涌入的情况下，寻求庇护者应可以获准进入他们首先寻求庇护的国家，即使该国无法长期收留他们，也应在任何时候短期收留他们并提供保护。临时庇护持续到促使人群逃离的情势已经发生根本改变。庇护国终止临时庇护，因为促使人员逃离的情势已经发生根本改变，不再需要临时庇护，可以平安返回，从而要求其返回本国。

二、难民地位申请滥用处理程序

为避免和减少难民地位申请被滥用，增加庇护国的负担，减损有正当合理理由申请人的利益，联合国难民署方案执行委员会第30号决议（1983年）《显然无根据地或滥用申请难民地位或庇护的问题》指出：各国难民甄别程序可以包括特别条款，从速处理被认为显然没有根据、不值得层层充分审议的难民地位申请。这些申请是“明显滥用”、“显然没有根据”，有欺诈嫌疑，与1951年《关于难民地位的公约》规定的难民标准无关。为了审慎地将难民地位申请确定为“明显滥用”、“显然没有根据”，避免因为误判非寻求庇护者带来的严重后果，联合国难民署方案执行委员会在1985年《关于难民国际保护问题的决议》中指出：（1）对所有难民地位申请，应由合格官员，如有可能由负责确定难民地位的当局的官员亲自面谈。（2）难民地位申请是否“明显滥用”、“显然没有根据”，由通常确定难民地位的主管当局决定。（3）不成功的申请人可以在拒绝其入境或遣返前要求对此否定决定予以复议和或诉讼。没有复议和或诉讼安排的国家应有利地考虑建立这种复议和或诉讼制度，这种复议和（或）诉讼制度可以比非因“明显滥用”、“显然没有根据”方面复议和（或）诉讼制度简化。

三、事前审理程序

事前审理程序的目的在于通过事前审理确定难民地位申请是否可以进入难民地位申请正式甄别程序，不是必经程序，是由各国自行选择和规定的程序。在欧盟，根据2005年《欧盟批准和撤销难民地位程序的最低标准的指令》（*Council Directive 2005/85/EC of 1 December 2005 on Minimum Standards on Procedures in Member States for Granting and Withdrawing Refugee Status*)(简称2005年《欧盟庇护程序指令》)第24条，事前审理程序主要适用于四种情况:(1)申请人曾经递交过难民地位申请，但最终又撤回的;(2)申请人曾经递交过难民地位申请，成员国针对该申请作出过决定(初审或终审);(3)曾经同意与其他人的难民地位申请合并审查的当事人，又以自己的名义再次递交申请的;(4)申请人由于故意或过失未能遵守难民甄别程序的特定时限(特别是上诉的时限)，导致该申请终止。从效果角度看，第四种情况属于第一种情况的具体情形之一，即申请人由于未能遵守时限的要求，从而达到与申请撤回相同的效果。

从审理标准上讲，事前审理程序比正式难民甄别程序的标准要低。尽管如此，在兼顾国际义务的前提下，2005年《欧盟庇护程序指令》对各成员国的事前审理程序提出了基本的要求:(1)有关机构应告知申请人适用事前审理程序，并应提供翻译服务;(2)充分尊重申请人根据欧盟人权保护公约享有的权利;(3)有关机关应当在合理的时间内对于事前审理的结果作出决定，但最终结果不要求是书面的;(4)在进行事前审理时，应充分考虑到儿童申请人的最大利益。

四、边境审理程序

边境审理程序主要针对非法入境的外国人，审查与他们是否有权入境并递交难民地位身份。广义的边境审理程序的适用对象也包括合法入境并在边境地区提交难民地位申请的外国人。欧盟成员国的边境审理程序期限通常是四周，如果超过四周而有关机关没有作出任何决定，则申请人有权进入成员国境内提交申请；相反地，如果有关机构作出拒绝入境的决定，则意味着拒绝该申请人的难民地位申请。有关机构准予申请人入境，不意味着批准其难民地位申请，是否获得难民地位，还有待进一步审查。

在德国，如果乘坐飞机的外国人在抵达机场通关区时提交难民地位申请，但是没有身份证件、持伪造证件或来自保加利亚、加纳、罗马尼亚等安全来源国(safe country of origin)，就适用机场难民地位申请审理程序(机场程序)。2005年《欧盟庇护程序指令》没有规定哪些国家是安全来源国，只是规定了认定安全来源国的原则，交由成员国根据这些原则以及本国情况自由裁量安全来源国范围。安全来源国原则上是欧盟理事会以特定多数表决方式通过的最低标准共同第三国清单上的国家。[①]为了使安全来源国确定更加灵活，2005年《欧盟庇护程序指令》第30条规定，成员国可以根据以下原则自行确定安全来源国:(1)国内有关法律法规为免受迫害提供保护的国家;(2)遵守1950年《欧洲人权公约》、1966年《公民权利和政治权利国际公约》规定的权利和自由的国家;(3)尊重1951年《关于难民地位的公约》不推回至绝

① 2005年《欧盟批准和撤销难民地位程序的最低标准的指令》第29条。

境的国家;(4)建立了有效地救济侵犯权利和自由的体系的国家。如果寻求庇护者的国籍国或者无国籍申请人的居留国被视为安全来源国，则该难民地位申请应当被认定为无事实根据的申请，[①] 拒绝该申请。

德国机场难民地位申请审理程序要求，意图经机场入境并向边检部门申请难民地位的来自安全来源国的外国人，在入境前提交申请。等候难民地位申请审理结果期间可以在机场住宿或者只由于必要的住宿延缓不在机场住宿。向机场边检部门申请难民地位和不能提供有效护照或者护照代用证件证明其身份的外国人同样适用上述规定。[②] 当外国人的难民地位申请理由不十分充足时，德国联邦警察部门会拒绝这些外国人从机场通关区入境，将其关押在机场通关区。联邦移民和难民办公室在两天内就在机场的外国人的难民地位申请作出行政决定。寻求庇护者可以在拒绝难民地位申请决定作出后三天内向行政法院提出次要保护申请。如果行政法院没有在14天内作出判决，外国人可以入境，否则会直接从机场通关区遣返在机场的寻求庇护者回国[③]。德国机场难民地位申请审理程序将许多寻求庇护者阻挡在德国边境之外。1994年至2002年，共有16,116份难民地位申请适用机场难民地位申请审理程序，只有356份被批准，仅占2.2%，进行到行政法院阶段的难民地位申请也只有2,959份，占18.36%。[④]

五、来自安全第三国审理程序

2005年《欧盟庇护程序指令》第36条第1款规定了来自安全第三国审理程序。安全第三国(safe third country)是指安全的非欧盟成员国的国家。2005年《欧盟庇护程序指令》没有规定哪些国家是安全第三国，只是规定了认定安全第三国的条件的规则，交由成员国根据这些条件和规则以及本国情况自由裁量安全第三国范围。“安全”是指符合下列情况:(1)考虑种族、宗教、国籍、属于某种社会团体或者政治意见等因素，寻求庇护者的生命和自由不受威胁;(2)尊重1951年《关于难民地位的公约》中的不推回绝境原则。(3)禁止酷刑和其他残忍、不人道或者有辱人格的待遇和处罚。(4)存在根据1951年《关于难民地位的公约》申请难民地位和取得难民权利的可能性。[⑤]

成员国可以根据本国法律确立的规则(rules laid down in national legislation)适用安全第三国概念:(1)关联规则，寻求庇护者与安全第三国之间存在关联，寻求庇

① 《欧盟批准和撤销难民地位程序的最低标准的指令》第31条第1款。

② 《1993年德国庇护程序法》(2007年修订)第18条第1款。

③ 法兰克福机场接待中心已经于2012年9月30日关闭。

④ Gelder, Anna-Louise van. Overview of Germany’s Asylum System[R]. Uniya, Sydney Australia 2004. 4.

⑤ 2005年《欧盟批准和撤销难民地位程序的最低标准的指令》第27条第1款。

护者能够合理地前往安全第三国。（2）方法论规则，安全第三国适用于特定国家和特定申请人。可以是针对特定申请人个案考虑某国是安全第三国，也可以是针对一般性安全考虑指定国家是安全第三国。（3）个别审查规则，通过个别审查确定不保护特定寻求庇护者国家为安全第三国，要考虑该国是否允许寻求庇护者对酷刑和其他残忍、不人道或者有辱人格的待遇或处罚提出抗辩。[①] 成员国有权不受理来自安全第三国的避难申请。

"当面临来自安全第三国的非法入境者所提交的难民地位申请时，成员国可以适当克减本指令第二章所规定的一般程序标准，而不对该申请进行审查，或完全审查，除非有相反的证据。""来自"是指从安全第三国境内直接进入欧盟。适用安全第三国程序应具备两个前提条件:（1）申请人非法入境;（2）申请人来自第35条第2款中所认定的安全第三国;（3）向第35条第2款所列安全第三国相邻的欧盟成员国提交难民地位申请。如果该申请人先进入边境欧盟成员国，又辗转进入其他欧盟成员国，其"来自欧盟成员国"而不是来自"安全第三国"。

① 2005年《欧盟批准和撤销难民地位程序的最低标准的指令》第27条第2款。

第八章
难民身份的排除、终止和撤销

为了避免不需要国际保护的人获得国际保护，充分利用国际保护资源，1951年《关于难民地位的公约》第1条在第1款规定难民定义的同时，在第4、5、6款规定了公约不适用的三类人群，即难民身份的三种排除条件，在第3款规定了本公约停止适用，即难民身份终止的六类人群。批准难民地位申请后发现被批准者具有难民身份排除情形，应撤销其难民身份。很多国家难民法还规定，用欺诈等方式被认定为难民，可以予以撤销。

第一节　难民身份的排除

一、难民身份排除概述

已经受到联合国保护或援助的人、已经受到其他国家保护的人、犯有严重罪行的人等三类人群不适用于1951年《关于难民地位的公约》，被排除在获得难民身份之外。1951年《关于难民地位的公约》第1条第1款在规定难民定义的同时，在第4、5、6款规定了公约不适用的三类人群，即难民身份的三种排除条件。第1条第4、5、6款规定：

（四）本公约不适用于目前从联合国难民署以外的联合国机关或机构获得保护或援助的人。当上述保护或援助由于任何原因停止而这些人的地位还没有根据联合国大会所通过的有关决议明确解决时，他们应在事实上享受本公约的利益。

（五）本公约不适用于被其居住国家主管当局认为具有附着于该国国籍的权利和义务的人。

（六）本公约规定不适用于存在着重大理由足以认为有下列情事的任何人：（甲）该人犯有国际文件中已作出规定的破坏和平罪，战争罪或危害人类罪；（乙）该人在以难民身份进入庇护国以前，曾在庇护国以外犯过严重的非政治罪行；（丙）该人曾有违反联合国宗旨和原则的行为并经认为有罪。

联合国难民署1996年发布《难民身份排除条款适用指导方针》(The Exclusion Clauses: Guidelines on Their Application),1997年发布《难民身份排除条款注释》(Note on the Exclusion Clauses),解释难民身份排除条款。根据国际难民形势和国际法的发展,联合国难民署2003年发布第5号《关于国际保护的指导方针》,进一步解释1951年《关于难民地位的公约》和1967年《关于难民身份的议定书》的难民身份排除条款(application of the exclusion clauses claims),并取代了1996年《难民身份排除条款适用指导方针》和1997年《难民身份排除条款注释》。

1950年《联合国难民署章程》有与1951年《关于难民地位的公约》类似的难民身份排除的规定。缔约国在审理难民地位申请时,应适用1951年《关于难民地位的公约》的规定,因为1951年《关于难民地位的公约》的规定更晚,也更具体。[①] 第7条第4款规定:有重大理由足以认为犯了引渡条约所列罪行或《欧洲国际军事法庭宪章》第6条或《世界人权宣言》第14条第2款所列罪行的人,不属于联合国难民署主管范围。

尽管寻求庇护者符合难民身份排除条件,但是缔约国没有义务针对其难民身份排除情形,对其采取其他特别行动。缔约国可以基于其他理由给予符合难民身份排除条件寻求庇护者难民身份,但是此时有义务根据国际法对其提起刑事诉讼或者予以引渡。联合国难民署决定对寻求庇护者不适用难民身份,该寻求庇护者就不能获得难民署的保护或援助。[②] 如果被排除难民身份的寻求庇护者处于其他国际文件规定的绝境风险,仍然享有不被推回权。例如,1984年《禁止酷刑和其他残忍、不人道或有辱人格的待遇或处罚公约》第3条规定:如有充分理由相信任何人在另一国家将有遭受酷刑的危险,任何缔约国不得将该人驱逐、遣返或引渡至该国。[③]

难民身份排除条款原则上适用于未成年人,但是该未成年人必须已经达到了承担刑事责任的年龄,而且主观上意识到了所犯罪行。考虑到未成年人的弱势,对未成年人适用难民身份排除条款时要非常慎重,需要特别仔细地审查未成年人犯罪时是否存在强迫。联合国难民署审理未成年人难民身份排除案件,在作出终审决定前,应报总部复核。[④] 如果难民身份主申请人适用难民身份排除条款,副申请人需要提出自己的难民地位申请理由。如果原副申请人的难民地位申请被批准,被认定为难民,适用难民身份排除条款的原主申请人不能根据家庭团聚权申请难民地位,寻求保护和援助。[⑤] 尽管大规模涌入时,逐个审查难民地位申请是不可能和不现实的,但是难民身

① 2003年第5号《关于国际保护的指导方针》第7段。

② 同上注,第8段。

③ 同上注,第9段。

④ 同上注,第28段。

⑤ 同上注,第29段。

份排除条款适用于大规模涌入人员。如果解除难民武装后，可以逐个审查难民地位申请，有寻求庇护者都可能获得保护和援助。[①]

二、已经受到联合国保护或援助的人

已经从其他联合国机关或机构获得保护或援助的人不能取得难民身份，目的是避免联合国难民署和其他联合国机关或机构对个人施予重复的国际保护。1951年《关于难民地位的公约》第1条第4款规定："（四）本公约不适用于目前从联合国难民署以外的联合国机关或机构获得保护或援助的人。当上述保护或援助由于任何原因停止而这些人的地位还没有根据联合国大会所通过的有关决议明确解决时，他们应在事实上享受本公约的利益。"1950年《联合国难民署宪章》有类似规定，其中第7条第3款规定：继续从联合国其他机关或机构获得保护或援助的人，不属于难民署主管范围。联合国难民署认为：既然已经获得联合国的有关机关或机构的保护，就不应再寻求其本国或经常居住国以外的国家或国际机构的保护。重复的国际保护不是1951年《关于难民地位的公约》制定的初衷和宗旨。

联合国近东巴勒斯坦难民救济和工程处（United Nations Relief and Works Agency for Palestine Refugees in the Near East，UNRWA，以下简称联合国巴勒斯坦难民处）是目前对特定难民提供保护或援助的仅有联合国机构。联合国巴勒斯坦难民处根据联合国大会1949年12月第302IV号决议成立，于1950年5月开始工作，总部设在贝鲁特。UNRWA向目前约500万且不断增加的约旦、黎巴嫩、叙利亚、西岸和加沙地带难民直接提供教育保健救济和社会服务，直至永久公正地解决该地区的难民问题。[②]如果巴勒斯坦地区居民离开了约旦、黎巴嫩、叙利亚、西岸和加沙地带等特定区域，就不能继续享有联合国巴勒斯坦难民处提供的保护。他可以按照1951年《关于难民地位的公约》向其他国家申请难民地位。申请人通过联合国巴勒斯坦难民处审查时提交的证明和确认过的受迫害事实，可以再向其他国家提交，这些材料仍足以证明他的难民身份。[③]

联合国难民署认为：一般可以肯定，原先使他符合联合国巴勒斯坦难民处保护或援助的条件仍然成立。他既不会按某项终止性条款的规定被终止难民身份，也不会按照某项排除条款被排除在寻求庇护者之外。巴勒斯坦难民问题只有在过去几十年被迫流离失所的巴勒斯坦人行使了重返家园和收回财产的不可剥夺的权利的情况下，才能

---

① 2003年第5号《关于国际保护的指导方针》第30段。

② 联合国近东巴勒斯坦难民救济和工程处主任专员的报告（2000年7月1日至2001年6月30日），向联合国大会第56届会议提交，A/56/13，第1段。

③ UNHCR. *Handbook on Procedures and Criteria for Determining Refugee Status Under the 1951 Convention and the 1967 Protocol Relating to the Status of Refugees*, December 2011, para. 143.

得到永久解决。难民固有的脆弱性和他们背井离乡的悲惨境况都要求，根据国际法原则和从世界其他地区成功解决冲突的例子中汲取经验，实现永久公正解决。多年来提出的各种巴勒斯坦难民重新安置和赔偿计划，以及联合国巴勒斯坦难民处为向难民提供援助和关爱而进行的艰苦工作始终都是临时措施，而不能代替重返家园的权利。[①]

将已经受到联合国保护或援助的人排除在获得难民身份之外，不影响联合国难民署与其他联合国机关或机构就解决难民问题开展合作。联合国系统是难民署开展国际保护工作的核心合作伙伴之一，与联合国系统的合作是联合国难民署为难民和复杂的应急情况提供有效保护和援助的必不可少的手段。联合国难民署致力于与联合国系统开展有效的协调，开展难民工作，根据各行动方的专门知识和互补性实现最大限度的协同作用，同时确保与其他人道主义协调机制形成适当高效的配合。[②] 联合国难民署与世界粮食计划署合作，将需要关注人群纳入粮食援助方案，就在旷日持久的难民局势下提供粮食援助的工作进行了联合评估。[③]2008年，约30个国家的220多万难民、30多万返回者和500多万国内流离失所者得到了世界粮食计划署的粮食援助。联合国难民署与艾滋病规划署合作，双方的艾滋病毒和艾滋病战略计划和方案一致。联合国难民署与开发计划署合作，实现过渡情况下的发展资助。联合国难民署与联合国教育、科学及文化组织和联合国儿童基金会合作，使难民署能够在许多领域获得专业知识，如素质教育、师资培训、文凭和证书的确认，以及课程制定，[④] 并签署了一系列的谅解备忘录。

三、具有附着于该国国籍的权利和义务的人

（一）“具有附着于该国国籍的权利和义务的人”条款的目的和解释

具有附着于该国国籍的权利和义务的人不能取得难民身份，目的是避免联合国难民署和国家对个人施予重复的国际保护。1951年《关于难民地位的公约》第1条第5款规定：“（五）本公约不适用于被其居住国家主管当局认为具有附着于该国国籍的权利和义务的人。”起草该条款主要是考虑已经到达德国的有日耳曼血统的难民，他们被德国承认具有附着于国籍的权利和义务，不必给予其国际保护。1950年《联合国难民署宪章》有类似规定，其中第7条第2款规定：被其居住地国家主管当局认为具

① 2010年《巴勒斯坦人民行使不可剥夺权利委员会资料说明》之巴勒斯坦难民。

② 联合国难民署高级专员的报告（第二部分根据联合国大会第58/153号决议开展的战略审查）第6部分结论展望未来，向联合国大会第68届会议提交，A/68/12 (Part II)。

③ 联合国难民署高级专员的报告（2012年1月1日至2013年6月30日）第6部分伙伴关系与协调，向联合国大会第68届会议提交，A/68/12 (Part I)。

④ 联合国难民署高级专员的报告（2009年）第7部分伙伴关系与协调，向联合国大会第68届会议提交，A/64/12。

有附着于该国国籍的权利和义务的人，不属于难民署主管范围。被居住国家主管当局认为具有附着于该国国籍的权利和义务，就获得了居住国的保护，就没有必要再申请难民地位，获得难民应享有的保护，否则就是重复保护，而且与其居住国域内保护形成冲突。

"已经受到其他国家保护的人"涉及的在当事国居住的人通常指在该国长期居住的人，不是停留和临时居留的人。联合国难民署认为：当某人的地位与一国国民大致相同时，特别当他和国民一样受到免受驱逐出境的保护时，可适用"已经受到其他国家保护的人"的排除条款。[①] 虽然一个国家有权驱逐居住在本国的外国人回其国籍国，但是实施驱逐外国人权时须事先确认，此人的国籍国会接受他，而且要尊重拟被驱逐外国人的驱逐出境程序抗辩权，不得任意强迫外国人回国。[②] 1966年《公民权利和政治权利国际公约》第13条规定："合法处在本公约缔约国领土内的外国人，只有按照依法作出的决定才可以被驱逐出境，并且，除非在国家安全的紧迫原因另有要求的情况下，应准予提出反对驱逐出境的理由和使他的案件得到合格当局或由合格当局特别指定的一人或数人的复审，并为此目的而请人作代表。"

（二）居留对受国家保护的影响

根据国籍和居留相结合的国际移民法理论，国籍是区分公民和外国人的唯一依据，但不是确认公民和外国人享有权利和承担义务的范围的唯一依据。一些国际文件根据居留确定外国人享有和承担居住国的权利和义务。1928年《关于外国人地位的公约》第3条规定："外国人没有服兵役的义务，但是设定住所的外国人，除非他们离开该国，否则可以强制其在与本国公民同样的条件下执行警察、消防或民警任务，以保护其住所地免受非因战争而产生的自然灾害或危害。"1995年《欧洲保护少数族裔框架公约》序言指出，成员国要保护在本国领土内的少数族裔。澳大利亚、美国、韩国、意大利、法国、中国台湾地区等国家和地区根据居留，赋予外国人居住国的权利。持一国永久居留签证者可以享有本国公民"专有"的绝大部分权利，持临时居留签证者也可以享有本国公民"专有"的部分权利。韩国移民法规定：在韩国居留五年以上的外国人可参加地方选举。意大利移民法规定：在意大利合法居留五年以上的移民，在参与移民和地方事务方面有选举和被选举权。法国移民法规定：移民至法国的优秀人才可以享受和法国公民基本同等的权利。[③]

---

① UNHCR. *Handbook on Procedures and Criteria for Determining Refugee Status Under the 1951 Convention and the 1967 Protocol Relating to the Status of Refugees*, December 2011, para. 145.

② 刘国福. 移民法：出入境权研究 [M]. 中国经济出版社. 2006. 108,127。

③ 刘国福. 试析新型跨国流动人员管理制度：国籍和居留相结合原则 [J]. 西部法学评论 2010(1):95。

（三）"具有附着于该国国籍的权利和义务的人"案例分析[①]

Rajendran是一位57岁的泰米尔族斯里兰卡人。他1995年12月来到澳大利亚，1996年1月向澳大利亚移民和多元文化部申请保护签证。他在保护签证申请中提出，斯里兰卡政府怀疑他是一名恐怖主义分子，泰米尔猛虎解放组织怀疑他向政府报告他们的情况。澳大利亚联邦法院认为，本案中，除非Rajendran符合1951年《关于难民身份公约》第33条关于不被推回的规定，否则无权获得保护签证。法院认为，澳大利亚难民复议法庭认定的事实反映，Rajendran已经从新西兰获得有效的保护，免于了1951年《关于难民身份公约》规定的对其生命或者自由的畏惧。本案明确，难民地位申请人可以从其他国家获得有效保护时，申请受理国将不给予其难民保护。关于本案，请参见本书第十三章澳大利亚移民法第三节难民的甄别。

四、犯有破坏和平罪，战争罪或危害人类罪的人

（一）第1条第6款第1项规定概述

犯有破坏和平罪，战争罪或危害人类罪的人，又称犯有严重罪行的人，不能取得难民身份，目的是避免犯有严重罪行的人利用难民身份逃避应有的法律制裁和惩罚，保证庇护国的安全不受这些罪犯的危害。1951年《关于难民地位的公约》第1条第6款第1项规定：本公约规定不适用于存在着重大理由足以认为有下列情事的任何人：（甲）该人犯有国际文件中已作出规定的破坏和平罪，战争罪或危害人类罪。这是最主要的排除潜在的难民地位申请者的条款，它保证了将一些表面上符合难民条件但实质上危害整个社会因而不能获得难民身份的人员有效地排除在难民的范围之外，[②]不论寻求庇护者何时、何地犯有这些罪行。[③]1950年《联合国难民署宪章》有类似规定，其中第7条第4款规定：有重大理由足以认为犯了引渡条约所列罪行或《欧洲国际军事法庭宪章》第6条或《世界人权宣言》第14条第2款所列罪行的人，不属于难民署主管范围。制定1951年《关于难民地位的公约》时，正值纽伦堡国际军事法庭和远东国际军事法庭审判刚刚结束，文件起草者们受到两个军事法庭的审判情景和判决结果的影响，一致认为，应将犯有破坏和平罪、战争罪和反人道罪的人排除在难民之外，应拒绝罪犯入境，因为这些罪犯可能威胁本国领土安全和公共秩序。[④]

至于何种行为构成有破坏和平罪、战争罪或危害人类罪，需要解释"国际文件已

① Federal Court of Australia, Mansifield Judge, No SG24 of 1997, Adelaide, 4 May 1998, BC9801664.

② 李明奇.难民公约中的排除条款[J].哈尔滨师范大学社会科学学报2011(5):32。

③ 2003年第5号《关于国际保护的指导方针》第5段。

④ UNHCR. *Handbook on Procedures and Criteria for Determining Refugee Status Under the 1951 Convention and the 1967 Protocol Relating to the Status of Refugees*, December 2011, para. 148.

作出规定”。国际社会共有70多个相关法律文件涉及战争行为或战争罪的内容，其中有30多个国际文件可以适用于战争罪。[①] 主要有：1945年《欧洲国际军事法庭宪章》、1946《远东国际军事法庭宪章》、1993年《前南国际刑事法庭规约》、1994年《卢旺达国际刑事法庭规约》、1996年《危害和平与安全治罪法草案》和1998年《国际刑事法院罗马公约》。[②] 草拟1951年《关于难民地位的公约》第1条第6款第1项，主要是参考了1945年《欧洲国际军事法庭宪章》和1946年《远东国际军事法庭宪章》，两宪章关于这些罪行的规定最为详尽。[③]1993年联合国安理会通过的《前南斯拉夫国际法庭宪章规约》和1998年通过的《国际刑事法院规约》，发展了战争罪以及其所适用的武装冲突的情况。

（二）破坏和平罪

1. 迫害和平罪的定义

破坏和平罪，亦称反和平罪、侵略罪，是指计划、准备、发动或从事一种侵略战争或一种违反国际条约、协定或保证的战争，或参加为完成上述任何一种战争而共同计划及阴谋的罪行。[④] 在人类过往的历史中，战争是天经地义的事，一个合法的国家有权开战，这造成了很多恶果。第二次世界大战彻底否定了这一看法，1945年《联合国宪章》否定了侵略战争的合法性，规定国家只能进行自卫性的战争。1945年《联合国宪章》第2条第3、4款规定：“各会员国应以和平方法解决其国际争端，避免危及国际和平、安全及正义。各会员国在其国际关系上不得使用威胁或武力，或以与联合国宗旨不符之任何其他方法，侵害任何会员国或国家之领土完整或政治独立。”第51条规定，“联合国任何会员国受武力攻击时，在安全理事会采取必要办法，以维持国际和平及安全以前，本宪章不得认为禁止行使单独或集体自卫之自然权利”。

根据1974年《关于侵略定义的决议》第1条，“侵略是指一个国家使用武力侵犯另一个国家的主权，领土完整或政治独立，或以本《定义》所宣示的与《联合国宪章》不符的任何其他方式使用武力”。该决议第2条规定一个国家违反1945年《联合国宪章》的规定首先使用武力，就构成侵略行为的显见证据。[⑤] 该决议第3条还规定，任何下列行为，不论是否经过宣战，都构成侵略行为：（1）一个国家的武装部队侵入或攻击另一国家的领土，或因此种侵入成攻击而造成的任何军事占领，不论时间如何

---

① 赵少群.国际法庭管辖的战争罪与武装冲突[J].政治与法律2006（6）。

② 梁淑英.国际难民法[M].知识产权出版社.2009.104-105。

③ UNHCR. *Handbook on Procedures and Criteria for Determining Refugee Status Under the 1951 Convention and the 1967 Protocol Relating to the Status of Refugees*, December 2011, para. 150.

④ 何小东.限制武力使用：武装冲突法禁止“侵略”[N].中国国防报2003年4月8日第6版。

⑤ 1974年《关于侵略定义的决议》第2条.

短暂，使用武力吞并另一国家的领土或其一部分。（2）一个国家的武装部队轰炸另一国家的领土；或一个国家对另一国家的领土使用任何武器。（3）一个国家的武装部队封锁另一国家的港口或海岸。（4）一个国家的武装部队攻击另一国家的陆、海、空军或商船和民航机。（5）一个国家违反其与另一国家订立的协定所规定的条件使用其根据协定在接受国领土内驻扎的武装部队，或在协定终止后，延长该项武装部队在该国领土内的驻扎期间。（6）一个国家以其领土供另一国家使用让该国用来对第三国进行侵略行为。（7）一个国家或以其名义派遣武装小队、武装团体非正规军或雇用兵，对另一国家进行武力行为，其严重性相当于上述所列各项行为；或该国实际卷入了这些行为。

2. 破坏和平罪的惩治

在第二次世界大战以前，从来没有战争暴行的个人问责。第二次世界大战以后，侵略战争在国际法上被视为是违法的犯罪行为，而且是最大的国际性罪行，与其他战争罪行的区别在于它所包括的是全部祸害的总和。1945年《欧洲国际军事法庭宪章》第6条和1946年《远东国际军事法庭宪章》第5条均把破坏和平罪列为法庭管辖权的甲项，也是最重要的一项。破坏和平罪，即计划、准备、发动或从事一种侵略战争或一种违反国际条约、协定或保证之战争，或参加为完成上述任何一种战争之共同计划或阴谋。破坏和平罪惩治的范围限于侵略战争，没有涉及其他类型的战争和武装冲突，直接发动和进行侵略战争的主犯，策划、准备、及参与共同策划和密谋行为的预备犯和共犯均要承担个人刑事责任。破坏和平罪不适用法定时效的规定，任何时候国际社会都可以对这一罪行进行惩罚。因为破坏和平罪对人类危害的严重性，就需要排除犯破坏和平罪的人取得难民身份和获得难民保护。

惩治破坏和平罪等战争类罪行包括国内惩治和国际惩治两种方式。在当前主权国家的体制下，国际惩治是对国内惩治的补充，凡主权国家已经立案并能以公正程序审判的，国际审判机构不再审理。国际惩治的战争犯罪是对国际和平与安全有重大影响，主权国家不能、不愿或不具备审理资格的严重罪行，适用主体主要是国内法院不予惩治和不能惩治的以国家名义所实施的战争犯罪的单位和组织以及犯有严重战争罪行的国家或政府首脑、政府其他成员或议会成员、军队要员等。[①] 纽伦堡法庭审判的戈林等22名主要纳粹战犯和在东京法庭受审判的东条英机等28名主要日本战犯，均被控为犯有甲项战争罪行，即破坏和平罪或侵略罪。

① 何小东.限制武力使用：武装冲突法禁止“侵略”[N].中国国防报2003年4月8日第6版。

（三）战争罪

1. 战争罪的定义

战争罪是“武装冲突时违反战争法或国际人道法的行为”，包括“谋杀、虐待、或将被占领土上的平民居民驱逐至劳改营”，“谋杀或虐待战俘”，杀害人质、“肆意摧毁城镇和村庄，以及任何不具备正当军事或民事必要性的破坏”等。[①] 战争罪的主体往往是以国家及国家机构或某团体和组织的名义实施犯罪。

很多国际文件都对战争罪作出定义。1945年《欧洲国际军事法庭宪章》第6条规定：战争罪，即违反战争法规或惯例，包括谋杀及为奴役或为其他目的而虐待或放逐占领地平民、谋杀或虐待战俘或海上人员、谋杀人质、掠夺公私财产、毁灭城镇或乡村或非基于军事上必要之破坏，但不以此为限。1946年《远东国际军事法庭宪章》第5条规定：普通战争罪是指违反战争法规或战争惯例的犯罪行为。战争罪在两个法庭宪章中被规定为乙项罪行，也是传统国际法的战争罪行，亦称普通战争罪。这项列举改变了传统国际法上战争罪概念的模糊不明确的缺陷。两法庭宪章对战争罪作出规定后，凡违反战争法规和惯例的行为，特别是1945年《欧洲国际法庭宪章》列举范围内的战争行为都属于战争罪，而在战争中的其他敌对行为，如平民拿起武器的行为，在敌后从事的间谍行为，以及抢劫行为等，不再被视为战争罪。

2. 战争罪的发展

1993年《前南国际法庭规约》、1998年《国际刑事法院罗马公约》发展了战争罪。纽伦堡国际军事法庭和远东国际军事法庭只惩罚在侵略战争中以及在战争前的犯罪，前南国际法庭不仅惩治在国际武装冲突中的犯罪（严重违反日内瓦公约罪和普通战争罪），也惩罚在国内武装冲突中发生的犯罪（违反人道罪和灭种罪）。1993年《前南国际法庭规约》第2条编纂了1949年日内瓦公约和1977年日内瓦公约第一议定书中全部“严重违反”条款（严重违反公约的行为），并规定对在国际性武装冲突中犯有或命令犯有严重违反公约的行为应予以审判和惩罚，即任何国家可以根据普遍管辖权对这些罪行进行管辖。国内武装冲突中属于国际管辖范围的罪行是违反人道罪和灭种罪。

1993年《前南国际法庭规约》有关国内武装冲突中的战争罪的定义，超出了习惯国际法，甚至超出了《日内瓦公约第二议定书》的规定，突破了传统国际法上将战争罪仅定义在战争中所实施的行为，将严重违反日内瓦公约的战争罪情形扩展到非国际性武装冲突，战争罪被分为国际性武装冲突中的罪行和非国际性武装冲突中的罪行。1998年《国际刑事法院罗马公约》第8条第1款规定：本法院对战争罪具有管辖权，

---

① Solis, Gary D. *The Law of Armed Conflict: International Humanitarian Law in War*. Cambridge University Press, 2010: 301–303.

特别是对于作为一项计划或政策的一部分所实施的行为，或作为在大规模实施这些犯罪中所实施的行为。该《公约》第8条第2款规定，战争罪是指：

1. 严重破坏1949年8月12日《日内瓦公约》的行为，即对有关的《日内瓦公约》规定保护的人或财产实施下列任何一种行为：

（1）故意杀害；

（2）酷刑或不人道待遇，包括生物学实验；

（3）故意使身体或健康遭受重大痛苦或严重伤害；

（4）无军事上的必要，非法和恣意地广泛破坏和侵占财产；

（5）强迫战俘或其他被保护人在敌国部队中服役；

（6）故意剥夺战俘或其他被保护人应享的公允及合法审判的权利；

（7）非法驱逐出境或迁移或非法禁闭；

（8）劫持人质。

2. 严重违反国际法既定范围内适用于国际武装冲突的法规和惯例的其他行为，即下列任何一种行为：

（1）故意指令攻击平民人口本身或未直接参加敌对行动的个别平民；

（2）故意指令攻击民用物体，即非军事目标的物体；

（3）故意指令攻击依照《联合国宪章》执行的人道主义援助或维持和平行动的所涉人员、设施、物资、单位或车辆，如果这些人员和物体有权得到武装冲突国际法规给予平民和民用物体的保护；

（4）故意发动攻击，明知这种攻击将附带造成平民伤亡或破坏民用物体或致使自然环境遭受广泛、长期和严重的破坏，其程度与预期得到的具体和直接的整体军事利益相比显然是过分的；

（5）以任何手段攻击或轰击非军事目标的不设防城镇、村庄、住所或建筑物；

（6）杀、伤已经放下武器或丧失自卫能力并已无条件投降的战斗员；

（7）不当使用休战旗、敌方或联合国旗帜或军事标志和制服，以及《日内瓦公约》所订特殊标志，致使人员死亡或重伤；

（8）占领国将部分本国平民人口间接或直接迁移到其占领的领土，或将被占领领土的全部或部分人口驱逐或迁移到被占领领土内或外的地方；

（9）故意指令攻击专用于宗教、教育、艺术、科学或慈善事业的建筑物、历史纪念物、医院和伤病人员收容所，除非这些地方是军事目标；

（10）致使在敌方权力下的人员肢体遭受残伤，或对其进行任何种类的医学或科学实验，而这些实验既不具有医学、牙医学或住院治疗有关人员的理由，也不是为了该人员的利益而进行的，并且导致这些人员死亡或严重危及其健康；

（11）以背信弃义的方式杀、伤属于敌国或敌军的人员；

（12）宣告决不纳降；

（13）摧毁或没收敌方财产，除非是基于战争的必要；

（14）宣布取消、停止敌方国民的权利和诉讼权，或在法院中不予执行；

（15）强迫敌方国民参加反对他们本国的作战行动，即使这些人在战争开始前，已为该交战国服役；

（16）抢劫即使是突击攻下的城镇或地方；

（17）使用毒物或有毒武器；

（18）使用窒息性、有毒或其他气体，以及所有类似的液体、物质或器件；

（19）使用在人体内易于膨胀或变扁的子弹，如外壳坚硬而不完全包裹弹芯或外壳经切穿的子弹；

（20）违反武装冲突国际法规，使用具有造成过分伤害或不必要痛苦的性质，或基本上为滥杀滥伤的武器、射弹、装备和作战方法，但这些武器、射弹、装备和作战方法应当已被全面禁止，并已依照第一百二十一条和第一百二十三条的有关规定以一项修正案的形式列入本规约的一项附件内；

（21）损害个人尊严，特别是侮辱性和有辱人格的待遇；

（22）强奸、性奴役、强迫卖淫、第七条第二款第6项所界定的强迫怀孕、强迫绝育或构成严重破坏《日内瓦公约》的任何其他形式的性暴力；

（23）将平民或其他被保护人置于某些地点、地区或军事部队，利用其存在使该地点、地区或军事部队免受军事攻击；

（24）故意指令攻击依照国际法使用《日内瓦公约》所订特殊标志的建筑物、装备、医疗单位和运输工具及人员；

（25）故意以断绝平民粮食作为战争方法，使平民无法取得其生存所必需的物品，包括故意阻碍根据《日内瓦公约》规定提供救济物品；

（26）征募不满十五岁的儿童加入国家武装部队，或利用他们积极参与敌对行动。

3. 在非国际性武装冲突中，严重违反1949年8月12日四项《日内瓦公约》共同第三条的行为，即对不实际参加敌对行动的人，包括已经放下武器的武装部队人员，及因病、伤、拘留或任何其他原因而失去战斗力的人员，实施下列任何一种行为：

（1）对生命与人身施以暴力，特别是各种谋杀、残伤肢体、虐待及酷刑；

（2）损害个人尊严，特别是侮辱性和有辱人格的待遇；

（3）劫持人质；

（4）未经具有公认为必需的司法保障的正规组织的法庭宣判，径行判罪和处决。

4. 第二款第三项适用于非国际性武装冲突，因此不适用于内部动乱和紧张局势，如暴动、孤立和零星的暴力行为或其他性质相同的行为。

5. 严重违反国际法既定范围内适用于非国际性武装冲突的法规和惯例的其他行为，即下列任何一种行为：

（1）故意指令攻击平民人口本身或未直接参加敌对行动的个别平民；

（2）故意指令攻击按照国际法使用《日内瓦公约》所订特殊标志的建筑物、装备、医疗单位和运输工具及人员；

（3）故意指令攻击依照《联合国宪章》执行的人道主义援助或维持和平行动的所涉人员、设施、物资、单位或车辆，如果这些人员和物体有权得到武装冲突法规给予平民和民用物体的保护；

（4）故意指令攻击专用于宗教、教育、艺术、科学或慈善事业的建筑物、历史纪念物、医院和伤病人员收容所，除非这些地方是军事目标；

（5）抢劫即使是突击攻下的城镇或地方；

（6）强奸、性奴役、强迫卖淫、第七条第二款第六项所界定的强迫怀孕、强迫绝育以及构成严重违反四项《日内瓦公约》共同第三条的任何其他形式的性暴力；

（7）征募不满十五岁的儿童加入武装部队或集团，或利用他们积极参加敌对行动；

（8）基于与冲突有关的理由下令平民人口迁移，但因所涉平民的安全或因迫切的军事理由而有需要的除外；

（9）以背信弃义的方式杀、伤属敌对方战斗员；

（10）宣告决不纳降；

（11）致使在冲突另一方权力下的人员肢体遭受残伤，或对其进行任何种类的医学或科学实验，而这些实验既不具有医学、牙医学或住院治疗有关人员的理由，也不是为了该人员的利益而进行的，并且导致这些人员死亡或严重危及其健康；

（12）摧毁或没收敌对方的财产，除非是基于冲突的必要；

6. 第二款第五项适用于非国际性武装冲突，因此不适用于内部动乱和紧张局势，如暴动、孤立和零星的暴力行为或其他性质相同的行为。该项规定适用于在一国境内发生的武装冲突，如果政府当局与有组织武装集团之间，或这种集团相互之间长期进行武装冲突。

1998年《国际刑事法院罗马公约》第8条第3款规定：公约的规定不影响以一切合法手段维护或重建该国的法律和秩序，或维护国家统一和领土完整的责任。在一国发生内部动乱和紧张局势中，国家为维护国家统一和领土完整，维护或重建国家的法律和秩序而采取的合法手段不属于战争罪行。中国对非国际武装冲突中的战争罪纳入国际刑事法院管辖范围提出保留意见，主要理由是：国内武装冲突中的战争罪适合国内法院管辖。国际刑事法院由于其体制上固有的缺陷，无法取代国内司法体制所起的作用及其在惩治这类犯罪方面所占的明显优势。①

（四）危害人类罪

1. 危害人类罪的定义

危害人类罪，又称反人类罪、反人道罪、危害人道罪，是指战争发生前或战争进行中对平民的杀害、灭种、奴役、强制迁徙以及其他不人道行为；或基于政治上或种族上的理由而进行旨在实现或有关本法庭管辖范围内任何罪行的迫害行为，不论这种行为是否违反行为地国家的国内法。对反人道罪惩治的范围不但在战争期间，还可以在战争之前。

第二次世界大战中，德国纳粹对犹太人和其他民族实行灭种性的集体屠杀或基于种族、政治或宗教的理由对他们实行的集体迫害，并不包括在任何战争法规和惯例之中。当时的《海牙公约》和其他国际条约中所规定的战争法规和惯例，所禁止的事项只限于敌对双方在战争中的某些行为，如奸淫、掳掠、虐待俘虏、残害平民、使用非法武器等，不包括一切不人道的行为，尤其不包括大规模的不人道的行为。1945年《欧洲国际法庭宪章》和1946年《远东国际军事法庭宪章》在规定战争罪的同时，单独规定了反人道罪，补充了违反普通战争法规和惯例罪的不足，同时也是违反普通战争法规和惯例罪的引申和发展。

1945年《欧洲国际军事法庭宪章》第6条规定：危害人类罪，即在战前或战时，对平民施行谋杀、歼灭、奴役、放逐及其他任何非人道行为，或基于政治、种族或宗教的理由，而为执行或有关于本法庭裁判权内之任何犯罪而作出的迫害行为，不论其是否违反犯罪地之国内法规。1946年《远东国际军事法庭宪章》第5条规定：违反人道罪指战争发生前或战争进行中对任何平民之杀害、灭种、奴役、强迫迁徙，以及其他不人道行为，或基于政治上的或种族上的理由而进行旨在实现或有关本法庭管辖范围内任何罪行之迫害行为，不论这种行为是否违反行为地国家的国内法。凡参与上述任何罪行之共同计划或阴谋之领导者、组织者、教唆者与共谋者，对于任何人为实现此种计划而作出之一切行为，均应负责。

---

① 中国代表在第53届联合国大会第六委员会关于建立国际刑事法院的发言。

2. 危害人类罪的构成特征

危害人类罪的构成特征主要体现在客观行为上，除该罪定义所反映的特征之外，1998年《国际刑事法院规约》第7条列举了11项危害人类的犯罪行为。第7条第1款规定：

> 为了本规约的目的，"危害人类罪"是指在广泛或有系统地针对任何平民人口进行的攻击中，在明知这一攻击的情况下，作为攻击的一部分而实施的下列任何一种行为：
>
> 1. 谋杀；
>
> 2. 灭绝；
>
> 3. 奴役；
>
> 4. 驱逐出境或强行迁移人口；
>
> 5. 违反国际法基本规则，监禁或以其他方式严重剥夺人身自由；
>
> 6. 酷刑；
>
> 7. 强奸、性奴役、强迫卖淫、强迫怀孕、强迫绝育或严重程度相当的任何其他形式的性暴力；
>
> 8. 基于政治、种族、民族、族裔、文化、宗教、第三款所界定的性别，或根据公认为国际法不容的其他理由，对任何可以识别的团体或集体进行迫害，而且与任何一种本款提及的行为或任何一种本法院管辖权内的犯罪结合发生；
>
> 9. 强迫人员失踪；
>
> 10. 种族隔离罪；
>
> 11. 故意造成重大痛苦，或对人体或身心健康造成严重伤害的其他性质相同的不人道行为。

危害人类罪的客观特征具体表现为，行为人针对任何平民人口进行的一系列攻击行为。针对任何平民人口进行的攻击是指根据国家或组织攻击平民人口的政策，或为了推行这种政策，针对任何平民人口多次实施的攻击行为。危害人类罪行具有普遍性和系统性。危害人类罪定义明确指出，危害人类罪行是一种广泛或有系统地……攻击行为，任何构成危害人类罪的具体实施行为都须具备这种特性。某些孤立的罪行本身不是危害人类罪行。

3. 2006—2014年期间的主要危害人类罪案例

各国独裁者都犯有危害人类罪。独裁者为了一己私利结党营私，剥夺国民政治权力，将本国人民置于他们的压迫奴役下，使国民失去了应有的公平、自由与尊严，而沦为独裁者的工具和牺牲品。2006年11月5日，伊拉克特别法庭宣布，前总统萨达姆·侯赛因被判处绞刑，其在1982年的杜贾尔村案中犯有危害人类罪。1982年萨达姆下令处决140多名杜贾尔村什叶派穆斯林居民，拷打并监禁一千多人，报复其对自己刺杀未遂的行动。

2008年12月18日，联合国卢旺达问题国际刑事法庭认定，卢旺达国防部时任内阁主管泰奥内斯特·巴戈索拉在1994年卢旺达大屠杀中犯下种族灭绝罪、危害人类罪和战争罪，判处巴戈索拉终身监禁。联合国在坦桑尼亚的阿鲁沙1994年成立卢旺达问题国际刑事法庭，审理的范围为种族灭绝、危害人类罪以及战争罪的高级政府官员或军人，卢旺达政府则自行负责审判较低层级的军官或平民。

2009年3月4日，设在荷兰海牙的国际刑事法院以涉嫌在苏丹达尔富尔地区犯有战争罪和危害人类罪为由，宣布正式对苏丹总统巴希尔发出逮捕令。这是国际刑事法院首次对一个国家的现任元首发布逮捕令，无先例可循。苏丹政府当天宣布，苏丹拒绝接受国际刑事法院对苏丹总统巴希尔发出的逮捕令，也不会同国际刑事法院打交道。

2010年10月10日，卡里希特·巴鲁希玛纳（Callixte Mbarushimana）在法国巴黎被捕，此人系卢旺达反政府组织卢旺达解放民主力量的执行秘书长，卢旺达胡图族人。国际刑事法院预审分庭认为，有足够证据表明巴鲁希玛纳在刚果（金）东部的南北基伍省实施了暴行，并就谋杀、酷刑、强奸和非人道行为，对他提出五项危害人类罪指控；就攻击贫民、损害财产和迫害等行为提出六项战争罪指控。卢旺达解放民主力量是被指控2010年8月在刚果东部的村庄强奸数百人的组织之一，多年来一直在刚果民主共和国东部对平民犯下残暴的罪行。

2011年11月28日，联合国人权理事会调查委员会提交报告，称叙利亚军队犯下了严重的侵犯人权行为。委员会指出，叙部队在镇压和平示威时，实施了谋杀、酷刑、强奸等暴力行为，并表示如此大规模和系统性的侵犯人权行为如果没有得到最高一级官员的同意是不可能发生的。报告认为，在叙利亚不同地点所发生的侵犯人权行为已构成危害人类罪。

2012年4月26日，位于荷兰海牙的联合国塞拉利昂问题特别法庭（SCSL）宣判，前利比里亚总统查尔斯·泰勒在利比里亚和塞拉利昂内战期间最终导致超过5万人丧生，犯有战争罪和危害人类罪，并处50年监禁。泰勒成为首位在国际法庭被判有罪的非洲前国家领导人。

2013年10月，柬埔寨审判红色高棉特别法庭对两名前红色高棉领导人提出庭审裁决，时任红色高棉中央委员会副书记、人民代表大会委员长的农谢以及时任国家主席的乔森潘，犯有危害人类罪，判处终生监禁。但他们拒绝接受指控，声称并不了解红色高棉统治时期所发生的暴行。

2014年2月17日，联合国人权理事会朝鲜人权状况国际调查委员会在日内瓦发布了一份有关朝鲜人权状况的调查报告。报告认为，在朝鲜出现的违反人权行为的严重程度、层次和本质在现代社会中是不能接受的。调查委员会当天在日内瓦表示，国际社会应立即采取相对行动。需要指出的是，朝鲜方面不接受人权理事会授权成立朝鲜人权调查委员会，认为这个调查委员会具有政治性目的，没有允许调查委员会的成员进入朝鲜境内进行调查。

五、进入庇护国以前，曾在庇护国以外犯过严重的非政治罪行

（一）第1条第6款第2项规定概述

进入庇护国以前，曾在庇护国以外犯过严重非政治罪行的人不能取得难民身份，目的是保护庇护国的社会安全和公共秩序不被犯有严重罪行的人破坏。1951年《关于难民地位的公约》第1条第6款第2项规定：本公约规定不适用于存在着重大理由足以认为该人在以难民身份进入庇护国以前，曾在庇护国以外犯过严重的非政治罪行。将排除对象严格限定在犯有严重非政治罪行的人，是避免有些国家不向犯有轻微刑事犯罪或政治性犯罪的人提供保护。判断一项犯罪是否属于政治犯罪，要看犯罪行为的性质和目的。犯罪者是出于纯粹政治目的而实施犯罪行为，还是因个人原因或利益纠纷引而实施犯罪。还要看罪犯宣称的政治目的和犯罪之间的直接、紧密的因果联系。如果犯罪行为的严重程度远远超出罪犯宣称的政治目的时，不能认定是政治犯罪。如果一项犯罪活动中有极度凶残、凶恶的行为，则不能将其认定为政治性犯罪。[①] 一般认为，刑法中的内乱罪、外患罪、叛逆罪、叛国罪和间谍罪等危害国家安全类罪是政治犯罪。

（二）判断严重的非政治罪行

判断一项犯罪是否属于严重，要看一国的刑法规定、所犯罪行与畏惧的关系、犯罪情节严重与否等因素。1951年《关于难民地位的公约》第1条第6款第2项原意是指一项犯罪行为必须是非常严重的才可以被排除保护，轻微罪行不应因本条款而被排除难民保护。[②] 严重罪行必须是可处以死刑的罪行，或极其严重的必须受惩罚的罪行，与以官方身份使用武力或暴力的行为无关。各国的刑法不尽相同，某些罪行在有些国家是严重罪行，在另一些国家则可能不是严重罪行。如果一个人面临严重威胁其生命或自由迫害的恐惧，只有最严重的罪行才能排除对其的难民保护。如果一个难

① UNHCR. *Handbook on Procedures and Criteria for Determining Refugee Status Under the 1951 Convention and the 1967 Protocol Relating to the Status of Refugees*, December 2011, para. 152.

② Ibid., para. 155.

民地位申请人所面临的恐惧并不强烈，则实施的严重罪行就很可能导致其被排除难民保护。[①] 评判所犯罪行的性质时，要考虑减轻和加重因素，例如，某人是否犯有前科，因犯某项普通罪行被判刑时是否已服刑期满，是否被赦免或在大赦中受益等。在后一种情况中，可以认为排除性条款不再适用。除非能够证明，尽管寻求庇护者得到赦免或大赦，他的犯罪特征仍然压倒其他特征。[②]

为避免一般刑事犯罪与政治犯罪的混淆，一些国际公约确定某些刑事犯罪不是政治犯罪。例如，1948年《防止和惩治灭绝种族罪公约》规定的灭绝种族罪，1956年《废止奴隶制、奴隶贩卖及类似奴隶制之制度与习俗补充公约》规定的贩卖奴隶罪，1965年《消除一些种族歧视国际公约》规定的种族歧视罪，1968年《战争罪及危害人类罪不适用法定时效公约》规定的迫害和平罪、战争罪、危害人类罪，1970年《关于制止非法劫持航空器的公约》规定的非法劫持航空器罪，1971年《关于制止危害民用航空安全的非法行为的公约》及其1988年《补充议定书》规定的各种危害民用航空安全的罪行和危害国际民用机场安全的罪行，1973年《禁止并惩治种族隔离罪行国际公约》规定的种族隔离罪，1973年《关于防止和惩治侵害应受国际保护人员包括外交代表的罪行公约》规定的侵害受国际保护人员包括外交代表的犯罪，1979年《反对劫持人质国际公约》规定的劫持人质罪，1980年《关于核材料事务保护公约》规定的拥有、使用及通过任何手段取得核材料罪，1984年《禁止酷刑和其他残忍、不人道和有辱人格的待遇或处罚公约》规定的酷刑及其他罪，1988年《联合国禁止非法贩运麻醉药品和精神药物公约》规定的贩毒罪，1988年《制止危及海上航行安全非法行为公约》规定的危害海上航行安全罪，1988年《制止危及大陆架固定平台安全非法行为议定书》规定的危及大陆架固定平台安全罪，1997年《制止恐怖主义爆炸事件的国际公约》规定的恐怖主义爆炸罪，1999年《制止向恐怖主义提供资助的国际公约》规定的资助恐怖主义罪等。

在英国的T v. Home Secretary案中，申请人是在英国申请难民地位的阿尔及利亚公民。他的要求被内政部长拒绝了，他向专门裁判官（special adjudicator）上诉也未获成功。申请人牵涉到一起发生在阿尔及尔机场的炸弹袭击，在该次袭击中，有十人死亡，在随后对一座军营的搜捕中，又有一人死亡。专门裁判官的判决是，他的情况符合1951年《关于难民地位的公约》第1条第6款第2项的规定，因为根据该条款的规定，有值得重视的理由认为他曾从事严重的非政治性犯罪。他起诉到移民上诉裁判所（IAT）和上诉法院，都败诉了。上议院也驳回了他的上诉。

---

① UNHCR. *Handbook on Procedures and Criteria for Determining Refugee Status Under the 1951 Convention and the 1967 Protocol Relating to the Status of Refugees*, December 2011, para. 156.

② Ibid., para. 157.

（三）恐怖主义是严重的非政治罪行

恐怖主义是严重的非政治罪行，恐怖主义分子不能申请难民地位。恐怖主义及其相关概念的定义主要依照一个国家的国家利益与现实情况而定，具有较浓厚的意识形态色彩，各国以各自恐怖主义概念为原点建立的反恐法律体系和反恐制度也不尽相同。[①]1999年《制止资助恐怖主义国际公约》通过援引其他联合国反恐公约而部分定义了恐怖主义，第2条第1款第2项规定：禁止目的在于对一个平民，或对任何其他在武装冲突局势下没有积极参加敌对行为的人造成死亡或严重人身伤害的其他任何行为，当此行为的目的，根据其特征或内容，是威胁平民，或强迫一个政府或国际组织从事或避免从事任何行为的时候。2001年，我国签署了《反恐怖主义、分裂主义和极端主义上海公约》，接受了该《公约》第1条规定的“恐怖主义”概念，即，“致使平民或武装冲突情况下未积极参与军事行动的任何其他人员死亡或对其造成重大人身伤害、对物质目标造成重大损失的任何其他行为，以及组织、策划、共谋、教唆上述活动的行为，而此类行为因其性质或背景可认定为恐吓居民、破坏公共安全或强制政权机关或国际组织以实施或不实施某种行为，并且是依各方国内法应追究刑事责任的任何行为”。

给予恐怖主义分子难民身份在法律上是错误的，完全没有事实根据，会诋毁难民在公众心目中的形象，导致专门挑出属于某些种族或宗教的人进行歧视和基于仇恨的骚扰。1996年12月7日《补充1994年消除国际恐怖主义措施宣言》第二段规定：恐怖主义的方式和行为是违反联合国目的和原则的，鼓励各国为引渡法目的而将恐怖主义罪行看作是非政治罪行。第三段重申：各国在授予难民身份之前应采取适当措施以确保避难寻求者没有参加过恐怖活动。1998年《制止恐怖主义爆炸公约》第2条规定：禁止在公共场所实施造成人员死亡或身体伤害或导致巨大经济损失的行为发生。2001年联合国安理会第1373号决议提出，所有的国家在给予难民身份之前，采取所有符合国内法和国际法的有关条款，包括人权国际标准的适当措施，目的在于确保避难寻求者没有计划帮助或者参加过恐怖活动的实施。并且，“以符合国际法的方式确保难民身份不会被犯罪者、恐怖活动组织者或协助者所滥用”。

2001年，联合国难民署提出：任何关于安全保障的讨论都应以下述假设为出发点：难民本身是在逃避迫害和暴力行为，包括恐怖主义行为，而不是此种行为的施行者。国际难民文件不为恐怖主义分子提供安全庇护所，不为他们逃避刑事起诉提供保护。相反，国际难民文件使识别从事恐怖主义活动的人成为可能和必要，设想排除其

---

① 刘国福.我国出入境管理法的反恐怖主义探究和展望[J].学习论坛2014(3):77。

难民身份，而且不会阻碍对其进行刑事起诉或驱逐。[①] 不论恐怖主义分子是想寻找安全庇护所，逃避起诉还是发起进一步攻击，都不应提供任何渠道，使其能够有机会入境。联合国安全理事会第1373 (2001) 号决议要求所有国家：对于资助、计划、支持或犯下恐怖主义行为或提供安全庇护所的人拒绝给予安全庇护（第2条第3款）；通过有效的边界管制和对签发身份证和旅行证件的控制，并通过防止假造、伪造或冒用身份证和旅行证件，防止恐怖分子和恐怖主义集团的移动（第2条第7款）。决议要求：所有国家在给予难民身份前，依照本国法律和国际法的有关规定、包括国际人权标准采取适当措施，以确保寻求庇护者未曾计划、协助或参与犯下恐怖主义行为（第3条第5款）；依照国际法，确保难民身份不被犯下、组织或协助恐怖主义行为者滥用，并且不承认以出于政治动机的主张为理由而拒绝引渡被指控的恐怖分子的请求（第3条第7款）。

六、有违反联合国宗旨和原则的行为并经认为有罪

（一）有违联合国宗旨和原则的行为并经认为有罪概述

有违反联合国宗旨和原则的行为并经认为有罪，不能取得难民身份，目的是保护全人类整体利益不受严重侵犯。1951年《关于难民地位的公约》第1条第6款第3项规定：本公约规定不适用于曾有违反联合国宗旨和原则的行为并经认为有罪的人。不论寻求庇护者何时、何地犯有有违反联合国宗旨和原则的行为并经认为有罪，都不能获得难民身份。[②]

1945年《联合国宪章》是联合国的基本大法，它既确立了联合国的宗旨、原则和组织机构设置，又规定了成员国的责任、权利和义务，以及处理国际关系、维护世界和平与安全的基本原则和方法。遵守《联合国宪章》、维护联合国的威信是每个成员国不可推脱的责任。《联合国宪章》第1条规定了联合国四项宗旨："一、维持国际和平及安全；并为此目的，采取有效集体办法，以防止且消除对于和平之威胁，制止侵略行为或其他和平之破坏；并以和平方法且依正义及国际法之原则，调整或解决足以破坏和平之国际争端或情势。二、发展国际间以尊重人民平等权利及自决原则为根据之友好关系，并采取其他适当办法，以增强普遍和平。三、促成国际合作，以解决国际间属于经济、社会、文化及人类福利性质之国际问题，且不分种族、性别、语言或宗教，增进并激励对于全体人类之人权及基本自由之尊重。四、构成一协调各国行

① 联合国难民署.在不削弱对难民保护的情况下处理安全问题：难民专员办事处的观点.2001年11月29日发表的声明. www.unhcr.org/refworld/docid/3c0b880e0.html. 2014年11月1日访问。

② 2003年第5号《关于国际保护的指导方针》第5段。

动之中心，以达成上述共同目的。”

《联合国宪章》第2条规定了联合国的七项原则：“为求实现第一条所述各宗旨起见，本组织及其会员国应遵行下列原则：一、本组织系基于各会员国主权平等之原则。二、各会员国应一秉善意，履行其依本宪章所担负之义务，以保证全体会员国由加入本组织而发生之权益。三、各会员国应以和平方法解决其国际争端，避免危及国际和平、安全及正义。四、各会员国在其国际关系上不得使用威胁或武力，或以与联合国宗旨不符之任何其他方法，侵害任何会员国或国家之领土完整或政治独立。五、各会员国对于联合国依本宪章规定而采取之行动，应尽力予以协助，联合国对于任何国家正在采取防止或执行行动时，各会员国对该国不得给予协助。六、本组织在维持国际和平及安全之必要范围内，应保证非联合国会员国遵行上述原则。七、本宪章所规定的内容皆无法授权联合国干涉在本质上属于任何国家国内管辖之事件，且不得要求成员国将此类事件提交本宪章所规定的争端解决机制；但此项原则不妨碍第七章内执行办法之适用。”

（二）有违反联合国宗旨和原则的行为并经认为有罪被滥用的可能

虽然1945年《联合国宪章》规定了联合国宗旨和原则，但是各国出于各自的利益可以对规定的宗旨和原则作出不同的解释，甚至连《维也纳条约法公约》本身的解释都会引起争议。对于“有违反联合国宗旨和原则的行为并经认为有罪”不存在一个国际上普遍接受的理解，第3项规定有可能被有关国家曲解，甚至滥用，成为某些国家歪曲自己在国际难民法中所承担义务的一个借口。在实践中，能够违反联合国宗旨和原则而被追究刑事责任的，一般是一个国家中的政治家、军事家和处于上层的官员，中下级官员和民众一般没有可能，这不是一个法律问题，而是一个事实问题。[①]

（三）第1条第6款第3项规定与第1项规定、第2项规定的关系

1951年《关于难民地位的公约》第1条第6款第3项规定与第1项规定“该人犯国国际文件中已作出规定的破坏和平罪，战争罪或危害人类罪”、第2项规定“该人在以难民身份进入庇护国以前，曾在庇护国以外犯过严重的非政治罪行”有重复，但是第3项规定不是简单地重复第1项、第2项规定，而是以兜底条款的笼统方式涵盖第1项、第2项规定未涉及的任何违反联合国宗旨和原则的行为并经认为有罪的行为，[②]给予庇护国排除难民地位申请人的灵活性。联合国难民署提出：不断参加针对本国的

① 李明奇.难民公约中的排除条款[J].哈尔滨师范大学社会科学学报2011(5):35。

② UNHCR. *Handbook on Procedures and Criteria for Determining Refugee Status Under the 1951 Convention and the 1967 Protocol Relating to the Status of Refugees*, December 2011, para. 163.

军事行动的人被排除在难民之外，武装斗争与难民身份的非军事和人道主义的性质是不相容的。[①]

七、难民身份排除条款与难民定义条款之间的关系

一个国家在甄别难民开始之前能够确定排除适用的可能性不是很大，妥善处理1951年《关于难民地位的公约》第1条第4、5、6款难民身份排除和第1条第1款第2项难民定义的关系，有助于及时甄别难民身份，稳妥地排除不能申请难民地位的人。1951年《关于难民地位的公约》第1条第4、5、6款规定了公约不适用的三类人群，即难民身份的三种排除条件，第1条规定了难民定义。第1条第4、5、6款规定："（四）本公约不适用于目前从联合国难民署以外的联合国机关或机构获得保护或援助的人。当上述保护或援助由于任何原因停止而这些人的地位还没有根据联合国大会所通过的有关决议明确解决时，他们应在事实上享受本公约的利益。（五）本公约不适用于被其居住国家主管当局认为具有附着于该国国籍的权利和义务的人。（六）本公约规定不适用于存在着重大理由足以认为有下列情事的任何人：（甲）该人犯有国际文件中已作出规定的破坏和平罪、战争罪或危害人类罪；（乙）该人在以难民身份进入庇护国以前，曾在庇护国以外犯过严重的非政治罪行；（丙）该人曾有违反联合国宗旨和原则的行为并经认为有罪。"第1条第1款第2项规定了难民定义："由于一九五一年一月一日以前发生的事情并因有正当理由畏惧由于种族、宗教、国籍、属于某一社会团体或具有某种政治见解（而遭迫害）的原因留在其本国之外，并且由于此项畏惧而不能或不愿受该国保护的人，或者不具有国籍并由于上述事情留在他以前经常居住国家以外而现在不能或者由于上述畏惧不愿返回该国的人。对于具有不止一国国籍的人，本国一词是指他有国籍的每一国家，如果没有实在可以发生畏惧的正当理由而不受他国籍所属国家之一的保护时，不得认其缺乏本国的保护。"

第1条第4、5、6款的难民身份排除优先于第1条第2款第2项的难民甄别适用。涉及难民身份排除条款的适用会引起可信性等复杂问题，并且它们在可接受性和加速程序下没有被给予适当的考虑。[②] 联合国难民署认为：当一个国家意识到难民地位申请者不符合第1条第6款的条件时没有什么可以阻止它停止甄别。[③] 加拿大联邦法院认为如果申请者符合第1条第6款的条件就没有必要再去考虑他是否符合第1条第1款第

① 凯特・雅斯特拉姆.玛丽莲・阿奇隆.难民保护：国际难民法指南[M]. 2004年修订版.联合国难民署.各国会议联盟.59。

② UNHCR. *Asylum Processes (Fair and Efficient Asy-lum Procedures)*. UN doc. EC / GC /01 /12, 31 May 2001. para.29. [8] In Re Q. T.M. T. 23 Dec. 1996. BIA, Interim Decision No. 3300, 639–671.

③ UNHCR. *Handbook on Procedures and Criteria for Determining Refugee Status Under the 1951 Convention and the 1967 Protocol Relating to the Status of Refugees*, December 2011, para. 141.

2项。

只要难民管理部门“有重大理由”怀疑寻求庇护者进入庇护国以前，曾在庇护国以外犯过严重的非政治罪行，就可以不给予其难民身份。“有重大理由”认为寻求庇护者已实施一个罪行或因为1951年《关于难民地位的公约》第1条第6款中的一个行为有罪，必须对申请者所涉嫌的罪行进行充分的调查，获得足以进行刑事审判的证据，以证明其有罪。国家负举证责任去证明有重大理由认为申请者应被排除保护。缔约国不能轻易地、草率地把申请者排除出难民的范围，禁止根据这些被列举的排除的犯罪而自动制止授予其难民身份。[①] 不准许在边界或入境点草率拒绝寻求庇护者。每份申请，即使有可能参与第1条第6款规定的犯罪的嫌疑，也应当依其本身情况加以判定，而不应由于寻求庇护者的国籍、种族或宗教而以消极和歧视性推定为依据。在边界拒绝受理并且禁止利用难民地位申请程序，不仅会使善意的寻求庇护者处于危险境地，而且会助长恐怖主义，因为这将迫使有关人员设法以非法手段入境，失去了通过面谈识别的可能性。

八、来自安全第三国

安全第三国是指符合一些特定的形式标准，例如来自欧盟成员国，或1951年《关于难民地位的公约》和1950年《欧洲人权公约》的适用得以保障的国家。根据2003年《都柏林二号规章》（Dublin II-Verordnung），只允许外国人向入境的第一个欧盟国提出难民地位申请。如果寻求庇护者在申请难民地位前曾入境了欧盟国家，收到难民地位申请的欧盟国家可以直接将他遣送回入境了的欧盟国家。德国作为2003年《都柏林二号规章》缔约国，不接受来自安全第三国的外国人的难民地位申请。德国通过安全第三国排除了一些外国人申请难民地位的可能性。德国可以直接认定来自安全第三国的外国人不会遭受政治迫害，并予以遣返。1949年《德国基本法》（2006年修订）第16条第1款第2—4项原则规定了安全第三国。

（2）来自欧洲共同体成员国的公民，或1951年《关于难民地位的公约》和1950年《欧洲人权公约》的适用得以保障的国家的公民，不得主张第一款规定的权利。对于满足第一款前提条件的除欧共体以外的国家，由法律予以确定，并取得联邦参议院批准。在第1款所指情形中，可不考虑提起的法律救济，执行有关结束居留权的措施。

（3）某些国家的法制状况、法律实施和一般的政治条件显示在该类国家既无政治迫害又无非人道的或歧视性的处罚待遇现象的，经联邦参议院批准，可制

① 李明奇.难民公约中的排除条款[J].哈尔滨师范大学社会科学学报2011(5):36。

定法律确定此类国家的范围。来自该类国家的外国人未陈述有关事实证明其受到政治迫害前，认定其没有遭受迫害。

（4）在第3款所指情形中和其他情况下，用以结束居留的措施显然不具备理由的或显然不能视为具备理由的，只有对其合法性存有严重怀疑时，方可由法院决定暂停执行；对有关审查范围可予以限制并对未按时提交的有关理由不予考虑。具体由法律予以规定。

1993年《德国庇护程序法》（2007年修订）进一步强化了安全第三国的规定，确认来自安全第三国的外国人不享有寻求庇护权。该法第26条第1款第1项规定："在《基本法》第16条第1款立法目的下，从安全第三国进入德国境内的任何外国人不得援用《基本法》第16条第1款第1项（遭受政治迫害的人员享有寻求庇护权）的规定。不应该确认该外国人享有寻求庇护权。"根据1993年《德国庇护程序法》（2007年修订）第18条，可以拒绝来自安全第三国的外国人入境。如果发现来自安全第三国的外国人在边境附近，边检部门应在其非法入境后及时将其遣返。除非德国根据与安全第三国达成国际协议有责任执行庇护程序，或者德国处于国际或人道原因或为了维护德国利益，内政部不会签发允许入境或者不驱逐令。如果一个难民是经由某安全第三国而入境德国，他极可能会被遣返至该国。

德国根据安全第三国排除政策，迅速审结了许多难民地位申请。问题是，如果曾经入境的欧盟国家情况非常糟糕，如果被遣返至该国，将会面临绝境，还要进行遣返吗？德国联邦宪法法院审理了一位来自伊拉克的寻求庇护者提出的诉讼。由于他已在希腊提出难民地位申请，因此也应被遣送回希腊。鉴于希腊难民营的安置情况十分恶劣，宪法法院的卡斯鲁尔宪庭法官阻止了这次遣返。

安全第三国政策是德国等许多欧盟成员国难民政策的一个重要组成部分，这些国家自行评估认定安全第三国范围。联合国难民署拒绝承认安全第三国名单，认为每个难民地位申请案件均应个别审核处理，否则难民会被连锁遣返。德国国内也有机构反对安全第三国政策。明斯特主教教区"卡利他"（caritas）人权组织指出，向德国申请难民地位人数大量减少的原因，不是因为世界上迫害行为减少，而是因为，进入德国提出申请的可能性已几乎不再存在。德国的周边国家都属于安全第三国。安全第三国难民制度并非德国独有，许多国家例如法国、澳大利亚和瑞士均有该制度。联合国难民署拒绝承认安全第三国名单，认为每个难民地位申请案件均应个别审核处理，而且寻求庇护者可能会被连环遣返。

九、欧盟关于难民身份排除的规定

2005年12月，欧盟实施《欧盟批准和撤销难民身份程序的最低标准的指令》（*Council*

Directive 2005/85/EC of 1 December 2005 on Minimum Standards on Procedures in Member States for Granting and Withdrawing Refugee Status）（简称2005年《欧盟庇护程序指令》），侧重难民程序性规则。不予受理的难民地位申请（inadmissible applications）是指具备以下六种情形之一的难民地位申请：（1）根据2003年《都柏林二规章》关于国家审查责任原则的规定，难民地位申请提出国不是审查责任国，则该国无需实质审查申请人是否符合2004年《欧盟难民保护指令》规定的难民条件。（2）申请人在其他成员国已经取得难民身份。（3）非成员国的第三国被视为申请人的首要庇护国（first country of asylum）。（4）非成员国的第三国被视为申请人的安全第三国（safe third country）。（5）申请人根据2004年《欧盟难民保护指令》取得与难民身份相等的权利而在成员国境内停留，或者因等待获得此种权利的审理结果而在成员国境内停留。（6）申请人同意将其申请作为组成部分，由申请人的家属提出难民地位申请。[①]

第二节　难民身份的终止

为了避免不需要国际保护的人获得国际保护，充分利用国际保护资源，1951年《关于难民地位的公约》第1条在规定难民定义、难民身份排除的同时，还规定了难民身份的终止。难民身份终止与难民身份的获得、排除同等重要。联合国难民署的第一任高级专员赫芬·格德哈特指出："开始保护和终止保护两者都是必要的。很明显，保护是重要的，但是它应当在绝对必要的时间内。一天也不要多。"[②]

一、难民身份终止概述

为了保持难民的稳定和难民管理的正常秩序，一个人获得难民身份后应一直拥有该难民身份，除非发生了终止、撤销等情形。1951年《关于难民地位的公约》规定了难民身份终止的六种情形。第1条第3款规定：

> 如有下列各项情形，本公约应停止适用于上述（一）款所列的任何人：
> （1）该人已自动接受其本国的保护；或者
> （2）该人于丧失国籍后，又自动重新取得国籍；或者
> （3）该人已取得新的国籍，并享受其新国籍国家的保护；或者
> （4）该人已在过去由于畏受迫害而离去或躲开的国家内自动定居下来；或者
> （5）该人由于被认为是难民所依据的情形不复存在而不能继续拒绝受其本国

① 2005年《欧盟批准和撤销难民地位程序的最低标准的指令》第25条。
② 联合国难民署.难民（中文本）.2001.总第123期，15。

的保护；但本项不适用于本条（一）款（1）项所列的难民，如果他可以援引由于过去曾受迫害的重大理由拒绝受其本国的保护。

（6）该人无国籍，由于被认为是难民所依据的情形不复存在而可以回到其以前经常居住的国家内；

但本项不适用于本条（一）款（1）项所列的难民，如果他可以援引由于过去曾受迫害的重大理由拒绝受其以前经常居住国家的保护。

当客观情形表明无需或不应该继续对某人施加国际保护时，就应当终止国际保护。

上述第1—4种终止情形是因为难民的主观态度发生了变化：原本不愿意接受其本国保护的人，如今自愿接受其本国保护；原本放弃本国国籍的人，如今自愿重新取得原国籍；原本放弃本国国籍的人，自愿取得新国籍；原本因畏惧迫害而离去或躲开本国的人，如今又自愿在该国境内定居。上述第5—6种终止情形是因为难民本国国内客观情势的变化：原本存在于国内的导致公民产生畏惧的迫害情形已经消失，使得难民难以再继续以难民身份接受国际保护。[①]

如果导致难民身份终止的情形发生在难民甄别阶段，应该像终止难民身份一样，终止难民甄别。适用难民身份、难民甄别终止情形一定要慎重，千万不要仓促适用终止条款，要确实保证不再有国际保护的必要。如果难民本国的情形发生了重大、深刻和实质性的变化，可以援引终止条款，但是变化一定要经得住时间的检验。[②] 菲律宾关于终止外国人难民身份的规定与1951年《关于难民地位的公约》第1条第3款的终止外国人难民身份的规定完全一致，直接将1951年《关于难民地位的公约》的终止外国人难民身份的规定国内法化。[③]

二、已自动接受其本国的保护

1951年《关于难民地位的公约》第1条第3款第1项规定，本公约应停止适用于已自动接受其本国保护的人。此项规定针对停留在国籍国之外却一直保留着本国国籍的难民，该类难民在被授予难民身份一段时间之后，在国外表示自愿接受其本国保护，这表明该难民已经不再有“正当理由”恐惧迫害，也丧失了“不能或不愿接受其

① UNHCR. *Handbook on Procedures and Criteria for Determining Refugee Status Under the 1951 Convention and the 1967 Protocol Relating to the Status of Refugees*, December 2011, para. 114.

② 凯特·雅斯特拉姆.玛丽莲·阿奇隆.难民保护：国际难民法指南[M]. 2004年修订版.联合国难民署.各国会议联盟.59。

③ 1998年《菲律宾关于审理难民地位申请程序令》第24条。

本国政府保护”的情形。[①] 根据《甄别难民身份的程序与标准手册》，符合“已自动接受其本国保护”难民身份终止情形，需要满足自愿、有表明接受本国保护意向的实际行动、接受了本国保护等三个条件。

自愿是指难民重新接受本国当局保护是出于本人的真实意愿，而不是受到强迫或胁迫。如果难民不是按照自己的真实意思去接受本国的保护，例如他可能是在某种情况下按照他人的指示（可以是居住国当局），违心地采取某些可能被理解为重新接受其本国保护的行为。比如，必须向本国领事馆申请保护；必须回本国离婚，因为在外国离婚得不到必要的国际承认。这样的行为都是客观或外部条件迫使他做的，并非他真实意思要接受本国的保护，所以不应因此终止其难民身份。[②]

有表明接受本国保护意向的实际行动是指难民必须以实际行动表明其自愿接受本国保护的意向。在确定难民是否因“自动接受本国保护”而丧失难民身份时，必须严格界定实际重新获得本国保护与偶尔接触本国当局之间的区别。如果难民自愿申请并获得本国签发的护照或延长其有效期或取得了当局签发的旅行证件，可以认为他用实际行动表明了自愿接受本国保护的意向。[③] 如果难民仅仅是同当局偶尔接触，目的是为获取如出生证、结婚证等证件，都不能算作难民本人有接受本国保护的意向。[④] 如果难民在接受本国护照或延长有效期后，表明了其不愿意接受本国保护的意愿。就需要重新审查该难民的难民身份，难民需要就获取护照或延长其有效期的行为作出合理解释。多数情况下，难民接受本国保护的意向是通过向所居住国家或有关国际机构提出遣返申请表来表明的。

接受了本国保护是指难民实际上已经受到本国保护或重新为本国所接受。一个难民自愿地接受了本国的保护，不仅是真实自愿地以实际行动表明接受这种保护的意向，更重要的是他已实际上获得了本国的保护或已经为本国所重新接受。如果难民仅仅提出了遣返申请并没有真正回到本国，就不能导致其丧失难民身份。[⑤] 如果客观情况表明难民已经获得了本国的入境许可或护照，可以证明其已经实际获得了本国的保护或者已经为本国重新接受。在此种情况下，就应当终止对其保护。但是，即便在此情形下庇护国或联合国难民署仍应向其提供必要帮助，以方便其尽快回到本国领土。

---

① UNHCR. *Handbook on Procedures and Criteria for Determining Refugee Status Under the 1951 Convention and the 1967 Protocol Relating to the Status of Refugees*, December 2011, para. 118.

② Ibid., para. 120.

③ Ibid., para. 125.

④ Ibid., para. 121.

⑤ UNHCR. *Handbook on Procedures and Criteria for Determining Refugee Status Under the 1951 Convention and the 1967 Protocol Relating to the Status of Refugees*, December 2011, para. 122.

三、丧失国籍后又自动重新取得国籍

1951年《关于难民地位的公约》第1条第3款第2项规定，本公约应停止适用于丧失国籍后又自动重新取得国籍的人。此项规定针对因“有正当理由”恐惧逃离本国，丧失了原国籍国国籍的难民，他们获得了难民身份后，又自愿重新取得了原国籍国国籍，这表明该难民为取得原国籍国保护，重新建立了同本国的联系，因而自动放弃了难民身份。[①]

根据《甄别难民身份的程序与标准手册》，符合“丧失国籍后又自动重新取得国籍”难民身份终止情形，需要满足自愿地申请重新恢复其已经因迫害而丧失的国籍、取得的国籍必须是实际有效的国籍两个条件。第一，难民必须是自愿地申请恢复其已经因迫害而丧失的国籍，而不是其国籍国通过法律行为或行政命令重新赋予他国籍。如果国家赋予国籍的行为得到了难民的自愿接受，应认定难民自愿接受了该国籍。如果难民仅仅是依原国籍国的法律规定享有重新选择权，而他并没有作这种选择，就不能认定他已重新取得该国国籍从而丧失难民身份。如果原国籍国法律规定，不拒绝即视为接受，而该难民完全知晓法律的规定却仍然不表示拒绝，则应认为其自愿重新取得国籍。[②] 第二，取得的国籍必须是实际有效的国籍。国际社会默认国籍国应对该难民提供必要的保护，为避免对该人实施重复的保护，不再对其提供国际保护。国籍国为其提供的有效保护至少包括允许返回本国并在该国长期居住的权利，另外还有责任保护其不再受到迫害。

自动重新取得国籍的前提是丧失国籍。丧失国籍是指主动放弃国籍，而不是被剥夺国籍。在现代社会，剥夺一个人的国籍是极为罕见的。根据国际人权文件，任何人不得被任意剥夺国籍。1948年《世界人权宣言》第15条第2款规定：“任何人的国籍不得被任意剥夺，亦不得否认其改变国籍的权利。”1969年《美洲人权公约》第20条第3款条规定：人人有权享有国籍，不得任意剥夺任何人的国籍。

剥夺一个人的国籍通常发生在一个人依据入籍申请被批准而取得的国籍。根据2007年《澳大利亚公民资格法》，澳大利亚公民和移民部部长可以剥夺 / 撤销一个人通过授予取得的澳大利亚国籍，如果该人：（1）犯有虚假陈述或误述方面的罪行。（2）在取得澳大利亚国籍前犯有严重的罪行（serious offence），除非撤销其澳大利亚国籍将使其成为无国籍人。（3）因移民欺诈（migration related fraud）而获得入籍批准，成为澳大利亚公民。（4）其他人犯有虚假陈述或误述方面的罪行，而此种罪行与该人入籍申请被批准有密切关系。严重的罪行是指违反澳大利亚法律或者其他国家法律被

① Ibid., para. 127.

② Ibid., para. 128.

判处死刑或者12个月以上监禁的罪行。犯有罪行不仅指被判处刑罚，而且指确认其有罪但是没有犯罪记录。另外，如果一个人持有澳大利亚国籍不利于公共利益，公民和移民部部长可以随时撤销其国籍。

基于国籍自由，一个可以取得国籍，也可以放弃国籍。美国公民和美国国民，无论是因为出生或者入籍而获此身份的，都可以自愿放弃美国国籍。根据1990年《美国移民与国籍法》(2002年修订)第349条，自愿放弃美国国籍的行为包括：

(1)已满18周岁的人，通过亲自或以适当方式委托代理人提交申请后加入外国国籍的。

(2)已满18周岁的人，通过宣誓或表示愿意效忠某一外国政府或其下属机构。

(3)加入或服务于某参与针对美国敌对行动的某外国国家军队，而且被任命为军官。

(4)同意、接受或正在某外国政府机关或其政治机构中任职或服务的，在年满18周岁以后已经要求或正在要求加入该国国籍的，或根据该机构规定被要求宣誓、确认或申明效忠的。

(5)在美国境外，在一名领事面前正式声明放弃美国国籍。

(6)在美国境内，用专门表格，以书面形式提出放弃美国国籍的。但美国处于战争状态时，应当确认该人放弃国籍不妨碍美国国防利益。

(7)犯有叛变、试图武力颠覆、武装反对美国罪行，密谋带颠覆、推翻或武装破坏美国政府的，对美国政府宣战并被军事法庭或其他有司法管辖权的法庭宣判有罪的。

除以上情形外，其他任何居住在美国本土或海外领地的美国侨民均不得放弃美国国籍。

根据2007年《澳大利亚公民资格法》，一个人可以申请放弃澳大利亚国籍。公民和移民部部长必须批准或拒绝其申请。放弃国籍申请之日是其丧失国籍之日。申请放弃澳大利亚国籍的条件是：(1)18岁或以上，是其他国家的国民或公民；或者(2)通常居住在外国，但是因为是澳大利亚公民不能取得居住国的国籍。一个人会自动丧失澳大利亚国际，条件有二。(1)因在澳大利亚交战国的军队中服役，自动丧失澳大利亚国籍。一个人拥有与澳大利亚交战国的国籍，而且在该国军队服役，其澳大利亚国籍自动丧失。(2)父母丧失了澳大利亚国籍，其国籍被撤销。一个人是18岁以下孩子的抚养父母，其丧失澳大利亚国籍时，子女的国籍会随之丧失，除非其子女是无国籍人，或者其配偶已经死亡或者是澳大利亚公民。①

① 中国国籍法没有对撤销一个人取得的中国国籍作出规定，以后修订1980年《国籍法》或者重新制定国籍法时可予以增加。

四、已取得新的国籍，并享受其新国籍国家的保护

1951年《关于难民地位的公约》第1条第3款第3项规定：本公约应停止适用于已取得新的国籍并享受其新国籍国家保护的人。此项规定针对因“有正当理由”恐惧逃离本国，取得新国籍的难民。“已取得新的国籍并享受其新国籍国家保护”表明，该难民直接享受新国籍国为其提供的待遇和保护，没有必要再接受庇护国的保护，自动放弃了难民身份。

向公民提供保护是一个国家的义务，难民取得新国籍，新国籍国应该向其提供保护。如果一个人获取新国籍并因此丧失了难民身份之后，声称又受到了新国籍国家的迫害。庇护国当局应当在考察该人同新国籍国关系的基础上，考虑他是否具有“正当理由”的恐惧。[①] 一个人获得新国籍并因此丧失了难民身份之后，经过一段时期又丧失了新的国籍。此种情况下应该考虑难民失去新国籍的情势和原因，可以恢复其难民身份。[②]

实践中，由于难民不享有充分的国际旅行权，无法在非庇护国居留较长时间，在非庇护国生产子女的可能性也不大，无法满足取得国籍的出生地、收养地、居留期、投资额等方面的要求，很难取得新国籍。除非一国考虑到难民被迫害的情况，为了及时给予其保护，豁免其居留期等入籍要求，给予其国籍。难民新取得的国籍通常都是为其提供保护国家的国籍。[③]

难民在国际旅行时在非国籍国、庇护国的第三国生下子女，难民子女可以根据父母血统，取得父母国籍国国籍。如果第三国实施出生地国籍原则，难民子女可以取得该国国籍，获得新国籍。

如果收养难民未成年人的国籍国采取被收养人自动入籍原则，难民未成年人会取得新国籍。世界各国出于本国利益和文化传统考虑，在被收养人入籍方面的规定不尽一致。总的来说，各国鼓励或采取措施便利被收养人入籍，但是很少规定被收养人可以自动入籍。采纳被收养人自动入籍原则的国家的法律规定，外国人被本国公民收养时，自动取得本国国籍。英国、荷兰、意大利、瑞士、爱尔兰等欧洲和非洲的一些国家采纳了此种原则。1981年《英国国籍法》第1条第5款条规定：一位英国公民在英国境内收养外国儿童，该儿童可以根据收养令立即取得英国国籍。但是在英国境外收养的外国儿童无权自动获得英国国籍，只能进入英国定居，并且收养关系发生时，收养人一起在境外居住并且其中一方或双方在英国定居。对在英国境外收养的外

---

① UNHCR. *Handbook on Procedures and Criteria for Determining Refugee Status Under the 1951 Convention and the 1967 Protocol Relating to the Status of Refugees*, December 2011, para. 131.

② Ibid., para. 132.

③ Ibid., para. 130.

国儿童获得英国国籍的限制性规定主要是为了避免规避移民控制和滥用对儿童权益的保护。[①]

由于难民不享有充分的国际旅行权，即使其与第三国公民结婚，也无法在第三国居留较长时间，满足不了因婚姻入籍所需的居留期间要求。各国目前在婚姻归化国籍方面越来越重视申请人在本国的永久居留权/居留权、经济能力和居留期限。[②] 要求申请人有本国的永久居留权/居留权，在配偶国籍国合法持续居留满一定时间，并具有一定的融入当地社会的基础和能力。[③]

如果难民本国出现国家继承，难民会丧失原国籍，而取得新国籍。由于一个国家分裂、合并、分离、独立、被占领或割让领土引起的国家继承行为，必然引起被继承国公民是否取得继承国国籍和丧失被继承国国籍问题。2006年《欧洲关于避免在国家继承方面出现无国籍状态的公约》弥补了1997年《欧洲国籍公约》没有对国家继承中的国籍问题作明确的原则性和具体的操作性规定的不足。其中第2条规定：任何人在发生国家继承时，拥有被继承国国籍，因为国家继承已经或者将成为无国籍人，有权利获得有关国家的国籍。如果没有国际公约规范国际继承引起的国籍问题，由国家继承相关国家之间协商解决引起的国籍问题，通常是由领土变更地居民自由选择国籍。[④]

绝大部分难民是经济状况一般甚至贫困无助，难以满足通过投资取得新国籍的资金要求，无法通过投资取得新国籍。个别国家允许外国人投资一定数额金钱后取得本国国籍。2013年12月，马耳他修订《公民法》，外国投资者支付115万欧元用于注资到马耳他国家发展和社会基金及马耳他统一基金外，在马耳他购买不低于35万欧元房产并至少持有五年，或者在马耳他租赁房屋超过五年(每年租金不低于1.6万欧元)，还需在马耳他购买不低于15万欧元的国债或股票并持有五年，可以直接获得马耳他国籍。在达到成功受理1,800名申请者的上限后，《公民法》修订案自动作废。

---

① Clayton, Gina: *Textbook* on *Immigration and Asylum Law*, the 3rd edition, New York: Oxford University Press, 2008, P328-330.

② 1992年《日本国籍法》第2条规定：日本国民的配偶，在日本境内有住所或连续合法居留3年以上，而且现在于日本境内有住所的外国人，虽然不具备第5第1款第1-2项的条件（在日本境内连续有住所5年以上，年满20岁，并以日本法律和该国法律有行为能力。)，法务大臣也可以允许其归化。日本国民的配偶，结婚之日起3年以上，而且于日本境内连续有住所1年以上的，也适用之。

③ 刘国福等.移民法[C].中国经济出版社.2010.221。

④ 1960年《中缅边界条约》第1-3条规定，中缅两国在平等互利的基础上交换一部分领土，缅甸将片马、古浪、岗房的国内地区交还中国，中国将猛卯三角地区移交给缅甸等，该领土上的居民在各该地区移交给另一方后，应该确认为各该地区所属一方的公民。如果有人不愿随地区转移到另一方时，可依两国边界条约换文规定，在条约生效后1年内申明选择原来一方的国籍。

五、已在过去由于畏惧受迫害而离去或躲开的国家内自动定居

1951年《关于难民地位的公约》第1条第3款第4项规定，本公约应停止适用于已在过去由于畏惧受迫害而离去或躲开的国家内自动定居的人。此项规定针对因“有正当理由”恐惧逃离本国，自愿回去定居的难民，无论是有国籍还是无国籍。“已在过去由于畏惧受迫害而离去或躲开的国家内自动定居”说明：该难民以实际行动表达愿意接受该国保护，该国也重新接纳了他，因此没有必要再接受庇护国的保护，自动放弃了难民身份。

“重新定居”必须出于难民本人的自愿。难民“自愿重新定居”应理解为完全自动地返回其国籍国或以前的经常居住国，目的是永久在该国居住。该国又重新成了他们的依靠或可以保护他们的国家。如果难民只是对其原国籍国的访问，使用的不是该国签发的护照，而是居住国的旅行证件，则不能认为构成了“重新定居”。[①] 黎巴嫩内政部要求在黎巴嫩登记过的叙利亚难民，从2014年6月1日起，不要再重返叙利亚。离开黎巴嫩而重返叙利亚的人将失去其作为在联合国登记在册的难民的身份。

从国际移民法角度理解，“定居”是指同时具备在外国的定居资格和定居事实两项条件，而不是两者之一，其强调的是定居资格持有者与定居地的紧密联系。[②] 有定居资格和定居事实者，与有定居资格无定居事实者享有的权利和承担的义务的范围不同。难民获得外国的定居权后，存在回国居留的可能性。回国居留的有外国定居资格的难民没有体现“定居”，不应该认定为重新定居的难民。由于有定居资格和定居事实不一致，分析难民回到经常居住国定居情形时，既要考虑使用的出入境证件，又要考虑实际居住期限。出入境证件方面，在建立了永久居留制度的国家，构成“重新定居”需要持有永久居留签证或居留证，否则需要持长期居留签证或居留证。实际居住期限方面，如果只是短期回国，例如一年内居留不满6个月，即使持有永久 / 长期居留签证或居留证回到国籍国，也不能认定为“重新定居”。构成“重新定居”要求持有永久 / 长期居留签证或居留证的难民应在国籍国居留一定期限，例如一年内居留满9个月。

在中国，2009年《国务院侨办关于界定华侨外籍华人归侨侨眷身份的规定》第1条规定，“定居”是指中国公民已取得住在国长期或者永久居留权，并已在住在国连续居留两年，两年内累计居留不少于18个月。

在中国台湾地区，台湾当局经各驻外机构评估驻在国移民法规定、制度及实际核

---

① UNHCR. *Handbook on Procedures and Criteria for Determining Refugee Status Under the 1951 Convention and the 1967 Protocol Relating to the Status of Refugees*, December 2011, para. 133.

② 刘国福. 侨务法律制度研究[M]. 法律出版社.2012. 18。

发外国人永久居留权难易情形，并提供取得永久居留权困难国家方面的建议。2011年，由“侨务委员会”会商“外交部”后，认定孟加拉国、文莱、印度尼西亚、日本、韩国、柬埔寨、马来西亚、菲律宾、泰国、越南、马拉维、乌干达、意大利、波兰、匈牙利及乌克兰等16个国家为2011年度永久居留权取得困难的国家。长期旅居该地的中国台湾地区居民如未能取得该国永久居留权，择定具有长期性及移居性者，作为认定定居要件之一，每年定期公告之。中国台湾地区居民如持有该类特定居留资格连续四年，且能继续延长居留，得视为与取得永久居留权相当。例如，日本：取得一次一年以上有效期的工作或依亲居留资格连续四年，或一次三年以上有效期居留资格连续四年，且能继续延长居留，视为定居。韩国：取得F2居留资格连续四年，且能继续延长居留，视为定居。意大利：取得一次一年以上有效期的外国人居留许可证 (foreigners’ permit of stay) 连续四年，且能继续延长居留，视为定居。波兰：取得一次一年以上效期的短期居留卡 (Zamieszkanie na czasoznaczony) 连续四年，且能继续延长居留，视为定居。匈牙利：取得一次二年以上有效期的居留许可证 (Hungarian residence permit) 连续四年，且能取得五年以上有效期的身份证（identity card）继续延长居留，视为定居。乌克兰：取得一次一年以上有效期的商务居留签证连续四年，且能继续延长居留，视为定居。

六、有国籍难民依据的情况不复存在而不能继续拒绝受其本国的保护

1951年《关于难民地位的公约》第1条第3款第5项规定：该人由于被认为是难民所依据的情况不复存在而不能继续拒绝受其本国的保护；但本项不适用于本条（一）款（1）项所列的难民，如果他可以援引由于过去曾受迫害的重大理由拒绝受其本国的保护。此项规定针对有国籍人因申请难民地位时依据的情况不复存在而不能继续拒绝受其本国保护的难民。“依据的情况不复存在而不能继续拒绝受其本国保护”说明：有国籍难民本国国内发生了变化，使其成为难民的情况不存在，难民没有理由拒绝接受本国保护，应接受本国保护，没有必要再接受庇护国的保护，自动放弃了难民身份。

“所依据的情况不复存在而不能继续拒绝受其本国的保护”是指有国籍难民本国的情况发生了重大、深刻和实质性的变化，这种变化足以根除难民畏惧迫害的社会和政治基础，审查难民身份的保持还是终止，援引1951年《关于难民地位的公约》第1条第3款第5项，终止难民身份。[①] 考虑“所依据的情况不复存在而不能继续拒绝受其本国的保护”，要慎重评估、趋势评估、集体评估、前置评估，并作出评估后人道

① UNHCR. *Handbook on Procedures and Criteria for Determining Refugee Status Under the 1951 Convention and the 1967 Protocol Relating to the Status of Refugees*, December 2011, para. 135.

安排。

慎重评估。联合国难民署方案执行委员会在第69号（1992年）决议中指出："各国必须对包括一般人权状况和畏惧迫害的具体原因在内的国籍国或原籍国所发生变化的根本性质进行认真的评估，从而以客观的和可证实的方式确保导致难民身份的情况已不复存在。"

趋势评估。庇护国评估变化要考虑变化的基本、稳定和长久性。仅仅是围绕单个难民畏惧的事实发生的变化，可能是一种过渡性变化，而不是涉及整个社会环境的重大变化，这种变化不足以终止难民身份。[①]

集体评估。如果变化影响的是群体或阶层，庇护国对个人难民身份所依据情况不复存在的评估要在群体或阶层受变化影响的背景下进行。

前置评估。庇护国评估难民所依据情况不复存在，要给予被评估难民先要求留在庇护国直至评估适用终止难民身份条款的权利。难民有要求安置，不进入他们认为绝境和面临迫害国家的权利。为了维护难民家庭和社会关系的稳定，庇护国要避免不适宜地终止难民身份。

评估后人道安排。庇护国作出终止难民身份决定后，要人道地处理被终止难民身份的个人与家庭、社会、相关政府部门的关系，公正、有效地使其返回本国。为了保证国际保护向难民提供的安全感，原则上难民身份不能经常受到审查。即使国际保护的必要不复存在，还可能会有源自先前迫害的令人不得不接受的理由使一个人或其家庭成员不能被送回本国。例如，精神上曾经受过严重创伤的人不应该被强迫返回本国。[②]

"如果他可以援引由于过去曾受迫害的重大理由拒绝受其本国的保护"是指如果有国籍难民过去曾受到本国极其严重的迫害，即使本国的情况已发生了根本性改变，他也可以拒绝接受该国的保护，不被终止难民身份。此项规定是基于尊重难民的实际感受。公约的制定者们认识到，一个本人或家属曾受到其本国残酷迫害或摧残的人，非其本人同意，即使他的本国情况发生了重大变化，迫害情况不复存在，也不应将他遣返。因为政权更迭等本国变化不一定代表民众态度的改变，也不一定就改变其本人的想法。第5项例外规定，按1951年《关于难民地位的公约》只适用于第1条第1款第1项的"法定难民"，公约订立时，他们占难民人数的绝大多数。[③] 本条款作为一项体现人道主义精神的条款，如今并不仅限适用于"法定难民"。特别是1967年《关于

① Symes, Mark. Jorro, Peter and Berry, Adrian. *Asylum Law and Practice*, Bloomsbery Professional Press, 2010, p. 373.

② 凯特·雅斯特拉姆.玛丽莲·阿奇隆.难民保护：国际难民法指南[M]. 2004年修订版.联合国难民署.各国会议联盟.59。

③ UNHCR. *Handbook on Procedures and Criteria for Determining Refugee Status Under the 1951 Convention and the 1967 Protocol Relating to the Status of Refugees*, December 2011, para. 136.

难民身份的议定书》取消了公约规定的时间限制，应适用于一切难民。[①]

1994年卢旺达大屠杀以及1997年至1998年该国西北部地区发生族裔冲突后，有超过350万卢旺达人流离失所，被迫逃往周边国家寻求庇护。安哥拉于2002年签署和平协议，结束长达40年的冲突；利比里亚也于2003年结束了十多年的内战。接纳卢旺达难民的所有主要国家以及卢旺达政府都在按照2013年4月18日在南非普利托里亚举行的相关部长级会议上达成的战略，同意根据1951年的《关于难民地位的公约》和1969年的《非洲统一组织关于非洲难民问题某些特定方面的公约》，在难民原籍国发生"根本"且"持久"的变化、导致难民出逃的因素已不存在的情况下，按照不同的速度在2013年6月30日前执行终止卢旺达难民身份的决定。这意味着卢旺达人在一些国家从此将不能继续以难民身份滞留。[②] 联合国难民署表示，鉴于厄里特利亚的局势趋于稳定，从2003年1月1日起将不再受理厄里特利亚人申请难民地位的请求。在厄里特利亚争取独立以及随后与埃塞俄比亚发生边界纠纷的过程中，有大量厄里特利亚人为躲避战火而出逃，他们主要滞留在邻国苏丹境内。

七、无国籍难民依据的情况不复存在而不能继续拒绝受其本国的保护

1951年《关于难民地位的公约》第1条第3款第6项规定：该人无国籍，由于被认为是难民所依据的情形不复存在而可以回到其以前经常居住的国家内；但本项不适用于本条第1款第1项所列的难民，如果他可以援引由于过去曾受迫害的重大理由拒绝受其以前经常居住国家的保护。该项终止规定与第1条第3款第5项终止规定基本相同，只是该项适用于无国籍人，第5项适用于有国籍人。该项规定针对无国籍人因申请难民地位时依据的情况不复存在而不能继续拒绝受其本国保护的难民。"依据的情况不复存在而不能继续拒绝受其本国保护"说明：无国籍难民经常居住国国内发生了变化，使其成为难民的情况不存在，难民没有理由拒绝接受本国保护，应接受本国保护，没有必要再接受庇护国的保护，自动放弃了难民身份。

根据"所依据的情况不复存在而不能继续拒绝受其本国的保护"，要终止无国籍难民的地位，不仅无国籍难民经常居住国情况发生了重大、深刻和实质性的变化，这种变化足以根除难民畏惧恐惧迫害的社会和政治基础，而且无国籍人要能够返回经常居住国。联合国难民署方案执行委员会在第69号（1992年）决议中指出："各国必须对包括一般人权状况和畏惧迫害的具体原因在内的国籍国或原籍国所发生变化的根本性质进行认真的评估，从而以客观的和可证实的方式确保导致难民身份的情况已不复

---

① 梁淑英. 国际难民法[M]. 知识产权出版社. 2009. 129。

② 程浩. 难民署：约十万卢旺达难民的相关身份将于６月３０日终止. 联合国电台2013年6月28日. http://www.unmultimedia.org/radio/chinese/archives/185479。

存在。”

理论上，无国籍难民回到经常居住地国权是可以被接受的，回国权不因正式国籍、永久居住国或者经常居住国受到限制。[①] 实践中，无国籍难民很难行使回到经常居住地国权，因为经常居住地国在无国籍难民离境后，为了减轻安置负担，很少愿意履行接受他们回国的义务，接受他们返回。

1989年《维也纳欧洲安全合作理事会会议决议文件》第22原则规定："国家应当允许想要返回本国的难民安全返回他/她们的家园。"1966年《公民权利和政治权利国际公约》第12条第4款规定："任何人进入其本国权利，不得任意加以剥夺。"选用"本国"是为了超越"国籍国"和"永久居留地国"，有一个更宽泛的回国权解释。联合国人权委员会认为："任何人"不仅适用于公民或者国民身份的个人和某些不是常规公民或者国民意义上的个人，也适用于与某个国家有真正有效联系的人。

国际法院的*Nottebohm*决议对"真正有效联系"进行了定义。国际法院认为：是否与某个国家保持真正有效的联系取决于各种因素，包括语言、长期居住、文化认同、参与公众生活以及家庭成员的联系等，每一因素的重要性因个案而不同，个人的经常居住地也可能是其利益和家庭联系的中心，个人对社会的参与可以是本人对社会作贡献的方式，也可以是和子女一起融入社会的方式。[②] 作为回国权的基础，"真正有效的联系"会随着时间的流逝而逐渐减少，然而，对于躲避迫害的人来说，时间不会对"真正有效的联系"产生作用。对于有机会行使回国权而没有行使，或者主动切断联系的情况，不宜用时间来判断联系是否真正有效。[③]

"如果他可以援引由于过去曾受迫害的重大理由拒绝受其经常居住国家的保护"是指，如果无国籍难民过去曾受到本国极其严重的迫害，即使本国的情况已发生了根本性改变，他也可以拒绝接受该国的保护，不被终止难民身份。此项规定与第1条第3款第5项规定一样，是基于尊重难民的实际感受。公约的制定者们认识到，一个本人或家属曾受到其本国残酷迫害或摧残的人，非其本人同意，即使他的本国情况发生了重大变化，迫害情况不复存在，也不应将他遣返。因为政权更迭等本国变化不一定代表民众态度的改变，也不一定就改变其本人的想法。

---

① 刘国福.移民法出入境权研究[M].中国经济出版社.2006.121。

② *Liechtenstein v. Guatemala* (Nottebohm Case)案例第二阶段，判决，国际法院期刊1955年。

③ 人权观察.人权观察的归国权政策：1966年《公民权利和政治权利国际公约》相关背景.第2页.https://nadaily.com/cgi/bin/nph/proxyb.cgi/010000A/http/www.hrw.org（2003年7月5日）。

第三节　难民身份的撤销

一、难民身份撤销的理论

1951年《关于难民地位的公约》没有规定难民身份的撤销。根据2003年第5号《关于国际保护的指导方针》第6段，如果批准难民地位申请后，发现被批准者具有难民身份排除情形，应基于具有的排除情形撤销其难民身份，因为审理难民地位申请依据的信息发生了重大变化，需要重新考虑寻求庇护者是否符合难民条件。实践中，如果庇护国当局发现当事人是通过编造事实骗取难民身份、本身拥有其他国家国籍或存在其他不应授予庇护的情形，通常会撤销当事人的难民身份。[①] 撤销当事人难民身份后，通常会将其驱逐出境。

联合国难民署解释了欺诈性难民地位申请。在第28号决议（1982年）中指出：确认有必要采取措施解决显然无根据或滥用寻求庇护权问题。负责确定难民身份的当局自身或者通过该当局，可以决定某一难民地位申请没有根据或属于滥用。应考虑制定难民甄别程序方面的保护措施，保证这种决定的对象是欺诈性申请，或者与1951年《关于难民地位的公约》规定的难民标准无关的申请。

联合国难民署在第30号决议（1983年）中进一步指出：注意到许多根据有关标准显然是无正当理由的难民地位申请，给1951年《关于难民地位的公约》和1967年《关于难民身份的议定书》缔约国造成了严重问题，给有关国家带来巨大负担，有损有正当理由难民地位申请人的利益。各国难民甄别程序可以包括特别条款，快速处理被认为显然没有根据，不值得层层审理的难民地位申请。这些"明显滥用"或"显然没有根据"的难民地位申请，将被确定为明显欺诈，与1951年《关于难民地位的公约》规定难民标准或其他给予庇护的标准无关。确定某一难民地位申请为"明显滥用"或"显然没有根据"，事关重大，决定错误会给申请人带来严重后果，因此这种决定需要适当的程序保证。

二、难民身份撤销的实践

如果庇护国能够证实一个人的难民身份是通过欺诈或者原本没有资格取得难民身份，可以撤销其难民身份。James G. Gavin 于1994年10月20日以难民身份入境美国，1996年5月获得永久居民资格，1996年12月犯有盗窃罪。1999年4月，美国对其实施驱逐出境程序。James G. Gavin 不服原判决，认为根据《移民和国籍法》第

① UNHCR. *Handbook on Procedures and Criteria for Determining Refugee Status Under the 1951 Convention and the 1967 Protocol Relating to the Status of Refugees*, December 2011, para. 117.

207第3款第42项，自己的难民身份并未终止，不应该因犯罪原因适用驱逐出境程序，因此提出上诉。《移民和国籍法》第3款第42项规定：如果司法部长判定外籍人士在入境时不符合《移民和国籍法》第101条第1款第42项规定的难民资格，可以撤销该外国人（及其配偶和子女）的难民身份。移民上诉委员会(BIA)认为撤销难民身份不一定是驱逐出境的前提条件，可以在撤销外国人的难民身份前，对其实施驱逐出境程序。移民上诉委员会否决了James G. Gavin的上诉理由，驳回上诉人的上诉请求，并根据2000年10月11日的移民法官的判决，将上诉人驱逐到波黑（Bosnia and Herzegovina）。

如果获得难民身份者犯有重罪，为了维护社会秩序和公共安全，有些国家也会撤销其难民身份。现年36岁来自阿富汗的Ali Jaffari被指控于2012年7月28日至2014年2月17日间在澳大利亚墨尔本公共图书馆使用免费wi-fi信号访问儿童色情网站。期间的2013年8月份，Jaffari因为性侵一名Geelong男孩而留下犯罪记录，当时他被判处300小时的社区服务，并且将在未来15年被登记在性犯罪者名册上。警方称，Jaffari最近被看到在小孩子周围打转，认为他“很有可能会再犯”。澳大利亚移民官员准备撤销他的保护签证。

菲律宾就撤销外国人难民身份作出了规定。1998年《关于审理难民地位申请程序令》第23条规定，如果司法部长官经调查后认为，外国人是通过故意的虚假陈述实质性事实（willful misrepresentation of material facts）获得的难民身份，应该撤销其难民身份。

中国台湾地区《难民法（草案）》（2009年12月31日“行政院”送审稿）规定了难民身份被撤销或废止的六种情形。被撤销或废止者，主管机关应以书面送达当事人。该法第14条规定：“经许可认定为难民，有下列各款情形之一者，得撤销或废止其许可：一、有第十条第一项所定各款情形之一。二、自愿再接受原国籍国之保护。三、重新取得原丧失之国籍或自愿回复原国籍。四、取得新国籍，且得由新国籍国予以保护。五、自愿定居于其他第三国，或再定居于曾因恐惧受迫害而离开之国家。六、难民认定之事由消灭。但因恐惧再受迫害，而拒绝原国籍国或原居住国之保护者，不在此限。依前项规定撤销或废止许可者，主管机关应以书面送达当事人。”

难民身份被撤销或废止的，其将被限期出境，届期没有出境的，将被强制驱逐出境。基于人道考虑，有怀孕、流产、重病等特殊情形的，可以暂缓执行强制驱逐出境。中国台湾地区《难民法（草案）》（2009年12月31日“行政院”送审稿）第15条规定：“主管机关对于不予许可认定为难民者，或许可经撤销或废止者，得限期令其出国，届期未出国者，得强制驱逐出国。但有下列各款情形之一者，得暂缓执行：一、怀胎五个月以上或生产、流产后二个月未满。二、罹患疾病而强制驱逐出国有生命危险之虞。三、遭遇天灾或其他不可避免之事变。”

第九章
寻求庇护者权利

联合国难民署认为：所有的寻求庇护者在等待难民地位申请审理结果的特殊时期应当受到人道的、细致的保护。[①] 寻求庇护者权利以向寻求庇护者提供适当生活待遇为基本原则。向寻求庇护者提供适当生活待遇是保护寻求庇护者权利的体现，也是促进难民地位申请审理高效和公正的重要基础。由于各国的适当生活标准的差异，寻求庇护者权利并不相同。国际法允许庇护国根据本国的经济发展水平赋予寻求庇护者相应的权利。庇护国有自由裁量权决定寻求庇护者享有何种接待、法律和信息咨询、境内居住和迁徙、身份证件等权利。

第一节　1951年《关于难民地位的公约》关于寻求庇护者权利的规定

1951年《关于难民地位的公约》的一些规定适用于符合难民定义的寻求庇护者。如果寻求庇护者在申请难民地位时已经符合公约难民定义，就是公约意义上的难民。寻求庇护者不是因为当局授予难民地位而取得难民身份，而是因为满足“有正当理由畏惧”等迫害条件而成为难民。

1951年《关于难民地位的公约》第31条不被刑事处罚和第33条不被推回是专门关于寻求庇护者的规定。第31条规定：“（一）缔约各国对于直接来自生命或自由受到第一条所指威胁的领土未经许可而进入或逗留于该国领土的难民，不得因该难民的非法入境或逗留而加以刑罚，但以该难民毫不迟延地自行投向当局说明其非法入境或逗留的正当原因者为限。（二）缔约各国对上述难民的行动，不得加以除必要以外的限制，此项限制只能于难民在该国的地位正常化或难民获得另一国入境准许以前适用。缔约各国应给予上述难民一个合理的期间以及一切必要的便利，以便获得另一国入境的许可。”第33条规定：“（一）任何缔约国不得以任何方式将难民驱逐或送回‘推回’至其生命或自由因为他的种族、宗教、国籍、参加其一社会团体或具有某种政治

① United Nations High Commissioner for Refugees. *Reception Standards For Asylum Seekers In the European Union.* July 2000, p1.

见解而受威胁的领土边界。(二)但如有正当理由认为难民足以危害所在国的安全，或者难民已被确定判决认为犯过特别严重罪行从而构成对该国社会的危险，则该难民不得要求本条规定的利益。”

1951年《关于难民地位的公约》第3条不受歧视、第4条宗教仪式和子女宗教教育、第27条获得身份证件、第2条一般义务是关于“在领土内”难民的规定，适用于寻求庇护者。第3条规定：“缔约各国应对难民不分种族、宗教、或国籍，适用本公约的规定。”第4条规定：“缔约各国对在其领土内的难民，关于举行宗教仪式的自由以及对其子女施加宗教教育的自由方面，应至少给予其本国国民所获得的待遇。”第27条规定：“缔约各国对在其领土内不持有有效旅行证件的任何难民，应发给身份证件。”第2条规定：“一切难民对其所在国负有责任，此项责任特别要求他们遵守该国的法律和规章以及为维持公共秩序而采取的措施。”难民在庇护国领土内，无论合法还是非法、被认定还是未被认定，都享有不受歧视、宗教仪式和子女宗教教育、获得身份证件等权利，履行遵守居住国法律和规章以及为维持公共秩序而采取的措施的义务，这是对难民最基本的保护。

1951年《关于难民地位的公约》第12条个人身份、第26条境内居住和迁徙自由、第32条驱逐出境抗辩程序是关于“合法在领土内”难民的规定，可能适用于寻求庇护者。第12条规定：“(一)难民的个人身份，应受其所住地国家的法律支配，如无住所，则受其居住地国家的法律支配。(二)难民以前由于个人身份而取得的权利，特别是关于婚姻的权利，应受到缔约一国的尊重，如必要时应遵守该国法律所要求的仪式，但以如果他不是难民该有关的权利亦被该国法律承认者为限。”第26条规定：“缔约各国对合法在其领土内的难民，应准予选择其居住地和在其领土内自由行动的权利，但应受对一般外国人在同样情况下适用的规定的限制。”第32条规定：“(一)缔约各国除因国家安全或公共秩序理由外，不得将合法在其领土内的难民驱逐出境。(二)驱逐难民出境只能以按照合法程序作出的判决为根据。除因国家安全的重大理由要求另作考虑外，应准许难民提出有利于其自己的证据，向主管当局或向由主管当局特别指定的人员申诉或者为此目的委托代表向上述当局或人员申诉。(三)缔约各国应给予上述难民一个合理的期间，以便取得合法进入另一国家的许可。缔约各国保留在这期间内适用它们所认为必要的内部措施的权利。”

“合法在领土内”难民是指被庇护国允许停留的难民，持有国内法要求的签证或者居留证。联合国人权委员会1999年在第27号《一般性评论：迁徙自由》中指出：关于外国人是否“合法”问题，由所在国法律管辖。所在国可以对外国人实施限制，但是不能违背应履行的国际义务。即使一个人非法入境，如果其地位已经被法律规范(been regularized)，应考虑其合法在领土内，至少在法律规范化期间，是被允许“合法在其领土内”。根据难民地位申请结果，被批准的是正式“合法在领土内”，正等待审理结果的是暂时“合法在领土内”。对暂时“合法在领土内”难民是否享有“合法在领土内”难民的权利，是有争议的。例如，一般外国人可以因为各种合理原因被驱逐出境，但是根据第32条驱逐出境程序抗辩权，只有“因国家安全或公共秩序理由”，才可以驱逐出境暂时“合法在领土内”的寻求庇护者。

第二节　国际人权公约关于寻求庇护者权利的规定

寻求庇护者受不仅受1951年《关于难民地位的公约》保护，而且受国际人权公约的保护。联合国难民署方案执行委员会在第82号决议中指出：国家有义务遵守相关国际人权公约和难民公约，保护寻求庇护者和难民的基本权益。国际人权公约要求国家在任何情况下都必须保护任何人的基本人权，寻求庇护者是任何人的一部分。

一、1948年《世界人权宣言》对寻求庇护者的保护

1948年《世界人权宣言》保护寻求庇护者的不受歧视、个人身份、不被任意拘留、向法院提起诉讼、境内居住和迁徙自由、获得国际旅行证件、寻求庇护权、难民地位排除、入籍权、财产权、宗教自由、结社权、工作权、公共救助权、公共教育权、知识产权等权利。1951年《关于难民地位的公约》对这些权利也作出了相应的规定，两者之间有着明显的互动。即使因为寻求庇护者不属于1951年《关于难民地位的公约》的运用对象，不能根据1951年《关于难民地位的公约》获得保护，也可以根据1948年《世界人权宣言》获得对这些权利的保护。

表9-1　1948年《世界人权宣言》对寻求庇护者的保护

名称	1948年《世界人权宣言》	1951年《关于难民地位的公约》
不受歧视	第2条：人人有资格享受本宣言所载的一切权利和自由，不分种族、肤色、性别、语言、宗教、政治或其他见解、国籍或社会出身、财产、出生或其他身份等任何区别。	第2条：缔约各国应对难民不分种族、宗教、或国籍，适用本公约的规定。
个人身份	第6条：人人在任何地方有权被承认在法律前的人格。	第12条：（一）难民的个人身份，应受其所住地国家的法律支配，如无住所，则受其居住地国家的法律支配。 （二）难民以前由于个人身份而取得的权利，特别是关于婚姻的权利，应受到缔约一国的尊重，如必要时应遵守该国法律所要求的仪式，但以如果他不是难民该有关的权利亦被该国法律承认者为限。

续表

名称	1948年《世界人权宣言》	1951年《关于难民地位的公约》
不被任意拘留	第9条：任何人不得加以任意逮捕、拘留或放逐。	第31条第1款：缔约各国对于直接来自生命或自由受到第一条所指威胁的领土未经许可而进入或逗留于该国领土的难民，不得因该难民的非法入境或逗留而加以刑罚，但以该难民毫不迟延地自行投向当局说明其非法入境或逗留的正当原因者为限
向法院提起诉讼权	第10条：人人完全平等地有权由一个独立而无偏倚的法庭进行公正的和公开的审讯，以确定他的权利和义务并判定对他提出的任何刑事指控。	第16条：（一）难民有权自由向所有缔约各国领土内的法院申诉。（二）难民在其经常居住的缔约国内，应向法院申诉的事项，包括诉讼救助和免予提供诉讼担保在内，应享有与本国国民相同的待遇。
境内居住和迁徙自由	第13条第1款：人人在各国境内有权自由迁徙和居住。	第26条：缔约各国对合法在其领土内的难民，应准予选择其居住地和在其领土内自由行动的权利，但应受对一般外国人在同样情况下适用的规定的限制。
获得国际旅行证件权	第13条第2款：人人有权了开任何国家，包括其本国在内，并有权返回他的国家。	第28条第1款：（一）缔约各国对合法在其领土内居留的难民，除因国家安全或公共秩序的重大原因应另作考虑外，应发给旅行证件、以凭在其领土以外旅行。本公约附件的规定应适用于上述证件。缔约各国可以给在其领土内的任何其他难民上述旅行证件。缔约各国特别对于在其领土内而不能向其合法居住地国家取得旅行证件的难民发给上述旅行证件一事，应准予同情的考虑。
寻求庇护权	第14条第1款：人人有权在其他国家寻求和享受庇护以避免迫害。	第1条第1款第2项：由于一九五一年一月一日以前发生的事情并因有正当理由畏惧由于种族、宗教、国籍、属于某一社会团体或具有某种政治见解（而遭迫害）的原因留在其本国之外，并且由于此项畏惧而不能或不愿受该国保护的人，或者不具有国籍并由于上述事情留在他以前经常居住国家以外而现在不能或者由于上述畏惧不愿返回该国的人。
难民地位排除	第14条第2款：在真正由于非政治性的罪行或违背联合国的宗旨和原则的行为而被起诉的情况下，不得援用此种权利。	第1条第6款：本公约规定不适用于存在着重大理由足以认为有下列情事的任何人：（甲）该人犯国国际文件中已作出规定的破坏和平罪、战争罪或危害人类罪；（乙）该人在以难民身份进入庇护国以前，曾在庇护国以外犯过严重的非政治罪行；（丙）该人曾有违反联合国宗旨和原则的行为并经认为有罪。
入籍权	第15条第1款：人人有权享有国籍。	第34条：缔约各国应尽可能便利难民的入籍和同化。它们应特别尽力加速办理入籍程序，并尽可能减低此项程序的费用。
财产权	第17条：（一）人人得有单独的财产所有权以及同他人合有的所有权。（二）任何人的财产不得被任意剥夺。	第13条：缔约各国在动产和不动产的取得及与此有关的其他权利，以及关于动产和不动产的租赁和契约方面，应给予难民尽可能优惠的待遇，无论如何，此项待遇不得低于在同样情况下给予一般外国人的待遇。

续表

名称	1948年《世界人权宣言》	1951年《关于难民地位的公约》
宗教自由	第18条：人人有思想、良心和宗教自由的权利；此项权利包括他的宗教或信仰的自由，以及单独或集体、公开或秘密地以教义、实践、礼拜和戒律表示他的宗教或信仰的自由。	第4条：缔约各国对在其领土内的难民，关于举行宗教仪式的自由以及对其子女施加宗教教育的自由方面，应至少给予其本国国民所获得的待遇。
结社权	第19条第1款：人人有权享有和平集会和结社的自由。	第15条：关于非政治性和非营利性的社团以及同业公会组织，缔约各国对合法居留在其领土内的难民，应给以一个外国的国民在同样情况下所享有的最惠国待遇。
工作权	第23条：(一)人人有权工作、自由选择职业、享受公正和合适的工作条件并享受免于失业的保护。(二)人人有同工同酬的权利，不受任何歧视。 (三)每一个工作的人，有权享受公正和合适的报酬，保证使他本人和家属有一个符合人的尊严的生活条件，必要时并辅以其他方式的社会保护。	第17条第1款：缔约各国对合法在其领土内居留的难民，就从事工作以换取工资的权利方面，应给以在同样情况下一个外国国民所享有的最惠国待遇。 第18条：缔约各国对合法在其领土内的难民，就其自己经营农业、工业、手工业、商业以及设立工商业公司方面，应给以尽可能优惠的待遇，无论如何，此项待遇不低于一般外国人在同样情况下所享有的待遇。 第19条：(一)缔约各国对合法居留于其领土内的难民，凡持有该国主管当局所承认的文凭愿意从事自由职业者，应给以尽可能优惠的待遇，无论如何，此项待遇不得低于一般外国人在同样情况下所享有的待遇。
公共救助权	第25条第1款：人人有权享受为维持他本人和家属的健康和福利所需的生活水准，包括食物、衣着、住房、医疗和必要的社会服务；在遭到失业、疾病、残废、守寡、衰老或在其他不能控制的情况下丧失谋生能力时，有权享受保护。	第20条：如果存在着定额供应制度，而这一制度是适用于一般居民并调整着缺销产品的总分配，难民应被给予本国国民所享有的同样待遇。 第23条：缔约各国对合法居住在其领土内的难民，就公共救济和援助方面，应被给予凡其本国国民所享有的同样待遇。
公共教育权	第26条第1款：人人都有受教育的权利，教育应当免费，至少在初级和基本阶段应如此。	第22条：(一)缔约各国给予难民凡本国国民在初等教育方面所享有的同样待遇。
知识产权	第27条第2款：人人以由于他所创作的任何科学、文学或美术作品而产生的精神的和物质的利益，有享受保护的权利。	第14条：关于工业财产的保护，例如对发明、设计或模型、商标、商品名称以及对文学、艺术和科学作品的权利，难民在其经常居住的国家内，应被给予该国国民所享有的同样保护，他在任何其他缔约国领土内，应被给以他经常居住国家的国民所享有的同样保护。

资料来源：作者统计和分析。

1948年《世界人权宣言》缔约国可以在不受歧视、个人身份、不被任意拘留、向法院提起诉讼、境内居住和迁徙自由、获得国际旅行证件、寻求庇护权、难民地位排除、入籍权、财产权、宗教自由、结社权、工作权、公共救助权、公共教育权、知识产权等权利适用于寻求庇护者时，予以合理的限制。1948年《世界人权宣言》第29

条第2款规定："人人在行使他的权利和自由时，只受法律所确定的限制，确定此种限制的唯一目的在于保证对旁人的权利和自由给予应有的承认和尊重，并在一个民主的社会中适应道德、公共秩序和普遍福利的正当需要。"

二、1966年《公民权利和政治权利国际公约》对寻求庇护者的保护

1966年《公民权利和政治权利国际公约》保护包括寻求庇护者在内的人人不受歧视、不受任意拘留、境内居住和自由迁徙、驱逐出境程序抗辩权、向法院提起诉讼权、不被任意刑事处罚权、个人身份、宗教仪式和子女宗教教育权和结社权等权利。1951年《关于难民地位的公约》也对这些权利作出了相应的规定，两者之间有明显的互动。即使因为寻求庇护者不属于1951年《关于难民地位的公约》的适用对象，不能根据1951年《关于难民地位的公约》获得保护，也可以根据1966年《公民权利和政治权利国际公约》获得对这些权利的保护。

表9-2　1966年《公民权利和政治权利国际公约》对寻求庇护者的保护

名称	1966年《公民权利和政治权利国际公约》	1951年《关于难民地位的公约》
不受歧视	第2条：本公约每一缔约国承担尊重和保证在其领土内和受其管辖的一切个人享有本公约所承认的权利，不分种族、肤色、性别、语言、宗教、政治或见解、国籍或社会出身、财产、出生或身份等任何区别。 第26条规定：所有的人在法律前平等，并有权受法律的平等保护，无所歧视。	第2条：缔约各国应对难民不分种族、宗教、或国籍，适用本公约的规定。
不被任意拘留	第9条第1款规定：人人有权享有人身自由和安全。任何人不得加以任意逮捕或拘留。除非依照法律所确定的根据和程序，任何人不得被剥夺自由。	第31条第1款：缔约各国对于直接来自生命或自由受到第一条所指威胁的领土未经许可而进入或逗留于该国领土的难民，不得因该难民的非法入境或逗留而加以刑罚，但以该难民毫不迟延地自行投向当局说明其非法入境或逗留的正当原因者为限。
境内居住和迁徙自由	第12条第1款：合法处在一国领土内的每一个人在该领土内有权享受迁徙自由和选择住所的自由。	第26条规定：缔约各国对合法在其领土内的难民，应准予选择其居住地和在其领土内自由行动的权利，但应受对一般外国人在同样情况下适用的规定的限制。
驱逐出境程序抗辩权	第13条：合法处在本公约缔约国领土内的外侨，只有按照依法作出的决定才可以被驱逐出境，并且，除非在国家安全的紧迫原因另有要求的情况下，应准予提出反对驱逐出境的理由和使他的案件得到合格当局或由合格当局特别指定的一人或数人的复审，并为此目的而请人作代表。	第32条：(一)缔约各国除因国家安全或公共秩序理由外，不得将合法在其领土内的难民驱逐出境。(二)驱逐难民出境只能以按照合法程序作出的判决为根据。除因国家安全的重大理由要求另作考虑外，应准许难民提出有利于其自己的证据，向主管当局或向由主管当局特别指定的人员申诉或者为此目的委托代表向上述当局或人员申诉。

续表

名称	1966年《公民权利和政治权利国际公约》	1951年《关于难民地位的公约》
向法院提起诉讼权	第14条：所有的人在法庭和裁判所面前一律平等。在判定对任何人提出的任何刑事指控或确定他在一件诉讼案中的权利和义务时，人人有资格由一个依法设立的合格的、独立的和无偏倚的法庭进行公正的和公开的审讯。出席受审并亲自替自己辩护或经由他自己所选择的法律援助进行辩护；如果他没有法律援助，要通知他享有这种权利；在司法利益有此需要的案件中，为他指定法律援助，而在他没有足够能力偿付法律援助的案件中，不要他自己付费。	第16条：（一）难民有权自由向所有缔约各国领土内的法院申诉。（二）难民在其经常居住的缔约国内，应向法院申诉的事项，包括诉讼救助和免予提供诉讼担保在内，应享有与本国国民相同的待遇。
不被任意刑事处罚权	第15条：任何人的任何行为或不行为，在其发生时依照国内法或国际法均不构成刑事罪者，不得据以认为犯有刑事罪。	第31条第1款：（一）缔约各国对于直接来自生命或自由受到第一条所指威胁的领土未经许可而进入或逗留于该国领土的难民，不得因该难民的非法入境或逗留而加以刑罚，但以该难民毫不迟延地自行投向当局说明其非法入境或逗留的正当原因者为限。
个人身份	第16条：人人在任何地方有权被承认在法律面前的人格。	第12条：（一）难民的个人身份，应受其所住地国家的法律支配，如无住所，则受其居住地国家的法律支配。 （二）难民以前由于个人身份而取得的权利，特别是关于婚姻的权利，应受到缔约一国的尊重，如必要时应遵守该国法律所要求的仪式，但以如果他不是难民该有关的权利亦被该国法律承认者为限。
宗教仪式和子女宗教教育权	第18条：人人有权享受思想、良心和宗教自由。此项权利包括维持或改变他的宗教或信仰的自由，以及单独或集体、公开或秘密地以礼拜、戒律、实践和教义来表明他的宗教或信仰的自由。缔约国尊重父母和（如适用时）法定监护人保证他们的孩子能按照他们自己的信仰接受宗教和道德教育的自由。	第4条：缔约各国对在其领土内的难民，关于举行宗教仪式的自由以及对其子女施加宗教教育的自由方面，应至少给予其本国国民所获得的待遇。
结社权	第22条：人人有权享受与他人结社的自由。	第15条：关于非政治性和非营利性的社团以及同业公会组织，缔约各国对合法居留在其领土内的难民，应给予一个外国的国民在同样情况下所享有的最惠国待遇。

资料来源：作者统计和分析。

1966年《公民权利和政治权利国际公约》缔约国可以在不受歧视、不受任意拘留、境内居住和自由迁徙、驱逐出境程序抗辩权、向法院提起诉讼权、不被任意刑事处罚权、个人身份、宗教仪式和子女宗教教育权和结社权等权利适用于寻求庇护者时，予以合理的限制。第4条规定：在社会紧急状态威胁到国家的生命并经正式宣布时，本公约缔约国得采取措施克减其在本公约下所承担的义务，但克减的程度以紧急情势所严格需要者为限，此等措施并不得与它根据国际法所负有的义务相矛盾，且不得包含纯粹基于种族、肤色、性别、语言、宗教或社会出身的理由的歧视。但是，不得克减不被任意刑事处罚权和个人身份权。

三、1966年《经济、社会和文化权利国际公约》对寻求庇护者的保护

1966年《经济、社会和文化权利国际公约》保护寻求庇护者不受歧视、不受任意拘留、境内居住和自由迁徙、驱逐出境程序抗辩权、向法院提起诉讼权、不被任意刑事处罚权、个人身份、宗教仪式和子女宗教教育权和结社权等权利。1951年《关于难民地位的公约》对这些权利作出了相应的规定，两者之间有明显的互动。即使因为寻求庇护者不属于1951年《关于难民地位的公约》的适用对象，不能根据1951年《关于难民地位的公约》获得保护，也可以根据1966年《经济、社会和文化权利国际公约》获得对这些权利的保护。

表9-3　1966年《经济、社会和文化权利国际公约》对寻求庇护者的保护

名称	1966年《经济、社会和文化权利国际公约》	1951年《关于难民地位的公约》
不受歧视	第2条第2款：本公约缔约各国承担保证，本公约所宣布的权利应予普遍行使，而不得有例如种族、肤色、性别、语言、宗教、政治或见解、国籍或社会出身、财产、出生或身份等任何区分。	第2条：缔约各国应对难民不分种族、宗教或国籍、适用本公约的规定。
工作权	第6条第1款：本公约缔约各国承认工作权，包括人人应有机会凭其自由选择和接受的工作来谋生的权利，并将采取适当步骤来保护这一权利。 第7条：本公约缔约各国承认人人有权享受公正和良好的工作条件，特别要保证公平的工资和同值工作同酬而没有任何歧视。	第17条第1款：缔约各国对合法在其领土内居留的难民，就从事工作以换取工资的权利方面，应给以在同样情况下一个外国国民所享有的最惠国待遇。 第18条：缔约各国对合法在其领土内的难民，就其自己经营农业、工业、手工业、商业以及设立工商业公司方面，应给以尽可能优惠的待遇，无论如何，此项待遇不低于一般外国人在同样情况下所享有的待遇。 第19条：（一）缔约各国对合法居留于其领土内的难民，凡持有该国主管当局所承认的文凭愿意从事自由职业者，应给以尽可能优惠的待遇，无论如何，此项待遇不得低于一般外国人在同样情况下所享有的待遇。

续表

名称	1966年《经济、社会和文化权利国际公约》	1951年《关于难民地位的公约》
结社权	第8条：本公约缔约各国承担保证人人有权组织工会和参加他所选择的工会，以促进和保护他的经济和社会利益；这个权利只受有关工会的规章的限制。	第15条：关于非政治性和非营利性的社团以及同业公会组织，缔约各国对合法居留在其领土内的难民，应给以一个外国的国民在同样情况下所享有的最惠国待遇。
公共救助权	第9条：本公约缔约各国承认人人有权享受社会保护，包括社会保险。 第11条第1款：本公约缔约各国承认人人有权为他自己和家庭获得相当的生活水准，包括足够的食物、衣着和住房，并能不断改进生活条件。	第20条：如果存在着定额供应制度，而这一制度是适用于一般居民并调整着缺销产品的总分配，难民应给予本国国民所享有的同样待遇。 第23条：缔约各国对合法居住在其领土内的难民，就公共救济和援助方面，应给以凡其本国国民所享有的同样待遇。
公共教育权	第13条：本公约缔约各国承认，人人有受教育的权利。本公约缔约各国认为，为了充分实现这一权利起见：初等教育应属义务性质并一律免费。	第22条：（一）缔约各国给予难民凡本国国民在初等教育方面所享有的同样待遇。
知识产权	第15条：本公约缔约各国承认人人有权：对其本人的任何科学、文学或艺术作品所产生的精神上和物质上的利益；享受被保护之利益。	第14条：关于工业财产的保护，例如对发明、设计或模型、商标、商品名称以及对文学、艺术和科学作品的权利，难民在其经常居住的国家内，应被给予该国国民所享有的同样保护，他在任何其他缔约国领土内，应被给予他经常居住国家的国民所享有的同样保护。

资料来源：作者统计和分析。

1966年《经济、社会和文化权利国际公约》缔约国可以在不受歧视、工作权、结社权、公共救助权、公共教育权和知识产权等权利适用于寻求庇护者时，予以合理的限制。第4条规定："本公约缔约各国承认，在对各国依据本公约而规定的这些权利的享有方面，国家对此等权利只能加以限制同这些权利的性质不相违背而且只是为了促进民主社会福利的目的的法律所确定的限制。"第5条进一步规定："一、本公约中任何部分不得解释为隐示任何国家、团体或个人有权利从事于任何旨在破坏本公约所承认的任何权利或自由或对它们加以较本公约所规定的范围更广的限制的活动或行为。二、对于任何国家中依据法律、惯例、条例或习惯而被承认或存在的任何基本人权，不得借口本公约未予承认或只在较小范围上予以承认而予以限制或克减。"

第三节　欧盟关于寻求庇护者权利的规定

2003年1月，欧盟实施《欧盟安置寻求庇护者最低标准指令》（*Council Directive 2003/9/EC of 27 January 2003 Laying Down Minimum Standards for the Reception of Asylum Seekers*）（简称2003年《欧盟安置寻求庇护者指令》），确定了成员国向寻求

庇护者提供待遇的最低标准，赋予寻求庇护者在欧盟成员国内获得一定的物质保护的权利，防止各成员国安置条件和待遇不同而导致寻求庇护者的再次迁移。《指令》适用于在成员国边境或境内提出的难民地位申请，以及经许可有权作为寻求庇护者在该成员国境内停留的所有外国人和无国籍人。

一、境内居留和自由迁徙

允许成员国合理限制寻求庇护者在境内居留和自由迁徙（residence and freedom of movement）。寻求庇护者可以在接收国（安置国）的整个领域内或指定区域内自由流动，但这种区域限制不能影响寻求庇护者的生活以及依据2003年《欧盟安置寻求庇护者指令》所享受的所有权利和利益。成员国有权依据公共利益、公共秩序理由或者给予加快进度、有效监督寻求庇护者的目的来决定寻求庇护者的居留。第7条还规定了扣留条款（confine an applicant to a particular place），扣留是指将寻求庇护者限制在特殊区域内不得自由流动。成员国有权以合法或公共秩序理由将寻求庇护者限制在特殊区域。在一定条件下，成员国可以作出允许寻求庇护者暂时离开居留地或者指定区域（并非扣留区域）的决定。决定应当是客观地、公正地而且根据具体情况作出，如果成员国不允许寻求庇护者暂时离开居留地或者指定区域，应当提供理由。①

二、受教育

要求成员国保护寻求庇护者成年子女或者未成年的受教育权（schooling and education of minors）。成员国没有对寻求庇护者的成年子女或者未成年寻求庇护者的父母或本人实施遣返措施，就应当允许其以本国公民类似的条件进入学校或接受教育。学校或所受教育由寻求庇护者安置中心提供，属于成员国教育系统的一部分。未成年人的确定以申请庇护目的地国规定的法定年龄为标准，但是成员国不能仅仅因为未成年人达到法定年龄而取消其接受中等教育的权利。接受教育的期限不得迟于寻求庇护者提出申请之日起三个月，如果未成年人需要接受特殊教育作为进入教育系统的准备条件，则可以延长该期限至一年。如果由于未成年人的特殊情况，无法进入国家教育系统，成员国应当为其作出另外的教育安排。②

三、就业

允许成员国合理限制寻求庇护者的就业权（employment）。成员国有权决定寻求庇护者自申请庇护之日起的一段期间不得进入该国的劳动力市场。如果寻求庇护者的

① 2003年《欧盟安置寻求庇护者最低标准指令》第7条。

② 同上注，第10条。

一审审查决定在一年内没有作出且不属于申请者本人的原因造成，成员国应考虑寻求庇护者进入劳动力市场。在任何情况下，基于劳动力市场政策考虑，成员国应当给予欧盟公民和合法居留的第三国公民优先就业的权利。[①] 另外，成员国可以要求寻求庇护者接受职业培训（vocational training）。2003年《欧盟安置寻求庇护者指令》第12条规定：无论寻求庇护者是否有权进入劳动力市场，成员国都可以要求寻求庇护者接受职业培训。

四、生活待遇

要求成员国向寻求庇护者提供满足其健康和维持生活的衣食住行等生活待遇（general rules on material reception conditions and health care）。成员国应该在外国人提出难民地位申请时向寻求庇护者提供生活待遇。成员国制定的接待和安置待遇应当以满足寻求庇护者健康和维持生活要求为标准。生活待遇主要适用于没有足够的生活来源保证健康和维持生活的寻求庇护者，如果寻求庇护者有足够的生活来源，例如寻求庇护者已经工作了一段合理时间，则成员国有权要求寻求庇护者自行满足健康和维持生活。成员国提供生活待遇可以以经济补助、日常消费补助、代金券等现金和准现金形式，也可以是住房、食品、衣物等实物形式。如果成员国以经济补助或者代金券形式提供生活待遇，经济补助或者代金券的数额也应当以满足寻求庇护者健康和维持生活要求为标准。[②]

五、住房

要求成员国保障寻求庇护者有房住。成员国应该确保向所有寻求庇护者提供住所，确保其家庭生活，与亲属、法律顾问和联合国难民署代表的可能交流。如果成员国向寻求庇护者提供实物住房，可以以一种或者多种方式结合的形式：（1）为在边境提交难民地位申请的外国人准备的住宿场所（premises）；（2）有足够住宿空间的集体寓所（accommodation centres）；（3）私人房屋、公寓、旅馆或者其他住宿场所（private houses, flats, hotels or other premises adapted for housing applicants）。成员国应特别关注寻求庇护者的住所和集体寓所不受骚扰，应确定在有必要时才要求寻求庇护者搬家，并通知他们的法律顾问和新地址。[③]

---

① 2003年《欧盟安置寻求庇护者最低标准指令》第11条。

② 同上注，第13条。

③ 同上注，第14条。

六、医疗

要求成员国向寻求庇护者提供必要的急症和普通诊治等医疗服务。除必要的急症和普通诊治等医疗服务外，成员国应当向有特殊需要的寻求庇护者提供必要的医疗服务或其他帮助。[①] 联合国难民署认为，最低限度的医疗待遇应当包括生育健康咨询、医疗检查或者心理咨询方面的保密要求、心理咨询治疗或者免费咨询，以及对治疗不同文化背景病人的医护人员的培训等。[②]

七、拒绝、减损和终止寻求庇护者的权利

成员国有权拒绝、减损和终止寻求庇护者的权利，降低或者撤销寻求庇护者的待遇。成员国在下列情况下有权拒绝、减损和终止寻求庇护者的权利:（1）未经允许或者未通知相关主管部门而擅自离开居留地;（2）未履行报告义务、提供庇护程序要求的信息或者参加要求的面试;（3）已经在同一成员国提出难民地位申请。[③]

八、寻求庇护者的程序权利

2005年12月，欧盟实施《欧盟批准和撤销难民地位程序的最低标准的指令》（Council Directive 2005/85/EC of 1 December 2005 on Minimum Standards on Procedures in Member States for Granting and Withdrawing Refugee Status）（简称2005年《欧盟庇护程序指令》），侧重寻求庇护者程序性规则。外国人在难民地位申请审理期间有如下程序权利:

1. 成员国确保每位有法律能力的外国人有权利提出难民地位申请（第6条第2款）。

2. 寻求庇护者有权为了难民地位申请目的在成员国停留，直至作出难民地位申请审理决定，但是这不等于寻求庇护者有获得居留许可的权利（第7条第1款）。

3. 成员国必须确保，如果寻求难民地位申请被拒绝，应提供书面决定，说明决定依据的事实和法律，以及不服决定如何寻求救济（第9条第2款）。

4. 在难民地位申请审理过程中，寻求庇护者有权以能够理解的语言被告知程序、在审理过程中的权利和义务以及不配合政府部门履行义务的可能后果（第

① 2003年《欧盟安置寻求庇护者指令》第15条。

② Baldaccini, Anneliese., Gild, Elspeth. and Toner, Helen. *Whose Freedom, Security and Justice? EU Immigration and Asylum Law and Policy*, Hart Publishing, 2007, 219.

③ 2003年《欧盟安置寻求庇护者指令》第16条。

10条第1款第1项）。

5. 寻求庇护者提交难民地位申请时，在必要情况下，有权获得口译服务。成员国应该将寻求庇护者参加面试却不能获得合适交流考虑为必要情况。但是可以要求寻求庇护者自己自付口译费用（第10条第1款第2项）。

6. 寻求庇护者有权根据成员国与联合国难民署或者在成员国境内的任何其他代表联合国难民署的组织的协议，与联合国难民署或者在成员国境内的任何其他代表联合国难民署的组织交流（第10第1款第3项）。

7. 在成员国作出难民地位申请审理决定前，寻求庇护者有权根据审理国的国内法律与审理其申请的官员面谈。成员国必须向每一位寻求庇护成年人提供面谈机会（第12条第1款）。

第四节 联合国难民署关于寻求庇护者权利的建议

联合国难民署于2000年发布《关于欧盟的寻求庇护者接待标准》（*Reception Standards For Asylum Seekers In the European Union*），向欧盟提出关于寻求庇护者权利的建议，为欧盟成员国正确理解并建立本国的寻求庇护者政策提供指导。由于寻求庇护者问题的普遍性，这不仅是欧盟国家正确理解并建立本国寻求庇护者权利政策的指南，而且是其他国家制定寻求庇护者权利政策要参考的重要国际文件。

一、入境接待

针对寻求庇护者在入境后面临的困难和有些庇护国的不妥当接待，联合国难民署向欧盟建议，庇护国要妥善做好寻求庇护者入境接待工作。庇护国在接待寻求庇护者方面，应在边境（包括机场）向寻求庇护者提供接待待遇，包括提供满足个人基本需求的食物、住所、卫生和医疗条件，并且提供所有必要协助；即使寻求庇护者仅在庇护国短暂停留，也需要保护其个人隐私和家庭生活权。应给单身的男女提供独立的住处，并尽量将家人安排在一处。①

二、提供信息（告知）

针对寻求庇护者在入境后一般缺乏关于难民地位申请的信息和不了解庇护国难民地位的审理程序，以及有些庇护国难民地位申请审理程序不是很有效率，联合国难民

① United Nations High Commissioner for Refugees. *Reception Standards For Asylum Seekers In the European* Union, July 2000, 7.

署向欧盟建议，庇护国要及时向寻求庇护者提供关于难民地位申请，特别是享有权利和承担义务等方面法律和信息的咨询。具体地说，庇护国对寻求庇护者入境后实施最初的资格审查时，需要向寻求庇护者提供相关的法律咨询和解释；毫不迟延地向寻求庇护者提供关于难民地位申请审理的信息，包括解释程序运作流程以及流程所涉权利和义务；在难民地位申请审理启动当时，庇护国应安排专业人员免费向寻求庇护者提供咨询意见；缔约国应允许联合国难民署和其他相关非政府间国际组织随时同寻求庇护者取得联络；若庇护国当局在难民地位申请审理程序开始阶段决定按照'安全第三国'例外将其遣送至第三国，需及时告知寻求庇护者移转的原因和法律后果（庇护实质审查尚未开始，他仍可以向第三国提交难民地位申请）。此种情形下，庇护国应告知寻求庇护者将被遣送到的具体地点，并提供难民署或其他非政府间国际组织在第三国分支机构的地址和电话号码。庇护国当局需制作特定文件，明确地向第三国说明此次遣送是基于'安全第三国'的例外。①

三、边境官员

针对边境官员在启动难民地位申请审理程序前发挥的重要作用，联合国难民署向欧盟建议，要提高边境官员的寻求庇护者管理能力。边境官员在上岗之前必须接受职业培训，熟悉相关国际公约、国内法。掌握如何处理难民地位申请，包括涉及性别迫害或少数民族歧视等敏感原因提交的申请；边境官员的作用在于保证寻求庇护者不被推回，并且能够毫不迟延地进入难民地位申请审理程序。他们的职能仅限于对难民地位申请作初步了解和记录，并且毫不迟延地将申请移转给有权审理的机构。最终是否授予庇护的决定应由有权审理难民地位申请的机构作出。如果庇护国边境官员作出了武断或错误的决定，可能会导致寻求庇护者被推回至其来源国，也导致庇护国违背了其应履行的国际法义务。②

四、禁止任意拘留

针对非法拘留寻求庇护者，限制寻求庇护者的人身自由，联合国难民署向欧盟建议，禁止对寻求庇护者实施拘留。禁止拘留寻求庇护者是原则，拘留寻求庇护者是例外。允许在符合1966年《公民权利和政治权利国际公约》第9条第1款和1951年《关于难民地位的公约》第31条第1款规定的例外情形下对寻求庇护者实施拘留。庇护国在实施拘留前需尽量考虑采用其他替代措施，如果必须实施拘留则，应尽量选择最短

---

① United Nations High Commissioner for Refugees. *Reception Standards For Asylum Seekers In the European* Union, July 2000, 8.

② Ibid., 9.

的期限。实施拘留的决定应由专门机构通过正当程序作出。实施拘留时要向寻求庇护者说明拘留的原因及其享有的权利。执行拘留场所的设施应满足最低人道主义标准；庇护国应允许联合国难民署及相关非政府间国际组织同被拘留之人自由联络，以便帮助其正确了解相关程序及自身享有的合法权利。禁止拘留的种类包括允许入境前的拘留、驱逐之前的拘留、移送安全第三国前的拘留、对非法入境或持有假造证件的人的拘留等等。1999年联合国难民署《关于实施寻求庇护者拘留措施的指导意见》提出：禁止对寻求庇护者实施武断的拘留，并指出在机场、过境区、接待中心限制寻求庇护者的人身自由都属于拘留措施。①

五、身份证件和临时身份

针对寻求庇护者获得身份证件和临时身份的困难，联合国难民署向欧盟建议，庇护国要及时向寻求庇护者提供身份证件和临时身份。庇护国应向寻求庇护者提供临时居住的许可文件，有效期至难民地位申请最终审查结果作出之时；女性寻求庇护者应当享有同样的权利。庇护国应以女性本人的姓名单独向其签发证明文件，不应用该女性的男性亲属名义一并签发。② 联合国难民署方案执行委员会第35号决议（1984年）指出：各国审查难民地位申请的程序一般都要经历很长的期间，在最终结果作出之前当局有必要向申请人颁发书面证明以临时保护其合法权利。寻求庇护者不持有任何合法证明，就很难保证其在此期间在庇护国享受到基本的经济和社会权利。

六、基本生活保障

针对寻求庇护者获得基本生活保障的必要性和迫切性，联合国难民署向欧盟建议，庇护国要充分向寻求庇护者提供基本生活保障。庇护国应在难民地位申请审理程序结束前向贫困的申请者提供必要援助，满足其衣、食、住等基本生活需求。必要时也需向已经获得工作机会的申请者提供援助，前提是该申请者的工作报酬不能满足其基本需求；对寻求庇护者的援助既可以是提供实物（如食物、衣服、零用钱等），也可以通过纳入本国社会保护体系的方式进行。根据1951年《难民公约》第31条，庇护国不能当然地拒绝或限制非法入境的寻求庇护者的援助申请。庇护国所提供的援助不能仅满足生存需求，还应达到体面生活的最低程度。③

---

① 关于不任意拘留寻求庇护者，请参见本书第五章国际难民法的基本原则第五节不惩罚原则。

② United Nations High Commissioner for Refugees. *Reception Standards For Asylum Seekers In the European Union*, July 2000, 12.

③ Ibid., 13.

七、住房

针对寻求庇护者住宿困难，联合国难民署向欧盟建议，庇护国要确保寻求庇护者有房住。寻求庇护者需要住处时，庇护国有义务为其提供住宿直到难民地位申请审理程序结束；接待中心或其他集体宿舍应满足最低标准，包括基本生活设施和通往医院或学校的交通设施；为了避免种族主义或排外情绪对寻求庇护者的骚扰，庇护国应在接待政策中适当安排促进寻求庇护者与当地居民和谐共处的措施，例如，对公众宣传难民问题的严重性或组织针对特定群体的公共活动。[①] 如果庇护国不允许申请难民地位工作或不能找到工作，他就更难找到满足适当生活标准的住处。庇护国设有专门供寻求庇护者免费居住的接待中心，寻求庇护者就无需再担心住宿问题。

八、医疗

针对寻求庇护者因为迫害而多发疾病，联合国难民署向欧盟建议，庇护国要提供免费医疗服务。寻求庇护者在抵达庇护国时和难民地位申请审理过程中应享受免费的医疗待遇；医疗检查和心理咨询必须严格遵守保密原则。只有在寻求庇护者本人要求时才可以进行艾滋病检查；寻求庇护者因遭受酷刑或严重精神创伤需要紧急治疗时，应得到特殊的医疗援助；心理治疗和咨询应当免费；实施医疗援助的相关机构和医疗人员应接受专门培训，以熟练掌握向不同文化背景的人施诊的技巧。[②]

九、教育

考虑到不间断教育对未成年寻求庇护者的重要性，联合国难民署向欧盟建议，庇护国要提供免费的初级教育。寻求庇护者中的未成年人有权接受教育。初级教育应当免费，且属于强迫性质。考虑到教育对个人发展的重要程度，寻求庇护者也应有机会接受中等教育。如寻求庇护者的申请最终得到批准，在难民地位申请审理期间不中断学习有助于其迅速融入当地社会。如寻求庇护者的申请最终未获得批准，在难民地位申请审理期间不中断学习也有助于其回国后继续开展学习活动。[③]

十、就业

考虑到不能就业是寻求庇护者弱势的根本原因之一，联合国难民署向欧盟建议，庇护国要积极考虑允许寻求庇护者就业。当难民地位申请审理超出一定期限时，许多

---

① United Nations High Commissioner for Refugees. *Reception Standards For Asylum Seekers In the European Union*, July 2000, 13.

② Ibid., 14.

③ Ibid., 15.

国家允许寻求庇护者从事工作。当庇护国援助寻求庇护者的负担过重时，可以要求寻求庇护者自食其力达到适当的生活标准。比利时等国家要求寻求庇护者进入实质审理阶段后才能从事工作。希腊、西班牙和葡萄牙等国家要求只有经过寻求庇护者本人的授权，庇护国才会协助其寻找适当工作。芬兰、瑞典、英国和瑞士等国家要求在庇护国境内停留的时间足够长时才允许寻求庇护者从事工作。

十一、家庭团聚

考虑到家庭团聚是人的本性之一，联合国难民署向欧盟建议，庇护国要尊重和保护寻求庇护者的家庭团聚权。庇护国应采取必要措施保证寻求庇护者家庭团聚，并且尽量加快审理难民地位申请的速度，以确保寻求庇护者被确认难民身份后，家庭立即得到团聚。[①] 虽然1951年《关于难民地位的公约》中没有关于家庭团聚权的专门规定，但是不表示没有将家庭团聚权纳入难民保护体系，一些条款隐含了对难民家庭团聚权的保护。例如第4条对子女施加宗教教育的自由，第12条由于个人身份而取得的婚姻的权利，第17条因为配偶具有居住国的国籍、子女一人或数人具有居住国的国籍，不适用对外国人施加的限制措施或者为了保护国内劳动力市场而对雇佣外国人施加限制的措施，第24条家庭津贴国民待遇。寻求庇护者家庭成员之一被认为符合难民定义，其他家庭成员也被给予难民地位。在美国佐治亚州，无论一个成年人属于什么移民身份，都有权监护子女和获得与监护有关的家庭津贴。

第五节　联合国难民署关于特殊群体寻求庇护者权利的建议

联合国难民署在2000年《关于欧盟的寻求庇护者接待标准》除向欧盟提出关于寻求庇护者权利建议外，还提出关于特殊群体寻求庇护者权利的建议。这些建议不仅是欧盟国家，而且是其他国家制定特殊群体寻求庇护者权利政策的重要参考。

一、儿童

考虑到儿童身体发育和心理发育的特殊性，联合国难民署向欧盟建议，庇护国对儿童寻求庇护者的保护，要根据儿童身体发育和心理发育的特殊性，适用更高的标准。通过设置专门机构和人员的方式保证优先考虑儿童的难民地位申请。庇护国对儿童寻求庇护者的保护应当符合国际人权法、国际难民法、联合国难民署行动指南和难民署方案执行委员会决议的要求。具体执行中需结合儿童的特殊需要，包括教育、医

---

① United Nations High Commissioner for Refugees. *Reception Standards For Asylum Seekers In the European Union*, July 2000, 16.

疗、心理、娱乐等各个方面。[①]

在联合国难民署关注人群中，约有41%的人年龄小于18岁，12%的人年龄小于5岁。[②] 儿童是易受伤害的。英国难民委员会和一家名为“拯救儿童”的慈善机构在调查英国儿童难民情况后，于2001年8月公布了《与家庭分离的儿童》报告，主要反映儿童难民抵达英国后的境况。报告提出：许多儿童难民在抵达英国后，由于政府有关部门缺乏协调协作，他们能否获得帮助全靠运气。许多儿童，甚至包括不满15岁的孩子，都被安置在小旅馆内，并需要自己照顾自己。[③] 联合国难民署在《难民儿童：保护和照顾准则》的前言中分析了难民儿童的脆弱性，这些分析同样适用于寻求庇护者儿童。儿童是易受伤害的，容易生病、营养不良和受到身体伤害。儿童具有依赖性，需要成人的抚养，特别是幼年时，不仅在肉体生存方面，而且在精神和社会健康方面。儿童成长具有顺序性，打乱成长顺序将扰乱发育进程。难民儿童面临的安全和健康威胁远远大于其他儿童。忽然而至的紧急状况、家庭解体、资源匮乏等会严重影响难民儿童的身体和精神健康。许多婴儿、幼儿难民常常不得不进行伴随着暴力、疾病和营养不良的跨国迁徙。

2005年联合国大会第二十七届特别会议（儿童问题特别会议）指出：在必要的国际合作下，制定和执行各种政策和方案，保护和照顾难民儿童和寻求庇护的儿童，以及提供基本社会服务，除保健和食物外，还包括受教育。庇护国在处理儿童寻求庇护者时应遵守1989年《儿童权利公约》，并以联合国难民署《保护和关心儿童难民行动指南》为指导，以儿童的最大利益为首要考虑。

二、无人陪伴儿童

考虑到无人陪伴儿童的特殊需要和脆弱性，联合国难民署向欧盟建议，庇护国对无人陪伴儿童寻求庇护者的保护，要根据其危险处境，适用更高的标准，尤其是加强对女性儿童的保护。无人陪伴儿童是指没有父母或监护人陪伴的未成年寻求庇护者，他们的父母或滞留在国内、或者在逃难过程中失散或者已经去世。庇护国在处理孤儿事项时应遵守联合国难民署1997年《处理无人陪伴的未成年人难民地位申请的政策和程序行动指南》的指导。庇护国应将孤儿安置在适当的养护中心或特殊接待处，该处所的设施应满足未成年人的特殊需要；庇护国应派遣专门的代理人帮助孤儿在难民地位申请审理程序中维护其社会和法律权利，并且协助其在庇护国停留期间维护其各方面的最大权益。庇护国应当优先处理无人陪伴儿童难民的难民地位申请，采取防范

① Ibid.

② 凯特·雅斯特拉姆.玛丽莲·阿奇隆.难民保护：国际难民法指南[M].2004年修订版.联合国难民署.各国会议联盟.82。

③ 黄兴伟.英国难民委员会指责政府未能妥善照顾儿童难民.新华网2001年8月23日。

措施防止贩运儿童的行为。[①]

保护脆弱难民的最有效途径是保护难民的家庭，特别是无人陪伴儿童家庭。1951年《联合国难民和无国籍人地位问题全权代表会议最后文件》指出：大会考虑到家庭团聚是难民的一项基本权利，而且这种团聚不断地受到威胁。建议各国政府采取必要的措施保护难民家庭，要保护儿童难民，尤其是无人陪伴儿童难民，特别是在涉及监护和收养关系时。要确保难民家庭得以团聚，特别是在家庭的家长已经具备进入某个国家的必要条件时。

三、妇女

考虑到妇女的生理特征和弱势，联合国难民署向欧盟建议：庇护国对女性寻求庇护者的保护，要根据其生理特征和弱势，适用更高的标准。难民地位申请审理中应保持性别区分原则。参与难民地位申请审理的所有官员和职工都必须对性别问题保持敏感；在难民地位申请审理初期，应由女性工作人员对女性实施询问并提供女性翻译人员；庇护国应为有特殊需求的单身女性提供独立的、安全的住处。如果女性被安置在海关或机场中的“国际区域”中，应保护其身体安全和隐私权。如果需要对女性实施拘留措施，必须将其同男性分别羁押。庇护国应采取措施避免对哺乳期或产后恢复期的女性实施拘留。对女性寻求庇护者实施医疗措施时，应包括生殖健康方面的咨询。怀孕的妇女本人及胎儿应当享受等同于国民的待遇。[②]

1957年《已婚妇女国籍公约》、1979年《消除对妇女一切形式歧视公约》以及联合国难民署方案执行委员会第64号和第73号决议都规定，必须保护女性难民的合法权益。在经常出现混乱的大规模难民紧急情况下，妇女极易受到性和其他形式的暴力攻击。她们要承担照顾小孩和老人等其他家庭成员的责任。如果男性控制了对难民资源的分配，妇女难民有时不得不用性交换食物。

联合国难民署处理难民妇女权利和需求的方针是继续努力在难民署所有的业务活动中纳入两性平等的观点。关键目标包括将性别分析纳入难民署的政策指导方针和关键文件之中，并以性别观点评价各项活动，进一步预防并对付性暴力和针对性别的暴力行为，使妇女难民和返回的妇女有权参加解决冲突和建设和平的活动。鼓励与流离失所的妇女直接对话，继续发展有针对性的多部门的区域和国家各级的性别问题网络组织。[③]

---

① United Nations High Commissioner for Refugees. *Reception Standards For Asylum Seekers In the European Union*, July 2000, 17.

② United Nations High Commissioner for Refugees. *Reception Standards For Asylum Seekers In the European Union*, July 2000, 18.

③ 联合国难民署高级专员的2000年报告，2001年向联合国大会第68届会议提交，A/56/12.第93段。

四、老人

考虑到老年人的弱势，联合国难民署向欧盟建议，庇护国对老年寻求庇护者的保护，要根据其年龄和健康，适用更高的标准。一些老年人行动不便、受长期孤独和遗弃的痛苦折磨、患有严重慢性疾病。在难民地位申请审理的开始阶段，庇护国应确定老年申请人在法律咨询、翻译和社会咨询方面的需求。庇护国应满足老年人特殊的健康护理和心理治疗需求。对集体居住老年人实施诊治时，不应同其他寻求庇护者隔离。[①]2000年3月，联合国难民署在常设委员会第17次会议上提出并通过了老年难民政策，并努力通过各种活动使这项政策业务化，其中包括将该项政策融入难民署制订的方案之中。[②]

① United Nations High Commissioner for Refugees. *Reception Standards For Asylum Seekers In the European Union*, July 2000, 19.

② 联合国难民署高级专员的2000年报告，2001年向联合国大会第68届会议提交，A/56/12.第107段。

第十章
难民权利

联合国难民署和各国会议联盟对难民权利作了简单和明了的总结：难民有权寻求安全庇护。认定难民是指被认定符合1951年《关于难民地位的公约》和1967年《关于难民法律地位的议定书》难民定义的人。狭义难民针对认定难民，广义难民不仅针对认定难民，还针对临时保护者、补充保护者、无国籍人、国内流离失所者、寻求庇护者等联合国难民署关注人群。国际保护难民的范围不仅限于身体安全，难民至少应该享有与一般合法外国人同等的权利和基本援助，包括某些人人应该都有权享受的基本权利。[①] 本章以1951年《关于难民地位的公约》为最主要法律渊源，探讨认定难民享有的民事、政治、经济和社会等权利，以及不同居留情形难民的权利和欧盟的难民权利。

第一节　难民的民事和政治权利

难民，根据1951年《关于难民地位的公约》第二章“法律上地位”，享有个人身份、结社、向法院起诉等法律地位方面的三项权利，以及根据第五章“行政措施”，享有宗教、行政协助、境内居住和迁徙自由、获得国内身份证件、获得国际旅行证件、财政征收、资产移转、不被刑事处罚、[②] 不被无正当理由和以合法程序驱逐出境权、融入和入籍便利等行政措施方面的十项权利。这十三项权利共同构成了难民的民事和政治方面的权利。

一、难民个人身份适用法律权

（一）难民个人身份适用法律权的定义和意义

难民个人身份（Personal status）适用法律权是指难民享有个人受其所住地或居住

① 凯特·雅斯特拉姆.玛丽莲·阿奇隆.难民保护：国际难民法指南[M].2004年修订版.联合国难民署.各国会议联盟.53。

② 关于不被刑事处罚，请参见本书第五章国际难民法的基本原则第五节不惩罚原则。

地国家法律支配以及由于个人身份而取得权利获得尊重的权利。对难民适用哪个国家的法律是安置难民的首要问题。1951年《关于难民地位的公约》规定了难民个人身份受所在国法律支配（governed by the law），以及尊重难民在被认定以前由于个人身份而取得的权利等两方面内容。获得个人身份是基本人权之一，1948年《世界人权宣言》第6条规定："人人在任何地方有权被承认在法律面前的人格。"

难民逃离的国家及其法律可能已经改变，难民通常不愿意适用其国籍国也就是受其迫害的国家的法律。如果不规定难民没有住所时适用其居住地国家法律支配，按照普通法，将适用其国籍国法律支配。难民受国籍国法律支配不符合1951年《关于难民地位的公约》确立的深切关怀难民的宗旨。

（二）难民个人身份适用法律权的内容

难民个人身份受所在国法律支配，不再受其国籍国法律支配。1951年《关于难民地位的公约》规定了难民个人身份，第12条第1款规定："（一）难民的个人身份，应受其所住地国家（the country of his domicile）的法律支配，如无住所（domicile），则受其居住地国家（the country of his residence）的法律支配。（二）难民以前由于个人身份而取得的权利，特别是关于婚姻的权利，应受到缔约一国的尊重，如必要时应遵守该国法律所要求的仪式，但以如果他不是难民，该有关的权利亦被该国法律承认者为限。"

难民的个人身份，应受其所住地国家（the country of his domicile）的法律支配，如无住所（domicile），则受其居住地国家（the country of his residence）的法律支配。一国可以制定法律对难民的个人身份作出专门规定，所以难民的个人身份适用专门待遇。

尊重难民在被认定以前由于个人身份，特别是关于婚姻的权利，以如果他不是难民，该有关的权利亦被该国法律承认者为限。很显然，他不是难民，但依然是外国人，所以适用外国人一般待遇。如果难民在被认定以前由于个人身份，特别是关于婚姻而取得的权利，得不到尊重，会使其个人生活，特别是婚姻家庭关系紊乱。反之，会使难民在被认定以前由于个人身份取得的权利得以延续和稳定。难民有序的个人生活对于顺利安置难民是必要和有益的。

任何难民都有权享有动产和不动产权。难民动产和不动产权的对象是在本国境内的任何难民，只要其难民身份被本国认可，则不论其种族、性别、社会出生、财产或其他身份。国家不能在动产和不动产权方面对难民有任何歧视。如果一国没有正式承认难民法律地位，根据1984年联合国难民署方案执行委员会第35号《关于难民身份证件的结论》第五段，"有必要由联合国难民署办事处征得庇护国主管部门的同意，证明某人在办事处的职权范围内被认为是难民"。

二、难民结社权

（一）难民结社权的定义和意义

难民结社权（Right of association）是指难民在结社方面享有最惠国待遇的权利。结社是指个人与他人一起为特定目的而自愿进行的短期或长久的结合，是个人与他人交往的一种重要方式和个人生活的一项重要内容。[①] 难民经历的共同苦难和逃亡历程，通常促使他们建立专属于难民的团体和组织。参与难民组织有助于缓解难民的孤独感、增强难民的自尊心、降低难民对异乡的生疏感。难民组织可以通过在异国他乡的环境下保存共同的语言、家庭结构、宗教信仰等，维系难民共有的价值和归属感。难民组织可以代表难民，同庇护国和国际社会进行有效的交流和对话，促进难民顺利地获得教育、医疗等方面的社会服务。[②]

（二）结社权方面的规定

结社权得到了大量国际人权文件的确认，第一类是宣言类国际文件，1948年《世界人权宣言》第20条规定："（一）人人有权享有和平集会和结社的自由。（二）任何人不得迫使隶属于某一团体。"第23条第4款规定："人人有维护其利益而组织和参加工会的权利。"以及1985年《非所在国国民的个人人权宣言》第8条第1款第2项、1999年《关于个人、群体和社会机构存进和保护普遍承认的人权和基本自由的权利和责任的宣言》第5条第2款、1992年《关于在民族或族裔、宗教和语言上属于少数的人的权利宣言》第2条第4款等。

第二类是联合国主持订立的公约，根据1966年《公民权利和政治权利国际公约》第22条第1款，"一、人人有权享受与他人结社的自由，包括组织和参加工会以保护他的利益的权利。"1966年《经济、社会和文化权利国际公约》第8条第1款第1项规定："人人有权组织工会和参加他所选择的工会。"此外还有1966年《消除一切形式种族歧视国际公约》第5条第4款第9项和第5款第2项、1979年《消除对妇女一切形式歧视公约》第7条第3款、1989年《儿童权利公约》第15条等。

第三类是国际劳工组织主持订立的公约。包括1919年《国际劳工组织章程》序言、1921年《农业工人结社权公约》、1948年《结社自由与保护组织权公约》、1949年《移民就业公约（修订）》第6条第1款第1项第2目、1952年《社会政策（基本目标和标准）公约》第14条第1—2款等。

---

① 徐显明. 国际人权法 [C]. 法律出版社 .2004.284。

② Hathaway, James C. *The Rights of Refugees Under International Law*. Cambridge University Press, 2005. 876.

第四类是区域性组织主持订立的公约。包括1950年《欧洲人权公约》第11条、1969年《美洲人权公约》第16条、1981年《非洲人权和民族权宪章》第10条、1994年《阿拉伯人权宪章》第28—29条等。

（三）难民结社权的内容

1951年《关于难民地位的公约》第15条规定了难民结社权："关于非政治性和非营利性的社团以及同业公会组织，缔约各国对合法居留在其领土内的难民，应给以一个外国的国民在同样情况下所享有的最惠国待遇。"结社权有利于促进和保护难民的权利和利益。

难民结社权适用最惠国待遇。最惠国待遇是指一国给予另一国的待遇不低于给予任何第三国的优惠待遇。难民在非政治性和非营利性的社团以及同业公会组织方面，在所在国享有的待遇不低于所在国给予任何第三国公民的优惠待遇。

社团是非政治性和非赢利性。难民只能参加和组织非政治性和非赢利性社团以及同业公会组织，无权要求参加和组织政治性和赢利性社团，除非得到所在国的特别许可。结社权的行使有可能对其他个人和社会的正当权利和利益产生不利影响，因此有必要受到适当的限制。各国一般都不给予外国人政治权利。根据1950年《欧洲人权公约》第16条，该公约缔约国可以对外国人从事的构成其政治活动的结社行为加以限制。针对难民的外国人身份，其参加和组织政治性社团权利因此被排除在外。

享有结社最惠国待遇的难民必须是合法在缔约国领土内居留的难民。缔约国只对合法居留在本国领土的难民才有义务赋予其结社最惠国待遇，没有义务赋予逾期居留或者由其他违法行为的难民结社最惠国待遇。非法居留是指未按照规定取得居留许可而在一国境内居留的。非法就业是指未按照规定取得工作许可和工作类居留证件、超出工作许可限定范围在一国境内工作。对于在其领土内的任何其他难民，缔约国没有义务，但是有权利向其签发国际旅行证件

三、难民向法院起诉权

（一）难民向法院起诉权的定义和意义

难民向法院起诉权（Access to courts）是指难民享有的向法院自由提起诉讼的权利，是难民享有的一项程序性基本权利，适用国民待遇。在一个法治国家中拥有正当的法律程序是保护难民权利的基础。难民有纠纷时，只有可以自由向法院提起诉讼、获得法律援助和免除诉讼担保，正当法律程序才能得到保障。

（二）向法院起诉权方面的规定

向法院起诉权得到了大量国际人权文件的确认。1948年《世界人权宣言》、1966年《公民权利和政治权利国际公约》以及其他区域性人权文件都规定，人人享有在法庭或裁判所完全平等的审判权。1966年《公民权利和政治权利国际公约》不仅在第26条规定了“所有的人在法律前平等，并有权受法律的平等保护，无所歧视”的总原则，而且第14条的第一句话再一次具体和强调性地规定了“所有的人在法庭和裁判所面前一律平等”。在这一规定被讨论时，一些国家的代表为，享有在法庭的平等审判权超越了在法律面前平等的权利，这是因为前者涉及审判者对法律的具体运用。[①]

（三）难民向法院起诉权的内容

1951年《关于难民地位的公约》规定了难民向法院起诉权。第16条规定：“（一）难民有权自由向所有缔约各国领土内的法院诉讼。（二）难民在其经常居留的缔约国内，应向法院诉讼的事项，包括法律援助和免予诉讼担保在内，应享有与本国国民相同的待遇。（三）难民在其经常居留的国家以外的其他国家内，就第（二）款所述事项，应给以他经常居住国家的国民所享有的待遇。”

难民有权向法院提起诉讼。难民在权利遭受侵犯时，得到公正审判是最后保障，向法院起诉权是得到公正审判的前提，难民不能自由向缔约国领土内法院提起诉讼，公正审判将无从谈起。缔约国法院只要对难民提起的诉讼有管辖权，就应该受理其提起的诉讼。难民向法院提起诉讼权如此重要，以致不能被缔约国保留。1951年《关于难民地位的公约》第42条第1款规定：“任何国家在签字、批准、或加入时、可以对公约第一、三、四、十六（一）、三十三，以及三十六至四十六（包括首尾两条在内）各条以外的规定作出保留。”

难民向经常居住地国法院起诉权包括法律援助和免予诉讼担保，适用国民待遇。可以享受此项权利的难民必须是经常居留在庇护国国内的难民。此类难民不仅获得了庇护国认可的难民地位，并且在该国国内居住达到了一定的期限。此类难民可以享受的法律援助和免于诉讼担保的待遇，等同于庇护国本国国民的待遇。难民经常居住国不能单独就难民订立一套高于本国公民诉讼要求的特别诉讼要求规则，法律援助和免予诉讼担保也不例外。结合1951年《关于难民地位的公约》第29条第1款，“（一）缔约各国不得对难民征收其向本国国民在类似情况下征收以外的或较高于向其本国国民在类似情况下征收的任何类捐税或费用”，难民的诉讼费用标准不应高于其经常居住国公民的诉讼费用标准。

对难民向法院起诉权内容的理解应结合1951年《关于难民地位的公约》中有关

---

① Nowak, Manfred. *U.N. Covenant on Civil and Political Rights CCPR Commentary*. 1993, 239 Note 21.

难民不受歧视的规定。第3条规定："缔约各国应对难民不分种族、宗教、或国籍适用本公约的规定。"获得难民身份的原因不应该导致难民向法院起诉权的变化。

难民向法院起诉权以及法律援助和免予诉讼担保的内容依据相关国家的国内法及其参加的国际文件。诉讼是指双方对某一件事发生争执，并在具有审判功能的机构处理的行为，从传统意义上讲，诉讼指审判阶段的一系列活动。[①] 虽然1951年《关于难民地位的公约》只规定了难民向法院起诉权，没有规定起诉被法院受理权，但是，为防止诉讼的任意性，必须有法律规定的诉讼规则，特别是防止国家机关利用诉讼行为非法侵犯难民的起诉权。为保障诉讼的可行性，应当使当事人能够通过法院实现自己的起诉权。诉讼费用不能过高，否则难民可能因为承担不起而无法行使起诉权。法院应当根据案件的情况和难民的经济能力给予各种诉讼费用的减免，同时根据案件情况，尽快受理案件，以使难民实现向法院起诉权。

任何难民都有权向经常居住地国法院起诉，并在起诉方面享有国民待遇。难民向法院起诉权及起诉方面国民待遇的对象是在本国境内的任何难民，只要其难民身份被本国认可，则不论其种族、性别、社会出生、财产或其他身份。如果一国没有正式承认难民法律地位，根据1984年联合国难民署方案执行委员会第35号《关于难民身份证件的结论》第五段，"有必要由联合国难民署办事处征得庇护国主管部门的同意，证明某人在办事处的职权范围内被认为是难民"。

难民在其经常居留的国家以外的其他国家内，就向法院诉讼，包括法律援助和免予诉讼担保事项，应给以他经常居住国家的国民所享有的待遇。由于一国法律通常只针对在本国经常居留的难民，不针对不在本国经常居留的难民。如果不在本国经常居留的难民，向法院诉讼，包括法律援助和免予诉讼担保事项，就适用参照待遇，适用他经常居住国家的国民所享有的待遇。

四、难民宗教仪式和子女宗教教育权

（一）难民宗教仪式和子女宗教教育权的定义和意义

难民宗教仪式和子女宗教教育权（religion）是难民享有举行宗教仪式和对其子女施加宗教教育的权利，是一项基本民事和政治权利，适用国民待遇。宗教与人类社会有着长期、普遍、紧密和复杂的联系。无视和侵犯宗教权极易导致个人、群体、人民和国家之间的矛盾和仇恨，并直接或间接造成冲突、战争和其他苦难，对宗教权的充分尊重和保护有助于实现和平、正义和人民之间的友好关系，有助于消除殖民主义

① 杨宇冠.人权法：公民权利和政治权利国际公约研究[M].中国人民公安大学出版社.2003.233。

和种族歧视等观念和习俗。[①]

（二）宗教权方面的规定

宗教权得到了大量国际文件的确认。这些国际文件根据各自的总体内容可被分为三类，第一类国际文件是含有关于平等地享有权利和禁止宗教或信仰歧视的条款的一般性国际文件，例如1945年《联合国宪章》第1条第3款、第13条第1款、第55—56条，1946年《联合国教育、科学及文化组织组织法》第1条、1967年《修改美洲国家组织宪章的议定书》第9条。

第二类国际文件是专门规定人权问题的国际文件。例如1967年《公民权利和政治权利国际公约》第18条、1966年《消除一切形式种族歧视国际公约》第5条第4款第7项、《反对体育领域种族隔离国际公约》第1条第3款、1961年《减少无国籍状态公约》第9条、《移居就业公约（修订）》第6条第1款、1952年《欧洲人权公约第一任择议定书》第2条等。1967年《公民权利和政治权利国际公约》第18条关于宗教权的规定在众多国际公约中占有最重要的地位，它是首次用一个独立条款全面规定宗教权的范围及其行使限制的国际公约。

第三类是宣言性国际文件。例如1948年《世界人权宣言》第18条、1981年《消除基于宗教或信仰的一切形式的不容忍和歧视宣言》、1985年《非所在国国民的个人人权宣言》第5条第1款等。1948年《世界人权宣言》关于宗教权的规定在众多国际公约中占有最重要的地位，它是首次用一个独立条款明确宣示宗教权及其范围的国际宣言。1981年《消除基于宗教或信仰的一切形式的不容忍和歧视宣言》是第一个专门性的且具有某种效力的宗教方面的国际文件。

（三）难民宗教权的内容

1951年《关于难民地位的公约》规定了难民宗教权。第4条规定："缔约各国对在其领土内的难民，关于举行宗教仪式的自由以及对其子女施加宗教教育的自由方面，应至少给予其本国国民所获得的待遇。"

难民宗教权限于举行宗教仪式的自由以及对其子女施加宗教教育的自由。这些范围之外的宗教权，例如享有/信奉/保持宗教、不享有/信奉/保持宗教、改变宗教、表示宗教等权利，缔约国可以按照国内法或者签订的国际文件的规定对难民适用。

难民举行宗教仪式以及对其子女施加宗教教育适用所在国的国民待遇。如果难民所在国给予本国公民举行宗教仪式的自由以及对其子女施加宗教教育资金和设施支持，也应该支持有同样行为的难民。

---

① 1981年《消除基于宗教或信仰的一切形式的不容忍和歧视宣言》序言第3—4段。

难民宗教权如此重要，以致不能被缔约国保留。1951年《关于难民地位的公约》第42条第1款规定："任何国家在签字、批准、或加入时、可以对公约第一、三、四、十六（一）、三十三，以及三十六至四十六（包括首尾两条在内）各条以外的规定作出保留。"

任何难民都有权享有宗教国民待遇。难民所居住地国有义务向其提供宗教方面的国民待遇。难民宗教国民待遇的对象是在本国境内的任何难民，只要其难民身份被本国认可和在本国境内，则不论其种族、性别、社会出生、财产或其他身份。国家不能因为难民不是教徒，就不提供宗教国民待遇。如果一国没有正式承认难民法律地位，根据1984年联合国难民署方案执行委员会第35号《关于难民身份证件的结论》第五段，"有必要由联合国难民署办事处征得庇护国主管部门的同意，证明某人在办事处的职权范围内被认为是难民"。

五、难民行政协助权

（一）难民行政协助权的定义和意义

难民行政协助权（Administrative assistance）是指难民不能从有关国家获得所需的行政方面的支持和帮助时，要求居留地缔约国给予行政方面的支持和帮助的权利。难民在其本国之外，由于畏惧迫害而不能或不愿受其本国保护，就不能或不愿从其本国获得行政协助。难民居留地国出于人权保护和人文关怀，应该保障难民行使权利的便利，给予其所需的行政支持和帮助。行政协助内容适用专门待遇，由难民居留地国制定法律予以规范。行政协助费用适用国民待遇，收取相当于为类似服务向本国国民征收的费用。

（二）难民行政协助权的内容

1951年《关于难民地位的公约》规定了难民行政协助权。第25条（行政协助）规定：

> （一）如果难民行使一项权利时正常地需要一个对他不能援助的外国当局的协助，则难民居留地的缔约国应安排由该国自己当局或由一个国际当局给予此项协助。
>
> （二）第一款所述当局应将正常地应由难民的本国当局或通过其本国当局给予外国人的文件或证明书给予难民，或者使这种文件或证明书在其监督下给予难民。
>
> （三）如此发给的文件或证书应替代由难民的本国当局或通过其本国当局发

给难民的正式文件，并应在没有相反证据的情况下给予证明的效力。

（四）除对贫苦的人可能给予特殊的权利外，对上述服务可以征收费用，但此项费用应有限度，并应相当于为类似服务向本国国民征收的费用。

（五）本条各款规定对第二十七条和第二十八条并不妨碍。

难民居留地国有义务在难民不能依靠从一个相关外国获得，但是又正常地需要一个国家给予行政协助时，安排由本国有关机构或者一个国际组织提供难民所需的行政协助。行政协机构包括国内行政机关，驻外使领馆、办事或者代表机构，以及同意与难民居留地国合作的国际组织。行政协助内容包括领事保护、调查、咨询等。

难民居留地国有义务给予难民文件或证明书，或者使这种文件或证明书在其监督下给予难民，如果在正常情况下，该文件或证明书应该由难民的本国当局或通过其本国当局给予该难民。根据1963年《维也纳领事关系公约》第5条第6款和第10款规定，文件或证明书至少包括公证、民事登记、司法文书、执行委托调查书、法院调查证据委托书等。

难民居留地国发给难民的文件或证明书有替代功能和证明效力。难民居留地国发给难民的文件或证明书替代本应由难民本国或通过其本国发给难民的正式文件，并且在没有相反证据的情况下，具有证明效力。只有赋予难民居留地国发给难民的文件或证明书的替代功能和证明效力，才能使难民居留地国提供的文件或证明书方面的行政协助落到实处，真正满足难民对文件或证明书的需求。

难民向居留地国交付行政协助费用，不能超出应有限度，适用国民待遇。贫苦难民可以要求难民居留地国给予其可能的特殊待遇。高额费用开支对实现行政协助权有负面影响。“费用”是指政策费用，包括行政服务费和税。“不能超出应有限度”应被理解为合理。政府必须将费用调整到申请人可以承担的合理范围之内。难民居留地国应努力免费提供行政协助或只收取极少行政协助费用。

六、难民境内居住和迁徙自由

（一）难民境内居住和迁徙自由的定义和意义

难民境内居住和迁徙自由（freedom of movement）是指难民在其合法居留的国家享有选择居住地和在领土内自由迁徙的权利，受对一般外国人在同样情况下适用的规定的限制。境内迁徙自由是一项被1966年《公民权利和政治权利国际公约》以及许多其他国际文件承认的人权，是难民发展必不可少的条件，与1951年《关于难民地位的公约》规定的其他权利紧密联系。

在许多地区，不容忍、仇外心理和种族动机的暴力继续存在，对寻求庇护者和难民的人身安全造成影响并导致限制性的法律、政策和做法。许多国家对寻求庇护者和难民的行动自由进行限制甚至对他们进行拘留，拘留条件恶劣或如同监狱囚禁一般，这仍然是一个令人关注的问题。少数政府将拘留作为防止新的难民潮的措施，尽管这种措施实际上效果不大，并违背国际法，但却是它们的明确政策。[①]

在德国，寻求庇护者在等候避难申请审理结果期间，首先会被送往初步安置中心（initial reception centre）居住。如果外国人的寻求避难申请在三个月内没有被审结，会从初步安置中心转送至县市寻求庇护者集体寓所。如果寻求庇护者已经在德国居留超过一年，可以申请从寻求庇护者集体寓所搬至公租个人寓所。寻求庇护者和暂缓遣返者没有在德国境内的自由迁徙权，必须在主管部门指定的地域通常是被安置寻求庇护者寓所的县市境内居住。2011年，德国许多州颁布法规不再要求寻求庇护者必须居住在寻求庇护者寓所。外国人的避难申请被德国批准后，即被认定为难民，享有在德国的居留权和在德国境内的自由迁徙权，获得的居留许可有效期三年。难民不必再像寻求庇护者、补充保护者、暂缓遣返者那样居住在被安置的特定县市，不再有义务居住在寻求庇护者寓所，而是可以在德国境内自由选择居住地区和自由迁徙。但是，难民改变住所时，有义务通知外国人管理部门。

（二）境内居住工作迁徙自由方面的规定

1966年《公民权利和政治权利国际公约》第12条第1款规定了迁徙自由："合法处在一国领土内的每一个人在该领土内有权享受迁徙自由和选择住所的自由"。第3款规定了对迁徙自由的限制："上述权利，除法律所规定并为保护国家安全、公共秩序、公共卫生或道德、或他人的权利和自由所必需且与本公约所承认的权利不抵触的限制外，应不受任何限制。"另外，1948年《世界人权宣言》第13条第1款、1963年《欧洲人权公约第四议定书》第2条第1款、1969年《美洲人权公约》第22条第1款、1981年《非洲人权和民族权宪章》第12条第1款、1954年《关于无国籍人地位的公约》第26条等国际文件都规定了迁徙自由。

一个国家的公民，原则上讲，总是合法处于该国领土内。一个外国人是否合法处于某一国家领土内是一个由国内法规定的问题。一国可对外国人进入国境施加限制，条件是应遵守该国的国际义务。非法进入一个国家的外国人，如果其地位已经合法化，应被认为是合法处于领土内。一旦这个人合法处于一个国家领土内，对其迁徙自由施加的任何限制以及给予他的不同于本国国民的任何权，都需要根据第12条第3款的规定说明这种做法是合理的。迁徙自由涉及国家整个领土。人人有权从一处迁移到

---

① 联合国难民署高级专员的报告（2012年1月1日至2013年6月30日），2013年向联合国大会第68届会议提交，A/68/12(Part I)第12段。

另一处，并在自己选择的地址定居，与其迁徙的目的或理由无关。一国必须保证自由迁徙不能受到国家或个人的干涉。在一国领土内选择住所的权利包括防止各种形式的强迫国内迁徙，也包括不得禁止进入和定居于领土的特定部分。

（三）难民境内居住和迁徙自由的内容

1951年《关于难民地位的公约》规定了难民境内居住和迁徙自由。第26条（迁徙自由）规定："缔约各国对合法在其领土内的难民，应给予选择其居住地和在其领土内自由迁徙的权利，但应受对一般外国人在同样情况下适用的规定的限制。"

享有迁徙自由的难民必须是合法在缔约国领土内居留的难民。缔约国只对合法居留在本国领土的难民才有义务赋予其迁徙自由，没有义务赋予逾期居留或者有其他违法行为难民境内居住和迁徙自由。合法居留常常指符合所在国关于难民居住的法律规定，获得了居留许可。

难民享有的迁徙自由包括选择居住地和在领土内自由迁徙两方面自由。居住地可以是临时居住地，也可以是永久居住（定居）地。领土是指合法所在国家的整个领土。由于1951年《关于难民地位的公约》第26条并列选择居住地和在领土内自由迁徙，所以此处的迁徙应该是指选择居住地以外的人员流动，例如旅游等。

难民境内居住和迁徙自由受对一般外国人在同样情况下适用的规定（any regulations）的限制。对难民境内居住和迁徙自由的限制包括一般限制和特殊情况下限制。一般限制通常都由关于外国人的法律和法规作出规定。每个国家都可能限制外国人在本国的迁徙自由，只要不违反其承担的国际义务。难民应该服从这些对外国人迁徙自由的限制，例如，国家为了维护安全、公共秩序、公共道德、公共卫生和健康、他人的权利和自由，而不准许难民生活在边境或战略地区，或进入不准外国人进入的地区；禁止或控制在军事基地举行游行示威或和平集会。

特殊限制是指庇护国在特殊情况下，依据法律或命令限制个人的行动或居住自由。这样的限制不仅适用包括难民在内的一般外国人，甚至可以适用本国人。特殊情况常常指战争、严重自然灾害、叛乱、大规模警察行动等。难民庇护国可以根据1951年《关于难民地位的公约》第9条，在战时或其他严重和特殊情况下对个别人在该缔约国断定该人确为难民以前，并且认为有必要为了国家安全的利益应对该人继续采取措施时，对他临时采取本国所认为其国家安全是迫切需要的措施，例如强制疏散到指定地区或者安置在难民中心。中国2012年《出境入境管理法》第44条规定："根据维护国家安全、公共安全的需要，公安机关、国家安全机关可以限制外国人、外国机构在某些地区设立居住或者办公场所；对已经设立的，可以限期迁离。未经批准，外国人不得进入限制外国人进入的区域。"

七、难民获得身份证件权

（一）难民获得身份证件权的定义和意义

难民获得身份证件权（identity papers）是指没有有效身份证件的难民获得身份证件的权利。身份证件是证明个人身份的基本文件，注明个人的姓名、性别、民族、出生、住址、编号、有效期、签发的机关和日期等个人身份的基本信息。虽然难民所在国有义务向难民签发身份证件，但是如何签发适用专门待遇，由法律作出专门规定。

赋予任何难民获得身份证件权是难民身份平等的具体体现。难民享有的权利与其拥有的身份证件密不可分。为了使人人能够享有公民权，政府必须承担一定的义务，首先是消极地不干预或积极地保护难民行使权利，其次是赋予难民获得国内身份证件权，以确保人人能够证明自己的难民身份。难民获得身份证件权是难民行使权利的前提，因为群体特殊、人数少和弱势而忽视之，有悖于不受歧视的难民法律地位原则。难民身份证件不能退化为国家对难民活动进行控制的工具，即便这是它的功能之一。对难民法律地位而言，难民身份证件起到了证明身份的作用，是难民享有权利的普遍要求。如果公民被拒绝行使公民权，公民身份证件持有人有权利获得救济。

（二）公民获得身份证件权

公民获得身份证件权是指任何公民有权获得证明其身份的证件的权利。获得公民身份证件权的基础是公民权，而公民权与公民身份紧密相联。公民权是作为公民共同体中的一份子、国家的公民所享有的一种权利，国家规定的本国公民在国家和社会中所处地位的法律表现。公民权面对国家是积极的，它主要是参与国家事务，通过参与来影响、左右国家权力的运行。公民身份是以公民为基点对公民与国家之间关系的总体概括，是公民在国家中的身份地位，与国家的权利义务关系以及对国家社会生活的参与行动。[①] 赋予每个公民申领身份证的权利是公民身份平等的具体体现。随着全球化和国际移民的迅猛发展，公民身份的意义被相应地降低，因为非公民的权利与公民并不存在明显的差别。正因为如此，社会公民身份越来越表现出非国家的性质，因为它主要建立在个人身份而不是公民身份的基础之上。

一个人的公民权与其拥有的公民身份证件密不可分。为了使人人能够享有公民权，政府必须承担一定的义务，首先是消极地不干预或积极地保护一个人行使公民权，其次是赋予公民获得公民身份证件权，以确保人人能够证明自己的公民身份。不能享有获得公民身份证件权的群体通常是相对特殊、人数少和弱势的群体，例如在

---

① 李艳霞. 西方公民身份的历史演进与当代拓展 [J]. 厦门大学学报（哲学社会科学版）2006(3). 72-79。

国外定居人员、服刑人员、儿童，这些群体容易被政府和学界忽视。发明公民身份证件不仅为了证明谁是本国公民，而且要便利公民进行社会活动。护照是能够证明谁是本国公民的身份证件，但是根据国际民航组织第9303号文件，世界各国护照的标准格式和版面设计应该统一，而且标准格式和版面设计是为了便利国际旅行。国籍证也是证明谁是本国公民的身份证件，但是只限于证明国籍，缺少便利公民进行社会活动的其他身份信息。公民身份证是现代国家对本国公民进行社会管理的集中体现，已经成为公民证明自己身份和参与社会活动的最适宜证件。在建立了公民身份证制度的国家，获得公民身份证件权是一项每个公民都享有的权利。[①]

（三）难民获得身份证件权的内容

1951年《关于难民地位的公约》规定了难民获得身份证件权。第27条（身份证件）规定："缔约各国对在其领土内不持有有效旅行证件的任何难民，应发给身份证件。"

任何难民都有权获得国内身份证件，难民所居住地国有义务向其签发国内身份证件。难民国内身份证件的签发对象是在本国境内的任何难民，只要其难民身份被本国认可，则不论其种族、性别、社会出生、财产或其他身份。国家不能因为申请者没有提供进行社会活动的证据，就不向其签发国内身份证件。如果一国没有正式承认难民法律地位，根据1984年联合国难民署方案执行委员会第35号《关于难民身份证件的结论》第五段，"有必要由联合国难民署办事处征得庇护国主管部门的同意，证明某人在办事处的职权范围内被认为是难民"。

对寻求庇护者，一国应努力为其签发国内身份证件。根据1984年联合国难民署方案执行委员会第35号《关于难民身份证件的结论》第四段，"建议向其中未能立即获得裁决的庇护申请人提供临时身份证件，证件应足以保证他们在主管部门就其申请作出裁决之前不被驱逐或遣返"。

对大规模涌入难民，一国可以与联合国难民署办事处合作，为其签发身份证件。根据1984年联合国难民署方案执行委员会第35号关于难民身份证件的结论第六段，"认识到在难民大批流入的情况下进行登记、颁发适当证件的重要性，建议尚未如此做的国家，酌情同联合国难民署办事处合作，实施此种登记和颁发证件的方案"。

一国应根据本国法律规定向难民签发身份证件。难民获得身份证件的法律依据是所在国法律。如果所在国没有关于向难民签发身份证件的法律，根据1984年联合国难民署方案执行委员会第35号《关于难民身份证件的结论》第三段，"赞同地注意到各国一般都根据本国法律规定的形式向难民提供证件，证明其身份和难民法律地位，

① 刘国福.试论获得公民身份证件权：从华侨短期回国在国内证明公民身份困境切入[J].中国政法大学学报2011(1):25-26。

建议尚未如何做的国家也确保难民获得这类证件”。

八、难民获得国际旅行证件权[①]

（一）难民获得国际旅行证件权的定义和意义

难民获得国际旅行证件权（travel documents）是指合法在缔约国居留的难民有权获得国际旅行证件的权利。国际旅行证件是国家主管机关签发给本国公民或者其他有关人员在外国旅行的身份证件，通常指护照，是实现出入境权的前提。根据我国2006年《护照法》第2条，“中华人民共和国护照是中华人民共和国公民出入国境和在国外证明国籍和身份的证件”。

难民由于种族、宗教、国籍、属于某一社会团体或具有某种政治见解而遭迫害，可能丢失了国籍国护照等国际旅行证件，或者所持有的国籍国护照等国际旅行证件已经被吊销。不具有护照的难民在取得难民地位后不能向本国当局或当局在庇护国的派驻机构申请护照，因为这样做可能被庇护国终止难民地位。在没有国际旅行证件情况下，难民无法出入境和进行国际交往，有关权利的行使也就受到了极大限制。

（二）出入境权

在绝大多数情况下，一个人获得护照等国际旅行证件与其行使出入境权密不可分。出入境权是一项国际文件普遍认可的基本人权。虽然各国出入境权标准不完全相同，但是国际法上存在着被普遍接受的共同出入境权标准。寻找解决不同出入境权标准问题的解决办法是很难的，但也是非常必要的。第二次世界大战后，出现了很多与出入境权相关的国际公约，联合国和地区性国际组织努力实现出入境权国际规则的统一。1948年《世界人权宣言》第13条第2款规定，人人有权离开任何国家，包括其本国在内，并有权返回他的国家。1966年《公民权利和政治权利国际公约》正式确认出入境权，它是出入境权领域最重要的国际公约。该《公约》第12条第2款规定了出入境权的基本情况，“人人有自由离开任何国家，包括其本国在内”。第12条第3款具体规定了对出入境权的许可性限制：“上述权利，除法律所规定并为保护国家安全、公共秩序、公共卫生或道德、或他人的权利和自由所必需且与本公约所承认的其他权利不抵触的限制外，应不受任何其他限制。”以后的国际公约重申和引用了上述限制。1966年《公民权利和政治权利国际公约》第12条第4款还强调了回国权，“任何人进入其本国权利，不得任意加以剥夺”。第13条规定了驱逐出境抗辩程序权。

① 关于出入境权、获得必要国际旅行证件特别是护照权，请参见刘国福.移民法：出入境权研究[M].中国经济出版社.2006.

1966年《消除一切形式的种族歧视的国际公约》（CERD）第5条第4款第2项规定各缔约国有义务承诺禁止并消除一切形式种族歧视，保证人人有不分种族、肤色或民族或人种在法律上一律平等的权利，尤得出入境权。1989年《儿童权利公约》是对儿童领域人权标准的阐述，包括尊重和保护儿童及其父母权利的一些规定。

1963年联合国保护少数民族和反歧视分委会通过了《联合国出入境自由和不歧视原则草案》。1972年是乌普萨拉大会通过了《乌普萨拉出入境权宣言》，该宣言包括出境权、回国权、旅行证件和处理侵权的一般程序。1986年出入境权专家国际会议通过了《斯特拉斯堡出入境权宣言》，该宣言发展了对出入境权的程序保护。以上三个国际文件是截至目前集中规定出入境权的仅有的三个国际文件。他们提供了截至目前在出入境权领域最全面最详细的规定。尽管它们不具有法律效力，但是他们在出入境权法发展的过程中起着重要作用。

区域性公约对出入境权也作出了规定。在1950年《欧洲保护人权和基本自由公约》（EHR）、1975年《赫尔辛基欧洲安全与合作会议最后文件》、1977年《欧洲移徙工人合法地位公约》、1990年《欧洲安全和合作会议关于人权问题第二次会议文件》、1996年《欧洲社会宪章》、2000年《欧盟基本权利宪章》和其他的欧洲地区协定中都强调了出入境权。美洲随跟着欧洲的脚步，也取得了不小的进步。1948年《美洲人的权利和义务宣言》第八篇中写到："每个人都有权不离开他的公民权所属之国家，除非他自己要求这么做。"1969年《美洲人权公约》第22条正式规定，成立类似于欧洲的人权委员会和人权法院。1981年《非洲人类及人民权利公约》（AFHR）、1990年《开罗伊斯兰人权宣言》、1992年《阿拉伯世界难民保护宣言》和1994年《阿拉伯国家人权宪章》中都分别承认了出入境权。需要注意的是，到目前，还没有出入境权方面的亚洲公约，没有保护出入境权的亚洲地区性机制。

（三）获得必要国际旅行证件特别是护照权

为了使人人能够享有出入境权，每个人的所在国和国籍国必须承担一定的义务。所在国负有首要义务不干涉一个人出国，国籍国有积极义务签发必要的旅游证件，通常是护照，以确保人人能有效地出入境。有学者指出，发明护照是为了区别谁可以出入境，谁不可以出入境。[①] 护照是现代国家对本国移民活动进行排他性垄断控制努力的集中体现。护照或者国际旅行证件已经成为公民、无国籍人、不能或者不愿从国籍国获得护照的人的身份证明。[②] 但是，护照不能退化为国家对移民活动进行控制的工

① Torpey, John. *The invention of The Passport: Surveillance, Citizenship and the State*. Cambridge. the UK. Cambridge University Press, 2000. 159-160.

② Weis, Paul. *Nationality and Statelessness in International Law*, 2nd edition. Alphen aan den Rijn. The Netherlands: Sijthoff & Noordhodd International Publishers B. V.. 1979. 223.

具，即便这是它现在的主要功能。出入境权主要是通过附加在护照上的功能实现的，护照相当于出国回国许可证。[①] 对回国权而言，护照起到了身份证明的作用。护照已经成为进入外国领土的普遍要求，但护照本身并不足以获得入境批准。[②] 就回国权而言，如果护照持有者被拒绝入境或者被别国驱逐出境，护照持有人有绝对权利返回护照签发国。因此，国家有义务赋予公民取得必要国际旅游证件特别是护照权。

国家有义务赋予公民取得必要国际旅游证件特别是护照权。[③] 尽管向公民签发护照很明显属于国内司法管辖权的范畴，但是仍应遵守以下国际社会公认的护照管理原则：(1) 国家不能因为申请者没有提供有能力进入另一国家的证据，如邀请信、详细日程安排或者经济条件而拒绝签发护照。(2) 护照审批应当快捷，不能毫无理由地拖沓、繁琐。(3) 每个护照申请者都有权从受理部门及时得到正式有效的护照申请收据，收据上必须清楚标明申请收到的日期。(4) 如果拒绝护照申请，吊销护照或者宣布护照作废，主管机关应该以书面形式通知申请者作出决定所基于的事实，以及可以对决定进行的行政补救和其他补救。(5) 不能基于国内法任意剥夺任何人的护照。联合国保护少数民族和反歧视分委会就管理护照的程序和正式手续指出："任何旅游证件签发的手续，包括拒绝条件、吊销护照或者宣布护照作废，都应当根据公之于众的法律规定来进行。"[④]

尽管护照不是某些国家和地区居民享有出入境权的唯一证明，[⑤] 但是没有护照会对出入境权产生很大的影响。在关于出入境权的 *Vidal Martins v. Uruguay* 案中，联合国人权委员会评论说："国家拒绝为居住在国外的公民签发护照或延长其有效期，会剥夺这个人的出国权。"[⑥] 没有护照对回国权的影响比对出国权的影响要相对轻一些。联合国保护少数民族和反歧视分委会指出："不能因为某人没有护照或其他国际旅游

---

① Turack, Daniel C. *The Passport in International Law*. Lexington BOoks, D.C. Health and Company. Toronto, Canada, 1972. 13.

② Torpey, John. *The invention of The Passport: Surveillance, Citizenship and the State*. Cambridge. the UK. Cambridge University Press, 2000. 163.

③ 1963年《关于人人有权离开任何国家，包括其自己的国家，并返回他的国家的自由和无种族歧视原则草案》第4条第2、3款和第5条第1、2、3款，1963年《联合国关于人人有权离开任何国家，包括其自己的国家，并返回他的国家的自由和无种族歧视原则草案》第4条，1972年《乌普萨拉出入境权宣言》第14、15、16条以及1986《斯特拉斯堡出入境权宣言》第10条第3、4、5款。

④ 1963年《联合国关于人人有权离开任何国家，包括其自己的国家，并返回他的国家的自由和无种族歧视原则草案》第2条第4款。

⑤ 北美和欧盟的一些国家认可，其他的旅行证件，例如身份证或者驾驶证可以替代护照。

⑥ 联合国人权委员会：《自由迁徙（第12条）：1999年11月2日〈公民权利和政治权利国际公约〉第28综合评论》，http://www.unhchr.ch/tbs/doc.nsf/(symbol)/CCPR.C.21.Rev.1.Add.9.+CCPR+comment+27.En?OpenDocument〈2003年5月30日〉

证件就拒绝承认其回国权。”[①] 如果分委会的观点被接受并得到落实，那么没有护照对回国权产生的影响可能就会大大降低。

只有公正地依据1966年《公民权利和政治权利国际公约》第12条第3款，才可以拒绝给本国公民签发护照，限制公民出国权。联合国人权委员会在列支敦士登案件中阐明，已经签发的身份证明和旅行文件不能作为不签发和更换护照的理由，换句话说，所在国签发身份证明及旅行证明，不意味着国籍国签发和更换护照义务的免除。[②] 如果国家没有根据1966年《公民权利和政治权利国际公约》第12条第3款，就取消其公民护照，该取消行为就违反了1966年《公民权利和政治权利国际公约》第12条第2款。[③] 即使拒绝签发护照并没有妨碍公民到另外一个国家，它也侵犯了公民出境权。[④]

（四）难民获得国际旅行证件权的内容

1951年《关于难民地位的公约》规定了难民获得国际旅行证件权，第28条规定：

（一）缔约各国对合法在其领土内居留的难民，除因国家安全或公共秩序的重大原因应另作考虑外，应发给旅行证件，以凭在其领土以外旅行。本公约附件的规定应适用于上述证件。缔约各国可以给在其领土内的任何其他难民上述旅行证件。缔约各国特别对于在其领土内而不能向其合法居住地国家取得旅行证件的难民发给上述旅行证件一事，应给予同情的考虑。

（二）根据以前国际协定由此项协定缔约各方发给难民的旅行证件，缔约各方应予承认，并应当作根据本条给予的旅行证件同样看待。

虽然难民所在国有义务向在本国合法居留的难民签发难民国际旅行证件，但是如何签发适用专门待遇，由所在国法律作出专门规定。关于认可以前发给的难民国际旅行证件，适用可能专门待遇，由缔约国给予同情的考虑。

缔约国有义务向合法居留在本国领土的难民签发国际旅行证件，以凭在其领土以外旅行。如果合法居留在本国领土的难民没有任何可以凭之在境外旅行的证件，缔约

① 1963年《联合国关于人人有权离开任何国家，包括其自己的国家，并返回他的国家的自由和无种族歧视原则草案》第2条第4款。

② Nowak, Manfred. *U.N. Covenant on Civil and Political Rights: CCPR Commentary*. Kehl am Rhein Strasbourg Arlington: N. P. Engel Publisher, 1993. 25.

③ Ibid., 26.

④ R Reid. Karen. *A Practitioner's Guide to the European Convention on Human Rights*. Lindon: Sweet & Maxwell, 1998. 245.

国有义务向其签发国际旅行证件。联合国难民署方案执行委员会1978年第13号结论第2款规定："敦促1951年《关于难民地位的公约》和（或）1967年《关于难民法律地位的议定书》的所有缔约国，根据1951年《关于难民地位的公约》(第28条和附件)的规定，对合法在其领土内居留而希望旅行的所有难民签发旅行证件。"如果一国没有加入1951年《关于难民地位的公约》和（或）1967年《关于难民法律地位的议定书》，其向合法居留在本国领土的难民签发国际旅行证件，签发条件应尽可能与1951年《关于难民地位的公约》的条件相似。

享有获得国际旅行证件权的难民必须是合法在缔约国领土内居留的难民。只有合法在缔约国领土内居留的难民才享有获得国际旅行证件权。非法居留、非法就业或者有其他违法行为的难民不享有获得国际旅行证件权。非法居留是指未按照规定取得居留许可而在一国境内居留。非法就业是指未按照规定取得工作许可和工作类居留证件、超出工作许可限定范围在一国境内工作。对于在其领土内的任何其他难民，缔约国没有义务，但是有权利向其签发国际旅行证件。

缔约国不向合法居留在本国领土的难民签发国际旅行证件，限于国家安全或公共秩序的原因。一国拒绝向难民签发国际旅行证件的原因范围要窄于向本国公民签发国际旅行证件的原因范围，只限于国家安全和公共秩序，因为难民比本国公民更需要国际旅行，例如自愿遣返和被重新安置。中国2006年《护照法》第13条规定："申请人有下列情形之一的，护照签发机关不予签发护照：(一）不具有中华人民共和国国籍的；(二）无法证明身份的；(三）在申请过程中弄虚作假的；(四）被判处刑罚正在服刑的；(五）人民法院通知有未了结的民事案件不能出境的；(六）属于刑事案件被告人或者犯罪嫌疑人的；(七）国务院有关主管部门认为出境后将对国家安全造成危害或者对国家利益造成重大损失的。"

缔约国可以向在其领土内的任何其他难民签发国际旅行证件，例如寻求庇护者。如果难民不是合法居留在本国领土，而是其他类难民，缔约国没有义务但是可以向其签发国际旅行证件，以凭在其领土以外旅行。

缔约国应同情地考虑，向在其领土内而不能向其合法居住地国家取得国际旅行证件的难民签发国际旅行证件。在一国领土内而不能向其合法居住地国家取得国际旅行证件的难民包括临时停留难民、非法入境难民、在没有国际旅行证件情况下被驱逐而不能到另一国的难民。

缔约国应承认以前国际文件各缔约国根据此国际文件签发给难民的国际旅行证件，并赋予其根据本条规定签发的国际旅行证件同等效力。根据以前国际文件签发给难民的国际旅行证件是指根据1922年、1924年、1926年、1928年、1935年和1936年的各项文件签发的南森护照。联合国难民署方案执行委员会1978年第13号结论第3款规定了难民国际旅行证件的长期有效性："建议这类难民文件国际旅行证件在地域和时间上应广泛有效，并应根据附件第13款的规定，载有返回许可，其有效期，除极特殊情况之外，应与旅行证件相同。”联合国难民署方案执行委员会1978年第13号结论第4、5款规定了方便难民的一系列措施：“建议为了不必要的麻烦，凡申请延长这类难民协定国际旅行证件的有效期或更换国际旅行证件的，难民无需特意为此返回签发国家，而能通过签发国家的外交代表或领事代表，延长有效期6个月以上，或更换新旅行证件。”“建议为了避免对附件第6和第11款作不同的解释，使难民遭遇困难，各缔约国应就转移签发国际旅行证件的责任作出适当安排，包括通过双边或多边协定。”缔约国之间要尊重他国颁发的国际旅行证件，有助于保障难民国际旅行签证的有效性，保证难民能够重新回到庇护国。在世界范围内建立一个与护照系统并行不悖的难民公约旅行证件统一体，确保难民的国际自由迁徙。①

缔约国应努力使其签订的国际旅行证件方面的协定适用于合法在其领土内居留的难民。尽管1951年《关于难民地位的公约》没有规定，缔约国是否应将其签订的国际旅行证件方面的协定适用于合法在其领土内居留的难民，但是基于“以凭在其领土以外旅行”的获得国际旅行证件的目的，应该予以适用。联合国难民署方案执行委员会1978年第13号结论第6款规定：“希望各缔约国为便利其国民的旅行而缔结双边或多边协定，例如关于简化签证手续或取消签证费的协定，还应推广适用于合法在其领土内居留的难民。”

九、难民平等缴纳税费权

（一）难民平等缴纳税费权的定义和意义

难民平等缴纳税费权（fiscal charges）是指难民不向缔约国缴纳其向本国国民在类似情况下征收以外的，或较高于向其本国国民在类似情况下征收的任何种类捐税或费用的权利。难民在缴纳税费方面享有与所居住地国公民同等的权利，即难民缴纳税费适用所居住地国的国民待遇。财政征收又称国家或政府财政征收。国家为了提供公共物品，必须取得公共收入，这便是财政征收最简明扼要的描述。财政征收本质上是对一定范围内国家集中的部分国民收入和积累的社会财富的调节。国家或政府是一类政治实体，其权力范围和活动空间覆盖整个领土或辖区，它们所提供的公共服务能够使包括难民在内的每一个个体受益，与此同时它们也能够凭借政治权力，按政治程序强制性地获取提供公共物品的费用，并且使得任何人都有机会免费享用。为了供给公共产品而筹集公共收入，是市场经济条件下财政的公共性所在和存在的必然。难民居留地国给予难民国民待遇，有助于难民和本国公民平等地承担交税和缴费的义务，不

---

① *Statement of Mr. Hoeg of Denmark*. UN Doc. A/CONF.2/SR.17. July 12. 1951. 9.

至于额外加重难民的税费负担，有利于其在所居住地国的生活和发展。

（二）难民平等缴纳税费权的内容

1951年《关于难民地位的公约》规定了难民平等缴纳税费权，第29条规定："（一）缔约各国不得对难民征收其向本国国民在类似情况下征收以外的，或较高于向其本国国民在类似情况下征收的任何种类捐税或费用。（二）前款规定并不妨碍对难民适用关于向外国人发给行政文件包括旅行证件在内的法律和规章。"

难民在缴纳税费方面享有与所居住地国公民同等的权利，即难民缴纳税费适用所居住地国的国民待遇。保障难民平等缴纳税费权的标准是国民待遇。缔约国不得向难民征收其向本国国民在类似情况下征收以外的，或较高于向其本国国民在类似情况下征收的任何类捐税或费用。难民享有与所在地国公民一样的平等缴纳税费权，没有权利要求其所在地国给予其超出本公民享有的平等缴纳税费权，即使所在地国平等缴纳税费权水准低于难民原籍国或原经常居住地国的财政征收水准。难民所在地国没有义务给予难民单独的平等缴纳税费权。只要一国法律或规章规定了其公民享有平等缴纳税费权，就应该毫无例外地给予难民，无论给予本国公民的财政征收的方式和水平如何。

任何难民都有权享有缴纳税费国民待遇。难民缴纳税费国民待遇的签发对象是在本国境内的任何难民，只要其难民身份被本国认可，则不论其种族、性别、社会出生、财产或其他身份。国家不能在缴纳税费方面对难民有任何歧视。如果一国没有正式承认难民法律地位，根据1984年联合国难民署方案执行委员会第35号关于难民身份证件的结论第五段，"有必要由联合国难民署办事处征得庇护国主管部门的同意，证明某人在办事处的职权范围内被认为是难民"。

税费包括任何种类捐税或费用。1951年《关于难民地位的公约》没有作出关于税费内涵的任何排除性规定。缔约国对本国公民征收的任何税费，也可以向难民征收。

缔约国可以向难民征收与本国国民非类似情况的税费，以及向外国人收取旅行证件等行政文件费用。虽然难民享有缴纳税费方面的国民待遇，但是向难民征收与本国国民非类似情况的税费，以及关于向外国人发给行政文件包括旅行证件在内的法律和规章的收费除外，例如难民国际旅行证件收费、难民海外财产收入收税等，适用最惠国待遇，具体收费多少由向外国人收费多少决定。

十、难民资产转移权

（一）难民资产转移权的定义和意义

难民资产转移权（transfer of assets）是指难民享有的转移其携入一国的资产至其

为重新安置目的而已被准许入境国家的权利，是所有权中占有权的组成部分。占有是主体对于物基于占有的意思进行控制的事实状态。在大多数情况下，占有权与所有权是重合的，因为所有权只有从占有开始，才能由客观权利变为主观权利，而且只有当占有权回复到所有人手中，所有权才最终恢复圆满状态。①

不允许难民转移其携入的资产构成了对难民资产的侵夺或妨害。侵夺是指违反占有人的意思，将占有物的全部或一部转移至自己控制，并使占有人全部或部分地丧失占有，例如霸占资产。妨害是指以侵夺占有以外的非法手段妨碍占有人占有其物，致使占有人不能正常地占有其物。例如不为难民办理资产转移手续，致使难民不能正常地转移资产。② 资产是难民立身的物质基础。难民由于种族、宗教、国籍、属于某一社会团体或具有某种政治见解而遭迫害，被重新安置和开始新的生活，转移资产至被重新安置国是必不可少的。不享有资产转移权，就不能有效占有资产，更遑论使用、收益和处分资产，难民对其携入一国资产享有的物权就受到严重削弱。

（二）难民资产转移权的内容

1951年《关于难民地位的公约》规定了难民资产转移权。第30条规定："（一）缔约国应在符合于其法律和规章的情况下，准许难民将其携入该国领土内的资产，移转到难民为重新安置目的而已被准许入境的另一国家。（二）如果难民申请转移不论在任何地方的并在另一国家重新安置所需要的资产，而且该另一国家已准其入境，则缔约国对其申请应给予同情的考虑。"第1款为专门待遇，第2款为可能专门待遇。

缔约国有义务允许难民转移的是其携入该国领土内的资产。资产必须是难民已经携入该国的，也就是说是其被认定为难民之前的资产。另外，基于1951年《关于难民地位的公约》的宗旨，应该从广义理解"资产"（assets），不论资产的类别、数量和价值。根据《英汉大词典》，asset 是指有交换价值的所有物或者一项财产。③

缔约国有义务允许难民转移资产至为重新安置目的而已被准许入境的另一国家。重新安置是永久解决难民问题的三种方式之一。如果已经确定了重新安置国家或地区，并且获得了入境许可，缔约国才有义务准许难民转移资产。否则，缔约国没有义务准许难民转移资产。

缔约国应同情地考虑允许难民转移在任何地方的并在另一国家重新安置所需要的资产。此项缔约国义务主要是针对难民所居住地国以外的国家，因为难民所居住地国

① 王利民. 物权法论 [M]. 中国政法大学出版社 .1998.811。

② 同上注，829。

③ 英汉大词典编辑部 . 英汉大词典 [C]. 上海译文出版社 .1993.96.

以外的国家没有对难民不在本国资产的管理和控制地位。对于难民重新安置国而言，要允许难民转入在任何地方的并在另一国家重新定居所需要的资产。对于难民资产所在国而言，要允许难民转出在任何地方的并在另一国家重新安置所需要的资产。

任何难民都有权转移其携入该国领土内的资产。难民资产转移权的对象是在本国境内的任何难民，只要其难民身份被本国认可，则不论其种族、性别、社会出生、财产或其他身份。国家不能在资产转移方面对难民有任何歧视。如果一国没有正式承认难民法律地位，根据1984年联合国难民署方案执行委员会第35号《关于难民身份证件的结论》第五段，“有必要由联合国难民署办事处征得庇护国主管部门的同意，证明某人在办事处的职权范围内被认为是难民”。

难民转移其携入该国领土内的资产必须符合该国法律和规章的规定。难民应该尊重和遵守一国法律和规章对转移资产作出的实质上和形式上的规定，例如拥有所有权、转移登记、被重新安置、被允许入境、缴纳关税等。基于1951年《关于难民地位的公约》的宗旨，应从广义理解“法律和规章”（law and regulations），不仅包括国家法律，也包括地方法规和规章，不仅包括成文法，也包括不成文法，既包括国会法律，也包括行政部门法规和规章。法律和规章必须向公众充分公开，使用清晰明确的语言，以致于人们可以自觉规范自己的行为，并在合理的程度上预见到自己行为的后果。法律和法规不能是为规避国家义务，刻意为阻碍难民转移其携入资产而颁布和实施。

十一、难民不被无正当理由和以合法程序驱逐出境权

（一）难民不被无正当理由和以合法程序驱逐出境权的定义和意义

难民不被无正当理由和以合法程序驱逐出境权（expulsion）是指合法在一国领土内的难民，除因国家安全或公共秩序理由和以合法程序作出决定外，不被驱逐出境的权利，包括难民不被无正当理由驱逐出境权和驱逐出境程序抗辩权。驱逐出境是指一个主权国家将外国人驱逐出其国（边）境的行为，只能作为国家行为，由政府权力机构行使，而不能由某些个人或没有这种授权的机构行使。驱逐出境常运用于行政、刑事和外交三个领域。如果一个外国人的行为违反所在国法律，但是没有违反刑法，该国可以对该人处以行政驱逐出境处分。如果一个外国人触犯所居住地国的刑法，法院可以依据刑法附加判决其驱逐出境。如果一个外国人从事不受所居住地国欢迎的间谍等行为，该国可以宣布其为不受欢迎的人而驱逐其出境。

国家拥有将外国人驱逐出境的权力。这种权利的行使必然对其作用的外国人权利

构成影响。驱逐出境与外国人权利天然存在紧张，客观要求为外国人提供保护。[①] 极少有国家在其国内法中主张无理由地驱逐外国人的权力。[②] 难民不被无正当理由和以合法程序驱逐出境权是难民获得的行政协助的一个重要组成部分。驱逐出境对当事人人权及其家属或其他法律关系人影响极大。如果难民被没有正当理由地驱逐出境，其应该享有的动产不动产、工作、教育、救济等方面的权利和待遇将无从依托和实现，将再次沦落到无家可归境地。为了保护外国人权利不因为被驱逐出境而受到侵害，一国常常从可以驱逐出境的法定理由、禁止驱逐出境的理由、取消驱逐出境的命令条款、驱逐出境比例原则等方面限制驱逐出境。难民作为被迫害而接受庇护的外国人，应该适用一国为保护外国人权利不因为被驱逐出境受到侵害，而采取的限制驱逐出境的法律。

（二）限制驱逐出境权方面的规定

对难民不被无正当理由和以合法程序驱逐出境权的理解应结合对限制驱逐出境权的理解。限制驱逐出境权是指为了保护外国人权利，对一国驱逐出境权进行的限制，已经被国际文件广泛承认。

关于限制驱逐出境权的最重要规定是1966年《公民权利和政治权利国际公约》第13条：“合法处在本公约缔约国领土内的外侨，只有按照依法作出的决定才可以被驱逐出境，并且，除非在国家安全的紧迫原因另有要求的情况下，应准予提出反对驱逐出境的理由和使他的案件得到合格当局或由合格当局特别指定的一人或数人的复审，并为此目的而请人作代表。”该条仅仅规定驱逐出境需要遵循一定的程序，而没有规定需要遵循何种条件。“按照依法作出的决定”意在防止任意驱逐出境。复审和代理方面的规定是要保证外国人能够获得有关寻求其反对驱逐出境的补救办法的便利，以有效行使他的全部诉讼权利。“除非在国家安全的紧迫原因另有要求的情况下”，才可能不适用被驱逐出境者的复议 / 诉讼权利。在适用第13条时，不得区别对待不同类别的外国人。[③]

1954年《关于无国籍人地位的公约》第31条规定了无国籍人的无正当理由和以合法程序不被驱逐出境权，“一、缔约各国除因国家安全或公共秩序理由外，不得将合法在其领土内的无国籍人驱逐出境。二、驱逐无国籍人出境只能以按照合法程序作出的判决为根据。除因国家安全的重大理由要求另作考虑外，应准许无国籍人提出可以为自己辩白的证据，向主管当局或向由主管当局特别指定的人员申诉或者为此目的

---

① 林艺聪.行政驱逐出境理论与实务 [M].中国人民公安大学出版社.2011. 37. 71。

② 刁仁国.外国人入出境管理法论 [M].中央警察大学出版社.2001. 106。

③ 杨宇冠.联合国人权公约机构与经典要义 [C].中国人民公安大学出版社.2005.329。

委托代表向上述当局或人员申诉。三、缔约各国应给予上述无国籍人一个合理的期间，以便取得合法进入另一国家的许可。缔约各国保留在这期间内适用它们所认为必要的内部措施的权利。”

迁徙劳工方面的国际文件对限制驱逐出境作出了详细的规定，扩展到了需要遵循的条件。1975年《迁徙劳工(补充规定)公约》第9条第3款规定：“在迁徙劳工或其家属被驱逐出境的情况下，遣返费用不应由工人或其家属承担。”1990《保护所有迁徙劳工及其家庭成员权利国际公约》第20条第2款规定：“迁徙劳工或其家庭成员不得仅由于未履行工作合同产生的义务，而被剥夺其居住许可或工作许可，或被驱逐出境，除非履行这种义务构成这种许可的一个条件。”第22条从不集体驱逐、依法作出决定、传达判决、有权复审、有权就被推翻决定要求赔偿、有权在被驱逐出境权前获得应得工资、不影响其进入原国籍国、不支付驱逐出境费用、被驱逐出境不影响其享有的其他权利等九个方面详细规定了对驱逐出境权的程序限制。第23条规定了被驱逐出境时的领事保护：“迁徙劳工及其家庭成员在本公约所承认的权利受到损害时，应有权寻求其原籍国领事或外交机关或代表该国利益的国家的领事或外交机关的保护和协助。特别是在处理驱逐出境时，应毫不拖延地将此项权利告知当事人，驱逐国当局并应为行使这项权利提供便利。”第56条的规定扩展到了驱逐出境需要遵循的条件：“1. 本公约本部分所指迁徙劳工及其家庭成员，除根据就业国国家立法规定的理由，并依照第三部分所述的保障规定外，不得从就业国被驱逐出境。2. 不得为了剥夺某一迁徙劳工或其一家庭成员根据居留许可和工作许可而享有的权利的目的而进行驱逐。3. 在考虑是否驱逐某一迁徙劳工或其一家庭成员时，应照顾到人道的考虑和当事人已在就业国居住时间的长短。”

区域国际文件也承认了对驱逐出境的限制。1969年《美洲人权公约》第22条第6款规定：“合法地处在本公约的一个缔约国领土内的外国人，只有在执行按照法律达成的决议时，才能被驱逐出境。”第22条第9款规定：“禁止集体驱逐外侨”。1981年《非洲人权公约》第12条第4、5款规定：“四、合法地处于本宪章各缔约国之内的非本国国民，惟按照依法作出的决定方可被驱逐出境。五、大规模地驱逐非本国国民应予以禁止，大规模的驱逐是指对民族、种族、人种或宗教团体的驱逐。”

(三)难民不被无正当理由和以合法程序驱逐出境权的内容

1951年《关于难民地位的公约》第32条规定了难民不被无正当理由和以合法程序驱逐出境权，“(一)缔约各国除因国家安全或公共秩序理由外，不得将合法在其领土内的难民驱逐出境。(二)驱逐难民出境只能以按照合法程序作出的判决为根据。除因国家安全的重大理由要求另作考虑外，应准许难民提出有利于其自己的证据，向主管当局或向由主管当局特别指定的人员申诉或者为此目的的委托代表向上述当局或人员申诉。（三）缔约各国应给予上述难民一个合理的期间，以便取得合法进入另一国家的许可。缔约各国保留在这期间内适用它们所认为必要的内部措施的权利。”虽然难民合法所在国有义务不任意驱逐难民出境，但是如何界定国家安全或公共秩序以及按照合法程序适用专门待遇，由法律作出专门规定。

缔约国驱逐难民出境的理由限于正当理由，即国家安全或公共秩序。驱逐难民出境只能以按照合法程序作出的判决为根据。合法程序包括两个部分内容：准许难民提出有利于其自己的证据，以及向由主管当局特别指定的人员申诉或者为此目的委托代表向上述当局或人员申诉。驱逐难民出境必须通知当事人和其本国，以便当事人对驱逐的决定提出有利于其自己的证据，反对驱逐出境决定，或者进行诉讼和行政复议。通知被驱逐者本国，可以使当事人的本国得知，以便对被驱逐者提供帮助或保护，但是，鉴于难民是因为被迫害而不愿或者而不能接受其本国保护的人，其本国向被驱逐者提供帮助或保护的可能性几乎没有。被驱逐难民对于驱逐出境决定或判决，可以自己委托其他人提起复议或者诉讼。一国必须赋予难民不被无正当理由和以合法程序驱逐出境权的救济。如果复议或者诉讼失败，被驱逐难民应该自动离境。如果不自动离境，可以由军警将其押送到边境，强制驱逐出境。

驱逐难民出境不以按照合法程序作出的判决为根据的例外是国家安全的重大理由。“重大”可以被理解为驱逐国必须提供被驱逐难民是国家安全严重威胁者的有说服力的证据。“国家安全的重大理由”的模糊性容易导致驱逐国不保障难民驱逐出境程序抗辩权的情形。缔约国应给予上述难民一个合理的期间，以便取得合法进入另一国家的许可。被驱逐难民离境后到何处去，由其自行决定，驱逐国没有义务为他指定国家、为他与其他国家交涉，以及承担遣返费用。难民自己应该努力争取合法进入另一国家的许可，驱逐国应该给予难民努力争取所需的合理期间。缔约国保留在这期间内适用它们所认为必要的内部措施的权利，例如待遣羁押制度和限制活动范围。

享有不被无正当理由和以合法程序驱逐出境权的难民必须是合法在缔约国领土内居留的难民。只有合法在缔约国领土内居留的难民才享有不被无正当理由驱逐出境权。非法居留、非法就业或者有其他违法行为难民不享有获得不被无正当理由驱逐出境权。非法居留是指未按照规定取得居留许可而在一国境内居留。非法就业是指未按照规定取得工作许可和工作类居留证件、超出工作许可限定范围在一国境内工作。对于在其领土内的任何其他难民，缔约国没有义务，但是有权利向其签发国际旅行证件。另外，应该从不歧视原则理解不被无正当理由和以合法程序驱逐出境指向的难民群体。不应当以歧视目的只驱逐某个种族、国家、肤色、社会团体成员等特定群体的人。如果驱逐特别难民群体，会使其面临人权侵害。[①]

十二、难民融入和入籍便利权

（一）难民融入和入籍便利权的定义和意义

难民融入和入籍便利权（naturalization）是指难民在入籍方面要求缔约国尽可能提供便利、特别尽力加速办理和尽可能降低费用的权利。国籍是一个人同某个特定国家的固定的法律联系，是一个人属于某个国家的国民或公民的法律资格，也是国家实行外交保护权利的法律依据。国籍对于确认自然人身份，国家行使管辖权，建立起自然人与国际法的联系有着重要意义。[②]

由于难民有正当理由畏惧由于种族、宗教、国籍、属于某一社会团体或具有某种政治见解（而遭迫害）的原因留在其本国之外，并且由于此项畏惧而不能或不愿受该国保护，其原国籍对其的法律意义已经几乎丧失殆尽。如果缔约国在其入籍方面不尽可能提供便利、特别尽力加速办理和尽可能降低费用，难民就有很大可能成为无国籍人或者事实上的无国籍人。被剥夺了国籍，就往往意味着不能获得有效的公民身份证明和被剥夺公民权，最终会导致流离失所现象的发生。[③]

（二）入籍权方面的规定

入籍权是被大量国际文件承认的人权之一。国籍即公民地位。许多人权，特别是政治权，直接由公民地位而产生。[④] 原则上，国籍问题是各国的内政。但是，国籍并不是孤立的国内法事项，它是连结国内法与国际法的纽带，具有国内法与国际法的双重属性。随着国籍观念和理论渐趋成熟，各国普遍认识到国籍已经超越国内司法的范围，国家间开始通过缔结双边协定、加入国际公约解决国籍冲突问题。[⑤] 在国际社会的努力下，国籍方面的国际文件的签订和实施取得了一定的成果。[⑥]

国际法上，国籍越来越被认为是一种人权，是公民权利的前提。[⑦] 1930年《关于

---

① 关于难民不被无正当理由和以合法程序驱逐出境权的更多内容，请参见本书第四章国际难民法的权利基础第三节驱逐难民权。

② 刘国福．移民法[M]．中国经济出版社．2010. 209。

③ 联合国难民署．议会联盟．国籍和无国籍：议员手册[R]. 2005. 6。

④ 杨宇冠．联合国人权公约机构与经典要义[C]．中国人民公安大学出版社．2005. 329。

⑤ 肖永平．郭明磊．论国籍观念的演进与国籍法的变革．法学评论2007(6):69。

⑥ 1930在海牙《关于国籍法冲突的若干问题的公约》、《关于某种无国籍情况的议定书》，1954《关于无国籍人地位的公约》，1957《已婚妇女国籍公约》，1961《减少无国籍状态公约》等。

⑦ Faist, Thomas., Gerdes, Jurgen. and Rieple, Beate. Dual Citizenship as a Path-Dependent Process. *The International Migration Review*. Fall 2004; 38.3.918.

国籍法冲突若干问题的公约》第一章规定:“世界各国根据自己国家的法律来决定谁拥有该国国籍。该法律应该被其他国家所承认并与国际公约、国际惯例和通常认可的与国籍有关的法律准则相一致。”换句话说，一个国家如何行使其决定公民身份的权利应该符合相关的国际法。1948年《世界人权宣言》第15条申明，“人人有权享有国籍。任何人之国籍不容无理褫夺，其更改国籍之权利不容否认”。该权利以个人与国家的真实有效的联系为基础。尽管1948年《世界人权宣言》第15条申明人人都拥有国籍的权利，但是没有规定给予个人什么样的明确权利。1954年《关于无国籍人地位的公约》第32条规定:“缔约各国应尽可能便利无国籍人的融入和入籍。它们应特别尽力加速办理入籍程序，并尽可能减低此项程序的费用。”

人人享有不受歧视的入籍权。1957年《关于已婚妇女国籍问题公约》规定了拥有国籍的权利以及国籍不可被剥夺的权利。1965年《消除对妇女一切形式歧视国际公约》要求缔约国“保证所有人在法律面前平等的权利，而不受诸如种族、肤色、国籍或民族的歧视”，尤其在享受一些基本人权方面，包括拥有国籍的权利（第5条）。1966年《消除一切形式种族歧视国际公约》第54条第3款规定，人人有不分种族、肤色或民族或人种在法律上一律平等的权利，尤得享受享有国籍的权利。1979年《消除对妇女一切形式歧视公约》第9条规定:“各缔约国应该给予妇女同男人相同的获取、改变或保留其国籍的权利。尤其应该保证与外国人结婚或在婚姻关系维系期间丈夫国籍的改变都不应自动改变妻子的国籍，也不应该使她丧失国籍或强迫她与丈夫的国籍相同。各缔约国应该给予妇女与男人相同的关于她们的孩子的国籍的权利。”

儿童的入籍权被特别重视。1966年《公民权利和政治权利国际公约》第24条第3款规定:“每一个孩子都有权获得国籍。”规定这一款的目的是为了防止没有国籍的儿童不能享受公约的权利，并不是要求每个国家保证给予在其领土出生的婴儿自动享有国籍。缔约国应该采取任何有效措施，国内的或与其他国家合作的，以保证每一个出生的婴儿都能具有国籍。[①] 已经被世界绝大多数国家批准的1989年《儿童权利公约》第81条规定：缔约国承担尊重儿童维护其身份包括法律所承认的国籍、姓名及家庭关系而不受非法干扰的权利。第7条规定，孩子在出生后就有权获得国籍。该条还规定，各缔约国应该按照根据该领域的相关国际文件而制定的各国的国家法律和义务确保这些权利的实行，尤其是如果没有实行这些权利的话，孩子就会成为无国籍人时就显得尤为重要。1999年《非洲儿童权利及福利宪章》规定，每一个儿童都有拥有国籍的权利。

区域国际文件也承认了入籍权，并在多重国籍方面趋于灵活。1969年《美洲人权公约》第20条规定:“一、人人都有权取得一国国籍。二、人人都享有他出生地所在

---

① 杨宇冠.人权法:《公民权利和政治权利国际公约》研究[M].中国人民公安大学出版社.2003.379。

国的国籍的权利，如果他没有取得任何国籍的权利的话。三、不得任意剥夺任何人的国籍，或剥夺他改变国籍的权利。”1993年《欧洲减少多重国籍和多重国籍下兵役义务公约第二议定书》允许第二代移民和混合婚姻移民的夫妻及其子女获得多重国籍。1997年《欧洲国籍公约》允许不同国籍的已婚人士和他们的子女申请多重国籍。

（三）难民融入和入籍便利权的内容

1951年《关于难民地位的公约》第34条规定了难民融入和入籍便利权，“缔约各国应尽可能便利难民的融入和入籍。它们应特别尽力加速办理入籍程序，并尽可能降低此项程序的费用。”缔约国只是尽可能而不是有义务便利难民的融入和入籍，适用可能专门待遇，可以自主选择是否制定法律具体规范这方面事务。

缔约国有义务在融入和入籍方面尽可能提供便利、特别尽力加速办理入籍程序和尽可能降低入籍程序的费用。例如，缩短对难民在本国居住期间要求，减免入籍申请费用，免除要求加入本国国籍的难民放弃其原国籍等。缔约国应在难民入籍方面作出了切实努力，并有实际方案和措施，才可以被称之为“尽可能”、“尽力”。

任何难民都有权要求缔约国在融入和入籍方面尽可能提供便利、特别尽力加速办理和尽可能降低费用。难民融入和入籍便利权的对象是在本国境内的任何难民，只要其难民身份被本国认可，则不论其种族、性别、社会出生、财产或其他身份。国家不能在入籍方面对难民有任何歧视。如果一国没有正式承认难民法律地位，根据1984年联合国难民署方案执行委员会第35号《关于难民身份证件的结论》第五段，“有必要由联合国难民署办事处征得庇护国主管部门的同意，证明某人在办事处的职权范围内被认为是难民”。

缔约国没有义务给予难民国籍。1951年《关于难民地位的公约》第34条没有规定缔约国给予难民国籍的义务。尽管国籍已经超越国内司法的范围，不再是孤立的国内法事项，被越来越多的国际文件所调整，但是国籍依然是一国内政，是否给予外国人国籍是由本国法律决定的。

第二节 难民的经济权利

本节以1951年《关于难民地位的公约》为最主要法律渊源，探讨难民的动产和不动产、知识产权、工作等经济方面的六项权利。

一、难民动产和不动产权

（一）难民动产和不动产权的定义和意义

难民动产和不动产权（movable and immovable property）是指难民在动产和不动产的取得及与此有关的其他权利，以及关于动产和不动产的租赁和契约方面享有的权利。该权利是难民最重要的财产权。一位难民可能没有知识产权，但是不可能没有动产和不动产。1951年《关于难民地位的公约》在确定难民个人身份应该适用哪个国家的法律后，紧接着就规定了难民的动产和不动产权。

（二）难民动产和不动产权的内容

1951年《关于难民地位的公约》第13条规定了难民在动产和不动产方面的权利："缔约各国在动产和不动产的取得及与此有关的其他权利，以及关于动产和不动产的租赁和契约方面，应给予难民尽可能优惠的待遇，无论如何，此项待遇不得低于在同样情况下给予一般外国人的待遇。"

缔约国在难民动产和不动产权方面，以给予外国人一般待遇为最低标准，并尽可能给予难民优惠待遇。由于难民所处困境，以及其国籍国对其实施动产和不动产保护责任是不现实的，难民获得比外国人一般待遇更优惠待遇有利于其在难民庇护国生活和发展。缔约国可以限制外国人取得动产和不动产，例如限制外国人购买本国土地或者房产，此种限制可以适用于难民。

任何难民都有权享有动产和不动产外国人一般待遇以及可能国民待遇（尽可能优惠待遇）。难民动产和不动产外国人一般待遇以及可能的优惠待遇的签发对象是在本国境内的任何难民，只要其难民身份被本国认可，则不论其种族、性别、社会出生、财产或其他身份。国家不能在动产和不动产外国人一般待遇以及可能的优惠待遇方面对难民有任何歧视。如果一国没有正式承认难民地位，根据1984年联合国难民署方案执行委员会第35号关于难民身份证件的结论第五段，"有必要由联合国难民署办事处征得庇护国主管部门的同意，证明某人在办事处的职权范围内被认为是难民"。

反对无补偿地没收难民的动产和不动产。保护难民动产和不动产权，还要保证与此相关的其他权利，特别是包括相关的合同利益不受歧视。[①]

任何难民都有权享有动产和不动产权权。难民动产和不动产权的签发对象是在本国境内的任何难民，只要其难民身份被本国认可，则不论其种族、性别、社会出生、财产或其他身份。国家不能在动产和不动产权方面对难民有任何歧视。如果一国没有

① Hathaway, James C. *The Rights of Refugees Under International Law*. Cambridge University Press, 2005. 522-523.

正式承认难民地位，根据1984年联合国难民署方案执行委员会第35号《关于难民身份证件的结论》第五段，“有必要由联合国难民署办事处征得庇护国主管部门的同意，证明某人在办事处的职权范围内被认为是难民”。

二、难民知识产权（艺术权利和工业产权）

（一）难民知识产权的定义和意义

难民知识产权（artistic rights and industrial property）是指难民在工业产权以及文学、艺术和科学作品权方面享有与经常居住国家的国民同样保护的权利。与难民动产和不动产权适用外国人一般待遇不同，难民在其经常居住国，其知识产权适用国民待遇。难民不在经常居住国，其知识产权适用参照待遇。

（二）人人享有知识产权

根据1966年《经济、社会和文化权利国际公约》，人人享有知识产权。该《公约》第15条规定：“本公约缔约各国承认人人有权对其本人的任何科学、文学或艺术作品所产生的精神上和物质上的利益，享受被保护之利。本公约缔约各国为充分实现这一权利而采取的步骤应包括为保存、发展和传播科学和文化所必需的步骤。本公约缔约各国承担尊重进行科学研究和创造性活动所不可缺少的自由。本公约缔约各国认识到鼓励和发展科学与文化方面的国际接触和合作的好处。”该条明确了缔约国保护知识产权的义务，确认了“人人有权”享受知识产权带来的精神和物质利益。人人享有知识产权的规定适用于每个人，其适用对象不仅是取得合法居住权的难民，而且还包括寻求庇护者以及其他一般的外国人。

（三）难民知识产权的内容

难民知识产权的内容主要集中在1951年《关于难民地位的公约》第14条（艺术权利和工业产权）：“关于工业产权的保护，例如对发明、设计或模型、商标、商品名称，以及对文学、艺术和科学作品的权利，难民在其经常居留的国家内，应被给予该国国民所享有的同样保护，他在任何其他缔约国领土内，应给以他经常居住国家的国民所享有的同样保护。”

难民经常居住国有义务给予难民保护知识产权国民待遇。难民的经常居住国应按照保护本国公民艺术权利和工业产权的标准，保护难民的艺术权利和工业产权，即难民享受国民待遇。庇护国成为难民的经常居住国需要经过较复杂的过程：庇护国官方先承认难民的难民身份；庇护国授予难民在本国领土内的合法居留权；要求难民在庇护国境内居住达到一定时限。如果难民没有一个经常居住国或者非法居住在一个缔约国，将不能享受国民待遇，只能根据1951年《关于难民地位的公约》第7条第1款，享受外国人一般待遇。如果难民有几个经常居住国，他在这些国家都可以享受国民待遇。知识产权方面的一些国际公约作出了与1951年《关于难民地位的公约》第14条相呼应的规定。1971年《世界版权公约第一附加议定书》第1条规定："为实施1971年公约，应将经常居留在本议定书参加国的无国籍人士及流亡人士视为该国公民。"

任何难民都有权享受艺术权利和工业产权（知识产权）国民待遇。难民艺术权利和工业产权（知识产权）国民待遇的适用对象是在本国境内的任何难民，只要其难民身份被本国认可，则不论其种族、性别、社会出生、财产或其他身份。国家不能在艺术权利和工业产权（知识产权）国民待遇方面对难民有任何歧视。如果一国没有正式承认难民地位，根据1984年联合国难民署方案执行委员会第35号《关于难民身份证件的结论》第五段，"有必要由联合国难民署办事处征得庇护国主管部门的同意，证明某人在办事处的职权范围内被认为是难民"。

难民知识产权的内容依据相关国家的国内法及其参加的国际条约确定。"著作权"、"专利"和"商标"都是具体的"保护的方法"，直接规定发明、设计或模型、商标、商品名称，以及对文学、艺术和科学作品的权利等受保护的客体更能保护当事人的知识产权。因为今后可能出现新形式的保护方法，这样能确保难民的权利能通过新的方式得到保护。①

三、难民从事有利可图职业活动权（工作权）

（一）难民从事有利可图职业活动权（工作权）的定义和意义

难民从事有利可图职业活动权（gainful employment），又称工作权，是难民经济权利的核心，是最基本的经济权利。工作权不仅是获取物质保障所必需的权利，也是实现人的全面发展所必需的权利。允许难民从事有利可图的职业活动是安置难民和解决难民问题的重要措施和办法。难民为了生存和发展，必须有工作权。没有工作权，其他权利便失去了意义。联合国难民署认为：作为一项基本的经济权利，工作权对难民来说很关键。难民需要一个能养活自己和支撑家庭的工作，特别是在不远的将来，在其本国条件不会改善到足以使他们能安全自愿回归的程度，国家、国际援助项目能向其提供临时救助，但时间一长，这种依靠就没有太大希望。不允许难民工作使他们处于一种闲散无奈的状态，加剧了他们不能自立的沮丧，还也可能形成对庇护国民众的反感。

① *Statement of Sir Leslie Brass of the United Kingdom at the Session of the Ad Hoc Committee*. UN Doc. E/AC.32/SR.10. Jan. 24. 1950. 9.

（二）从事有利可图职业活动权（工作权）方面的规定

从事有利可图职业活动权（工作权）得到了大量国际文件的确认。1948年《世界人权宣言》较早地规定了工作权，第23条第1款规定："人人有工作、自由选择职业、享受公正和合适的工作条件并享受免于失业的保障。"第24条还规定："人人有享受休息和闲暇的权利，包括工作时间有合理限制和定期给薪休假的权利。"

1966年《经济、社会和文化权利国际公约》发展了和明确了1948年《世界人权宣言》关于工作权的规定，第6条规定："一、本公约缔约各国承认工作权，包括人人应有机会凭其自由选择和接受的工作来谋生的权利，并将采取适当步骤来保障这一权利。二、本公约缔约各国为充分实现这一权利而采取的步骤应包括技术的和职业的指导和训练，以及在保障个人基本政治和经济自由的条件下达到稳定的经济、社会和文化的发展和充分的生产就业的计划、政策和技术。"第7条规定："本公约缔约各国承认人人有权享受公正和良好的工作条件，特别要保证：（甲）最低限度给予所有工人以下报酬：（1）公平的工资和同值工作同酬而没有任何歧视，特别是保证妇女享受不差于男子所享受的工作条件，并享受同工同酬；（2）保证他们自己和他们的家庭得有符合本公约规定的过得去的生活；（乙）安全和卫生的工作条件；（丙）人人在其行业中有适当的提级的同等机会，除资历和能力的考虑外，不受考虑的限制；（丁）休息、闲暇和工作时间的合理限制，定期给薪休假以及公共假日报酬。"1988年《关于促进就业和失业保护的公约》在促进生产性就业、扩大受保护人的范围、失业津贴以及有关津贴问题的法律、行政和财政保证等方面作出了较为具体的规定。

区域国际文件重申或者发展了1948年《世界人权宣言》、1966年《经济、社会和文化权利国际公约》和国际劳工组织的劳动标准。例如，1988年《美洲人权公约附加议定书》第6条、1981年《非洲人权和民族权宪章》第15条、1961年《欧洲社会宪章》第二部分第一条。

四、难民以工资受偿被雇佣权

（一）难民以工资受偿被雇佣权的定义和意义

难民以工资受偿被雇佣权（wage-earning employment）是难民从事有利可图职业活动权（工作权）的最重要部分，是狭义上的工作权，适用的最低标准是最惠国待遇，希望标准是国民待遇。为保护本国公民工作权而对外国人实施的限制有条件地不适用于难民。大量国际文件在关于工作权规定中没有使用"以工资受偿的雇佣"字样，但是涵盖了"以工资受偿的雇佣"内容。例如，1966年《经济、社会和文化权利国际公约》第6条第1款规定："一、本公约缔约各国承认工作权，包括人人应有机会凭其自由选择和接受的工作来谋生的权利，并将采取适当步骤来保障这一权利。"

即使难民享有以工资受偿被雇佣权，但是由于文化、语言等差异，难民就业率低于庇护国公民就业率。主要原因是：年龄偏大，没有丰富的工作经验；经过长时期等候难民地位申请审理结果，曾经拥有的工作经验和技能变得过时或者与庇护国劳动力市场脱节；文化差异和语言不通导致受歧视；缺少家庭成员、亲戚和朋友，找工作渠道狭窄；工作技能证书不被认可和接受。

（二）难民以工资受偿被雇佣权的内容

1951年《关于难民地位的公约》规定了难民的以工资受偿被雇佣权。第17条规定：

> （一）缔约各国对合法在其领土内居留的难民，就从事工作以换取工资的权利方面，应给以在同样情况下一个外国国民所享有的最惠国待遇。
>
> （二）无论如何，对外国人施加的限制措施或者为了保护国内劳动力市场而对雇佣外国人施加限制的措施，均不得适用于在本公约对有关缔约国生效之日已免除此项措施的难民，亦不适用于具备下列条件之一的难民：
>
> （a）已在该国居住满三年；
>
> （b）其配偶具有所在国的国籍，但如难民已与其配偶离异，则不得援引本项规定的利益；
>
> （c）其子女一人或数人具有所在国的国籍；
>
> （三）关于以上工资受偿的雇佣问题，缔约各国对于使一切难民的权利相同于本国国民的权利方面，应给予同情的考虑，特别是对根据招工计划或移民入境法进入其领土的难民的此项权利。

保护难民以工资受偿被雇佣权适用最惠国待遇。最惠国待遇是指一国给予另一国的待遇不低于给予任何第三国的优惠待遇。难民在以工资受偿被雇佣权方面，在所在国享有的待遇不低于所在国给予任何第三国公民的优惠待遇。

符合条件的难民以工资受偿被雇佣权适用国民待遇。缔约国应同情地考虑给予难民工资受偿被雇佣权等同于本国公民的待遇，特别是对根据招工计划或移民入境法进入其领土的难民。国民待遇常常高于最惠国待遇，以最惠国待遇为基准，要求缔约国同情地考虑给予国民待遇，有助于以更高标准保障难民工作权。

享有工资受偿被雇佣权的难民必须是合法在缔约国领土内居留的难民。缔约国只对合法居留在本国领土的难民才有义务赋予其工资受偿被雇佣权，没有义务赋予逾期居留或者由其他违法行为难民从事工作以换取工资权利。合法居留常常指符合所在国关于难民居住的法律规定，获得了居留许可。

外国人施加的限制措施或者为了保护国内劳动力市场而对雇佣外国人施加限制的措施，不得适用于在本公约对有关缔约国生效之日已免除此项措施的难民。一国关于外国人在本国工作方面的法律的主要立法目的之一是保护本国公民工作权，主要措施是劳动力市场测试、外国人工作职业清单、雇主担保、外国人工作配额等。劳动力市场测试是指本国雇主只有经过测试，确定在劳动力市场上没有合格的本国公民或者居民可以录用，并且此职位并不会影响本国人相类似职位的薪资和工作环境，才可以为外国人提供一份以永久居留或者临时居留的身份来本国的特定工作。外国人工作职业清单是一国移民、劳工主管部门或其委托机构根据本国劳动力市场情况编制的允许外国人工作或移民的职业清单。雇主担保是指外国人在本国工作，必须获得本国雇主的工作邀请并为其在本国工作提供担保。外国人工作配额是指为了保护本国公民工作权不因外国人来本国工作过多而受损害，一国移民主管部门确定和调整一定时间内外国人来本国工作的数量。① 外国人只有通过了劳动力市场测试、经评估适合从事职业清单上职业、获得了雇主担保并在外国人工作配额未用尽情况下，才可以在本国工作。

外国人施加的限制措施或者为了保护国内劳动力市场而对雇佣外国人施加限制的措施，不适用于，根据1951年《关于难民地位的公约》第17条第2款，已经在所在国居住满三年、配偶具有所在国国籍、子女一人或数人具有所在国的国籍的难民。以上情形涉及的不仅是对难民被迫害的同情，而且是对难民家庭团聚的保障和难民儿童的特别保护。1951年《关于难民地位的公约》第4条对子女施加宗教教育的自由，第12条由于个人身份而取得的婚姻的权利，第24条家庭津贴国民待遇，也不同程度地体现了对难民家庭团聚的保障和难民儿童的特别保护。目前，各国移民法都不同程度地保障外国人的家庭团聚权。大部分国家是先给予本国公民或永久居民的配偶、父母一定期限的临时居留权。临时居留期限届满并同时满足关系真实等其他条件后，可以获得永久居留权。临时居留和永久居留配偶签证和父母签证持有人都可以自动获得工作权。也就是说，事实上，难民不仅可以基于被迫害，也可以基于夫妻关系、父母关系获得配偶、子女国籍国的居留权和工作权。

关于以工资受偿的雇佣问题，缔约各国对于使一切难民的权利相同于本国国民的权利方面，应给予同情的考虑，特别是对根据招工计划或移民入境法进入其领土的难民的此项权利，也就是适用可能的国民待遇。

① 刘国福.技术移民法律制度研究：中国引进海外人才的法律透视[M].中国经济出版社.2011.76，77，79，87。

五、难民自雇权

（一）难民自雇权的定义和意义

难民自雇权（Self-employment）是指难民在自己经营农业、工业、手工业、商业以及设立工商业公司方面享有不低于一般外国人在同样情况下所享有待遇和尽可能优惠待遇的权利，是从事有利可图职业活动（工作）权的重要部分，是择业自由的体现之一。1966年《经济、社会、文化权利国际公约》第6条、《欧洲社会宪章》第1条第2款和1979年《消除对妇女一切形式歧视公约》第11条都规定了自由选择和接受工作的权利。自由选择工作是人之存在的主要基础。对于许多人来说，无论是从事工作以换取工资，还是自己经营农业、工业、手工业、商业以及设立工商业公司，工作代表了谋生和生活的主要收入来源。

一定经济利益的取得是人得以生存的前提。要取得经济利益，必须有经济权利作为保障。经济自由权作为公民的一项基本权利，是自雇者应当享有的一项不可剥夺的经济权利。对自雇者而言，它是指自雇者作为经济活动的主体有根据其自身资金实力、劳动能力和经营能力等条件选择适合自身需要的维持生计的方式或手段的自由，其内容包括进出市场的自由、经营自由、劳动自由、竞争自由以及消费自由等丰富的内容。①

（二）难民自雇权的内容

1951年《关于难民地位的公约》第18条规定了难民自雇权，“缔约各国对合法在其领土内的难民，就其自己经营农业、工业、手工业、商业以及设立工商业公司方面，应给以尽可能优惠的待遇，无论如何，此项待遇不低于一般外国人在同样情况下所享有的待遇。”

保护难民自雇权的最低标准是外国人在同样情况下所享有的一般待遇。外国人所享有一般待遇是大多数外国人享有的待遇。

保护难民自雇权的希望标准是可能国民待遇（尽可能优惠待遇）。难民公约没有规定尽可能优惠待遇的参照待遇，从对难民的同情角度看，应该是国民待遇。

享有自雇权的难民必须是合法在缔约国领土内居留的难民。缔约国只对合法居留在本国领土的难民才有义务赋予其自雇权，没有义务赋予逾期居留或者由其他违法行为难民自雇权。合法居留常常指符合所在国关于难民居住的法律规定，获得了居留许可。

---

① 车亮亮.论公民自雇权益的法律保障[J].太平洋学报2011(7):22。

自雇权限于经营农业、工业、手工业、商业以及设立工商业公司，超出这些范围，难民的自雇权则不受保护。

六、难民自由职业权

（一）难民自由职业权的定义和意义

难民自由职业权（Liberal professions）是指难民在自由职业方面享有不低于一般外国人在同样情况下所享有待遇和尽可能优惠待遇的权利，与自雇权同是从事有利可图职业活动权的重要部分，以及择业自由的体现。自由职业权还要求缔约国尽极大努力使在其本土以外而由其负责国际关系的领土内的难民定居下来。通常来讲，自由职业是指以个体劳动为主的一类职业，没有隶属于任何公司或与特定公司签订专属契约的职业形态，如作家、自由撰稿人、翻译工作者、中介服务工作者、某些艺术工作者等。自由职业是一种正规就业形式。发展自由职业可以使从事自由职业的隐性就业者浮出水面，以减轻就业工作的压力，同时也便于对自由职业进行必要的规范和管理。允许难民从事自由职业，有利于难民在庇护国更好地实现自立。

（二）难民自由职业权的内容

1951年《关于难民地位的公约》第19条规定了难民的自由职业权，“（一）缔约各国对合法居留于其领土内的难民，凡持有该国主管当局所承认的文凭愿意从事自由职业者，应给以尽可能优惠的待遇，无论如何，此项待遇不得低于一般外国人在同样情况下所享有的待遇。（二）缔约各国对在其本土以外而由其负责国际关系的领土内的难民，应在符合法律和宪法的情况下，尽最大努力使这些难民定居下来。”

保护难民自由职业权的最低标准是外国人在同样情况下所享有的一般待遇。外国人所享有一般待遇是大多数外国人享有的待遇。

保护难民自由职业权的希望标准是可能国民待遇（尽可能优惠待遇）。难民公约没有规定尽可能优惠待遇的参照待遇，从对难民的同情角度看，应该是国民待遇。庇护国在自由职业权方面应尽量优待获得合法居留权的难民。

享有自由职业权的难民必须是合法在缔约国领土内居留的难民。缔约国只对合法居留在本国领土的难民才有义务赋予其自由职业权，没有义务赋予逾期居留或者有其他违法行为难民自由职业权。合法居留常常指符合所在国关于难民居住的法律规定，获得了居留许可。

自由职业权限于持有该国主管当局承认文凭的难民。从事自由职业者通常需要经过一国主管当局批准或特殊许可，而文凭常常是难民获得批准或特殊许可的重要条件。文凭包括学位、学历、资格证书等。难民必须持有一国主管当局承认的文凭，否则不能从事自由职业。

难民从事自由职业必须是出于自愿地。难民自由职业权是其择业自由的体现之一。是从事自由职业，还是从事自雇抑或其他职业，由难民自己决定，一国不能强迫难民从事自由职业。

缔约国尽最大努力使在其本土以外而由其负责国际关系的领土内的难民定居下来。这种对缔约国的要求是建议性的，并且要符合缔约国的宪法和法律。缔约国可以在宪法和法律中对此种建议性要求作出灵活性规定。难民从事自由职业的地域范围不仅限于庇护国本土，还包括其本土以外的附属领土。

第三节　难民的社会（福利）权利

难民，根据1951年《关于难民地位的公约》第四章“福利”，享有定额供应、房屋、公共教育、公共救助、报酬和社会保障等权利，这些权利被归为难民社会（福利）方面的权利。本节以1951年《关于难民地位的公约》为最主要法律渊源，探讨这些权利。

一、难民获得定额供应权

（一）难民获得定额供应权的定义和意义

难民获得定额供应权是指难民获得与庇护国公民同样定额供应（Rationing）的权利，是社会（福利）权中的基础性权利。定额供应是消费品不足的情况下社会需要的一种分配方式，常常以票证形式出现。定额供应意义上的票证一般指政府主管机关发给指定受众群体，用以获取限量物品的有价或无价票券凭证。

难民获得定额供应权能够确保难民获得适当的食物和衣物。1966年《经济、社会和文化权利国际公约》第11条第1款规定：“本公约缔约各国承认人人有权为他自己和家庭获得相当的生活水准，包括足够的食物、衣着，并能不断改进生活条件。各缔约国将采取适当的步骤保证实现这一权利，并承认为此而实行基于自愿同意的国际合作的重要性。”该《公约》第11条第2款规定：人人有免于饥饿的基本权利。赋予难民与公民获得同等的获得适当定额供应权，是实现难民为他自己和家庭获得足够的食物、衣着以及免予饥饿的主要方法。经济社会权利委员会通过其1999年《关于适当食物权利的第12号一般性意见》对获得适当食物权利作了解释，当每个男子、妇女和儿童单独或与他人一起，在实际上和经济上随时能得到适当的食物或者拥有获得适当食物的方法时，就实现了获得适当食物的权利。

（二）难民获得定额供应权的内容

1951年《关于难民地位的公约》第20条规定了难民获得定额供应权："如果存在着定额供应制度，而这一制度是适用于一般居民并调整着缺销产品的总分配，难民应被给予本国国民所享有的同样权利。"

难民获得定额供应权适用国民待遇。一国给予本国公民和难民的获得定额供应权应该一致。由于难民获得定额供应权的前提是对一般居民的缺销产品的分配，如果不将难民与公民放在一起分配缺销产品，难民将没有机会获得产品，生活会陷入极度窘迫境地。

任何难民都有权享有定额供应国民待遇。获得定额供应权的适用对象是在本国境内的任何难民，只要其难民身份被本国认可，则不论其种族、性别、社会出生、财产或其他身份。国家不能在定额供应方面对难民有任何歧视。如果一国没有正式承认难民地位，根据1984年联合国难民署方案执行委员会第35号《关于难民身份证件的结论》第五段，"有必要由联合国难民署办事处征得庇护国主管部门的同意，证明某人在办事处的职权范围内被认为是难民"。

难民获得定额供应权的前提是存在着对一般居民分配缺销产品的定额供应制度。如果定额供应时供给充足的产品和只分配给特定人群，例如穷人、老年人。在这种情况下，适用1951年《关于难民地位的公约》第7条第1款关于难民享有外国人一般待遇的规定。

难民获得定额供应权所指的产品是指仅为分配目的的产品，不包括以商业和盈利为目的的产品。主要是食物和日常消费品，也不包括土地和石油等基础性物质。

二、难民住房权

（一）难民住房权的定义和意义

难民住房权（Housing）是指难民在公共当局管理的房屋方面享有不低于一般外国人在同样情况下所享有待遇和尽可能优惠待遇的权利。赋予难民与一般外国人同等的住房权，是实现难民获得适当住房的主要方法。1951年《关于难民地位的公约》在第13条已经规定难民"动产和不动产权利"的前提下，专设第21条规定"住房权"，体现了住房权对于难民生活的重要性以及《公约》对该权利的重视程度。在巴尔干西部，联合国难民署继续向波黑、克罗地亚、黑山和塞尔维亚各国政府提供支助，执行一项区域计划，为在1991—1995年前南斯拉夫冲突中流离失所的难民找到持久的解决办法。其中包括一项区域住房方案，为自愿返回和重新融入原籍或在目前居住地当地融合的难民提供永久的住房方案。2013年1月启动的区域协调论坛负责促进对各项问题的协调，展开一项关于住房解决方案的区域公共宣传运动。[①]

（二）人人获得适当住房权

对难民住房权的理解应结合对人人获得适当住房权的理解。1966年《经济、社会和文化权利国际公约》第11条第1款规定："本公约缔约各国承认人人有权为他自己和家庭获得相当的生活水准，包括足够的住房，并能不断改进生活条件。各缔约国将采取适当的步骤保证实现这一权利，并承认为此而实行基于自愿同意的国际合作的重要性。"人人获得适当住房权的规定适用于每个人，适用对象不仅是取得合法居住权的难民，而且包括寻求庇护者以及其他一般的外国人。经济、社会、文化权利委员会在1991年《关于获得适当住房权的第4号一般性意见》中指出：不应狭隘或限制性地解释住房权利，例如，将它视为仅是头上有一遮风挡雨的住房，而应将它视为安全、和平和尊严地居住某处的权利。联合国经济、社会和文化权利委员会还认为：如果缔约国有能力提供住房条件，则住房就属于适当生活的标准之一；如果缔约国无力提供住房则需要提供其他适当的替代措施。[②]

（二）难民住房权的内容

1951年《关于难民地位的公约》规定了难民住房权，第21条规定，"缔约各国对合法居留于其领土内的难民，就房屋问题方面，如果该问题是由法律或规章调整或者受公共当局管制，应给以尽可能优惠待遇，无论如何，此项权不得低于一般外国人在同样情况下所享有的权利。"

难民住房权适用外国人一般待遇。外国人所享有一般待遇是大多数外国人享有的待遇。

难民住房权的希望标准是可能国民待遇（尽可能优惠待遇）。1951年《关于难民地位的公约》没有规定尽可能优惠待遇的参照权，从对难民的同情角度看，应该是国民待遇。

享有住房权的难民必须是合法在缔约国领土内居留的难民。缔约国只对合法居留在本国领土的难民才有义务赋予其住房权，没有义务赋予逾期居留或者由其他违法行为难民住房权。非法居留是指未按照规定取得居留许可而在一国境内居留。非法就业是指未按照规定取得工作许可和工作类居留证件、超出工作许可限定范围在一国境内工作。

---

① 联合国难民署高级专员的报告（2012年1月1日至2013年6月30日），2013年向联合国大会第68届会议提交，A/68/12(Part I)第45段。

② UN Committee on Economic. Social and Cultural Rights. *General Comment No.4: The Right to Adequate Housing. 1991*. UN Doc. HRI/GEN/1/1Rev.7. May 12. 2004. at 19. para. 8.

难民住房权的前提是一国房屋问题由其法律或规章调整或者受公共当局管制。如果一国完全将房屋问题交由市场调节，则难民也应通过市场获得适当住房，而不是行使住房权，寻求政府主管部门帮助和支持。鉴于1966年《经济、社会、文化权利国际公约》第11条规定了人人获得适当住房权和住房问题的复杂性，一国完全将房屋问题交由市场调节几乎是不可能的。

住房含义，根据1991年经济、社会、文化权利委员会《关于获得适当住房权的第4号一般性意见》，应该包括使用权的保障，服务、材料、设备和基础设施的可提供性，住房费用标准不得超出人们租赁或购买住房的能力，住房符合基本的安全、卫生标准和其他相关标准，满足了残疾人和其他弱势群体成员的住房需求，符合居住地点方面的标准，人们不得被迫居住在不为文化或宗教所接受的住房内等七个方面。

三、难民公共教育权

（一）难民公共教育权的定义和意义

难民公共教育权（Public education）是指难民在初等教育方面享有与庇护国公民同样待遇，以及初等教育以外的教育，特别是获得研究学术的机会，承认外国学校证书、文凭和学位，减免学费，以及发给奖学金方面，享有不低于一般外国人在同样情况下所享有待遇和尽可能优惠待遇的权利。难民公共教育权是自身发展所必需的基本手段，是享受其他权利的前提和手段。在初等教育方面适用国民待遇，在初等教育以外的教育方面，适用的最低标准是一般外国人在同样情况下所享有的权利，希望标准是尽可能优惠待遇。教育的目的在于充分发展人的个性并加强对人权和基本自由的尊重。教育应促进各国、各种族或各宗教集团的了解、容忍和友谊，并应促进联合国维护和平的各项活动。[①] 教育可以帮助在经济和社会中处于边缘地位的难民摆脱贫困和不利地位，获得充分的参与社会生活的手段和机会。教育还可以帮助儿童免受剥削和奴役。

（二）受教育权

对难民公共教育权的理解应结合对人人有受教育权的理解，受教育权是一项被许多国际文件认可的人权。1948年《世界人权宣言》第26条第1款规定："人人都有受教育的权利，教育应当免费，至少在初级和基本阶段应如此。初级教育应属义务性质。技术和职业教育应普遍设立。高等教育应根据成绩而对一切人平等开放。"1966年《经济、社会和文化权利国际公约》第13条第1款和第2款呼应了1948年《世界人

① 1948年《世界人权宣言》第26条第2款。

权宣言》第26条第1款的规定，“第二、本公约缔约各国认为，为了充分实现这一权利（人人有受教育的权利）起见：（甲）初等教育应属义务性质并一律免费；（乙）各种形式的中等教育，包括中等技术和职业教育，应以一切适当方法，普遍设立，并对一切人开放，特别要逐渐做到免费；（丙）高等教育应根据成绩，以一切适当方法，对一切人平等开放，特别要逐渐做到免费；（丁）对那些未受到或未完成初等教育的人的基础教育，应尽可能加以鼓励或推进；（戊）各级学校的制度，应积极加以发展；适当的奖学金制度，应予设置；教员的物质条件，应不断加以改善。”其他人权公约也都涉及了受教育权，例如1989年《儿童权利公约》、1966年《消除一切形式种族歧视国际公约》、1979年《消除对妇女一切形式歧视公约》、1954年《关于无国籍人地位的公约》以及1960年《联合国教科文组织取缔教育歧视公约》等。此外，各区域性人权公约也都规定了对受教育权的保护。例如，1981年《非洲人权与民族权宪章》第17条第1款、1988年《美洲人权公约关于经济社会权利的附加议定书》第14、15条，1952年《欧洲人权公约第一议定书》第2条等。

（三）难民公共教育权的内容

1951年《关于难民地位的公约》规定了难民公共教育权。该《公约》第22条规定：“（一）缔约各国给予难民凡本国国民在初等教育方面所享有的同样权。（二）缔约各国应在初等教育以外的教育，特别是获得研究学术的机会，承认外国学校的证书、文凭和学位，减免学费，以及发给奖学金方面，应对难民给以尽可能优惠的待遇，无论如何，此项权利不得低于一般外国人在同样情况下所享有的权利。”

保护难民初等教育权的标准是国民待遇。一国应该给予难民和本国公民一样的初等教育权。根据1966年《经济、社会和文化权利国际公约》第13条第2款第1项，初等教育应属义务性质并一律免费。根据1990年《世界全民教育宣言》，初等教育必须普遍施行，并确保儿童的基本学习需求。也就是说，在1966年《经济、社会和文化权利国际公约》缔约国，初等教育是强迫性质的教育，要求国家采取积极行动建立相应的教育体系和设施，以满足免费和普遍的初等教育需求。

保护难民初等教育以外教育权的最低标准是外国人一般待遇。初等教育以外教育不是义务和免费性质，许多国家根据经济和教育发展水平，确立了本国公民的收费标准。并且在本国公民与外国人之间，居住在本国此地区和居住在彼地区的公民之间，初等教育以外教育收费存在着差异。

保护难民初等教育以外教育权的希望标准是可能国民待遇（尽可能优惠待遇）。1951年《关于难民地位的公约》没有规定尽可能优惠待遇的参照标准，从对难民的同情角度看，应该是国民待遇。在德国等发达国家，初等教育以外教育属于义务和免费性质。按照尽可能优惠待遇，难民可以免费享有初等教育以外教育。

难民享有的初等教育以外教育是指获得研究学术的机会，承认外国学校的证书、文凭和学位，减免学费，以及发给奖学金。作为被迫害外国人的成年人难民取得的证书、文凭和学位是在国外取得的，他们无论是对缔约国承认其取得的证书、文凭和学位，还是提供进一步深造进行学术研究的机会，都有紧迫需求。关于承认难民取得的外国证书、文凭和学位，缔约国可以通过国内法、双边协定和多边条约实施。难民通常生活困难，减免学费和发给奖学金对其实现方面初等教育以外教育权很重要。

任何难民都有权享有适当公共教育国民待遇。难民适当公共教育国民待遇的适用对象是在本国境内的任何难民，只要其难民身份被本国认可，则不论其种族、性别、社会出生、财产或其他身份。国家不能在适当公共教育方面对难民有任何歧视。如果一国没有正式承认难民地位，根据1984年联合国难民署方案执行委员会第35号《关于难民身份证件的结论》第五段，“有必要由联合国难民署办事处征得庇护国主管部门的同意，证明某人在办事处的职权范围内被认为是难民”。

四、难民公共救助权

（一）难民公共救助权的定义和意义

难民公共救助权（public relief and assistance）是指合法居住在领土内的难民有权获得与该国公民同等的公共救济和援助的权利。难民与所在国的公民和其他一般外国人比较，经常处于相对弱势地位，需要所在国给予公共救济和援助，以保证其最基本生活。在2013年6月底，也门接待主要来自索马里和埃塞俄比亚的超过23.9万名难民。尽管安全局势仍然不稳，而且国内经济日益困难，但也门仍然让逃离非洲之角的难民进入。由于生活条件日益恶化以及该国的安全局势动荡，因此难民和寻求庇护者日益脆弱，完全依赖联合国难民署及其伙伴提供人道主义援助。[①]

（二）社会救助权

对难民公共救助权的理解应结合对人人享有社会救助权、适当生活水准权的理解。社会救助权是个人暂时或永久丧失劳动能力以及意外事故而发生生活困难时获得国家物质帮助，以保障其基本生活的权利。[②] 这是一项非常必要的权利，特别是一个人缺乏必要的财产，或者由于失业、年老或疾病不能通过工作确保相当生活水准时。人人可以根据法律规定，向国家主张社会救助权，以保障其独立和保持适当生活

---

① 联合国难民署高级专员的报告（2012年1月1日至2013年6月30日），2013年向联合国大会第68届会议提交，A/68/12(Part I)第31段。

② 徐显明.国际人权法[C].法律出版社.2004.328—329。

水平。人人享有社会救助权是人人享有适当生活水准权的重要组成部分。适当生活水准，从物质角度讲，是指拥有所处社会贫困线以上的生活水平。按照世界银行确定的标准，贫困线由购买最低水准的食物和其他必需品所需要的费用以及获得进一步用品所需的费用两部分组成，数目因国家和地区而异。适当生活水准，从国际文件角度看，根据1948年《世界人权宣言》第25条，是指“足以维持他本人和家属的健康和福利所需的生活水准，包括食物、衣物、住房、医疗和必要的社会服务”；根据1966年《经济、社会和文化权利国际公约》第11条，它包括“足够的食物、衣物和住房，并能不断地改进生活条件”；根据1989年《儿童权利公约》第27条，它特指“足以促进儿童的生理、心理、精神、道德和社会发展的生活水平”。不工作的外国人将无权得到非歧视的对待。

（三）难民公共救助权的内容

1951年《关于难民地位的公约》规定了难民公共救助权，第23条规定：“缔约各国对合法居住在其领土内的难民，就公共救济和援助方面，应给以凡其本国国民所享有的同样权利。”

保护难民公共救助权的标准是国民待遇。只要一国规定了其公民享有的公共救助，就应该毫无例外地给予难民，无论给予本国公民的公共救助的方式和水平如何。难民只享有与庇护国难民一样的公共救助，没有权利要求其庇护国给予其超出庇护国公民享有的公共救助，即使庇护国公共救助水准低于难民原籍国或原经常居住地国的公共救助水准。庇护国没有义务给予难民单独的公共救助。难民和无国籍人特设委员会主席曾申明：“委员会不打算干预任何国家的行政体系。它只尽最大努力去稳固地将国民的公共救济和援助给予难民。公共救济和援助由社团、村镇，还是内部基金提供，是国家对难民的救助方法。”①

享有获得公共救助权的难民必须是合法在缔约国领土内居留的难民。缔约国只对合法居留在本国领土的难民才有义务赋予其获得公共救助和援助权，没有义务赋予逾期居留或者有其他违法行为难民公共救助权。合法居留常常指符合所在国关于难民居住的法律规定，获得了居留许可。但是，对于难民身份正在甄别中的寻求庇护者，寻求庇护者所在国应给予寻求庇护者最基本和最现实的生活保证，例如食品、水和医疗。②

公共救助是指难民为了维持适当生活水准所需的救济和援助。根据有关国际组织

---

① *Statement of the Chairman. Mr. Larsen of Denmark. Statement of Mr.Henkin of the United States*. UN Doc.E/AC.38. Aug 17.1950.5.

② Hathaway, James C. *The Rights of Refugees Under International Law*. Cambridge University Press, 2005. 807.

的解释，公共救济和援助具体指对个人遭受物质和精神损害的给付，对因为个人条件及年龄无力养活自己和需要抚养的人的给予的帮助，对无人照料儿童给予的救助。还包括援助盲人，医疗保障和紧急情况下的救助等。[①]

（四）难民公共救助权的不足

难民公共救助权的不足是限制了更大范围的难民享受更高程度的公共救济和援助权利。享受权利主体仅包括"合法居住于庇护国领土内"的难民，不允许寻求庇护者享受此种权利。而寻求庇护者的境况往往比正式难民更加凄惨，他们更需要公共救济和援助。另外，对于难民的公共救济和援助待遇等同于本国国民享受的待遇。《公约》此种规定方式的前提是庇护国本国国民能够享受到公共救济和援助的权利。如果一国并没有专门的体制向本国国民提供公共救济和援助，例如也门、苏丹和乌干达，是否庇护国就可以拒绝向难民提供公共救济和援助呢？从1951年《关于难民地位的公约》人道主义的根本性质角度理解，不允许庇护国在此种情况下拒绝提供救济和援助。庇护国依然要保障难民最基本的生活条件，如基本的食物、住所、教育和医疗条件等。[②]

五、难民报酬和社会保障权

（一）难民报酬和社会保障权的定义和意义

难民报酬和社会保障权（social security）是指合法居住在一国领土的难民享有与所在国公民同等的报酬、工伤和因工死亡而获得的补偿以及有关国际条约产生的社会保障方面权利。难民报酬和社会保障权适用国民待遇，难民工伤和因工死亡而获得的补偿权利不因受益人居住地在缔约国领土以外而受影响，应将条约规定的社会保障权利方面的利益给予难民。难民作为缔约国公民，在缔约国之间缔结或将来可能缔结的社会保障协定产生利益方面，享有外国人一般待遇。缔约国可以就与任何非缔约国签署生效的报酬和社会保障的国际文件产生的利益，给予或者不给予难民。如果给予难民，任何非缔约国公民获得的报酬和社会保障方面的利益，难民也就会随之享有。

落实难民以工资受偿权后，获得公平报酬和适宜的工作条件就很有意义。难民需要自由选择和接受工作，在适宜人的条件下和能获得满足劳动者自身及其家庭体面生活合理报酬的前提下进行工作。难民工作者在失去工作或者离开工作岗位后，应该承认其作为工作者曾经为社会创造的价值和作出的贡献，为其利益保障作出安排，例如

① 梁淑英.国际难民法[M].知识产权出版社.2009.73。

② Hathaway, James C. *The Rights of Refugees Under International Law*. Cambridge University Press, 2005. 809.

工伤、失业和退休保障。保障难民的劳动权/工作权，有助于每个难民都成为自食其力并为社会创造价值和财富的劳动者。

（二）工作中的权利和劳动者社会保障权

工作中的权利是指已经就业的工作者在工作过程中应当享有的权利，主要包括正当和适宜工作条件权、享有公平报酬权。正当和适宜的工作条件权要求工作条件必须符合一定要求，包括工作时间、休息时间、带薪休假制度等。公平报酬权是指劳动者应当按照其岗位和劳动的数量和质量取得合理和适当的报酬，包括适当工资、最低工资标准和工资保障等。尽管成本对追求商业利润和维持单位运作非常重要，但是适当工资水平是客观存在的。最低工资标准是为了禁止雇主任意降低工资，以保障劳动者及其家属的最低生活需要，足以为其本人及其家属提供体面的生活。工资保障是为了劳动者按时拿到全部工资、自主支配其工资、工资不被非法扣除和扣留、实际工资水平不因物价上涨而降低等。

劳动者社会保障权是指劳动者应当享有的与其工作时间长短和贡献大小相适应的保障性权利。劳动者失业后愿意再就业的，除享受失业保险等保障外，有权获得再就业服务。劳动者的社会保险是社会保障的最重要组成部分。

（三）难民报酬和社会保障权的内容

1951年《关于难民地位的公约》规定了难民报酬和社会保障权，第24条规定：

（一）缔约各国对合法居留在其领土内的难民，就下列各事项，应给以本国国民所享有的同样权利：

1. 报酬，包括家庭津贴——如此种津贴构成报酬一部分的话、工作时间、加班办法、假日工资、对带回家去工作的限制、雇佣最低年龄、学徒和训练，女工和童工、享受共同交涉的利益，如果这些事项由法律或规章规定，或者受行政当局管制的话；

2. 社会保障（关于雇佣中受损害、职业病、生育、疾病、残疾、年老、死亡、失业、家庭负担或根据国家法律或规章包括在社会保障计划之内的任何其他事故的法律规定），但受以下规定的限制：

（a）对维持即得权利和正在取得的权利可能作出适当安排；

（b）居住地国的法律或规章可能对全部由公共基金支付利益或利益金的一部分或对不符合于为发给正常退职金所规定资助条件的人发给津贴，制订特别安排。

（二）难民由于雇佣中所受损害或职业病死亡而获得的补偿权利，不因受益人居住地在缔约国领土以外而受影响。

（三）缔约各国之间所缔结或在将来可能缔结的协定，凡涉及社会保障既得权利或正在取得的权利，缔约各国应以此项协定所产生利益给予难民，但以符合对有关协定各签字国国民适用的条件者为限。

（四）缔约各国对以缔约国和非缔约国之间随时可能生效的类似协定所产生的利益尽量给予难民一事，将予以同情的考虑。

保障难民报酬和社会保障权的标准是国民待遇。只要一国法律或规章规定了其公民享有的劳动报酬和社会保障，就应该毫无例外地给予难民，无论给予本国公民的劳动报酬和社会保障的方式和水平如何。也就是说，难民只享有与庇护国公民一样的劳动报酬和社会保障，没有权利要求其庇护国给予其超出庇护国公民享有的劳动报酬和社会保障，即使庇护国劳动报酬和社会保障水准低于难民原籍国或原经常居住地国的劳动报酬和社会保障水准。庇护国没有义务给予难民单独的公共救助和援助。

享有报酬和社会保障权的难民必须是合法在缔约国领土内居留的难民。缔约国只对合法居留在本国领土的难民才有义务赋予其劳动报酬和社会保障，没有义务赋予非法居留、非法就业或者有其他违法行为难民报酬和社会保障权。

难民劳动报酬包括由法律规章规定或受行政当局管制的工作时间、加班办法、假日工资、对带回家去工作的限制、雇佣最低年龄、学徒和训练，女工和童工、享受共同交涉的利益，以及家庭津贴——如此种津贴构成报酬一部分。

难民社会保障是指雇佣中受损害、职业病、生育、疾病、残疾、年老、死亡、失业、家庭负担，以及根据国家法律或规章包括在社会保障计划之内的任何其他事故。可以对难民社会保障作出以下两项限制：对维持即得权利和正在取得的权利可能作出的适当安排；居住地国的法律或规章可能对全部由公共基金支付利益或利益金的一部分，或对不符合发给正常退休金所规定资助条件的人发给津贴作出的特别安排。

难民因工伤和因工死亡而获得的补偿权是其直接享有的权利，难民工伤和因工死亡而获得的补偿权利不因受益人居住地在缔约国领土以外而受影响。难民在工作中受到损害，例如发生工伤事故或者职业病伤亡，有权获得补偿，而且受益人不因为其居住在缔约国境外而受到影响。这是单独基于难民职业事故受害人的一种补偿权利，无论本国人是否享有这种损害补偿权利。

有义务将1951年《关于难民地位的公约》成员国之间签订的国际条约规定的社会保障方面的利益给予难民。缔约国应该将已经缔结或在将来可能缔结的协定中涉及社会保障既得权利或正在取得的权利，在符合本国公民的条件下，给予难民。1949年《移民雇佣公约》和一些双边社会保障条约规定：在社会保障方面要承认其他国家的社会保障利益的权利以及累计受雇佣者受到职业损害以前的贡献时间。难民获得社会保障份额是按照其工作时间和贡献计算的，这就要求将难民在获得难民身份之前已经在其国籍国或者其他国家获得过社会保障，与在获得难民身份之后获得的庇护国的社会保障对接，否则难民获得的社会保障权是不完整的。

应同情地将与非1951年《关于难民地位的公约》成员国之间签订的国际条约规定的社会保障方面的利益给予难民。缔约国应该对与非缔约国缔结的随时可能生效的类似社会保障协定所产生的利益，以同情的考虑尽量给予难民。

第四节　不同居留情形难民的权利

由于难民是有正当理由畏惧由于种族、宗教、国籍、属于某一社会团体或具有某种政治见解而遭迫害，很少能持护照、签证等国际旅行证件合法入境其他国家，多是非法入境。根据居留身份不同，可将入境后难民分为在领土内（physical present）、合法在其领土内（lawfully present）、合法在领土内居留（lawfully resident）、经常居留（continuity of residence）等四种情形，每种居留情形难民享有不同的权利。由于第十章难民权利第一节、第二节和第三节已经阐述了难民享有的每项权利，本节只分别分析在领土内、合法在其领土内、合法在领土内居留、经常居留等不同居留情形难民的含义和享有的主要权利，不再分析享有权利的内容。

一、"在领土内"难民的主要权利

难民在庇护国领土内，无论合法还是非法、被认定还是未被认定，都享有不受歧视、宗教仪式和子女宗教教育、获得身份证件、不被刑事处罚、不被推回等权利，和履行遵守所在国法律和规章以及为维持公共秩序而采取的措施的义务，这是对难民最基本的保护。难民要主张这些权利，必须举证自己符合难民定义，满足以下五个要件：（1）自然人；（2）留在其本国之外或留在他以前经常居住国家以外；（3）不能或不愿受本国保护的人，不能或不愿返回经常居住国；（4）这些不能或者不愿意是因为有正当理由的畏惧被迫害；（5）畏惧被迫害是由于种族、宗教、国籍、属于某一社会团体或具有某种政治见解。

表10-1　"在领土内"难民的主要权利和义务

权利和义务名称	内容	条款
一般义务	一切难民对其所在国负有责任，此项责任特别要求他们遵守该国的法律和规章以及为维持公共秩序而采取的措施	第2条
不受歧视	缔约各国应对难民不分种族、宗教、或国籍，适用本公约的规定。	第3条
宗教仪式和子女宗教教育	缔约各国对在其领土内的难民，关于举行宗教仪式的自由以及对其子女施加宗教教育的自由方面，应至少给予其本国国民所获得的待遇。	第4条

续表

权利和义务名称	内容	条款
获得身份证件	缔约各国对在其领土内不持有有效旅行证件的任何难民，应发给身份证件。	第27条
不被刑事处罚	（一）缔约各国对于直接来自生命或自由受到第一条所指威胁的领土未经许可而进入或逗留于该国领土的难民，不得因该难民的非法入境或逗留而加以刑罚，但以该难民毫不迟延地自行投向当局说明其非法入境或逗留的正当原因者为限。 （二）缔约各国对上述难民的行动，不得加以除必要以外的限制，此项限制只能于难民在该国的地位正常化或难民获得另一国入境准许以前适用。缔约各国应给予上述难民一个合理的期间以及一切必要的便利，以便获得另一国入境的许可。	第31条
不被推回	（一）任何缔约国不得以任何方式将难民驱逐或送回（“推回”）至其生命或自由因为他的种族、宗教、国籍、参加其一社会团体或具有某种政治见解而受威胁的领土边界。 （二）但如有正当理由认为难民足以危害所在国的安全，或者难民已被确定判决认为犯过特别严重罪行从而构成对该国社会的危险，则该难民不得要求本条规定的利益。	第33条

资料来源：作者统计和分析。

二、“合法在领土内”难民的主要权利

如果难民不仅“在领土内”，而且“合法在领土内”，可以享有除不受歧视、宗教仪式和子女宗教教育、获得身份证件、不被刑事处罚、不被推回等权利以外更多的权利。“合法在领土内”难民是指被庇护国允许停留的难民，持有国内法要求的签证或者居留证，无论停留时间长短、允许停留方式、停留场所、签证或者居留证的种类。如果难民被庇护国允许停留，即使是允许停留的期间非常短、在边境地区停留、被拘留、很快将迁徙到其他国家、难民地位还未被批准，都是“合法在领土内”。“合法在领土内”难民包括正式和暂时“合法在领土内”难民两类。正式“合法在领土内”难民享有权利是明确的，暂时“合法在领土内”难民享有权利是有争议的，争议的关键不是享有的权利范围而是如何界定“合法在领土内”。

难民入境后毫不迟延地自行投向当局说明其非法入境或逗留的正当原因者，应认定为“合法在领土内”，即使庇护国此后拒绝了其难民地位申请，否则就是非法在领土内。获得难民地位之前的“合法在领土内”是暂时“合法在领土内”，便于其等候难民地位申请审理结果。“毫不迟延”不要求入境难民立即，而是允许其在合理期间内。“合法”是指遵守庇护国法律。1951年《关于难民地位的公约》第31条第2款规定：缔约各国对上述难民的行动，不得加以除必要以外的限制，此项限制只能于难民在该

国的地位正常化以前使用。这里的"正常化"即地位"合法化"。也就是说，非法入境"正常化"就是"合法在领土内"。

联合国人权事务委员会认为："合法在其领土内的难民"适用于暂时"合法在领土内"寻求庇护者。1999年在第27号《一般性评论：迁徙自由》中指出：关于外国人是否"合法"问题，由所在国法律管辖。所在国可以对外国人实施限制，但是不能违背应履行的国际义务。所以，即使一个人非法入境，如果其地位已经被法律规范（been regularized），应考虑其合法在领土内，至少在法律规范化期间，是被允许"合法在其领土内"，可以合法停留。"合法在其领土内"可以因为拒绝难民地位申请、驱逐令等原因而终止。

1951年《关于难民地位的公约》第32条驱逐出境程序抗辩权中的"合法在其领土内的难民"适用于暂时"合法在领土内"寻求庇护者是有争议的。一般外国人可以因为各种合理原因被驱逐出境，很难解释为什么暂时"合法在领土内"的寻求庇护者"因国家安全或公共秩序理由"才可以被驱逐出境？中国2012年《出境入境管理法》第81条第1、2款规定："外国人从事与停留居留事由不相符的活动，或者有其他违反中国法律、法规规定，不适宜在中国境内继续停留居留情形的，可以处限期出境。外国人违反本法规定，情节严重，尚不构成犯罪的，公安部可以处驱逐出境。"

表10-2 "合法在领土内"难民的主要权利

权利的名称	内容	条款
个人身份	（一）难民的个人身份，应受其所住地国家的法律支配，如无住所，则受其居住地国家的法律支配。 （二）难民以前由于个人身份而取得的权利，特别是关于婚姻的权利，应受到缔约一国的尊重，如必要时应遵守该国法律所要求的仪式，但以如果他不是难民该有关的权利亦被该国法律承认者为限。	第12条
境内居住和迁徙自由	缔约各国对合法在其领土内的难民，应给予选择其居住地和在其领土内自由行动的权利，但应受对一般外国人在同样情况下适用的规章的限制。	第26条
驱逐出境程序抗辩	（一）缔约各国除因国家安全或公共秩序理由外，不得将合法在其领土内的难民驱逐出境。 （二）驱逐难民出境只能以按照合法程序作出的判决为根据。除因国家安全的重大理由要求另作考虑外，应准许难民提出有利于其自己的证据，向主管当局或向由主管当局特别指定的人员申诉或者为此目的委托代表向上述当局或人员申诉。 （三）缔约各国应给予上述难民一个合理的期间，以便取得合法进入另一国家的许可。缔约各国保留在这期间内适用它们所认为必要的内部措施的权利。	第32条

资料来源：作者统计和分析。

三、“合法在领土内居留”难民的主要权利

如果难民不仅“合法在领土内”，而且“合法在领土内居留”，会因为与庇护国联系更加紧密而享有难民的绝大部分权利。“合法在领土内居留”难民是指被庇护国允许较长时间居留的难民。难民要证明自己“合法在领土内居留”，要提供比“合法在领土内”更有力的居住方面证据，例如持有的签证或者居留证的有效期或者实际居留期限超过了三个月。短于三个月的居留通常被视为“合法在领土内”。中国2012年《出境入境管理法》第30条第3款规定：“外国人工作类居留证件的有效期最短为九十日，最长为五年；非工作类居留证件的有效期最短为一百八十日，最长为五年。”结社权、以工资受偿被雇佣权、自由职业权、住房权、公共救助权、报酬和劳动保障权、获得国际旅行证件权等权利，只有“合法在领土内居留”难民而非其他难民才能享有。

表10-3 “合法在领土内居留”难民的主要权利

权利的名称	内容	条款
结社	关于非政治性和非营利性的社团以及同业公会组织，缔约各国对合法居留在其领土内的难民，应给以一个外国的国民在同样情况下所享有的最优惠国待遇。	第15条
以工资受偿被雇佣	（一）缔约各国对合法在其领土内居留的难民，就从事工作以换取工资的权利方面，应给以在同样情况下一个外国国民所享有的最惠国待遇。	第17条第1款
自由职业	缔约各国对合法居留于其领土内的难民，凡持有该国主管当局所承认的文凭愿意从事自由职业者，应给以尽可能优惠的待遇，无论如何，此项待遇不得低于一般外国人在同样情况下所享有的待遇。	第19条第1款
住房	缔约各国对合法居留于其领土内的难民，就房屋问题方面，如果该问题是由法律或规章调整或者受公共当局管制，应给以尽可能优惠的待遇，无论如何，此项待遇不得低于一般外国人在同样情况下所享有的待遇。	第21条
公共救助	缔约各国对合法居住在其领土内的难民，就公共救济和援助方面，应给以凡其本国国民所享有的同样待遇。	第23条

续表

权利的名称	内容	条款
报酬和社会保障	缔约各国对合法居留在其领土内的难民，就下列各事项，应给以本国国民所享有的同样待遇： （1）报酬，包括家庭津贴—如此种津贴构成报酬一部分的话、工作时间、加班办法、假日工资、对带回家去工作的限制、雇佣最低年龄、学徒和训练，女工和童工、享受共同交涉的利益，如果这些事项由法律或规章规定，或者受行政当局管制的话； （2）社会保障（关于雇佣中受损害、职业病、生育、疾病、残疾、年老、死亡、失业、家庭负担或根据国家法律或规章包括在社会保障计划之内的任何其他事故的法律规定），但受以下规定的限制： （a）对维持即得权利和正在取得的权利可能作出适当安排； （b）居住地国的法律或规章可能对全部由公共基金支付利益或利益金的一部分或对不符合于为发给正常退职金所规定资助条件的人发给津贴，制订特别安排。	第24条第1款
获得国际旅行证件	缔约各国对合法在其领土内居留的难民，除因国家安全或公共秩序的重大原因应另作考虑外，应发给旅行证件，以凭在其领土以外旅行。本公约附件的规定应适用于上述证件。缔约各国可以给在其领土内的任何其他难民上述旅行证件。缔约各国特别对于在其领土内而不能向其合法居住地国家取得旅行证件的难民发给上述旅行证件一事，应难予同情的考虑。	第28条第1款

资料来源：作者统计和分析。

四、“经常居留”难民的主要权利

如果难民“经常居留”在本国，会因为经常居留与庇护国联系更加紧密而享有难民的所有权利。知识产权国民待遇、向法院提起诉讼权国民待遇是只有“经常居留”难民才享有的权利。“经常居留”难民是指被庇护国允许而且实际居住较长时间的难民。难民证明自己“经常居留”，要提供比“合法在领土内居留”更有力的居住方面证据，例如持有长期签证或者居留证，每年居住期限长于六个月。每年居住期限短于六个月通常被视为“合法在领土内居留”而不是“经常居留”。知识产权、向法院提起诉讼权等权利，只有“经常居留”难民而非其他难民才能享有。

美国、澳大利亚等国家都要求外国人要入籍或者延期永久居留，必须满足在本国经常居留期间的要求。申请人必须在递交入籍申请前在美国经常居留满五年。经常居留是指五年居住期间没有重大的中断行为。居住意味着在美国生活、工作，拥有一定的个人财产，有登记在名下的汽车，缴纳个人所得税等。离开美国不超过六个月一般不被看作中断经常居留期限。离开美国超过半年但不到一年就有可能会被移民局认定为中断经常居留，除非申请人举证说明并无放弃经常居留的意图。如与美国相比，澳大利亚对经常居留的要求更加严格。在申请入籍澳大利亚之前的四年内离开澳大利亚的时间累计不超过12个月，其中以永久居民的身份在澳大利亚居住的12个月内离开澳大利亚的时间不超过3个月，也就是每年在澳大利亚居住期间不短于九个月。如果与本国保持实质联系，可以豁免经常居留期间要求。如果外国人不满足美国关于经常居留的要求，必须满足以下条件之一，才可申请入籍。（1）在离开美国之前该外国人已经在美国不间断地居住了至少一年，一年期间任何间隔都不被允许，无论时间有多短。（2）身份为美国公民的配偶在海外受雇于美国政府、美国研究机构、美国公司或者美国公司控股的发展对外贸易或商务的分公司、或国际组织，美国是这个国际组织的会员并且此外国人在成为永久居民之前并没有受雇于此国际组织。（3）在其离开美国之前一年，已经申请保持其在美国居住的经常性。（4）其破坏居住经常性的时间是由于其海外工作的需要而造成的。

表10-4 “经常居留”难民的主要权利

权利的名称	内容	条款
知识产权	关于工业财产的保护，例如对发明、设计或模型、商标、商品名称以及对文学、艺术和科学作品的权利，难民在其经常居留的国家内，应给予该国国民所享有的同样保护，他在任何其他缔约国领土内，应给以他经常居住国家的国民所享有的同样保护。	第14条
向法院提起诉讼	难民在其经常居留的缔约国内，应向法院申诉的事项，包括诉讼救助和免予提供诉讼担保在内，应享有与本国国民相同的待遇。	第16条第2款

资料来源：作者统计和分析。

第五节 欧盟的难民权利

2004年9月，欧盟实施《欧盟关于第三国公民或无国籍人作为难民或需要国际保护人员的资格和地位以及给予保护的最低标准的指令》①（简称2004年《欧盟难民保护指令》）。作为难民方面的实体性规则，2004年《欧盟难民保护指令》为成员国认定难民（甄别真实需要国际保护的人员）提供共同准则，确保这些被认定难民在所有成员国能够获得最低限度的救济。2004年《欧盟难民保护指令》是欧盟第一个具有法律约束力的超国家区域性范畴的法律文件，在欧盟层面确认认定难民和国际保护人员的标准，以及难民和国际保护人员能够获得的实体权利保护，还要求所有成员国采取一

① Council Directive 2004/83/EC of 29 April 2004 on minimum standards for the qualification and status of third country nationals or stateless persons as refugees or as persons who otherwise need international protection and the content of the protection granted

切适当措施消除难民方面的国内法与欧盟法、参加的国际公约之间不一致的规定。[①]

2004年《欧盟难民保护指令》规定了获得了难民地位或者临时保护地位外国人的权利，要求成员国履行国际公约义务，给予符合条件的外国人以难民或者临时保护地位，不推回难民至绝境。其中第13条规定："成员国应赋予符合2004年《欧盟难民保护指令》第2章和第3章规定的[难民认定条件的]第三国公民或者无国籍人以难民地位。"其中第21条规定，除非能够合理证明难民将对成员国国内安全构成危险，该难民实施了最终判决确定的严重犯罪行为，给成员国社会造成危险，否则成员国不应将难民推回至绝境。其中第24—33条规定了获得难民或者临时保护地位外国人享有的最低限度的权利。

获得了难民地位外国人及其家庭成员和获得了补充保护地位外国人的居留许可（residence permits）。外国人取得难民地位后，成员国应当尽快向其签发有限期至少三年的居留许可，并在期满后予以延期，除非存在国家安全或者公共秩序方面的有说服力的原因。基于确保获得难民地位外国人的家庭团圆权，成员国应向获得难民地位外国人的家庭成员签发有限期至少三年的居留许可，并在期满后予以延期。就取得补充保护者而言，成员国应在其取得临时保护地位后，尽快向其签发有限期至少一年的居留许可，并在期满后予以延期，除非存在国家安全或者公共秩序方面的有说服力的原因。[②]

获得了难民地位或者补充保护地位外国人的境内迁徙（freedom of movement within the member state）。成员国应确保获得了难民地位或者补充保护者，有基于在本国合法居留的第三国国民相同限制的，在境内自由迁徙的权利。[③]

获得了难民地位或者补充保护地位外国人的国际旅行证件（travel document）。缔约国应按照1951年《关于难民地位的公约》附件规定的格式，向获得了难民地位的外国人签发国际旅行证件（travel documents），用于其在成员国境外旅行，除非存在国家安全或者公共秩序方面的有说服力的原因。成员国应向无法取得护照的获得了补充保护者签发证件（documents），至少用于其由于严重人道主义原因必须前往其他国家，除非存在国家安全或者公共秩序方面的有说服力的原因。[④]

获得了难民地位或者补充保护地位外国人的工作权（employment）。外国人取得难民地位后，成员国应当立刻赋予其根据职业或者公共服务规则的工作权或者从事自雇权。为此，成员国应确保取得难民地位或者补充保护者能够接受与本国公民同等条

① 郝鲁怡.欧盟国际移民法律制度研究[M].人民出版社.2011.245.

② 2004年《欧盟关于第三国公民或无国籍人作为难民或需要国际保护人员的资格和地位以及给予保护的最低标准的指令》第24条。

③ 同上注，第32条。

④ 同上注，第25条。

件的与就业有关的成人教育、职业培训以及进行工作场所实习。外国人取得临时保护地位后，成员国应当立刻赋予其根据职业或者公共服务规则的工作权或者从事自雇权。但是，成员国可以考虑本国劳动力市场情况，包括在国内法中规定一定期限内优先就业。成员国应该确保获得补充保护者根据本国有关劳动力市场测试方面规定获得了工作邀请时，能够从事被邀请的工作。为此，成员国应确保取得补充保护者可以根据本国有关决定的条件，接受与就业有关的成人教育、职业培训以及进行工作场所实习。[①]

获得了难民地位或者补充保护者的教育权（access to education）。成员国应赋予所有获得了难民地位或者临时保护地位的未成年外国人，享有与本国公民相同的接受教育的权利。成员国应批准所有获得了难民地位或者临时保护地位的成年外国人，享有与在本国合法居留的第三国公民相同的接受一般教育、继续培训或者再培训的权利。成员国对获得了难民地位或者补充保护地位外国人的外国毕业文凭、证书或其他正式资格证明，应在认定方面给予与本国公民相同的待遇。[②]

2004年《欧盟难民保护指令》第28条规定：成员国应确保难民和补充保护者在给予难民地位的成员国，获得成员国提供给公民的必要的社会救助（Member States shall ensure that beneficiaries of refugee or subsidiary protection status receive, in the Member State that has granted such statuses, the necessary social assistance, as provided to nationals of that Member State）。作为例外，对于获得了补充保护者，成员国可以将其健康福利限定于与成员国公民相同条件和水平的核心社会福利（core benefits）。

2004年《欧盟难民保护指令》第30条第1款规定：成员国应确保难民有权获得，与给予难民地位的成员国公民相同条件的必要的医疗保障。其中第30条第3款规定：欧盟成员国向有特别需要的难民提供，与给予难民地位的成员国公民相同条件的足够医疗保障。有特别需要的难民包括孕妇、残障人士、经历了酷刑、强奸或者其他严重的心理、肉体或者性方面的暴力人士，或者由于武装冲突而经受任何形式的虐待、剥削、酷刑、残忍、不人道和有辱人格待遇的未成年人。2004年《欧盟难民保护指令》第31条规定：成员国应确保获得难民地位的外国人，有与在本国合法居留的第三国国民相同的获得住所的权利。

获得了难民地位或者补充保护地位外国人的住所权（access to accommodation）。2004年《欧盟难民保护指令》第31条规定：成员国应确保获得难民或补充保护者，有与在本国合法居留的第三国国民相同的获得住所的权利。

---

① 2004年《欧盟关于第三国公民或无国籍人作为难民或需要国际保护人员的资格和地位以及给予保护的最低标准的指令》第26条。

② 同上注，第27条。

获得了难民地位或者补充保护地位外国人的融合权（access to integration facilities）。2004年《欧盟难民保护指令》第33条规定：为了促进难民融入成员国，成员国应制定融合项目方面的规定，适用于难民或者确保创造了难民适用于该项目的前提条件。如果成员国认为合适，可以允许获得补充保护者适用于融合项目。

第十一章 难民问题的永久解决方案

永久解决（durable solutions）难民问题是国际难民法的目标之一，也是联合国难民署的任务之一。1950年《联合国难民署章程》第1条第1款规定：联合国难民署高级专员秉承大会命令行使职权，协助各国政府，并在取得各关系国政府同意后协助私人组织，鼓励难民自动回国或与新国度同化，以期永久解决难民问题。联合国难民署官方报告《永久解决方案》记录了从1959年至2000年间，联合国大会对寻求难民永久解决方案的五十几次建议，督促所有成员国支持联合国难民署寻求难民永久解决方案的努力，建议通过自愿遣返、协助自愿回国、就地融合、第三国重新安置等方案解决。

第一节　自愿遣返

一、自愿遣返概述

自愿遣返（voluntary repatriation）是指在自由表达回国意愿的基础上，将合格人员送回本国。[①] 从国际移民管理的视角来看，难民返回大体上以三种方式进行，即（1）不受强迫的自愿回国。难民在停留至返回本国期间自行决定返回的时间，并承担返回的费用。（2）被迫自愿回国。在临时保护身份即将结束，难民地位申请遭到拒绝，或无法继续停留的情况下，自愿选择返回。（3）非自愿回国。庇护国政府命令难民离境，方式包括驱逐出境。

自愿遣返是大多数难民和庇护国喜爱的，也是联合国难民署鼓励的永久解决难民问题的一种方案。[②] 对许多难民来说，安全和有尊严的自愿遣返是理想的，有时是唯一可行的解决方案。当本国国内情况发生根本变化，不再受到迫害威胁时，难民身份会被终止，也需要返回本国。1998年4月，各国议会联盟第99次大会呼吁：各国政府和议会推动难民和流离失所者早日自愿遣返、重新安置、回归原生活；推动前战斗

---

① 理查德·佩鲁查得（Richard Perruchoud）. 茅海红[译]. 国际移民法词汇. 国际移民组织. 2008. 75。

② 凯特·雅斯特拉姆. 玛丽莲·阿奇隆. 难民保护：国际难民法指南[M]. 2004年修订版. 联合国难民署. 各国会议联盟.87。

人员（特别是儿童军）放下武器、复员，随后接受培训和重新融入平民生活，并促进受到创伤的人群尤其是妇女和儿童回归原生活。2012年，约有52.6万名难民自愿遣返，与2011年的人数相当，其中包括最近流离失所的共16.5万人回到科特迪瓦，同时还遣返了长期难民98,600人回到阿富汗。[①]2007年约有280万难民和流离失所者回国，其中大多数都得到了联合国难民署的援助。安哥拉和利比里亚的大规模遣返行动已告结束，分别有1.2万和4.4万名难民返回本国。[②]

自愿遣返离不开回国权。回国权作为一项基本人权，已经被世界性和地区性国际文件以及许多国家的宪法广泛接受。1966年《公民权利和政治权利国际公约》第12条第4款规定："任何人都有进入本国的权利，不得任意加以剥夺。"一个国家没有不接受其公民自由地回国的权利，否则其公民将不得不持续流浪。国家可以要求他们在行使回国权时出具国籍或者与本国建立"真正有效的联系"的证据。一些国际文件中的遣返是指一种返回原籍国的权利，与中国法律文件将遣返界定为强制遣返或遣送出境有根本的区别。2000年《〈联合国打击跨国有组织犯罪公约〉关于预防、禁止和惩治贩运人口特别是妇女和儿童行为的补充议定书》第8条第2款规定："当一缔约国将身为另一缔约国国民或在进入接收缔约国领土时尚拥有另一缔约国永久居留权的人口贩运活动被害人送还（遣返）该缔约国时，这种送还（遣返）应适当顾及被害人的安全和与其身为贩运活动被害人有关的任何法律程序的状况，并应最好出于自愿。"

二、自愿遣返的条件

自愿遣返以难民本人同意或自愿、难民国内情况发生根本变化为条件。联合国难民署认为"自愿遣返"作为一项难民权利而不是难民义务存在，如果难民因为担心受到迫害而拒绝遣返回国，庇护国不得强制遣返，而需要通过其他方式永久解决难民问题。如果返回不具备可持续性，而且帮助返回难民重新融入社会的工作不到位，那么返回可能带来一些问题，甚至是难民试图再次离开本国寻求庇护。一项全面的难民自愿遣返政策应当包括以下关键要素，以确保难民返回的最终实现：推动自愿遣返成为第一选择；采取安全的、有尊严的遣返措施；增强返回的可持续性，减轻难民的压力，避免他们试图再次逃离；促进返回者在经济、社会和文化方面的重新融入；返回过程中相关方的参与和合作。

自愿遣返以自愿为条件之一，体现了人道主义精神在永久解决难民问题中发挥的作用。该规则适用于联合国难民署处理的所有类型的难民遣返事项中。出于尊重难民

① 联合国难民署高级专员的报告（2012年1月1日至2013年6月30日），2013年向联合国大会第68届会议提交，A/68/12(Part I).第46段。

② 同上注，第48段。

的感受，如果难民本人或其家属曾受到其本国残酷迫害或摧残，非其本人同意，即使他的本国情况发生了重大变化，迫害情况不复存在，也不得将他遣返。因为政权更迭等本国发生的变化，不一定真正代表民众态度的改变，而且也不一定改变难民本人对本国当局的看法。[①] 为了保证遣返是自愿的，除非适当援引了1951年《关于难民地位的公约》的终止条款，否则一定要查明遣返难民是否违背了本人的意愿。庇护国还可以允许难民在不会失去重新回到庇护国权利的条件下回到本国考察，以便全面了解那里的情况。

只有难民国内情况发生根本变化，才可以自愿遣返难民。理解"国内情况发生根本变化"可以参考对1951年《关于难民地位的公约》第1条第3款第5项终止难民身份规定"所依据的情况不复存在"的解释，是指难民本国的情况发生了重大、深刻和实质性的变化，这种变化足以消除难民对迫害的畏惧。庇护国评估变化要考虑变化的基本、稳定和长久性。仅仅是围绕单个难民畏惧的事实发生的变化，可能是一种过渡性变化，而不是涉及整个社会环境的重大变化，这种变化不足以终止难民身份。[②] 如果变化影响的是群体或阶层，庇护国对个人难民"国内情况发生了根本变化"的评估要在群体或阶层受变化影响的背景下进行。

终止难民身份与自愿遣返难民紧密相连，终止难民身份常常导致遣返难民。在塞拉利昂恢复了和平和稳定后，联合国难民署于2008年6月建议：从2008年12月31日起终止塞拉利昂出逃人士的难民身份，为希望回国的塞拉利昂难民提供现金和交通援助，努力永久解决塞拉利昂难民问题。[③] 随着从2012年6月起终止安哥拉和利比亚难民的身份，大量的安哥拉和利比亚难民回国。联合国难民署协助4.6万名刚果难民从刚果共和国自愿回到他们在刚果民主共和国北部地区的家园。2012年有超过13万人从苏丹回到南苏丹，联合国难民署继续支持南苏丹政府为约30万留在苏丹的难民发放身份证，促进他们的自愿遣返。到2012年底，坦桑尼亚在联合国难民署和国际移民组织的支持下，协助难民身份被取消的3.5万名布隆迪人回国。[④]

三、自愿遣返的困境

自愿遣返的理想状况是导致迫害的原因消失和迫害情形不再存在。难民充分了解本国形势后自由决定回国，并且有充分的国际保护和援助，以保障他们能安全、有尊严地回国。联合国难民署、庇护国和本国之间签订三方协议，保障难民的合法地位。

① 梁淑英. 国际难民法[M]. 知识产权出版社. 2009. 129。

② Symes, Mark., Jorro, Peter. and Berry, Adrian. *Asylum Law and Practice*, Bloomsbery Professional Press, 2010, 373.

③ 联合国难民署高级专员的报告. 2009年向联合国大会第六十四届会议提交，A/64/12第63段。

④ 联合国难民署高级专员的报告（2012年1月1日至2013年6月30日），2013年向联合国大会第68届会议提交，A/68/12(Part I). 第47段。

遗憾的是，事实很少是理想状况。多数自愿遣返情况是难民的庇护国和本国都存在不稳定、不安全状况，难民不得不在两种不幸中选择较轻的一种。有时候，难民自愿遣返时经常带着一种导致迫害的原因消失和迫害情形不再存在，国际保护和援助已经到位的希望，但返回本国时却发现，迫害原因没有完全消失，迫害情形依然存在，国际社会提供的国际保护和庇护国给予的援助并不充分，甚至只好再次寻求庇护。[①] 由于受迫害和国际迁徙，回国的难民常常面临许多收回财产、融入社会等经济、社会和法律方面的困难。

难民和国内流离失所者返回陷入了困境。2013年，41.46万难民自愿遣返，低于2012年的52.6万、2011年的53.2万。2004—2013年，共有650万难民自愿遣返，而1994—2003年，共有1460万难民自愿遣返。[②] 国内流离失所者返回需要本国的稳定和安全以及国际社会的支持，实现这些需要克服不少障碍。尽管国内流离失所者人数猛增，但是自愿遣返的国内流离失所者却增长不多，在一些年份还出现了下降。2013年，联合国难民署帮助和援助了135.6万国内流离失所者返回，比2012年154.54万下降了12%，比2011年324.58万下降了58%，而2013年，世界国内流离失所者有3330万，其中2393万得到了联合国难民署的保护和援助。[③]

自愿遣返可以由联合国难民署或者庇护国组织。联合国难民署只有在难民人身安全得到一定程度的保障后才会积极推动自愿遣返。联合国难民署驻华代表处新闻官员认为："不能从单纯是否停火来判断局势的安全与否，联合国难民署有一个安全评估的体系可供参考。分别有零、一、二、三、四几个等级，其中零级是最安全的，四级是最危险的，如果自愿遣返地方评估是二级了，就已经不稳定了。联合国难民署会向难民提供各种各样的资讯，让他们清楚认识到回去会面临什么，让他们可以自己决定是否返回家园。"[④] 联合国难民署还经常与当地政府合作，监控难民回国，协助解决任何可能发生的保护问题。在实施遣返的过程中要切实保护难民人身安全、维护难民人格尊严。[⑤] 联合国难民署从2002年开始遣返生活在坦桑尼亚的布隆迪难民，到2008年3月已遣返30万人。2008年的遣返者中包括来自1972年难民大量涌入之后建立的年代很久的定居点的3万多难民。这些遣返活动使坦桑尼亚西北部的难民营人数减少到20万以下。由于存在着许多的危机，联合国难民署推动自愿遣返的能力倍受考验。除了同时发生的大规模紧急情况给自愿遣返带来压力之外，许多情况非常复杂，存在

---

① 凯特·雅斯特拉姆.玛丽莲·阿奇隆.难民保护：国际难民法指南[M].2004年修订版.联合国难民署.各国会议联盟.87-88。

② UNHCR. *UNHCR Global Trends 2013*. UNHCR. 2014. 19-20.

③ Ibid., 44.

④ 杨春.姚欢.中国政府及时应对难民涌入[N].新世纪周刊2009年9月9日。

⑤ UNHCR. *Handbook on Voluntary Repatriation: International Protection*, 1.

行政管理障碍，以及一些地点偏远和难以到达，这些因素都使自愿遣返工作不利于开展。2013年，50%的41.46万自愿遣返难民即20.6万得到了联合国难民署的保护和援助，是十年来联合国难民署保护和援助自愿遣返者的最低比例。[①]

第二节　协助自愿回国

一、协助自愿回国概述

协助自愿回国（assisted voluntary return）是指难民本国国内情况没有发生根本变化，在庇护国和国际社会的协助下，自愿回到本国重新定居。这里的难民包括被认定难民、寻求庇护者、流离失所者等难民和联合国难民署的关注人群。由于国际局势复杂和动荡，“迫害”很难根除，从庇护国的角度看，为了避免被难民问题长期拖累，自愿回国是“最终”解决难民问题方案的一种。1970年至1990年之间，全球90%以上的难民问题是在没有任何国际援助的前提下，通过难民自愿、自力回到本国重新定居的方式解决的。[②]

与强制遣返相比，协助自愿回国可以降低侵犯人权的风险，维护返回者的尊严，而且比强制返回花费更低的经济和政治成本。针对流离失所者、寻求庇护者被禁止继续留在庇护国的情况，协助自愿回国既能够帮助他们避免被遣返和被目的国依法禁止再次入境的难堪局面，同时又满足庇护国能够以最人性化、最体面的方式处理难民问题的需求。对于收到离境通知和强制离境警告的流离失所者、寻求庇护者来说，他们可以有自愿回国的选择余地。协助自愿回国所提供的回国机会是基于本国、中转国和庇护国之间的合作。有效实施该方案能够降低他们回国后再次成为难民的几率，但是，这跟是否能够帮助难民有效地“重新融入”当地社会有重要关系。协助自愿回国与强制遣返相比，节省了高昂的执法成本，降低了强制遣返之前所需的社会福利成本。

协助自愿回国必须出于难民本人的自愿。难民“自愿”应理解为完全自动地返回其国籍国或以前的经常居住国，目的是永久在该国居住。该国又重新成了他们的依靠或可以保护他们的国家。如果难民只是访问本国，使用的不是该国签发的护照，而是居住国的旅行证件，不构成自愿回国。[③]1951年《关于难民地位的公约》第1条第3款第4项规定：本公约应停止适用于已在过去由于畏受迫害而离去或躲开的国家内自

① UNHCR. *UNHCR Global Trends 2013*. UNHCR. 2014. 19-20.

② Stein, B. *Policy Challenges Regarding Repatriation in the 1990s: Is 1992 the Year for Voluntary Repatriation?* Research Paper of Oxford Refugee Studies Centre, United Kingdom, 1993.

③ UNHCR. *Handbook on Procedures and Criteria for Determining Refugee Status Under the 1951 Convention and the 1967 Protocol Relating to the Status of Refugees*, January 1992, para. 133, 22.

动定居下来的人。此项规定针对因“有正当理由”畏惧逃离本国后自愿回国的有国籍或无国籍的难民。黎巴嫩内政部要求在黎巴嫩登记过的叙利亚难民，从2014年6月1日起，不要再重返叙利亚，离开黎巴嫩而重返叙利亚的人将失去其作为在联合国登记在册的难民的身份。

二、协助自愿回国的内容

协助自愿回国通常包括离境前援助、返回或过境援助、返回后接纳援助、重新融入社会的支持等四个阶段。离境前援助是协助自愿回国的第一个阶段，要在目标难民人群里发布信息，包括传播简介和信息。这个步骤通常是通过使馆、领事馆、难民社群、难民组织、难民咨询团队、定期通讯和特定网站实施。一旦发现目标难民，即向其提供返回信息和咨询服务，包括提供本国国家资料、返回案例等返回和重新融入的基本信息。返回前的咨询对于提高返回难民的预期非常重要，要回答咨询者的问题，这能够帮助难民决定。相对于强制遣返，自愿回国是更好的选择。在了解情况的基础上做出的决定更有利于其返回的可持续性。当难民同意参与协助自愿回国方案后，帮助难民提出回国申请，并进行健康评估，向难民提供行前准备的支持，包括协助他们准备相关旅行文件，安排陪同人员，或提供临时庇护所。

返回或过境阶段是协助自愿回国的第二阶段。要为同意回国的难民安排行程，包括获取机票和行李补贴。还要提供登机协助，去往机场的交通协助，安置补贴，零用钱，提供中转协助，为弱势人群提供医护或非医护陪同人员，提供需要的临时住所等。

返回后接纳援助是协助自愿回国的第三个阶段。当难民到达本国后，向其提供返回后的接纳援助，包括提供信息和咨询服务，满足特殊需求，为重新融入阶段做准备，协助难民前往他们的家或社区。为难民安排临时住所或庇护所，以及医疗或转诊协助。

重新融入社会的支持是协助自愿回国的最后阶段。要向回国者提供重新融入津贴、临时接纳安排、微型/小型商业支持、社区协助、职业培训和社会经济协助等支持，这对帮助难民自愿返回其本国后重新融入社会，防止其再次申请难民地位非常重要。很多难民刚到庇护国后可能希望回国，但是随着他们在庇护国居留的时间越来越长，这种想法就会逐渐消退。通过协助难民重新融入社会的措施，帮助返回难民提高其社会经济状况，就能够提高其回国的可持续性。如果潜在难民在本国和原来生活的社区有体面的工作和较好的生活质量，那么他们尝试再向其他国家申请难民地位的动力会更小。

如果难民自愿返回仍然处于迫害情形的本国，联合国难民署将尽可能多地帮助他们，促进他们的重新融入。虽然2008年有27.8万多名登记的阿富汗人返回本国，但是那里的安全状况在不断恶化。许多人返回阿富汗是因为巴基斯坦的经济和政治局势每况愈下。约10%的回返者被迫再次寻求庇护。自2002年以来，已有500多万阿富汗人返回，但是，由于阿富汗的接纳能力已到极限，回国者面临诸多困难。2008年11月，阿富汗政府和联合国难民署共同主持了返回和重新融入社会问题国际会议，其间将返回者重新融入社会问题纳入了阿富汗的国家发展战略。国际社会承诺帮助阿富汗政府增强其接纳难民的能力。[①]2012年，联合国难民署发布了《支持自愿遣返、可持续重返社会和援助东道国的阿富汗难民解决方案战略》，建立了四方指导委员会，作为协调的平台，促进为阿富汗、伊朗、巴基斯坦等国家计划制定优先事项，让发展伙伴介入，并为执行战略共同筹集资源。

三、欧盟和日本的协助自愿回国实践

协助自愿回国源自欧洲，但它的实施从地理和政治上都已经超出了欧洲的范围。在全球的所有地区，越来越多的庇护国和中转国把协助自愿回国方案纳入他们的移民管理框架，并正在执行相关项目。根据国际移民组织移民协助部门在2012年发布的《2012年度总结回顾》(*At a Glance Annual Review 2012*)，国际移民组织通过其协助自愿回国和重新融入计划帮助了来自191个原籍国和57个庇护国的40,141名移民。另外，该计划共为52,764名移民提供了返回后和重新融入支持。

重新接纳协定是欧盟与其他国家和地区以互惠原则为基础将非常规移民遣返至本国或过境国的合作承诺，旨在努力为欧盟创造完整的内部安全空间。1950—1970年代是欧洲重新接纳协定第一代时期，共签署了12份。1980年代是欧洲重新接纳协定第二代时期，共签署了2份。1990年代至今是欧洲重新接纳协定第三代时期，截至2006年，共计签署了203份。欧盟各国中签订重新接纳协定最多的国家是瑞士，共63份。欧洲在此时期，颁布了供各成员国谈判重新接纳协定的范本。

根据1992年《欧盟条约》(《马斯特里赫特条约》)，重新接纳协定成为欧盟难民和非常规移民责任分担机制的最重要内容。根据1997年《关于修改欧盟条约和修改建立欧洲共同体诸条约及有关共同体文件的阿姆斯特丹条约》(《阿姆斯特丹条约》)第63条第3款第2项所赋予的职权，欧洲理事会可以批准欧委会与第三国签订重新接纳协定。2009年《里斯本条约》第79条第3款沿袭《阿姆斯特丹条约》第73条，对重新接纳协定作出规定："欧盟可与第三国就这些国家重新接纳不符合或不再符合在一成员国领土入境、停留或居留条件的，来自该第三国的国民，缔结有关协定。"重新接纳协定的直接后果之一是有效地减少了在欧盟成员国境内的非常规移民和寻求庇护者的数量。欧盟针对非常规移民和寻求庇护者采取的要求本国重新接纳的措施是基

① 联合国难民署高级专员的报告. 2009年向联合国大会第六十四届会议提交，A/64/12. 第62段。

于政府间的合作，是一种对非常规移民的超国家治理。

许多国家制订了协助自愿回国方案，并与输出国签署了重新接纳协定。重新接纳（readmission），在司法、自由和安全领域，是指国家接受在其他国家的本国公民重新入境的行为。

德国制定和实施了资助非常规移民和寻求庇护者等外国人离开德国回国或者前往第三国，并帮助他们开始新生活和重新融入的人道主义项目，鼓励他们自愿离开德国，包括在德国的寻求庇护者重新融入和移出项目、政府协助自愿回国项目、面向科索沃人的URA 2项目——科索沃人回国项目。

瑞士重新接纳政策与欧盟及其成员国执行的重新接纳政策一致，是为了控制非常规移民和寻求庇护者，同时，在伙伴关系和合作协议中纳入了重新接纳的条款，或与原籍国和过境国签订重新接纳协定。

截至2010年11月，塞尔维亚签署了17个双边重新接纳协定。2009年2月，塞尔维亚制定了《重新参与社会生活战略》，在充分尊重社会和文化多样性情况下，自愿回国者持续参与社区生活。欧洲联盟和瑞士为自愿回国者重新参与社会生活提供资助。人权和少数民族权益部在贝尔格莱德特斯拉机场设立了重新接纳办事处。

日本鼓励非法滞留者自首和自愿回国。如果超过居留期限却一直生活在日本的外国人自愿回国，可以免除羁押（收容），获得出境命令。对于通过强制出境（遣返）手续回国的外国人，不得入境日本的最低期限是五年。对于通过出境命令回国的外国人，不得入境日本的最低期限是一年。在希望回国的非法滞留的外国人中，虽然不属于出境命令的适用范围，但是却亲自到法务省入国管理局自首的，可以申请和获得保释（临时释放许可），免除羁押并开始办理回国手续。

第三节　就地融合

就地融和是指难民取得庇护国国籍，融入庇护国社会。[①] 难民取得庇护国国籍后就丧失了难民地位，以庇护国公民身份在庇护国内充分参与各种社会、经济和文化生活，寻求庇护国对公民的保护。1951年《关于难民地位的公约》第1条第3款第3项规定了难民取得新国籍后难民身份终止的情况：本公约应停止适用于已取得新的国籍，并享受其新国籍国家保护的人。

1951年《关于难民地位的公约》规定了就地融合，第34条规定："缔约各国应尽可能便利难民的融入和入籍。它们应特别尽力加速办理入籍程序，并尽可能降低此项

① Manke, Marina. International Organization for Migration (Moscow). *Manual On Readmission for Experts and Practitioners: Selected Foreign Readmission and Return Practices*. International Organization for Migration. 2010. 13.

程序的费用。”缔约国尽可能而不是有义务便利难民的融入和入籍，适用可能专门待遇，可以自主选择是否制定法律规范这方面事务。缔约国有义务在融入和入籍方面尽可能提供便利、特别尽力加速办理入籍程序和尽可能降低入籍程序的费用，例如，缩短对难民在本国居住期间要求，减免入籍申请费用，免除要求加入本国国籍的难民放弃其原国籍等。缔约国在难民入籍方面作出切实努力，并有实际方案和措施，才可以被称之为“尽可能”“尽力”。

根据1950年《联合国难民署章程》和1951年《关于难民地位的公约》的设想，难民在庇护国取得公民身份是在接收国得到全部权益的一个基本步骤，但是许多国家不允许难民融入和入籍。2006年，联合国难民署获悉，在下列国家，一些难民获准取得庇护国国籍：美国（98,500）、土库曼斯坦（9,500）、比利时（2,500）、亚美尼亚（1,200）、吉尔吉斯斯坦（600）和俄罗斯（420），[①] 这与2006年987.77万公约难民总数相比，只是极少的一部分。近年来，越来越少的国家采取难民就地融合和入籍的政策，但是有一些例外，例如，2007年，印度同意免除长期滞留的阿富汗难民的一些手续，以方便他们入籍。2007—2009年，坦桑尼亚政府对1972年涌入该国的17.6万布隆迪难民实施就地融合方案，允许他们入籍。前南斯拉夫的马其顿共和国政府实施了一项2009—2015年促进难民和其他非公民融入社会战略。在亚洲，约3,000名柬埔寨难民在越南的入籍问题取得了进展。在拉丁美洲，墨西哥行动计划的“城市团结”和“边境团结”方案旨在促进实现自给自足和就地融合。[②]2012年，巴西政府为近1,300名安哥拉和利比里亚难民提供了永久居留权。[③]

联合国难民署关注实现就地融合的各种可能性，减少融入和入籍的障碍，努力促进难民就地融合。在大规模遣返行动已经结束的国家，联合国难民署鼓励各国政府考虑让遗留下来的难民就地融合。截至2007年，在亚美尼亚的大部分阿塞拜疆难民都已入籍。20世纪90年代中期开始，塞尔维亚政府已协助20多万难民加入塞尔维亚国籍。[④]2012年，联合国难民署支持超过1万名前利比里亚难民在居住国实现了就地融合，其中包括约4,000人在加纳实现了就地融合。为先前逃离安哥拉的难民提供庇护的几个国家同意为符合某些标准的难民改变法律地位。有6.4万名前安哥拉难民从中获益，其中约5.1万人在刚果民主共和国得到安置，有1万人在赞比亚，2,000人在纳米比亚以及800人在刚果共和国得到安置。在苏丹东部，过渡解决方案举措旨在为

① UNHCR. *Executive Committee Conclusion No. 67, Resettlement as an Instrument of Protection,* 1991, page g.

② 联合国难民署高级专员的报告（2006年1月1日至2007年6月30日），2007年向联合国大会第68届会议提交，A/62/12.第48段。

③ 联合国难民署高级专员的报告.2009年向联合国大会第六十四届会议提交，A/64/12第66段。

④ 联合国难民署高级专员的报告（2012年1月1日至2013年6月30日），2013年向联合国大会第68届会议提交，A/68/12(Part I)第50段。

过去40年里接纳厄立特里亚难民的难民营增加经济上的自力更生，使难民营逐步过渡成为乡村社区，随着贫困的难民和东道家庭收入的增加，这些举措已逐步取得成果。[①] 根据西非国家经济共同体议定书提供的自由迁徙措施，难民能够在原籍国获得保护，同时也能继续在该地区的另一个国家生活和工作。

联合国难民署一直建议庇护国收集和通报给予难民本国国籍的数据。2013年，共有31个国家向联合国难民署通报了给予难民本国国籍的数据，这是联合国难民署自1997年收集取得庇护国国籍数据以来的最高记录。加拿大在2013年首次向联合国难民署通报给予难民本国国籍的数据。2013年，至少有7.16万名难民取得了庇护国的国籍，这些庇护国主要是美国（大约5万多）、加拿大（1.48万）、贝宁（3,700）、比利时（2,500）、爱尔兰（730）、几内亚（300），但2013年世界上共有1100.38万公约难民。

第四节　重新安置

一、重新安置概述

重新安置（resettlement）是指将难民、流离失所者等联合国难民署关注人群迁移或融入至另一个地理区域和环境，通常是第三国。[②] 对于生命或自由在最初庇护国面临危险、又不能返回本国的难民，重新安置是至关重要的保护工具，也是国家之间分担责任的重要机制。[③] 重新安置是永久解决难民问题方案的重要组成部分。产生重新安置这种方案的原因在于，最先接受难民的庇护国不愿意为难民提供长期的保护或者难民本人希望在其他更适宜的国家重建家园。将难民永久安置在非庇护国以外的国家，起始于遴选重新安置的难民，结束于在重新安置国将难民安置在社区中。[④]

绝大部分被重新安置难民是通过联合国难民署提出的申请，并得到了联合国难民署保护和援助。2013年，联合国难民署驻80个国家的办事处向有关国家提交了9.32万名的难民重新安置申请。21个国家共接收了9.84万名重新安置难民，比2012年的8.9万名多出了9,400名。联合国难民署帮助了9.84万名中的7.16万名离开所在国和抵达重新安置国。

---

① 联合国难民署高级专员的报告（2007年1月1日至2008年6月30日），2008年向联合国大会第68届会议提交，A/63/12.第47段。

② 联合国难民署高级专员的报告（2012年1月1日至2013年6月30日），2013年向联合国大会第68届会议提交，A/68/12(Part I)第49段。

③ 理查德·佩鲁查得（Richard Perruchoud）. 茅海红[译].国际移民法词汇.国际移民组织. 2008. 60。

④ 联合国难民署高级专员的报告（2006年1月1日至2007年6月30日），2007年向联合国大会第68届会议提交，A/62/12.第47段。

联合国难民署一直根据巴基斯坦的授权从事难民身份甄别工作和寻求被认定难民的永久解决方案，包括在城市居住难民的重新安置。联合国难民署2012年在巴基斯坦有三个办公室，雇佣299名员工，预算1.335亿美元。联合国难民署实施人口登记、确认和反映项目（Population Profiling, Verification and Response PPVR Projects），出资对在巴基斯坦的难民进行登记造册，支持了1,740,600名阿富汗难民身份证件的延期和补发，以及776,700名难民获得出生证，获得制订永久解决方案的数据基础。①

二、重新安置过程中的财产转移和入境便利

1951年《关于难民地位的公约》第30条规定了难民重新安置过程中财产转移："（一）缔约国应在符合其法律和规章的情况下，准许难民将其携入该国领土内的资产，移转到难民为重新定居目的而已被准许入境的另一国家。（二）如果难民申请移转不论在何地方的并在另一国家重新定居所需要的财产，而且该另一国家已准其入境，则缔约国对其申请应给予同情的考虑。"庇护国对重新安置过程中的难民转移其合法财产应当提供便利。不仅应当允许难民转移庇护国境内的财产，而且对于其他地方的财产也应当尽量对其提供协助。资产是难民立身的物质基础。难民由于种族、宗教、国籍、属于某一社会团体或具有某种政治见解而遭迫害，被重新安置和开始新生活时，转移资产至被重新安置国是必不可少的。不享有资产转移权，就不能有效占有资产，更遑论使用、收益和处分资产，难民对其携入一国资产享有的物权就受到严重削弱。

1951年《关于难民地位的公约》规定了对非法入境的难民提供入境便利，协助其获得第三国重新安置的机会。第31条第2款规定："缔约各国对上述难民的行动（直接来自生命或自由受到第一条所指威胁的领土未经许可而进入或逗留于该国领土的难民），不得加以除必要以外的限制，此项限制只能于难民在该国的地位正常化或难民获得另一国入境准许以前适用。缔约各国应给予上述难民一个合理的期间以及一切必要的便利，以便获得另一国入境的许可。"庇护国可以对非法入境的难民采取必要限度的限制措施。但是，如果难民获得另一国入境准许时，庇护国必须立即解除所有限制。必要时，庇护国应为难民获得第三国的入境许可提供必要帮助，包括给予非法入境的难民一个合理的居留期并在其他方面提供必要的协助。

三、重新安置难民获得的待遇和服务

重新安置难民除享有其他持境内难民签证的安置待遇和服务外，还因为重新安置的特点，享有一些专门的安置待遇和服务。在澳大利亚，重新安置难民享有免费或

① 理查德·佩鲁查得（Richard Perruchoud）. 茅海红[译]. 国际移民法词汇. 国际移民组织. 2008. 60。

者贷款前往澳大利亚、免费澳大利亚文化培训、入境后的接站、住房、培训、紧急救济等方面的待遇和服务。[①] 根据加拿大重新安置资助项目（Resettlement Assistance Program），重新安置难民可以享有收入资助和紧急必要服务资助。收入资助面向政府资助难民（government-assisted refugees），期限最长为一年，主要是涵盖住处、食物、义务、必需家具（床、桌子和椅子等）和生活必需品（锅、碗、盆等）。收入资助主要包括月度住房补贴、一次性文具补贴、一次性基本生活必需品补贴、一次性通讯补贴、月度交通补贴、月度营养补贴、月度孕妇补贴、一次性新生儿补贴、月度六岁以下儿童补贴、一次性新生入学和月度上学补贴、特别补贴、一次性丧葬补贴等从怀孕到死亡的各种补贴。

加拿大重新安置难民收入资助的具体内容和标准因省而异，因为项目、家庭情况、提供方式等情况不同而非常复杂。通常而言，如果重新安置难民入境后和其家庭成员一起居住，可以享有住房补贴，用于支付住房津贴不足部分。一个成年难民最多每月75加元住房补贴，一个家庭（不只一位成员）最多每月100加元。难民可以申请一次性基本生活必需品补贴，用于购买床等生活必需品。如果批准，决定时直接向申请人拨付、向长期供应商拨付、发放物品，或者兼有以上三种提供方式。一次性基本生活必需品补贴的一位难民的最高标准是1,330加元，一位难民和一位被抚养人的最高标准是2,340加元。加拿大公民和移民部资助合格的个人、非赢利机构、移民服务机构、社区、公司、省政府、市政府和教育部门等服务提供机构向入境4—6周的难民提供紧急和必要的服务，例如接机，安排临时住所，进行了解加拿大、生活技能和经济资助等方面培训，帮助寻找长期固定住所，推荐其他安置项目等。许多难民服务提供机构聘雇来自难民来源国的雇员，他们精通难民母语，便于和难民沟通。

四、重新安置的困境

同自愿遣返、协助自愿回国、就地融合相比，重新安置并非是最佳的永久解决难民问题方案。联合国难民署认为重新安置是一项辅助性方案，“只有在自愿遣返或就地融合都不能使用时、重新安置到第三国最符合难民本身权益时，才可以补充适用”。[②] 重新安置这种永久解决方案同其他方案相比，无论从时间、空间还是法律程序上都要花费较高的成本。难民如果想获得重新安置，可能需要等待更长时间、需要花费更多精力。遥遥无期的等候常常对难民的福祉和人身安全构成不利影响，重新安置的保护作用和战略用途也会打折扣。[③] 美国人口、难民与移民事务局官员承认，重

① UNHCR. *UNHCR Global Appeal 2012-13*. UNHCR. 2012. P185.

② Department of Immigration and Citizenship, Australia. *Humanitarian Settlement Services Onshore Orientation Program*, Commonwealth of Australia 2011.

③ UNHCR. *Executive Committee Conclusion No. 67, Resettlement as an Instrument of Protection,* 1991, para. g.

新安置是一个很费时日的过程，有时需要一年以上，要求对一个人进行审查以评估其安全状况和健康情况，并对其进行一些文化培训。[①]

重新安置难民接收能力远远低于需求。2013年，联合国难民署驻80个国家的办事处向有关国家提交了9.32万名的难民重新安置申请，比2012年的8.9万名增长了4,200人，而2013年联合国难民署认为的难民有1,170万。[②]2011年，在联合国难民署获授权处理的范围下，全球1,050万难民当中有约80.5万难民需要重新安置，可是当年各国接收的重新安置难民名额仅约8万。[③]2008年有12.1万人申请重新安置，65,800人离境。[④]2007年，向联合国难民署申请重新安置的数量近9.9万，超过了各国提供的7万个接纳名额，成行的人数约5万。2013年，全球需要为新增的18.1万名难民提供重新安置名额。

重新安置难民本国、所在国主要是发展中国家。2013年，联合国难民署驻80个国家的办事处向有关国家提交了9.32万名的难民重新安置申请，9.32万名难民主要是缅甸人（2.35万）、伊拉克人（1.32万）、刚果（金）人（1.22万）、索马里人（9,000）、不丹人（7,100）。2013年，联合国难民署帮助了81个国家处理重新安置难民事务，比2012年的85个国家略少。重新安置难民所在国主要是尼泊尔（1.07万）、泰国（8,800）、马来西亚（8,500）、土耳其（7,200）、叙利亚（4,200）、肯尼亚（3,600）、约旦（3,400）、黎巴嫩（3,300）。

重新安置难民接收国都是发达国家。2012年和2013年，美国、加拿大、澳大利亚、瑞典、挪威、英国、新西兰、芬兰、丹麦、荷兰、德国、西班牙、法国、巴西、爱尔兰、葡萄牙、菲律宾、乌克兰、冰岛、阿根廷、智利、匈牙利、列支敦士登、比利时等27个国家接受重新安置的难民。[⑤]2013年，21个国家接收了9.84万名重新安置难民，比2012年的8.9万名多出了9,400名。世界前五大重新安置难民庇护国是美国（6.63万）、澳大利亚（1.32万）、加拿大（1.22万）、瑞典（1,900）、英国（970）。[⑥]美国、澳大利亚和加拿大三个国家一共接收了90%的重新安置难民。

亚洲地区采用分批处理的方式，重新安置的难民远远超出所有其他地区。2007年通过泰国安排的缅甸难民约3万人，通过马来西亚安排的1万人。来自不丹的难民的重新安置也已开始，转移了7,500名从1991年以来就一直滞留在尼泊尔难民营中的难

① 联合国难民署高级专员的报告（2007年1月1日至2008年6月30日），2008年向联合国大会第68届会议提交，A/63/12.第54段。

② 美国国务院国际信息局（IIP）.美国热情接纳难民并敦促其他国家也积极安置难民[N].美国参考.美国国务院国际信息局网站2012年6月19日。

③ UNHCR. *UNHCR Global Trends 2013*. UNHCR. 2014. 21-22.

④ R·努里（R. Nuri）.长远解决难民困境：重新安置.联合国难民署网站. 2013年1月17日。

⑤ 联合国难民署高级专员的报告. 2009年向联合国大会第六十四届会议提交，A/64/12.第68段。

⑥ UNHCR. *UNHCR Statistical Yearbook 2012*. UNHCR.2013. 163.

民。上述每一项工作都从战略的高度处理重新安置，不仅着眼于帮助解决老大难的难民问题，而且为余下的积压案子寻求其他可能的持久解决途径。[①]

2012年，联合国难民署提交了约74,800份难民的重新安置申请，比2011年减少了18%，这是由于某些复杂的案子处理起来很困难，同时考虑必须减少申请数量，避免造成重新安置国要处理的某些难民类别的申请积压日益增加。资源的不足，限制性的办案标准，以及某些难民群体获得准入方面的困难，造成难以利用所有现有的重新安置名额。处于风险的妇女和女孩占所有申请的11%，再次超过了执行委员会在其2006年第105号结论 (LVII) 中设定的10% 的指标。[②] 难民署对各种保护需求和国际社会的呼吁作出了回应，即扩大重新安置范围以应对不断增加的脆弱难民，并且将其作为一种可行和长期的解决办法纳入所有保护和解决战略。2008年分别召开了几次由欧洲委员会、成员国和难民署参加的会议，以扩大欧洲联盟重新安置的势头，并动员尚没有参与重新安置的国家。[③]

五、英国重新安置难民的实践

（一）英国重新安置难民的程序

英国重新安置难民项目是通路（难民）保护项目（Gateway Protection Programme GPP），只受理联合国难民署推荐的难民，每年名额约750名。在发达国家中，英国接收的重新安置难民数量是很少的。2001年，英国接收了750名重新安置难民，同年美国、加拿大和澳大利亚分别接收了8万、1.1万和1万名。2011年，英国仍然只接收了750名，而美国、加拿大和澳大利亚分别接收了7.7万、1.4万、1.375万名。

联合国难民署向英国内政部移民和国籍委员会（Immigration and Nationality Directorate in the Home Office）推荐通路（难民）保护项目难民申请。如果申请人在递交申请和面试时没有包括自己的配偶和未成年子女情况，其配偶和未成年子女将不被视为申请人的扶养人。如果重新安置申请被批准，申请人的扶养人可以在申请人入境英国后申请家庭团聚。内政部移民和国籍委员会海外重新安置案件官（overseas resettlement officer）会面试所有主申请人，必要的话，还会面试副申请人，评估申请人的难民地位申请理由，逐案作出决定。面试不仅有助于评估申请人的难民地位申请理由，而且有益于收集其融入英国所需帮助的信息。另外，内政部移民和国籍委员会

① UNHCR. *UNHCR Global Trends 2013*. UNHCR. 2014. 21-22.

② 联合国难民署高级专员的报告（2007年1月1日至2008年6月30日），2008年向联合国大会第68届会议提交，A/63/12. 第51段。

③ 联合国难民署高级专员的报告（2012年1月1日至2013年6月30日）. 2013年向联合国大会第68届会议提交，A/68/12(Part I). 第53段。

审查通路（难民）保护项目难民申请人的健康状况和品行。海外重新安置案件官可以书面审理通路人道保护申请，假如对于英国难民重新安置项目处官员前往申请人所在国是不适宜的，而且存在着重新安置的迫切需求，或者申请人已经在难民营居留很长时间且不需要进行面试。海外重新安置案件官通常会认可联合国难民署关于申请人难民地位的决定，除非担心申请人主张的可信性或者发现了新的证据。

如果通路（难民）保护项目申请被批准，内政部边境署将向所有被批准的通路（难民）保护项目申请人提供离开所在国前往英国为期一天的行前文化培训，签发一次单程有效的欧盟统一格式表（European Union Uniform Format Form EU UFF）作为入境英国许可，该表将在其入境英国和被签发移民身份证（UK Immigration Status Document）后，被边境署收回。被批准的通路（难民）保护项目申请人前往英国的行程由国际移民组织安排，英国边境署支付费用。通路（难民）保护项目申请成功者将被组团20—30人集体前往英国，入境英国后，将享有12个月的入境后支持。如果通路（难民）保护项目申请成功者有在英国的亲属，亲属愿意提供住所，本人愿意和亲属在一起居住，将视其为独立入境者，入境后不再享有12个月的入境后支持，入境后自己安排生活和寻求各种已存在的社会服务和社会保障。

（二）英国重新安置难民的内容

1. 概述

重新安置难民是英国难民安置的重要内容，被重新安置的难民比其他项目难民有着更强烈的安置咨询、帮助和支持需求。英国非常重视培养难民的自立，减少他们在难民营生活滋生的对外界机构的依赖。尽管每年需要重新安置的难民只有750人，但是重新安置方案具体和翔实，安置内容人性化，安置高效，安置人员充实。非政府组织在安置难民中发挥着主体和重要作用。英国边境署和地方政府、非政府组织、其他有难民和移民工作经验的机构一起为通路（难民）保护项目入境难民提供安置服务，包括接站、密集安置、常规安置、后续跟踪等四阶段服务。前两个阶段服务为密集服务，共计8天，前三个阶段服务共计12个月。后续跟踪确保政府机构不断完善重新安置政策。

2. 接站

接站是指在从迎接重新安置难民入境到送至旅店期间，提供适应英国的迎接性和介绍性服务，为期四天，主要由安置地地方政府、非政府组织和国际组织联合提供。第一天，地方服务提供者和国际移民组织英国办事处官员会前往机场或者其他入境地方迎接入境的通路（难民）保护项目难民，然后将他们安全地送至靠近机场的旅店，引导他们适应新环境，确定他们需要什么样的紧急医疗服务。第二天，移民帮助热线（Migrant Helpline）人员会在旅店培训刚刚入境的难民，介绍道路安全、使用英国货币、权利和责任、福利和地方支持等方面信息，发放一份简明英国生活实用指南。难民入境项目（Refugee Arrivals Project）人员向在旅店居住的刚入境的难民提供餐饮、衣物和零花钱。第三天，难民入境项目人员介绍刚入境享有的权利和承担的义务，获得的帮助和支持，以及住所情况。第四天，难民入境项目人员会将刚入境难民从旅店送至居留地。在旅途中，会向他们发放两周求职者补贴，作为刚入境难民的福利。

3. 密集安置

密集安置是指在重新安置难民从旅店抵达居留地后最初阶段，提供的适应英国的密集的介绍性和安顿性服务，为期四天，主要由安置地地方政府和非政府组织联合提供。第一天，难民入境项目人员陪同难民来到居留地区后，和他们一起与难民理事会和租房机构人员见面，然后将他们分别送往各自住处。租房机构人员向入住的重新安置难民介绍住处每一个设施的使用方法。每一个住处都有一个装有面包和米饭等基本餐饮用品的食品套装。

第二天，重新安置难民所在地的非政府组织和地方政府，例如难民理事会，为每个难民或者难民家庭指定一名案件官（caseworker），提供一对一帮助，进行家访，了解和评估每个难民家庭的需求，帮助和引导他们获得住房、医疗、语言培训和教育等方面的安置服务。安排重新安置难民外出购物。

第三天，有关工作人员陪同重新安置难民去工作保障中心。工作保障中心工作人员面试重新安置难民，向他们介绍国民保险、求职补贴、收入津贴、住房补贴等社会保障情况，以及培训、语言课程、就业等方面的机会。

第四天，评估重新安置难民健康和再次家访，了解和帮助重新安置难民解决医疗及其他方面的需求。召开重新安置难民安置信息通报会，安排一起抵达居留地的难民聚会和相互交流。

有的地方难民安置机构会帮助重新安置难民在入住后两周内购物、开设银行账户、与当地医生联系、子女就读、参加培训课程。地方政府的教育机构、重要关照基金会对重新安置难民及时获得这些服务至关重要，如果需要的话，会提供口译服务。

4. 常规安置

常规安置是指在密集安置结束后，向重新安置难民提供的融入英国的常规性的支持和帮助。地方难民理事会常常以定期家访和随机会议方式提供持续性安置服务，如果有特殊需求，常规安置方式可以随之发生变化。常规安置的具体内容因难民情况不同而各异。每个难民或者难民家庭的案件官会跟踪难民的融入情况，不断帮助其融入。

5. 后续跟踪

后续跟踪是指为促进重新安置难民融入，跟踪和访谈在英国境内的重新安置难民，以及开展相关的政策研究。内政部移民研究和统计司收集和整理重新安置难民的数据和信息，撰写研究报告，分析重新安置难民的适应和融入情况。研究人员定期面试难民，与难民互动，获得一手资料。面试是自愿参加和以匿名方式进行。内政部将根据研究报告发展和完善难民安置项目及其提供的服务，以更有效地帮助以后入境难民适应和融入英国。

第五节 紧急转移难民安置[①]

一、紧急转移难民安置概述

紧急转移难民安置是指向紧急危险中难民提供的一种临时救助，这些紧急危险中难民不能在最初庇护国居留，正在等待被重新安置到第三国。通过紧急转移难民安置，可以接纳因面临紧急危险而需要临时疏散的难民，缓解为数不多的可以接纳紧急安置的国家的压力。联合国难民署分别于2008年、2009年、2012年与罗马尼亚、菲律宾和斯洛伐克及国际移民组织签署难民紧急转移迁徙备忘录。[②] 根据协议，难民被重新安置到第三国之前，可以先前往罗马尼亚、菲律宾或斯洛伐克居留和等候转移。罗马尼亚、菲律宾和斯洛伐克设立了难民紧急转移中心，成为世界上仅有的三个接受紧急转移难民的国家。菲律宾在1970、1980年代安置印支难民也是紧急转移难民安置的性质，最终将印支难民转移和重新安置至美国等发达国家。如表11—1所示，2009—2011年，菲律宾接收了来自五个国家的232名紧急危险中的难民，其中的216名被第三国重新安置。

表11-1 菲律宾紧急转移难民安置情况

年份	入境人数	离境人数
2009	4	2
2010	216	74
2011	12	140
2012年9月	0	18
合计	232	216

资料来源：UNHCR *Philippines Fact Sheet*. September 2012.UNHCR.

① 紧急转移难民安置不是难民问题永久解决方案，只是重新安置紧急危险中难民的一个环节。由于紧急转移难民安置对于重新安置紧急危险中难民的至关重要性，本书在第十一章难民问题的永久解决方案第五节紧急转移难民安置进行专门探讨。

② 联合国难民署高级专员的报告（2007年1月1日至2008年6月30日），2008年向联合国大会第68届会议提交，A/63/12.第49段。

二、紧急转移难民安置的内容

2011年5月，联合国难民署发布《紧急转移项目指南：罗马尼亚、菲律宾和斯洛伐克》（*Guidance Note on Emergency Transit Facilities:Timisoara, Romania/Manila, Philippines/Humené, the Slovak Republic*），确定了这三个国家安置紧急转移难民的标准。实施紧急转移救助时，必须以重新安置国家同意在紧急救助场所进行重新安置评估为前提，即使不保证一定接收他们，以减少被紧急转移难民不能被重新安置的风险，避免他们在紧急救助场所处于困境。[①]

紧急转移难民候选人是联合国难民署认为需要紧急转移安置以给予保护或者解决其特殊困境的难民，通常是面临被遣返的迫在眉睫的危险或者生命处于严重威胁的难民。[②] 由于紧急救助场所缺少特别医疗设施，不考虑需要紧急治疗的有重病或者急病的难民。[③] 紧急转移难民候选人可以通过联合国难民署地区办公室，或者重新安置国家向紧急转移难民国家的有关部门提出申请。联合国难民署与所有合作伙伴联系为紧急转移作准备，例如国际旅行文件、行程、入境签证、保安、出境签证（如果需要），以及向被紧急转移难民说明情况取得其书面同意。

在菲律宾，紧急转移难民抵达菲律宾后，菲律宾有关部门通知重新安置国，重新安置国通过面谈等方式甄别和挑选难民。安排被选中的难民进行文化培训、语言培训和体检等离境前准备。[④] 菲律宾为接待紧急转移难民，建立了紧急转移制度（Emergency Transit Mechanism, ETM），将紧急转移难民分散安置在城市各处，这与罗马尼亚、斯洛伐克的将紧急转移难民集中安置在难民转移中心（Refugee Tranmsit Center）模式有很大不同。[⑤] 紧急转移难民被重新安置到第三国前，要在难民转移中心居住几个月。在此期间，菲律宾为紧急转移难民提供住处，了解难民的语言能力、饮食习惯、宗教倾向、健康状况、治疗需求、怀孕与否、行走自由度等基本情况，并采取相应的应对措施，确保紧急转移难民在被重新安置到第三国前有合适和妥善的生活。

---

① 2011年《难民紧急转移项目指南：罗马尼亚、菲律宾和斯洛伐克》第10条。

② 2011年《难民紧急转移项目指南：罗马尼亚、菲律宾和斯洛文尼亚》第13条。

③ 同上注，第12条。

④ 同上注，第17条。

⑤ Philippines to Allow Emergency Transit of Refugees, GMANews.TV and AP.

第十二章
美国难民法[①]

美国是世界上保护认定难民最多的国家，也是难民法最发达的国家之一。作为世界上最大的传统移民国家，包括难民在内的国际移民是美国人口之源和发展动力之一。难民法在美国具有较高的地位，远较其他国家的难民法成熟，非常值得仔细梳理和探究。本章从难民定义、难民法的历史发展、难民法制建设思路、难民和避难者的甄别、寻求庇护者的权利和义务、难民的权利、避难者的权利和义务、难民管理部门等八个方面分析美国难民法和总结其效用，力求勾勒美国难民法的概况，作为比较分析其他国家难民法以及中国难民法制建设的参考。

第一节　美国的难民定义

一、难民的定义

美国接受了1951年《关于难民地位的公约》和1967年《关于难民地位的议定书》的难民定义，并根据国内外局势调整难民甄别标准。美国的难民定义宽于公约难民的定义，将公约难民要求的申请人在本国以外扩展至在本国境内。2013年，一些古巴、前苏联和伊拉克的公民被确定适用于在本国境内难民地位申请审理。在本国境内难民地位申请审理是应美国驻外国大使要求给予外国人额外的个人保护。在美国境外申请难民地位成功的是难民（refugee），在美国境内申请避难成功的是避难者 (asylee)。根据1990年《美国移民和国籍法》（2002年修订）第101条第1款第42项，

> 难民是指符合下列任一情况者：
>
> （A）不在其国籍所属国境内，或者就无国籍者而言，不在其最后的常住国家境内，由于因为种族、宗教、国籍、属于某特殊社会团体的成员或政治观点受迫害或有充分根据地害怕受迫害，不能或不愿意返回那个国家，且不能或不

① 本部分数据，除特别注明，均出自：U.S. Department of State, Bureau of Population, Refugee, and Migration (PRM), *Worldwide Refugee Admissions Processing System (WRAPS), Fiscal Years 1980 to 2012*;US Department of Homeland Security. *Refugees and Asylees:2013 in Annual Flow Report*. August 2014.

愿利用那个国家保护的人；或

（B）在诸如总统经过适当磋商后可能明确说明之类的情况下，任何身居其国籍国境内，或就无国籍者而言，身居其常住国境内，且受迫害或者因为种族、宗教、国籍、属于某特殊社会团体的成员或政治观点有充分根据地害怕受迫害的人。“难民”不包括因为种族、宗教、国籍、属于某特殊社会团体的成员或政治观点而命令、煽动、协助或以其他方式参与对别人实施迫害的人。

1990年《美国移民和国籍法》（2002年修订）第207条第5款进一步确定了第101条第1款第42项第2目中的“适当的磋商”的含义：

本条所称“适当的磋商”是指，由总统指派的内阁级代表与参众两院司法委员会成员，就允许难民入境配额及其分配问题亲自进行的讨论，以审查难民形势或紧急难民情况、筹划美国可能参与其中的程度，讨论认为拟议允许难民入境是正确的理由。因为这样做是出于人道主义或重大的人道主义原因，或者探讨认为拟议允准难民入境美国在其他方面是符合国家利益的理由，并给上述成员提供《难民形势及安置计划报告》。

1996年，美国通过了《非法移民改革和移民责任法》（Illegal Immigration Reform and Immigrant Responsibility Act），再次扩展难民定义范围，“任何被迫堕胎、被迫接受节育手术、由于没有做到或拒绝进行上述过程或有其他抵制强制人口控制政策的行为而受迫害的人员，都应被视为由于政治观点而受到的迫害。任何有充分理由畏惧将会被迫遭受上述过程，或由于没有做到或拒绝进行上述过程，或由于抵制行为将会受迫害的人，应被认定为具有充分理由畏惧由于政治观点而受到的迫害”。[①] 此一扩展的难民定义已经被纳入1990年《美国移民和国籍法》（2002年修订）第101条第1款第42项。

二、临时保护

1990年，美国针对国际形势的可能突发情况，为了减少对难民的接收，防止难民在美国永久性地居住下去，修改移民法，建立了临时保护（temporary protected status）制度，作为难民制度的补充。临时保护身份是给予已经在美国，而其国家正处于武装冲突、自然灾难等混乱状况，无人身安全保障的申请人在美国临时居住的身

① Persons who have been forced to abort a pregnancy or undergo involuntary sterilization or who have been persecuted for failure or refusal to undergo such a procedure or for other resistance to a coercive population control program.

份。处于武装冲突、自然灾难等混乱状况的国家清单随国际形势的变化而变化，每当有新的国家被指定，美国联邦登记刊物（federal register）会刊登通知，说明在某段时期给予该国公民临时保护身份，以及保护身份登记日期和程序等。临时保护身份期限为6—18个月，到期后如其国家恢复正常状态，他就必须回国。如果不离开而非法滞留美国，一旦发现，会被遣返出境。申请人获得临时保护身份后，不能直接申请永久居留签证。如果要申请永久居留签证，就必须符合该永久居留签证的申请条件。

三、重新安置难民优先类别

美国政府对于重新安置世界各国难民有优先次序考虑。根据美国难民重新安置计划（US Refugee Resettlement Programme），世界各国难民被分为以下三个优先类别。

第一难民优先（P—1）是指联合国难民署、美国驻外大使馆、经美国政府指定非政府组织甄别和推荐的个人。

第二难民优先（P—2）是指需要特殊人道考虑的难民群体。美国国务院与非政府组织、联合国难民署、国土安全部和其他难民领域专业组织协商确定的受人道主义困扰的境外特殊群体，以及一些境内流离失所者。目前，境外特殊群体包括在泰国难民营的缅甸少数族裔、在马来西亚的缅甸少数族裔、在尼泊尔的不丹人、伊朗的持某些宗教信仰的少数人、与美国有关的伊拉克人士。境内流离失所者包括在古巴、前苏联和伊拉克的一些人士。

第三难民优先（P—3）是家庭团聚者。难民、避难者或曾具有难民或避难者身份的目前美国永久居民或公民的20个国家的配偶、21岁以下未婚子女和父母。这20个国家是阿富汗、不丹、缅甸、布隆迪、中非、乍得、哥伦比亚、古巴、朝鲜、刚果（DPRK）、厄立特里亚、埃塞俄比亚、伊朗、刚果（ROC）、索马里、斯里兰卡、苏丹、乌兹别克斯坦和津巴布韦。美国2008年10月暂时取消了第三难民优先，直至建立新的识别亲属关系真假程序才会予以恢复。

四、难民身份的排除

根据1990年《美国移民和国籍法》（2002年修订）第208条第1款第2项，外国人具有以下任何一种情况，不适用本法：（1）根据双边或多边协议可前往安全第三国，除非国土安全部长认为该外国人在美国获得庇护符合公共利益；（2）在抵达美国后的一年内未提出难民地位申请，除非该外国人向国土安全部长提交充分的理由证明，存在影响到申请人申请庇护的资格变故或存在特殊情况使提出难民地位申请被推迟到一年之后；（3）如果外国人已经申请过难民地位，但移民法官或移民复议办公室拒绝给予庇护，除非该外国人向国土安全部长提交充分的理由证明，存在影响到申请人申请庇护的资格变故或存在特殊情况使提出难民地位申请被推迟到一年之后。

根据1990年《美国移民和国籍法》(2002年修订)第208条第2款第2项，外国人具有以下任何一种情况，不适用本法:(1)申请人曾经基于他人种族、宗教、国籍、特殊社会团体身份或政治立场的因素而指挥、煽动、协助或参与迫害行动;(2)该外国人根据最后的司法判决被宣告犯有特别严重的犯罪行为，对美国社会构成威胁;(3)有充分理由相信该外国人在抵达美国之前在美国境外犯下严重的非政治性犯罪;(4)有充分证据认定该外国人严重威胁美国的安全;(5)该外国人在抵达美国之前已经稳定地在他国重新定居;(6)申请人曾经参与恐怖行动。如果申请人所属原籍国的迫害原因已经不存在，美国可遣返申请人回所属原籍国，或依双边、多边协定，将申请人送往安全第三国。(7)患有传染性疾病、精神分裂、吸毒或患有毒瘾;(8)犯有贩毒、卖淫、参与迫害或酷刑等严重罪行;(9)间谍、恐怖活动、共产党或其他极权主义政党成员、进行种族灭绝或表现出严重安全威胁。

五、难民身份的终止

美国批准外国人难民地位申请后，会给予其工作权和国际旅行权等权利，但是不立即给予永久居留权。外国人难民身份不是永久性的，根据1990年《美国移民和国籍法》(2002年修订)第208条第2款第2项，外国人具有以下任何一种情况，可以终止难民身份:(1)由于情况发生变化，不再符合难民定义;(2)具有《美国移民和国籍法》第208条第2款第2项规定的不适用于本法的情形之一;(3)根据双边或多边协议，可能被转移到其生命或自由不会因为种族、宗教、国籍、属于某一社会团体或具有某种政治见解而受迫害的国家，且符合该国给予庇护或者临时保护的标准;(4)以永久居民的身份或在有合理可能获得与其本国其他永久居民同等权利和义务的情况下返回本国，并自愿接受本国的保护;(5)已取得新国籍，并接受新国籍国家的保护。

第二节　美国难民法的历史发展

美国难民法源于19世纪末，迄今仍在不断发展和变化之中。美国难民法与移民法相互影响，目前已经基本融入到移民法之中。第二次世界大战之前，美国难民法较为保守，在1921年《移民配额法》确立的移民配额制度框架内实施。该法规定，每个国家每年进入美国的人数不得超过1910年该国公民在美国总数的3%，而允许进入美国的外国移民总数每年不得超过35万人，但是西半球国家进入美国不受配额限制。1933—1944年间移入美国的难民共有25万人，但在1938年底以前入境的不到3万人，绝大多数是在美国参加第一次世界战以后入境的。[①]

① 梁茂信.美国移民政策研究[M].东北师范大学出版社.1996.307。

第二次世界大战后初期，美国首次颁布了单独的难民法，但是仍深受1921年《移民配额法》确立的移民配额制度的影响。1948年《流离失所者法》(*Displaced Persons Act*）和1950年《流离失所者法修正案》以移民法中的移民配额制度为前提，限定了难民的数量、来源地区和被认定截止日期。根据这两部难民法，40万欧洲地区难民移入美国，其中大多数来自东欧地区。①

1950年代，难民受《移民与国籍法》中地区配额规定的限制。1952年，美国颁布《移民与国籍法》(*Immigration and Nationality Act, Walte McCarran Act*)，融合了以往有关移民的法律和法规，规定西半球移民不受配额限制，其他国家受以其在美国人数为依据设定的配额的限制，奠定了当代美国移民法的基础和框架。该法有关于难民的条款，也就说，难民也受地区配额规定的限制，这制约了美国从非西半球国家接收难民。为了打破1952年《移民与国籍法》的制约，从非西半球国家接受难民，美国在1953—1962年间颁布了20多部难民特别法，例如1953年《难民救济法》(*Refugee Relief Act*)，针对匈牙利革命失败而逃亡者的1957年《难民逃亡法》(*Refugee Escape Act*)，针对古巴革命中亲美势力者的1960年《公平难民法》(*Refugee Fair Share Act*）和1962年《移民、避难与难民法》(*Immigration, Asylum and Refugee Act*）等。

1960—70年代的移民法将难民纳入移民法中，确立了难民在移民体系中的重要地位，从法律上拓宽了美国难民政策的实施区域，从以前主要针对欧洲扩展至亚洲、拉美地区和非洲。1965年，美国修改《移民与国籍法》，废除了种族配额，允许司法部长（Attorney General）在紧急情况下可利用假释条款接纳和安置难民，从法律上给予了行政当局实施难民政策的自主权和灵活性。1976年，美国再次修改《移民与国籍法》，取消东西半球移民差别，设立了全球性固定配额，将难民列为继家庭团聚和急缺人才之后的第三优先移民类别。1978年，再次修改《移民与国籍法》，取消每个国家的配额，确定全世界每年移入美国的总额。1965年以后，美国多次利用假释条款，到1981年，共临时允许超过90万的难民入境，主要包括印支难民、古巴难民及7万多名苏联犹太人。

1980年，美国受《移民和国籍法》取消每个国家移民配额，以及1968年加入1951年《关于难民地位的公约》和1967年《关于难民地位的议定书》的影响，颁布和实施《难民法》(*Refugee Act*)，放弃了原来主要根据反敌对国家指导思想确立的难民定义，采纳了1951年《关于难民地位的公约》及其1967年《关于难民地位的议定书》中的政治迫害难民定义，不再根据国家确定难民身份，并随后将其融入《美国移民和国籍法》，形成了移民法和难民法的互相影响的模式。1980年《难民法》还确立

① US Department of Homeland Security. *Refugees and Asylees: 2013 in Annual Flow Report*. August 2014.2.

了区分难民和避难者制度，允许在一些国家境内审理该国公民的难民地位申请。受难民定义扩展影响，1981—1985年，美国批准了25，162份难民地位申请，是1976—1980年批准4,990份难民地位申请的5.04倍，1986—1990年批准了24,067份难民地位申请。

1990年，美国的难民法在总体上融入到了移民法之中。1990年《美国移民和国籍法》被认为是历年来最为宽松的移民法，美国难民政策随之宽松。1990年《美国移民和国籍法》设立了临时保护身份，防止难民永久性地居住下去。即使外国人不符合1951年《关于难民地位的公约》中的难民定义，只要其本国处于武装冲突、自然灾难等情况而无法回国，就可以申请在美国临时保护身份，期限为6—18个月，到期后，如果其本国恢复正常状态，他必须回国。1996年《非法移民改革和移民责任法》（*Illegal Immigration Reform and Immigrant Responsibility Act*）扩展难民定义范围，被强制堕胎者、被强制绝育者、因为没有或拒绝堕胎和绝育而受迫害者，或者其他反抗强制性人口控制计划者被纳入难民范畴。

受宽松难民政策影响，美国1990年后难民数量均较以前有大幅增长。1991—1995年，553,774名难民移入美国，比1986—1990年432,293名难民增长了28.1%。1991年，122,066名难民移入美国，比1990年107,070名难民增长了14%。

2001年“9·11事件”爆发后，美国的难民法在总体上融入移民法的同时，出现了单独的特别法的情况。美国颁布了2001年《爱国者法》（*Patriot Act*）、2002年《强化安全和签证改革法》、2004年《国土安全法》、2005年《真实身份法》（Real ID Act）等法律，加强对外国人入境的安全审查，收紧移民政策。这些法律都与难民相关，难民政策随之收紧。1996—2000年，379,214难民移入美国，而2001—2005年，仅230，574名移入美国，下降了39%。美国除颁布和实施了一些反恐领域的移民法外，还颁布了一些难民特别法，例如2003年《伊朗民主法》（*Iran Democracy Act* of 2003）、2003年《缅甸自由和民主法》（*Burma Freedom and Democracy Act*）、2004年《北朝鲜人权法》（*North Korean Human Rights Act*）等法律，以争取难民政策的主动和灵活性。2003年，2,471名伊朗难民入境美国，是《伊朗民主法》实施前2002年1,535名的1.61倍，2007年达到5,482名。2003年，203名缅甸难民入境美国，是《缅甸自由和民主法》实施前2002年128名的1.59倍。此后入境难民人数逐年上升。2009年18,202名缅甸难民入境美国，创有史以来人数最多纪录。2009年，18,838名伊拉克难民入境美国，创有史以来人数最多纪录，是2004年66名的285倍。2013年达到19,487名。

第三节 美国难民法制建设的思路

美国难民法与移民法如影随形和相互影响。目前，难民法在总体上已经融入到移民法之中，只是在反恐等特殊情况下，才会在针对特定国家的法律中加入一些有关难民的条款。美国难民法并不是对所有难民一视同仁，而是隐含强烈的选择因素。难民能否入境不完全取决于他们的受迫害性质和程度，而是取决于是否符合美国的国家利益和本身有无利用价值。美国难民法的核心问题是接收什么样难民。第二次世界大战结束以来，世界上出现了大量难民。接收这些难民，本质上是一个人道主义问题，但对美国而言，它却具有特殊的政治含义。

纵观美国难民法的历史发展，宣扬人道主义、反敌对国家、推行对外战略是其三条主线。美国形式上倡导人道主义，实质上考虑本国利益和难民利用价值。冷战时期，美国难民法主要目的是利用难民的象征作用和宣传价值，反共产党国家。2001年“9·11事件”后，则是反恐怖主义国家。美国难民法辅助对外战略，通过保护难民，美国不但宣扬了民主政治、人道主义和美国价值，确立了其世界超级强国的地位，还获得了大批人才，激活了本土文化。美国出于打击共产党国家、反恐怖主义国家、推行对外战略考虑而接收难民，客观上具有人道主义色彩，为流离失所、无家可归的难民提供了安身之地，使其维持生存。

一、宣扬人道主义

美国难民法贯穿着一定程度的人道主义精神。美国通过保护难民，宣扬了人道主义，塑造了尊重和保障人权的国家形象，提升了本国的国际地位。

自欧洲殖民者拓荒以来，有大量难民入境美国，其中多数是受本国宗教或政治迫害者。在19世纪末，美国在收紧移民政策情况下，特别允许难民入境，接收了来自东欧的犹太人以及后来来自土耳其的亚美尼亚人。①

第二次世界大战以前，由于美国不是一个政治经济军事强国，考虑到自身国情和实力，以及受到国内孤立主义的影响，没有过多地涉足难民问题。但是在对待欧洲犹太难民的问题上，罗斯福政府难民政策表现出较强烈的人道主义精神。1936年，美国对欧洲犹太普通难民放松了难民政策。驻外使领馆官员可以结合申请者的美国亲属提供的书面担保和银行开具的经济能力证明，甄别申请人是否符合难民标准，不再是只考虑申请人本人因素，这给犹太普通难民带来了更多入境机会。1936、1937和

---

① Hutchinson, E. P. *Legislative History of American Immigration Policy*. University of Pennsylvania Press, Philadelphia, 1981.141-142.

1938年分别有6,978,12,532和20,301名被迫害犹太人获得美国临时签证，[①] 以这种临时签证入境的犹太人最后都得到了永久居留权。

1938年，美国对欧洲犹太知识难民采取了非常宽松的难民政策。只要流亡的犹太艺术家、科学家及其他专业的学术人员能够提供相关专业机构的书面邀请函，签证官就会认为他们不会成为美国的公众负担，为其签发签证。据统计，美国一共发放了3,268份旅游签证给犹太知识难民。美国知识界如大学、研究会和基金会等也努力营救犹太知识难民，帮助他们获得书面邀请。[②]

1941年，纳粹德国对待犹太人从驱逐政策转向屠杀政策。美国宽松的难民政策随着犹太人被驱赶进集中营而在德国及其占领地区失去作用，于是开始在欧洲、亚洲、非洲采取了一系列拯救难民行动，例如为难民发放食品和衣服，为符合条件的难民提供签证，促使西班牙政府不再执行遣返难民政策，成立战时难民局承担大部分的营救和救济任务等。[③]

第二次世界大战后，犹太人不愿意在曾经残忍地迫害过他们的德国生活，又没有本国可以回归。杜鲁门政府同情犹太人遭遇并接纳了犹太人。

1958年，美国主要出于人道主义原因颁布了《亚速尔群岛和荷兰难民法》，授权超出移民配额向因1957年和1958年亚速尔群岛地震和火山喷发而造成的葡萄牙和荷兰难民提供入境签证。后来该法修改为适用于在1949年1月1日前被印尼驱逐的荷兰人，依据该法共签发了22,213份签证。[④]

美国印支难民政策体现了人道主义精神。1970年代后期，印支人口大规模外逃，其中越南人最多。越南船民到处遭到排斥和驱逐。由于无处靠岸，大量船民死于饥渴和曝晒，或因船翻而身亡，如同大屠杀。美国上下不断发出不要忘记大屠杀的呼吁。1979年6月，卡特政府宣布，每月接纳的印支难民人数翻一番，为1.4万人。

冷战结束后，美国难民政策出现以制止迫害和阻止难民潮为理由的人道主义干预新特征。1991年美国出兵海地和在伊拉克设立禁飞区，1999年北约空袭南联盟，都是以制止民族迫害和阻止难民潮为理由。事实上，由于人道主义只是美国难民政策之名，而不是美国难民政策之实，人道主义干预反而造成了大量的难民潮。

尽管美国难民法贯穿着一定程度的人道主义精神，但是总被反敌对国家指导思想及对外战略考虑所压倒。当陷于困境的难民来自敌对国家时，美国表现出宽松和及时，允许其入美。当需要援助的难民来自亲美政权或来自战略意义不大的国家时，美国表现出严格和滞后，不允许或严格限制其入美。美国难民政策以人道主义为名，实

① Breitman, Richard and Kraut, Alan M. *American Refugee Policy and European Jewry*, 50.

② 马晓旭.试论美国难民政策的政治性和人道性[J].宜春学院学报2012(3):95。

③ 胡小芬.曾才.1933-1945年美国的欧洲犹太难民政策[J].学习月刊2008(3):14-15。

④ 李晓岗.美国的难民政策与冷战外交[J].美国研究.1999(1):68。

质上始终服务于国家利益。美国对此并不讳言，奥巴马总统在2010年6月20日世界难民日指出："美国接收的男人、女人和儿童难民比任何其他国家接收的都多，美国成为了一部分世界上最弱势人群的家。这使我们国家丰富多彩，提高了我们的世界领导地位。"①

表12-1　1998—2013年美国批准的难民和避难者人数

类别	1998	1999	2000	2001	2002
难民	76,712	85,258	72,413	68,925	26,758
直接避难者	13,144	18,127	23,244	29,160	25,961
抗辩避难者	7,291	8,421	9,236	10,001	10,977
避难者小计	20,435	26,548	32,480	39,161	36,938
难民和避难者合计	97,147	111,806	104,893	108,086	63,696
类别	2003	2004	2005	2006	2007
难民	28,286	52,840	53,738	41,094	48,218
直接避难者	15,358	14,330	13,487	12,948	12,352
抗辩避难者	13,376	13,022	11,757	13,304	12,859
避难者小计	28,734	27,352	25,244	26,252	25,211
难民和避难者合计	57,020	80,192	78,982	67,346	73,429
类别	2008	2009	2010	2011	2012
难民	60,107	74,602	73,293	56,384	58,179
直接避难者	12,076	11,921	11,187	13,484	17,506
抗辩避难者	10,881	10,298	9,869	11,504	11,978
避难者小计	22,957	22,219	21,056	24,988	29,484
难民和避难者合计	83,064	96,821	94,349	81,372	87,663
类别	2013	总计			
难民	69,909	946,086			
直接避难者	15,266	259,551			
抗辩避难者	9,933	171,707			
避难者小计	25,199	431,258			
难民和避难者合计	95,108	1,377,344			

资料来源：U.S. Department of Homeland Security, U.S. Citizenship and Immigration Services (USCIS), Refugee, Asylum, and Parole System (RAPS), and the U.S. Department of Justice (DOJ) Executive Office for Immigration Review (EOIR). US Department of Homeland Security. Refugees and Asylees: 2013 in Annual Flow Report. August 2014.

注：难民（refugee），直接避难者 (Affirmative Asylum)，抗辩避难者（Defensive Asylum）

① Bureau of Populations, Refugee and Migrants, Department of the State. *Refugee Admissions Reception and Placement Program*, May 2011.

避难者(Asylee)。

1998—2013年16年间，如表12-1所示，美国共接收1,377,344名难民和避难者，年均86,084名，其中包括联合国难民署等机构推荐的重新安置和自行接收的难民，远远超出了只接收约20万名难民的第二名澳大利亚。其中2001年批准的难民和避难者人数最多，为108,086人。2003年批准的难民和避难者人数最少，为57,020人。

二、反敌对国家（至2001年）

（一）美国难民法反敌对国家指导思想的历史发展（至2001年）

美国难民法的主要指导思想是利用难民的象征作用和宣传价值，打击与美国为敌的国家（冷战以前主要是共产党国家，冷战后特别是2001年“9·11事件”以后主要是“恐怖主义国家”），树立美国是人心所向国家形象，输出其价值观，加强国内凝聚力。从适用对象角度看，截至目前，美国难民法主要是针对敌对国家难民的特别法。美国以反敌对国家意识形态为难民法指导思想与1951年《关于难民地位的公约》以被政治迫害者为公约指导原则异曲同工。

1945—1948年，杜鲁门总统运用行政措施安置了4万多名欧洲战争难民。1945年，德国、奥地利和意大利有800多万名战争难民，经联合国安排后，约有700万人回国，尚有100多万人无法安置。至1948年，等待安置的难民已达160万，其中大多数是战争期间被德国掳掠到西欧的劳工、苏军战俘以及战后东欧新政权建立后逃到西欧的人士。拒绝返回苏联、东欧的难民的强硬反共态度得到了美国的“同情”和“赞赏”。

1948年，美国颁布历史上第一部难民法《流离失所者法》(*Displaced Persons Act*)，主要针对逃离苏联、东欧国家的人，正式确立了美国难民法的反敌对国家的指导思想。该法主要内容包括：（1）两年内安置20万难民，难民依其所属国配额入境；（2）凡在1945年12月22日前，因种族、宗教或具有某种政治见解而受迫害并无家可归者均属难民；（3）入境难民中，巴尔干国家及波罗的海沿岸国家的难民应占40%。由于该法规定被接纳的难民占用该难民来源国未来年份的移美配额，并规定了成为难民的日期限制，致使美国无法大量接纳难民。

1950年，美国通过了《流离失所者法》修正案，笼统地将难民定义为“因战争或迫害而逃离原居住地的人”。表面上看，难民政策不针对特定国家，实质上，修正案不仅没有减弱反而是加深了1948年《流离失所者法》的反敌对国家色彩。修正案将美国接纳的难民人数从20万人增加到30万人，在30万配额之外为有特殊情况的反共难民预留额外配额，确定难民的日期由1945年12月22日前推迟到1949年12月31

日前。

1950—60年代为冷战高峰期，美国为推行其反敌对国家战略，在经济与军事围堵之外，颁布了一系列反共产党国家色彩鲜明的难民法。例如，面向东欧政治难民的1953年《难民救济法》（*Refugee Relief Act*），针对匈牙利革命失败逃亡人员的1957年《难民逃亡法》（*Refugee Escape Act*），针对古巴革命中亲美势力者的1960年《公平难民法》（*Refugee Fair Share Act*）和1962年《移民与难民法》（*Immigration, Asylum and Refugee Act*）等。1953年《难民救济法》提出了有反共产党国家色彩的难民定义。根据该法，难民是因受迫害或担心受迫害而离开共产党国家以及共产党控制下的国家和地区的人，因自然灾害或军事行动而流离失所的人。[①] 1956年“匈牙利事件”后，艾森豪威尔政府通过司法部长假释方式临时批准3万多名匈牙利人入美。

1965年，美国通过了《移民与国籍法修正案》，正式确立了以反敌对国家意识形态为指导思想的难民定义，使以反敌对国家意识形态为指导思想的难民政策法律化和制度化。该修正案规定:（1）难民是指由于种族、宗教或政见而受迫害或担心受迫害而逃离共产党国家或地区和中东地区，或者由于巨大的自然灾难（经总统认定的灾难）而流离失所无法返回其过去的居住地的人;（2）在移民配额制度中首次加入难民，每年配额为1.74万;（3）授权司法部在紧急情况时得继续假释难民入境。肯尼迪政府通过司法部长假释方式批准了10多万没有签证或签证到期仍滞留美国的古巴人继续居留。

从1970年代中期开始，一些共产党国家尤其是印度支那三国出现了难民潮，智利等非共产党国家也出现了大规模难民。1977、1978和1979年印支难民入美人数分别为7,000、20,574和76,521人，1980年达到163,797人。[②] 1965—1980年间经假释入美的难民达90万人，其中除50万越南与其他东南亚难民外，还有30多万古巴难民及7万多名苏联犹太人。与此同时，要求入境的还有约10万名智利、海地和伊朗等国难民。[③] 由于1965年《移民与国籍法修正案》没有明确非敌对国家难民的标准，也没有定义“紧急情况”和假释人数限制，使得很难以这部反敌对国家意识形态为指导思想的难民法应对来自非敌对国家的大规模难民。

1980年，美国国会为解决以上问题，通过新难民法，放弃了原来以反敌对国家意识形态为指导思想的难民定义，采纳了1967年《关于难民地位的议定书》中的政治迫害难民定义，并随后将其融入《美国移民和国籍法》。根据该法，申请者须提出足够证据，表明自己已经或即将受迫害，否则不得入境。该法还将难民区分为难民

① Tueker, Robert et al. *Immigration and U.S. Foreign Policy*. Boulder, Westview Press, 1990. 75.

② Ueda, Reed *Postwar Immigrant America: A Social History*. Boston: Bedford Books of St. Martin’s Press, 1994. 74.

③ 李晓岗.美国的难民政策与冷战外交[J].美国研究1999(1):57。

(refugee) 和避难者（asylee）。此条款有利于美国接收智利、海地和伊朗等非共产党国家难民。具体来说，难民必须是“美国对其有特别的人道主义关心的人”，这取决于是否与美国人有文化、历史或家庭关系，是否生命处于危险之中而又走投无路，是否是美国由于以前的卷入而对其负有特殊责任。[①] 该法还设立了配额难民优先入境制度，每年的配额为5万。自1983年起，总统应在每一年度开始前12个月内向国会报告准备接收的难民人数和来源，由国会审议及批准。其目的在于根据国际形势变化，及时调整难民政策，从而避免因反应迟缓而造成窘境。1980年代末到1990年代初，随着东欧剧变和苏联解体，以美苏对抗和两种意识形态对立为主要特征的冷战结束，美国难民法中的反敌对国家指导思想才逐渐淡化。

目前，美国针对仅存的朝鲜、古巴等共产党国家的难民法仍然具有强烈的反敌对国家特征。例如，2004年，美国为了推翻朝鲜现政权，通过了《北朝鲜人权法》（*North Korean Human Rights Act*）。白宫在2004年10月一份申明中所指出，该法是向脱北者和在“北朝鲜”境内受迫害者提供人道和法律援助，解决“北朝鲜”的人权问题，促使“北朝鲜”老百姓以及高层干部家属外逃。[②] 根据该法，美国每年将有2,400万美元预算用于解决“北朝鲜”难民问题，美国“北朝鲜”人权特别代表（the post of U.S. special envoy on North Korean human rights）每年还可灵活支配200万美元促进“北朝鲜”人权。2008年，美国总统签署《北朝鲜人权再授权法》（*North Korean Human Rights Reauthorization Act*），延期该法四年至2012年，并将美国“北朝鲜”人权特别代表灵活支配金额提高到400万美元。2012年8月，美国总统签署2012年《北朝鲜人权再授权法》（North Korea Human Rights Reauthorization Act of 2012），延期该法五年至2017年。该法规定，美国国务院应积极援助脱北者在美国定居，中国强制遣返脱北者措施违背1951年《关于难民地位的公约》和1967年《关于难民地位的议定书》，美国国务院应敦促中国立即停止强制遣返脱北者措施，遵守1951年《关于难民地位的公约》规定的义务。该法还规定，美国国务院应要求中国政府允许联合国难民署直接接触在中国的脱北者并判断他们是否难民。

美国难民法的反敌对国家指导思想导致了其适用的不公平性。来自苏联、东欧、印支和古巴等敌对国家的人，比来自与美国友好的国家的人，更易获得难民身份。1946—1986年，美国共接纳了260万难民，其中95%以上来自共产党国家。[③] 1985—

---

① Tueker, Robert et al. *Immigration and U.S. Foreign Policy*. Boulder, Westview Press, 1990. 113.

② *North Korean Human Rights Act* provides [the U.S.] with useful new tools to address the deplorable human rights situation in North Korea by focusing [U.S.] efforts to help both those who flee the regime and those who are trapped inside the country.

③ Breitman, Richard and Kraut, Alan M. *American Refugee Policy and European Jewry*. Indiana University Press, 1988. 73.

1989年，美国接纳了374,495名难民，其中90%以上的人来自东亚、苏联和东欧等共产党国家。1988年，苏联、越南和老挝三个共产党国家的难民几乎占美国所有难民的2/3，以2,0533、17,626和14,561名分列前三位。[①] 美国对于来自其友好国家的难民地位申请，则严格限制，甚至予以拒绝。1974—1979年，美国向来自其友好国家的人签发的难民签证数量仅是向来自敌对国家人签发的难民签证数量的20%。[②] 1985年，里根政府建议设定7万难民配额，给予东南亚地区5万，东欧9,000个，只给拉美地区3,000个，且这些配额大多数给予古巴。这一时期逃离海地、危地马拉和萨尔多瓦等其他国家的难民基本上没有机会获得难民身身份。

（二）美国难民法反敌对国家指导思想对中国的影响

中国作为共产党执政国家，一直是美国难民法的主要适用国家。1998—2013年16年间，如表12-2所示，美国共接收94,478名中国籍难民和避难者，年均5,904名。美国接收中国籍难民和避难者人数没有随着中国经济社会发展减少，相反，一直保持着高位和增长趋势。1998年，美国共接收中国籍难民和避难者2,232名，2012年增至10,205名，创1998—2013年间的历史最高记录。美国审理中国人的难民地位申请，进而认定一些人为难民或避难者，不符合中国的实际情况和相关法律。

表12-2　1998—2013年美国批准的中国籍难民和避难者人数

类别	1998	1999	2000	2001	2002
难民	0	未披露	未披露	12	9
直接避难者	672	1,213	3,398	4,938	5,785
抗辩避难者	1,560	2,190	2,500	2,677	3,116
避难者小计	2,232	3,403	5,898	7,615	8,901
难民和避难者合计	2,232	3,403	5,898	7,627	8,910
类别	2003	2004	2005	2006	2007
难民	9	3	13	21	27
直接避难者	2,407	929	2,233	1,551	1,826
抗辩避难者	3,602	3,420	3,014	4,048	4,554
避难者小计	6,009	4,331	5,247	5,599	6,380
难民和避难者合计	7,018	4,334	5,260	5.632	6,407

类别	2008	2009	2010	2011	2012

① 闫金红，程早霞.论20世纪80年代美国难民政策[J].北方论丛2011(3):98。

② Hallett, Nicole. Politicizing U.S. Refugee Policy toward North Korea. *Yale Journal of International Affairs*. Winter/Spring 2006. 76.

续表

难民	50	54	72	28	54
直接避难者	2,037	2,710	2,882	3,901	4,768
抗辩避难者	3,456	3,449	3,796	4,700	5,383
避难者小计	5,493	6,159	6,678	8,601	10,151
难民和避难者合计	5,543	6,213	6,750	8,629	10,205
类别	2013	总计			
难民	101	453			
直接避难者	4,072	37,676			
抗辩避难者	4,532	56,349			
避难者小计	8,604	94,025			
难民和避难者合计	8,705	94,478			

资料来源：U.S. Department of Homeland Security, U.S. Citizenship and Immigration Services (USCIS), Refugee, Asylum, and Parole System (RAPS), and the U.S. Department of Justice (DOJ) Executive Office for Immigration Review (EOIR). US Department of Homeland Security. Refugees and Asylees: 2013 in Annual Flow Report. August 2014.

注：难民（refugee），直接避难者 (Affirmative Asylum)，抗辩避难者（Defensive Asylum）避难者 (Asylee)。

中国是美国接收直接避难者人数最多的国家之一。如表12-3所示，2007—2013年，中国一直是美国接收直接避难者人数最多的国家。2002年也居第一位。2001、2003、2005、2006四年，中国是美国接收直接避难者人数第二多的国家。2010年以后，中国直接避难者人数都占美国接受直接避难者总人数的25%以上，2011年达到了28.93%，创2001—2013年间的历史最高记录。这反映了美国对中国国内政治状况的不信任甚至敌视态度，因为，是否批准避难申请取决于是否采信申请人提出的在中国受到政治迫害的理由。

美国通过判例，确立了一些专门针对中国人的难民法规则，按照自己的政治传统、价值观和文化评判申请人的理由，有意纵容申请人对中国政府的诋毁攻击，最后才给予申请人在美国避难的身份。由于中国和美国之间不同的政治传统、价值体系和文化导致对彼此的决策过程以及政府和其他实体之间关系的理解和认识不够，以及中美之间实力差距日渐缩小的事实，致使中国和美国之间的战略互疑不断增长。① 美国有关部门按照自己的政治传统、价值观和文化评判申请人的理由的情况将长期存在，不大可能出现重大变化。直接避难者人数刺激着其他中国人继续积极地在美国申请避难，因为直接申请就能获批避难签证从而获得在美国的合法居留权。

① 张哲.中国和美国为何互相不信任?《中美战略互疑》报告摘录及作者访谈[N]，南方周末2012年4月12日第4版。

表12-3 2001—2013年直接避难者中国人数及其所占比例

人数及比例	2001	2002	2003	2004	2005
直接避难者中国人数	4,938	5,785	2,409	930	2,233
直接避难者总人数	29,160	25,946	15,357	14,325	13,471
所占比例	16.93%	22.30%	15.69%	6.49%	16.58%
排位	次于哥伦比亚	第一位	次于哥伦比亚	次于哥伦比亚、海地、危地马拉	次于海地
人数及比例	2006	2007	2008	2009	2010
直接避难者中国人数	1,550	1,825	2,038	2,700	2,888
直接避难者总人数	12,942	12,343	12,075	11,904	11,244
所占比例	11.98%	14.79%	16.88%	22.68%	25.68%
排位	次于海地	第一位	第一位	第一位	第一位
人数及比例	2011年	2012年	2013年	总计	
直接避难者中国人数	3,901	4,738	4,072	40,001	
直接避难者总人数	13,484	17,389	15,266	204,906	
所占比例	28.93%	27.2%	26.7%	19.52%	
排位	第一位	第一位	第一位		

资料来源：United States, Department of Homeland Security. Yearbook of Immigration Statistics: 2010. Washington, D.C.: US. Department of Homeland Security, Office of Immigration Statistics, 2011, P44-45. US Department of Homeland Security.Refugees and Asylees:2013 in Annual Flow Report. August 2014.

注：直接获美国国土安全部公民和移民服务局避难签证人数（individuals granted asylum affirmatively）

2001—2013年，中国一直是美国抗辩避难人数最多、所占比例最高的国家。如表12-4所示，2001—2013年，49,669名中国人复议或诉讼申请后获批美国避难签证，年均3,820名。除2001年复议或诉讼后获得美国避难签证中国人数为2,677人外，均超过了310万人，其中超过4,000人的有2006年（4,048人）、2007（4,545人）和2011年（4,700人），2012年达到了5,383人。抗辩避难者中国人数占美国抗辩避难者总人数比例很高。2001—2013年13年间，抗辩避难者中国人数占抗辩避难者总人数33.22%，也就是说，每三个抗辩避难者中就有一个是中国人。所占比例最高年份为2012年，达到了44.9%。

避难中国人数很多、占比例很高、位居前列会导致中国的国家安全和攻击中国人权等问题。在逻辑上，中国人向美国申请避难时，会尽一切努力根据1951年《关于难民地位的公约》和1990年《美国移民与国籍法》证明，自己受到了中国政府因为种族、宗教、国籍、属于某特殊社会团体的成员或政治观点而对其的迫害。实践中，已经发现不少中国人为了申请避难，在美国加入反中国政府组织，从事反中国政府活动，编造材料诋毁攻击中国政府。尽管有些中国人在获批美国避难签证后，就淡出了反中国政府组织，停止从事反中国政府活动。但是，确有一些人在获批后，继续参加反中国政府组织，从事反中国政府活动，有些还成为骨干和顽固分子。美国政府利用中国人申请避难签证中提交的所谓遭受中国政府迫害的材料，肆意攻击中国的人权等政治事项。

表12-4 2001—2013年抗辩避难者中国人数及其所占比例

人数及比例	2001	2002	2003	2004	2005
抗辩避难者中国人数	2,677	3,113	3,601	3,419	3,014
抗辩避难者总人数	10,001	10,977	13,376	13,022	11,757
所占比例	26.77%	28.54%	26.92%	26.29%	25.64%
排位	第一位	第一位	第一位	第一位	第一位
人数及比例	2006	2007	2008	2009	2010
抗辩避难者中国人数	4,048	4,545	3,424	3,418	3,795
抗辩避难者总人数	13,300	12,836	10,757	10,186	9,869
所占比例	30.44%	35.41%	31.83%	33.56%	38.45%
排位	第一位	第一位	第一位	第一位	第一位
人数及比例	2011	2012年	2013年	总计	
抗辩避难者中国人数	4,700	5,383	4,532	49,669	
抗辩避难者总人数	11,504	11,978	9,933	149,496	
所占比例	40.86%	44.9%	39.9%	33.22%	
排位	第一位	第一位	第一位		

资料来源：United States, Department of Homeland Security. Yearbook of Immigration Statistics: 2010. Washington, D.C.: US. Department of Homeland Security, Office of Immigration Statistics, 2011, p47–48. US Department of Homeland Security.Refugees and Asylees:2013 in Annual Flow Report. August 2014.

注：获批美国司法部移民复议委员会避难签证（individuals granted asylum defensively）

三、反敌对国家（2001年至今）

美国在冷战结束，特别是2001年9月11日遭受恐怖袭击后，难民法从针对共产党国家的特别法以及随后的大规模难民的普通法，转向了针对特定“恐怖主义国家”的特别法。为了防止恐怖分子渗透，美国加大了对难民地位申请人尤其是来自恐怖主义国家的难民地位申请人的安全检查，美国保护难民人数大幅度下降。2001年，发生“9·11事件”的当年，美国总计接收了68,925名难民入境，是2000年72,143名难民的95.54%。2002—2008年中的每一年，美国接收难民均低于发生“9·11事件”的2001年，其中2002年美国接收26,785名，只是2001年的37.13%，创1978年以来难民入境人数最大年降幅。[①]

以反“恐怖主义国家”为指导思想的美国难民法有两个特点：第一，基于本土安全，对反恐战争涉及的“恐怖主义国家”收紧难民标准；第二，基于推翻“恐怖主义国家”政权，促使“恐怖主义国家”民众脱逃，对反恐战争没有涉及的“恐怖主义国家”放松难民标准。美国对反恐战争涉及的“恐怖主义国家”收紧难民标准主要表现为：不积极接收因反恐战争而引起的阿富汗和伊拉克难民。2001年10月，美国以打击恐怖主义为名，发动了对阿富汗的军事行动。根据联合国难民署统计，阿富汗战争造成300多万难民逃往邻国，约23.8万人向西方发达国家申请难民地位。阿富汗战争爆发后的2013年，如表12-5所示，美国总共仅接收阿富汗难民12,029人，接收难民人数最少年份2009年只有349人。但是美国要求其欧洲盟友和阿富汗的邻国共同承担阿富汗难民问题。在巴基斯坦境内的绝大多数难民来自阿富汗，他们构成了世界人数最多和拖延时间最长的难民潮之一。截至2013年12月，巴基斯坦有来自阿富汗的流离失所者1,615,425人。2002年3月至2012年2月，有3,734,938名难民被遣返回阿富汗，其中2009年、2010年和2011年分别有51,290、109,383和52,096名难民被遣返。[②]

表12-5 美国在阿富汗战争期间（2001年10月至今）接收的阿富汗难民人数

年份	入境难民数	年份	入境难民数
2001	2,930	2008	576
2002	1,683	2009	349
2003	1,453	2010	515
2004	959	2011	428
2005	902	2012	481
2006	651	2013	661
2007	441	总计	12,029

资料来源：U.S. Department of State, Bureau of Population, Refugee, and Migration (PRM), Worldwide Refugee Admissions Processing System (WRAPS), Fiscal Years 1980 to 2011. US Department of Homeland Security. Refugees and Asylees: 2013 in Annual Flow Report. August 2014.

① U.S. Department of State, Bureau of Population, Refugee, and Migration (PRM). *Worldwide Refugee Admissions Processing System (WRAPS), Fiscal Years 1980 to 2010*.

② *Pakistan Fact Sheet*. UNHCR. 2012, http://www.unhcr.org/5000210e9.html.accessed on 25 September 2014.

美国自2003年伊拉克战争爆发以来，除了接收部分为美国服务过的伊拉克人员外，基于国内反恐和安全考虑，如表12-6所示，从2003年到2007年，只接收了2,372名伊拉克难民。这与叙利亚等伊拉克邻国以及其他西方发达国家安置大量伊拉克难民的情形形成鲜明对照。2003年3月，伊拉克爆发战争后，总人口的8%的约200万流离失所者逃往邻国叙利亚和约旦，[①] 其中很多人是伊拉克重建急需的专业技术人员和熟练工人。伊拉克难民潮对邻国造成沉重的社会和经济负担，也增加了伊拉克政治和经济重建的困难。还有不少伊拉克难民被安置在发达国家。据联合国难民署统计，1992—2006年，美国以外的西方发达国家共接收了10万多名伊拉克难民。[②]2007年，澳大利亚、加拿大、丹麦、英国、德国、智利和巴西等国家接收了20,472名伊拉克难民。[③]

表12-6　美国在伊拉克战争期间（2003年—2012年）接收的伊拉克难民人数

年份	入境难民数	年份	入境难民数
2003	298	2009	18,838
2004	66	2010	18,016
2005	198	2011	9,388
2006	202	2012	12,163
2007	1,608	2013	19,487
2008	13,822	总计	94,086

资料来源：U.S. Department of State, Bureau of Population, Refugee, and Migration (PRM), Worldwide Refugee Admissions Processing System (WRAPS), Fiscal Years 1980 to 2012. US Department of Homeland Security. Refugees and Asylees:2013 in Annual Flow Report. August 2014.

在国际舆论的强大压力下，美国努力解决伊拉克难民危机，2008年后，采取了较为积极的难民政策。在2006—2007财政年度，美国向伊拉克的难民和国内流离失所者提供了4,300万美元援助，2007—2008财政年度增至1.71亿美元。2007年，美国大幅度提高接收伊拉克难民人数至1,608人，是2006年的202人的约8倍。2009年，美国接收伊拉克难民18,838人，创伊拉克战争以来保护难民人数的最高记录。2010年8月，美国战斗部队撤出伊拉克，在该年度，美国接收了18,016名伊拉克难民。2011

① 李涛.伊拉克难民问题及解决前景[J].西亚非洲2011(11):40。

② UNHCR. *Statistics on Displaced Iraq is Around the World*, September 2007.

③ UNHCR. *UNHCR Meets 2007 Resettlement Referral Target for Iraq Refugees*, December 12, 2007.

年12月，美军全部撤出伊拉克，美国接收的难民人数降至9,388人。[①]2013年，少数派逊尼派穆斯林和主导政府的什叶派穆斯林之间展开了最为血腥的对抗，伊拉克面临美军2011年撤离伊拉克以来最为严峻的安全形势，美国接受了19,487名伊拉克难民。

美国对反恐战争没有涉及的“恐怖主义国家”放松难民标准主要表现为：针对朝鲜等国家，制定和实施特别难民法，接收更多的这类难民。为了推翻朝鲜现政权，2004年美国通过《北朝鲜人权法》（North Korean Human Rights Act）并于2008年10月生效，向脱北者提供人道及法律援助，以促使朝鲜民众以及高层干部家属外逃。美国认为，朝鲜高层干部家属不断外逃将直接导致朝鲜政权垮台。美国还致力于为朝鲜人创造一个逃亡通道，诱使大量难民逃离朝鲜。[②]该法还抨击中国的朝鲜难民政策，敦促联合国难民署推动中国接受国际监督和给予朝鲜难民保护。此前，美国认为，朝鲜人在法律上是韩国公民，韩国是给予庇护的首要责任国，美国不承担庇护脱北者的首要责任。如表12—7所示，1999—2005年，没有一位朝鲜人以难民身份入境美国，没有一位朝鲜人到美国避难。

表12-7 美国1999—2013年接收的朝鲜难民人数

年份	难民	避难者	年份	难民	避难者
2000	0	0	2008	37	0
2001	0	0	2009	25	28
2002	0	0	2010	8	13
2003	0	0	2011	23	13
2004	0	0	2012	22	0
2005	0	0	2013	17	—
2006	9	0	总计	163	54
2007	22	0			

资料来源：U.S. Department of State, Bureau of Population, Refugee, and Migration (PRM), Worldwide Refugee Admissions Processing System (WRAPS), Fiscal Years 1980 to 2012。

由于朝鲜严格的出入境政策，公民很难出逃和抵达美国，难民和避难者人数极少。美国没有将自己列为接收朝鲜难民的责任国，也削弱了其接收朝鲜难民的空间。2003年，《北朝鲜人权法》实施后，美国依然确认韩国为接收朝鲜难民的首要责任国。美国接收朝鲜难民人数在《北朝鲜人权法》2008年生效后没有明显增长。如表12-7所示，《北朝鲜人权法》生效后至2013年，仅有163名朝鲜人以难民身份入境美

① U.S. Department of State, Bureau of Population, Refugee, and Migration (PRM), *Worldwide Refugee Admissions Processing System (WRAPS), Fiscal Years 1980 to 2011.*

② 东方网.美韩联合演习添变数和谈前美抛出攻朝计划[EB/OL]. 2003年8月13日。

国，也仅有54名避难者。

美国除实施2004年《北朝鲜人权法》之外，还实施了类似的反“恐怖主义国家”难民法，例如1992年《古巴民主法》(Cuba Democracy Act)，1998年《伊拉克解放法》(Iraqi Liberation Act)、2003年《伊朗民主法》(Iran Democracy Act of 2003)，2003年《缅甸自由和民主法》(Burma Freedom and Democracy Act)等。

四、推行对外战略

美国难民法随对外战略的调整而变化，在不同阶段有不同的对外战略，相应地有不同的难民法。美国毫不讳言难民政策是其对外战略的一部分，国务院人口、难民和移民局在其官方网站明确指出，其主要工作任务是保护生活在非常危险状态中的难民、其他移民和冲突受害者，要确保难民政策的人道主义原则完全融入到美国的外交和国家安全政策之中。

第二次世界大战前，美国尚未确立世界超级强国的国际地位，对外战略略显保守，难民法一直没有突破1920年代确立的移民限额制度，对接收难民进行了严格地限制。在1933—1944年间移入美国的难民共有25万人，但在1938年底以前入境的不到3万人。①

第二次世界大战结束后，美国为确立其前所未有的国际地位，需要显示强权和树立威望。适应这一对外战略的需要，颁布实施了1948年《流离失所者法》(Displaced Persons Act)，带头参与解决欧洲战争难民问题，配合欧洲复兴计划实施，带动西欧经济社会发展，阻止苏联势力向西欧扩张。

1950年代中期以后，美国确立了在西方阵营中领导地位，国力进一步增强，开始奉行扩大强权对外战略，加强自己在冷战中的优势地位。与此相适应，利用难民价值打击共产党国家成为难民法的重要内容。接收东欧政治难民的1953年《难民救济法》，面向匈牙利革命失败逃亡者的1957年《难民逃亡法》，针对古巴革命中亲美势力者的1960年《公平难民法》和1962年《移民与难民法》等，都是美国扩大强权对外战略的反映。这些难民法有助于美国解决遗留的欧洲难民问题，就难民问题诘难苏联和东欧，削弱苏联的实力和影响，加强对东欧、东南欧共产党国家的渗透。

1966年，美国制定《古巴人身份调整法》并于次年实施，成为古巴难民“第一收容”国，鼓励古巴人逃离古巴政权，直接利用难民的政治价值，打击古巴共产党政权。1965年9月，古巴开放卡马里奥港，大批古巴人涌向美国。从1965年底到1973年4月，美国用航班接来了25万多古巴人。1980年3月，古巴开放马里埃尔港，允许

① 梁茂信.美国移民政策研究[M].东北师范大学出版社.1996.307。

想出国的国民自由离境。到9月为止，约有12.5万古巴人抵美。[①] 大量古巴难民的到来加重了美国的社会经济负担，古巴难民中存在的大量罪犯、精神病患者也加深了美国国民对国内安全的担忧。美国的古巴难民政策从鼓励和欢迎转向拦截和遣返，对于已入美的古巴人也迟迟不给予难民身份。此后，虽然美国的古巴难民政策不再是大规模接收难民，但是依旧针对古巴政权。

1970年代越战结束后，美国暂时收缩战线，实行维持强权对外战略，难民法也发生了变化，由积极和慷慨安置共产党国家难民转变为消极和吝啬。为配合维持强权对外战略，美国实施了1978年《印支难民调整法》(*Indochinese Refugee Adjustment Act*)和1979年有序离境方案(Orderly Departure Program)。

1980年里根当选总统后，主张恢复美国在世界上的领导地位，确立了以反击苏联扩张和反对革命的恢复强权对外战略，难民法相应发生了变化。美国重启古巴难民项目以推翻共产党政权，排斥萨尔瓦多、危地马拉和海地难民以维持亲美政权的稳定和阻止革命运动的发生，接收尼加拉瓜难民打击左翼政权，允许印支难民入境促进东南亚国家的稳定和钳制越南力量。1980年，通过新难民法，放弃了原来根据反共产党国家意识形态确立的难民定义，采纳了1951年《关于难民地位的公约》中的政治迫害难民定义，并随后将其融入《美国移民和国籍法》。实践中，难民政策依然主要针对共产党国家。具体的难民法和项目有1987年重启《境内古巴难民方案》(In-country Refugee Program in Cuba)，1987年启动《境内越南难民方案》(In-country Refugee Interviews in Vietnam)等。

1980年代末到1990年代初，东欧剧变和苏联解体，以美苏对抗和两种意识形态对立为主要特征的冷战结束，美国对外战略由反共产党国家转向反其他敌对国家。难民法中的反共产党国家指导思想逐渐淡化，反其他敌对国家指导思想逐渐明显。1989年，美国启动针对苏联人申请难民的"莫斯科难民申请项目"(In-country Program in Moscow)，及针对苏联人、柬埔寨人、老挝人和越南人的"劳藤堡修订案"(Lautenberg Amendment)，终止了匈牙利难民项目和捷克难民项目。1992年、1999年和2001年，分别开始处理波斯尼亚人难民地位申请、科索沃人难民地位申请和哥伦比亚人难民地位申请。1991年，美国出兵伊拉克北部，为伊拉克战争难民建立安全区，防止库尔德人大批流亡伊拉克周围国家。[②]

1990年，美国修改《美国移民和国籍法》，设立了临时保护身份，规定因其本国正处于武装冲突、自然灾难等混乱状况，无人安全保障而无法回国的人可以申请在美临时避难，即使他们不符合1951年《关于难民地位的公约》中的难民定义，期限为

---

① 李晓岗.难民政策与美国外交[M].世界知识出版社. 2004. 88。

② 余行.一个新的战场：美欧对伊拉克难民政策初析[J].世界知识1991(10). 12。

6—18个月，到期后，如果其本国恢复正常状态，他必须回国。临时保护身份制度可以减少对难民的接纳，防止难民在美国永久性地居住下去，还有助于与在更广范围内庇护逃离敌对国家人员。另外，美国实施了1992年《古巴民主法》（*Cuba Democracy Act*）和1998年《伊拉克解放法》（*Iraqi Liberation Act*），有选择地接收古巴和伊拉克难民，以推行瓦解这两个敌对美国国家的对外战略。

1996年，美国通过了《非法移民改革和移民责任法》（*Illegal Immigration Reform and Immigrant Responsibility Act*），再次扩展难民定义范围，被强制堕胎者、被强制绝育者、因为没有或拒绝堕胎和绝育而受迫害者，或者其他反抗强制性人口控制计划者被纳入难民范畴。很显然，此次扩展难民定义主要是针对中国的计划生育政策。

2001年9月11日，恐怖分子袭击美国，美国对外战略重点转向反恐怖主义，制定了一些反恐怖主义法律，加强对外国人入境的安全审查，难民法是这些法律的内容之一，以配合反恐怖主义对外战略的实施。2001年《爱国者法》（*Patriot Act*）、2005年《真实身份法》（*Real ID Act*）、2004年《北朝鲜人权法》、2003年《伊朗民主法》（*Iran Democracy Act* of 2003），2003年《缅甸自由和民主法》（*Burma Freedom and Democracy Act*）等法律都有保护难民的内容。由于反恐需要，获得难民签证的人数由1990年代的年均10万人下降到2000—2007年的年均5万人。

可以看出，美国的难民法因全球性超级大国的战略定位而具有积极性和主动性。美国随时运用难民法为自身的对外战略服务，难民法随对外战略的调整而变化。美国为确立其在全球范围内的霸权地位，冷战期间不断根据国际形势调整其难民法律，使其服务于打击敌对国家尤其是共产党国家的战略，大量接纳来自苏联、东欧、印支三国、古巴共产党国家的难民。冷战之后的难民政策则服务于打击敌对国家特别是恐怖主义国家的战略，有选择地接收来自朝鲜、伊拉克和伊朗的难民。

第四节　难民和避难者的甄别

一、难民甄别的标准

根据1990年《美国移民和国籍法》（2002年修订）和《美国难民地位申请作业》，外国人可以在美国境外申请难民地位（refugee），申请时必须符合下列条件：（1）目前居住在美国境外；（2）有美国关切的人道主义考虑情形；（3）符合《美国移民和国籍法》第101条第1款第42项关于难民的定义，例如由于种族、宗教、国籍、属于某一社会团体或具有某种政治见解受迫害；（4）被准许入境美国；（5）对于他人因种族、宗教、国籍、属于某一社会团体或具有某种政治见解，而命令、煽动他人处于迫害者，则不得被视为难民；（6）没有获得其他国家永久性居住的批准。

审理难民地位申请时，主要考虑在所处场所环境、逃离地情况、美国国家利益及其他人道主义因素。申请人应提交一系列材料证明其受迫害，包括：国家情况报告，入狱证明，逮捕令，政府官员、亲友、工会、政党提供的书面证词，党员证或组织会员卡。难民审理官员会审核这些材料。如果难民由于逃难不能提供证明文件，那么应提供证言。如果证言可行，可以作为认定难民地位的证明。[①]

是否批准难民地位申请要考虑可信度评定、面谈结果、额外限制条件、轻率申请等情况。可信度评定是考虑整体情况和与申请人有关的所有因素。难民审理官员会考虑申请者的言行举止、坦率程度、申请者或证人解释的内在合理性、申请者或证人的书面或口头陈述之间的一致性、陈述之间的内在一致性、陈述与其他证据的一致性、陈述里面是否存在错误或不实信息等等，这些因素将会最终决定可信度评定的结果。如果没有明确作出不利的评定，那么申请对可信度评定可以有反驳的推定。举行面谈是申请难民地位程序的一个必经环节。在没有特殊情况下，对难民地位申请的初次面谈应当在提交申请之日起45日内举行。额外限制条件是指司法部部长可以在不与《美国移民和国籍法》相冲突的情况下，提出其他的条件或限制来考虑难民地位申请，防止申请人利用美国难民法恶意申请，保证每年申请数量相对稳定，社会秩序相对良好。在提交难民地位申请时，司法部部长应告知申请人恶意提交难民地位申请的后果。如果司法部部长认为该外国人恶意提交难民地位申请，而且根据第208条第4款第4项第1目，他已经收到了通知，那么该外国人将永远没有资格获得基于本法的任何利益。这个决定自司法部部长作出申请的最终决定之日起有效。

外国人申请难民地位，根据《美国难民地位申请作业》规定，其配偶和未满21岁未婚子女可以以亲属方式加入申请（副申请人），并且不需像主申请人必须符合上述难民标准。主申请人取得难民身份，其加入申请的配偶和未满21岁未婚子女自动获得难民身份。副申请人必须证明，与主申请人亲属关系在主申请人获得难民身份前已经存在，并且符合《美国移民和国籍法》关于可以入境美国的规定。2013年，69,909名难民入境美国，其中31,698名是主申请人，38,211名是副申请人，副申请人中配偶11,278名，子女26,933名。

二、难民甄别的程序

美国国土安全部公民和移民局（U.S. Citizenship and Immigration Services (USCIS) of the U.S. Department of Homeland Security）在驻外使领馆的人员负责审理难民地位申请，联合国难民署予以配合。不论是由联合国难民署、美国驻外使领馆、经专业训练的非政府组织，还是美国公民亲属推荐的难民地位申请案件，都必须经重新安置支持中心（Resettlement Support Center, RSC）初步筛选和面谈，不进行纯书面审理。

① 民政部国际合作司[译].在华国际难民材料汇编：重新安置篇.2013.29。

重新安置支持中心依据与美国国务院人口、难民和移民局（The Bureau of Population，Refugees and Migration (PRM) of the U.S. Department of State）签订的合作协议，获得其资助，接受其监督。协助申请人填写申请表格，进行安全检查，面谈申请人，收集申请人的生物特征和个人信息，转交给国土安全部公民和移民局在驻外使领馆的人员，为其审理难民地位申请做准备。

国土安全部公民和移民局在驻外使领馆的人员根据重新安置支持中心转来的以及获得的其他资料，正式面谈难民地位申请人，并做出面谈结论。美国没有建立针对（境外）难民地位申请的正规申诉程序。申请人通过面谈后，进行健康检查，以确保有传染病者不得入境美国。通过健康检查后，重新安置支持中心会为每一位难民向在美国境内的难民接待、安置机构申请保证，确定其难民安置保证机构。国土安全部公民和移民局在驻外使领馆的人员会在批准申请前调查申请人的品行和安全背景，有权决定申请人是否符合难民标准和予以安置。

2013年，如表12-8所示，前五大入境美国难民国家是伊拉克、缅甸、不丹、索马里和古巴，共计难民56,733人，占入境美国难民总人数的81.2%。伊拉克是第一大难民来源国，有19,487名难民，占入境美国难民总人数的27.9%，这与2013年伊拉克面临五年来最严峻的安全局势有关。

表12-8　2011—2013年前五大入境美国难民国家人数及所占比例

国家	2013年		2012年		2011年	
	人数	占比	人数	占比	人数	占比
伊拉克	19,487	27.9%	12,163	20.9%	9,388	16.7%
缅甸	16,299	23.3%	14,160	24.3%	16,972	30.1%
不丹	9,134	13.1%	15,070	25.9%	14,999	26.6%
索马里	7,608	10.9%	4,911	8.4%	3,161	5.6%
古巴	4,205	6.0%	1,948	3.3%	2,920	3.6%
总计	56,733	81.2%	48,252	82.8%	48,040	82.6%

资料来源：US Department of Homeland Security.Refugees and Asylees:2013 in Annual Flow Report. August 2014.3.

三、避难者甄别的标准

根据1990年《美国移民和国籍法》（2002年修订）和《寻求庇护者资讯指南》，任何在美国的外国人，无论持哪国国籍，无论其已经在美国境内，还是抵达美国的口岸（机场、港口、边境线），包括在国际或美国水域被拦截后带入美国，即使是非法滞留，均有权申请避难。在美国境内申请避难的外国人是寻求庇护者（asylum seeker)，申请成功的是避难者。根据美国公民和移民局发布的《寻求庇护者资讯指南》，避难是一种保护形式，以避免被遣送回受迫害的国家，让符合资格的难民得以留在美国，进而成为永久居民。外国人在美国境内申请避难免费。外国人可以在提交避难申请时，在申请中包括或者在审理结束前随时加入配偶、21岁以下未婚子女。根据《美国移民和国籍法》第101条第1款第42项，避难申请人必须同时符合以下条件:(1)申请者不能或不愿意返回本国;(2)申请者曾经遭受本国迫害，或能证明若返回本国有可能受迫害;(3)申请者在本国因为种族、宗教、国籍、属于某一社会团体或具有某种政治见解受迫害。

四、避难者甄别的程序

(一)境内申请避难的方式

境内申请避难有直接、抗辩和依亲三种方式。直接避难申请(affirmative asylum process)是指寻求庇护者基于寻求庇护权向美国公民和移民局申请避难，申请成功的是直接避难者(affirmative asylee)。外国人无论以何种方式入境美国，均可在入境后一年内向美国公民和移民局提出避难申请。2003年起，美国国土安全部公民和移民局负责审理避难申请。美国不收容直接避难申请人，不将其列入待遣返出境程序。美国公民和移民局在全美的八个分支机构通常在提交避难申请后45天内面谈申请人。2013年，美国公民和移民局批准直接避难者15，266名，来源国前三位国家是中国(4,072名，26.7%)、埃及(3,102名，20.3%)和叙利亚(763名，5.0%)。[①]

抗辩避难申请(defensive asylum process)是指寻求庇护者基于法律救济权向司法部移民复议委员会(Executive Office for Immigration Review of the Department of Justice)、法院申请避难，申请成功的是抗辩避难者(defensive asylee)。抗辩避难申请适用于直接避难者地位申请未被批准者、在美国无合法身份者、于机场(港口)因无合法证件但有充分理由恐受迫害或虐待等三类群体。美国收容多数抗辩避难申请人，将其列入待遣返程序。2013年，美国批准抗辩避难者9，933名，来源国前三位国家是中国(4，532名，占45.6%)、埃塞俄比亚(399名，占4.0%)和尼泊尔(381名，占3.8%)。[②]

依亲避难申请(follow-to-join)是指作为避难者的配偶和21岁以下未婚子女申请与在美国的避难者家庭团聚，法律基础是家庭团聚权。外国人申请避难时，配偶和21岁以下未婚子女可以一同申请，也可以在申请成功后申请家庭团聚。由于很多难

---

① US Department of Homeland Security. *Refugees and Asylees: 2013 in Annual Flow Report*. August 2014.3.

② Ibid., August 2014.6.

民是因为受迫害而逃离本国，配偶和21岁以下未婚子女不一定能随行，所以很多外国人申请避难成功后，其配偶、21岁以下未婚子女会申请家庭团聚。2013年，美国批准依亲避难者13，026名，来源国前三位国家是中国（4,785名，占36.7%），海地（1,108名，占8.5%）和埃塞俄比亚（774名，占8.5%）。[①]

（二）避难者甄别的程序

甄别在境内提交的避难申请，通常要经过以下五个步骤。

第一步，抵达美国的外国人提交避难申请。外国人必须在抵达美国后一年内提交《避难和停止遣送出境申请表》（Form I-589，Application for Asylum and Withholding of Removal），申请避难。依照联邦法规（Code of Federal Regulations，CFR）第八篇第208.4条的规定，有特定的例外情况，可以豁免一年期限的要求。申请避难及不被遣返出境（Withholding of Removal）的举证责任在于申请人，申请人必须首先证明他过去曾经受迫害或者他有理由担心回国会受迫害。

第二步，申请人接受背景和安全调查。14岁到79岁的寻求庇护者会收到美国公民和移民局通知，要求他们到申请支持中心或者授权指定的执法机构（Application Support Center or Authorized Designated Law Enforcement Agency）留存指纹。申请者的指纹将被寄至美国联邦调查局（FBI），进行背景和安全调查。

第三步，申请人参加面谈。申请人通常会在提交《避难和停止遣送出境申请表》后21天内收到美国公民和移民局的面谈通知，其中列明了面谈的日期、时间和地点。美国公民和移民局的避难处（Asylum Division）负责面谈寻求庇护者和审理避难申请。面谈通常会在提交申请书后43日内进行，申请人可以从美国公民和移民局避难处在全美八个办公室中选择一个，接受避难官员面谈。[②] 如果申请人的居住地距离避难办公室太远，可以在地区办公室面谈。因为避难官员必须安排时间前往地区办公室进行面谈，选择在地区办公室面谈会等待较长时间。

第四步，避难官员做出审理决定。避难官员根据申请和面谈中以及从其他渠道获得的信息，判定寻求庇护者是否符合《美国移民和国籍法》第101条第1款第42项第1目的难民定义，申请材料的真实可行性，以及是否属于《美国移民和国籍法》第208条第2款第2项规定的不适用本法的情形。如果申请人犯有某些罪行、对国家安全构成威胁、迫害过其他人、入境美国前在其他国家居留过，就不能取得难民身份。美国公民和移民局避难官员在大多数情况下，会于面谈后14日作出审理决定。如果

---

① US Department of Homeland Security. *Refugees and Asylees:2013 in Annual Flow Report*. August 2014.7.

② 八个避难办公室分别位于弗吉尼亚州阿灵顿、伊利诺伊州芝加哥、德州休斯敦、加州洛杉矶、佛罗里达州迈阿密、新泽西州纽沃克、纽约州纽约和加州旧金山。

申请人符合难民标准，美国公民和移民局官员会给予正式批准信，或因为尚未收到安全检查结果而暂时发给建议性批准信。督察避难官员会复查避难官员的决定，确认决定符合法律。如果申请人未持有有效的在美国身份或没有资格留在美国，则将进入遣送出境程序。如果对遣送出境提出异议，要提起诉讼。

第五步，申请人收到关于避难申请的决定后，在大多数情况下应前往进行面谈的避难办公室领取决定书。如果申请人不去领取，一般会在提出申请后60日收到决定书。审理避难申请所需时间可能因为待定的安全或背景调查而被延长。对于目前为非法身份，曾在地区办公室接受面谈，或其案件正在由避难处总部人员审核的申请人，审理时间也可能会被延长。

第五节　寻求庇护者的权利和义务

一、寻求庇护者的主要权利

寻求庇护者（asylum seeker）是指向美国申请难民地位，正在等候最终审理结果的人。在难民地位申请得到公平审查之前，依据不推回原则，寻求庇护者有权不被遣返回国，并有权享受符合人道主义标准的待遇，包括居留、工作等八方面权利。

居留权。如果外国人的难民地位申请被拒绝时所持签证未到期，可以继续在美国居留，直至签证到期。

工作权。外国人不可以在申请难民地位时一并申请工作许可证（Employment Authorization Documents，EADs）。只有已经提交境内难民地位申请超过150天，而且没有收到审理结果，才可以申请工作许可证。寻求庇护者申请工作许可证必须填写《工作许可证申请表》（Form I-765，Application for Employment Authorization），申请第一份工作许可证免费。有权享有劳动方面法律的全面保护，有权开设银行账户、拥有自己的财产和经营生意。

社会福利。寻求庇护者不能获得社会福利，公共教育和紧急医疗除外。即使寻求庇护者没有合法证件，仍然能为有资格的孩子申请社会福利。

身份证件。寻求庇护者有权获得证明自己法律地位的身份证件。

境内迁徙。未被拘留的寻求庇护者可以在美国境内自由迁徙。

出入境。寻求庇护者要离开美国，必须取得事先许可（回美证），才能返回美国。如果寻求庇护者出国而没有取得回美证，美国公民和移民局将认定其已经放弃避难申请，因此寻求庇护者可能被拒绝回到美国。另外，如果寻求庇护者取得了回美证，但是返回了声称受迫害的国家，美国公民和移民局也会认定其已经放弃避难申请，除非能够提出非常有说服力的回美国原因。

法律援助。寻求庇护者可以自费聘请代理人陪同参加避难申请面谈，也可以联系美国公民和移民局避难处、美国司法部移民复议委员会，获取免费或收取少许费用的律师或社区非营利组织的名单，由他们提供法律援助。寻求庇护者还可以向当地的联合国难民署机构申请填写《避难和停止遣送出境申请表》的帮助。

法律救济。被拒绝的寻求庇护者可以向移民复议委员会（Board of Immigration Appeals）申请复议，如果对复议结果不服，可以向法院提起诉讼。

二、寻求庇护者的主要义务

如果寻求庇护者没有足够的英语能力，必须自己带翻译参加难民地位申请面谈。美国公民和移民局不提供翻译人员。如果寻求庇护者翻译的英语能力不足以胜任面谈，可以重新安排面谈日期，直至寻找到能够胜任的翻译。

外国人申请难民地位和参加难民地位面谈时，必须详尽和真实地告知自身经历，以便避难官员判定是否符合难民标准。难民地位面谈是非抗辩式的，避难官员将确认寻求庇护者的身份，询问基本个人资料以及理清申请难民地位的原因。面谈的所有内容须严格保密。

如果外国人提交《避难和停止遣送出境申请表》时不持有效签证使其申请被拒绝时，美国公民和移民局向司法部移民复审行政办公室（Executive Office for Immigration Review of the Department of Justice）申请将其遣送出境，司法部移民复议委员会会重审申请者的难民地位申请。

如果外国人没有合法证件、违反了签证条件、因入境时没有合适文件而被抓获的第一次难民地位申请被拒绝，可以直接由移民执行官员（immigration enforcement officials）将其遣返。

美国移民和海关执行局可以在口岸拘留没有有效证件的入境者，以及快速遣返程序中没有合理畏惧迫害理由的寻求庇护者。在严重疾病、怀孕、无人陪伴未成年人、不符合公共利益的情况下，可以在个案审理的基础上假释被拘留的寻求庇护者。有些时候，主管当局可以用电子镯代替拘留，允许寻求庇护者监视居住。寻求庇护者变更住址时必须通知美国移民和海关执行局。被监视居住的寻求庇护者，必须定期向美国移民和海关执行局报到。

没有合法证件、违反了签证条件、因入境时没有合适文件被抓获的外国人可以直接向司法部移民复议委员会申请难民地位。司法部移民复议委员会审理后，可以批准申请、拒绝申请或者决定遣返出境（order of removal）。

第六节 难民的权利

一、难民入境

如果国土安全部公民和移民局在驻外使领馆的人员批准难民地位申请，同意申请人以难民身份入境美国，那么，重新安置支持中心在中心会城市向难民提供1—5天的美国文化培训，发放《美国欢迎您：重新安置指南》，该指南用17种语言印刷和录制，使他们理解抵达美国后将发生的生活变化，并签发国际旅行证件，提供前往美国的旅程协助。国际移民组织（International Organization for Migration，IOM）为被批准的难民提供国际路费无息贷款，难民应在抵达美国6个月后开始偿还贷款，3.5年后全部还清贷款。

经美国公民和移民局批准前往美国重新安置的难民案件进入政府机关和非政府组织部门共同执行的难民接收计划（The United States Refugee Admission Program，USRAP）程序。执行难民接收计划的政府部门是国务院人口、难民和移民局，国土安全部公民和移民局，卫生和民政部难民重新安置办公室（The Office of Refugees Resettlement of the U.S. Department Health and Human Services）三个部门。执行难民接收计划的行政部门的主要工作是：审查难民和紧急难民的处境，规划安排在美国境内可以协助安置难民的单位，在国家利益立场下，考虑批准或者拒绝境外难民地位申请是否符合人道主义精神。

重新安置支持中心根据难民接收计划提供的难民资料、社区资源和难民需求，向美国国务院人口、难民和移民局建议每位难民的安置地点，除非难民已有亲人在美国，要就近与亲人居住。确定的难民安置地点和保证人数据将被传回当初难民地位申请的重新安置支持中心，该中心与国际移民组织合作，将难民送到在美国的住所。

难民飞抵美国后必须在入境国际机场接受国土安全部海关和边境保护局（CBP）人员审核与确认，经审核与确认无误后才可入境美国。口岸官员在难民填写的出入境登记卡（即Form I-94）上加盖以难民身份入境的印章。外国人从申请难民到抵达美国所需时间，依其申请地点而定。如果联合国难民署推荐申请难民地位，从申请到抵达美国，约需要8个月至1年的时间。其中，从难民地位申请批准到离境前往美国大约需要4—6个月。

二、难民入境后的接待

美国国务院制定了难民重新安置项目（Refugee Resettlement Program），向难民的安置保证单位（sponsorship agency）支付每位难民1,875美元，购买其安置服务和用于难民抵达美国后30—90天的生活费用。难民保证机构必须将1,875美元中的

1,100美元直接用于难民，至少要将1,100美元中的900美元用于被保证难民，最多将200美元用于更困难的难民。国务院还另外向难民保证机构支付每位难民200美元，用于有特殊需求的难民。[①]

作为安置保证机构，难民接待、安置机构是美国难民入境、接待和安置项目（Refugee Admission Reception and Placement Program）的主要运作者，负责接待和安置入境的难民。每一个难民接待、安置机构都与美国国务院人口、难民和移民局签署了合作协议，接受其资助和监督。2011年度，美国有10个难民接待、安置机构。这10个难民接待、安置机构在全美国一共有350个分支。每个难民接待、安置机构的总部都与其分支机构保持联系，督导其分支机构妥善安置难民。当难民抵达美国时，如有需要，国际移民组织的代表会在入境口岸迎接难民，确保他们之后的旅程衔接。被确定为安置保证机构的难民接待、安置机构，会在重新安置难民在美国目的地迎接他们，安排他们入住其地区分支机构，提供抵达美国后30—90天的最初服务。

安置机构为难民提供必要家具、食物和衣物，将他们接入已经配备必要家具、食物和衣物的住房，住房要达到体面、安全和卫生的住宿条件。

安置机构安排难民在抵达后到当地卫生机构，免费做全面健康评估，以确认并治疗会影响到就业和有效重新安置的疾病。难民有资格申请医疗救助或者难民医疗救助，支付基本的医疗费用。

提供社会培训，引导他们适应入住地区的社区环境，帮助他们申请社会保障、医疗、就业、子女入学等服务。重新安置难民会收到用母语编写的关于美国生活的资料，帮助他们顺利适应新环境。

美国卫生和民政部难民重新安置办公室（The Office of Refugees Resettlement of the U.S. Department Health and Human Services）与非政府组织合作，向难民提供长期的现金补助、医疗、语言、社会等服务；通过难民医疗救助项目负担符合条件的难民最多8个月的身体和精神健康需求，为不符合医疗救助条件的难民提供医疗服务；资助一些教育机构提供英语培训；提供关于学校注册、社区教育资源、职业培训等教育方面的信息，向生活困难难民提供难民上学困难补助。

三、难民的主要权利

境外申请难民地位成功的外国人是美国的准永久居民，主要享有社会福利、工作、境内迁徙等权利。他们入境美国后，承担与在美国境内其他外国人一样的义务。

---

① The Government of the USA. *Country Chapter US-UNHCR Resettlement Handbook*. UNHCR. 2011.

（一）社会福利

入境难民持加盖工作许可章（Employment Authorized）的《出入境记录表》（Form I-94，Arrival-Departure Record）和官方签发的有照片身份证件（例如未到期的护照或者驾驶执照），可以申请社会保障卡（Social Security card），享有社会保障服务。在入境美国8个月内，享有美国联邦政府提供的社会福利及医疗服务。8个月后，享有该州州民应有社会福利，65岁以上者可享有联邦社会福利。但如抵美后7年仍无法获得美国国籍者，将无法继续享有此项社会福利。①

除非申请难民地位时有欺诈行为，美国公民和移民局不得在审理其永久居留申请时，要求偿还领取的社会福利。如果难民享受医疗补助（Medicaid）方面的疗养院长期护理服务和现金福利，例如，贫困家庭临时援助（TANF）或老人或残障者补助（SSI），并且依赖一名家庭成员的福利生活，会影响其永久居留申请。如果难民在成为永久居民后的前5年一直依赖社会福利生活，会影响其保持永久居民身份。

美国公民和移民局1999年5月宣布，难民不适用公共负担方面规定，享受社会福利不影响其申请永久居留。公共负担者是指依赖美国政府的社会福利和援助而生活的外国人。美国公民和移民局不批准公共负担者的永久居留申请。接受现金社会福利及入院接受长期治疗护理的外国人被认为是美国的公众负担。现金救济包括生活补助金、贫穷家庭临时现金补助和州政府公共援助金。入院接受长期治疗护理，例如花费政府金钱住在疗养院或精神病院。接收健康福利、食物补助计划和其他非现金社会福利的外国人不是美国的公共负担。

难民社会福利的具体内容因居住州不同而有所差异。以伊利诺伊州为例，社会福利主要包括以下三大类14小类。（1）贫困家庭临时援助（TANF）。包括：老人或残障者补助（SSI），仅限获得难民身份后的前7年；伊利诺伊州耆老盲人残障者补助（AABD）；伊利诺伊州过渡补助（TA）；难民援助，仅限在获得难民身份后的前8个月；社会保障退休福利。（2）医疗。包括：医疗辅助（Medicaid），儿童保健（Kid Care），食品，粮食券（Food Stamps），妇婴幼儿食品补助（WIC），学校供应的早餐和午餐。（3）教育。包括：幼儿园——12年级教育，联邦学生拨款与贷款，幼儿起步计划。②18岁以下难民可免费接受高中以下教育，就读州立大学需缴纳与该州居民相同的学费。

每一项社会福利对申请人的收入要求都不一样，收入限制每年都有变化。各州的要求和变化幅度也不同。申请人要从政府机构、移民服务机构或非赢利机构获取足够

---

① 陈素欗.驻外据点密码业务督考及考察难民法制定过程、实务执行情形[R].中国台湾地区“‘内政部’入出国及移民署”出国报告（2002年6月11-17日），2002年9月6日。

② 伊利诺伊州移民及难民权利联盟.向难民和政治避难者提供的公共援助(Public Assistance for Refugees and Asylees Chinese version). 2003年11月20日。

信息，了解自己是否有申请资格。绝大多数社会福利项目都对家庭收入有限制。以纽约州为例，以下福利对家庭收入无限制：社会保障残疾保险 (SSD)，幼儿园前项目 (UPK)，联邦和州儿童与受扶养人税金，校外时间 (OST)，优惠地铁卡，联邦医疗保险，失业保险，教育税减免 (基本型 STAR)，校餐 (仅限早餐)，残疾房屋所有者减税 (DHE)，夏季餐 (早餐与午餐)，役军人财产税减免。[①]

申请大多数社会福利都不必须有工作。对于某些社会福利项目，例如现金资助或食品券，申请人需要在获得福利后工作规定小时数才能持续领取。

补助金额取决于申请人的家庭成员数、收入、拥有的财产价值和其他因素。每个难民的情况不同，补助金额也不同。

（二）工作

以难民身份入境美国的外国人自入境之日起就有权在美国工作。难民前往美国时领取的难民文件包（refugee travel packet）包括了工作许可申请材料。口岸边检人员在检查入境难民时，会在其《出入境记录表》（Form I-94，Arrival-Departure Record）上加盖工作许可章（Employment Authorized）。美国公民和移民局会在难民入境时直接向其或者在难民入境后通过保证机构向其发放工作许可证（Employment Authorization Document, EAD）。难民可以凭社会保障卡或者工作许可证，向雇主证明自己有工作权。难民成为美国公民后才能在联邦政府机构就业。难民的安置保证机构、居住地政府、所在社区会向难民提供求职服务，帮助其在入境后尽快找到工作。难民重新安置办公室资助了匹配资助项目（Matching Grant Program），为处于自立早期阶段的难民提供密集服务。难民可以从一站式职业中心（One-Stop Career Centers）获得找工作帮助、职业咨询、职业技能培训等服务。避难者还有权享有劳动法律的全面保护，开设银行账户，拥有自己的财产和经营生意，但是成为美国公民后才能在联邦政府机构就业。

（三）境内迁徙

难民可以在美国境内自由迁徙。

（四）出入境

如果尚未获得永久居民身份的难民需要离开美国，应在离境前60日填写《旅行证件申请表》（Form I-131，Application for Travel Document），向国土安全部公民和

---

① 本部分的纽约州社会福利方面内容，主要参考了纽约公共权益倡导办公室和纽约移民同盟会.共同发布的《移民公共福利指南》. 2009。

移民局（USCIS）申请难民旅行证（Refugee Travel Document），用以出入境和国际旅行。难民旅行证样式与护照相仿，可以替代护照用于返回美国。

由于难民可以基于生物特征比对而合法出境，不必出示难民旅行证，所以避难者申请难民旅行证时，可以要求将难民旅行证送至美国驻外使领馆或者美国国土安全部驻外机构，然后自己去取。难民旅行证有效期一年。如果难民离开美国前没有申请难民旅行证，而且离开美国不满一年，可以在境外向美国驻外使领馆申请补领难民旅行证，美国公民和移民局在驻外使领馆的官员会审查是否有特殊情况导致难民在离开美国前不能申请，否则不会受理补领申请。

四、难民及其家庭成员的身份调整

（一）永久居民

外国人自取得难民身份一年后，可以为自己及配偶和21岁以下未婚子女，向美国公民和移民局提交《永久居留或者转换身份申请表》（Form I-485，Application to Register Permanent Residence or to Adjust Status），申请永久居留。申请人需要同时满足以下五个条件：（1）获得难民身份后至少在美国居住了一年；（2）仍然符合难民定义或者仍然是此类难民的配偶或子女；（3）没有放弃难民身份；（4）没有在任何第三国确定地居留；（5）继续符合入境美国的条件。难民申请永久居留不是必须的，但是申请会为难民带来最大利益。美国公民和移民局在难民进入美国一年后，将与他们联系，通知他们申请永久居留的面谈时间。批准避难者永久居留签证申请前，会要求其参加安全和健康检查。如果难民的配偶和21岁以下未婚子女获得了难民地位，他们可以申请永久居留。难民的永久居留申请被批准后，其获得的永久居民身份从其批准之日倒退一年算起。难民申请永久居留要缴纳申请费、指纹检查费和体检费。

（二）入籍

如果难民符合以下条件，并经申请调整转换为永久居民身份，可以回溯以难民身份入境美国当天起算满5年后，提出入籍申请，成为美国公民。（1）年满18岁；（2）取得永久居留权5年，而且在美国实际居住两年半以上；（3）在提出申请入籍的州境内居住满3个月以上；（4）自提出入籍申请之日起至批准之日止必须在美国境内居住；（5）连续离境不超过一年；（6）近5年内品行端正。依正常情况，难民入境一年后可以申请永久居留，转换为永久居民，再居住4年就可以申请入籍，转换为公民身份，取得美国国籍。对于已有永久居留权的难民，接受合法取得的社会福利不会影响其入籍，其永久居民身份一般不会因接受社会福利而被取消。然而，如果已有永久居留权的难民离开美国超过6个月，在返回美国入境时，将有可能被视为公共负担。

如果曾接受现金社会福利或长期治疗护理，也有可能被视为公共负担，影响其持有的永久居民身份。

（三）家庭成员转换身份。

难民的配偶和21岁以下未婚子女可以和难民一起自动取得难民身份，但是配偶和21岁未婚子女身份必须在难民身份存在之前已经存在，此一程序又称93签证程序。外国人也可以在取得难民身份后为配偶和21岁以下未婚子女申请难民地位（follow-to-up），但是必须在获得难民地位后两年内提交《难民/避难者亲属申请表》（Form I-730，Refugee/Asylee Relative Petition），有人道主义原因的，可以延期提交申请。难民为配偶和21岁以下未婚子女申请难民身份免费。

第七节 避难者的权利和义务

一、避难者的定义和概况

避难者（asylee）是指在美国境内申请避难成功并拥有难民地位的外国人。根据美国公民和移民局发布的《寻求庇护者资讯指南》，避难是一种保护形式，以避免被遣送回受迫害的国家，让符合资格的难民留在美国，进而成为永久居民。避难者在美国境内提交避难申请，批准人数无配额，除非是根据《美国移民和国籍法》强制人口控制（Coercive Population Control, CPC）条款下核准的。2013年，如表12—9所示，前五大美国避难者来源国家是中国、埃及、埃塞俄比亚、尼泊尔和叙利亚，避难者共计14,569人，占避难者总人的数57.7%。中国是第一大避难者来源国，有8,604名避难者，占美国接收的避难者总数的34.1%。

表12-9 2011—2013年前五大美国避难者国家人数及所占比例

国家	2013年		2012年		2011年	
	人数	占比	人数	占比	人数	占比
中国	8,604	34.1%	10,121	34.5%	8,592	34.5%
埃及	3,407	13.5%	2,876	9.8%	1,027	4.1%
埃塞俄比亚	893	3.5%	1,121	3.8%	1,071	4.3%
尼泊尔	854	3.4%	975	3.3%	740	3.0%
叙利亚	811	3.2%	364	1.2%	60	0.2%
总计	14,569	57.7%	15,457	52.6%	11,490	43.1%

资料来源：US Department of Homeland Security.Refugees and Asylees:2013 in Annual Flow Report. August 2014.6.

二、避难者的主要权利

避难者是美国的准永久居民，可以从当地的难民重新安置办公室获得为期8个月的经济援助和医疗援助，为期5年的就业准备、找工作、英语培训等服务。申请时，需要携带避难批准信，信上须证明避难批准的日期及地点。8个月后，避难者可以获得所居住州的州民的一些福利。避难者可以向当地的社会保障部门（Social Security Office）申请无限制的社会保障卡（Social Security Card），有权享受社会福利（Public Assistance）。避难者与难民获得的社会福利相同。

外国人的避难申请被美国公民和移民局批准时，美国公民和移民局自动赋予其两年工作权。避难者可以申请工作许可证（Employment Authorization Documents EADs），证明获得了工作权。避难者申请工作许可证必须填写《工作许可证申请表》（Form I-765，Application for Employment Authorization）。申请第一份工作许可证免费。避难者身份自身已经包含了工作权，申请工作许可证不是必须的，工作时不必出示工作许可证。

外国人的避难申请被法院或者移民复议委员会批准时，将收到一份如何向美国公民和移民局申请工作许可证的说明。抗辩避难者需要通过美国公民和移民局官方网站的信息系统（InfoPass program）和当地的公民和移民局机构预约，亲自申请工作许可证，也可以通过邮寄提交工作许可证申请，当地的公民和移民局机构会将工作许可证邮寄给避难者。无论通过哪一种方式申请，都必须提交法院判决书（Immigration Court Order）或者移民复议委员会判决书（Board of Immigration Appeals Decision）。

如果要延期工作许可证，避难者应该向美国公民和移民局提交《工作许可证延期申请表》（Form I—765，Application for Employment Authorization）。

避难者与难民获得相同的求职、境内迁徙、出入境、永久居留、入籍、家庭成员转换身份方面的权益。长期以来，加利福尼亚州是年度接收避难者人数最多的州，通常都占避难者总数的35%以上。2013年，接收避难者人数最多的5个州是加利福尼亚州（6,464名，占42.3%）、纽约州（1,988名，占13%）、佛罗里达州（1,886名，占12.4%）和弗吉尼亚州758名，占5%）这5个州的避难者人数共计11,096名，占避难者总数的72.7%。①

三、避难者的主要义务

所有18至26岁的男性避难者必须在选择服务系统（Selective Service）注册。没有注册的，有可能影响其申请美国的社会福利、公共服务或者国籍。所有避难者必须

① US Department of Homeland Security. *Refugees and Asylees: 2013 in Annual Flow Report*. August 2014.8.

在搬迁后10日内，向美国公民和移民局申报住址变更。申请方式有通过在线住址变更系统（Online Change of Address）、给美国公民和移民服务局全国客服中心（USCIS National Customer Service Center）打免费电话1-800-375-5283及提交《外国人住址变更卡申请表》（Form AR-11, Alien's Change of Address Card）。

第八节 美国难民管理部门

一、难民接收计划跨部门工作小组

美国政府为处理重新安置难民问题，设立了由不同部、非政府组织、国际组织共同参与的难民接收计划（The United State Refugee Admission Program，USRAP）跨部门工作小组。[①] 成员包括美国国务院、国土安全部、卫生和民政部、国际移民组织、联合国难民署等。美国难民接收计划跨部门工作小组根据世界各地难民状况、移民法规定及有关因素提出美国接收难民相关方案，广泛征求相关利益方意见，并送请美国总统核定。美国总统根据所订方案，并与国会进行协商和讨论，然后确定每年美国政府接收难民数量及其在世界各国的分配。美国难民接收计划跨部门工作小组要考虑的因素包括:（1）世界各地难民状况或有否急迫性难民问题;（2）美国政府安置难民的最大可能以及可协助力量;（3）接收入境美国的难民是否构成人道主义关切、具有重大人道主义考虑理由或者与美国国家利益有关。

美国2011、2012、2013年，如表12—1所示，分别接收了56,384名、58,179名、69,909名难民，主要来自中东、东南亚和南部非洲。2013年，前五大难民来源国是伊拉克（19,487名）、缅甸（16,299名）、不丹（9,134名）、索马里（7,608名）和古巴（4,205名）。

执行难民接收计划的政府部门是国务院人口、难民和移民局（The Bureau of Population，Refugees and Migration (PRM) of the U.S. Department of State），国土安全部公民和移民局，卫生和民政部儿童与家庭管理司难民重新安置办公室（The Office of Refugees Resettlement of Administration of Children and Family，the U.S. Department of Health and Human Services）。国务院人口、难民和移民局资助世界各地的9个重新安置支持中心，这些中心协助国土安全部公民和移民局审理难民地位申请。国土安全部公民和移民局向驻外使领馆派出官员审理难民地位申请，并作出决定。卫生和民政部难民重新安置办公室通过州政府和非政府组织，向入境难民提供30—90日最初安置服务之外更长时间的安置服务，包括现金、医疗援助，以及语言

---

① 陈素欗.驻外据点密码业务督考及考察难民法制定过程、实务执行情形[R].中国台湾地区"'内政部'入出国及移民署"出国报告（2002年6月11—17日），2002年9月6日。

和社会服务。国务院人口、难民和移民局还根据难民接收接待和安置项目（Refugee Admissions Reception and Placement Program）资助美国境内的10个非政府组织，由他们为难民其提供30—90日的最初安置服务。

还有几千万美国公民自愿者，他们贡献自己的时间和技能为重新安置难民提供帮助。

二、联邦政府

由于难民管理是中央事权，所以安置难民和避难者是联邦政府的职责。美国管理难民事务的联邦政府部门主要有卫生和民政部、国务院、国土安全部和联邦调查局。

（一）卫生和民政部[①]

卫生和民政部与国务院协商，直接或者与其他联邦机构共同管理美国联邦政府提供的难民安置资金。卫生和民政部负责难民安置事务的具体部门是儿童和家庭管理司难民重新安置办公室（Office of Refugee Resettlement ORR of the Administration of Children and Family），其工作为实施美国的难民安置法律和政策，评估难民处境，规划安排在美国境内协助安置难民的机构，向重新安置难民提供发挥其最大潜能的机会，向有需要的人提供重要资源，帮助他们融入美国社会。

难民重新安置办公室的服务对象包括难民、避难者、古巴和海地入境者（Cuban/Haitian entrants）、越南移民（Amerasians）、人口贩运受害者（Victims of human trafficking）、无人陪伴外国人儿童（Unaccompanied alien children）、受酷刑者（Survivors of torture）6类人群。下设反绑架（Anti-Trafficking in Persons）、难民帮助（Refugee Assistance）、难民健康（Refugee Health）、重新安置服务（Resettlement Services）、儿童服务（包括无人陪伴难民儿童）（Children's Services includes Unaccompanied Refugee Minors program）、办公室等6个部门。

难民重新安置办公室除本部门提供服务外，与有关联邦机构（Federal Agencies）、各类援助团体（Mutual Assistance Associations）、有关州机构（State Partners）、培训和技术服务提供者（Training and Technical Assistance Providers）、自愿者（Voluntary Agencies）等5类机构 / 个人合作，以向难民、避难者等提供更全面的服务。

难民重新安置办公室主要与卫生和民政部、国土安全部、司法部、国务院等4个联邦机构合作。具体合作部门是卫生和民政部人权办公室（Office for Civil Rights），疾病控制中心（Center for Disease Control），全球卫生办公室（Office of Global

① 卫生和民政部儿童和家庭管理司难民重新安置办公室，又翻译为联邦卫生福利部儿童与家庭署难民安置办公室，详细信息请参见其官方网站www.acf.hhs.gov。

Health Affairs)，低收入家庭学龄前儿童办公室（Office of Head Start），精神健康服务司（Substance Abuse and Mental Health Services Administration），老年化管理司（US Administration on Aging），国土安全部海关和边检局（Customs and Border Patrol），移民和海关执行局（Immigration and Customs Enforcement），公民和移民局、司法部移民复议委员会（Executive Office of Immigration Review）以及国务院人口、难民和移民局。

难民重新安置办公室主要与各州难民协调员（State Refugee Coordinators）、各州难民健康协调员（Refugee Health Coordinators）、各州难民资助分析师（ORR State Analysts，Division of Refugee Assistance）合作，共同将难民具体安置到州。各州根据本州情况，将难民协调员设在不同部门，科罗拉多州是人力资源厅，康涅狄格州是社会服务厅，佐治亚州和佛罗里达州是儿童和家庭厅。大多数州将难民健康协调员设在卫生部门，亚利桑那州、加利福尼亚州、哥伦比亚特区等是卫生厅，也有一些州将难民健康协调员设在其他部门，如科罗拉多州是民政厅，印第安纳州是家庭和社会服务厅。

在美国申请避难成功后成为避难者。难民重新安置办公室有专款和计划帮助避难者以及其他特殊团体。计划内容包括现金和医疗补助、职业培训、工作介绍和英语课程。这些计划是由美国州政府及私人机构共同策划和执行。每个州可能会有不同的计划。难民重新安置办公室设立了热线免费电话1-800-354-0365，回答关于每个州有何种计划及从何处得到帮助的咨询，并且在官方网站公布了这方面信息 http://www.acf.hhs.gov/programs/orr/programs。

（二）国务院[①]

美国国务院制定了难民重新安置计划（Refugee Resettlement Program），向难民的保证机构（sponsorship agency）支付每位难民1,875美元，购买其安置服务和用于难民抵达美国30—90天的生活费用。难民保证机构必须将1,875美元中的1,100美元直接用于难民，其他费用可以用于本机构的人员工资、办公支出以及未能由其他机构捐赠负担的难民安置服务。难民保证机构至少要将1,100美元中的900美元必须用于其保证的难民，最多将200美元用于更困难的难民。国务院还向难民保证机构支付每位难民200美元，用于有特殊需求的难民。[②]

国务院下辖的人口、难民和移民局具体负责难民事务，主要工作任务是代表美国保护生活在非常危险状态的难民、其他移民和冲突受害者，以建立全球伙伴关系，促

① 关于美国国务院及其人口、难民和移民局的信息，参见其官方网站http://www.state.gov/j/prm/about/index.htm。

② The Government of the USA. *Country Chapter US-UNHCR Resettlement Handbook*. UNHCR. 2014.

进人道主义实施，确保人道主义原则完全融入到美国的外交和国家安全政策之中。国务院将人口、难民和移民局列为职能部门而不是地区性部门，说明美国将人口、难民和移民问题视为影响美国全局的全球性问题。人口、难民和移民局有大约130名文职和外交公务员，在世界各地设有地区办公室。接收办公室具体负责实施接收难民计划，政策办公室负责监督和评估接收资助和执行接收难民接收计划的机构的工作情况。

人口、难民和移民局不直接管理难民营和向难民提供援助，而是与联合国难民署、国际移民组织及非政府组织合作，资助和管理这些组织实施有关难民的项目。例如，资助联合国难民署，由其在泰国和缅甸边界设立了许多难民营。资助美国慈善机构国际医疗公司（International Medical Corps），由其向难民营中的缅甸流离失所者提供医疗服务。

国务院人口、难民和移民局根据难民接收计划资助和监督设在世界各地的9个重新安置支持中心（Resettlement Support Centers）。这9个重新安置支持中心由不同的非政府组织和国际组织管理，依照人口、难民和移民局指示，协助美国公民和移民局审理合格外国人的难民地位申请。人口、难民和移民局管理资助的经费，监督资助的难民项目的实施，确保这些组织工作认真和敬业，符合美国政府的政策。例如，国务院人口、难民和移民局资助美国非政府机构国际救助委员会在曼谷设立的重新安置支持中心（Resettlement Support Centers），由其协助美国公民和移民局审理东南亚和南亚地区的外国人的难民地位申请。

国务院人口、难民和移民局还根据难民接收接待和安置项目（Refugee Admissions Reception and Placement Program）资助美国境内的10个非政府组织，指定他们为难民的保证人，这些非政府组织负责接待其保证的难民，为其提供30—90日的最初安置服务。

（三）国土安全部

1. 国土安全部公民和移民局

国土安全部下辖的公民和移民局负责审理难民地位、避难申请，面谈每一位寻求庇护者，要求其提供材料证明其符合难民或避难标准，并做出审理决定。

美国公民和移民局在驻外使领馆的官员审理境外外国人的难民地位申请。在罗马、内罗毕（肯尼亚首都）、阿克拉（加纳首都）、维也纳、莫斯科、雅典、曼谷、新德里、哈瓦那（古巴首都）、墨西哥城等城市常设审理难民地位申请的机构。在美国公民和移民局没有常设难民地位申请机构的地区，重新安置支持中心会安排公民和移民局官员以经常性巡回方式前往该地区面谈寻求庇护者。美国公民和移民局在驻外使领馆的人员会面谈寻求庇护者，有权决定申请人是否符合难民标准和入境美国，并在批准申请前调查申请人品行和安全背景。

美国公民和移民局避难处审理境内外国人避难申请。美国公民和移民局避难处在全美有8个分支机构，分别位于弗吉尼亚州阿灵顿、伊利诺伊州芝加哥、德州休斯敦、加州洛杉矶、佛罗里达州迈阿密、新泽西州纽沃克、纽约州纽约和加州旧金山。一般会在收到避难申请后43天左右内面谈寻求庇护者。美国公民和移民局官员会向通过审理的寻求庇护者签发正式批准信，或因为尚未收到安全检查结果而暂时签发建议性批准信。督察避难官员会复查避难官员的决定，确认决定符合法律规定。

美国公民和移民局审理难民和避难者的难民旅行证、永久居留签证、国籍的申请，审理寻求庇护者的回美证申请，审理抗辩避难者的工作许可证申请，签发相关证件。美国公民和移民局登记难民和避难者的住址变更。

2. 国土安全部海关和边境保护局

国土安全部下辖的海关和边境保护局（CBP）审核和确认入境难民。经审核和确认无误后，在难民填写的出入境登记卡（即 Form I-94）上加盖以难民身份入境的印章，外国人才可以难民身份入境美国。审核和确认入境难民时，会向其发放加盖工作许可章（Employment Authorized）的《出入境记录表》（Form I-94，Arrival-Departure Record），作为享有工作权的证明。

3. 国土安全部移民和海关执行局

国土安全部下辖的移民和海关执行局可以在口岸拘留没有有效证件的入境者，以及快速遣返程序中没有合理畏惧理由的寻求庇护者。在严重疾病、怀孕、无人陪伴未成年人、不符合公共利益情况下，可以在个案审理的基础上假释被拘留的寻求庇护者。有些时候，主管当局可以用电子镯代替拘留，允许寻求庇护者监视居住。寻求庇护者变更住址时必须通知美国移民和海关执行局。如果是被监视居住的寻求庇护者，必须定期向美国移民和海关执行局报到。

（四）联邦调查局

联邦调查局 (FBI) 调查寻求庇护者的背景和安全。14岁到79岁的寻求庇护者会收到美国公民和移民局通知，要求他们到申请支持中心或者授权指定的执法机构 (Application Support Center or authorized Designated Law Enforcement Agency) 留存指纹。申请者的指纹将被寄至美国联邦调查局进行背景和安全调查。

三、州政府

虽然难民管理是中央事权，但是州政府会和联邦政府密切合作，贯彻和执行难民法律和政策。难民重新安置办公室主任应在难民到达其居住地前就其担保程序及其贡献问题与州、地方政府及私人非营利性志愿机构举行定期磋商，并在磋商基础上落实难民重新安置。除非发生联邦难民重新安置办公室主任认可的非正常情况，难民法律和措施应保证难民不会在首次被安置于人口稠密地区，该难民有配偶、父母、兄弟姐妹或子女居住于该地区除外。自愿机构代表与州及地方政府代表有定期会面机制，以便在难民到达美国前，为其安排适当的安置地。

联邦和州政府协商安排难民安置地时，考虑以下四个因素：难民及各地区人口准入人数及占总数比例；为地区难民提供可能的就业机会、可接受的房屋价格及公共及个人帮助；居住在该地区的难民摆脱对社会帮助的长期依赖，实现经济自给的可能性；可能出现的第二代难民移民。负责执行难民先期安置计划的联邦机构应保持政策及策略的连续性并尽最大可能听取州的推荐。

难民通常会被安置在其家庭成员或者所属民族社区所在的州。2000年，佛罗里达州安置的古巴难民比所有其他州安置得还要多。在所有州中，纽约州安置的前苏联、塞拉利昂、利比亚难民最多，密歇根州安置的伊拉克难民最多，德克萨斯州安置的苏丹人最多。加利福尼亚州则安置了很多越南人和伊朗人，明尼苏达州安置了很多索马里和埃塞俄比亚人。[①] 长期以来，德克萨斯州是年度接收难民人数最多的州。2013年，接收难民人数最多的五个州是德克萨斯州（7,466名，占10.7%）、加利福尼亚州（6,379名，占9.1%）、密歇根州（4,651名，占6.7%）、纽约州（3,965名，占5.7%）和佛罗里达州（3,613名，占5.2%），共计26,074名，占难民总数的37.4%。[②]

难民重新安置费用最初均由联邦政府承担，后来，要求州政府持续提供诸多费用。1980年，《难民法》批准联邦对州实施最多36个月社会服务的补偿。这些社会服务包括抚养儿童家庭的补助、社会保障，以及医疗补助计划。1986年、1988年和1990年，补偿期限分别缩短为31个月、24个月和12个月。联邦政府提供的安置费用不足以安置难民，州政府、县政府和非政府组织为安置难民支付了大量费用。1988年，俄勒冈州支付约1亿美元用于安置难民。

每个州向难民和避难者提供的州社会福利各异，对难民和避难者申请社会福利的收入要求也都不一样，收入限制每年都有变化。以伊利诺伊州为例，社会福利主要包括贫困家庭临时援助（TANF）、医疗和教育三大类14小类。另外，难民和避难者要申请入籍，必须在提出申请入籍的州境内居住满3个月以上。

---

① Patrick, Erin. *The US Refugee Resettlement Program*. www.migrationinformation.org/feature/display.cfm?ID=229#1. 6 January 2012.

② US Department of Homeland Security. *Refugees and Asylees: 2013 in Annual Flow Report*. August 2014.4.

四、非政府组织

重新安置支持中心和难民接待、安置机构等非政府组织在美国管理难民过程中发挥着不可替代的作用，是美国政府管理难民的重要合作伙伴。

（一）重新安置支持中心[①]

美国国务院与重新安置支持中心（Resettlement Support Centers RSC）有合作协议，向其外包安置难民的一些服务，提供其协助安置难民所需的物资。美国目前在全球设有9个重新安置支持中心。

重新安置支持中心受理联合国难民署、美国驻外使领馆以及经专业训练的非政府组织推荐的境外难民地位申请，也接受直接申请，包括在美国认定难民、避难者的海外亲属或经国务院核准直接提交的境外难民地位申请。重新安置支持中心协助申请人准备申请材料，例如填写相关申请表格，还对难民营的流离失所者宣讲美国难民政策。

重新安置支持中心依据与美国国务院签订的合作协议，面谈难民地位申请人，检查难民地位申请人的安全背景，收集难民地位申请人的生物特征和个人信息，转交给国土安全部公民和移民局在驻外使领馆的人员。

重新安置支持中心安排美国公民和移民局官员在境外面谈难民地位申请人。如果难民地位申请人在公民和移民局有常设审理机构的地区，安排公民和移民局官员的面谈日程。如果难民地位申请人不在公民和移民局有常设审理机构的地区，重新安置支持中心会安排公民和移民局官员以经常性巡回方式前往该地区面谈难民地位申请人。

重新安置支持中心为难民前往美国做行前准备：收集和整理难民的信息，送交美国境内的难民接待、安置机构；向在美国境内的难民接待、安置机构申请保证（sponsorship assurance），确定每一位难民的境内安置保证人；向难民发放《美国欢迎您：重新安置指南》，在中心城市组织1—5天的行前美国文化培训，使他们理解抵达美国将发生的生活变化；还安排行前体检。

（二）难民接待、安置机构

难民接待、安置机构是美国难民入境、接待和安置项目的主要运作者，与美国国务院签署了合作协议，负责接待和安置入境的难民。每一位难民都有一个境内安置机构作为其安置保证人。美国2011年度有10个（境内）难民接待、安置机构，他们　是：Church World Service, Episcopal Migration Ministries, Ethiopian Community

① 关于重新安置支持中心的更多资料，请参见其官方网站www.rescue.org/program/overseas-processing-entity。

Development Council, Hebrew Immigrant Aid Society, International Rescue Committee, Kurdish Human Rights Watch，Lutheran Immigration and Refugee Service, United States Conference of Catholic Bishops, U.S. Committee for Refugees and Immigrants，World Relief。这10个难民接待、安置机构在全美国一共有350个分支机构。每个难民接待、安置机构的总部都与其分支保持联系，督导其分支妥善安置难民。当难民抵达美国时，被确定为难民保证机构的（境内）难民接待、安置机构，安排难民入住地区的其分支机构接待难民，提供抵达美国后30—90日的最初服务。分支机构为难民提供必要家具、食物和衣物，将他们接入已经配备必要家具、食物和衣物的住房。并提供社区、语言、教育等融入方面的培训，引导他们适应入住地区的社区环境，帮助申请社会保障、医疗、就业、子女入学等服务。

五、国际组织

联合国难民署向难民重新安置支持中心推荐重新安置难民人选，配合美国国土安全部公民和移民局在驻外使领馆的人员审理难民地位申请。国际移民组织根据美国国务院人口、难民和移民局签署的《关于难民案件处理的谅解备忘录》（IOM/PRM Memorandum of Understanding），以及美国国务院人口、难民和移民局和美国公民和移民局的政策和指令，向美国提供紧急和常规情况下的海外难民案件处理服务（overseas refugee case processing）。国际移民组织的海外难民案件处理服务主要是与美国国务院人口、难民和移民局及其执行伙伴紧密合作，进行案件准备，多层级质量保证，以及反欺诈。国际移民组织为被美国公民和移民局批准的难民前往美国做准备，安排行程，提供国际路费无息贷款。

六、美国难民管理面临的挑战

美国难民管理除面临人道性和政治性相冲突、政府主导管控与难民自主适应不一致、难民权益与本国公民权益矛盾等宏观问题挑战外，还面临着资金短缺、甄别成本高、社区服务不足和就业困难等四方面的具体挑战，这些都是完善难民法需要解决的问题。

（一）资金短缺

安置难民耗费了大量资金。美国国务院制定了重新安置项目，向难民保证机构支付每位难民1，875美元，购买其安置服务和用于难民抵达美国3个月内的生活费用。国务院还向难民保证机构支付每位难民200美元，用于有特殊需求的难民。州政府、县政府和非政府组织也为安置难民支付了大量费用。1988年，俄勒冈州支付约1亿美元用于安置难民。受资金短缺影响，多年来，重新安置难民数量一致没有大的突破，提供的安置服务也没有实质提高。布什总统提出的1990年接收难民的数字上限原本是8.4万，为了回应对苏联流亡人员的争论，布什总统最终将配额提高到12.5万。但布什总统并没有给额外的4.1万人做预算资金，导致国会的批评。虽然提高了1990年苏联流亡难民数量，但布什总统坚持认为，对新增加的1/5费用应由私人机构资助。

难民重新安置费用最初均由联邦政府承担，后来，要求州政府持续提供诸多费用。1980年，《难民法案》批准联邦对州实施最多36个月社会服务的补偿。这些社会服务包括抚养儿童家庭的补助、社会保障，以及医疗补助计划。1986年、1988年、1990年，补偿期限分别缩短为31个月、24个月和12个月。用于难民重新安置的预算也有减少趋势。1982年，当美国接受了93,252名难民时，重新安置预算是6.9亿美元。1988年，美国接受了80,383名重新安置难民，预算却减少到3.46亿美元。1990年，布什政府只在财政上给予了难民重新安置办公室2.423亿美元。1991年，难民数急剧增加，国会也只是将预算涨到了3.68亿美元。2012年，难民重新安置办公室预算为7.683亿美元。①

（二）甄别成本高

审核难民地位申请需要耗费很长时间和消耗大量财政资源。甄别和安全检查最为费时，往往需要一年以上时间，也最复杂，往往需要审查申请人情况是否符合难民定义，求证所有申请者的家庭亲属关系，健康和品行是否良好，不时会发现其中有持用假证件和亲属关系不实等情况。在2001年“9·11”恐怖袭击以前，美国每接收1名难民要花费2,200美元。2011年则是3,500美元。除甄别和安全检查外，这些经费还用于难民来美国旅程花费，以及支付给难民在美国30—90日的生活费。②

（三）社区服务不足

安置大量难民会对社区的基础设施、公共服务提出严峻挑战。在马萨诸塞州的洛威尔，柬埔寨难民的突然涌入使得当地柬埔寨人从1985年的3,500人增加到1989年的2万人。学校官员不得不争先恐后地雇佣相关教师，在教授英语的同时讲授高棉语。2012年，向难民提供英语培训、就业指导等社会服务的预算高达8,840万美元。③

---

① Secretary of Health and Human Services. *Report to Congress FY 2012*. Office of Refugee Resettlement, Administration for Children and Family, Department of Health and Human Services. 2013.

② 陈素欗.驻外据点密码业务督考及考察难民法制定过程、实务执行情形[R].中国台湾地区“内政部入出国及移民署”出国报告（2002年6月11-17日），2002年9月6日。

③ Secretary of Health and Human Services. *Report to Congress FY 2012*. Office of Refugee Resettlement, Administration for Children and Family, Department of Health and Human Services. 2013.

（四）就业困难[①]

帮助境外难民入境安顿下来，特别是找到工作，是安置境外难民过程中最困难的一步。国务院人口、难民与移民局与在全美各地设有350个分支机构的9个重新安置支持中心合作，这些机构有的负责为难民安排新家，有的负责带领他们熟悉所在的新小区，有的负责帮助他们找工作。很多难民只具备从事薪酬水平较低的职业的能力，帮助他们找到工作并不容易。根据难民重新安置办公室的2012年难民问卷（The 2012 Annual Survey of Refugees），只有51%的在美国不满5年的16岁以上难民正在就业，而美国当地居民是58%。[②]

① 陈素欄.驻外据点密码业务督考及考察难民法制定过程、实务执行情形[R].中国台湾地区“内政部”入出国及移民署”出国报告（2002年6月11-17日），2002年9月6日。

② Secretary of Health and Human Services. *Report to Congress FY 2012*. Office of Refugee Resettlement, Administration for Children and Family, Department of Health and Human Services. 2013.

第十三章
澳大利亚难民法

澳大利亚难民法以境外关押、人均接受重新安置难民人数最多、安置服务完善等特点在世界上独树一帜。澳大利亚是世界上接收认定难民人数第二多的国家，仅次于美国。本章辨析澳大利亚的难民定义，分析澳大利亚难民法的历史发展和法制建设思路，探讨难民甄别，分析寻求庇护者、难民的权利，探讨难民管理部门，廓清澳大利亚难民法的原因和脉络，认知澳大利亚难民法的事实和现状，为中国难民法制建设提供除美国以外的又一个可资参考的传统移民国家范例。

第一节　澳大利亚的难民定义和难民

澳大利亚接受了1951年《关于难民地位的公约》的难民定义，设立了由境外难民子项目和境内难民子项目组成的人道主义项目，是世界第二大认定难民接受国。中国人向澳大利亚申请难民地位的非常多，占向澳大利亚申请难民地位总数比例非常高。

一、澳大利亚的难民定义

澳大利亚是1951年《关于难民地位的公约》和1967年《关于难民地位的议定书》缔约国，是联合国难民署方案执行委员会的成员。澳大利亚批准1951年《关于难民地位的公约》时，没有对条款作出任何保留。根据澳大利亚移民和边境保护部于2013年12月发布的《人道主义项目白皮书》，澳大利亚根据1951年《关于难民地位的公约》的难民定义，并结合申请人本国情况，个案审理难民地位申请。审理难民地位申请时，还要考虑澳大利亚作为一些国际人权公约成员国应履行的国际义务，主要是1966年《公民和政治权利国际公约》、1984年《禁止酷刑和其他残忍、不人道或有辱人格的待遇或处罚公约》。[①] 1951年《关于难民地位的公约》第1条第1款第2项规定："由于一九五一年一月一日以前发生的事情并因有正当理由畏惧由于种族、宗教、

① Department of Immigration and Border Protection. *Australia. Information Paper of Humanitarian Program*[R]. Department of Immigration and Border Protection, Australia. December 2013.4.

国籍、属于某一社会团体或具有某种政治见解（而受迫害）的原因留在其本国之外，并且由于此项畏惧而不能或不愿受该国保护的人，或者不具有国籍并由于上述事情留在他以前经常居住国家以外而现在不能或者由于上述畏惧不愿返回该国的人。对于具有不止一国国籍的人，本国一词是指他有国籍的每一国家，如果没有实在可以发生畏惧的正当理由而不受他国籍所属国家之一的保护时，不得认其缺乏本国的保护。”根据1958年《澳大利亚移民法》（2003年修订）第91条第20款：如果外国人在以难民身份进入澳大利亚以前，曾在澳大利亚以外企图或者犯过严重的非政治罪行，不适用难民定义。

澳大利亚通过履行作为一些国际人权公约成员国应履行的国际义务和一些判例，扩大了1951年《关于难民地位的公约》的难民定义，将公约难民要求的申请人在本国以外扩展至可以在本国境内，将公约难民要求的受政治迫害扩展至严重侵犯人权形成的实质性歧视。澳大利亚的“201签证本国特别人道主义”（In-country Special Humanitarian Programme,Subclass 201）针对在本国的受迫害的外国人，“204签证威胁中妇女”（Woman at Risk,Subclass 204）针对在本国的受迫害的妇女及其抚养的子女。境外特别人道主义类别，又称“204签证特别人道主义”，面向在本国以外，因为在本国被严重歧视以致被严重侵犯人权、符合难民定义的外国人。

二、澳大利亚的难民项目

澳大利亚难民项目，又称人道主义项目（Humanitarian Programme），由境外难民（offshore）子项目和境内难民（onshore）子项目两个部分组成，无论是在境内还在境外申请难民地位，申请成功的都被认定为难民，有权获得永久居留保护签证和申请随后的入籍。澳大利亚确定每个移民年度（从本年度9月1日至下年度8月30日）的难民配额，2013—2014年度难民配额总计13,750个，其中境外难民配额不少于11,000，包括危险中妇女类别最多1,000个，余下配额为2013年9月以后合法入境外国人的境内难民。

（一）境外难民子项目

境外难民（offshore）子项目由境外难民（Refugee Category）和境外特别人道主义（Special Humanitarian Program）两个类别组成。境外难民类别，又称难民重新安置类别，面向在本国受迫害、符合难民定义以及在澳大利亚重新安置是最佳永久解决方案的外国人，包括难民（Refugee，Subclass 200）、本国特别人道主义（In-country Special Humanitarian，subclass 201）、紧急救助（Emergency Rescue，subclass 203）和危险中妇女（Woman at Risk，subclass 204）等四种。获得境外难民子项目所属签证的外国人，由澳大利亚政府支付前往澳大利亚旅程费用。

“200签证难民”面向逃离受迫害的本国，居住在本国以外的外国人。

“201签证本国特别人道主义”面向在本国居住的受迫害的外国人。

“203签证紧急救助”针对由于生命和安全受到紧迫威胁，居住在本国以外，紧急需要保护的外国人。“203签证紧急救助”申请必须经联合国难民署推荐，澳大利亚移民和边境保护部部长在收到联合国难民署推荐转来的重新安置登记表（Resettlement Registration Form）后两天决定是否受理申请。一旦决定受理申请，移民和边境保护部部长应该在三天内完成体检、品行和国家安全的评估。紧急救助难民是各境外难民类别中最优先审理的类别

“204签证危险中妇女”针对在本国的受迫害的妇女及其抚养的子女，或者是经联合国难民署登记的被关注者，而且没有男性亲属保护，由于性别处于受伤害、骚扰、严重侵扰的危险之中。澳大利亚是世界上很少向危险中妇女提供难民保护的国家之一。自1989年设立204签证危险中妇女以来，澳大利亚批准了大约1.4万张204签证危险中妇女申请。

境外特别人道主义类别，又称“204签证特别人道主义”，面向在本国以外，因为在本国被严重歧视以致被严重侵犯人权、符合难民定义的外国人。申请“204签证特别人道主义”必须由澳大利亚公民、澳大利亚永久居民、合格的新西兰公民或者澳大利亚机构提名。[①]“204签证特别人道主义”首先考虑分居的申请境外难民子项目成功的家庭，其次考虑申请境外难民子项目成功的近亲属，再次考虑申请境内难民子项目成功的家庭成员。如果“204签证特别人道主义”申请被批准，由申请人自己支付前往澳大利亚旅程费用，但是可以向国际移民组织难民旅程贷款基金（IOM Refugee Travel Loan Fund）申请旅程贷款。提名人或机构要帮助申请人支付来澳大利亚的路途费用和资助他们在澳大利亚的住宿和最初培训。

2013年6月，澳大利亚学习加拿大政府的“个人难民担保项目”（Private Sponsorship Refugees），推出了“社区担保试点项目”（Community Sponsorship Programme），测试澳大利亚社区为难民安置作实质性经济支持和帮助新入境难民成功安居的能力，也考察社区是否适合作为重新安置难民的担保。社区担保试点项目隶属于境外难民子项目，500个配额。目前，澳大利亚有新南威尔士州的伊拉瓦拉多元文化服务中心（Illawarra Multicultural Service）等五个批准提名组织（Approved proposing organization），批准提名组织、社区和家庭一起提名，确保支付所有与申请人有关的费用，向成功申请人提供实际的安居支持。加拿大个人难民担保项目始于1978年，已经接收了20万难民，2014年计划接收6,300名难民。

---

① 关于申请澳大利亚境外特别人道主义者签证的提名者的要求，请参见澳大利亚：Form 681 Refugee and Special Humanitarian Proposal。

澳大利亚向所有五岁以上的境外难民类别和境外特别人道主义类别所属签证申请成功的外国人提供澳大利亚文化培训（Australia Cultural Orientation），介绍澳大利亚生活的重要内容，帮助他们做好前往澳大利亚的准备，对在澳大利亚的新生活有现实的预期。培训课程为期五天，自愿参加，内容包括澳大利亚概览、居留、医疗、教育、找工作、住房、交通、法律、财务等关于在澳大利亚生活工作的基本知识和技能，分为成年人、儿童、青年人、家庭等不同版本。国际移民组织代表澳大利亚移民和边境保护部部长讲授培训内容。2010年，审理境外难民、境外特别人道主义类别申请的平均时间分别是50周和65周。不服拒绝境外难民、境外特别人道主义类别审理决定的，没有权利申请复议或者诉讼，但是有权随时再次提交申请。

（二）境内难民子项目

境内难民（onshore）子项目面向合法抵达澳大利亚，寻求澳大利亚庇护，符合1951年《关于难民地位的公约》的难民定义或者澳大利亚在境内补充保护责任（complementary protection obligations）的外国人，包括“境内难民保护”和“补充保护”两个类别。“境内难民保护”类别面向符合难民标准的外国人。澳大利亚根据1951年《关于难民地位的公约》的难民定义，考虑加入的1966年《公民和政治权利国际公约》、1984年《禁止酷刑和其他残忍、不人道或有辱人格的待遇或处罚公约》等主要人权公约，参考申请人本国的具体和目前的情况，个案审理境内难民（onshore）子项目所属保护签证的申请。除符合难民标准外，申请人必须符合健康、品行标准。如果经过审理发现，澳大利亚没有保护申请人的义务，而且申请人不能在澳大利亚合法居留，会依法尽快遣返。澳大利亚根据1951年《关于难民地位的公约》，不以任何方式将难民驱逐或推回至可能被杀死、酷刑和其他残忍、不人道或有辱人格的待遇或处罚的国家。“补充保护”类别面向虽然不符合难民标准，但是如果返回本国将面临重大危害真实威胁的外国人。

三、澳大利亚的难民

根据联合国难民署统计，截至2013年12月，澳大利亚共有难民34,503人，寻求庇护者13,559人。[①] 澳大利亚是世界第二大认定难民接收国，仅次于美国，1993—2009年共接收187,561名境外难民，少于第一名美国（1,170,422名），多于第三名加拿大（186,362名）。澳大利亚是世界第三大难民重新安置国，接收重新安置难民数量仅次于美国和加拿大，也是世界上27个接受难民重新安置的国家之一。2012—2013年度，澳大利亚接收了20,019名难民，其中境外难民（offshore）12,515名，境内难

① UNHCR. *UNHCR Global Trends 2013*. UNHCR. 2014. 41.

民（onshore）7,504名。从2009年到2013年，澳大利亚批准的境内提交的难民地位申请数量呈增长趋势，2009年批准了2,382人，2013年猛增至7,504人。

表13-1 2009—2013年澳大利亚批准的境内提交的难民地位申请数量

类别	2008-09	2009-10	2010-11	2011-12	2012-13
非非法海陆抵达	2,173	2,364	2,099	2,274	2,555
非法海陆抵达	209	2,152	2,721	4,766	4,949
合计	2,382	4,516	4,820	7,040	7,504

资料来源：Department of Immigration and Border Protection, Australia. *Information Paper of Humanitarian Program*. Department of Immigration and Border Protection, Australia. December 2013.

四、澳大利亚的中国难民[①]

中国人向澳大利亚申请难民地位的非常多，占向澳大利亚申请难民地位总数比例非常高。2004—2005年度，883名中国人申请难民地位，2009—2010年度达到1,293人，增长了46.43%。2010—2011年度、2011—2012年度、2012—2013年度分别为1,128人、1,228人和1,141人。2005—2011年八年间，共计7,692名中国人向澳大利亚移民部门申请难民地位，占31,489名外国人向澳大利亚移民部门申请难民地位的24.43%。也就是说，平均每四个向澳大利亚申请难民地位的外国人中就有一个是中国人。2008年，1,250名中国人向澳大利亚申请难民地位，占外国人直接向澳大利亚申请难民地位总数3,986人的31.36%。澳大利亚有关部门按照自己的政治传统、价值观和文化评判中国人的难民地位申请，进而认定的难民，不符合中国的实际情况和相关法律。

中国人申请澳大利亚保护签证被批准率很高。2005—2011年，1,137名中国人申请澳大利亚保护签证被批准，占7,692名中国人申请澳大利亚保护签证的14.78%。2006年，179名中国人申请澳大利亚保护签证被批准，占该年度919名中国人申请澳大利亚保护签证的19.48%。2010年，达到了17.71%。如此高的申请被批准率，无疑会鼓励中国人入境澳大利亚后申请难民地位，以致向澳大利亚申请难民地位中国人数居高不下并缓慢增长。

中国人申请澳大利亚保护签证被批准数占外国人申请澳大利亚保护签证被批准总数比例很高。2005—2011年，1,137名中国人申请澳大利亚保护签证被批准，占9,064

---

① 本部分数据主要来自：Systems, Program Evidence and Knowledge Section of the Department of Immigration and Citizenship (DIAC) in Australia, *Asylum Trends Australia 2010-11 – Annual Publication*, The Department of Immigration and Citizenship (DIAC). 7, 13, 18, 21.

名被批准外国人申请澳大利亚保护签证的12.54%。2007年，132名中国人申请澳大利亚保护签证被批准，占896名被批准外国人申请澳大利亚保护签证的14.73%，2008年为14.36%。这使得澳大利亚制订难民政策时，会将中国作为主要考虑因素之一。

中国人向澳大利亚难民复议法庭（RRT）申请复议占被移民部门拒绝直接难民申请中国人数比例非常高。2010和2011年，852名和943名中国人向澳大利亚难民复议法庭申请复议，各占921名和1,025名中国人的直接保护签证申请被拒绝的92%。这说明，中国申请人对申请澳大利亚难民非常执着，几乎都在争取复审的时间和机会，都愿意走完难民地位申请的所有程序。

中国人澳大利亚保护签证申请最终被批准数量多和被批准率非常高。2005—2011年，2,066名中国人澳大利亚保护签证申请最终被批准，占该年度7,692名中国人向移民部门难民申请的26.86%。经过申请和复议申请，平均每四个中国人的保护签证申请就有一个被批准。这会鼓励中国人在被移民部门拒绝直接难民申请后，提起难民复议及难民诉讼。

第二节　澳大利亚难民法的历史发展和法制建设思路

澳大利亚自殖民垦荒时期起，就一直接收难民。主要是因为：吸纳年轻和有活力难民补充劳动力，遵守1951年《关于难民地位的公约》及其1967年《关于难民地位的议定书》，展现在国际社会中参与国际合作的形象，回应一些澳大利亚宗教和种族群体希望减轻他们海外同胞痛苦的呼声。① 澳大利亚难民法经历了殖民垦荒到第二次世界大战全面接收难民，第二次世界大战后到越战爆发前广泛接收难民，从越战到中越武装冲突的有限接收难民，霍克和基廷政府（1983—1996年）时期的境内关押，霍华德政府（1997—2007年）时期的境外关押，陆克文和吉拉德、阿博特政府（2007年至今）时期的境外关押政策软化和再趋强硬等六个阶段。②

一、从殖民垦荒到第二次世界大战（1838—1945年）：全面接收难民

从殖民垦荒到第二次世界大战，澳大利亚基本上是全面接受所有来自欧洲的受迫害者，不进行正式的甄别。并且，对来澳大利亚的欧洲受迫害者都给予公民身份和妥善安置。有文献记载的澳大利亚最早接收受迫害者是在1838年，马丁·路德的信徒为了逃离普鲁士弗雷德里克·威廉国王（King Frederick William）的宗教迫害而远

① Jupp, James. *From White Australia to Woomera:The Story of Australian Immigration*, Cambrige University Press, 2007.178.

② 邵波.澳大利亚难民安置政策的演变（1945—2007）[D].苏州科技学院2011届硕士学位论文。

离家乡，开始在南澳大利亚定居。[①] 随后，一些欧洲难民陆续来到澳大利亚。第一次世界大战时期，澳大利亚接收了逃离苏俄和德国的受迫害者。第二次世界大战前夜的1938年，澳大利亚接收了7千多名来自逃离纳粹德国及其控制下欧洲国家的犹太受迫害者。

二、第二次世界大战后到越战爆发前（1945—1975年）：广泛接收难民

从第二次世界大战后到越战爆发前，澳大利亚选择接收对本国发展有利的难民。第二次世界大战结束之后，大规模人员流离失所和逃离共产主义国家的人滞留西欧，流离失所人员和难民问题成为当时西欧最为棘手和迫切需要解决的问题。出于自身经济社会发展、巩固国防、承担人道主义责任以及意识形态方面的考虑，澳大利亚开始选择接收欧洲流离失所人员和难民。被挑选者必须符合一定的品行和身体健康标准，并且要在澳大利亚联邦规定的工作下条件劳动两年。澳大利亚的首要对象是英国人，其次是与盎格鲁—凯尔特人同源的波罗的海人，再次是波兰人、乌克兰人、斯洛文尼亚人、捷克人和南斯拉夫人。到1949年，选择范围已经扩展到所有欧洲流离失所人员和难民。[②] 1947年7月，澳大利亚与国际难民组织签署关于每年运送12,000名流离失所者和难民的协议。运送流离失所者和难民协议对澳大利亚非常有利。协议规定：在国际难民组织的协调下，由美国提供船只，国际难民组织将流离失所者运抵到澳大利亚，澳大利亚为每一个流离失所者或难民支付10英镑。从1947年到1954年，澳大利亚共接收了大约17万名的第二次世界大战流离失所者和难民。

另外，澳大利亚接收了大量的欧洲、中南美洲、中东的难民。1950年代中期到1960年代晚期，澳大利亚接收了几千名因为1956年匈牙利革命和1968年布拉格之春而受迫害和逃亡的欧洲难民。1970年代初期，澳大利亚接收了1.6万多名因为古巴革命等中南美洲地区政治运动而迫害和逃亡的难民。1975年以后，澳大利亚接收了大约1.8万名因为内战而逃亡的黎巴嫩难民[③]。

大批流离失所者和难民到达澳大利亚后，对安置问题提出了巨大挑战。澳大利亚安置难民的目标是是同化，即入境流离失所者和难民放弃自己原有的生活方式，追求澳大利亚生活方式。同化政策是当时澳大利亚国策——白澳政策在难民安置领域的具体体现。同化政策不仅适用于被接收的流离失所者和难民，也适用于其他被接

---

① McMaster, Don. *Asylum Seekers:Australia's Response to Refugees*, Melbourne University Press, 2002. 40.

② Peters, Nonja. *Milk and Honey-But No Gold: Postwar Migration to Western Australia* 1945-1964, University of Western Australia Press, 2001.

③ Department of Immigration and Border Protection. Australia. *Information Paper of Humanitarian Program*. Department of Immigration and Border Protection, Australia. December 2013.13.

收的移民。澳大利亚认为，解决同化障碍是安置需要最优先考虑的问题。1949年，澳大利亚建立了睦邻理事会（Good Neighbour Councils）来帮助移民和难民定居。1950年1月，睦邻理事会在堪培拉发起并举行了澳大利亚第一次公民大会(Citizenship Conventions)。睦邻理事会和澳大利亚公民大会倡导和努力通过教育特别是英语培训和族际通婚消除同化障碍。这两个机构认为，只有提高他们的英语能力，向他们灌输澳大利亚文化和价值观，才能帮助他们认识和接受澳大利亚，族际通婚是加强族际沟通和推进同化的捷径。

如同白澳政策走向失败一样，流离失所者和难民同化政策也走向了失败。基于白澳政策的流离失所者和难民同化政策是强制同化，不尊重并试图消灭其他种族文化和传统，本质上是盎格鲁——撒克逊种族优越感，对其他种族采取歧视和文化灭绝政策，遭到了被接收流离失所者和难民的普遍反对和抵制。另外，语言培训和族际通婚等同化措施非常生硬，有先天局限性，不适用于所有被接收的流离失所者和难民，很难被广泛推广和实施。随着世界人权运动的蓬勃发展，澳大利亚在亚洲的经济利益的上升，以及随着时间的推移，当地人对有色人种的排斥感下降，澳大利亚于1973年正式废除了白澳政策。与此同时，同化政策也被融合政策所取代。

三、从越南战争到中越冲突（1975—1983年）：有限接收难民

由于越南战争和中越冲突，大批越南人、越南华人、越南华侨非法经海路到澳大利亚寻求庇护，澳大利亚称其为船民（Boat People）。从1975年4月越南战争结束到1982年6月，澳大利亚接收印支难民65,585人，列这一时期全球难民安置国前5名。① 到1980年代末，澳大利亚接收了15万多印支难民。② 作为越南战争参战方之一，以及处于东西方冷战时期，澳大利亚认为有责任保护受敌方迫害的越南人。但是以前都是针对突发国际事件实施一事一议的难民政策，没有常规和有计划地接收难民的经验，相应的政策和措施都很缺失，这极大地制约了其应对大规模越南船民难民危机。③

1977年5月，时任移民部长麦克凯勒向国会提交一份声明，提出要在移民整体计划下，单独制定明确的难民政策。该声明内容包括：（1）完全认识到它在难民安置问题上的人道主义义务和责任；（2）允许难民进入的决定权必须归属澳大利亚；（3）需

---

① 其他主要印支难民接收国分别是美国、中国、加拿大和法国，其中美国接收难民数目最多，为583,049人。具体数据详见：Tazreiter, Claudia. *Asylum Seekers and the State: the Politics of Protection in A Security-Conscious World*, Ashgate, 2004, 140.

② Department of Immigration and Border Protection. Australia. *Information Paper of Humanitarian Program*. Department of Immigration and Border Protection, Australia. December 2013.13.

③ McMaster, Don. *Asylum seekers:Australia's Response to Refugees*, Melbourne University Press, 2001. 72.

要经常为在澳大利亚的指定地区或是他们的定居点迁移的难民提供特殊援助;(4)可能不能为安置在澳大利亚难民带来最大利益;(5)每年捐款给联合国难民署。[①] 澳大利亚成立了部门间难民身份审查委员会(Inter-departmental Determination of Refugee Status Committee),负责接收难民的书面申请,向移民和民族事务部长提供咨询意见。移民和民族事务部长负责审理和决定难民地位申请。澳大利亚还与东南亚各国、联合国难民署合作,阻止印支难民直接航行到澳大利亚。

1977年难民政策声明标志着澳大利亚明确的难民政策的开始,核心是"由澳大利亚决定接收难民"。澳大利亚难民政策从一事一议针对突发国际事件转向常规和有计划地接收难民,制订了常规和有计划的人道主义项目,完善了与联合国难民署等国际组织的合作永久解决难民问题,建立了在境内公平和有效的难民地位申请的机制,这些原则依然是目前澳大利亚难民政策的原则。

1981年,几乎所有抵达澳大利亚的印支难民都被认定为难民。在这一年,澳大利亚提出了境外特别人道主义类别,沿用至今并被称为"204签证特别人道主义"。1981年的"境外特别人道主义"类别向没有被认定为难民的印支流离失所者提供重新安置的机会,他们必须居住在本国以外,因为在本国被严重歧视以致被严重侵犯人权,与澳大利亚有家庭或者社区联系。1980年代中期,"境外特别人道主义"类别适用群体从印支人扩展至所有外国人,只要他们在本国被严重歧视以致被严重侵犯人权,与澳大利亚有家庭或者社区联系,东欧、拉丁美洲和中东地区的40个国家外国人通过该类别受到了澳大利亚的保护。

随着越来越多的印支特别是越南船民进入澳大利亚,各界对可能被亚洲化(Asianisation)的不安全感与日俱增,澳大利亚政府随之收紧了难民政策。从1977年到1979年的政府和咨询机构三次调查中,始终约60%的澳大利亚人希望让"有限数目"的船民留在澳大利亚,希望阻止船民进入的比例不断上升。工党、工会成员极力反对难民进入。1982年3月,时任移民部长麦克菲(Ian MacPhee)在众议院的一次演讲中提出,要以个人而不是群体为基础接收难民,以阻止计划离开印支难民营前往澳大利亚寻求更好生活的经济难民。1970年代晚期,澳大利亚还接收了6.5万多名来自中东和西南非洲的难民。[②]

有限接收难民政策在总体上是成功的,在边境控制、阻止未来船民和履行国际人道主义责任方面发挥了重要作用。以掌握难民接收主动权为核心的有限接收难民政策符合澳大利亚国家利益,也没有违反1951年《关于难民地位的公约》。印支特别是越

① Germov, Roz. and Francesco. and Motta, *Refugee Law in Australia*, Oxford University Press, 2003. 34.

② Department of Immigration and Border Protection. Australia. *Information Paper of Humanitarian Program*. Department of Immigration and Border Protection, Australia. December 2013.13.

南船民进入导致的亚洲化不安全感没有使白澳政策重归，标志着白澳和同化政策彻底失去了存在空间。

四、霍克、基廷政府时期（1983—1996年）：境内关押

在霍克、基廷政府（1983—1996年）时期，印支船民问题再度严重，导致澳大利亚采取了比有限接收难民政策更为严厉的境内关押政策。

许多印支难民不满意第一庇护国安置，由于经济原因逃往澳大利亚。1989—1992年，一些在印度尼西亚和其他地区难民营的柬埔寨人不满意所在国的安置，1994—1997年，由于中越冲突逃离越南，一些被中国接收的印支难民不满意中国的安置，都逃往澳大利亚。此时期澳大利亚经济出现衰退，政府实施技术移民政策，排斥没有技能的印支难民。苏联、东欧剧变大大降低了接收逃离共产主义国家船民为难民的政治意义。澳大利亚与东南亚各国签署了综合行动计划，并促使柬埔寨各方达成了巴黎和平协议（Paris Peace Agreement），为执行这些计划和协议，澳大利亚必须对船民采取严厉措施。澳大利亚不再立即赋予这些船民难民身份，而是将他们境内关押，拘留所常常设在偏远地区，只赋予符合难民定义的船民难民身份，否则会遣返其回国。

1980年代，澳大利亚制定了“紧急救助”和“危险中妇女”两个境外难民类别，并沿用至今。1991年，澳大利亚制定了“特别援助境外难民”类别（Special Assistance Category, SAC）。“特别援助境外难民”类别主要面向不符合“紧急救助”和“危险中妇女”两个境外难民类别规定的重新安置难民标准，但是处于明显弱势，与澳大利亚有密切联系的外国人，适用群体包括苏联少数族裔、东帝汶人、南斯拉夫人、缅甸人、越南人、柬埔寨人、斯里兰卡人和苏丹人。

与从越战到中越冲突时期有限接收难民政策相比，境内关押政策是对寻求庇护者特别是船民的更严格控制。根据1958年《移民法》，澳大利亚有权拘留非法入境者。[①] 1989—1992年非法入境的柬埔寨船民无一例外地被澳大利亚政府拘留。1958年《移民法》（1992修订）根据有无有效入境证件，将寻求庇护者区分为有护照、签证等有效入境证件的授权寻求庇护者，和没有有效入境证件的未授权寻求庇护者。授权寻求庇护者在等够审理结果期间在澳大利亚行动自由，而未授权寻求庇护者则在等候审理结果期间必须被拘留。

虽然境内关押政策符合澳大利亚维护主权和边境控制的要求，迎合了澳大利亚人长久以来深藏的对亚洲民族的恐惧心态，还有利于澳大利亚政府行使审查权利并向外界传递不欢迎船民的明确信息，但是也受到了一些民众和政府部门关于拘留侵犯船民人权的非议。从境内关押政策的实施过程和实施目的来看，该政策是一个带有歧视性

---

① 没有有效签证或进入许可证(entry permission)却寻求进入或者留在澳大利亚的人是非法入境者。

的、非人道的和以控制为目的的难民政策。联合国难民署表示，不能把拘留寻求庇护者当做阻止寻求庇护者到来的手段，但是澳大利亚把船民关押在远离公众视线的偏远的拘留所，极大地延长拘留时间，试图使船民放弃难民地位申请继而被遣返回国。

境内关押政策总体上是成功的。从1989年11月到1997年7月共有2,988名船民抵达澳大利亚，其中2,289人被遣返回国。[①] 由于澳大利亚和发展中国家巨大的经济社会发展差距依然存在，船民问题根源没有被消除，在某些重大事件刺激下，依然有可能被激化。

五、霍华德政府时期（1997—2007年）：境外关押

霍华德政府为了应对情况更复杂和人数更多的船民，上任伊始就开始强化难民政策，“坦帕事件”（Tampa Crisis）发生后，出台“太平洋解决方案”（Pacific Solution），实施比霍克、基廷政府时期境内关押更加严厉的境外关押政策，进一步突出对船民的控制与阻止。由于中东地区长期不稳定，许多中东和西亚船民开始涌向澳大利亚。这次的船民与以往相比呈现出了许多新特征。他们大多数是逃离伊拉克和阿富汗的独裁统治与人权迫害，主要是穆斯林，而且乘坐的船只更大，人数较过去更多。许多人利用印度尼西亚对穆斯林的宽松签证政策而选其作为跳板，先到印度尼西亚，再从印度尼西亚乘船抵达澳大利亚的圣诞岛（Christmas Island）和阿什莫尔岛（Ashmore Reef）等岛屿，这些岛屿距离印度尼西亚很近而离澳大利亚本土很远。

1997年7月，外国人在澳大利亚境内提交难民地位申请后，不再自动获得工作权。要获得工作权，必须在抵达澳大利亚45日内提交申请。对拒绝申请决定不服的，可以向难民复议法庭提起复议，但要支付1,000澳元的申请费。

1999年10月，外国人在澳大利亚境内提交的难民地位申请被批准后，不再自动获得永久居留权，而是予以区分，对于合法进入澳大利亚者签发永久保护签证（PPV），对于非法进入者签发临时保护签证（TPV）。与永久保护签证持有者相比，临时保护签证持有者享有权利受到了极大限制。尽管临时保护签证持有者在特别利益方案下有资格获得收入援助，在医疗保险下获得免费公共医疗，但是临时居住三年期满后申请者必须重新申请；没有与滞留在其他国家或是自己的祖国或第一庇护途径国的配偶或子女在澳大利亚的家庭团聚权；没有离开澳大利亚重新进入权；被限制使用联邦政府资助的综合人道主义安置战略；无权使用由社区安置服务计划提供的重新安置服务；无权使用由成人移民教育计划提供的510个小时的免费英语培训；无权使用在工作网络集中援助方案下的工作培训或是就业安排服务。

1999年11月，澳大利亚颁布了《边境保护法修正案》（*Border Protection*

① McMaster, Don. *Asylum Seekers: Australia's Response to Refugees*, Melbourne University Press, 2001. 96.

Legislation Amendment Act），允许澳大利亚有关部门登上并搜查在澳大利亚领海内，包括"近海"和"专属经济区"甚至是在深海范围内的船只和航空器，以打击偷渡。澳大利亚对在前往澳大利亚途中已经在其他国家停留了七日或是更多时间的外国人，由于他们没有"尽最大可能"寻找安全庇护，不再负有国际保护义务，迫使外国人尽可能地寻求澳大利亚以外的其他国家的保护。

2001年9月，在坦帕事件发生后，澳大利亚发布"太平洋解决方案"（Pacific Solution），后来称"太平洋策略"（Pacific Strategy），通过把船民转移到太平洋岛国来否决外国人在澳大利亚寻求庇护的权利，形成了霍华德政府时期境外关押政策。该政策把寻求庇护船民视为对国家安全的威胁，首要目的是使寻求庇护船民远离澳大利亚本土。其主要内容是：（1）扩大了海军和空军的监视范围，允许他们在印尼以外的国际海域拦截进入澳大利亚海域的寻求庇护者。（2）与新西兰和瑙鲁达成安置坦帕船民协议。新西兰将接受150名坦帕船民并且永久承认他们是难民。剩下的将被送到瑙鲁，澳大利亚政府答应给瑙鲁两千万澳元用来改善电力、通信和医疗服务。（3）在瑙鲁设立难民拘留中心，每月向瑙鲁支付大约100万美元。[①]（4）澳大利亚《在2001移民修正案法案》加入"境外区域"概念，并添加到1958年《移民修正法案》第5条第1款子项中，圣诞岛、阿什莫尔和卡迪亚（Cartier）岛、科科斯（Cocos）岛、澳大利亚海以及其军事设施资源等澳大利亚领土不再是澳大利亚移民区域。

澳大利亚在难民政策上由境内关押转变为更强硬的境外关押，主要是因为经济上的萧条、政治上的不确定以及对国家安全和恐怖主义的担忧。2001年，澳大利亚约30%的人口，主要是工薪家庭、蓝领阶层，年收入在官方公布的人均贫困线以下。[②]寻求庇护者成为澳大利亚工薪家庭经济安全和生活方式的潜在威胁。2001年正值澳大利亚联邦大选，据有关统计，大约65%的投票人认为，政府在船民问题上应该采取严厉政策。美国"9·11"事件唤起澳大利亚民众对安全的担忧和渴望。寻求庇护者被人为地与恐怖主义分子建立了联系。

境外关押政策在减少外国人乘船非法抵达澳大利亚水域的目标方面取得了成功，但是也付出了代价。船民到来人数在2000年和2001年达到高点，在境外关押政策实施之后，船民到来人数在2002—2003年度锐减为零。但是境外关押政策还是遭到了有关方面的强烈批评。前自由党总理弗雷泽说，在人道主义问题上，澳大利亚的国际名声从来没有比现在更坏的时候。两个政党未能在难民问题上显示领导力和同情心。境外关押政策耗费巨大，从2001年开始，花在瑙鲁、马努斯和圣诞岛的金钱估计超

① 澳大利亚反对党与瑙鲁商难民中心事宜. 中国网络电视台 http://news.cntv.cn/world/20100727/118167.shtml. 2012-12-23访问。

② 孟毓焕. *The Exclusiveness in Australia's Refugee Policies-Analysis of the Australian Government's Approach to the Tampa Crisis.* 北京外国语大学2002届硕士学位（英文）论文. 45。

过10亿美元。境外关押政策不能解决难民产生的根源，对于澳大利亚来说，解决方案不仅是强化管制，更要积极与其他国家共同合作。

另外，澳大利亚政府继续推行接收重新安置难民政策。1990年代末期，欧洲是澳大利亚重新安置难民的最大来源地区，1998—2001年，澳大利亚接收的一半重新安置难民来自南斯拉夫，16%来自非洲。2003—2005年，来自非洲的重新安置难民增长至重新安置难民总数的70%，主要是苏丹人、利比亚人、刚果（金）人、布隆迪人和塞拉利昂人。2004年以后，亚洲成为澳大利亚重新安置难民的主要来源地区，当年从泰国、马来西亚和印度接收了1.75万缅甸重新安置难民。2007—2008年度，澳大利亚从尼泊尔接收了4,500名不丹重新安置难民。

六、陆克文、吉拉德、阿博特政府时期（2007年至今）：境外关押政策的软化和再趋强硬

为了平息有关方面对境外关押政策的强烈批评，陆克文政府软化了该政策。2008年3月，澳大利亚关闭了瑙鲁的难民处理中心。2008年8月，修改移民法，废除了对于在澳大利亚难民来说灾难性的临时保护签证(TPV)。寻求庇护者申请一旦被批准，无论是否合法入境都直接获得永久保护签证（PPV）。已经持有临时保护签证（TPV）者可以申请身份解决签证（Resolution of Status Visa）。持身份解决签证者享有与持永久保护签证者一样的权利。废除临时保护签证（TPV）不仅使约1,000名临时保护签证（TPV）持有者重新获得了永久居留权以及与其他永居签证人士同等的权利，而且表明澳大利亚开始软化境外关押政策，更加重视难民的人权保护。但是软化的境外关押政策刺激了船民的增加，2010年、2011年和2012年1—7月分别有6,850、4,733和7,120名船民抵达澳大利亚，持续增加的船民给澳大利亚造成了巨大压力。①

朱莉亚·吉拉德（Julia Gillard）于2010年6月取代陆克文成为总理后，有意恢复境外关押政策，在海外建立难民处理中心（refugee processing centre），但是遇到了很大阻力。澳大利亚高等法院2011年8月的一项判决，否定了澳大利亚与马来西亚签订的寻求庇护者、难民交换协议。高等法院判决，马来西亚不是1951年《关于难民地位的公约》成员国，没有义务保护目前在澳大利亚的寻求庇护者的人权，并裁定，澳大利亚不能宣布把寻求庇护者送往马来西亚审理。高等法院同时裁定，澳大利亚不能把寻求庇护者送往任何国家，除非该国有义务履行相关国际法，或者该国法律规定可以申请外国人的难民地位申请。

2012年9月，澳大利亚与瑙鲁签署难民处理协议，重启位于瑙鲁的难民处理中

① Ministry for Immigration and Citizenship Australia. *Departmental Guidelines for Assessment of Persons Prior to Transfer Pursuant to Section 198ad(2) of the Migration Act 1958*. 2012. 7.

心。[①] 瑙鲁是1951年《关于难民地位的公约》成员国。

2012年9月，澳大利亚政府接受前国防军司令安格斯·休斯顿（Angus Houston）率领的寻求庇护者专家组在难民问题报告中提出的修改难民政策建议，修改了1958年《移民法》中的难民部分，严格控制船民以及保护和身份解决签证近亲属的签证申请，明确表示澳大利亚将坚决打击贩运人口，最优先考虑以安全和有序方式抵达澳大利亚的难民签证获得者家庭成员的签证申请。新难民政策的主要内容：

（1）2012年8月13日后抵达澳大利亚的船民将被送往瑙鲁或者巴布亚新几内亚等地的境外难民处理中心，无论是否与家庭成员一起抵达，已经有家庭成员在澳大利亚，或者不满18周岁。船民除非收到邀请，否则不能申请澳大利亚难民类签证。

（2）船民的难民地位申请将由境外难民处理中心根据本国法律审理。如果被认定为难民，将和世界上其他被认定的难民一样等候澳大利亚的重新安置。

（3）不优先考虑境外难民处理中心所在国认定难民的重新安置申请。

（4）不保证被境外难民处理中心所在国认定难民能被澳大利亚重新安置。是否重新安置不仅考虑申请人在其国籍国面临的歧视或者迫害，而且考虑可替代性重新安置的可能性、澳大利亚帮助申请人的能力以及申请人与澳大利亚的联系等因素，因而是不确定的。

（5）不向获发难民签证的家庭成员一并签发难民签证，家庭成员只能申请家庭团聚签证。

（6）2012年8月13日前抵达澳大利亚的船民，仍然可以担保家庭成员申请难民和人道主义签证，但是不再接受保护签证或者身份解决签证者18周岁及以上的近亲属仅基于亲属关系提交的永久居留申请。

绿党参议员莎拉·汉森·杨（Sarah Hanson Young）认为：吉拉德政府的新难民政策，比霍华德政府的境外关押政策向船民提供的保护更少。[②] 为了减少外界对澳大利亚新难民政策的批评，澳大利亚增加了难民配额，表明将继续履行难民保护国际义务。2012年8月23日，澳大利亚宣布：2012—2013年移民年度难民配额增长40%，由13,750增长到2万，这是30年来难民配额增长最多的一年。这些配额主要用于重新安置最无助的境外难民而不是船民。还拨付1,000万澳元资助海外地区特别是马来西亚和印度尼西亚的联合国难民署机构和非政府组织进行难民能力建设，从源头减轻难民输出压力。

托尼·阿博特（Tony Abbott）于2013年9月就任澳大利亚总理。阿博特上任后

---

① Ministry for Immigration and Citizenship Australia. *Departmental Guidelines for Assessment of Persons Prior to Transfer Pursuant to Section 198ad(2) of the Migration Act 1958*. 2012. 3.

② 澳大利亚难民法案获得议会通过 17 August 2012. http://www.sbs.com.au/chinese/news/22717/Asylum-bill-passes-parliament 2012-12-25 访问。

开始实施非常严厉的边境保护政策，将偷渡船强行遣返印尼，或把船民送到巴布亚新几内亚和瑙鲁，不让他们有机会到澳大利亚本土大陆定居。他曾下令海军遣返难民船只。他承认，阻止上千寻求庇护者入境的态度是其胜选的“关键分”。[①]2014年4月，阿博特取消对印度尼西亚的访问，这主要与驱逐船民回印度尼西亚水域的政策引起两国争议有关。印尼指责澳大利亚军方执行该行动时，在遣返印尼偷渡船的过程中“侵犯”印尼水域，导致两国关系恶化。澳大利亚政府2014年年初曾就此事件向雅加达当局道歉。[②]

另外，澳大利亚政府继续推行接收重新安置难民政策。2007年以后，澳大利亚从印度尼西亚接收了一些阿富汗、伊拉克、伊朗、斯里兰卡重新安置难民。由于发生在阿富汗、伊拉克以及最近在叙利亚的冲突，中东和西南非洲成为澳大利亚重新安置难民的主要来源国，从1998—2009年期间的占重新安置难民总数的1/3增长到2012—2013年度的一半以上。

第三节 难民的甄别

一、难民甄别的标准

澳大利亚难民法解释了迫害。1958年《澳大利亚移民法》（2003年修订）第91条第13款第1项规定：“为达到本法关于特定人员的规定的目的，根据1967年《关于难民地位的议定书》修订的1951年《关于难民地位的公约》第1条第1款第2项不适用于其所提到的原因而导致的迫害，除非：（a）受迫害的原因是本质和严重的；（b）迫害对寻求庇护者造成严重伤害；而且（c）迫害包括系统的、歧视性的行为”。第91R条第2款解释了严重伤害：“如果没有限定什么是（1）（b）规定的严重伤害，下面描述是关于严重伤害的一些例子：（a）威胁人的生命或自由；（b）对身体的巨大折磨；（c）对身体的严重虐待；（d）严重影响个人生存的经济困难；（e）当基本服务威胁一个人的生存能力时，拒绝提供基础服务；（d）在一个的生存遭到威胁时，拒绝为其提供生存所需的服务。”

根据澳大利亚的难民法判例，由种族、宗教、国籍、属于某一社会团体或具有某种政治见解而引起的对人生命和自由的威胁都构成迫害，其他对严重侵害人权也构成迫害。迫害可以是单一行为，也可以是一些单独不构成迫害但累积构成迫害的行为。一般情况下，难民所畏惧的迫害是指由他们国家政府或由国家政府所操纵的机构所施加的。但是，由于惧怕来自其他组织或机构所施加的迫害也可以成为申请难民地位的

---

① 信莲.澳大利亚总理阿博特将出访印尼难民政策成焦点[N].中国日报网2013年10月1日。

② 澳大利亚总理取消访印尼疑与澳遣返偷渡船有关.中新网2014年5月4日。

理由，特别是如果申请人能够证明当局了解并纵容这种行为或当局不愿、不能够提供有效的保护。难民地位申请人可以从其他国家获得有效保护时，申请受理国将不会给予其难民保护。①

"迫害"包括：对人生命，自由及安全的威胁；无偿的奴役；虐待或者残酷、不人道或污辱的待遇；任意拘留，在紧急情况下为了保护他人的安全及权利或维持秩序而被认为是有必要采取的措施除外；连续或经常被骚扰或拘留；流放及内部流放；前特权阶层人士被迫参加再教育，这种教育是通过进行体力劳动或施加其他压力来改变其思想观点。

剥夺自由构成迫害，无法享有某种自由足以构成迫害。无法接受教育和就业可以构成迫害，但是认定时必须考虑案件中的所有事实。虽然有些判例表明，政府剥夺就业机会构成迫害，但是并不能说明被剥夺就业机会就构成迫害。就业歧视可以构成迫害，是否最终构成取决于案件中的所有事实。在一个没有私营企业的经济体中，被剥夺在政府机构和公有企业就业的机会构成了迫害。与此相类似，只可以获得贬低身份或者危险工作机会是一种压迫，也构成迫害。就业限制是否构成迫害取决于很多因素，包括限制是否导致压迫，或者对就业者形成危害。②

"积极歧视政策"与迫害没有必然联系。"有正当理由的畏惧"是决定难民身份申请的关键，就业歧视是产生"有正当理由的畏惧"的原因之一。确认一个国家的有利于某族群的"积极歧视政策"并不能必然得出，该政策对未受益族群构成歧视③。

难民地位申请人在澳大利亚时所受的迫害，是审理难民地位申请时考虑因素之一。1958年《澳大利亚移民法》（2003年修订）第91R条第3款规定："为了达到本法中申请和关于特定人员规定的目的：（a）在决定一个人是否受根据1967年《关于难民地位的议定书》修订的1951年《关于难民地位的公约》第1条第1款第2项的一个或多个原因而受迫害时，不考虑这个人在澳大利亚的任何行为；除非：（b）这个人使部长相信其所表现的行为主要是为了使自己增强根据1951年《关于难民地位的公约》和1967年《关于难民地位的议定的》规定的难民身份。"在国外表达政治观点构成迫害。一个人可以是难民，即使形成难民身份的事件是他/她离开原籍/居住国后发生的单个人的行为，例如在国外表达政治观点。但是，该行为与只是为了取得难民身份而从事的行为有所不同。甄别难民是基于申请人行为的结果，而不是申请人行为的目的。④

澳大利亚难民法严格界定了属于某一社会团体成员。1958年《澳大利亚移民法》

① Federal Court of Australia. Mansifield Judge, No SG24 of 1997, Adelaide, 4 May 1998, BC9801664).

② Federal Court of Australia. Hill Judge, 8 July 1997.

③ Federal Court of Australia. French J, 9 May 1997.

④ Federal Court of Australia. Drummond J, No WAG184 of 1992, Brisbane, 19 August 1994, BC9400276.

（2003年修订）第91S条规定："为达到本法和关于特定人员规定的申请目的，在决定特定人员是否有正当理由担心因其是由某一家庭成员组成的特殊社会的成员受迫害：（a）无论是畏惧迫害还是迫害本身，任何经历过根据1967年《关于难民地位的议定书》修订的1951年《关于难民地位的公约》第1条第1款第2项中规定的迫害原因的家庭成员（在世或者已经过世）；而且（b）无论是畏惧迫害还是迫害本身；（i）特定人员曾经经历过；或者（ii）任何家庭成员（在世或者已经过世）曾经经历过；以合理推断出段落（a）所规定的畏惧迫害或迫害本身是否存在"。

二、1994年李某和刘某诉移民部长Milgea拒绝其难民地位申请案[①]

1992年5月10日李某和刘某从中国乘Jeremiah号船来到澳大利亚。她们被抓住，关押在澳大利亚移民部拘留中心，在关押期间，她们向澳大利亚移民部（Department of Immigration）申请了难民身份。她们的第一次难民地位申请随后被移民部部长的代表Milgea拒绝，Milgea负责审理她们的申请。被关押在Port Hedland拘留中心时，她们和其他难民地位申请人一起进行了在屋顶上举行的绝食、抗议和示威。她们挥舞批评中国和澳大利亚移民部对待来自于中国的难民地位申请人的旗帜。在示威过程中，李某和刘某从屋顶跌落，严重受伤。刘某因此而截瘫。

1992年9月3日李某和刘某根据澳大利亚1977年《行政决定（司法复议）法》（the Administrative Decisions (Judicial Review) Act 1977），向法院提起诉讼，要求法院审查澳大利亚移民部对其的决定，诉请法院签发特殊令（Prerogative Writs）撤销移民部部长的决定。理由是，由于她们在绝食、抗议和示威批评中国，如果被遣返，将无法找到工作，还会受到迫害。法院发现，抗议示威是因为难民身份审理委员会（the Refugee Status Review Committee RSRC）负面评估难民身份集体申请引起的。在RSRC作出审理决定前，没有一名难民身份集体申请的成员进行过抗议和示威。法院还发现，她们的抗议和示威活动不是真正的针对中国正在发生的情况，而是通过向移民部施加压力，提高她们被认可为难民，进而在澳大利亚居留的机会。抗议示威中对中国的批评，与抗议示威者的目的并不相符。

法院认为，移民部部长代表在决定中已经同意，李某和刘某回国后可能受到的就业限制构成了迫害，并已经准备认可，刘某因为政治活动可能会遇到就业困难。但是，却得出结论，遇到的困难不会否定其生存权（a right to earn a living），仅仅构成对其在能够工作的私营企业行业的限制。移民部部长的决定是不合理的，因为移民部部长在决定中提及如下事实，中国99%的就业机会在政府主导的部门和企事业单位，在私营企业的就业机会极少。拒绝李某难民身份申请时适用的法律或者认定的事实有

① Federal Court of Australia. Drummond J, No WAG184 of 1992, Brisbane, 19 August 1994, BC9400276.

错误。法院判决，推翻移民部对刘某难民地位申请的决定，发回重审。维持移民部拒绝李某难民地位申请的决定。

澳大利亚在1994年李某和刘某诉移民部长（Milgea）拒绝其难民地位申请案中确立了以下甄别难民的观点：（1）一个人可以是难民，即使形成难民身份的事件是他/她离开原籍/居住国后发生的单个人的行为，例如在国外表达政治观点。但是，该行为不能是为了取得难民身份而从事的行为。审理难民地位申请是基于申请人行为的结果，而不是申请人行为的目的。（2）因为从事政治活动导致回国后无法就业，构成迫害。

三、1997年Gunaseelan诉澳大利亚移民和多元文化事务部难民地位申请被拒案①

Gunaseelan是印度裔马来西亚公民。他在进入澳大利亚时，申请难民身份。他提出，由于马来西亚政府向马来裔公民提供优惠待遇，致使他在教育和就业方面受到歧视，而遭受痛苦。Gunaseelan在参加针对《官方秘密法》（*Official Secrets Act*）的抗议示威后，被逮捕、审问和拷打。Gunaseelan的行为与反对党—民主行动党（Democratic Action Party）相关，马来西亚法律规定，可以采取措施削弱民主行动党的从事有效反对行为的能力。Gunaseelan的难民地位申请被澳大利亚移民和多元文化部（Ministry of Migration and Multi-culture）部长拒绝。

Gunaseelan向难民复议法庭（Refugee Review Tribunal, RRT）提出复议。复议法庭发现，马来西亚的马来人比印度人得到了更好的待遇。但是Gunaseelan在离开马来西亚去新加坡前，完成了高等教育并工作两年。Gunaseelan自己在申请书中陈述，他可以找到临时工作。复议法庭认为马来西亚不存在针对非马来人的制度性歧视，因而申请人回国后，不会遭受歧视和随之构成的迫害。复议法庭判决，申请人没有返回马来西亚的“有正当理由的畏惧”，维持原判。复议法庭审理时，参考了包括地区性新闻杂志资料的报刊文章和报道。

Gunaseelan就复议法庭判决，向澳大利亚联邦法院提起诉讼，认为复议法庭认定事实错误，他返回马来西亚会收到迫害。适用法律不当，没有正确地解释和适用“迫害”（persecution）一词。本案由French法官审理。French法官认为，复议法庭在作出可能严重影响申请人个人生活，反映其他国家政治、法律制度的公共领域的判决时，将报刊文章和报道作为依据是不妥的。他提出，确认一个国家的有利于某族群的“积极歧视政策”（state policy of positive persecution）并不能必然得出，该政策对未受益族群构成歧视。一项政策是否构成迫害取决于该政策对劣势团体造成的负面或者

① Federal Court of Australia. French J, 9 May 1997.

歧视影响的性质和范围。积极歧视政策可以用来克服某族群的不利之处。French 法官认同复议法庭对迫害的解释。复议法庭在判决中引用了 Chen 案判决中对迫害的讨论，认为 Gunaseelan 回国后是否会受到迫害取决于，他回国后是否会受到实质性不公平待遇，例如限制求生权是否严重到迫害的程度。French 法官驳回了 Gunaseelan 的请求，维持原判。

澳大利亚在 1997 年 Gunaseelan 诉澳大利亚移民和多元文化事务部难民地位申请被拒案中确立了以下甄别难民的观点："有正当理由的畏惧"是决定难民身份申请的关键，就业歧视是产生"有正当理由的畏惧"的原因之一。确认一个国家的有利于某族群的"积极歧视政策"并不能必然得出，该政策对未受益族群构成歧视。"积极歧视"与迫害没有必然联系。

四、1997 年 Prahastono 诉澳大利亚移民和多元文化部难民地位申请被拒案[①]

Prahastono 是印度尼西亚公民，1989 年来到澳大利亚。他的父亲是印度尼西亚军队的军官。因为与 1965 年印尼共产党（PKI）政变有牵连，随后被监管 5 年，禁止外出。1993 年，他向澳大利亚移民和多元文化部（Minister for Immigration and Multicultural Affairs）递交了难民身份申请。难民地位申请被拒绝。难民地位申请的理由是他的家庭长期受到骚扰和就业困难。有人向他家的屋顶扔石头，拒绝他进清真寺，人们在大街上对他和他的妻子作贬损评论。由于他父亲的背景，他不能在印度尼西亚完成高等教育和享受公共服务。他是一个商业飞行员，因为色盲无法得到飞行执照。而他的朋友有色盲，却得到了飞行执照。他还无法得到就业许可证（employment clearance certificate），尽管复议法庭判决时发现，在印度尼西亚就业已经不需要就业许可证了。

Prahastono 向澳大利亚难民复议法庭提起复议。复议法庭判决，维持原判。复议法庭发现，他完成了中学教育，有工作。他家庭受到的待遇是由于观点不同而导致的骚扰，不构成迫害。复议法庭认为，只有当 Prahastono 没有工作机会，或者只有贬低身份或者危险的工作机会时，其受到的就业待遇才是迫害。

Prahastono 向澳大利亚联邦法院提起诉讼，认为，难民复议法庭适用法律错误，没有客观地评估他受到的骚扰是否构成迫害。法官认为，剥夺自由构成迫害，无法享有某种自由足以构成迫害。无法接受教育和就业可以构成迫害，但是认定时必须考虑案件中的所有事实。虽然有些判例表明，政府剥夺就业机会构成迫害，但是并不能说明，Prahastono 被剥夺就业机会就构成迫害。就业歧视可以构成迫害，是否最终构成

---

① Federal Court of Australia. Hill Judge, 8 July 1997.

取决于案件中的所有事实。在一个没有私营企业的经济体中，被剥夺在政府机构和公有企业就业的机会构成了迫害。与此相类似，只可以获得贬低身份或者危险工作机会是一种压迫，也构成迫害。就业限制是否构成迫害取决于很多因素，包括限制是否导致压迫，或者对就业者形成危害。

澳大利亚在1997年Prahastono诉澳大利亚移民和多元文化部难民地位申请被拒案中确立了以下甄别难民的观点：剥夺就业机会与构成迫害之间没有必然联系，可能构成，也可能不构成，关键在于剥夺就业机会对被剥夺者造成的影响程度，以及剥夺的具体内容。

五、1998年Rajendran诉澳大利亚移民和多元文化部难民地位申请被拒案[①]

Rajendran是一位57岁的泰米尔族（Tamil）斯里兰卡人。他1995年12月4日来到澳大利亚，1996年1月向澳大利亚移民和多元文化部（Minister for Immigration and Multicultural Affairs）申请难民地位（Protection visa）。他在难民地位申请中提出，斯里兰卡政府怀疑他是一名恐怖主义分子，泰米尔猛虎解放组织（the Liberation Tigers of Tamil Eelam, the LTTE, Tamil Tigers）怀疑他向政府报告他们的情况。他即使搬到科伦坡，也无法摆脱被怀疑。1987年，他基于人道主义原因，在新西兰申请永久居留，此后获得了新西兰永久居民身份。从1989年开始，他感觉到了泰米尔猛虎解放组织或者该组织代表危险的逼近，即使他搬到加拿大，还是能感觉到。Rajendran的难民地位申请被驳回。

他向澳大利亚难民复议法庭提起复议。泰米尔猛虎解放组织认为，Rajendran不符合1951年《关于难民地位公约》第1条第5款的规定，不可以被认定为难民。1951年《关于难民地位公约》第1条第5款规定：本公约不适用于被其居住国家主管当局认为具有附着于该国国籍的权利和义务的人。泰米尔猛虎解放组织还考虑，Rajendran是否可以在新西兰获得法律保护，免于迫害或者可能的危害或者暴力。泰米尔猛虎解放组织认为，Rajendran在面临任何直接的畏惧（fear）时，可以从新西兰政府获得充分的保护。

Rajendran向澳大利亚法院提起了诉讼。法院认为，除非Rajendran符合1951年《关于难民地位公约》第33条规定，否则无权获得保护签证。1951年《关于难民地位公约》第33条规定："禁止驱逐出境或送回（'推回'）（一）任何缔约国不得以任何方式将难民驱逐或送回（'推回'）至其生命或自由因为他的种族、宗教、国籍、参加其一社会团体或具有某种政治见解而受威胁的领土边界。（二）但如有正当理由认

① Federal Court of Australia. Mansifield Judge, No SG24 of 1997, Adelaide, 4 May 1998, BC9801664).

为难民足以危害所在国的安全，或者难民已被确定判决认为犯过特别严重罪行从而构成对该国社会的危险，则该难民不得要求本条规定的利益。”法院同意，泰米尔猛虎解放组织认定的事实反映，Rajendran 已经从新西兰获得有效的保护，免于了1951年《关于难民地位公约》规定的对其生命或者自由的畏惧。法院判决，维持难民复议法庭判决。

澳大利亚在1998年 Rajendran 诉澳大利亚移民和多元文化部难民地位申请被拒案中确立了以下甄别难民的观点：难民地位申请人可以从其他国家获得有效保护时，申请受理国将不会给予其难民保护。这一原则对于理清有义务保护国与难民地位申请受理国之间关系非常重要。

第四节 寻求庇护者的权利

寻求庇护者是指向澳大利亚申请难民地位，正在等候最终审理结果的人。在难民地位申请得到公平的审理之前，依据不推回原则，寻求庇护者有权不被遣返回国，并有权享受符合人道主义标准的待遇。寻求庇护者在澳大利亚除享有在境内居留和迁徙自由、工作等联邦政府赋予的权利外，还享有难民过渡住房等居住地州 / 领地政府赋予的权利。

一、寻求庇护者的全国性权利

（一）境内居留和迁徙

寻求庇护者在等候难民地位申请审理结果期间，有权在澳大利亚居留。[①] 如果外国人提交难民地位申请时不在移民拘留所（immigration detention），澳大利亚将向其签发过桥签证（bridging visa），允许申请人在难民地位申请审理期间在澳大利亚合法居留。寻求庇护者在等候难民地位申请审理结果期间，享有完全的澳大利亚境内迁徙自由。

（二）工作

2009年7月1日以前，合法入境后45日内提交难民地位申请的外国人享有工作权。2009年7月1日以后，持有实质签证（substantive visa）并申请难民地位的外国人将获过桥签证 A，享有工作权。不持有实质签证并申请难民地位的外国人获过桥签

① 按照1958年《移民法》，持合法有效签证抵达澳大利亚后寻求庇护，申请的是保护签证（Protection visa），可以在 澳大利亚居留。

证C，非法在澳大利亚并申请难民地位外国人获过桥签证E，均不享有工作权。持过桥签证C和过桥签证E的难民地位申请人要获得工作权，必须证明自己面临经济困难，有“紧急的工作需要”，申请新的允许工作的过桥签证。持过桥签证E的难民地位申请人要获得工作权，还需证明有继续停留的合理原因。

（三）经济资助[①]

寻求庇护者在等候审理结果期间，不能享有与澳大利亚永久居民和公民一样的社会保障和公共救助权利。澳大利亚根据寻求庇护者资助办法（Asylum Seeker Assistance Scheme, ASAS），向居住在社区的等候审理结果的寻求庇护者提供寻求庇护者补助（Asylum Seeker Assistance），维持日常生活，直至被认定为难民、难民地位申请被拒绝28日后或者不再符合难民标准。澳大利亚红十字会根据其与澳大利亚移民和边境保护部签署的寻求庇护者资助办法合同（ASAS合同），帮助寻求庇护者获得经济资助。

寻求庇护者补助数额非常微薄，最多只是特别福利补贴（Special Benefit Allowance）或者新生活开始补贴（Centrelink Newstart Allowance）的89%，特别福利补贴和新生活开始补贴两者数额是一样的。根据2010年7月1日的新生活开始补贴标准，无扶养子女单身澳大利亚公民每两周可领取462.8澳元。[②] 所以，无扶养子女单身寻求庇护者补助数额是每两周411.89澳元。2009年，2,692名寻求庇护者总共领取704万澳元补助，人均全年只有2,615澳元。[③] 就各界关于寻求庇护者领取补助高于养老金的传言，寻求庇护者资源中心（Asylum Seeker Resource Centre）在2010年专门予以澄清，无扶养子女单身寻求庇护者补助411.89澳元，比养老金每两周644.2美元，低230澳元。[④]

寻求庇护者要获得寻求庇护者资助办法项下的经济资助，必须提交了有效难民地位申请，正在等候审理结果，以及生活艰难。寻求庇护者要证明：（1）提交难民地位申请超过了6个月，正在等候审理结果；（2）提交难民地位申请不足6个月，正在等候审理结果，同时满足豁免寻求庇护者经济资助和个案服务条件；（3）难民地位申请被拒绝，向难民复议法庭提交了复议申请，同时满足豁免寻求庇护者经济资助和个案服务条件；（4）申请人不在移民拘留所；（5）持有签证；（6）没有从澳大利亚或者其

① Ministry of Immigration and Citizenship. Australia. *Fact Sheet 62 - Assistance for Asylum Seekers in Australia*. http://www.immi.gov.au/media/fact-sheets/62assistance.htm. 2012-12-27.

② http://www.centrelink.gov.au/internet/internet.nsf/payments/newstart_rates.htm.

③ http://www.immi.gov.au/media/fact-sheets/62assistance.htm.

④ Asylum Seeker Resource Centre. Australia. *Media Brief 2010 What Welfare Entitlements Do Asylum Seekers and Refugees Receive?* www.asrc.org.au.

他国家政府获得收入。

寻求庇护者有特别困难，可以免除提交难民地位申请超过6个月等期限方面的条件要求。寻求庇护者要证明：（1）无人陪伴未成年人；（2）老人；（3）有18岁以下子女的家庭；（4）由于残疾、疾病、扶养、被虐待或者殴打不能工作；（5）孕妇；（6）澳大利亚永久居民的配偶；（7）抵达澳大利亚后由于自身不可控制情况面临经济困难；

（四）移民咨询和申请援助[①]

不论寻求庇护者是合法入境者和还是非法经海路入境船民，是在拘留所还是在社区，澳大利亚都通过移民咨询和申请援助计划（Immigration Advice and Application Assistance Scheme，IAAAS)，向所有生活在澳大利亚的寻求庇护者，提供独立、免费的和专业的准备、提交、复议等方面的移民法律援助。移民咨询和申请援助计划的主要服务对象是有困难的寻求庇护者。有困难是指由于以下原因之一导致的经济困难：母语非英语、青年或者由其他文化障碍；在母语国家是文盲；居住地区偏僻，远离都市；身体或者精神上有残障；由于家庭暴力身体或者精神受到伤害。澳大利亚联邦政府与遍布全澳的19家移民服务机构签署合同，购买其移民法律援助方面的移民服务以提供给寻求庇护者。2010—2011移民年度，澳大利亚花费304.9万澳元用于移民咨询和申请援助。[②]

（五）医疗保险

根据是否享有医疗保险，寻求庇护者被划分为享受医疗保险和不享受医疗保险两类。寻求庇护者要享有医疗保险，必须持有过桥签证等临时签证，有工作权或者其近亲属是澳大利亚公民或者永久居民。寻求庇护者在提交申请和等待审理结果期间享有的医疗保险，是与等候除父母签证以外永久居留签证审理结果的外国人享有同等的医疗保险。澳大利亚红十字根据其与澳大利亚移民和边境保护部部长签署的寻求庇护者资助办法合同，帮助寻求庇护者获得基本医疗保险（general healthcare）以及审理签证所需的健康检查（protection visa health check）。

澳大利亚红十字会向不享受医疗保险的寻求庇护者提供紧急医疗服务。根据寻求庇护者资助办法（ASAS）的医疗条款，不享受医疗保险的寻求庇护者在公立医院住院时，应持澳大利亚红十字会签发的支付医疗费用信。支付医疗费用信说明医院、病

① Ministry of Immigration and Citizenship. Australia. Immigration Advice and Application Assistance Scheme. IAAAS for IMAs – English – March 2012.

② Ministry of Immigration and Citizenship. Australia. Fact Sheet 63 - Immigration Advice and Application Assistance Scheme. http://www.immi.gov.au/media/fact-sheets/63advice.htm 2012-12-27.

人和需要治疗的病情。没有澳大利亚红十字会的书面同意，公立医院不为寻求庇护者提供支付医疗费用信内容以外的医疗服务。寻求庇护者出院时，由澳大利亚红十字会结清。澳大利亚红十字会按照每天191澳元标准支付住院费用，如果该标准不足以支付实际发生的住院费用，移民和边境保护部部长将为澳大利亚红十字会向联邦政府申请额外的寻求庇护者资助，予以补足。①

（六）不被任意拘留

没有入境签证的寻求庇护者，作为外国人，可能会被澳大利亚为了维护国家利益而移民拘留。澳大利亚移民、海关、警察等官员，根据1958年《澳大利亚移民法》（2003年修订）第176—180、196条，为了国家利益，应该拘留某些外国人，直至其离开澳大利亚或者获得签证。如果被指定的外国人没有被移民拘留或者从移民拘留中逃脱，官员可以在没有命令的情况下，拘留该外国人而且采取合理措施确保该外国人被拘留。

澳大利亚移民、海关、警察等官员应该拘留具有以下五种情形的外国人。根据1958年《澳大利亚移民法》（2003年修订）第189—192条，（1）知道或者合理怀疑在移民区的某外国人是非法外国人。（2）合理怀疑在移民区以外的某外国人正在寻求进入移民区，而且如果在移民区将成为非法外国人。（3）知道或合理怀疑在与陆地脱离的近海岛屿的某外国人是非法外国人。（4）合理怀疑在澳大利亚但是在移民区以外的某外国人正在寻求进入移民区，而且如果在移民区，将成为非法外国人。该法第190条规定了合理怀疑，外国人在移民通关时不合作，例如绕过、试图绕过或看起来试图绕过移民通关，不提供或者不能向移民官员提供所要求的证件和信息，构成官员合理怀疑和拘留的基础。（5）如果知道或者合理怀疑外国人所持有的签证被取消，可以拘留该外国人。但是，如果认为该外国人将逃避本官员或其他官员，或在关于其签证或与签证有关事情的询问中不与官员合作，就必须拘留该外国人。

拘留场所，根据1958年《澳大利亚移民法》（2003年修订）第5条关于移民拘留的解释，是指移民拘留中心、监狱、关押中心、警察局、看守所、防止外国人离开的船。如果被拘留外国人存在以下三种情形之一，根据1958年《澳大利亚移民法》（2003年修订）第191条，应该被释放。（1）被拘留外国人提供了澳大利亚公民身份的证据；（2）知道或者适度相信被拘留者是澳大利亚公民；（3）出示合法外国人证据，或者签证被批准。所有的拘留场所由民营的澳大利亚 GSL 公司经营和管理。

澳大利亚允许被拘留外国人申请签证。根据1958年《澳大利亚移民法》（2003年

① Department of Health. NSW. *Asylum Seekers Assistance Scheme - Provision of Hospital Services*. Document number PD2005_528. 04-Mar-2005.

修订）第194条、第137K条，澳大利亚移民、海关、警察等官员拘留某外国人时，应该以快速而合理可行的方式告知该外国人，其可以申请签证和将被拘留的期限。1958年《澳大利亚移民法》（2003年修订）第195条规定：被拘留外国人可以在被拘留后两个工作日内申请签证，或者在被拘留后两个工作日内以书面形式通知官员其申请签证意图——那么可以在两个工作日后的五个工作日内申请签证。如果被居留外国人没有在规定时间内申请签证，那么其将不能在此后的时间内申请除过桥签证或保护签证外的签证。

被移民拘留者有义务自己支付移民拘留费用，且负有连带责任。根据1958年《澳大利亚移民法》（2003年修订）第209、211条，非公民在被移民拘留期间有义务向澳大利亚支付其被运送到移民拘留地和在被拘留期间的日常生活费用。如果两个非公民是彼此配偶而且被同时拘留，那么，每一个非公民都有义务支付他们的移民拘留费用。如果两个非公民是彼此配偶而且与子女一起被移民拘留，或者一个非公民与子女一起被移民拘留，那么子女没有义务支付，而每一个非公民都有义务支付他们的移民拘留费用。再者，根据1958年《澳大利亚移民法》（2003年修订）第213条，如果一个非公民进入澳大利亚而没有履行移民通关义务，作为非法非公民被移民拘留，运送者有义务按照通知支付移民拘留费用。另外，根据1958年《澳大利亚移民法》（2003年修订）第214条，如果两个或多个人都有义务支付非公民的移民拘留费用，那么他们负有连带支付费用的责任。

2006年，澳大利亚拘留了该年度3,730名寻求庇护者中的290名。2007年，拘留中心的420名被拘留者中有98名是寻求庇护者。一名伊朗寻求庇护者就其被拘留三年期间所受的精神和肉体折磨和痛苦起诉澳大利亚联邦政府，并于2007年1月获胜，获赔偿款80万澳元。2007年8—10月，澳大利亚人权和平等机会委员会访问了位于悉尼郊区的澳大利亚最大的移民拘留中心（Villawood Immigration Detention Center），他们发现，拘留中心没有配备足够的普通话口译者，而说普通话的中国人是拘留中心最大的被拘留群体。

（七）不被任意快速遣返

寻求庇护者如果处于非法状态，作为外国人，可能会被澳大利亚为了维护国家利益而予以快速遣返，但是快速遣返不得任意，要根据法律规定的标准和程序进行。根据1958年《澳大利亚移民法》（2003年修订）第198条，澳大利亚移民、海关、警察等官员，应该以快速可行的方式遣返具有以下六种情形之一的非法非公民。（1）以书面形式要求移民和边境保护部部长将其从澳大利亚遣返。(2) 为了临时目的，将非法非公民带到澳大利亚，在这个人已经没有在澳大利亚停留必要时。（3）被拒绝移民通关、入境后没有进行移民通关、被移民拘留的外国人，而且没有在移民区提出有效签证申请的外国人。非法非公民有权利在移民区申请一个可能被批准的独立签证，但是申请人没有这样做，不影响其被遣返。（4）被拘留者，而且有权申请签证或者有权申请移民和边境保护部部长撤销取消其学生签证的决定，但是没有申请其中的任何一项。（5）被拘留者，提出了有效签证申请，但是签证申请已经被拒绝，所有复议和诉讼已经结束并维持拒绝决定。（6）被拘留者，来自安全第三国，没有移民通关，没有在移民区提出可能被批准的有效签证申请。

二、寻求庇护者在地方享有的权利：以首都领地为例

在首都领地（ACT），寻求庇护者除享有联邦政府给予的全国性权利外，还享有首都领地政府给予的住房、医疗、儿童教育、英语课程、图书馆、公共交通、出租车补贴、公共信托、服务卡等九方面权利。在新南威尔士等其他州和领地，寻求庇护者也享有州政府及领地政府给予的相应权利。

（1）住房。寻求庇护者没有永久居留签证，不能申请首都领地的公共房屋（public housing properties），可以申请难民过渡住房项目（Refugee Transitional Housing Program），解决刚抵达首都领地时的短期住房问题。首都领地住房部门将该项目项下的公共房屋交给同伴住房公司（Companion House）及移民和难民安置服务公司（Migrant and Refugee Settlement Services of the ACT Inc），委托他们为寻求庇护者安排刚抵达首都领地时的短期住房。根据联邦政府的人道主义安置服务项目（Federal Government's Humanitarian Settlement Services program），绝大部分短期住房被分配给刚抵达的难民，只有很少一部分分配给寻求庇护者。

（2）医疗。为了避免不享受医疗保险的寻求庇护者不因为无力支付费用而被延误治疗和危及生命，首都领地政府2007年颁布了《医疗费用决定》（Health (Fees) Determination 2007）。《医疗费用决定》规定：不享受医疗保险的寻求庇护者（Medicare ineligible asylum seekers）有权免费获得堪培拉公立医院的全面医疗服务，包括病理、诊断、药物和门诊。还有权获得健康卡（Health Care Card）持有者享有的服务，以及公立的牙医和社区健康服务，但是需要就其中的一些服务支付费用。同伴住房公司（Companion House）向寻求庇护者提供抵达后头12个月的全科和初级健康服务。病人可以一直享有该服务，直至获得推荐被移转至当地的全科医生。

（3）儿童教育。按照首都领地教育和培训厅国际教育处的介绍，寻求庇护者儿童就读公立学校需要支付全额学费。[①] 首都领地通过教育和培训理事会（ACT Education and Training Directorate）向包括寻求庇护者在内的所有儿童提供教育服务。寻求庇护

① International Education Unit, Department of Education and Training. Australia. *Enrollment Procedures for Dependants of Temporary Visa Holders Fact Sheet*. 2012.

者可以向首都领地教学中心（ACT Centre for Teaching and Learning）申请就读当地公立学校。

（4）英语课程。寻求庇护者可以免费参加堪培拉技术学院的英语课程。堪培拉技术学院（Canberra Institute of Technology）提供从初级到高级的许多英语课程，其中包括成人移民英语项目（Adult Migrant English Program），帮助学生做进一步学习和工作准备。

（5）图书馆。首都领地各公立图书馆向所有寻求庇护者提供免费英语课程，以及常规的借阅、上网和群体活动服务，帮助他们适应澳大利亚文化和首都领地的生活方式。

（6）公共交通。寻求庇护者可以以优惠票价乘坐公共交通。居住在 Oaks Estate 地区的居民可以持 My Way 卡以优惠票价在 Deane's Buslines 和 ACTION buses 之间换乘。

（7）出租车补贴。寻求庇护者可以申请出租车补贴（Taxi Subsidy Scheme），如果其本人或者家庭成员有严重残障致使其在至少6个月内无法使用公共交通，需要依靠固定班期出租车或者可使用轮椅出租车。发放出租车补贴主要是避免有严重残障的寻求庇护者或者其家庭成员因交通不便而生活孤立。

（8）公共信托。寻求庇护者有权获得首都领地公共信托局（Public Trustee for the ACT）提供的准备遗嘱或者授权律师等信托服务。公共信托局向所有首都领地居民提供此类服务。

（9）服务卡。首都领地政府委托同伴住房公司（Companion House），向持难民地位申请确认信（Protection Visa Acknowledgement PVA letter）的寻求庇护者及其家庭成员发放首都领地服务卡（ACT Services Access Card）。首都领地服务卡有效期3个月。申请首都领地服务卡是自愿的。持首都领地服务卡的寻求庇护者可以直接申请政府提供的安置，不需再出示护照和签证等身份证件。

第五节　难民的权利

外国人被澳大利亚认定为难民后具有永久居民身份，与技术、投资、家庭等永久居民享有同样的英语语言培训（Language Training）、就业培训（Employment Pathways Program, Traineeship in English and Work Readiness）、寻工（Job Services Australia）、残障人就业（Disability Employment Services）等权利。难民永久居民身份首次有效期五年，符合条件的，可以延期或者入籍。如果是被重新安置的难民，还因为被重新安置而享有免费或者贷款前往澳大利亚等特别待遇。

一、难民的一般权利

被澳大利亚认定为难民的外国人，豁免104周新入境永久居民等待期（Newly Arrived Resident's Waiting Period），可以立即从澳大利亚政府得到社会保障。

（1）家庭津贴。例如，家庭税务福利（Family Tax Benefit），托儿津贴（Child Care Benefit），婴儿免疫津贴（Maternity Immunisation Allowance），新生儿奖励金（Baby Bonus），育儿休假津贴（Parental Leave Pay）和双孤福利金（Double Orphan Pension）。

（2）社会保障金。例如，诸如新开始津贴（Newstart）、Parenting Payment（育儿津贴）、养老金（Age Pension）、残障福利金（Disability Support Pension）。

（3）医疗保险。包括享有与澳大利亚公民一样的医疗保险，报销看病费用，以及根据药物福利计划（Pharmaceutical Benefits Scheme）或退伍军人药物福利计划（Repatriation Pharmaceutical Benefits Scheme）购买低价药品等。

（4）额外津贴和服务。获得难民身份者还可获得租房援助（Rent Assistance），财务信息服务（Financial Information Service），中介服务和服务访问点（Agents and Access Points），医疗保险副卡（Duplicate Medicare Cards），医疗保险安全网（Medicare Safety Net），优惠卡（Concession Cards 优惠卡）等额外津贴和服务。

（5）多元文化服务官（Multicultural Service Officers）服务。多元文化服务官与社会团体和其他部门共同合作，帮助被认定难民使用澳大利亚政府的服务。

（6）免费口译和笔译。有关服务机构（Centrelink）免费提供有关社会保障和福利方面的口译和笔译，被认定难民可以在预约或者访问的任何时候要求该服务，也可通过这种机构的多语种热线电话咨询。

二、难民不被推回绝境

澳大利亚承诺不推回难民至绝境，但是援引1951年《关于难民地位的公约》第33条第2款，如果难民犯有特别严重罪行，可以不受不推回绝境条款约束。1951年《关于难民地位的公约》第33条第2款规定："（二）但如有正当理由认为难民足以危害所在国的安全，或者难民已被确定判决认为犯过特别严重罪行从而构成对该国社会的危险，则该难民不得要求本条规定的利益（不推回绝境）。"

1958年《澳大利亚移民法》（2003年修订）第91U条界定了"特别严重罪行"。该条第1款规定：如果难民所犯罪行无论是有澳大利亚人还是外国人参与的严重犯罪，1951年《关于难民地位的公约》第33条第2款都将适用，澳大利亚可以将难民推回至绝境。第91U条第2款解释了有澳大利亚人参与的严重犯罪，该款规定："为实现本条目的，有澳大利亚人参与的严重犯罪是指违反澳大利亚有效法律，犯有对个人的暴力犯罪、严重的毒品犯罪、严重的财产损失犯罪或者关于移民拘留的犯罪，而且将受到终身监禁、不低于三年的定期监禁或者最高监禁时限不低于三年的处罚。”第91U条第3款解释了有外国人参与的严重犯罪，该款规定：“为实现本条目的，严重外国人犯罪是指违反外国有效法律，犯有对个人的暴力犯罪、严重的毒品犯罪、严重的财产损失犯罪，或如果假设这些行为发生在澳大利亚，这些行为将违反当地有效法律，而且将受到终身监禁、不低于三年的定期监禁或者最高监禁时限不低于三年的处罚。”

三、难民不被任意驱逐

难民如果犯罪，作为外国人，可能会被澳大利亚为了维护国家利益而驱逐出境。澳大利亚移民和边境保护部部长，根据1958年《澳大利亚移民法》（2003年修订）第200—203条，可以驱逐以下三种外国人出境。（1）非澳大利亚永久居民在澳大利亚居留不超过10年而且犯有刑罚为死刑、终身监禁或者最低刑期不低于一年罪行。（2）非澳大利亚公民的行为已经被澳大利亚安全情报机构评估为将构成或者已经构成对澳大利亚安全或领土的威胁。非公民收到关于安全评估通知后30日内，有权向法庭申请重新进行安全评估，如果推翻了原来的构成威胁的决定，则不能驱逐其出境。（3）非澳大利亚公民在澳大利亚犯有重罪。该非公民在其收到通知后30日内，有权要求专门委员复议其案件。移民和边境保护部部长在收到要求复议的申请时，应该以书面形式指定该非公民在规定时间和地点与委员见面。委员对复议申请调查后，向移民和边境保护部部长报告驱逐其出境理由是否成立。

一并驱逐被驱逐出境者的家属。驱逐出境时，根据1958年《澳大利亚移民法》（2003年修订）第205条，可以根据被驱逐出境者配偶的要求，驱逐该配偶或者其子女，也可以根据单亲父/母的被快速遣返者的要求，驱逐其子女。

执行驱逐出境。如果移民和边境保护部部长决定驱逐出境一名外国人，除非部长撤销决定，否则该人必须被驱逐。推迟执行驱逐出境命令不影响驱逐出境命令的合法性。

被驱逐出境者和运送者都有义务支付驱逐出境费用，被驱逐出境者之间负有支付驱逐出境费用的连带责任。根据1958年《澳大利亚移民法》（2003年修订）第210、212条，除持刑事司法签证的被驱逐出境非公民外，都有义务支付从澳大利亚运送到澳大利亚以外地方所需的驱逐出境费用。如果两个非公民是彼此配偶而且被同时驱逐出境，或者一个被遣返，另一个被驱逐出境，那么每一个非公民都有义务支付他们的被遣返、驱逐出境费用。如果两个非公民是彼此配偶而且与子女一起被驱逐出境，或者一个被遣返，另一个被驱逐出境，或者一个非公民与子女一起被驱逐出境，那么子女没有义务支付，而每一个非公民都有义务支付他们的驱逐出境费用。再者，根据1958年《澳大利亚移民法》（2003年修订）第213条，如果一个非公民进入澳大利亚没有履行移民通关义务，作为非法非公民被驱逐出境，运送者有义务按照通知支付移民驱逐出境费用。另外，根据1958年《澳大利亚移民法》(2003年修订)第214条，如果两个或多个人都有义务支付非公民的驱逐出境费用，那么他们负有连带支付费用责任。

四、难民的家庭团聚、永久居留和入籍

澳大利亚将难民区分为境内难民(onshore)和境外难民(offshore)，无论哪一种难民地位申请成功的难民都有权获得永久居留签证和申请随后的入籍。其随行家庭成员可以同时获得永久居留签证，其他家庭成员可以根据家庭移民项目申请家庭团聚。

难民可以基于自己的永久居民身份申请澳大利亚国籍。2007年《澳大利亚公民资格法》第19条第7款第21项规定，符合规定情形之一的，可以被授予澳大利亚国籍，宣誓之日为成为澳大利亚公民之日，不需要宣誓的，自入籍申请被批准之日成为澳大利亚公民。绝大多数外国人申请入籍必须同时满足以下八个条件。(1)递交申请时18岁或以上；(2)递交申请时是永久居民；(3)理解入籍申请的性质；(4)在澳大利亚居住满一定期间，或者已经服过兵役；(5)在移民和边境保护部部长作出决定时掌握了基本的英语；(6)在移民和边境保护部部长作出决定时充分了解澳大利亚公民资格的权利和义务；(7)可能在澳大利亚居留或者继续居留，或者如果入籍申请被批准，将与澳大利亚保持密切和持续的联系；(8)在移民和边境保护部部长做出决定时品行良好。

申请澳大利亚国籍必须满足在澳大利亚居住期间的要求。根据2007年《澳大利亚公民资格法》第22条，该法生效即2007年7月1日后获得永久居民的外国人申请入籍时，必须在澳大利亚居住满一定期间。具体来说：(1)递交申请前至少在澳大利亚居住4年；(2)在澳大利亚居住的4年期间不是非法非公民；(3)递交申请前至少12个月以澳大利亚永久居民身份在澳大利亚居住。(4)递交申请前4年中最多离开澳大利亚12个月，其中递交申请12月中最多离开澳大利亚9个月。如果入籍申请人出生在澳大利亚或者是澳大利亚前公民，居住要求是在递交申请前以永久居民身份在澳大利亚居住至少满12个月。如果是因为行政管理错误致使其在澳大利亚非法居住、非以永久居民身份在澳大利亚居住，其非法居住期间可以被视为合法居住期间，非以永久居民身份居住期间可以被视为以永久居民身份居住期间。

在澳大利亚的居住期间要求的例外规定有：(1)如果某人在澳大利亚居住期间经历了重大的苦难或者不幸，其以非永久居民身份居住的期间可以视为以永久居民身份居住的期间。(2)如果澳大利亚公民的具有永久居民身份的配偶、事实配偶、遗孀或鳏夫与澳大利亚有密切和持续的联系，其在境外居住期间视为在澳大利亚境内居住期

间。（3）如果澳大利亚公民的同性伴侣与澳大利亚有密切和持续的联系，其在境外居住期间视为在澳大利亚境内居住期间。

五、重新安置难民的特别待遇

澳大利亚一直奉行积极的重新安置难民政策，是世界第三大难民重新安置国，接收重新安置难民数量仅次于美国和加拿大，也是世界上27个接受难民重新安置的国家之一。澳大利亚每年重新安置难民12,000人左右，2012—2013年度接收了重新安置难民12,515人，占当年澳大利亚接收难民总数20,019人的62.52%。重新安置难民除享有持其他永久居留签证者、在境内被认定难民享有的权利和待遇外，还享有以下特别的权利和待遇。

（一）免费或者贷款前往澳大利亚

获得境外难民子项目境外难民（Refugee Category）类别所属的“200签证难民”、“201签证本国特别人道主义”、“203签证紧急救助”或“204签证危险中妇女”的，由澳大利亚政府支付前往澳大利亚旅程费用。获得境外难民子项目境外特别人道主义（Special Humanitarian Program）类别所属“204签证特别人道主义”的，由申请人自己支付前往澳大利亚旅程费用，但是可以向国际移民组织难民旅程贷款基金（IOM Refugee Travel Loan Fund）申请旅程贷款。提名人或机构要帮助申请人支付来澳大利亚的路途费用和资助他们在澳大利亚的住宿和最初培训。

（二）入境前澳大利亚文化培训

澳大利亚向所有五岁以上的境外难民和境外特别人道主义子项目申请成功的外国人提供澳大利亚文化培训（Australia Cultural Orientation），介绍澳大利亚生活的重要内容，帮助他们做好前往澳大利亚的准备，对在澳大利亚的新生活有现实的预期。培训课程为期五天，自愿参加，内容包括澳大利亚概览、居留、医疗、教育、找工作、住房、交通、法律、财务等关于在澳大利亚生活工作的基本知识和技能，分为成年人、儿童、青年人、家庭等不同版本。国际移民组织代表澳大利亚移民和边境保护部讲授培训内容。

（三）人道主义安置项目①

人道主义安置项目（Humanitarian Settlement Services Program）从2009年底开始

① 本部分的人道主义安置方面的内容主要整理自：Department of Immigration and Citizenship, Australia. Humanitarian Settlement Services Onshore Orientation Program, Commonwealth of Australia 2011.

实施，人道主义安置包括以下四个方面：入境难民迎接和接站；帮助入境难民寻找短期和长期的住处，满足对医疗和衣物的紧急需求，提供基本的住所用品，在澳大利亚建设自己的家；提供其他安置机构和安置项目的信息，并向安置机构推荐需要服务的难民；境内培训，境内培训自难民入境2—6周后开始，主要内容是个人安全、儿童保护、生活开支预算、租房要领等。

（四）紧急救助

紧急救助包括危机求助金和救济预支。危机求助金（crisis payment）是针对有特别困难的新入境难民的一次性补助。被认定难民要获得危机求助金必须：有资格获得有关申请机构（Centrelink）的补助金或福利金；在申请之日处于严重的财务困境；在申请之日在澳大利亚；持人道主义永久居留签证（Australian Humanitarian Visa）；持人道主义永久居留签证初次入境澳大利亚七日内提出申请（或在七日内为了提出申请而与申请机构联络，并在此次联络后十四日内提出申请）。危机求助金的金额等于申请人从该机构一周所获得的基本补助金或福利金。这不包括附加福利金，例如租金援助（Rent Assistance）或药物津贴（Pharmaceutical Allowance）。除危机求助金外，新入境难民可以申请预支第一期补助金，即救急预支（Hardship Advance）。

第六节　澳大利亚难民管理部门

一、联邦政府

澳大利亚是联邦制国家，实行联邦和州分权，管理难民的联邦政府部门主要是民政部、移民和边境保护部以及警察局。从2011年7月1日起，澳大利亚民政部（the Australian Government Department of Human Service）开始统一提供曾经由澳大利亚国民保健署（Medicare Australia）、中央福利署（Centrelink）和家庭援助办公室（Family Assistance Office）分别提供的社会保障和服务。澳大利亚民政部现在提供补助金和服务包括：Medicare，Centrelink，Child Support，CRS Australia（澳大利亚寻工支持服务），其中包括家庭援助。

澳大利亚移民和边境保护部制定了人道主义安置项目（Humanitarian Settlement Services Program），通过遍布全澳大利亚24个地区的非政府组织实施该项目，向新入境难民提供从入境到最初安居全过程的密集安置服务。还制定有寻求庇护者资助办法（Asylum Seeker Assistance Scheme, ASAS)，与澳大利亚红十字会签署实施该资助办法的合同，由后者帮助寻求庇护者获得经济资助。

澳大利亚联邦警察局提供寻求庇护者、被认定难民的全国性信息，帮助其他政府部门甄别和管理寻求庇护者和难民。

二、地方政府

除联邦提供的安置服务外，外寻求庇护者和难民还享有州 / 领地根据本地情况提供的安置服务。在地方层面，寻求庇护者和难民所在地的地方政府、法律援助中心、儿童保护机构、火灾和急救服务、地方议会、地方警察局都帮助他们了解和认识当地情况。首都领地（ACT）政府通过职能部门或者非政府组织，向寻求庇护者和难民提供住房、医疗、儿童教育、英语课程、图书馆、公共交通、出租车补贴、公共信托、服务卡等九方面安置。

三、非政府组织

澳大利亚除政府部门外，还有很多非政府组织提供寻求庇护者和难民的安置服务。非政府组织向寻求庇护者和难民提供的安置服务基本上都是免费的，但是其中的一些安置服务是由澳大利亚政府预先购买。澳大利亚联邦政府与遍布全澳的19家移民服务机构签署合同，购买其移民服务以提供给寻求庇护者。澳大利亚政府选择提供安置服务非政府组织的标准是具有入境难民需求的专业知识，以及提供难民服务管理和组织难民培训的能力。

移民资源中心（Migration Resource Centre）、澳大利亚红十字会（Australian Red Cross）、澳大利亚难民理事会（The Refugee Council of Australia）、堪培拉难民支持（Canberra Refugee Support）、同伴住房（Companion House）、移民和难民安置（Migrant & Refugee Settlement）、多元文化青年人（Multicultural Youth Services）、邻里观察（Neighbourhood Watch）、各类体育协会、社区的青年俱乐部、老人俱乐部、父母俱乐部等非政府组织都向寻求庇护者和难民提供安置服务。

移民资源中心是一家向五年之内的新入境难民提供免费定居服务（Settlement Grants Program, SGP)，由政府提供资金运转的非营利机构。其安置服务内容包括：求职，教育，住房，医疗，健康，家庭关系，法律，太平绅士，中心链接（Centrelink）等各类咨询。定期举办关于以上内容的各类咨询讲座。常年组织初、高级英语班及各类社区活动。[①]

澳大利亚难民理事会（ROCA）是一家支持寻求庇护者和难民以及相关团体和个人的非营利、非政府的全澳性机构，有150多家团体会员和500多名个人会员。运转资金来源于会员捐款以及慈善组织和政府部门的项目款和合同款。主要工作是难民方面的研究和政策法律分析，代表寻求庇护者和难民表达意见及向有关部门和组织游说，开展寻求庇护者和难民方面的教育，提高各界保障寻求庇护者和难民权益的意

① 关于澳大利亚移民资源中心的资料主要源于其官方网站www.mrcsa.com.au。

识。[①]2009—2012年，澳大利亚难民理事会筹集了518,184澳元，其中澳大利亚政府项目款和合同款分别占23%和16%，州和地方政府项目款占9%，个人捐款和非政府组织项目款分别占17%和21%。[②]

四、慈善机构

澳大利亚的圣云仙会（St Vincent de Paul Society）或救世军（Salvation Army）等慈善机构会向寻求庇护者和难民提供其紧急需要的食物、衣物、住宿或家具。

五、国际组织

澳大利亚政府与国际组织合作，通过合作的国际组织向寻求庇护者和难民提供安置服务。国际移民组织（International Organization of Migration）是澳大利亚难民安置的最重要的国际合作伙伴之一，代表澳大利亚移民和边境保护部部长向境外被认定难民，作重新安置前的澳大利亚文化培训（Australia Cultural Orientation）。国际移民组织难民旅程贷款基金向境外被认定难民提供前往澳大利亚旅程贷款。

联合国难民署向澳大利亚推荐重新安置难民。重新安置主要用于：（1）保护个人难民，特别是处于紧迫和/或者弱势状况下的难民；（2）永久解决一些难度很大的难民问题；（3）战略性解决一些遗留的难民问题；（4）积极应对人道主义危机引发大规模人员流出，例如，目前叙利亚危机引发的难民潮。联合国难民署确定以下人群为需要优先考虑的重新安置难民：（1）在叙利亚、约旦和黎巴嫩的伊拉克人；（2）在土耳其的伊拉克和伊朗人；（3）在巴基斯坦的阿富汗人；（4）在伊朗的阿富汗人；（5）在南美洲的哥伦比亚人；（6）在非洲大湖地区的刚果（金）人。澳大利亚从以上前五类需要优先考虑人群中安排重新安置难民。

联合国难民署组建了重新安置难民联系小组（contact group）或者核心小组（core group），在联合国难民署、难民所在国、重新安置难民接收国之间开展合作与对话，使重新安置努力更有计划性和持续性。目前难民联系小组有：在伊朗的阿富汗难民联系小组（Contact Group for Afghan Refugees in Iran）、在巴基斯坦的阿富汗难民联系小组（Contact Group for Afghan Refugees in Pakistan）、刚果难民联系小组（Contact group for Congolese refugees）、哥伦比亚难民联系小组（Contact Group for Colombian Refugees）。目前的核心小组有在尼泊尔的不丹难民核心小组（Core Group for Bhutanese Refugees in Nepal）。除哥伦比亚难民联系小组外，澳大利亚还参加了

---

① 关于澳大利亚难民理事会的资料主要源于其官方网站http://www.refugeecouncil.org.au。

② Power, Paul. CEO. The Refugee Council of Australia. *Building National Networks for Refugee Rights*. The Representation at the The Third Asia Pacific Consultation on Refugee Rights (APCRR3) which is held in Bangkok from 25 to 27 November 2010.

其他的三个难民联系小组和在尼泊尔的不丹难民核心小组，并担任在巴基斯坦的阿富汗难民联系小组的主席。

六、个人

申请204签证特别人道主义必须由澳大利亚公民、澳大利亚永久居民、合格的新西兰公民或者澳大利亚机构提名。如果“204签证特别人道主义”申请被批准，提名人或机构要帮助申请人支付来澳大利亚的路途费用和资助他们在澳大利亚的住宿和最初培训。

第十四章
德国*难民法**

德国虽然是一个非传统移民国家，但是接收了大量难民。根据联合国难民署统计，截至2013年12月，德国共有难民187,567人，寻求庇护者135,581人，无国籍人11,709名，列欧洲接收难民各国的第一位。[①] 德国与美国、澳大利亚、日本都是资本主义意识形态、发达和倡导人权的国家，却与这些国家难民法呈现出不同，需要中国考察和思考。德国有效和灵活的难民管理体制，满足了不同时期和不同规模的难民需求，也值得中国审视和学习。德国和中国都是大陆法系、非传统移民和有大量海外侨民的国家，其难民法对这些因素的考量，值得中国探究和借鉴。

第一节 德国的难民定义和难民

德国接受了1951年《关于难民地位的公约》第1条第1款第1项的难民定义，并由受政治迫害的外国人扩展至遣返后会受迫害的外国人。另外，德国认可性别迫害和非国家迫害，将迫害是由于种族、宗教、国籍、属于某一社会团体或具有某种政治见解扩展至由于性别，由源自国家政府扩展至源自控制国家或者国家大部分领域的政党或组织，以及非国家政党、组织或个人，并奉行不推回原则。但是，德国接受和运用安全第三国概念以及欧盟的第一入境国原则，直接认定来自或路经了安全第三国的外国人不会遭受迫害，并予以遣返，这大大缩小了外国人向德国提出难民地位申请的可能性。

---

* 除特别注明外，本章所称德国是指德意志联邦共和国。

** 本章引用的德国法律的条文均由作者根据英文版本翻译，1949年《德国基本法》（2006年修订）除外。作者在翻译有关1990年《德国外国人入境和居留法》、2004年《德国移民法》、1993年《德国庇护程序法》的条文时，参考了公安部出入境管理局2006年印刷的《外国出入境法选编（二）》收集的这些法律的中文版本。德国移民和难民办公室等政府部门的官方网站例如www.bamf.de列出了本章引用的大部分德国法律的英文版本。因为没有收集到1993年《寻求庇护者福利法》的英文版本，该法中文翻译主要以德国图灵根州卫生、家庭和社会事务厅外国人事务委员会2006年发布的《庇护程序：寻求庇护者的权利和义务》英文报告的有关内容（Asylum Procedure: The Rights and Responsibilities of Asylum Seekers）为基础。

① UNHCR. *UNHCR Global Trends 2013*. UNHCR. 2014. 41.

一、难民的定义

德国的难民定义经历了从模糊到清晰，从遵循1951年《关于难民地位的公约》到扩大解释的演变，并始终以维护德国国家利益为前提，奠定了德国选择性难民政策的基础。

1949年，德意志联邦共和国在第二次世界大战后建国伊始，就在宪法性法律1949年《德国基本法》规定了难民的定义，第16条第1款第1项规定了享有避难权的外国人范围："受政治迫害的外国人享有避难权"。

1953年，德国接受了1951年《关于难民地位的公约》第1条第1款第1项的难民定义，使1949年《德国基本法》第16条第1款第1项规定的难民定义更加清晰。德国于1951年12月19日加入和1953年12月1日批准了该《公约》。该《公约》第1条第1款第1项规定："……因有正当理由畏惧由于种族、宗教、国籍、属于某一社会团体或具有某种政治见解（而遭迫害）的原因留在其本国之外，并且由于此项畏惧而不能或不愿受该国保护的人，或者不具有国籍并由于上述事情留在他以前经常居住国家以外而现在不能或者由于上述畏惧不愿返回该国的人。"

1990年，德国接受了1984年《禁止酷刑和其他残忍、不人道或有辱人格的待遇或处罚公约》第3条规定的不得将寻求庇护者推回至绝境的国际义务，德国1986年10月13日加入并于1990年10月1日批准了该《公约》。该《公约》第3条规定："1. 如有充分理由相信任何人在另一国家将有遭受酷刑的危险时，任何缔约国不得将该人驱逐、推回或者引渡至该国。2. 为了确定是否有这样的根据，有关当局应该考虑到所有有关的因素，包括在适当情况下，考虑在有关国家是否存在一贯严重、公然、大规模地侵犯人权的情况。"

1990年，德国颁布《外国人入境和居留法》，从外国人居留特别是禁止遣返角度，融入了1951年《关于难民地位的公约》第1条第1款第1项的难民定义，以及1984年《禁止酷刑和其他残忍、不人道或有辱人格的待遇或处罚公约》第3条规定的，不得将寻求庇护者推回至绝境的国际义务，并扩展到死刑犯以及来自特定国家或外国团体的外国人。该法第51条第1款规定："不能遣返外国人出境至其生命或自由会由于种族、宗教、国籍、属于某一社会团体或具有某种政治见解而受到威胁的国家。"另外，第53条第2款规定："（1）不能遣返外国人至其会遭受酷刑的国家；（2）不能遣返被通缉外国人至因刑事罪行可能被判处死刑的国家。"第54条规定："州最高行政当局出于国际法、人道理由或为维护德国政治利益可以作出安排，暂缓遣返来自特定国家或外国团体的外国人。缓期最长六个月，超过六个月，需要征得内政部长同意。"

1993年，德国修订1982年《庇护程序法》颁布新《庇护程序法》，以单行法形式第一次明确了难民定义。该法第1条第1款规定："根据《德国基本法》第16条第1款第1项规定，本法适用于因为政治迫害而申请难民地位的外国人，或者根据1990年《德国外国人入境和居留法》第51条第1款规定，遣返后会受迫害的外国人。”由于1990年《德国外国人入境和居留法》第51条第1款与1951年《关于难民地位的公约》第1条第1款第1项的难民定义一致，所以德国的难民定义即1951年《关于难民地位的公约》的难民定义。

2004年，德国颁布《外国人在联邦领域居留、从事经济活动和融合法》（简称2004年《德国移民法》）从宽解释了1949年《德国基本法》第16条第1款和1990年《德国外国人入境和居留法》第51条第1款规定的“迫害”，将迫害是由于种族、宗教、国籍、属于某一社会团体或具有某种政治见解扩展至由于性别，由源自国家政府扩展至源自控制国家或者国家大部分领域的政党或组织，以及非国家政党、组织或个人。该法第60条第1款规定：

> 适用1951年《关于难民地位的公约》时，不能遣返外国人出境至其生命或自由会由于种族、宗教、国籍、属于某一社会团体或具有某种政治见解而受到威胁的国家。这适用于符合1951年《关于难民地位的公约》规定，在德国境内享有外国人难民法律地位的或者在德国境外被认定为难民的外国人。外国人由于性别致使生命或者自由受到威胁，也构成迫害。“迫害”可以源自：（a）国家；（b）控制国家或者国家大部分领域的政党或者组织；（c）非国家党派确实不能或者不愿提供排除迫害的保护的，如果是（a）和（b）规定的政党，就包括国际组织，不论其是否在国家领域内行驶国家统治权，除非可以在有关国家选择其他的逃避方式。

2007年，德国修订1993年《庇护程序法》，融入了2004年《移民法》第51条第1款对迫害原因和迫害主体的扩展性解释。该法第3条规定：“如果联邦政府或法院作出终局裁决，认为外国人返回其曾拥有国籍的或者作为难民经常居住的国家，将受到2004年《德国移民法》第60条第1款所列举的迫害情形的，属于1951年《关于难民地位的公约》规定的难民。”

二、难民身份的排除

德国的难民定义不包括因为战争、内战、自然灾害而流离失所的外国人。1993年《德国庇护程序法》（2007年修订）第1条第2款规定：“本法不适用于《德国境内流离失所外国人法律身份法》（*Act on the Legal Status of Displaced Aliens in the Federal Territory*）规定的流离失所外国人”。德国联邦法律公告第三卷第243—1册（*Federal Law Gazette* Part Ill, No. 243-1）公布了该法。

德国不接受来自安全第三国的外国人的难民地位申请。安全第三国是指符合一些特定的形式标准，例如来自欧盟成员国，或1951年《关于难民地位的公约》和1950年《欧洲人权公约》的适用得以保障的国家。德国通过安全第三国排除了一些外国人申请难民地位的可能性。1949年《德国基本法》(2006年修订)第16条第1款第2—4项原则规定了安全第三国。德国可以直接认定来自安全第三国的外国人不会受政治迫害，并予以遣返。

(2) 来自欧洲共同体成员国的公民，或1951年《关于难民地位的公约》和1950年《欧洲人权公约》的适用得以保障的国家的公民，不得主张第一款权利。对于满足第一句前提条件的除欧共体以外的国家，由法律予以确定，并取得联邦参议院批准。在第1句所指情形中，可不考虑提起的法律救济，执行有关结束居留权的措施。

(3) 某些国家的法制状况、法律实施和一般的政治条件显示在该类国家既无政治迫害又无非人道的或歧视性的处罚待遇现象的，经联邦参议院批准，可制定法律确定此类国家的范围。来自该类国家的外国人未陈述有关事实证明其受到政治迫害前，认定其没有遭受迫害。

(4) 在第3款所指情形中和其他情况下，用以结束居留的措施显然不具备理由的或显然不能视为具备理由的，只有对其合法性存有严重怀疑时，方可由法院决定暂停执行；对有关审查范围可予以限制并对未按时提交的有关理由不予考虑。具体由法律予以规定。

1993年《德国庇护程序法》(2007年修订)进一步强化了安全第三国的规定。德国应该确认来自安全第三国的外国人不享有寻求庇护权。该法第26条第1款第1项规定：

在《德国基本法》第16条第1款立法目的下，从安全第三国进入德国境内的任何外国人不得援用《德国基本法》第16条(受政治迫害的人员享有避难权)的规定，不应该确认该外国人享有寻求庇护权。下列情况除外：

1. 进入安全第三国时，外国人持有德国居留证的。

2. 与安全第三国签有国际协议，德国有责任执行庇护程序；

3. 内政部因为国际或者人道主义原因或者为了德国国家利益，签发命令允许来自安全第三国外国人入境的。

根据1993年《德国庇护程序法》(2007年修订)第18条，可以拒绝来自安全第三国的外国人入境。如果发现来自安全第三国的外国人在边境附近，边检部门应在其非法入境后及时将其遣返。除非德国根据与安全第三国达成国际协议有责任执行庇护程序，或者德国处于国际或人道原因或为了维护德国利益，内政部签发允许入境或者不驱逐令。如果一个难民是经由某安全第三国而入境德国，他极可能会被遣返至该国。

根据2003年《都柏林二号规章》（Dublin II-Verordnung），只允许外国人向入境的第一个欧盟国提出难民地位申请。如果寻求庇护者在申请难民地位前曾入境了欧盟国家，收到难民地位申请的欧盟国家可以直接将他遣送回入境了的欧盟国家。德国根据该规定，迅速审结了许多难民地位申请。问题是，如果入境了的欧盟国家情况非常糟糕，被遣返至该国，将会面临绝境，还要进行遣返吗？德国联邦宪法法院审理了一位来自伊拉克的寻求庇护者提出的诉讼。由于他已在希腊提出难民地位申请，因此也应被遣送回希腊。鉴于希腊难民营的安置情况十分恶劣，宪法法院的卡斯鲁尔宪庭法官阻止了这次遣返。

安全第三国政策是德国难民政策的一个重要组成部分，德国自行评估认定安全第三国范围。德国国内有机构反对安全第三国政策。明斯特主教教区“卡利他”（caritas）人权组织指出，向德国申请难民地位人数大量减少的原因，不是因为世界上迫害行为减少，而是因为进入德国提出难民地位申请的可能性已几乎不再存在。德国的周边国家都属于安全第三国。安全第三国难民制度并非德国独有，许多国家例如法国、澳大利亚和瑞士均有该制度。联合国难民署拒绝承认安全第三国名单，认为每个难民地位申请案件均应个别审核处理，而且寻求庇护者可能会被连环遣返。

三、难民身份的终止

根据1993年《德国庇护程序法》（2007年修订）第72条，如果难民具有以下四种情形之一，其难民身份将被终止：（1）自愿、接受、重新申请护照，或者通过其他行为使自己重新置于其国籍国国家的保护；（2）丧失国籍后自动恢复的；（3）申请获得了新国籍并且接受新国籍国国家保护的；（4）德国联邦政府终局裁决前放弃或者撤回难民地位申请的。难民应及时向外国人管理部门归还难民身份证件和国际旅行证件。

四、难民身份的撤销

根据1993年《德国庇护程序法》（2007年修订）第73条，如果难民具有以下三种情形之一，其难民身份将被撤销：（1）批准难民地位申请所依据的条件不复存在；（2）批准难民地位申请所依据信息和事实是错误或欺诈的；（3）不驱逐出境决定错误。联邦政府负责官员应将撤销难民身份决定书面通知外国人，并给予其陈述机会。

根据1993年《德国庇护程序法》(2007年修订)第73条第4款，可以要求外国人在一个月内做出陈述，进行抗辩，未在一个月内作出书面陈述的，应根据档案中的材料作出决定。

五、德国的难民

根据德国移民和难民办公室统计，如表14—1所示，1953年至今，有350多万外国人向德国提交了难民地位申请，其中的3/4大约250多万是1990年以后提交的。1992年，难民地位申请数达到了最高峰，为438,191份。此后，难民地位申请数大幅度下降，2007年仅为19,164份。随后，难民地位申请数连续六年增长，2013年初次难民地位申请109,580份，比2012年64,540份增长了69.8%。2013年初次和二次难民地位申请共126,995份。[①] 据联合国难民署统计，截至2013年12月，德国共有难民187,567人，寻求庇护者135,581人，无国籍人11,709名，列欧洲接收难民各国的第一位。[②] 2011年，德国向联合国难民署捐款55,678,221美元，列世界各国捐款的第十位。

德国批准的难民和补充保护(subsidiary protection)一直位居欧盟各成员国前列，2010和2011年为第一位。如表14—1所示以及有关机构发布的数据(Eurostat Press Office News Release)，2010年，德国批准了10,445人的难民地位申请(含补充保护)，占欧盟28国批准总数75,800人13.78%。2011年，德国批准了9,675人的难民地位申请(含补充保护)，占欧盟28国批准总数84，100人的11.50%。[③]

表14-1 1992—2013年德国收到、批准的难民地位申请以及批准的数量[④]

单位：人

	1992	1993	1994	1995	1996
受理的难民地位申请	438,191	322,599	127,210	127,937	116,367
批准的难民地位申请		16,369	25,578	23,468	24,100
批准的补充保护		——	——	3,631	2,082
批准率百分比				21.18	22.50

① Germany National Contact Point for the European Migration Network. *Annual policy Report 2013*. projects financed by the European Commission. Federal Office for Migration and Refugees – Germany EMN National Contact Point and Migration and Integration Research Section. Nuremberg Germany 2013 44.

② UNHCR. *UNHCR Global Trends 2013*. UNHCR. 2014. 41.

③ Allen, Tim. *EU Member States Granted Protection to 84 100 Asylum Seekers in 2011*. Eurostat Press Office News Release. 96/2012 - 19 June 2012.

④ The figures for granting protection were taken from the Eurostat database to ensure EU-wide comparability. This resulted in slight deviations to the EMN Politikbericht 2010, which relies on statistical data from the Federal Office for Migration and Refugees.

续表

	1997	1998	1999	2000	2001
受理的难民地位申请	104,353	98,644	95,113	78,564	82,878
批准的难民地位申请	18,222	11,320	10,261	11,446	22,719
批准的补充保护	2,768	2,537	2,100	1,597	3,383
批准率百分比	20.11%	14.05	13.00	16.60	31.49
	2002	2003	2004	2005	2006
受理的难民地位申请	71,127	50,563	35,607	28,914	
批准的难民地位申请	6,509	3,136	2,067	2,464	
批准的补充保护	1,598	1,567	964	657	
批准率百分比	11.40	9.30	8.51	10.79	
	2007	2008	2009	2010	2011
受理的难民地位申请	19,164	22,085	27.649	41,332	45,740
批准的难民地位申请			8,115	7,755	7,100
批准的补充保护			1,230	2,690	2,575
批准率百分比			33.8	25.27	21.15
	2012	2013			
受理的难民地位申请	64,540	105,980			
批准的难民地位申请	8,765	10,915			
批准的补充保护	8,375	9.210			
批准率百分比	29.2	26.4			

资料来源：(1) 1992—1995, *Germany. 2002 UNHCR Statistic Yearbook*, UNHCR 2004。(2) 1996—2005, *Germany. 2005 UNHCR Statistic Yearbook*, UNHCR 2007。(3) 2007—2013, Germany National Contact Point for the European Migration Network. *Annual policy Report 2013*. projects financed by the European Commission. Federal Office for Migration and Refugees-Germany EMN National Contact Point and Migration and Integration Research Section. Nuremberg Germany 2013.

注：(1) 批准的难民地位申请和补充保护包括直接批准、行政复议批准和诉讼批准。(2) 空格为未查找到相关数据。(3) 受理的难民地位申请是指受理的第一次难民地位申请（initial asylum application），不包括随后申请和再次申请。

第二节　德国难民法的历史发展

难民既是德国联邦政府的专属立法权对象，又是联邦和州政府的竞合立法权对象。[①] 德国的1949年《德国基本法》(2006年修订)第16条第1款、2004年《德国外国人在联邦领域居留、从事经济活动和融合法》(2007年修订第22—25条和第60条)、1990年《德国外国人入境和居留法》(2007年修订，简称1990年《德国外国人法》)、1993年《德国庇护程序法》(2007年修订)、1993年《德国寻求庇护者福利法》等法律从宪法、移民法、外国人法、程序法和福利法的角度和层面规定了难民事务，形成了比较完善的难民法。

一、第二次世界大战后至1970年代：难民法融入外国人法中，实施宽松难民政策

18世纪，德国统一前的布兰登堡(Brandenburg)地区曾经安置了法国天主教改革派喀尔文流亡教徒。

第二次世界大战后初期，被分区占领的德国是欧洲战争难民的重要聚散地。西方占领当局在当地制定难民法令，禁止将战争难民安置在都市和工业区。[②]

1949年，联邦德国政府成立后，继续实施禁止将战争难民安置在都市和工业区的法令。大量战争难民被安置在巴伐利亚、下萨克森和石勒苏益格一荷尔斯泰等较不发达的乡村州。主要都市和工业区，如不来梅和汉堡，难民的比例只有8.6%和7.2%。

1949年，实施《德国基本法》，该法第16条规定：受政治迫害的人员享有避难权。德国出于对发动两次世界大战和经历纳粹暴政统治的反省，社会各阶层在道德上取得了接收难民的共识，认为新建的德国应该是对全世界自由和开放，外国人有政治避难的权利，应该实施宽松避难政策。1951年11月19日，德国签署1951年《关于难民地位的公约》并于1953年12月1日批准该公约，成为第一批签署和批准该公约的国家之一，德国具有履行该公约的国际义务。

1965年，德国实施《外国人入境和居留法》(简称1965年《德国外国人法》)，该法正式将难民纳入外国人管理，除法律有特别规定外，由州负责审理难民地位申请，但是没有详细规定避难条件。1949年《德国基本法》、1951年《关于难民地位的公约》、1965年《德国外国人法》关于避难内容的模糊性，为实施宽松的难民政策提

① 根据1949年《德国基本法》，难民既是联邦的专属立法权对象，又是联邦和州的竞合立法权对象。联邦在国籍、出入境和引渡方面享有专属立法权(第73条)。在联邦专属立法范围内，各州只有在联邦法律明确授权时，才有立法权(第71条)。联邦和州在外国人居留、难民、被驱逐者、社会保险方面有竞和立法权(第74条)。在竞合立法范围内，只有联邦不制定法律、不行使立法权时，各州才有立法权(第72条)。为在联邦领域内创造同等生活条件，或出于捍卫整体国家利益、维护法制和经济统一的原因有必要制定联邦法律的，联邦在竞合立法范围内享有立法权。

② Ian, Connor. German Refugees and the Bonn Government. Resettlement Programme: *The Role of the Trek Association in Sehleswi Holstei* 1951-30. 338.

供了空间。德国与其他欧洲发达国家相比，外国人向德国申请难民地位更容易获得批准。1947—1973年，每年有数千主要来自东欧国家的外国人取得了难民身份，合法在德国居留。①

1973年石油危机导致德国经济衰退，第二次世界大战后的宽松难民政策使得大量亚洲和非洲难民涌入德国，德国开始收紧难民政策。除土耳其外，明显限制来自第三世界国家的难民，降低来自这些区域的难民地位申请的批准率。

二、1982—2004年：制定和完善难民庇护程序法，收紧难民政策

1982年8月，德国实施《庇护程序法》，将审理难民地位申请权从1965年《德国外国人法》分离。该法通过加快难民地位申请的审理速度，缩小难民范围，减少难民待遇，提高了难民地位申请门槛，外国人难民地位申请的成功可能性随之降低。1981年，寻求庇护者4.9万人，1983年降至不足两万人。② 1988年，德国的难民地位申请批准率是8.6%，1989年和1990年分别下降到6%和5%。③

相对其他欧洲国家而言，德国在这一时期的难民政策仍然较为宽松，是东欧和其他第三世界国家难民向往的庇护国。1980年代中后期，难民地位申请数量再次上升。申请人主要是来自东欧、中欧和东德的德意志人，还有前南斯拉夫地区的难民。1983一1990年，170万人向欧洲国家寻求庇护，其中的41.18%即703,318万人是向德国寻求庇护，列寻求庇护目的地欧洲国家的第一位，是第二位法国277,477万寻求庇护者的2.53倍。1987年时，有57,000人申请难民地位，其后几年申请人数持续增加，1992年高达438,191人，达到了历史最高峰。

2007年，德国修订《庇护程序法》，融入了2004年《德国移民法》第51条第1款对迫害原因和迫害主体的扩展性解释。该法第3条规定："如果联邦政府或法院作出终局裁决，认为外国人返回其曾拥有国籍的或者作为难民经常居住的国家，将受到2004年《德国移民法》第60条第1款所列举的迫害情形的，属于1951年《关于难民地位的公约》规定的难民"。

1990年，德国实施修订后的《外国人入境和居留法》(1990年《德国外国人法》)，设立了容忍居留（Duldung），管理寻求庇护者在德国的居留。获得容忍居留的暂缓遣返。暂缓遣返者拥有与德国公民和欧盟公民平等的工作权。该法第55条规定了容忍居留的根据：

---

① 宋全成.论第二次世界大战后德国的合法移民及社会融合政策[J].厦门大学学报（哲学社会科学版）2008(3):118。

② 薛永生.战后欧洲移民与移民政策研究[D].西北大学2005届硕士学位论文。

③ 宋全成.欧洲移民研究：20世纪的欧洲移民进程与欧洲移民问题化[M].山东大学出出版社.2007.213。

(1)只能按照第2款至第4款的规定，暂时地推迟将一个外国人递解出境(容忍居留)。

(2)签发给一个外国人容忍居留，只要由于法律上或实际上的原因不可能将他调解出境，或者依据第53条第6款或第54条推迟了将他调解出境。

(3)可以签发给一个外国人容忍居留，如果他未无懈可击地有离境义务，或者如果紧迫的人道或个人原因或重大的公共利益要求他暂时继续留在联邦地区。

(4)如果有法律效力地判决了允许将一个外国人调解出境，只要在调解出境由于法律上或实际上的原因不可能被执行或根据第54条被推迟执行的情况下，才能发给他容忍居留。

该法第56条规定了容忍居留所附条件.

(1)被容忍居留的外国人的离境义务不受到影响。

(2)容忍居留是有期限的，该期限不超过一年，该期限到后可以按照第55条重新签发容忍居留。

(3)容忍居留仅限于该州。可以附加其他的前提和条件。特别是可以附加禁止或限制从事职业的条文。

(4)容忍居留随着该外国人的出境自动无效。

(5)容忍居留被取消，如果调解出境的障碍消失了。

(6)在容忍居留失效后，该外国人被立即调解出境，无需新的威胁或确定新的期限，除非容忍居留被重新签发。一个外国人被容忍居留了一年以上，将他调解出境必须在二个月前被公告，除非其他国家愿意接受他的期限在此之前结束。

1993年7月，修订1949年《德国基本法》，收紧难民政策，增加限制外国人申请难民地位的安全第三国方面的第16条第1款。第16条第1款规定:

(1)受政治迫害的人员享有避难权。

(2)来自欧洲共同体成员国的公民，或《1951年关于难民地位条约》和《1950年保障人权和基本自由公约》的适用得以保障的国家的公民，不得主张第1款权利。对于满足第1句前提条件的除欧共体以外的国家，由法律予以确定，并取得联邦参议院批准。在第1句所指情形中，可不考虑提起的法律救济，执行有关结束居留权的措施。

(3)某些国家的法制状况、法律实施和一般的政治条件显示在该类国家既无政治迫害又无非人道的或歧视性的处罚待遇现象的，经联邦参议院批准，可制定法律确定此类国家的范围。来自该类国家的外国人未陈述有关事实证明其受到政治迫害前，认定其没有遭受迫害。

（4）在第3款所指情形中和其他情况下，用以结束居留的措施显然不具备理由的或显然不能视为具备理由的，只有对其合法性存有严重怀疑时，方可由法院决定暂停执行；对有关审查范围可予以限制并对未按时提交的有关理由不予考虑。具体由法律予以规定。

（5）1951年《关于难民地位条约》和1950年《保障人权和基本自由公约》在缔约国须予以保障实施，就难民地位申请的审查，包括相互承认难民地位申请决定，以及就欧洲共同体成员国遵守上述条约和公约的义务，成员国之间签订的或与第三国签订的国际法意义上的协议不与第1至4款发生冲突。

1993年7月，德国修订1982年《庇护程序法》颁布新《庇护程序法》，落实1949年《德国基本法》（1993年修订）第16条第1款，不允许来自安全第三国的外国人申请政治避难。出逃路径取代出逃原因成为审理难民地位申请的决定性标准。该法第26条第1款第1项规定："在《德国基本法》第16条第1款立法目的下，从安全第三国进入德国境内的任何外国人不得援用《德国基本法》第16条第1款第1项（受政治迫害的人员享有避难权）的规定。不应该确认该外国人享有避难权。"第18条规定：可以拒绝来自安全第三国的外国人入境。如果发现来自安全第三国的外国人在边境附近，边检部门应在其非法入境后及时将其遣返。除非德国根据与安全第三国达成国际协议有责任执行庇护程序，或者德国处于国际或人道原因或为了维护德国利益，内政部不会签发允许入境或者不驱逐令。如果一个难民是经由某安全第三国而入境德国，他极可能会被遣返至该国。另外，采取其他措施，降低外国人申请难民地位的可能性。第36条规定：加速审理非必要的和明显无根据的难民地位申请，应限定该外国人于一周内离开德国。第44条和53条规定：原则上以支付实物来确保寻求庇护者的生活，向寻求庇护者提供集体膳宿。第56条规定：限定寻求庇护者的居住区域为负责接收外国人的初步安置中心的外国人主管机关的区域。第71条规定：区分首次难民地位申请和后续难民地位申请，后续难民地位申请只有符合《行政程序法》第51条第1—3款规定才会被受理。

通过一系列难民紧缩立法，如表14—1所示，从1993年下半年开始，难民地位申请人数量大幅度下降。1994年，德国收到了127,210人的难民地位申请，仅为1993年的322,599人的39.43%，1992年438,191人的29.03%。此后难民地位申请人数逐年下降，1998年的难民地位申请更是跌破10万人，为98,644人，2007年，降至19,164人，为历史最低谷。1992年的难民地位申请批准率只有4.25%。

德国通过1990年《外国人法》、1949年《德国基本法》（1993年修订）第16条第1款和1993年《庇护程序法》放弃了冷战时不区别来源国而广泛接收难民的模式，将周边国家等许多国家列为安全第三国，拒绝接受来自安全第三国的难民地位申请。如果外国人乘飞机入境，但是没有身份证件、持伪造证件，来自保加利亚、加纳、罗马尼亚、塞内加尔[①]或者申请难民地位理由不十分充足，会被截获在机场通关区，拒绝入境，直至被重新遣返，以通过控制入境的方式将申请难民身份的外国人排斥在德国的国门之外。为进一步降低难民地位申请和申请成功的可能性，1993年《德国庇护程序法》确立了比1990年《外国人法》更为快速的难民地位申请审理程序，更为苛刻的寻求庇护者待遇。据法国《欧洲时报》援引“德国之声”报道，德国减少了对难民地位申请者的资助，2007年，领取到寻求庇护者津贴的人数从1996年49万人下降到15.4万人，这是1994年以来的最少人数。[②]

三、2005年至今：难民法融入移民法中，实施宽严结合的难民政策

2004年8月5日，德国颁布《外国人在联邦领域居留、从事经济活动和融合法》（简称2004年《德国移民法》），实施宽严结合的难民政策，并于2005年1月1日起实施。德国还于2007年修订了1993年《德国庇护程序法》和2004年《德国移民法》有关难民方面的规定。

2004年《德国移民法》（2007年修订）拓宽了难民适用范围。2004年《德国移民法》（2007年修订）第60条第1款具体规定了难民定义中“迫害”的含义：“个人的生命、自由或者自由权仅仅因为性别而受到威胁，可以构成迫害”。“迫害可以源自：（a）国家；（b）控制国家或者国家大部分领域的政党或者组织；（c）非国家党派，不论其是否在国家领域内行驶国家统治权”。德国承认非国家迫害，将迫害是由于种族、宗教、国籍、属于某一社会团体或具有某种政治见解扩展至由于性别，由源自国家政府扩展至控制国家或者国家大部分领域的政党或组织，以及非国家政党、组织或个人。

但是，2004年《德国移民法》（2007年修订）严格限制了被拒绝的寻求庇护者的容忍居留许可。第25条第5款规定：“外国人的离境在事实上或者法律上不可能，并且驱逐出境的障碍在可预测的未来不可能消除的，可向服从终审遣返令的外国人签发居留许可。遣返悬而未决达18个月的，应签发居留许可。外国人非因本人过错而不能离境的，应签发居留许可。过错是指提供错误的信息、欺骗当局其身份或者国籍、不能满足合理的离境要求。”也就是说，可以给予被遣送回国的外国人容忍居留许可，

① 保加利亚、加纳、罗马尼亚、塞内加尔等视为安全来源国。

② 德国移民法日益严苛，外国移民将会越来越少.德国考试网2010年7月5日。http://edu.21cn.com/germany/g_277_306424-1.htm。

前提条件是该外国人在18月内无法完成离开德国的义务。而对于因为自己过错不能被遣返回国的外国人来说，将不给予容忍居留许可。特别是对于隐瞒自己真实身份者，将拒绝给予容忍居留许可。这一规定首先对于在18月内无法遣送回国的人给予居留许可，同时又排除了自己编造假身份的人获得此权利。

2004年《德国移民法》（2007年修订）继续将赋予难民居留权利交由州确定。第23条（第1款）规定：各州政府有权根据法律文件设立难民疑难案件委员会。该委员会可以向该州的最高当局申请，取消本法规定的向外国人签发和延长居留许可的条件。州最高当局可以命令向有离开德国义务的外国人签发居留许可，上述命令的签发应适当考虑外国人的生活是否有保障，或者以及是否有保证人。这表明，州依然对难民居留有很大决定权。

2004年《德国移民法》（2007年修订）严格限定了被拒绝的寻求庇护者的容忍居留许可，缩小了难民地位适用范围，对外国人申请难民地位影响更大。如表14—1所示，2005年以后，德国收到和批准的难民地位申请均维持低位，2010年，德国收到了41,332人的难民地位申请，7,704人获得了批准。

2007年后，德国通过立法放松了一些难民政策。2007年6月，德国通过1990年《外国人入境和居留法》修正案，允许暂缓遣返者申请永久居留，条件是：单身者必须已经在德国住满八年；有家庭者，必须至少住满六年；在申请难民地位的过程中曾经撒谎，就会被取消资格。必须具备的前提还包括没有犯罪前科、有德语知识，有工作岗位的证明。据“德国之声”中文网报道，截至2007年6月，德国有近18万暂缓遣返者。①2011年，德国的梅克伦堡—前波莫瑞州、萨克森—安哈特州、下萨克森州、萨克森州、石勒苏益格—荷尔斯泰因州、图林根州、巴伐利亚州等州颁布法规，扩大寻求庇护者的居留权，不再要求寻求庇护者必须居住在外国人管理部门指定的寻求庇护者寓所（accommodation centre）。② 巴伐利亚州2011年颁布法规，允许一审期间的有家属的寻求庇护者和暂缓遣返者可以离开寻求庇护者寓所，搬进自己的住房。③根据欧洲庇护支持办公室的统计，2013年，德国是欧洲第一大难民地位申请受理国，有126,705名寻求庇护者，几乎是欧洲第二大难民地位申请受理国法国的两倍，法国有66,265名寻求庇护者。④

① 德国联邦议院在激烈辩论中通过居留法修改草案[EB/OL].中新网2007年6月15日电。

② German National Contact Point for the European Migration Network (EMN). *Annual Policy Report 2011*. Federal Office for Migration and Refugees 2012.

③ The Suffering of Children in Collective Housing Centres Relieved. Nuremberg News dated 3 August 2011.

④ European Asylum Support Office. Annual Report Situation of Asylum in the European Union. Publications Office of the European Union, 2014.15.

第三节　德国难民法制建设的思路

为了全面和客观地认识德国难民法，不仅要透视其发达资本主义国家的背景，探究其作为大陆法系和非传统移民典型国家的难民法特点，而且要思考作为发动两次世界大战和有大规模德裔流亡海外的独有事实，以及作为欧盟最重要成员国与欧盟难民法之间的相互影响。德国难民法贯穿着深受外国人（移民）法影响、反敌对国家、服务于对外战略、平衡德国公共利益与寻求庇护者权益、限制非德裔难民融入德国、彰显人道性和赎罪性、鼓励德裔难民、被驱逐者和移出者回归等七条主线。这七条主线相互交织，在不同历史阶段，塑造出各异的德国难民法状态。

难民既是德国联邦政府的专属立法权对象，又是联邦和州政府的竞合立法权对象。1949年《德国基本法》（2006年修订）原则性规定了外国人避难、德裔难民、被驱逐者和移出者回归，为庇护被迫害外国人，及安置回归的德裔难民、被驱逐者和移出者提供了宪法保障。德国制定了庇护被迫害外国人，及安置回归的德裔难民、被驱逐者和移出者方面的单行法律，并根据国际形势和国内状况不断予以完善。德国是大陆法系国家的典型代表和非传统移民国家，难民法深受移民法影响，走过了从属外国人法到从属移民法的历史发展过程。德国作为欧盟最重要的成员国，难民法与欧盟难民法相互影响。基于难民事务的天然政治性，德国难民法具有与美国、澳大利亚等发达国家类似的反敌对国家、服务于对外战略、平衡本国公民利益与寻求庇护者利益、限制非德裔难民融入本国的特征。德国认真反思发动的两次世界大战给德意志民族和其他国家人民带来的深重灾难，难民法律又显出特有的赎罪性以及积极鼓励德裔难民、被驱逐者和移出者回归的特征。

一、深受外国人（移民）法影响

从第二次世界大战结束到2004年制定《德国移民法》期间，非移民国家的定位使得德国一直没有制定一部完整的移民法。同时，德国的移民政策充满矛盾，这表现在德国在大批接纳外国移民的同时，又对他们实行各种限制以防止长期滞留德国，移民政策的这种矛盾性影响了其难民政策的制定和实施。德国政府将提出难民地位申请的外国人分散安置到全国各地，限制他们在德国迁徙，不允许他们工作，他们的子女也不能和德国公民一样接受高等教育。[①]

第二次世界大战后，德国的外国人法经历了三次大的变革，第一次是1965年，第二次是1990年，第三次是2005年。1965年《外国人入境和居留法》实施时正处于

---

① 张祖谦.德国要修改移民法[N].解放日报2001年8月17日，第8版。

在大量引进客籍劳工的移民时期，针对外国人的相关规定比较宽松，这一时期德国的难民政策也相对宽松。1965年《外国人入境和居留法》将难民纳入外国人管理，除法律有特别规定外，由州负责审理难民地位申请。

1973年石油危机后，德国逐渐停止接纳外国劳工的移民政策，外国人为避免失去入境德国的机会，转而申请难民地位，难民地位申请数大幅上升，迫使联邦政府采取一系列途径收紧难民政策。1970年代早期，德国每年受理来自中欧、东欧国家的5,000多人的难民地位申请，1978年超过51,000人，1980年达到108,000人。[①]

1990年，德国修改1965年《外国人法》，并入《重新调整外国人权利法》，限制外国人在德国居留。与此相适应，德国1993年修订1982年《庇护程序法》，严格申请难民地位程序，限制外国人申请难民地位，应对1980年代末1990年代初的涌入德国难民潮。

2005年1月，《德国移民法》实施，这是德国第一部移民法，承认了移民国家身份，明确了选择性移民政策。与此相一致，德国在该法中有选择地拓宽了难民范围，确立了选择性难民政策。根据2004年《德国移民法》第60条第1款，德国承认了非国家迫害，将迫害是由于种族、宗教、国籍、属于某一社会团体或具有某种政治见解扩展至由于性别，由源自国家政府扩展至控制源自国家或者国家大部分领域的政党或组织，以及非国家政党、组织或个人。2004年《德国移民法》严格限制了被拒绝的寻求庇护者的容忍居留许可，给予在18个月内无法遣送回国的外国人容忍居留许可，但是由于编造假身份等自身过错原因的除外。

2007年，德国修订1993年《庇护程序法》，融入了2004年《德国移民法》对迫害原因和迫害主体的扩展性解释。该法第3条规定："如果联邦政府或法院作出终局裁决，认为外国人返回其曾拥有国籍的或者作为难民经常居住的国家，将受到2004年《德国移民法》第60条第1款所列举的迫害情形的，属于1951年《关于难民地位的公约》规定的难民。"

二、反敌对国家

德国的反敌对国家政策自纳粹德国时期便已存在，在冷战结束前一直比较突出，对难民法产生了巨大影响。

冷战期间，反敌对国家意识形态主导着德国的难民政策。德国属于西方资本主义国家阵营，与中欧、东欧和苏联比邻，恐惧和担忧苏联等共产党国家的强大。德国对中欧、东欧和苏联采取了宽松的难民政策，大量接纳来自这些地区的逃亡者，视这些

---

① Boswell, Christina. *European Migration Policy in Flux-Changing Patterns in Inclusions and Exclusions*. Blackwell Publishing.,2003, 54

逃亡者是逃离独裁政权的政治难民，给予及时安置和宽厚救济。同时，利用苏联、东欧难民外逃现象反面宣传和打击苏联、东欧共产党政权。在德国当局的怂恿下，国内民众大力支持当局敌视苏联、东欧政权的宽松难民政策，有些西德人主动协助东德人逃亡。德国接收1956年匈牙利难民和1978年印支难民时，均宣称这些人是不堪忍受而逃离共产党政权的政治难民。

1980年代末，苏联解体、东欧剧变和波黑冲突，使大批带有政治色彩的这些地区的民众涌入德国。德国出于反敌对国家的意识形态和自由、民主和人权等价值观念的考虑，受理和批准了大批来自这些前共产党国家的难民地位申请。1992年，在德国寻求庇护的人当中，28%来自前南斯拉夫，24%来自罗马尼亚。①

冷战结束后，德国基本放弃了冷战时期形成的大量接纳来自原共产党国家的难民法模式。1993年7月，修订《德国基本法》和通过新的《庇护程序法》，提出安全第三国概念，不再承认中欧、东欧和前苏联地区的共产党国家是独裁政权国家，不再给予来自国内政治局势稳定国家的外国人寻求庇护权。出逃路径取代出逃原因成为决定难民地位申请的决定性标准。难民地位申请数量大幅下降，如表14—1所示，1993年受理了322,599人的难民地位申请，是1992年438,191人的73.62%，1994年降至127,210人，仅为1992年的29.03%。

德国第二次世界大战后一直奉行的鼓励德意志难民、被驱逐者和移出者回归的难民政策，是德国和以中欧、东欧共产党国家和苏联双方妥协的产物。德国出于政治目的及经济与社会重建的需要，欢迎德国难民和德裔人士的回归。中欧、东欧共产党国家和苏联出于价值观和国家安全的目的，也希望在东欧地区与前苏联的德国难民和德裔人士回到德国。

三、推行对外战略

德国难民法服务于国家对外战略，目的是改善国家形象，优化战略环境，增强国家威望，挫败竞争对手，使难民政策成为自身软实力的一部分。德国的战略利益主要在欧洲，难民政策主要面向欧洲及其毗邻地区，与战略利益在全世界的美国相比，难民政策的包容与开放性显然不如美国。

第二次世界大战结束以后至2005年的60年间，联邦德国将本国定位为非移民国家，在此期间不具有移民意义上的难民法，而是配合国家对外战略制定了一些难民政策。第二次世界大战后初期，联邦德国辅助盟国遏制战略实施欧洲和解战略。联邦德国在安全上需要北约保护，外交上需要西方阵营支持，还要应对纷繁复杂的重建问题。联邦德国在第二次世界大战后实施了宽松的难民政策，吸收了大量战争难民，不

① 薛永生.战后欧洲移民与移民政策研究[D].西北大学2005届硕士学位论文.11。

仅与西方阵营的宽松难民政策同步，而且为战后国家重建提供了大量劳动力，也逐渐改善了联邦德国在欧洲的国家形象。

第二次世界大战后，联邦德国的国家对外战略具有赎罪性质，尤其是对第二次世界大战期间遭受德国侵略的国家，目的是改善国家形象和与西欧国家间的政治关系。联邦德国的难民政策也因此具有赎罪性质，受理的大多数难民地位申请来自德国侵略过的国家。1956年匈牙利革命后，联邦德国就接收了大量来自匈牙利的难民。

冷战期间，联邦德国选择了均势战略。联邦德国需要与美国、西欧结成牢固联盟，获得国家发展的坚实后盾，同时，需要处理好与苏联、东欧国家之间的关系，抵制苏联、东欧势力，逐步解决德国统一问题。联邦德国冷战期间的难民政策主要面向东欧和苏联，既迎合了西方阵营利用难民影响瓦解苏联、东欧共产党政权的需求，也出于现实的地缘因素注重解决联邦德国的国家安全问题。

1970年代后期，联邦德国与民主德国协商合作，并与中欧和东欧国家签订了一系列的针对边界管控的双边协议，加强边界管制。由于联邦德国对东欧地区的难民，尤其是德裔难民的宽松政策，使得更多的难民涌入联邦德国。大量难民带来了就业、福利、治安和种族等经济和社会问题。20世纪70年代初的石油危机导致联邦德国经济衰退，成为联邦德国收紧移民和难民政策的转折点，也是联邦德国通过制定移民政策从政治上全面干预难民事务的开始。1970年代后期入境的移民大大减少，相对应的是难民地位申请者的数目急剧上升。联邦德国通过一系列的行政措施限制外国人难民地位申请，并与周边国家合作加强边境控制。

1990年联邦德国和民主德国统一后，强化了自1970年代初奉行的新东方政策，重视与东欧国家的关系。[①] 与此同时，德国关注前南斯拉夫地区的局势，动员政治和军事力量干预这一地区的冲突，目的是在欧盟睦邻政策下稳定和整合欧洲，营造有利于德国发展的欧洲大战略环境。德国这一时期接纳的难民几乎都来自前苏联、东欧地区，其次是来自巴尔干地区。1992—1995年，德国共接受了来自波斯尼亚地区的100多万份的难民地位申请，以及接收了大约30多万波斯尼亚难民，比其他欧盟国家的总和还多。[②] 在科索沃危机期间，德国在1998年和1999年分别受理了31,860和15,000名科索沃人的难民地位申请。2013年，德国受理了109,580人的难民地位申请，其中13.6% 来自俄罗斯，10.5% 来自塞尔维亚，5.7% 来自马其顿。[③]

---

① 新东方政策是指联邦德国勃兰特政府推行的改善与苏联、东欧关系的外交政策，对联邦德国历来推行的哈尔斯坦主义的重大修正。主要内容是承认战后欧洲各国的现有边界，改善与苏联和东欧各国的关系。承认民主德国是一个独立的主权国家，愿意实现两国关系的正常化，以和平方式谋求国家统一。

② UNHCR. *Ecre Country Report 2001: Germany. In 2003 UNHCR Statistical Yearbook: Germany*. 16.

③ Bundesamt Für Migration Und Flüchtlinge. *Aktuelle Zahlen Zu Asyl*. Bundesamt Für Migration Und Flüchtlinge. Dezember 2013.6.

德国支持美国的制裁和封锁伊朗战略，运用难民政策瓦解伊朗现政权。2010年，德国内政部、外交部和州内政厅长达成一致意见，根据2004年《德国移民法》（2007年修订）第22条第2款，与联合国难民署特别驻土耳其办事处合作，通过人道主义筛选程序，重新安置大约50名逃离伊朗的人权律师和新闻记者，他们因为参加大规模抗议运动而受迫害。2011年12月，德国宣布，在未来3年，每年将重新安置300名伊朗难民。[①]

四、平衡德国公共利益与寻求庇护者权益[②]

第二次世界大战后，德国出于对发动两次世界大战和经历纳粹暴政统治的反省，社会各阶层在道德上取得了共识，普遍认为外国人有政治避难的权利，积极保护寻求庇护者的权益。1949年实施《德国基本法》，规定了寻求庇护者和难民的地位。《德国基本法》第1条第1款规定："人的尊严不可侵犯。尊重和保护人的尊严是一切国家权力的义务。"所有在联邦德国生活的人，无论国籍如何，均应保证有人类尊严的最低生存标准。最低生存标准包括人的肉体生存、维护人际关系以及参与社会、文化以及政治活动的最基本程度的需求。

1970年代初石油危机后，积极保护寻求庇护者权益的宽松避难政策不断受到民众的质疑，许多政党主张实施限制性庇护政策，并得到了民众的支持，德国由此开始限制寻求庇护者权益。大量的寻求庇护者和难民迫使德国出于人道主义原因花费大量的金钱安置他们，向其提供伙食、住处和必要的费用，而且面临合法化长期滞留寻求庇护者的巨大压力，安置寻求庇护者和难民成为德国的财政负担。德国1990年用于这方面的开支为45亿马克，1991年就增加到54亿马克。[③]

1993年，德国实施新的《庇护程序法》，确立了平衡考虑公共利益和寻求庇护者权益，原则上以支付实物来确保寻求庇护者的基本日常生活需要，向寻求庇护者提供集体膳宿的制度。该法第44条第1款规定，州长应建立并维持为寻求庇护者提供必要的膳宿的接受中心。第53条第2款规定：外国人能够证明其已经找到别的住处，并且对公共机构未增加额外费用的，外国人应不必再居住于集体膳宿。

德国1993年6月30日颁布了《寻求庇护者福利法》（Asylum Seekers' Benefit Act Asyl）。该法规定德国应向寻求庇护者和其他在德国临时居留外国人提供经济补助，确保其基本日常生活需要。为防止滥用，地方的外国人管理部门或者社会保障部门以实物、食品代金券等非现金形式向寻求庇护者提供经济补助。如果寻求庇护者不住在

---

① German National Contact Point for the European Migration Network (EMN). *Annual Policy Report 2011*. Federal Office for Migration and Refugees 2012. 58.

② FIAN Fact Sheet 2012/9e. *Abolish the Asylum Seekers Benefits Act!* FIAN Germany Policy Brief. 2012,

③ 赵锦元. 当代欧洲民族问题的新趋向：移民问题与种族主义 [J]. 世界民族1995(1):45。

初步安置中心，有可能获得寻求庇护者现金形式经济补助。尽管1993年《德国寻求庇护者福利法》规定，要不断调整经济补助标准，但是1993年的224欧元寻求庇护者津贴补贴标准自实施以来一直没有发生变化，到2012年，224欧元只相当于当年德国社会救济金每月374欧元的60%。1993年《德国寻求庇护者福利法》规定，地方的外国人管理部门或者社会保障部门只负责负担诊治寻求庇护者急病和剧痛（acute illness and pain）的费用，对于其他疾病的治疗有自由裁量权。许多中国寻求庇护者对德国向寻求庇护者提供的经济补助和社会福利感到满意。[①] 一些难民和人权机构批评食品、食品代金券等非现金形式的寻求庇护者津贴以及只负责负担诊治寻求庇护者急病和剧痛费用，侵犯了寻求庇护者的根据自己营养需要和饮食习惯选择食品的自由以及健康保障权。

2012年2月，德国宪法法院在审理一个失业救济金案件时，创立了一项新的基本人权——有尊严的最低生存权（the fundamental right to guarantee a dignified minimum existence）。德国联邦宪法法院判决指出，1993年《德国寻求庇护者福利法》第3条规定的寻求庇护者津贴现金支付数额低于德国公民社会救济金数额，无法保证寻求庇护者与德国公民一样的有尊严的最低生存权，因而是违宪的。关于此案的情况，请参见本书第十四章德国难民法第五节寻求庇护者的权利第二部分经济补助。

五、限制非德裔难民融入德国

种族因素在德国长期存在，持续影响着难民法的立法和实践。大量非德裔难民和寻求庇护者的到来，影响着德国社会的种族构成和社会整合，甚至选民结构。因此，相关政治团体对选民结构的重视会刺激难民法中的种族因素。

与鼓励德裔难民、被驱逐者和移出者回归相比，德国不鼓励甚至限制非德裔难民居留和融入德国。德国政府和社会不积极安置和融合非德裔难民，一般将他们分散安置在各地的初步安置中心，与当地民众隔离，严格限制其在德国工作和迁徙，生活救济水平很低。1993《德国庇护程序法》（2007年修订）将这些措施法律化，第55条第1款规定：外国人在等待难民地位申请审理结果期间，可以居住在德国境内，但是不能选择特定的州或者特定的地点。第56条第1款规定：允许（寻求庇护者）居住地域应限于负责接受外国人的接受中心的外国人主管机构的区域。第61条第1款规定："在接受中心寄宿的寻求庇护者无权从事有报酬的工作。"德国的最大的移民群体是土耳其人，截至2006年约有250多万土耳其人生活在德国，但只有42万土耳其人取得

---

① 许多中国寻求庇护者满意德国向寻求庇护者提供的经济补助和社会福利。见盖昭华.生活在德国的难民营[EB/OL].凤凰博报2013-01-21；http://blog.ifeng.com/article/22492474.html。盖昭华.德国难民营里的生活环境[EB/OL].盖昭华搜狐博客.http://gaizhaohua.blog.sohu.com/196839950.html. 2013/2/1；以及Dr_Pikachu德国难民营里的朋友[EB/OL]. 2010-12-05.新浪博客. http://blog.sina.com.cn/s/blog_66f3e1b90100nvju.html 2013/2/1。

德国国籍。[①]

为了在保护外国人寻求庇护权和保护德国公共利益之间实现平衡，1993年，德国实施新《庇护程序法》，限制难民涌入，提出安全第三国概念，不再认为来自国内政治局势稳定国家的外国人有权向德国申请政治避难。冷战刚结束时，大量苏联、东欧难民涌入德国。1990年，193,063人向德国申请难民地位，1992年猛增到43.8万人，但实际上真正受政治迫害的申请者不到5%。[②]1990年代中期，在德国东部继而在西部，出现了一系列针对包括难民和寻求庇护者在内的外国移民的种族主义暴力事件。新纳粹分子和极右势力叫喊着类似“德国是德国人的德国”等带有极端民族色彩的口号，制造了一系列排外仇外的暴力事件，大量外国人的住宅被焚烧。1992年是排外活动最猖狂的一年，共发生2,544起仇外暴力事件，几乎遍布全德国。

科索沃、土耳其等亚裔和非裔难民受到抵制，影响了德国对这些地区的难民政策。21世纪初，德国排外势力大幅上升。从2000年1月到2001年1月底，在德国总共发生了13,753起反外国人和种族歧视的刑事犯罪案件，比1998年同期的9,465起增长了40%。在德国东部地区，有48%的15岁到25岁的青少年认为生活在德国的外国人太多，在西部地区这个比例也高达40%。[③] 2005年5月，德国政府分批遣返总计50,000名的科索沃吉普赛难民，被国际舆论批评为种族歧视行为，但是大多数议员都赞成尽快遣返难民计划，否则德国各州的福利财政将受到损失。[④]

六、彰显人道性和赎罪性

德国在第二次世界大战后实施的难民政策具有人道性和赎罪性。作为两次世界大战的发动国和实施犹太灭绝政策的国家，德国真诚地向国际社会忏悔。1949年，实施《德国基本法》，该法第16条规定：受政治迫害的人员享有避难权。这一规定显示了对受迫害者的人权的重视，是一种人道主义精神的体现。德国汉诺威市青年和社会局局长托马斯·瓦尔特局长2002年12月接待来访的中国民政部外事司牵头的各难民安置省（区）难民办负责人代表团时谈道：“德国要对难民提供保护，获得保护的条件很宽厚。之所以由国家基本法确定一个如此宽厚的对难民提供保护的条文，源于上世纪纳粹时代，许多德国人受迫害而被逼流落国外，沦为难民，得到他国政府的保护。因此，今天的德国以史为鉴，认真反思。对他国受到政治迫害的人提供保护，既是对当年保护了德国人的他国知恩图报，也是对德国过去犯下罪过的赎罪。”[⑤]

---

① 洪霞. 和平之途：当代世界移民问题与种族关系[C]. 南京出版社. 2006, 14。

② 宋全成. 欧洲移民研究：20世纪的欧洲移民进程与欧洲移民问题化[M]. 山东大学出版社.2007.216。

③ 子非. 德国种族歧视犯罪知多少[N],北京青年报2001年2月8日第7版国际新闻。

④ 中国新闻网. 德国遣返5万名科索沃难民被指责为种族歧视[EB/OL]. 2005年5月19日。

⑤ 曾国华. 德国难民安置管窥[J]. 八桂侨刊2003(3):9。

德国对苏联、东欧难民的宽松接纳和安置政策，尽管主观上反敌对国家意识形态色彩浓厚，但是对逃亡者和被驱逐的难民而言具有人道性。1947—1973年，每年有数千名主要来自东欧国家的移民取得了难民身份和居留许可，并合法在德国居留。①

德国给予印支难民极大的同情。1978年以及随后的几年间，德国共接收了3.5万名来自东南亚地区的难民。1978年12月，第一批越南难民乘船抵达德国的汉诺威，国内舆论普遍视这些远洋而来的难民为不堪忍受独裁统治的逃亡者。众多的团体和居民参与了政府的难民安置工作。② 德国下萨克森州州长的讲话颇能代表当时德国人的感受，“我们知道他们的辛酸困顿，我们能够感觉到他们的心情。他们来到了一个和平自由的国家，没有压迫、没有灾难。值得庆幸的是，他们不需颠沛流离就可以在这里生活。他们不再需要担心无处为家，不再需要担心忍饥挨饿。他们需要的只是开始新生活的勇气。”

德国大量接收来自前南斯拉夫地区、阿富汗、伊拉克、叙利亚等人道主义危机地区的难民。1990年代期间，德国接收了大量来自前南斯拉夫地区的难民。德国行政法院扩大解释了1949年《德国基本法》的政治迫害，给予在德国境内申请难民地位的阿富汗人以难民身份。1980年土耳其发生军事政变，大量民众外逃。德国在批评土耳其民主恶化的同时，接纳了声称遭到迫害的土耳其难民及寻求庇护者。土耳其发生政变后的10年间，约有35万土耳其公民向德国提交了难民地位申请。③ 2007年，德国允许批准少数宗教成员的难民地位申请。根据这一政策，当年8月份，约有三分之二的伊拉克难民的难民地位申请获得德国政府的批准。④ 2002年2—10月中，超过60%的阿富汗的难民地位申请者获得了难民身份。截至2004年，德国接收了约50,000名阿富汗难民，是欧洲区域内接收的阿富汗难民最多的国家。

表14-2 德国2010和2013年难民地位申请来源前十位国家

国家	2010	2011	2012	2013
俄罗斯	1,690	1,690	3,200	14,885
叙利亚	4,980	2,635	6,200	11,850
塞尔维亚	8,475	4,580	8,475	11,460
阿富汗	5,905	7,765	7,500	7,735
马其顿	1,130	1,130	4,545	6,210
伊朗	2,475	3,350	4,350	4,425

① 宋全成.论第二次世界大战后德国的合法移民及社会融合政策[J].厦门大学学报(哲学社会科学版)2008(3):118。

② 宋全成.简析欧洲移民历史进程及移民类型[J].天津社会科学2006(4):57。

③ Eccarius-Kell, Vera. Political Movements and Leverage Points: Kurdish Activism in the European Diaspora. *Journal of Muslim Minority Affairs*. Vol.22, No.1, 2002, 91.

④ 钟龙.伊拉克少女逃亡德国避战祸6周，颠沛流离露宿公园[EB/OL].中国网2007年9月27日。

续表

国家	2010	2011	2012	2013
巴基斯坦	2,540	2,540	3,410	4,100
伊拉克	5,555	5,830	5,350	3,960
索马里			1,245	3,785
厄立特里亚			650	3,615

资料来源：Germany National Contact Point for the European Migration Network. *Annual Policy Report 2013*, 2012, 2010。

如表14—1所示，2007年后德国受理的难民地位申请人数逐年增长，2010年为41,332人，比2009年的27.649人增长了490.5%。德国2013年收到105,980人的难民地位申请，比2012年增长了64.21%。主要是因为来自俄罗斯、叙利亚和塞尔维亚的寻求庇护者激增。2013年，如表14—2所示，德国受理了14,885名俄罗斯人的难民地位申请，列寻求庇护者来源国第一位，以及11,850名叙利亚人的难民地位申请，列寻求庇护者来源国第二位。

德国出兵赴海外保护难民。1991年，德国向伊朗派遣部队为流亡伊朗的伊拉克库尔德难民提供援助，向援助库尔德难民的国际救援机构提供5,500万美元。①

德国考虑难民的受迫害等特点，优先批准来自人道主义危机严重国家的难民地位申请，不要求所有难民一律适用单一国籍政策。2010年，来自伊拉克人的难民地位申请批准率高居52.2%，远远高于该年度平均难民地位申请批准率25.27%，②2011年则为55.3%，远远高于该年度平均难民地位申请批准率21.15%。③2013年，德国批准难民地位申请最重要的来源国是叙利亚94.6%、厄立特里亚80.2%和伊朗59.1%。大多数来自伊朗和伊拉克的寻求庇护者都获得了公约难民地位，少数获得了补充保护地位。由于叙利亚持续的内战，德国从2012年起暂停拒绝来自叙利亚的难民地位申请，对没有参与政治活动的给予补充保护地位。2013年，德国批准9,200名叙利亚人的难民地位申请，给予2,905人难民地位，给予5,795人补充保护地位。④

德国允许16—23周岁难民申请入籍时不放弃或者失去现有国籍。对某一群体，特别是政治难民来说，要求他们退出现有国籍意味着难以想象的严酷，视符合条件难

① 余行.一个新的战场：美欧对伊拉克难民政策初析[J].世界知识1991(10):12。

② German National Contact Point for the European Migration Network (EMN). *Annual Policy Report 2010*. Federal Office for Migration and Refugees 2011. 47.

③ German National Contact Point for the European Migration Network (EMN). *Annual Policy Report 2011*. Federal Office for Migration and Refugees 2012. 58.

④ Germany National Contact Point for the European Migration Network. *Annual policy Report 2013*. projects financed by the European Commission. Federal Office for Migration and Refugees – Germany EMN National Contact Point and Migration and Integration Research Section. Nuremberg Germany 2013. 46.

民不能或者极难放弃现有国籍，允许其保留原国籍而加入德国国籍。

德国积极承担和履行保护难民的国际义务。1951年7月28日，各国订立《关于难民地位的公约》，3个多月后的1951年11月19日，德国就签署了该公约，并于1953年12月1日批准该《公约》。《关于难民地位的公约》于1954年4月22日生效，德国成为第一批履行该公约的国家之一。德国批准了1984年《禁止酷刑和其他残忍、不人道或有辱人格的待遇或处罚公约》，并将禁止酷刑和其他残忍、不人道或有辱人格的待遇或处罚融入本国难民法。1993年7月，德国颁布《庇护程序法》，扩展享有避难权的外国人的范围由“受政治迫害的人员”至遣返后会受迫害的外国人。

七、鼓励德裔难民、被驱逐者和移出者回归

德国基于种族认为，同一种族属于同一国家，在外国的德意志人是本国的潜在公民，鼓励德裔难民、被驱逐者和移出者回归。德裔难民、被驱逐者和移出者是指自然迁移到东欧、东南欧和苏联的德国人，以及迁移到第二次世界大战时纳粹德国在东欧地区建立的“德国人移民（殖民）区”的德国人。任何有德国血统的难民、被驱逐者和移出者（Ethnic German Resettlers）仅须证明其因为德裔身份以致于自己或其家属受不利影响，即可由联邦行政管理办公室（das Bundesverwaltungsamt，Federal Office of Administration）依据《联邦被驱逐者法》（Bundesvertriebenengesetz, BVFG，Federal Expellees Act）审查，核定取得德国国籍。配偶和子女可以和德裔难民、被驱逐者和移出者一起提出申请。1949年《德国基本法》（2006年修订）第116规定：

> （1）除法律另有规定外，本基本法所指德国人系指具有德国国籍的人，或以德意志民族的难民和被逐出家园人身份或作为此类人员的配偶、后裔，在1937年12月31日以后的德意志帝国领域被接受的人员。
>
> （2）原德国国籍人在1933年1月30日至1945年5月8日之间，基于政治、种族或宗教原因被剥夺德国国籍的以及其后裔，依申请应恢复其德国国籍。如他们在1945年5月8日之后在德国有住所且没有表示相反意思的。则视为未丧失国籍。

1949年《德国基本法》（2006年修订）关于任何德裔（德意志民族的人）都可以取得德国国籍的规定，使得德国接纳了大量来自波兰、捷克和斯洛伐克等东欧国家和苏联地区的德意志难民、被驱逐者和移出者。即使是因为回归者过多造成一些问题而提高回归标准，接纳德裔难民、被驱逐者和移出者回归的指导思想也没有发生大的变化，始终贯穿于德国难民法的始终。这对于加快第二次世界大战后德国的重建，增加德意志民族自豪感，凝聚德国的向心力，具有重要意义。1947—1950年间共有约1,200万德裔难民、被驱逐者和移出者回归德国。1950—1984年间共有126万人回归

德国。

1990年7月1日，德国实施《移出者接收法》(Aussiedleraufnahmegesetz)。该法规定，德裔移出者必须在原出生地向联邦行政管理办公室提出接收申请，由联邦行政管理办公室审查是否符合法定接收条件，然后核发接收证(Aufnahmebescheid)，以取得入境德国的许可。德裔移出者的配偶或后代，即使是非德裔，也可以与德裔移出者一并提出申请，经审查符合法定条件的，也可以获得接收证入境德国。1988—2010年，总计约有300万名德裔迁出者及其家属移居德国。1990年约有30万人，2000年后人数都在10万以下。

1996年，德国实施《外国人入境和居留法》，创设了侨民居留许可和外国人回归居留权。该法第15条规定："准许外国人不为特定目的的居留时，向其签发的居留许可可以是侨民居留许可。"第16条规定了外国人回归居留权：

1. 一个作为未成年者通常合法地居住在联邦地区的外国人，必须发给他居留许可，如果：

(1)他在出境前合法地在联邦地区居住了八年和上了六年学；

(2)其生活费用通过自己的职业得到保障，或在五年内由一第三者承担；

(3)要求签发居留许可的申请是在十五周岁之后、满二十一周岁之前和出境后五年之内提出的。

2. 为避免特别的严厉，可以偏离第(1)款第1项和第3项所述的前提。如果该外国人在联邦地区获得一个公认的学业证明，也可以不考虑第(1)款第1项所述的前提。

3. 下列情况，可以不签发侨民居留许可：

(1)如果该外国人是被驱逐出境的，或他离境时可以被驱逐出境；

(2)如果存在一个驱逐出境的理由；或

(3)只要该外国人未成年，且本人的抚养在联邦地区得不到保障。

4. 即使生活费用通过自己从事的职业也得不到保障，或五年之后也无人承担，居留许可必须继续被延长。

5. 一个从某一联邦境内机构领取退休金的外国人，一般情况下发给他侨民居留许可，如果他在离境前合法地在联邦地区居住了八年以上。

2004年8月5日，德国颁布《移民法》并于2005年1月1日起实施。该法继承了此前法律赋予德裔难民、被驱逐者和移出者回归权的传统，在第二章入境和居留中单设第七节特殊居留权，继续赋予德国难民、被驱逐者和移出的回归权和永久居留权。该法还在第37条第1、2款规定了经常住所在德国的未成年外国人的回归权。

1. 经常住所在德国的未成年外国人具有下列情形的，应向其签发居留许可：

（1）未成年外国人离开前在德国合法居留满八年，并在德国接收教育满六年；

（2）通过外国人自己的经济活动，或者通过与第三方订立的五年期抚养协议，生活有保障；

（3）在17—21周岁期间离开，并在离开后五年内，提出居留许可申请。

居留许可授权持证人从事经济活动。

2. 为防止特别困难，第1款第1项和第3项规定的条件可灵活适用。外国人已在德国获得认可的学校毕业证书的，可以取消第1款第1项规定的条件。

第38条规定了原德国人的居留资格，该（1）条规定了原德国人获得定居许可和居留许可的两种情形，明显比其他外国人获得定居许可和居留许可宽松。

原德国人

（1）当他失去德国国籍时，其作为德国普通居民在德国满五年的，应予以定居许可。

（2）当他失去德国国籍时，其作为德国普通居民在德国至少满一年的，应予以居留许可。

依照上述规定申请居留资格的，应在得知失去德国国籍六个月内提出。

2004年《德国移民法》采纳了移民委员会（Zuwanderungskommission）的建议，要求所有申请居留资格的原德国人（德国难民、被驱逐者和移出回归者）必须具有足够的德语能力。该法第38条第2款规定：“是外国普通居民的原德国人申请居留资格，必须拥有足够的德语能力。”由于许多德裔难民、被驱逐者和移出者的非德裔配偶或后代普遍缺乏德语能力，而且他们所在国的政治和经济发展良好，生活环境有很大改善，申请回归的德裔难民、被驱逐者和移出者人数急剧下降，2007年只有5,792人。

第四节　难民甄别的程序[①]

德国负责甄别难民的政府部门是联邦移民和难民办公室（Bundesamt Für Migration Und Flüchtlinge），具体审理工作由避难官员负责。德国移民和难民办公室制订了正式的审理难民地位申请工作指南，并培训避难官员，实现全德国审理可比较难民地位申请时有同样的审理结果。联邦移民和难民办公室在收到外国人的难民地位申请后，应及时组织对寻求庇护者的面谈。联邦移民和难民办公室根据面谈和之后调查获得的事实和信息作出书面的难民地位申请审理决定。如果认定寻求庇护者满足2004年《德国移民法》（2007年修订）第60条第1款规定的难民标准，赋予其难民身份，否则予以拒绝和遣返。如果外国人乘坐飞机入境，或者来自安全来源国，申请被证明明显缺乏理由，就适用机场难民地位申请审理程序（airport procedure）。一般来说，德国政府会在受理难民地位申请的三个月内作出承认难民身份或不予承认的答复，但由于申请者有提起诉讼权，因此，一个案件往往会拖上四至五年才会有结果。

一、难民甄别机构

联邦移民和难民办公室负责难民甄别。根据1993年《德国庇护程序法》（2007年修订）第24—25条，联邦移民和难民办公室应澄清案件事实、收集必要证据和组织不公开面谈。寻求庇护者必须提交能够证明自己由于种族、宗教、国籍、属于某一社会团体或具有某种政治见解（而受迫害）的原因留在其本国之外的证据。申请者的证据资料通过联网的计算机汇集到位于纽伦堡的联邦移民和难民办公室难民处理中心，便于联邦移民和难民办公室分析和作出审理结论。

联邦移民和难民办公室的避难官员审理外国人的难民地位申请。避难官员不仅要有渊博和最新的难民法、外国人法、寻求庇护者来源国法知识，而且要具备丰富的实务经验，娴熟的提问技巧和敏锐分析案情能力。渊博的专业知识是担任避难官员的前提条件。1996年起，联邦移民和难民办公室在所有分支机构都设置了特别避难官员职位（Sonderbeauftragte, special officers），负责性别迫害、无人陪伴儿童、酷刑和不人道受害者难民地位申请的面谈和决定。联邦移民和难民办公室会为避难官员举办定

---

① 本文不展开分析德国重新安置难民的程序，主要因为重新安置难民与本土安置难民相比，数量非常少，而且很不稳定。2010年，德国内政部、外交部和州内政厅长达成一致意见，根据2004年《移民法》第22条第2款，与联合国难民署特别驻土耳其办事处合作，通过人道主义筛选程序，重新安置大约50名重新安置逃离伊朗的人权律师和新闻记者，他们因为参加大规模抗议运动而受到迫害。2011年12月，德国宣布，在未来三年，每年将重新安置三百名伊朗难民。远远低于2013年德国收到的105,980份难民地位申请，以及批准的10,915份难民地位申请和9,210份补充保护。

期的专业知识培训、定期的信息通报会和经常性的心理培训。

一般来说，德国联邦移民和难民办公室会在受理难民地位申请的三个月内作出是否批准难民申请和给予难民身份的行政决定。由于申请者有诉讼权，一个难民地位申请案往往会拖上四至五年才会有结果。[①] 德国的难民地位申请批准率较高，但是来自不同国家的难民地位申请的批准率差异较大。如表14—1所示，2010年，德国批准了10,395人为国内难民和补充保护者，批准率为21.6%。2009，德国批准9,345人为难民和补充保护者，批准率33.8%。2010年，来自塞尔维亚、马其顿和科索沃的难民地位申请批准率低于1%。来自伊拉克、伊朗和索马里的难民地位申请批准率却分别高达52.3%、52.2% 和50.8%，而且批准这三个国家的难民地位申请为难民的数量远多于为补充保护者的数量。[②]

二、在边境（口岸）和境内提交难民地位申请

德国允许外国人在边境（口岸）和境内提交难民地位申请。外国人必须本人提出难民地位申请。难民地位申请可以书面、口头或者其他明示方式提出。德国受理外国人的难民地位申请包括寻求庇护者预登记、分配预登记的寻求庇护者至各初步安置中心、在负责的初步安置中心正式登记、向所在地的联邦移民和难民办公室分支机构提出难民地位申请等四个步骤。四类外国人有权在边境（口岸）和境内提交难民地位申请：（1）没有入境证件外国人；（2）持有有效期六个月以上的居留许可、被逮捕或拘留、不满16周岁而且法定代理人不在外国人初步安置中心的外国人；（3）初步安置中心接待的外国人；（4）获准入境外国人。

如果提出难民地位申请的外国人来自安全第三国、持有安全第三国（safe third country）或者另一第三国签发的旅行证件、在另一第三国已经不再受政治迫害、曾在德国因为犯有严重罪行被判处三年以上监禁而且离开德国不满三年的，边检部门可以拒绝外国人入境，除非在与安全第三国达成国际协议的基础上德国有责任执行庇护程序，出于国际或者人道主义原因或者为了维护德国政治利益，联邦内政部特别签发决定的。[③] 如果边检部门发现具有以上可以拒绝入境情形的外国人在边境附近，边检部门应在其非法入境后及时将其截获和遣返。[④]

---

① 曾国华.德国难民安置管窥[J].八桂侨刊2003(3):9-10。

② Germany National Contact Point for the European Migration Network. *Annual Policy Report 2010*. projects financed by the European Commission. Federal Office for Migration and Refugees – Germany EMN National Contact Point and Migration and Integration Research Section. Nuremberg Germany 2011. 46-47.

③ 1993年《德国庇护程序法》（2007年修订）第18条第2、4款。

④ 同上注，第18条第3款。

三、寻求庇护者入境

联邦移民和难民办公室分支机构审理外国人难民地位申请后认为申请没有理由而予以拒绝的，作为防范措施，应通知申请人，如其入境将被遣返。难民地位申请没有明显理由而予以拒绝的，应拒绝申请人入境。联邦移民和难民办公室分支机构的决定和入境拒绝书由边检部门执行。边检部门立即向有管辖权的行政法院送达决定书副本和联邦移民和难民办公室分支机构卷宗。①

下列情况下，可以允许寻求庇护者入境：（1）联邦移民和难民办公室分支机构通知边检部门在短时间内（通常是19日）不能结案的；（2）联邦移民和难民办公室分支机构在外国人提出难民地位申请后两天内没有就申请作出决定的；（3）上述两种情况下，行政法院在两周内没有结案的。②

外国人可以在入境时联系口岸的边检部门寻求庇护，联邦警察局边检部门（Federal Police Force Border Agency）会允许合格的申请人入境，引导该申请人到最近的初步安置中心（nearest initial reception facility）进行寻求庇护者预登记。外国人也可以在入境后寻求庇护，直接前往最近初步安置中心登记为自称寻求庇护者。

四、分配预登记的寻求庇护者至初步安置中心

联邦移民和难民办公室根据EASY系统，将预登记的寻求庇护者分配到各州。各州将寻求庇护者送往本州的初步安置中心（initial reception centre）。有的州例如图林根州区别成年、无人陪伴18岁以下儿童和少年寻求庇护者，分别送往初步安置中心、州青年福利办公室负责的集体寓所。EASY系统管理寻求庇护者在全德国的分配。寻求庇护者在初步安置中心的居住期限通常为六周，最长不超过三个月。联邦移民和难民办公室每月通知州长新近抵达的寻求庇护者数量、未来发展和住宿餐饮要求。③各州建立和维持为寻求庇护者提供必要住宿餐饮的初步安置中心，并基于本州的安置配额安置新近分配的寻求庇护者。

联邦移民和难民办公室负责选择接待寻求庇护者的初步安置中心。选择应基于各州初步安置配额总量、配额未用余额、联邦移民和难民办公室处理寻求庇护者国籍国难民地位申请的能力等因素。各接收中心都符合上述标准的，应选择最近初步安置中心负责安置寻求庇护者。州长应随时向寻求庇护者分配中心传送新近到来和离开的寻求庇护者的数量的信息、职业以及每个初步安置中心的安置能力。在只能安置有限数

① 1993年《德国庇护程序法》（2007年修订）第18条第2、3款。

② 同上注，第18条第1条第1款。

③ 同上注，第44条。

量的州初步安置中心，如果没有多余的空位，应该由州政府或州政府选定的寻求庇护者分配中心为主管初步安置中心。[①] 初步安置中心在寻求庇护者分配比例内安置寻求庇护者，以及向联邦政府部门指派到初步安置中心的分支机构提交难民地位申请的来自原国籍国的外国人。

联邦政府根据各州的税收和人口情况确定各州级行政区域安置寻求庇护者的分配比例（Königsteiner Schlüssel），每年调整一次。2012年寻求庇护者的各州分配比例是：北莱茵威斯特法伦州21.44%，巴伐利亚州15.19%，巴登符腾堡州12.82%，下萨克森州9.31%，黑森州7.23%，萨克森州5.17%，柏林市5.04%，莱茵兰法尔茨州4.81%，勃兰登堡州3.10%，萨克森安哈特州2.93%，图林根州2.79%，石勒苏益格荷尔斯泰因州3.37%，汉堡市2.55%，梅克伦堡前波莫瑞州2.08%，萨尔州1.23%，不来梅市0.93%。[②]

五、在负责的初步安置中心正式登记

如果预登记的寻求庇护者不是在被分配的初步安置中心预登记，就应该在分配的初步安置中心正式登记。获准入境的外国人，根据1993年《德国庇护程序法》（2007年修订）第13条第3款，应及时向初步安置中心、外国人管理机构或者警察机关申请难民地位。向外国人管理机构或者警察机关申请难民地位的外国人应该及时到初步安置中心正式登记。

六、向联邦移民和难民办公室提出难民地位申请

在初步安置中心的外国人，根据1993年《德国庇护程序法》（2007年修订）第23条，应及时或者于初步安置中心指定的日期亲自向被分配的初步安置中心所在地的联邦难民和移民办公室分支机构提交难民地位申请，阐述在本国遇到了什么迫害，为什么要选择在德国寻求庇护。14岁以上外国人提交难民地位申请时，要留存指纹和照片。

联邦移民和难民办公室会在中央外国人登记系统（Central Register of Foreign Nationals）输入寻求庇护者的信息。联邦移民和难民办公室通过MARIS System系统审查外国人提交的难民地位申请是第一次、后续还是第二次难民地位申请，并比对寻求庇护时提交的信息与中央外国人登记系统掌握的外国人信息。联邦刑警办公室（Federal Criminal Police）会检查寻求庇护者的指纹，确定其身份背景，并与欧洲其他系统进行指纹比对，确定寻求庇护者是否在其他欧盟成员国递交过难民地位申请。

---

① 1993年《德国庇护程序法》（2007年修订）第46条。

② Distribution Quotes 2012 Source: Bundesamt für Migration und Flüchtlinge. Dated 18.01.2012

寻求庇护者会获得居留许可，在德国临时居留直至难民地位申请终结。联邦移民和难民办公室有责任通知地方外国人管理部门难民地位申请的受理和审理结果，以便负责寻求庇护者住宿和餐饮的地方外国人管理部门作出相应安排。

外国人可以提出后续难民地位申请和第二次难民地位申请。后续难民地位申请是指外国人在撤回或者终审驳回难民地位申请后提出的难民地位申请。外国人应亲自向联邦移民和难民办公室在第一难民地位申请审理期间所在地的初步安置中心的分支机构提出难民地位申请。第二次难民地位申请是指外国人在安全第三国的难民地位申请被终审驳回后，根据德国与该安全第三国缔结的承担庇护责任的国际条约提出的难民地位申请，此种新的庇护程序只能在德国有责任实施庇护程序，并且符合《德国行政程序法》第51条第1—3款的要求时才应执行，是否执行由联邦移民和难民办公室负责。①

七、审理难民地位申请工作指南

审理难民地位申请工作指南是联邦移民和难民办公室的政策性文件，指导各分支机构审理难民地位申请，为行政法院和高等行政法院等司法机构审理难民地位申请提供参考。为了保证联邦移民和难民办公室各分支机构按照统一的标准和程序审理外国人的难民地位申请，德国移民和难民办公室制订了《审理难民地位申请工作指南》，培训避难官员，实现全德国审理可比较难民地位申请时有同样的审理结果。避难官员不能用难民地位申请工作指南取代对难民地位申请个案的审查和评估，仍然要具体审理难民地位申请。《审理难民地位申请工作指南》以难民和移民信息中心（Asylum and Migration Information Centre）的最新寻求庇护者来源国资料为基础编写，在联邦移民和难民办公室管理部门（Management Division 420）、分析部门（Analysis Divisions of Group 41）、专家组（Expert Forum）的意见的基础上修改，并在审理难民地位申请的各分支机构的建议的基础上再作修改。

八、难民地位申请的面谈

面谈是审理外国人难民地位申请的核心环节。联邦移民和难民办公室在收到外国人的难民地位申请后，及时组织对寻求庇护者的面谈。面谈由联邦移民和难民办公室的避难官员主持，寻求庇护者必须亲自参加，参加人员还有口译。面谈非公开举行。寻求庇护者应在面谈会上陈述受到政治迫害的基本事实并提供必要的细节。必要的细节包括居住、旅行路线、在其他国家的停留，以及为了获得难民地位申请或者已经在其他国家或者联邦境内开始或者完成庇护程序的信息。寻求庇护者应举证排除驱逐或

① 关于后续避难申请和第二次避难申请，见1993年《德国庇护程序法》（2007年修订）第71条和72条。

者驱逐到特定国家的事情。[①] 没有正当理由不接受面谈传唤的寻求庇护者应在一个月内书面阐述理由，否则联邦政府机构将视寻求庇护者不合作，根据已有材料作出决定。联邦、州、联合国难民署、欧洲议会难民机构都可以派员旁听面谈。联邦移民和难民办公室就面谈内容作书面记录并翻译，发送给参加面谈的寻求庇护者。

九、审理难民地位申请的决定

联邦移民和难民办公室根据面谈和之后调查获得的事实和信息作出书面的难民地位申请审理决定。如果必要，审理官员可以查询联邦移民和难民办公室的避难和移民信息中心（Information Centre Asylum and Migration），避难和移民信息中心有关于寻求庇护者国籍国情况、联邦外交部的报告、联合国难民署的资料、大赦国际的资料以及新闻报道和学术文章方面的丰富资料。审理决定有如下五种：

1. 赋予寻求庇护者难民身份，认定寻求庇护者满足2004年《德国移民法》（2007年修订）第60条第1款规定的难民标准。

2. 不赋予寻求庇护者难民身份，寻求庇护者不满足2004年《德国移民法》（2007年修订）第60条第1款规定的难民标准。

3. 由于申请理由不充足而拒绝难民地位申请，但是认为存在不予驱逐出境的障碍，例如存在面临绝境、面临死刑、不应被引渡等情形。

4. 由于申请理由不十分充足而拒绝难民地位申请，但是认为存在不予驱逐出境的障碍，例如存在面临绝境、面临死刑、不应被引渡等情形。

5. 拒绝难民地位申请，因为寻求庇护者来自安全第三国、安全来源国。

联邦移民和难民办公室向寻求庇护者送达书面难民地位申请审理决定。书面难民地位申请审理决定会指明申请人情况、决定理由和法律救济。如果拒绝难民地位申请，难民地位申请审理决定中会包括要求寻求庇护者离境和遣返的行政命令。外国人的难民地位申请未被批准而且未持有居留许可的，联邦移民和难民办公室应作出行政决定，将其遣返。根据1993年《德国庇护程序法》（2007年修订）第33条，遣返前，不必举行外国人面谈。如果寻求庇护者没有代理人，难民地位申请审理决定附寻求庇护者期望语言的翻译文本。

如果认定寻求庇护者满足2004年《德国移民法》（2007年修订）第60条第1款规定的难民标准，就赋予其难民身份。该难民享有1951年《关于难民地位的公约》规定的难民地位，有权获得居留许可和工作许可，在德国居留和工作。当由于申请难民地位理由不充足或不十分充足而拒绝难民地位申请时，要审查是否存在不予遣返的障碍，例如存在面临绝境、面临死刑、不应被引渡等情形。如果不存在不予驱逐出境的

① 1993年《德国庇护程序法》（2007年修订）第24条。

障碍且申请难民地位理由不充足，应拒绝难民地位申请和要求申请人在决定作出后一个月内离境。对于申请难民地位理由不十分充足的，应拒绝难民地位申请和要求申请人在决定作出后一周内离境。

寻求庇护者不服拒绝难民地位申请和离境决定的，可以向行政法院提起诉讼。如果行政法院维持拒绝难民地位申请和离境决定的，寻求庇护者有义务离开德国。如果有义务离境的寻求庇护者不离境，其将被遣返回国。外国人主管部门负责执行遣返决定。如果法院推翻了拒绝难民地位申请和离境的行政决定，会要求联邦难民和移民办公室重新作出决定，联邦难民和移民办公室就有义务赋予寻求庇护者难民身份。如果寻求庇护者经欧盟成员国或者经挪威、瑞士等安全第三国入境德国，联邦难民和移民办公室会决定将该寻求庇护者遣返至他路径的安全第三国。

十、机场难民地位申请审理程序（机场关押）

如果乘坐飞机的外国人在抵达机场通关区时提交难民地位申请，但是没有身份证件、持伪造证件或来自保加利亚、加纳、罗马尼亚、塞内加尔等安全来源国（safe country of origin），就适用机场难民地位申请审理程序（airport procedure）（机场关押）。来自安全来源国的外国人意图经机场入境并向边检部门申请难民地位，应在入境前提交申请。等候难民地位申请审理结果期间可以在机场住宿或者只由于必要的住宿延缓不在机场住宿。向机场边检部门申请难民地位和不能提供有效护照或者护照代用证件证明其身份的外国人同样适用上述规定。外国人应有机会及时向联邦移民和难民办公室申请难民地位，该机构应及时审理其难民地位申请。申请人应有机会与其选择和授权的专职法律人员联系，除非已经获得了律师服务。[①]

当外国人的难民地位申请理由不十分充足时，联邦警察部门会拒绝这些外国人从机场通关区（transit area）入境，将其关押在机场通关区。联邦移民和难民办公室在两日内就在机场的外国人的难民地位申请作出行政决定。寻求庇护者可以在拒绝难民地位申请决定作出后三日内向行政法院提出补充保护申请。如果行政法院没有在14日内作出判决，外国人可以入境，否则会直接从机场通关区遣返在机场的寻求庇护者回国。也就是说，机场难民地位申请程序最长19日。目前机场难民地位申请审理程序只适用于候机楼能够为寻求庇护者提供住宿的柏林、杜塞尔多夫、法兰克福、汉堡和慕尼黑等五个城市的机场。[②]

机场难民地位申请审理程序将许多寻求庇护者阻挡在德国边境之外，与澳大利

① 1993年《德国庇护程序法》（2007年修订）第18条第1款。

② Frankfurt's Gateway Reception Center, located in the Frankfurt International Airport will officially close on Sept. 30 2012.

亚的境外关押政策有着十分相似的御寻求庇护者于国门之外的功能。在适用机场难民地位申请审理程序的难民地位申请中，只有极少数被批准。1994—2002年，共有16,116份难民地位申请适用机场难民地位申请审理程序（applicants falling under Sec 18a para.6 of the Asylum Procedure Act (airport procedure)），只有356份被批准，仅占2.2%，进行到行政法院阶段的机场难民地位申请也只有2,959份，占18.36%。[①]

第五节 寻求庇护者的权利[②]

寻求庇护者在难民地位申请审理期间，主要享有居留，经济补助，就业（工作许可），医疗，教育和培训，宗教，社会活动，政治活动，融合，德国法律救济，欧洲法律救济等11个方面的权利。

一、居留

寻求庇护在等候难民地位申请审理结果期间，首先会被送往初步安置中心（initial reception centre）居住。如果外国人的难民地位申请在三个月内没有被审结，会从初步安置中心转送至县市寻求庇护者集体寓所。如果寻求庇护者已经在德国居留超过一年，可以申请从寻求庇护者集体寓所搬至公租个人寓所。寻求庇护者和暂缓遣返者没有在德国境内的自由迁徙权，必须在主管部门指定的地域通常是被安置寻求庇护者寓所的县市境内居住。2011年，德国许多州颁布法规不再要求寻求庇护者必须居住在外国人管理部门指定的寻求庇护者寓所。

（一）初步安置中心

寻求庇护者在等候难民地位申请审理结果期间，可以在德国居留。首先会被送往初步安置中心居住，在初步安置中心的居住期限通常为六周，最长不超过三个月。根据1993年《德国庇护程序法》（2007年修订）第63—64条：外国人提出难民地位申请后，除非外国人持有居住许可，应向其签发有持有人照片的特别目的居留许可。寻求庇护者只能在分配的初步安置中心所在区域居住。联邦移民和难民办公室会通知寻求庇护者的难民地位申请的审理进展，以及在审理期间的权利和义务。难民地位申请

---

① Gelder, Anna-Louise van. *Overview of Germany's Asylum System*. Uniya, Sydney Australia 2004. 4.

② “寻求庇护者的权利”部分的内容主要参考：（1）1993年《德国寻求庇护者福利法》（2007年修订）；（2）图林根州卫生、家庭和社会事务厅外国人事务委员会（Commissioner for Foreigners' Affairs at the Thuringian Ministry for Health, Family and Social Affairs）2006年印发的《庇护程序：寻求庇护者的权利和责任》（Asylum Procedure: The Rights and Responsibilities of Asylum Seekers）；（3）图林根州卫生、家庭和社会事务厅外国人事务委员会2009年印发的《在图林根州移民健康指南》(Guide to Health for Migrants in the State of Thuringia)。

审理期间，外国人应携带居住许可，以证明其寻求庇护者身份。居住许可不授权持证人出入境。

（二）县市寻求庇护者集体寓所

如果外国人的寻求难民地位申请在三个月内没有被审结，州行政管理办公室（State Administrative Office）会将寻求庇护者从初步安置中心转送至州管辖的县市。这些县市则将寻求庇护者安置到与初步安置中心类似的寻求庇护者集体寓所（group residence for asylum seekers）。县市寻求庇护者集体寓所遍布全州，有些在城市，还有些在乡村。根据1993年《德国庇护程序法》（2007年修订）第55—57条，寻求庇护者无权选择某一县市寻求庇护者集体寓所，只能服从分配，除非有近亲属居住在德国，提交了与近亲属居住在同一地区申请并获得批准。

（三）寻求庇护者公租个人寓所

如果寻求庇护者已经在德国居留超过一年，可以申请从寻求庇护者集体寓所搬至公租个人寓所（private accommodation），但是没有居住在公租个人寓所的权利，公租个人寓所通常由州社会服务办公室（Social Services Office）租赁供寻求庇护者居住。州行政管理办公室会优先考虑有孩子寻求庇护者家庭的搬迁至公租个人寓所的申请，并确保寻求庇护者居住公租个人寓所不会给政府造成财政压力。

（四）寻求庇护者居住地域限制

德国实行寻求庇护者居住地域限制制度（residential obligations），该制度有利于德国政府管理寻求庇护者，但是限制了寻求庇护者的境内居住和迁徙自由。居住地域限制包括两方面内容：（1）允许寻求庇护者在难民地位申请审理期间在德国居住。（2）要求寻求庇护者和暂缓遣返者必须在主管部门指定的地域，通常是被安置寻求庇护者寓所的县市境内居住。寻求庇护者的难民地位申请被批准后，居住地方才不再受特定县市限制，不再有义务居住在寻求庇护者寓所。

寻求庇护者搬至县市寻求庇护者集体寓所后，会自动收到一份在德国的临时居留许可，根据2004年《德国移民法》（2007年修订）第61条，居住区域限于被安置的县市。寻求庇护者有权在被安置县市境内自由迁徙，但是未经所居住地的联邦移民和难民办公室分支机构的同意和获得通行证（permission, a pass），不得离开被安置的县市。

寻求庇护者要阐明离开被安置县市的迫切和合理理由并交纳申请费。如果未经同意和持通行证就再次离开被安置县市，将是刑事犯罪。2004年《德国移民法》（2007年修订）第95条第1款第7项规定：任何外国人违反居住地域限制的，应处以一年以下监禁或者罚金。1993年《德国庇护程序法》(2007年修订)第85条规定：寻求庇护者多次违反居住地域限制的，应处以一年以下监禁或者罚金。

寻求庇护者离开集体寓所超过14天未归，将被认为是离开集体寓所出走和下落不明。寻求庇护者有权随时回到集体寓所，但是不能领取出走期间的寻求庇护者经济补助。联邦移民和难民办公室认为，考虑到寻求庇护者在出走期间不需要寻经济补助也能维持生活，视为其不再申领出走期间的经济补助。

(五)寻求庇护者居住地域限制的最新发展

人权组织和难民组织多年来强烈反对限制寻求庇护者和暂缓遣返者的居住地域。2010年9月，德国国会反对党曾呼吁取消对寻求庇护者和暂缓遣返者的居住地域限制。德国政府认为，在目前情况下，居住地域限制有利于在接受寻求庇护者和快速审理难民地位申请之间实现平衡。近些年来，居住地域限制有所放松，2010年7月底生效的柏林市和勃兰登堡州法规，允许寻求庇护者和暂缓遣返者在符合条件的情况下，可以在其他州居住。①

2011年，德国许多州颁布法规不再要求寻求庇护者必须居住在寻求庇护者寓所，主要有：梅克伦堡—前波莫瑞州(2011年12月20日)，萨克森—安哈特州(2011年3月15日)，下萨克森州(2011年9月13日)，萨克森州(2011年1月17日，但是只适用于特别原因要离开的，不适用于其他寻求庇护者)，石勒苏益格—荷尔斯泰因州2011年4月5日。图林根州于2011年5月17日颁布法规，扩大寻求庇护者的居留权，不再要求寻求庇护者必须居住在外国人管理部门指定的寻求庇护者寓所。② 巴伐利亚州2011年颁布法规，允许一审期间的有家属的寻求庇护者和暂缓遣返者可以离开寻求庇护者寓所，搬进自己的住房。③

二、经济补助④

州特别是县市外国人管理部门或者社会保障部门具体负责向寻求庇护者提供经济

---

① Germany National Contact Point for the European Migration Network. *Annual Policy Report 2010*. projects financed by the European Commission. Federal Office for Migration and Refugees – Germany EMN National Contact Point and Migration and Integration Research Section. Nuremberg Germany 2011 P48.

② German National Contact Point for the European Migration Network (EMN). *Annual Policy Report 2011*. Federal Office for Migration and Refugees 2012.

③ The Suffering of Children in Collective Housing Centres Relieved, Nuremberg News dated 3 August 2011.

④ 除说明外，本部分数据源自：FIAN Fact Sheet 2012/9e. *Abolish the Asylum Seekers Benefits Act!* FIAN Germany Policy Brief. 2012. 图林根州数据源自：Sonntag, Adriana. Asylum Procedure: The Rights and Responsibilities of Asylum Seekers[R]. Commissioner for Foreigners' Affairs at the Thuringian Ministry for Health, *Family and Social Affairs*. May 2006.

补助。

（一）寻求庇护者经济补助的适用对象和适用范围

德国1993年6月颁布了《寻求庇护者福利法》（Asylum Seekers' Benefit Act），适用于寻求庇护者、暂缓遣返者（holders of temporary suspension of deportation papers）（容忍居留许可）和其他只能在德国临时居留的外国人（foreign nationals who may only stay in Germany on a temporary basis）。该法规定：如果寻求庇护者无法从本国获得收入和财产，并且不能从事有报酬的工作，有权从德国政府获得津贴维持基本生活。德国应向寻求庇护者和其他在德国临时居留外国人提供经济补助，确保其基本日常生活需要。寻求庇护者经济补助涵盖的基本日常生活需要包括：（1）基本的食品、住宿、取暖、衣物、医疗、化妆品和居家日用品。（2）个人日常开销的领用钱。（3）疾病、怀孕和出生支出。（4）个案特殊情况下的额外支出。

（二）寻求庇护者经济补助的标准和形式

为防止寻求庇护者滥用经济补助，减少寻求庇护者数量，德国确定的寻求庇护者经济补助标准低于德国公民最低生活保障线。如果三年内未审结寻求庇护者的难民地位申请，寻求庇护者可以获得基于德国公民社会救济金标准的更大金额的经济补助。如果寻求庇护者有收入，就不能领取经济补助或者只能领取与收入相符的经济补助，并需要自己支付住宿费。如果寻求庇护者拒绝社会服务办公室安排的社区服务工作（community service job），或者在难民地位申请被拒绝后没有按照要求离境，社会服务办公室会削减其经济补助。

寻求庇护者经济补助以实物（benefits in kind）、代金券（non-cash vouchers）等非现金形式津贴为主，以现金形式津贴为辅。地方的外国人管理部门或者社会保障部门会向寻求庇护者提供食品、住宿、取暖、衣物、医疗、化妆品和居家日用品等实物，还会向寻求庇护者提供购物券和购物卡（coupons or a smart card）等代金券。代金券月度有效，只能在指定商店使用。当月没有用完的代金券不能结转至下月。寻求庇护者集体寓所管理员（coordinators）会通知寻求庇护者接收代金券的商店。如果寻求庇护者不住在初步安置中心，有可能获得更多的现金形式寻求庇护者经济补助。

（三）德国及各州实施寻求庇护者经济补助的现状

2009年，大约122,000寻求庇护者、战争难民、人口贩运受害者、暂缓遣返者（容忍居留许可）领取了1993年《德国寻求庇护者福利法》规定的经济补助。寻求庇护者领取经济补助最长期限48个月。由于寻求庇护者在德国的第一年没有工作权，一年后，经审批具有某特定工作资格和能力的可以持从属工作许可（subordinate work permit）在德国工作。领取津贴的寻求庇护者可能在德国已经生活多年。2009年，许多领取寻求庇护者经济补助的外国人已经在德国生活了6年多。

截至2012年12月，德国所有州都在1993年《德国寻求庇护者福利法》颁布后约20年间实施了非现金形式寻求庇护者经济补助政策。由于高额的行政管理成本，柏林市、不来梅市、汉堡市、黑森州、梅克伦堡—前波莫瑞州和萨克森—安哈特州不再提供非现金形式寻求庇护者经济补助，巴伐利亚州的绝大多数寻求庇护者经济补助仍然是非现金形式。[①] 尽管1993年《德国寻求庇护者福利法》规定，要不断调整经济补助标准，但是1993年的224欧元寻求庇护者津贴补贴标准自实施以来一直没有发生变化，比2012年德国社会救济金每月374欧元低40%。在此期间，德国通货膨胀率超过了30%。2011年11月，勃兰登堡州社会事务厅宣布，将对寻求庇护者，主要以现金形式不再是实物等非现金形式发放经济补助。[②]

在图林根州，2006年，图林根州社会服务办公室（Social Services Office）每月以代金券形式支付寻求庇护者经济补助，寻求庇护者户主184.07欧元、其他成年人112.48欧元和8岁以下儿童112.48欧元。寻求庇护者可以用来购买食品、衣服、个人卫生和健康用品等生活必需品。同时，这些经济补助还要被用于电力等住宿基本消耗。社会服务办公室在支付寻求庇护者经济补助时，会暂扣一部分用于代付电力等住宿基本消耗费用。除以代金券形式支付的寻求庇护者经济补助外，图林根州社会服务办公室每月还以现金形式向寻求庇护者发放零花钱，15岁以上寻求庇护者40.90欧元，15岁以下寻求庇护者20.45欧元，寻求庇护者可以自由使用。个案特殊情况下的额外支出主要是满足儿童和孕妇的特别需要，例如婴儿用品、学校用品、郊游费用等。

（四）对寻求庇护者经济补助法律规定的评价

一些难民和人权机构批评实物、代金券等非现金形式的寻求庇护者经济补助侵犯了寻求庇护者的人权。食品套餐侵犯了寻求庇护者根据自己喜好选择食品的自由，不得不容忍一些低品质的食品，健康受到了威胁。食品套餐还可能无法满足寻求庇护者的营养需要和饮食习惯。代金券只能在特定的商店使用，限制了寻求庇护者根据自己营养需要和饮食习惯选择食品的自由。另外，代金券特定商店的商品价格在不同地区变化很大。目前，提供非现金形式寻求庇护者经济补助的政府部门没有法律义务去证明，非现金形式经济补助能够确保寻求庇护者的营养和尊严，而且也没有在非现金形式经济补助不能满足寻求庇护者需要和饮食习惯时的补救义务。

---

① FIAN Fact Sheet 2012/9e. *Abolish the Asylum Seekers Benefits Act!* FIAN Germany Policy Brief. 2012.

② Asylbewerber sollen Bargeld statt Gutscheine erhalten, press release of the Ministry for Labour, Social Matters, Women and Families of Brandenburg dated 4 November 2011.

（五）德国寻求庇护者经济补助法律的最新发展

2012年2月，德国宪法法院通过失业救济金案例创立了一项新的基本人权——有尊严的最低生存权（the fundamental right to guarantee a dignified minimum existence）。该权利源于1949年《德国基本法》（2006年修订）第1条和第20条第1款。第1条规定："人的尊严。（1）人的尊严不可侵犯。尊重和保护人的尊严是一切国家权力的义务。（2）德国人民信奉不可侵犯的和不可转让的人权是所有人类社会、世界和平和正义的基础。（3）下述基本权利为直接有效地约束立法、行政和司法的法则。"第20条第1款规定："德意志联邦共和国是民主的和社会福利的联邦制国家。"有尊严的最低生存权确保所有人拥有生存和最低程度参与社会、文化和政治生活所需的物质条件。

2012年7月，德国联邦宪法法院援引1966年《经济、社会和文化权利国际公约》（ICESCR）第2条第2款的非歧视原则、第9条社会保障权和第15条第1款参加社会活动权，作出判决，适用于德国公民的有尊严的最低生存权应平等地适用于居住在德国的外国人，应禁止依据国籍、居留身份歧视地适用社会保障权和参加社会活动权的行为。判决指出，由于联邦政府无法证明寻求庇护者等外国人群体的基本生活需求确实低于德国公民，《寻求庇护者福利法》第3条规定的寻求庇护者经济补助现金支付数额低于德国公民社会救济金数额，就意味着无法保证寻求庇护者的有尊严的最低生存，因而是违宪的。对寻求庇护者提供的现金形式经济补助不应低于德国公民社会救济标准，政府必须重新考虑寻求庇护者现金形式经济补助标准。

在修订1993年《德国寻求庇护者福利法》之前，联邦宪法法院判决支付给寻求庇护者的现金形式经济补助应提高到《社会法》（Social Act, Book II, Section XII）规定的社会救济标准。根据柏林难民理事会（Berlin Refugee Council）的解释，从判决生效起，未婚成年人寻求庇护者每月津贴由224欧元增长至336欧元，其中133欧元以现金形式支付，之前是每月40.9欧元。儿童寻求庇护者每月获得现金津贴77—86欧元，之前是每月20.45欧元。还将提高从1993年至今一直未调整的已婚成年人寻求庇护者及其子女的津贴每月199欧元和133美元。提高寻求庇护者津贴回溯至2011年1月1日。

三、就业（工作许可）

寻求庇护者必须在德国居住一年后，才可以向居住地的联邦移民和难民办公室分支机构提交从属工作许可申请（Subordinate Work Permit or Permit to Hold Employment），联邦移民和难民办公室分支机构将申请转至就业部门——联邦劳动和社会事务部分支机构，由就业部门作出审理决定。就业部门优先审理已经有了工作邀请并且得到了雇主支持的寻求庇护者从属工作许可申请，审理时间至少4—6周。就业部门审理寻求庇护者从属工作许可申请时，要进行劳动力市场测试，审查是否有德国公民或者欧盟公民愿意从事寻求庇护者申请的工作。如果没有，才会批准寻求庇护者从属工作许可申请。从属工作许可申请只限于申请中指定的雇主和岗位。劳动力市场测试只有已经在寻求庇护者居留德国四年或者工作三年后才会被免除。

寻求庇护者通过工作获得收入后，根据1993年《德国寻求庇护者福利法》，就不能领取寻求庇护者经济补助，而且要自己支付寻求庇护者集体或者公租私人寓所的房租。寻求庇护者没有工作许可在德国工作是违法的，政府部门不可能或者很难帮助他们追讨雇主克扣的工资。

寻求庇护者集体寓所和县市政府会偶尔提供社会服务工作。根据1993年《德国寻求庇护者福利法》，寻求庇护者必须接受寻求庇护者集体寓所和县市政府提供的这类工作。在图林根州，社区服务工作每小时1.05欧元。寻求庇护者不因为从事社区服务工作而自己支付寻求庇护者集体或者私人寓所的房租和生活费用。

四、医疗

根据2004年《德国移民法》(2007年修订)第25条第4款、1993年《德国寻求庇护者福利法》第1条，寻求庇护者，由于紧急人道主义或者重大公共利益必须继续在德国停留的外国人，以及应该离境但是目前仍在德国的外国人，有权利获得医疗保障(medical care)。但是1993年《德国寻求庇护者福利法》第4条规定，德国只负担寻求庇护者等外国人的诊治急病和剧痛(acute illness and pain)的费用，自由裁量是否负担诊治其他疾病的费用。有资格领取医疗补助的寻求庇护者会收到社会事务部门出具的医疗保险券(health insurance voucher)，并交给医生，该券有效期三个月。

寻求庇护者患有急病、剧痛，需要治疗时，有权获得医疗补助。但是，如果寻求庇护者不是患有急病、剧痛，必须先获得社会事务部门例如社会服务办公室、社会福利办公室的同意，才可以去医院看病。在去医院看病不是绝对必要或者紧急的情况，社会服务办公室会拒绝寻求庇护者的看病申请。换句话说，除非急病、剧痛，或者有社会服务办公室的推荐信(referral note)，医生不会诊治寻求庇护者。如果全科医生推荐寻求庇护者看专科医生，寻求庇护者看专科医生时必须出示全科医生的推荐信。如果批准了医治申请，会给予寻求庇护者药物和绷带等方面补助。但是，不报销寻求庇护者来往寓所与医院之间的交通费用，以及配镜片眼镜或者隐形眼镜的费用，也不报销补牙修牙费用，除非是由于医治原因的紧急修补牙。寻求庇护者在怀孕和生小孩期间，有权获得特别津贴和医疗补助。

寻求庇护者有权免费进行以下预防性体检(preventive medical check-ups)：

1. 孕检，分娩和产后津贴；
2. 刚出生到一岁的婴儿的体检；

3. 20岁及以上妇女的早期妇科检查和年度早期癌症检查，45岁及以上男子的年度早期癌症检查。

4. 35岁及以上所有人的每年两次的一般体检；

5. 18岁以下儿童和少年的每年两次的预防性牙科检查；18岁以上所有人的每年一次的预防性牙科检查；

6. 儿童接种牛痘等疫苗、成年人接种白喉和脊髓灰质炎疫苗。[①]

吸毒和酗酒的寻求庇护者可以进行戒毒和戒酒治疗。在德国买卖除酒和烟外的上瘾物品是非法的，违者将被处以最高五年徒刑。外国人违反使用和运输上瘾物品法律规定的，会被遣返出境。患有艾滋病或者急性传染病的避难者有权得到特别补助，各州的艾滋病防治中心（AIDS relief center）会免费提供相关信息和建议。德国设有精神和心理治疗方面的特别机构，帮助因酷刑、强奸、女性生殖器切割或者类似罪行而身心受创的寻求庇护者和难民。寻求庇护者因为这些问题看精神和心理医生不需要支付挂号费和医药费，但是如果有口译陪伴，应自己支付口译费。一些难民和人权机构批评认为，以上苛刻的医疗保障规定很难确保寻求庇护者的健康。

五、教育和培训

寻求庇护者搬离初步安置中心后，必须送子女接受义务教育。1949年《德国基本法》（2006年修订）第6条第2款规定："抚养和教育子女是父母的自然权利，也是父母承担的首要义务。国家机构对他们的行为予以监督。"寻求庇护者有义务确保将子女送往学校和完成学业。德国公立学校免费，寻求庇护者不需要支付学费。除非有工作收入，否则不需要支付书本费。社会服务办公室会提供其他的学校费用和往返住处与学校交通费用的补助。

德国学校根据年龄，将寻求庇护者子女与德国公民子女混班在一起，他们共同学习完全同样的知识。对于母语非德语的寻求庇护者，学校会提供额外的德语课程。即使寻求庇护者子女是班上的极少数，学校也会给予特别关照，直至完全能跟上课程，不会因为德语差而让寻求庇护者子女辍学。志愿者会向居住在寻求庇护者集体寓所的寻求庇护者子女免费提供家庭作业辅导服务。一些寻求庇护者集体寓所办有幼儿园，直接提供看护幼儿服务。学龄前学习德语非常有助于学龄后的学校学习。

寻求庇护者在难民地位申请被批准前，无权享有免费的成人教育和政府的融合课程补助，需要寻求庇护者自己决定和付费进行何种成人教育。有些地区，一些公益团体会向寻求庇护者免费或者收取很少费用，提供德语或者计算机课程。县市成人教育

---

① Sonntag, Adriana. *Guide to Health for Migrants in the State of Thuringia*. The Commissioner for Foreigners' Affairs at the Thuringian Ministry for Health, Family, and Social Affairs. 2009 the 2nd edition. 9.

中心（Adult education centers）提供丰富的成人继续教育课程，但是面向领取寻求庇护者经济补助者的课程价格是优惠的。教会、工会等组织会提供免费的宗教或者政治类课程。寻求庇护者有权免费使用图书馆。每一所图书馆都提供外文图书借阅服务。

六、宗教

寻求庇护者享有宗教自由。1949年《德国基本法》(2006年修订）第3条第3款规定：任何人不得因信仰、宗教受到歧视或优待。宗教自由包括积极和消极两类宗教自由。积极宗教自由是指德国境内的每个人，无论是否是德国公民，都有权根据法律加入宗教团体和从事宗教活动。消极宗教自由是指不可以强迫一个人加入宗教团体或者从事宗教活动。寻求庇护者行使宗教自由时，应遵守德国禁止或者限制一些宗教活动的法律规定。在很多非洲国家，对年轻女孩或者妇女实施割礼是一种习俗，符合不科学的宗教教义。在德国，对年轻女孩或者妇女实施割礼构成了人身伤害罪，应受到刑事处罚，法律禁止不平等对待男性和女性。根据一些宗教教义，在举行宗教仪式时要屠杀动物。根据德国有关动物保护的法律，屠杀动物是受到限制的。

德国鼓励寻求庇护者积极参加宗教团体，建立与当地宗教组织的联系，获得更多融入德国的机会。德国主流宗教是基督教。绝大多数基督教徒隶属于新教教会（protestant church），其他基督教徒隶属于罗马天主教（Roman-Catholics）、天主教（Catholic church）。另外，德国还有犹太教、伊斯兰教、藏传佛教等宗教，犹太教徒主要来自前苏联地区的犹太移民，伊斯兰教徒主要来自伊斯兰国家的移民。这些宗教团体都欢迎寻求庇护者的加入。德国在许多寻求庇护者集体寓所设有祈祷房，为寻求庇护者提供祈祷场所。

七、社会活动

德国的绝大多数县市行政管理办公室（administrative office）设有融合代表（integration representative），负责向寻求庇护者等移民提供资讯和建议，确保他们的权利不被侵犯，促进当地社区接收他们。寻求庇护者可以联系融合代表讨论个人遇到的任何问题。很多情况下，融合代表不能直接帮助寻求庇护者，但是会将寻求庇护者介绍给婚姻、家庭、怀孕、心理等专业咨询机构，这些机构的专业咨询人员会与寻求庇护者讨论其遇到的问题和困难。

准母亲或者怀孕但不想要孩子的妇女可以咨询怀孕辅导机构。遇到抚养子女困惑的父母可以咨询儿童教育咨询中心和青年福利办公室。家庭暴力受害妇女可以联系妇女中心的平等权利代表。儿童和少年家庭暴力受害者可以给特别青年帮助热线打电话。相关机构会向家庭暴力受害者提供临时住所，与施暴者隔离。艾滋病和上瘾者可以向艾滋病防治中心和戒瘾中心咨询。有心理疾病者可以求助当地的公共卫生部门，该部门提供咨询、日常帮助和陪伴病人看医生等服务。犯罪受害者可以向白戒指组织（White Ring）寻求帮助，白戒指组织帮助犯罪受害者安排与政府部门和法院的会面。种族犯罪受害者可以向专门机构寻求帮助。寻求庇护者在遇到犯罪情形时，可以随时报警，警察有义务立即处理和提供帮助。

融合代表和这些公益性质的咨询机构提供的咨询服务都是免费和保密的，只是帮助解决寻求庇护者遇到的具体问题，不会对难民地位申请产生任何影响。只有律师才可以提供法律咨询和作为代理人出庭，律师服务是收费的。如果寻求庇护者不能支付律师费用，可以申请免费的法律援助。

寻求庇护者和德国人特别是临近街区的德国人生活在同一地区，不可避免地会产生冲突。寻求庇护者享有不受限制的免于被攻击和身体不受伤害的权利。极少数暴力犯罪分子例如新纳粹分子（neo-Nazi）常常通过暴力和炫耀性行为引起别人注意。警察和司法机关有义务制止这些犯罪分子的违法行为。寻求庇护者遇到或者见证了犯罪活动，应随时报警，社会工作者会帮助寻求庇护者报警。

寻求庇护者应使用非暴力手段解决这些冲突。德国社会谴责暴力解决冲突，法律禁止和惩罚暴力解决冲突。德国认为，解决冲突时要以和平方式，并保障所有人尊严、身体免受伤害和性别平等，这与其他文化解决冲突的方式有所不同。德国认为，针对人类的暴力、向动物实施的不必要暴力、恶意毁坏财物等破坏行为都是不可容忍的。寻求庇护者所处的困境和受到的限制都不能成为违法的借口。这些违法行为不利于违法者的难民地位申请，削弱公众接受寻求庇护者的意愿，以及有碍公众未来对难民的接收和保护。

图林根州卫生、家庭和社会事务厅外国人事务委员会在《庇护程序：寻求庇护者的权利和义务》中指出："寻求庇护者集体寓所的家具有时被没有原因地故意损坏。这种损坏行为不仅使所有居住的寻求庇护者的生活条件更差，经受苦难，而且更难让缴税的德国公民将来向寻求庇护者提供住所和安置服务。外国人寻求庇护的困难时光应该通过相互关照和尊重使彼此生活尽可能轻松。但是，一些违法行为不断重演，例如买卖上瘾药品、威胁使用暴力、使用虚假文件、商店偷窃、无证驾驶、未经允许离开居住县市等。"根据德国法律，这些违法行为并不轻微，会受到相应的处罚。

如果犯罪的寻求庇护者被认为对德国安全构成威胁，将不能被甄别为难民，以及不再适用遣返或者驱逐禁止。2004年《德国移民法》（2007年修订）第60条第8款规定：外国人因为犯罪被判处至少三年徒刑，视为对德国安全或者公众构成危险，不再受驱逐出境禁止限制。推定外国人实施了国际法意义上的反和平罪、战争罪或者反人类罪的，或者在被甄别为难民前在德国境外实施了严重的非政治性犯罪的，或者实施了违反联合国的目标和原则的行为，也不再受驱逐出境禁止限制。

八、政治活动

寻求庇护者可以在法律规定的范围内从事政治活动。根据2004年《德国移民法》(2007年修订)第47条，寻求庇护者具有下列情形的，可以限制或者禁止其政治活动：

(1)损害或者危及德国多元政治主张的发展、德国人与外国人或者德国境内不同外国人群体的和平相处、公共安全、法律、秩序或者德国境内所有的其他实质性利益。

(2)可能违背德国在外交政策方面的利益和国际法义务。

(3)违反德国法律，特别是与使用暴力有关的。

(4)试图促进德国境外的、其目的或者手段与尊重人类尊严的政府制度的根本价值不能共存的政党、其他组织、机构、团体或者活动。如果不能确认拟从事的政治活动是否合法，应该联系融合代表予以确认。

寻求庇护者等外国人具有下列情形的，应该限制或者禁止其政治活动：

(1)危害德国的自由和民主的宪政制度、安全或者成文国际法原则。

(2)公开支持、鼓吹或者煽动使用暴力作为强制推行政治、宗教或者其他利益的手段和能够煽动上述暴力。

(3)支持发动、鼓吹或者威胁攻击德国境内人或者物体，或者德国境外的德国人或者德国机构团体，以及德国境内外组织、政治运动或者团体。

九、融合

德国鼓励寻求庇护者融入德国社会。德国认为，尽管寻求庇护者在难民地位申请被批准前只是拥有寻求庇护权而不是避难权，福利、居留、工作、教育等都受到一些限制，但是其在等候审理结果期间的生活重心是在德国，要在德国生活较长一段时间，甚至是数年，有必要利用在社区、宗教团体、工作单位、子女接收教育学校、体育俱乐部等机构和组织的一切机会建立与居住地区民众的联系，并学习德语。这非常有助于寻求庇护者认识和认知德国。

十、寻求庇护者的德国法律救济

1993年《德国庇护程序法》(2007年修订)第七章第76—83条专章规定了与难民有关的审判特别程序。外国人对联邦移民和难民办公室的拒绝难民地位申请行政决定享有行政法院一审权，受限制的二审权、三审权以及宪法法院诉讼权。根据1993年《德国庇护程序法》(2007年修订)第74条，寻求庇护者可以在拒绝难民地位申请行政决定送达之日起两周内向行政法院(Administrative court)提起一审诉讼，在拒绝难民地位申请行政决定送达之日起一个月内提交诉讼所依据的事实和证据，否则其起诉将被驳回。根据《德国行政法院程序法典》（2007年修订）第67条，提起行政诉讼的寻求庇护者不必聘请律师，但是律师在难民地位申请行政诉讼中发挥着较大作用。根据1993年《德国庇护程序法》（2007年修订）第76条，除非案件事实或者法律定性特别困难或者法律事件意义重大，行政法院通常将不服拒绝难民地位申请行政决定的案件交由能够作出决定的独任法官审理。经过庭审后，因为诉讼中的实质变化以致法律事件意义重大，独任法官可将审理交由行政法院，行政法院不可以将审理再次交由独任法官。根据1993年《德国庇护程序法》（2007年修订）第78条第1款，如果行政法院认为外国人不服联邦移民和难民办公室的拒绝难民地位申请行政决定的诉讼申请，没有明显理由或者所述理由明显不可采信，所作的判决是终审判决。

外国人对联邦移民和难民办公室的拒绝难民地位申请行政决定享有受限制的高等行政法院二审权。根据1993年《德国庇护程序法》（2007年修订）第78条第2款，如果行政法院驳回外国人不服联邦移民和难民办公室的拒绝难民地位申请行政决定的诉讼申请，不是因为诉讼申请没有明显理由或者所述理由明显不可采信，经高等行政法院（Higher Administrative Courts）批准，当事人可以提起上诉。另外，如果法律意义重大，一审判决偏离高等行政法院、行政法院或者联邦宪法法院的判例，当事人一方抗辩存在重大程序缺陷，当事人也可以提起上诉。上诉应在一审判决送达后两周内向行政法院提出。上诉申请应包含不服一审判决的原因和有权上诉的理由。当事人提起上诉后，一审判决不发生法律效力。

如果寻求难民地位申请二审判决案件的法律意义重大，二审判决偏离高等行政法院或者联邦宪法法院的判例，当事人一方抗辩存在重大程序缺陷，寻求难民地位申请二审判决的当事人一方可以仅就法律问题，经批准提起三审申请，三审判决依据的案件事实是二审确定的案件事实。三审法院不能评议高等行政法院确定的案件事实，如果无法根据高等行政法院确定的案件事实做出三审判决时，会要求高等行政法院重新确定案件事实。三审判决是最终判决。

寻求庇护者在履行了所有行政诉讼程序后，经联邦宪法法院（Federal Constitutional Court）同意，还可以向联邦宪法法院提起宪法诉讼。

十一、寻求庇护者的欧洲法律救济

如果审理外国人的寻求难民地位申请涉及欧洲难民法，特别是2003年《欧盟安置寻求庇护者指令》、2004年《欧盟难民保护指令》、2005年《欧盟庇护程序指令》等难民方面的指令，当事人一方可以向位于卢森堡的欧洲司法法院（European Court of Justice, ECJ）提起诉讼。如果寻求庇护者认为联邦移民和难民办公室的行政决定，或者审理寻求难民地位申请案件的法院判决侵犯了1950年《欧洲人权公约》规定的人权，在用尽德国的所有法律救济后，可以向位于斯特拉斯堡的欧洲人权法院（European Court of Human Rights, ECHR）提起诉讼。

十二、关于德国寻求庇护者权利的思考

宏观上看，德国赋予寻求庇护者的权利主要是为了在满足欧盟安置寻求庇护者最低标准的前提下，限制外国人以寻求庇护名义入境和居留，最大限度地保护本国公共利益。寻求庇护者在等候难民地位申请审理结果期间，享有居留，经济补助，就业（工作许可），医疗，教育和培训，宗教，社会活动，政治活动，融合，德国法律救济，欧洲法律救济等11个方面的权利，这些权利均符合2003年《欧盟安置寻求庇护者指令》的规定。但是，1993年《德国寻求庇护者福利法》自颁布伊始，就遭到了一些人权组织和难民的批评和反对，认为对目前的寻求庇护者安置制度侵犯了寻求庇护者的自由和健康。近年来，德国及其州开始修订法律法规，提高寻求庇护者安置标准。

从微观上看，以德国生活标准衡量，在德国的寻求庇护者都面临着生活困境。寻求庇护者现金形式经济补助比德国公民最低社会救济金低40%，直到2012年12月才得以持平，而且有些州仍然以非现金形式支付寻求庇护者经济补助。寻求庇护者生活成本很高，除生活费外，还至少要支付往来寻求庇护者寓所与政府管理部门间的交通费用，缴纳这些部门要求的费用，以及支付提起法律救济所需的法律服务费用。德国只负担寻求庇护者等外国人的诊治急病和剧痛的费用，自由裁量是否负担诊治其他疾病的费用。寻求庇护者和暂缓遣返者没有在德国境内的自由迁徙权，必须在主管部门指定的地域通常是被安置寻求庇护者寓所的县市境内居住。寻求庇护者在第一年没有工作权，失去了通过工作获得报酬维持生活和抚养子女的机会。没有工作权的第一年结束后，寻求庇护者只获得了有限制的工作权，持从属工作许可在德国从事欧盟公民不可以胜任的被雇主雇佣的工作。寻求庇护者在难民地位申请被批准前，无权享有免费的成人教育和政府的融合课程补助，寻求庇护者自己决定和付费进行何种成人教育。

如果以寻求庇护者来源国的生活标准衡量，由于绝大多数寻求庇护者来自发生战乱、内战以及发展中国家，他们对德国提供的安置经济补助和社会福利，并不是特别不满意。许多中国寻求庇护者对德国向寻求庇护者提供的经济补助和社会福利感到满意。

第六节　协助自愿回国[①]

寻求庇护者可能被强制遣返，也可能自愿离开德国。外国人难民地位申请被联邦移民和难民办公室拒绝，向法院提起的诉讼也被驳回，就必须离开德国，否则会被警察强制遣返回国。为了减少强制遣返带来的管理成本上升、引发社会矛盾等副作用，德国制定和实施了协助寻求庇护者等外国人离开德国回国或者前往第三国，并帮助他们开始新生活和重新融入的人道主义项目，鼓励他们自愿离开德国，包括一般项目和特别项目两类。一般项目适用于普遍意义上的寻求庇护者等外国人，包括在德国的寻求庇护者重新融合和移出项目（Reintegration and Emigration Programme for Asylum Seekers in Germany）以及政府协助自愿回国项目 (Government Assisted Repatriation Programme)。特别项目适用于特定国家或者地区的寻求庇护者等外国人，例如面向科索沃人的 URA 2项目——科索沃人自愿回国项目（Kosovo Return Project）。德国协助寻求庇护者自愿回国项目颇具特色，并且取得了一定的积极成效，值得探究。

一、强制遣返

外国人难民地位申请被联邦移民和难民办公室拒绝，向法院提起的诉讼也被驳回，就必须离开德国。不自愿离开德国的难民地位申请失败外国人会被警察强制遣返回国。被强制遣返回国的外国人将被禁止再次进入德国。2004年《德国移民法》(2007年修订）第11条第1款规定：不应批准被驱逐、遣返出境的外国人重新入境或者在德国居留。即使该外国人符合居留条件，也不应批准其居留申请。外国人因为犯有反和平罪、战争罪或者反人类罪离开德国不可起诉而被驱逐出境的，无限期地禁止该外国人入境和居留。

二、寻求庇护者重新融合和移出项目及政府协助自愿回国项目

1979年，德国家庭、青年和卫生部启动寻求庇护者重新融合和移出项目。1989年，德国内政部启动政府协助自愿回国项目，作为寻求庇护者重新融合和移出项目的配套项目。2000年1月起，德国内政部全面负责这两个项目，由下辖的补充保护、自愿回国支持、自愿回国信息中心和联络办公室（Temporary Protection, Support of Voluntary Return, Information Centre for Return Support, Liaison Office）等部门负责协调实施。

目前，这两个项目由德国内政部和各州各出资50%资助，由国际移民组织代表

---

① 除特别注明外，本部分数据源自德国移民和难民办公室. Support for returnees，http://www.bamf.de。

德国内政部和其他参与的部具体实施。除德国内政部等联邦部级部门外，国际移民组织的合作伙伴有地方政府部门、慈善机构、专业咨询中心和联合国难民署。2009年，这两个项目一共资助了3,120人从德国回国。2007—2010年，一共资助了44,620人从德国回国。

联邦移民和难民办公室自愿回国和回国管理资助处（Division of Assistance for the Voluntary Return and Return Management）自愿回国信息中心（The Information Centre for Voluntary Return，ZIRF) 负责制定自愿回国方面的计划，并与其他相关部门的协调和沟通，推动和评估这些计划的实施，有效运用掌握的大量信息向有关政府部门、寻求庇护者等提供有关自愿回国的咨询，充分利用一切资源促进寻求庇护者等外国人自愿回国。

根据1993年《德国寻求庇护者福利法》第1条及其他有关法律的规定，在德国的寻求庇护者重新融合和移出项目和政府协助自愿回国项目适用的人群包括：寻求庇护者；被拒绝的寻求庇护者；战争难民；内战难民；被认定的难民；由于人道主义原因、政治原因或者根据国际法获得居留许可的外国人；被迫卖淫或者被绑架的受害者；其他符合1993年《德国寻求庇护者福利法》规定，有资格领取寻求庇护者福利的外国人。

在德国的寻求庇护者重新融合和移出项目提供交通补助，主要科目和金额是：乘坐飞机、铁路或者汽车的交通费；每辆汽车250欧元的汽油费；以及每位成年人200欧元和每位12岁以下小孩100欧元的旅途补贴。

政府协助自愿回国项目向不同国家的寻求庇护者等外国人提供不同数额的新生活资助。为了增加新生活资助的吸引力，2009年，新生活资助标准提高了50%—60%。

表14-3　德国的政府协助自愿回国项目面向的国家及其金额

寻求庇护者等外国人的国籍国	12岁以上补助金额	12岁以下补助金额
埃及、阿尔及利亚、埃塞俄比亚、孟加拉、科特迪瓦、中国、厄立特里亚、加纳、印度、约旦、黎巴嫩、摩纳哥、尼日利亚、巴基斯坦、塞拉利昂、索马里、叙利亚和越南	每人300欧元	每人150欧元
亚美尼亚、阿塞拜疆、格鲁吉亚、伊朗、科索沃（不包括塞尔维亚族）、黑山、俄罗斯、土耳其、乌克兰	每人400欧元	每人200欧元
阿富汗、伊拉克、科索沃（仅限塞尔维亚族）	每人750欧元	每人375欧元

资料来源：德国移民和难民办公室网站 www.bamf.de。

寻求庇护者等外国人可以申请准备离开德国的费用补助，包括护照申请费，签证申请费，从住所前往机场、使领馆、政府部门的交通费。能够免签进入德国的来自非欧盟成员国的欧洲国家的公民，不能申请现金交通补助和新生活补助，只能报销离开德国回国或者前往第三国的交通费。

寻求庇护者等外国人可以向州或者县市的社会福利部门、外国人部门、慈善团体、专业咨询中心、回国咨询中心、国际移民组织德国联络处或者通过联合国难民署，申请在德国的寻求庇护者重新融合和移出项目和政府协助自愿回国项目下的资助。申请时必须确认是自愿离开德国，撤回已经向行政部门和行政法院提交的申请或者诉讼，放弃任何基于居留许可的权利，在很长时间内不会再进入德国。另外，要证明自己没有充足资金回国和开始新的生活。如果申请人正在根据1993年《德国寻求庇护者福利法》、《社会法典》、《儿童和青年福利法》领取社会福利，视其没有充足资金回国和开始新的生活。

三、协助特别移民（自愿回国）项目

协助特别移民（自愿回国）项目（Special Migrants Assistance Programme）适用于不能申请在德国的寻求庇护者重新融合和移出项目以及政府协助自愿回国项目的外国人，例如在德国境内的美国、加拿大和澳大利亚公民。国际移民组织实施该项目，组织航班和提供优惠机票价格。

四、URA 2项目[①]

URA 2项目是一个由欧洲委员会资助的自愿回国项目，旨在帮助在德国的科索沃人成功和持续地回到并融入科索沃，力争成为支持科索沃人回归的桥梁。项目第一期已经于2008年10月结束。项目第二期于2009年启动，改由德国资助，向离开德国回国的科索沃人及其亲属提供融合和照顾方面的支持，至今仍在运转中。项目第二期的目的是使回国的科索沃人更轻松地融入科索沃，进一步完善自愿回国的整体管理。

URA 2项目标志

根据URA 2项目第二期，从巴登符腾堡州、下萨克森州、北莱茵威斯特法伦州、萨克森安哈特州回国的科索沃人，可以申请住房、家具或者必要医疗诊治或药品等基本生活的最初救助，以及申请职业培训、就业促进或者创业指导等重新生活的融合服务。最初救助的具体内容包括：广泛的行政管理、家庭团聚或者找房方面的咨询；部分报销从住所到中心城市的交通费；一次性临时补助，每人最多50欧元；房租补贴，六个月最多100欧元；购置家具，自愿回国每人最多600欧元，强制遣返每人最多300欧元。报销必要的诊治和药费，每人最多75欧元。

重新融合项目的内容包括：一次性报销语言课程费，每人最多100欧元。一次性支付小学生和年轻人参加语言课程费用。一次性与就业有关理论培训费用，每人最多

---

① 有关URA 2项目的数据源自德国移民和难民办公室网站的科索沃人回国项目（Kosovo Return Project）。

120欧元。一次性与就业有关的实务培训费用，每人最多50欧元。工作培训期间的生活补助，自愿回国者每人最多250欧元，强制遣返者每人最多200欧元。工资补贴，自愿回国者每人每月最多150欧元，遣返者每人每月最多100欧元，补贴期最长六个月。创业培训费，只面向自愿回国者，最多500欧元。

五、关于协助寻求庇护者自愿回国项目的思考①

德国协助寻求庇护者自愿回国项目存在着一些不足，主要是：德国没有颁布协助寻求庇护者等外国人回国的法律；各州和县市没有制定适用于本地区的协助寻求庇护者等外国人回国的政策或者项目；实施协助寻求庇护者等外国人回国项目的国际移民组织、地方政府部门、慈善团体、专业咨询中心和联合国难民署等机构之间缺少配合和协调；有关实施协助寻求庇护者等外国人回国项目的机构按照各自标准提供服务，缺乏统一性。

在德国的寻求庇护者重新融合和移出项目、政府协助自愿回国项目、协助特别移民（自愿回国）项目、URA 2项目都不是法律规定的项目，而是政府部门制定的政策性项目。寻求庇护者等外国人没有法定权利申请自愿回国资助和经济补贴，只能申请联邦设立的项目。由于各州和县市没有适用于本地区的协助寻求庇护者等外国人回国的政策或者项目，现有的联邦政府制定的项目的针对性就有些不足。实施部门之间缺少配合和协调，以及资助回国服务缺乏统一标准，降低了协助寻求庇护者自愿回国项目的效率。

协助寻求庇护者离开德国项目取得了一定效果，但不是很明显。2004年32.7%的获得回国资助的寻求庇护者等外国人已经在德国居住超过了5年，2008年，上升到了46%。2004—2008年，强制遣返人数缓步上升，而自愿离境人数温和下降。2004年，强制遣返和自愿离境人数比是2.8∶1，2008年为4.1∶1。协助寻求庇护者离开德国项目效果不明显并能否定这些项目的必要性和科学性，因为实施效果取决于项目内容和实施、德国的移民和难民政策、其他国家的经济和社会发展、德国与其他国家的合作等多种因素，项目内容和实施只是多种因素之一。

2004年获得在德国的寻求庇护者重新融合和移出项目及政府协助自愿回国项目的外国人是9,961名，2008年降至2,799名。主要原因是有义务离开德国的外国人数量在减少，由2004年的3,710,743人降至2008年的136,432人。第一次申请难民地位的外国人数量也在减少，由2003年的50,000人降至2007年的20,000人。另外，德国

① 除注明外，本部分数据源自：Kreienbrink, Jan Schneider Axel. *Return Assistance in Germany: Programmes and Strategies Fostering Assisted Return to and Reintegration in Third Countries*. Research Study I/2009 in the Framework of the European Migration Network (EMN). Working Paper 31. Germany National EMN Contact Point and Research Section of Federal Office of Migration and Refugee. 2010. P11-12.

人国际（人道主义）保护在2007—2008年持续增加，这直接影响寻求庇护者等外国人回国积极性，2006年比2005年增加了6.5%，2007年比2006年增加了27.5%，2008年比2007年增加了37.7%。

2009年后，获得协助自愿回国项目资助外国人数回升，寻求庇护者来源国国内局势的稳定起了很大作用。2010年4,480人获得资助并离开德国，2011年6,319人获得资助并离开德国，增长了41%。获得协助自愿回国项目资助人数最多的群体是叙利亚人，有2,331名，占获得这两个项目资助总人数的36.3%。获得回归资助人数第二多的群体是前南斯拉夫共和国马斯顿，有1,199名，占获得这两个项目资助总人数的18.7%。[①]

第七节　补充保护者的甄别和权利

补充保护（subsidiary protection）政策是德国难民政策的重要组成部分，与难民保护合称国际（人道主义）保护。如表格14—1所示，2009—2013年，德国共给予24,080名外国人补充保护地位，是同期给予42,650名外国人难民地位的56.65%。其中的2013年，德国给予9,210人补充保护地位，占当年给予10,915名外国人难民地位的84.38%。

一、补充保护者的定义

补充保护者（subsidiary），又称辅助保护者、次要保护者，是指因为面临遣返障碍（deportation ban）而获得补充性保护的外国人。寻求庇护者不符合难民定义的要求，但是存在生命和自由面临巨大危险的情形，可以获得补充保护，在德国居留。补充保护适用于尽管寻求庇护者不符合难民定义的要求，但是存在着使生命和自由遭受巨大危险的情形（neither the right to asylum nor refugee protection can be granted, but grave dangers nonetheless exist for liberty, life or limb）。巨大危险可以源于但不限于政治迫害，必须存在于寻求庇护者遣返目的地国，也就是说存在与目的地国有关的遣返障碍。

① German National Contact Point for the European Migration Network (EMN). *Annual Policy Report 2011*. Federal Office for Migration and Refugees 2012. 47.

二、德国难民法和欧盟难民法中的补充保护的适用范围

（一）德国难民法规定的补充保护的适用范围

德国履行加入的1984年《禁止酷刑和其他残忍、不人道或有辱人格的待遇或处罚公约》、1950年《欧洲人权公约》、2004年《欧盟难民保护指令》等国际文件区域文件规定的国际法义务，规定了关于补充保护的范围。根据2004年《德国移民法》（2007年修订）第25条第3款和第60条第2、3、5或7款规定：补充保护居留许可适用于以下四种情形：

（1）不能遣返外国人至其将面临酷刑、不人道或者有辱人格的待遇或处罚的真实危险的国家；

（2）不能遣返外国人至其将面临被处以死刑或者执行死刑的危险的国家；

（3）不能遣返外国人至1950年《欧洲人权公约》禁止驱逐出境至的国家；

（4）不能遣返外国人至生命和自由受到具体和严重威胁（a concrete and considerable danger）的国家。不能遣返平民至生命或自由由于国际或国内武装冲突面临严重个人危险（serious and individual threats）的国家。

寻求庇护者生命和自由面临的威胁必须是针对其个人的，而不是针对来源国所有人。另外，根据2004年《德国移民法》（2007年修订）第60条第7款第1项，健康状况也可能导致签发补充保护，如果外国人被遣返，个人健康会受到面临严重伤害（severe aggravation of the health situation of the individual）。如果外国人被遣返导致病情显著恶化甚至危及生命，可以视之为个人健康面临严重威胁。

（二）德国难民法规定的不给予外国人补充保护的情形

德国有非常大的自由裁量权不给予外国人补充保护。根据2004年《德国移民法》（2007年修订）第25条第3款和第26条第2款规定，如果外国人在随后准入而离开德国前往另一国家是可能和现实的，严重和屡次不履行配合德国有关部门的义务，或者有重大理由证实外国人有下列行为，可以不批准补充保护者的居留许可：

（1）实施了国际法意义上的反和平罪、战争罪或者反人类罪；

（2）实施了非常严重犯罪；

（3）实施了违反《联合国宪章》序言和第1条、第2条规定的联合国目的和原则的犯罪；或者

（4）对公众或者德国国家安全构成威胁

（三）德国难民法与欧盟难民法在补充保护方面的互动

2004年《欧盟难民保护指令》是欧盟第一个具有法律约束力的超国家区域性范畴的法律文件，在欧盟层面确认认定难民和国际保护人员的标准，以及难民和国际保护人员能够获得的实体权利保护，还要求所有成员国采取一切适当措施消除难民方面的国内立法与欧盟立法和参加的国际公约之间不一致的规定。① 2004年《欧盟难民保护指令》第15条规定：补充保护适用于酷刑和其他残忍、不人道或有辱人格的待遇或处罚，有被判处死刑或者执行死刑的风险，个人生命由于国际或者国内武装冲突面临巨大危险等情形。该《指令》将难民保护和补充保护合称国际保护（refugee and subsidiary protection are called international protection）。

德国是欧盟成员国，有国际义务执行2004年《欧盟难民保护指令》。德国将2004年《欧盟难民保护指令》内容国内法化在2004年《德国移民法》之中。2007年8月，德国实施修订后的2004年《德国移民法》，以补充保护和容忍居留（temporary suspension of his deportation, duldung, tolerance）形式涵盖了2004年《欧盟难民保护指令》规定的补充保护和人道主义保护。如果获得欧盟补充保护的外国人自愿进入德国，德国允许其在补充保护期间在德国居留。②

三、补充保护者的甄别

联邦移民和难民办公室会在外国人递交难民地位申请后，自动审理申请人是否符合补充保护条件。如果发现存在与目的地国有关的遣返障碍，将给予申请人补充保护身份。如果外国人没有申请难民地位，但是申请了不被遣返回本国，根据2004年《德国移民法》（2007年修订）第72条第2款，地方外国人管理部门必须先书面阐述外国人的情况，征求联邦移民和难民局对是否存在与目的地国有关的遣返障碍而不予遣返的意见。但是，地方外国人管理部门决定是否给予申请人补充保护身份时，不受联邦移民和难民局意见的约束。符合条件的补充保护者可以获得居留权或者永久居留权。联邦移民和难民办公室在审结难民地位申请时，应同时作出是否给予补充保护的决定。

---

① 郝鲁怡.欧盟国际移民法律制度研究[M].人民出版社.2011. 245。

② 2004《年欧盟关于第三国公民或无国籍人作为难民或需要国际保护人员的资格和地位以及给予保护的最低标准的指令》第15条规定了次要保护的定义：The protection given to a third-country national or a stateless person who does not qualify as a refugee but in respect of whom substantial grounds have been shown for believing that the person concerned, if returned to his or her country of origin, or in the case of a stateless person, to his or her country of former habitual residence, would face a real risk of suffering serious harm as defined in Article 15 of 2004/83/EC, and to whom Article 17(1) and (2) of 2004/83/EC do not apply, and is unable, or, owing to such risk, unwilling to avail himself or herself of the protection of that country.

四、补充保护者的权利

外国人获得德国补充保护者的法律地位后，在失业救济、医疗保障和中小学教育方面享有与德国公民一样的权益，自动获得失业救济、医疗保障和国家资助就读小学和中学。补充保护者在宗教、社会活动和主动融和方面，享有与寻求庇护者、难民同等的权利。另外，外国人获得德国补充保护的法律地位后，在居留、就业、家庭救济、住房、大学教育、家庭团聚方面，享有有限的权利。

（一）居留

补充保护者有权获得有限制的居留许可，根据所附条件在德国居留，直至遣返障碍消除。补充保护者的居留许可有效期至少一年。实践中，补充保护者收到的居留许可是一年或者两年。[①] 如果补充保护者在居留许可期满后离开德国有异常困难的，可以延期其居留许可。但是，根据2004年《德国移民法》（2007年修订）第26条第2款，如果申请延期居留许可时，遣返障碍已经消除，不得批准延期居留许可。实践中，德国难民主管机关在“有必要继续在德国停留的”方面享有自由裁量权，会以此拒绝给予补充保护者的延期居留许可申请。补充保护者有权在指定的区域内迁徙。根据2004年《德国移民法》（2007年修订）第24条第3款和第26条第2款，补充保护者无权选择特定的州或者特定地点居留，只能在被分配的州或者县市（local district and Länd）居留。德国移民和难民办公室负责分配补充保护者至各州，分配标准与分配寻求庇护者相同。州最高机构或者其指定的部门应制定和实施分配补充保护者法规，州政府根据分配补充保护者法规在本州内调节在各县市行政区间具体分配补充保护者。

（二）永久居留

补充保护者持居留许可在德国居住满七年后，并且满足外国人从居留转永久居留通常要满足的有生活保障、已经交付法定退休金60个月等八项条件，可以申请永久居留。2004年《德国移民法》（2007年修订）第26条第4款规定：持有本章（入境和居留）规定的居留许可在德国居住满七年，并且满足外国人从居留转永久居留通常要满足的有生活保障、已经交付法定退休金60个月等八项条件，可以获得永久居留权。由于补充保护者的特点，他们获得永久居留权不仅比难民获得永久居留权要困难得多，而且比其他外国人获得永久居留权困难，因为对其他外国人的居留期限的要求是五年，而对补充保护者的居留期限要求是七年。

---

① Allen, Tim. *EU Member States Granted Protection to 84,100 Asylum Seekers in 2011*. Eurostat Press Office News Release. 96/2012 - 19 June 2012.

（三）入籍

德国给予补充保护者与其他持永久居留许可外国人一样的入籍权，即持永久居留许可在德国居住满八年，并符合有足够经济能力负担家庭需要、没有犯罪、不对德国国家安全安全构成危险等条件的，可以申请德国国籍。

（四）家庭救济

补充保护者必须在德国居留满三年后才有权申请家庭救济。①

（五）就业

与寻求庇护者一样，补充保护者在德国居留一年以后才可以就业，并且要进行劳动力市场测试，从事德国公民和欧盟公民不能胜任的工作。补充保护者在德国居留四年或者工作三年后，才可以申请豁免劳动力市场测试。补充保护者与寻求庇护者一样在德国居留的第一年无权工作，第二至四年持从属工作许可工作，第五年及以后，有可能获得无限制的工作许可。② 联邦劳动和社会事务部分支机构负责补充保护者的审核劳动力市场测试及其豁免申请。

（六）住房

德国原则上允许补充保护者享有住房，但是具体内容由所在地区的福利政策而定。

（七）大学教育

补充保护者如果要获得国家资助就读大学，必须持合法居留许可在德国居留和工作了至少五年。

（八）家庭团聚。

补充保护者原则上不能申请家庭团聚，因为申请家庭团聚必须要有持居留许可或者永久居留许可者做担保人。根据2004年《德国移民法》（2007年修订）第29条第4款，如果补充保护者逃离所在国致使家庭破裂，补充保护者的受抚养人由另一欧盟成员国接纳或者住在欧盟之外且需要保护的，可以向补充保护者的配偶和未成年子女签发居留许可。

---

① France Terre d'Asile. Asile: *La Protection Subsidiaire en Europe: Une Mosaique de Droits*, Les Cahiers du Social No 18, September 2008 49.

② Allen, Tim. EU Member States Granted Protection to 84,100 Asylum Seekers in 2011[R]. Eurostat Press Office News Release. 96/2012 - 19 June 2012.46.

（九）不享有的权利[①]

暂缓遣返者不享有在德国的自由迁徙权。

暂缓遣返者不享有自雇权、自由职业权、职业培训权。

暂缓遣返者无权获得国际旅行证件。

暂缓遣返者无权参加县市等各级政府的选举。

第八节 暂缓遣返者（容忍居留许可者）的甄别和权利

暂缓遣返者（holders of temporary suspension of deportation papers）是指由于履行国际法义务、事实上或法律上无法执行遣返决定等法定原因，不得不暂缓遣返的外国人。由于暂缓遣返者可以获得容忍居留许可，所以又称容忍居留许可者。许多暂缓遣返者是被拒绝的寻求庇护者。截至2002年12月31日，德国境内有暂缓遣返者大约416,000人，而同期德国境内有寻求庇护者164,000人。[②] 被暂缓遣返者必须符合规定的条件，才享有居留权。外国人获得德国暂缓遣返者的法律地位后，在中小学教育方面享有与德国公民一样的权利，自动获得国家资助就读小学和中学。另外，外国人获得德国暂缓遣返的法律地位后，在就业、家庭救济、住房、大学教育、家庭团聚方面，享有有限的权利。

一、暂缓遣返法的历史发展

2004年《德国移民法》（2007年修订）规定的暂缓遣返源于1990年《德国外国人入境和居留法》规定的暂缓遣返（temporary suspension of his deportation，duldung, tolerance）。1990年代，德国面临大量外国人入境寻求庇护，其中许多外国人在难民地位申请被拒绝后依然不离开德国，例如不告知自己的准确身份，不仅带来了巨大的安置负担，而且影响社会稳定。为了公开和透明地管理包括寻求庇护者在内的可能被遣返的外国人，1990年《德国外国人入境和居留法》规定了暂缓遣返，提出了容忍居留许可概念。该法第55条规定了容忍居留的根据：

（1）只能按照第2款至第4款的规定，暂时地推迟将一个外国人递解出境（容忍居留）。

（2）签发给一个外国人容忍居留，只要由于法律上或实际上的原因不可能将

① “补充保护者不享有的权益”内容总结自：France Terre d'Asile. Asile: *La Protection Subsidiaire en Europe: Une Mosaique de Droits, Les Cahiers du Social* No 18, September 2008 46.

② Hohmann, René. *Refugees'Contribution to Europe Country Report: Germany*. The RESOURCE project received funding from the European Refugee Fund. 2004.

他调解出境，或者依据第53条第6款或第54条推迟了将他调解出境。

（3）可以签发给一个外国人容忍居留，如果他未完全地有离境义务，或者如果紧迫的人道或个人原因或重大的公共利益要求他暂时继续留在联邦地区。

（4）如果有法律效力地判决了允许将一个外国人调解出境，只要在调解出境由于法律上或实际上的原因不可能被执行或根据第54条被推迟执行的情况下，才能发给他容忍居留。

该法第56条规定了容忍居留的所附条件。

（1）被容忍居留的外国人的离境义务不受到影响。

（2）容忍居留是有期限的，该期限不超过一年，该期限到后可以按照第55条重新签发容忍居留。

（3）容忍居留仅限于该州。可以附加其他的前提和条件。特别是可以附加禁止或限制从事职业的条文。

（4）容忍居留随着该外国人的出境自动无效。

（5）容忍居留被取消，如果调解出境的障碍消失了。

（6）在容忍居留实效后，该外国人被立即调解出境，无需新的威胁或确定新的期限，除非容忍居留

被重新签发。一个外国人被容忍居留了一年以上，将他调解出境必须在两个月前被公告，除非其他国家愿意接受他的期限在此之前结束。

德国1993年6月颁布了《寻求庇护者福利法》，适用于暂缓遣返者（容忍居留许可）。该法规定，如果寻求庇护者无法从本国获得收入和财产，并且不能从事有报酬的工作（gainful employment），有权从德国政府获得津贴维持基本生活。德国应向寻求庇护者和其他在德国临时居留外国人提供经济补助，确保其基本日常生活需要。

德国是欧盟成员国，有国际义务执行2004年《欧盟难民保护指令》。德国将2004年《欧盟难民保护指令》内容国内法化在2004年《德国移民法》之中。2007年8月，德国实施修订后的2004年《德国移民法》，以补充保护和暂缓遣返（temporary suspension of his deportation, duldung, tolerance）涵盖了2004年《欧盟难民保护指令》规定的补充保护和人道主义保护。

德国2004年颁布《外国人在联邦领域居留、从事经济活动和融合法》（简称2004年《德国移民法》）时，严格了被拒绝的寻求庇护者的容忍居留许可。德国可以给予被遣送回国的被拒绝的寻求庇护者容忍居留许可，前提条件是该外国人在18月内无法完成离开德国的义务。而对于因为自己过错不能被遣返回国的外国人来说，将不给

予容忍居留许可。特别是对于那些隐瞒自己真实身份者，将拒绝给予容忍居留许可。这一规定首先对于在18月内无法遣送回国的人给予居留许可，同时又排除了自己编造假身份的人获得此权利。第25条第5款规定："外国人的离境在事实上和法律上不可能，并且驱逐出境的障碍在可预测的未来不可能消除的，可向服从终审遣返令的外国人签发居留许可。遣返悬而未决达18个月的，应签发居留许可。外国人非因本人过错而不能离境的，应签发居留许可。过错是指提供错误的信息、欺骗当局其身份或者国籍、不能满足合理的离境要求。"2004年《德国移民法》严格被拒绝的寻求庇护者的容忍居留许可对外国人申请难民地位影响更大。如表14—1所示，2004年，德国收到了35,607份难民地位申请，2005年下降到28,914份，2007年更是下降到19,164份。

2007年，通过2004年《德国移民法》修正案，允许暂缓遣返者申请永久居留，条件是：单身者必须已经在德国住满八年；有家庭者，必须至少待满六年；在申请难民地位过程曾经撒谎，就会被取消资格。必须具备的前提还有没有犯罪前科、德语知识，尤其是必须有工作岗位的证明。据"德国之声"中文网报道，截至2007年6月，德国有近18万暂缓遣返者。[①]2011年，德国的梅克伦堡—前波莫瑞州，萨克森—安哈特州，下萨克森州，萨克森州，石勒苏益格—荷尔斯泰因州、图林根州、巴伐利亚州等州颁布法规，扩大暂缓遣返者的居留权，不再要求暂缓遣返者必须居住在外国人管理部门指定的寻求庇护者寓所。[②]巴伐利亚州2011年颁布法规，允许一审期间的有家属的暂缓遣返者可以离开寻求庇护者寓所，搬进自己的住房。[③]

2009年，大约122,000寻求庇护者、战争难民、人口贩运受害者、暂缓遣返者（容忍居留许可）等外国人领取了1993年《德国寻求庇护者福利法》规定的经济补助。寻求庇护者最长领取经济补助48个月。由于寻求庇护者在德国的第一年没有工作权，一年后，经审批具有某特定工作的工作资格和能力可以持从属工作许可在德国工作。所以领取津贴的寻求庇护者可能在德国已经生活多年。2009年，许多领取寻求庇护者经济补助的外国人在德国的生活期间已经超过了6年。

二、暂缓遣返者（容忍居留许可者）的甄别

甄别暂缓遣返者的最主要法律依据是2004年《德国移民法》（2007年修订）第60条第1款暂缓遣返。暂缓遣返适用于以下两类情形：

1. 因为国际法、基于人道主义理由或者为了维护德国的政治利益，州最高机构可以决定暂缓遣返来自特定国家或者特定群体的外国人最长六个月或者至特定国家最

---

① 德国联邦议院在激烈辩论中通过居留法修改草案[EB/OL].中新网2007年6月15日电。

② German National Contact Point for the European Migration Network (EMN). *Annual Policy Report 2011*. Federal Office for Migration and Refugees 2012.

③ The Suffering of Children in Collective Housing Centres Relieved, Nuremberg News dated 3 August 2011.

长六个月，按有关规定将确定特定国家或者特定群体的名单。根据2004年《德国移民法》（2007年修订）第23条，州最高机构签发暂缓遣返命令时，应负担被暂缓遣返者的生活开支及有关领取的公共费用。为了保证全国性的统一步骤，命令应需要联邦内政部的批准。

2. 由于在事实或者法律上无法遣返外国人，例如不知道来源国的没有居留许可的被拒绝的寻求庇护者，于是暂缓遣返该外国人。如果检察官或者刑事法院认为由于刑事犯罪进行诉讼而需要在德国境内居留的外国人，没有该外国人，刑事诉讼将非常困难，可以展缓遣返该外国人。另外，由于紧急人道主义、个人或者实质性公共利益有必要在德国境内继续居留的外国人，也可以暂缓遣返该外国人。

暂缓遣返不应影响被暂缓遣返者离开德国的义务。外国人离开德国时，对其的暂缓遣返决定自动失效。阻止遣返情形消失时，应撤销暂缓遣返决定。撤销暂缓遣返决定的，如果没有新的而且指明期限的暂缓遣返决定的通知，应立即遣返该外国人。暂缓遣返一年以上的，应该提前至少一个月发出终止暂缓遣返的通知。如果已经延期暂缓遣返超过一年，还应提前至少一个月发出终止暂缓遣返的通知。①

三、暂缓遣返者（容忍居留许可者）的权利

（一）居留

容忍（duldung, toleance）不直接等同于居留许可，只是一个针对遣返执行的最长六个月的决定。决定暂缓遣返不一定导致遣返居留许可。因为居留许可由州外国人管理部门负责，而难民地位申请由联邦移民和难民办公室负责，两者分属州层面和联邦层面，互不隶属。

被暂缓遣返者必须符合规定的条件，才享有居留权。2004年《德国移民法》（2007年修订）第25条规定了应对以下两种情形的暂缓遣返者签发居留许可：（1）由于紧急人道主义、个人原因或者对德国安全构成威胁的，外国人有必要在德国居留的，或者由于个案的特殊情况，遣返外国人非常困难的。（2）外国人的离境在事实上和法律上不可能，并且驱逐出境的障碍在可预测的未来不可能消除的，或者遣返执行悬而未决达18个月的。上述情况下，外国人必须是非因本人过错而不能离境的，否则不能获得居留许可。过错是指提供错误的信息、欺骗当局其身份或者国籍、不能满足合理的离境要求。② 被暂缓遣返者的居留许可的延期，根据2004年《德国移民法》（2007年修订）第26条第1、2款，每次最长六个月，如果暂缓遣返者没有曾在德国居留18个

① 2004年《德国移民法》（2007年修订）第60条第1款第5项。

② 2004年《德国移民法》（2007年修订）第25条第4—5款。

月以上。当驱逐出境障碍或者其他排除终止居留的原因出现时，不能延期。[①]

（二）迁徙

暂缓遣返者无权选择特定的州或者特定地点居留，根据2004年《德国移民法》（2007年修订）第61条第一款第1项，必须在最近负责管理其的外国人部门的管辖区域内居留，无权在德国境内迁徙。

（三）就业

与寻求庇护者、补充保护者一样，暂缓遣返者在德国居留一年以后才可以就业，并且要进行劳动力市场测试，从事德国公民和欧盟公民不能胜任的工作。与寻求庇护者、补充保护者一样，暂缓遣返者在德国居留四年或者工作三年后，才可以申请免除劳动力市场测试。也就是说，暂缓遣返者在德国居留的第一年无权工作，第二至四年持从属工作许可工作，第五年及以后，有可能获得无限制的工作许可。[②]

（四）社会保障

暂缓遣返者享有较低标准的社会保障，具体内容与寻求庇护者的社会保障相同。[③] 与补充保护者一样，暂缓遣返者原则上享有住房待遇，但是具体内容由所在地区的福利政策而定。暂缓遣返者理论上可以获得高等教育，但是无权获得学费、学习资料和差旅方面的资助。暂缓遣返者享有较低标准的社会保障，具体内容与寻求庇护者的医疗保障相同。[④]

（五）宗教、社会活动和主动融和

暂缓遣返者在宗教、社会活动和主动融和方面，享有与寻求庇护者、难民同等的权益。

（六）永久居留

暂缓遣返者持居留许可在德国居住满七年后，并且满足外国人从居留转永久居留

---

① 2004年《德国移民法》（2007年修订）第26条第1款。“The residence permit in accordance with this Part may be issued and extended in each instance for a maximum period of three years, but for no longer than six months in cases covered by Section 25 (4), sentence 1 and (5) when the foreigner has not been legally resident in the Federal territory for at least 18 months.”

② Allen, Tim. *EU Member States Granted Protection to 84,100 Asylum Seekers in 2011*. Eurostat Press Office News Release. 96/2012 - 19 June 2012.46.

③ 1993年《寻求庇护者福利法》（2007年修订）第1条第1款。

④ 同上注，第4条。

通常要满足的有生活保障、已经交付法定退休金60个月等八项条件，可以申请永久居留。2004年《德国移民法》(2007年修订)第26条第4款规定：持有本章(入境和居留)规定的居留许可在德国居住满七年，并且满足外国人从居留转永久居留通常要满足的有生活保障、已经交付法定退休金60个月等八项条件，可以获得永久居留权。由于暂缓遣返者的特点，他们获得永久居留权不仅比难民获得永久居留权要困难得多，而且比其他外国人获得永久居留权困难，因为对其他外国人的居留期限的要求是五年，而对暂缓遣返者的居留期限要求是七年。

(七)入籍

德国给予暂缓遣返者与其他持永久居留许可外国人一样的入籍权，即持永久居留许可在德国居住满八年，并符合有足够经济能力负担家庭需要、没有犯罪、不对德国国家安全构成危险等条件的，可以申请加入德国国籍。

(八)不享有的权利[①]

暂缓遣返者不享有在德国的自由迁徙权。

暂缓遣返者不享有自雇权、自由职业权、职业培训权。

暂缓遣返者无权获得国际旅行证件。

暂缓遣返者无权参加县市等各级政府的选举。

暂缓遣返者不享有家庭团聚权。

第九节　难民的权利

难民是指获得德国难民地位的外国人，也就是申请难民地位成功的外国人。除永久居留、家庭团聚、政治活动、重新入境等特殊情况外，难民享有与德国公民同等的待遇。[②] 难民享有在德国的居住和自由迁徙权。外国人的难民地位申请被德国批准后不能一步获得(无期限)永久居留权，必须先获得居留权，持居留许可在德国居住满三年后，如果仍然满足难民标准，并且不存在被撤销或者终止情形，可以获得永久居留权。难民离开德国，只要持有德国有关机构签发的有效难民身份证件，居留许可仍然有效。

---

① “暂缓遣返者不享有的权益”内容总结自：France Terre d'Asile. *Asile: La Protection Subsidiaire en Europe: Une Mosaique de Droits*, Les Cahiers du Social No 18, September 2008 48.

② 曾国华.德国难民安置管窥[J].八桂侨刊2003(3):9-10。

一、居留和迁徙

外国人的难民地位申请被德国批准后，即被认定为难民，享有在德国的居住和自由迁徙权，获得的居留许可有效期三年。难民不必再像寻求庇护者、补充保护者、暂缓遣返者那样受限制地居住在被安置的特定县市，不再有义务居住在寻求庇护者寓所，而是可以在德国境内自由选择居住地区和自由迁徙。根据2004年《德国移民法》（2007年修订）第25条第1款第1项和第2款，无可置疑地承认外国人具有庇难资格，应予以其居留许可，除非由于公共安全和法律与秩序的重大理由驱逐该外国人。1993年《德国庇护程序法》（2007年修订）第68条细化了上述规定："（1）对于已经被终审判决确认为有庇护资格的外国人，应签发给外国人居住许可。直到签发了此种居留许可，避难者在德国境内的居住才被认为是合法的。（2）因公共秩序与安全方面的重要理由驱逐外国人的，不适用前款规定。"2004年《德国移民法》（2007年修订）第26条第1款规定：难民居留许可有效期三年，经联邦移民和难民办公室审查仍然满足难民标准，可以予以延期，每次延期最长三年，或者申请永久居留许可。

二、永久居留和入籍

外国人的难民地位申请被德国批准后不能一步获得（无期限）永久居留权，必须先获得居留权，持居留许可在德国居住满三年后，如果仍然满足难民标准，并且不存在被撤销或者废止情形，可以获得永久居留权。也就是说，难民获得的居留许可不是终身的，如果在居留许可有效期期间不再符合难民标准，居留许可将被撤销或者废止，同时失去难民地位。根据2004年《德国移民法》（2007年修订）第26条第3款：难民持居留许可在德国居住满三年的，应予以其永久居留许可，除非该难民具有居留许可应予以撤销或者废止的情形。从居留转换为永久居留方面，对在德国的难民比在德国的其他外国人要求的条件要宽松。根据2004年《德国移民法》（2007年修订）第9条第2款，外国人满足持居留许可居住满五年、有生活保障、已经交付法定退休金60个月、用工作许可、有从事经济活动必需的其他许可、有足够德语知识、有足够德国法律和社会方面知识、有足够住房面积等九项条件，才可以申请永久居留许可。

德国给予难民和其他持永久居留许可外国人一样的入籍权，即持永久居留许可在德国居住满八年，并符合有足够经济能力负担家庭需要、没有犯罪、不对德国国家安全构成危险等条件的，可以申请加入德国国籍。

三、家庭团聚

外国人的难民地位申请被德国批准后享有与其配偶和未成年未婚子女团聚的权利。难民的配偶，根据1993年《德国庇护程序法》（2007年修订）第26条第1款，如果难民的确认是无可争辩的，难民在遭受迫害的国家存在婚姻，配偶在其入境前、入境时或者入境后及时申请难民地位，而且没有理由撤销或者撤回难民认定，应视为难民的配偶与难民一起享有难民地位。

难民的在入境前出生的子女，根据1993年《德国庇护程序法》（2007年修订）第26条第2款，如果难民的确认是无可争辩的，难民在遭受迫害的国家存在婚姻，而且难民子女未成年和未婚，应视难民在入境前出生的子女与难民一起享有难民地位。

难民的在入境后出生的子女，根据1993年《德国庇护程序法》（2007年修订）第26条第2款，如果难民的确认是无可争辩的，而且对该子女的难民地位申请在其出生后一年内提出，应视在入境后出生的子女与难民一起享有难民地位。

如果难民持有居留许可或者永久居留许可，根据2004年《德国移民法》（2007年修订）第32条第1款，应予以其未成年未婚子女居留许可。

四、就业

难民，根据2004年《德国移民法》（2007年修订）第25条第1款，从获得居留许可时起，就享有工作权，可以无限制地在德国从事经济活动。根据该法第9条第1款，永久居留许可授权持证人从事经济活动，不受期限或者地域限制，不带任何附加条款。2000、2001和2002年，德国分别签发了155,086份、168,530份和140,223份无限制工作许可（work authorisation），其中的大部分是签发给获得了难民地位的外国人，分别占同期德国签发的无限制和有限制工作许可总数1,083,268、1,054,526和945,073的14.32%、15.98%和14.84%。难民对补充德国劳动力不足发挥了一定作用，为德国的经济发展作出了贡献。[①]

五、政治活动

外国人的难民地位申请被德国批准后依然是外国人，与寻求庇护者、补充保护者、暂缓遣返者等其他外国人，在从事政治活动时，必须遵守同样的限制和禁止。2004年《德国移民法》（2007年修订）第47条第1款规定：外国人可以在现行一般法律规定范围内从事政治活动，例如参加外国人参事会。2010年12月，华人有史以来第一次入选黑森州议会外国人参事会。杨明、顾玉华赢得代表席位，将组建和主持一个由八人组成的中国事务小组出席议会参事会的议政、议事活动，参与有关德国黑森林有关外国人政策的决策过程。

---

① Hohmann, René. *Refugees'contribution to Europe Country Report: Germany*. The RESOURCE project received funding from the European Refugee Fund. 2004.10.

六、重新入境

难民有重新入境权。难民离开德国，只要持有德国有关机构签发的有效难民身份证件，居留许可不应失效。已经确认外国人为难民，但是其已经离开德国境内并且将签发难民旅行证件的职责转至另一国家的，其不再有权要求德国签发新的居留许可。[①]

第十节 德裔回归者

德裔回归者（Ethnic German Resettlers）是回归德国的有德国血统的难民、被驱逐者和移出者及其配偶和子女的统称，主要源自前苏联和东欧地区的国家。1950年德国实施德裔回归者法律以来，有近450万名德裔及其家庭成员回归。1990年起，德裔回归者数量稳定下降。2009年，只有3,360名德裔回归德国。

外国人仅须证明其因为德裔身份以致于自己或其家属受有不利益的影响，即可由联邦行政管理办公室（Federal Office of Administration）依据《联邦被驱逐者法》（Federal Expellees Act）审查，核定取得德国国籍。1949年《德国基本法》第116条规定：关于任何有德意志血统的人都可以取得德国国籍。德裔回归者取得德国公民身份后，享有德裔公民的一切权益。

配偶和子女可以和德裔难民、被驱逐者和移出者一起提出申请。2004年《德国移民法》于2005年1月1日实施后，所有德裔难民、被驱逐者和移出者的配偶和子女必须证明具有德语能力才可以回归。由于许多德裔难民、被驱逐者和移出者的非德裔配偶或后代普遍缺乏德语能力，而且他们所在国的政治和经济发展良好，生活环境有很大改善，申请回归的德裔难民、被驱逐者和移出者人数急剧下降，2007年降至5,792人。

德裔回归者入境后，向政府安排的入境地初步安置中心（reception centre）登记。然后，由联邦行政管理办公室（Federal Office of Administration）将其分配到各州。2009年12月31日后，德裔回归者不再必须居住在指定的州。

德裔回归者及其家属有权免费参加融合课程，融合课程费用由联邦移民和难民办公室支付（Federal Office for Migration and Refugees）。德裔回归者最初入境时，会收到行政管理办公室的参加融合课程的通知函。德裔回归者有权选择融合学校 (integration course provider)。被选中的融合学校会帮助德裔回归者选择合适的融合课程。德裔回归者及其家属只能免费参加融合课程一次。如果住所距离融合学

---

① 1993年《德国庇护程序法》（2007年修订）第69条。

校很远，可以申请交通补贴。另外，德裔有权参加联邦就业署（Federal Agency for Employment）提供的语言课程 (SGB III course)。

第十一节　德国难民法与欧盟难民法的互动

一、欧盟难民法是德国难民法的基础

尽管欧盟实施的一些难民方面的指令对其成员国而言是指导性规则，但是1990年《都柏林条约》、1995年《申根协定》、1999年《阿姆斯特丹条约》、2003年《都柏林二号规章》、2004年《欧盟难民保护指令》都对成员国有法律约束力。从1980年代中期，德国在欧共体难民法框架下制定和实施收缩和灵活的本国难民法。德国根据2003年《都柏林二号规章》，迅速审结了许多难民地位申请。但是德国联邦宪法法院又修订了该审查原则。

德国将2004年《欧盟难民保护指令》内容国内法化在2004年《德国移民法》之中。2004年《德国移民法》第60条第1款援用2004年《欧盟难民保护指令》的难民定义规定，扩大了本国的难民适用范围。关于2004年《欧盟难民保护指令》扩大难民适用范围，请参见本书第六章难民甄别标准第五节迫害的构成要件第一部分迫害的主体。2007年，德国实施修订后的2004年《德国移民法》，以次要保护和容忍居留形式涵盖了2004年《欧盟难民保护指令》规定的次要保护和人道主义保护。

2012年4月，德国实施《促进外国人专业资格评估和认定法》（Law to Improve the Assessment and Recognition of Foreign Professional Qualifications，Federal Recognition Act）。2012年《德国促进外国人专业资格评估和认定法》融入了2004年《欧盟难民保护指令》和2005年《欧盟专业资格认定指令》（EU Directive on the Recognition of Professional Qualifications 2005/36/EC），赋予外国人在专业资格评估和认定方面与本国公民同样的权利，以发挥外国人潜力，增强其工作能力。

二、欧盟难民法为德国难民法留下了空间

由于难民事务的强烈政治性，以及各成员国对于有关难民来源国的政治和人权状况的判断有很大出入，欧盟难民法允许欧盟各成员国在欧盟难民法框架下，依据本国实际情况制定各自的难民法。欧盟制定的难民方面的指令只是最低标准的难民实体和程序规则，成员国有权根据本国国情制定更高标准的难民实体和程序规则。欧盟制定的难民方面的指令在许多方面只是规定了条件和规则，而将具体内容留由成员国自行决定。例如，2005年《欧盟庇护程序指令》没有规定哪些国家是安全第三国，只是规定了认定安全第三国的条件的规则，交由成员国根据这些条件和规则以及本国情况自由裁量安全第三国范围。2005年《欧盟庇护程序指令》没有规定哪些国家是安全

来源国，只是规定了认定安全来源国的原则，交由成员国根据这些原则以及本国情况自由裁量安全来源国范围。德国认定保加利亚、加纳、罗马尼亚、塞内加尔等国家是安全来源国。

三、德国难民法影响着欧盟难民法的制定

德国难民法对欧盟难民法产生了一定的影响。2003年《欧盟安置寻求庇护者指令》关于允许成员国限制寻求庇护者在境内自由迁徙，允许寻求庇护者的成年子女或者未成年寻求庇护者以本国公民类似的条件进入学校或接受教育，允许寻求庇护者在一年后享有工作权，向寻求庇护者提供满足寻求其健康和维持生活要求的物质和医疗待遇等方面的规定，都能在1993年《德国寻求庇护者福利法》找到对应的内容。2004年《德国移民法》实施了与欧盟收缩性难民政策一致的选择性难民政策，有选择地拓宽难民范围，积极控制难民的入境和居留。2007年，德国受理了19,200人的难民地位申请，较2006年下降9%，达到了过去30年来的新低。

四、德国运用欧盟难民法为本国谋取最大化利益

21世纪以来，随着欧盟东扩，更多的国家列入德国的安全第三国名单，德国不再接受来自或者路径这些国家的难民地位申请。2007年12月，申根区域扩展至波兰、斯洛伐克、匈牙利和斯洛文尼亚等九个东欧国家。申根区域东扩有利于推动欧盟共同避难政策的形成和欧盟成员国之间更密切的难民合作。东欧地区的申根成员国成为了德国的阻止难民地位申请的天然东部防线。如果外国人来自保加利亚、加纳、罗马尼亚、塞内加尔等安全来源国，联邦警察部门会适用机场难民地位申请审理程序（airport procedure），直接认定他们的难民地位申请理由不十分充足，拒绝这些外国人从机场通关区（transit area）入境，并将其关押在机场通关区，御寻求庇护者于国门之外。德国基于欧盟难民法中的补充保护（subsidiary protection）丰富了本国难民法中的遣返障碍。遣返障碍是指遣返因为不符合难民法律有关避难权和难民保护的规定的外国人时，面临的该外国人由于政治迫害以致自由或者生命会在被遣返后遇到巨大风险的障碍。补充保护者是指因为面临遣返障碍（deportation ban）而获得补充性保护的外国人。

第十二节　德国难民管理部门

本节从政府部门管理难民事务的主要法律依据，联邦政府机构，跨联邦和州政府机构，州、市政府机构及其与联邦政府机构、非政府组织的合作，国际组织等六个方面分析德国难民管理部门及其运作。总的来说，难民既是联邦的专属立法权对象，又

是联邦和州的竞合立法权对象。联邦内政部、联邦移民和难民办公室、联邦警察局、联邦劳动和社会事务部、联邦就业署、联邦外交部、联邦总理府从联邦层面管理难民事务，德国的州厅长和内政事务参议员常务联席会议、行政法院、高等行政法院、联邦宪法法院提供跨联邦和州的难民方面的管理和服务。州、市政府机构和国际组织与联邦政府机构、非政府组织合作，在某些领域参与管理甚至负责难民事务。

一、政府部门管理难民事务的主要法律依据

根据1949年《德国基本法》，难民既是联邦的专属立法权对象，又是联邦和州的竞合立法权对象。联邦在国籍、出入境和引渡方面享有专属立法权（第73条）。在联邦专属立法范围内，各州只有在联邦法律明确授权时，才有立法权（第71条）。联邦和州在外国人居留、难民、被驱逐者、社会保险方面有竞和立法权（第74条）。在竞合立法范围内，只有联邦不制定法律、不行使立法权时，各州才有立法权（第72条）。为在联邦领域内创造同等生活条件，或出于捍卫整体国家利益、维护法制和经济统一的原因有必要制定联邦法律的，联邦在竞合立法范围内享有立法权。

1949年《德国基本法》是德国的宪法性法律，就难民事务做出了原则性规定，主要集中在第16条第1款避难权、第74条难民和被驱逐者事务的竞合立法权、第116条德裔难民和被驱逐者的德国国籍、第119条在各州安置分配难民和被驱逐者事务的立法。

德国在难民领域的基础性法律是2004年8月5日颁布和2005年1月1日起实施的《移民法》，该法关于难民事务的规定主要集中在第二章第一节申请难民地位时的居留资格，第二章第五节专门“基于人道主义、政治原因或者国际法的居留”，第二章第七节德裔的特殊居留权等条款。

1990年《外国人入境和居留法》是2004年《移民法》的一部分，在《移民法》没有规定时予以适用，该法关于难民事务的规定主要集中在容忍居留等条款。

1993年《德国庇护程序法》根据有关难民事务的宪法性规定，确定了庇护程序、避难者权利和避难者安置。

1993年《德国寻求庇护者福利法》规定了寻求庇护者、暂缓遣返者等外国人的福利。除联邦法律外，联邦和州还指定了一些行政法规和规范性文件。与难民法密切相关的法律是外国人融合、劳动力市场、安全检查、医疗健康和反歧视等方面的法律。

二、联邦政府

（一）联邦内政部、联邦移民和难民办公室、联邦警察局

联邦内政部（Federal Ministry of the Interior）[①] 是德国主管难民事务的最主要联邦政府部门，负责联邦层面的避难、庇护程序、国籍、融合、遣返出境等事务。联邦内政部下属的联邦移民和难民办公室（Federal Office for Migration and Refugees）、联邦警察局（Federal Police）、联邦行政管理办公室（Federal Office of Administration）、联邦刑警办公室（Federal Criminal Police Office）负责了大部分的联邦层面的难民事务。

联邦移民和难民办公室（Federal Office for Migration and Refugees）[②] 隶属于联邦内政部，是德国的移民和难民管理核心机构，同时是欧洲移民网德国联络办公室（National Contact Point for the European Migration Network）。负责移民和难民政策、融合、难民地位申请、自愿遣返、相关统计和欧盟资助，处理与难民有关的问题（包括都柏林程序），决定难民身份、补充保护，执行融合课程，提供移民特别咨询服务，进行移民和难民研究，管理中央外国人登记署，协调移民安全信息共享。联邦移民和难民办公室有责任通知地方外国人管理部门难民地位申请的受理和审理结果，以便负责寻求庇护者住宿和餐饮的地方外国人管理部门予以相应安排。如果外国人提交了难民地位申请，联邦移民和难民办公室会在中央外国人登记系统（Central Register of Foreign Nationals）输入寻求庇护者的信息。联邦移民和难民办公室在审结难民地位申请后，会通知地方外国人管理部门审理决定。

联邦移民和难民办公室还负责选择安置中心（reception centre）。在外国人等待难民地位申请审批的过程中，联邦移民和难民办公室根据各地情况将申请者安排到各个不同城市的安置中心，给予他们一个限定区域的居留许可。申请者可以自由出入安置中心，但不能离开居留许可规定的地区。

联邦移民和难民办公室第五处（Directorate 5）负责庇护程序实施（Asylum Procedure Implementation），下辖两个分处（Subdivision M A，Subdivision M B），各负责八个州的庇护程序实施事务。第一分处负责管理设在齐恩多夫（Zirndorf）、慕尼黑、哈尔伯施塔特（Halberstadt）、卡尔斯鲁厄（Karlsruhe）、罗伊特林根（Reutlingen/Eningen U.A）、莱巴赫（Lebach）、特里尔（Trier）、法兰克福机场、Gießen、耶拿（Jena/Hermsdorf）、开姆尼斯（Chemnitz）的第1至第11办事处（branch

① 关于德国内政部的主要情况，请参见其官方网站www.bmi.bund.de。

② 关于德国移民和难民办公室的主要情况，请参见其官方网站www.bamf.bund.de。

office)。第二分处负责管理设在柏林、艾森许滕施塔特(Eisenhüttenstadt)、汉堡、吕贝克、Nostorf-Horst、不来梅、奥尔登堡(Oldenburg)、布伦瑞克(Braunschweig)、多特蒙德(Dortmund)、杜塞尔多夫(Düsseldorf)、比勒费尔德(Bielefeld)的第12至22办事处。

联邦移民和难民办公室通过 MARiS System 系统审查外国人提交的难民地位申请是第一次还是第二次难民地位申请，联邦刑警办公室会检查寻求庇护者的指纹，确定其身份背景，并与欧洲其他系统进行指纹比对，确定寻求庇护者是否在其他欧盟成员国递交国难民地位申请。联邦移民和难民办公室会通知地方外国人管理部门难民地位申请的受理和审理结果。

联邦警察局，[①] 又被翻译为联邦警察事务司，隶属于联邦内政部，负责所有口岸、边境及其区域的边检和移民管理，以及驱逐外国人出境。如果外国人在边境提交难民地位申请，应联系联邦警察部门。联邦警察部门决定是转至安置中心，还是拒绝其入境。如果拒绝其入境，联邦警察部门会将寻求庇护者从机场转至参加机场难民地位申请审理程序的联邦移民和难民办公室分支机构，履行机场难民地位申请审理程序。联邦警察局负责保护德国的边境，检查出入陆海空边境人员及交通工具。边检区域不仅是边境线和边境地区，而且包括交通工具出入边境的机场和海港。联邦警察局还要确保穿越边境的铁路线及火车的安全。另外，联邦警察局执行联邦移民和难民办公室的决定，如果应该由第三国负责外国人的难民地位申请，联邦警察局要将该外国人转至此第三国。

联邦行政管理办公室，[②] 又被翻译为联邦行政局，隶属于联邦内政部，同时接受联邦外交部指导，负责德裔回归者事务，是中央外国人登记系统的技术支持者。联邦行政管理办公室主要通过中央外国人登记系统支持联邦移民和难民办公室的工作，中央外国人登记系统是联邦移民和难民办公室处理难民事务的重要信息源，提供关于外国人在德国登记、居留身份方面的及时查询。所有外国人的资料都储存在中央外国人登记系统，所有的地方外国人管理部门和其他与外国人管理有关的政府部门都在工作中都使用中央外国人登记系统。2005年1月1日起，联邦移民和难民办公室负责中央外国人登记系统的内容，就难民事务而言，向中央外国人登记系统输入难民地位申请、难民地位申请审结、遣返警告、遣返令等信息。

联邦刑警办公室，又被翻译为联邦刑事警察局，隶属联邦内政部，支持联邦移民和难民办公室检查寻求庇护者的指纹，确定其身份背景，并与欧洲其他系统进行指纹比对，确定寻求庇护者是否在其他欧盟成员国递交国难民地位申请。2001年“9·11”

---

① 关于联邦警察局的主要情况，请参见其官方网站www.bundespolizei.de。

② 关于联邦行政管理办公室的主要情况，请参见其官方网站www.bva.bund.de。

事件后，联邦移民和难民办公室巩固和拓展了与联邦刑警办公室在内的国家安全部门的合作，建立了全国性的协调性结构——预防和合作中心。[①] 由于1951年《关于难民地位的公约》第1条第3款难民排除条款直接适用于德国，就需要国家安全部门支持联邦移民和难民办公室调查有关寻求庇护者的决定或判决，例如严重的非政治罪行等。2005年后，联邦移民和难民办公室成为德国联合反恐中心（Joint Counter Terrorism Centre, GTAZ）的一个部门。

（二）联邦劳动和社会事务部、联邦就业署

联邦劳动和社会事务部[②] 负责实施寻求庇护者、补充保护者、暂缓遣返者等外国人就业方面的法律政策，以及通过就业和学徒促进这些外国人融入到德国。联邦就业署[③] 隶属于联邦劳动和社会事务部，负责管理外国人劳动力市场准入。联邦就业署管理各州、行政区和县市的地方就业管理部门，这些地方就业管理部门具体负责审核外国人的劳动力市场准入申请及劳动力市场准入豁免申请。

（三）联邦外交部

联邦外交部（Federal Foreign Office, AA）[④] 与联邦劳动和社会事务部、联邦总理府共同配合联邦内政部管理难民事务，主要涉及三方面内容：（1）联邦外交部驻外机构负责向外国人签发签证。（2）联邦外交部指导隶属于联邦内政部的联邦行政管理办公室的德裔回归者、中央外国人登记系统方面的工作。（3）联邦外交部与联邦移民和难民办公室共同指导各州、行政区和县市的地方外国人管理部门，这些地方外国人管理部门具体负责寻求庇护者等外国人的入境、居留、就业和遣返。

（四）联邦总理府

联邦总理府（Federal Chancellory）[⑤] 与联邦外交部、联邦劳动和社会事务部共同配合联邦内政部管理难民事务。移民、难民和融合署（Commissioner for Migration, Refugee and Integration）是一个智囊机构，草拟促进融合和归化方面的法律草案，反极端种族主义，向公众宣传难民知识。

---

① Federal Office for Migration and Refugees. Facilitating Co-operation Through a Clearing Point[EB/OL]. http://www.deutsche-islam-konferenz.de/DIK/EN/DIK/StandpunkteEgebnisse/Praevention/Clearingstelle/clearingstelle-node.html. 2013 01 28.

② 关于联邦劳动和社会事务部的主要情况，请参见其官方网站www.bmas.bund.de。

③ 关于联邦就业署的主要情况，请参见其官方网站www.arbeitsagentur.de。

④ 关于联邦外交部的主要情况，请参见其官方网站www.auswaertiges-amt.de。

⑤ 关于联邦总理府的主要情况，请参见其官方网站www.bundeskanzleramt.de。

三、跨联邦和州政府机构

德国的州厅长和内政事务参议员常务联席会议（Standing Conference of the Länder Ministers and Senators of the Interior）、行政法院（Administrative Courts）、高等行政法院（Higher Administrative Courts）、联邦宪法法院（Federal Constitutional Court）提供跨联邦和州的难民方面的管理和服务。

州厅长和内政事务参议员常务联席会议是一个协调和智囊性机构，在国家层面提供执行避难、外国人、归化和安全政策方面的政治和行政管理咨询，以及促进相关部门间的相互协调和配合。

行政法院和高等行政法院是联邦、州和地方的司法机关，负责审理外国人不服关于难民地位申请等有关难民的行政决定的诉讼。1993年《德国庇护程序法》第七章第76—83条专章规定了与难民有关的审判特别程序。外国人对联邦移民和难民办公室的拒绝难民地位申请行政决定有权提起行政法院一审、受限制的高等行政法院二审、受限制的高等行政法院三审和宪法法院诉讼。

行政法院受理寻求庇护者在拒绝难民地位申请行政决定送达之日起两周内提起的一审诉讼，在拒绝难民地位申请行政决定送达之日起一个月内提交诉讼所依据的事实和证据，否则其起诉将被驳回。[①]

高等行政法院可以受理不服行政法院关于难民地位申请判决提起的二审三审行政诉讼。条件是难民地位申请一审二审判决案件的法律意义重大，二审判决偏离高等行政法院或者联邦宪法法院的判决，或者当事人一方抗辩存在重大程序缺陷，而且高等行政法院或者行政法院同意。

联邦宪法法院可以受理难民地位申请案件当事人一方提起的宪法诉讼。关于提起二审、三审行政诉讼，请参见第十四章德国难民法第五节寻求庇护者的权利第十部分寻求庇护者的德国法律救济。

四、州、市政府及其与联邦政府、非政府组织的合作

地方外国人管理部门（Foreigners Authorities on Länder/local levels, ABH）分别隶属州政府和县市政府，接受联邦移民和难民办公室和联邦外交部的指导，负责寻求庇护者等外国人的入境、居留、就业和遣返。根据外国人居留法律，实施大部分居留和护照方面的措施和规定，就签证事务与联邦外交部驻外使领馆合作，作出遣返决定并组织实施，审查寻求庇护者的补充保护。地方外国人管理部门应该执行联邦移民和难民办公室的审理决定。如果批准了难民地位申请，例如获得难民身份或者存在遣返

① 1993年《德国庇护程序法》（2007年修订）第74条。

障碍，地方外国人管理部门向该外国人签发相应的居留许可。如果拒绝了难民地位申请，地方外国人管理部门监督该外国人离境。如果该外国人不自愿离境，地方外国人管理部门实施强制遣返。德国大型的寻求庇护者最初安置中心有30多家，每个州有一到两家，通常有县市政府外国人部门管理。

地方社会事务或者社会保障部门分别隶属县市政府，接受联邦劳动和社会事务部指导，负责后续安置寻求庇护者、补充保护者、暂缓遣返者等外国人，提供寓所和经济补助等社会福利。县市社会事务或者社会保障部门通常委托非政府组织管理寻求庇护者寓所。在图林根州，健康、家庭和社会事务厅外国人事务委员会（Commissioner for Foreigners' Affairs at the Thuringian Ministry for Health, Family and Social Affairs）负责安置事务。州内的许多寻求庇护者寓所由市县政府出资，青年和社会局管理，交由宗教团体等非政府组织经营。

汉诺威市寻求庇护者寓所是一栋简易两层建筑，里面温暖和整洁。除了分户居住的卧室外，有集体使用的洗衣间，供年轻人上网的电脑室，供儿童玩乐的游戏室。① 德国下萨克森州布伦瑞克市寻求庇护者寓所有公共食堂，每顿饭3欧元。4个人合住一间10多平方米屋子，只有一些基本的生活用品，住宿费每人每月200欧元，从补助里扣除。暂缓遣返者（持容忍居留许可）在没有被成功遣返前，可以在外面租房居住，也可以暂时租住在寓所。政府只发代金券，不给现金，让他们无法向家里汇钱。暂缓遣返者每天必须到指定地点学德语，经常不到者，将领不到补助。寓所管理很严，外来人员进出都要登记。每天晚上10时关门，晚归者也要登记。居住者收到的信件和包裹都要经过严格的审查。②

县市就业部门隶属联邦就业署（the Federal Employment Agency, BA），是联邦劳动和社会事务部分支机构，与州政府和地方政府的外国人管理机关密切合作，负责审核和批准寻求庇护者、补充保护者、暂缓遣返者等外国人的劳动力市场测试及其豁免申请。

州警察部门（police force of the Länder）负责驱逐外国人。与州政府和地方政府的外国人管理机关及联邦警察局合作，终止外国人的居留和实施驱逐。

五、国际组织

参与处理德国难民事务的国际组织主要有联合国难民署驻德国代表处以及国际移民组织德国办事处。

联合国难民署德国办事处（The Office of the United Nations High Commissioner

---

① 曾国华. 德国难民安置管窥[J]. 八桂侨刊2003(3):10。

② 记者与非法移民面对面[N]. 江苏商报2010年11月19日。

for Refugees, UNHCR)[①] 位于柏林，在纽伦堡设有分支机构，与德国移民和难民办公室在同一栋办公楼办公。每一位寻求庇护者都有权联系联合国难民署寻求帮助。联合国难民署驻德国代表处监督德国按照1951年《关于难民地位的公约》规定审理难民地位申请和处理难民事务，为执行监督任务可以要求联邦移民和难民办公室提供有关资料，参加难民地位申请审理面谈，审查联邦移民和难民办公室的难民地位申请决定及理由。联邦移民和难民办公室应该提供和允许。联合国难民署驻德国代表处还参与联邦移民和难民办公室的避难官员培训。

国际移民组织德国办事处（International Organization of Migration）[②] 代表德国内政部和其他参与的部具体实施在德国的寻求庇护者重新融合和移出项目以及政府协助自愿回国项目。目前，这两个项目由德国内政部和各州各出资50%资助。除德国内政部等联邦部级部门外，国际移民组织的合作伙伴有地方政府部门、慈善机构、专业咨询中心和联合国难民署。2009年，这两个项目一共资助了3,120人从德国回国。2007—2010年，一共资助了44,620人从德国回国。国际移民组织还负责实施协助特别移民（自愿回国）项目。该项目适用于不能申请在德国的寻求庇护者重新融合和移出项目以及政府协助自愿回国项目的外国人，例如在德国境内的美国、加拿大和澳大利亚公民，主要是组织航班和提供优惠机票价格。

① 关于联合国难民署德国办公室与参与处理德国难民事务，请参见其官方网站http://www.unhcr.org/pages/49e48e5f6.html。

② 关于国际移民组织德国办公室参与处理德国难民事务，请参见其官方网站http://www.iom.int/germany/en/projects_movements.htm。

第十五章
日本难民法*

与美国、澳大利亚和德国相比，日本和中国在文化、宗教、语言上有更丰富的相似性，在经济、人口国际流动、地缘政治上有更密切的关联性，其难民法也因而具有较多的借鉴价值。1981年，日本与中国同时加入1951年《关于难民地位的公约》和1967年《关于难民地位的议定书》。同年，日本颁布了《出入国管理及难民认定法》，以此为核心建立了自己的难民法律制度。日本以接收难民最少而被称为发达国家中难民法最严格的国家，但向联合国难民署捐款总额几乎总是位居世界前三位。联合国难民署和国际人权组织给予了日本非常多的关注和期望。①

第一节　日本的难民定义和难民

难民定义是难民法的起点。本节辨析日本的难民、临时庇护者、补充保护者和重新安置难民的定义，并以难民人口、人均国内生产总值难民比等难民指标比较分析日本的难民状况。

一、难民的定义

日本于1981年10月批准了1951年《关于难民地位的公约》和1967年《关于难民地位的议定书》，1982年1月1日对日本生效，进而完全沿用第1条的难民定义。1951

---

* 第十五章“日本难民法”的内容，除特别说明外，整理和分析自：（1）Japan. *2005 UNHCR Statistic Yearbook*. UNHCR 2007. www.unhcr.or.jp/html/world_japan.html；（2）*Japan Fact sheet February 2012*. http://www.unhcr.org/5000196c13.html；（3）Japan Association for Refugees. *To Those Who Wish to Apply for Refugee Status: An Explanation of The Refugee Application Process in Japan and Advice to Those Wishing to Make An Application*. Japan Association for Refugees. 2008；（4）Immigration Bureau Ministry of Justice. Japan. *A Guide to the Procedure for Recognition of Refugee Status*. Immigration Bureau Ministry of Justice. Japan. 2006.（5）1981年《日本出入国管理及难民认定法》（2009年修订）。

① 本部分的主要日语汉语对照如下：暂时滞留许可（临时居留许可）；登陆许可（入境许可）；在留资格（居留许可）；难民认定申请（难民地位申请）；出张所（派出所）；不法入国（非法入境）；违法调查（违反调查）；合法居留（合法在留）；合法入境（合法入国）；入境（登陆许可）；强制出境（遣返）；定居（长期居留）；永住（永久居留）；指导方针（指南）；在留特别許可（居留特别许可）；补充保护（一时滞在）。

年《日本出入国管理及难民认定法》(2009年修订)第2条规定：出入境管理及难民认定法及相关法律中的难民是指“适用1951年《关于难民地位的公约》第1条或者1967年《关于难民地位的议定书》第1条的外国人”。1967年《关于难民地位的议定书》第1条第2款规定：难民是指因有正当理由畏惧由于种族、宗教、国籍、属于某一社会团体或具有某种政治见解(而受迫害)的原因留在其本国之外，并且由于此项畏惧而不能或不愿受该国保护的人，或者不具有国籍并由于上述事情留在他以前经常居住国家以外而现在不能或者由于上述畏惧不愿返回该国的人。

日本是发达国家中接收难民数量最少的国家，难民认定率很低，收到的难民地位申请很少。如表15—1所示，1982—2011年30年间，共收到11,754人的难民地位申请，年均392人，498名外国人通过难民申请获得难民地位，年均17人，难民认定率4.6%。2011年，收到1,867认定难民地位申请，仅7人被认定为难民，难民认定率0.3%。法国和德国在2011年分别收到52,147人和45,741人的难民地位申请。2012年12月，日本有难民14,521人，其中联合国难民署资助676人，寻求庇护者2,545人，其中联合国难民署资助666人，无国籍人775人。①

表15-1 1982—2013年日本的难民地位申请、认定难民和补充保护的数量

年度	难民地位申请	直接难民	直接难民认定率	复议和诉讼申请	抗辩难民	抗辩难民认定率	补充保护	重新安置	各类难民保护
1982	530	67	40.4%	22	0	0	0	0	67
1983	44	63	24.0%	7	0	0	0	0	63
1984	62	31	19.0%	55	0	0	0	0	31
1985	29	10	22.2%	23	0	0	0	0	10
1986	54	3	23.1%	5	0	0	0	0	3
1987	48	6	11.5%	29	0	0	0	0	6
1988	47	12	14.8%	53	0	0	0	0	12
1989	50	2	6.3%	26	0	0	0	0	2
1990	32	2	5.4%	23	0	0	0	0	2
1991	42	1	5.3%	10	0	0	7	0	8
1992	68	3	6.7%	36	0	0	2	0	5
1993	50	6	10.9%	28	0	0	3	0	9
1994	73	1	2.0%	33	0	0	9	0	10
1995	52	1	1.8%	39	1	2.2%	3	0	5
1996	147	1	2.0%	35	0	0	3	0	4
1997	242	1	0.9%	41	0	0	3	0	4
1998	133	15	4.3%	159	1	1.6%	42	0	58

① Japan Fact Sheet February 2014.联合国难民署官方网站http://www.unhcr.org/5000196c13.html 2014-8-3访问。

续表

年度	难民地位申请	直接难民	直接难民认定率	复议和诉讼申请	抗辩难民	抗辩难民认定率	补充保护	重新安置	各类难民保护
1999	260	13	6.3%	158	3	2.1%	44	0	60
2000	216	22	11.9%	61	0	0	36	0	56
2001	353	24	6.5%	177	2	1.7%	67	0	91
2002	250	14	5.3%	224	0	0	40	0	54
2003	336	6	1.8%	226	4	1.8%	16	0	26
2004	426	9	2.6%	209	6	3.3%	9	0	24
2005	384	31	9.9%	183	15	7.7%	97	0	143
2006	954	22	4.8%	340	12	7.0%	53	0	87
2007	816	37	6.8%	362	4	1.8%	88	0	129
2008	1,599	40	4.4%	429	17	4.8%	360	0	417
2009	1,388	22	1.2%	1156	8	2.6%	501	0	531
2010	1,202	26	1.8%	859	13	2.9%	363	27	429
2011	1,867	7	0.3%	1719	14	1.6%	248	18	287
2012	2,545							0	
2013								18	
合计	11,754（不含2012年）	498	4.6%	6,727	12	2.4%	1,994	45（不含2013年）	2,637

资料来源：法務省ホームページ、政府統計 e-Stat、UNHCR オンライン統計データベース。難民認定申請及び処理数の推移，全国難民弁護団連絡会議，2012。UNHCR. Japan Fact sheet[R]. UNHCR. March 2014. http://www.unhcr.org/5000196c13.html.

注：（1）日本的认定难民始于1982年，补充保护（在留特别許可 Zairyu Tokubetsu Kyoka）始于1991年，重新安置难民始于2010年。（2）直接难民认定率 = 直接难民 ÷ 难民地位申请受理数；抗辩难民认定率 = 抗辩难民 ÷ 复议和诉讼申请受理数。（3）空格为未知。

二、临时庇护者的定义

临时庇护者是指乘坐船舶或飞机的外国人，因1951年《关于难民地位的公约》规定的及其他类似的理由，从生命、健康或自由受到威胁的地区逃亡出来，入国审查官（immigration inspector）认为允许临时入境是合理的，因而批准入境并给予保护的外国人。临时庇护措施是日本提供保护（领土庇护）的一种紧急措施。① 以临时庇护为目的入境申请必须由乘坐船舶或飞机的外国人，而不是船只的船长、飞机的机长或运营该船只的运输业主提出。申请临时庇护时，由申请者本人自行前往到达海港或机场的入国管理局等机关提交申请。经审理，批准以临时庇护为目的入境申请的，签发临时庇护入境许可（临时庇护登陆许可证）。入国审查官签发临时庇护入境许可时，

① 1981年《出入国管理及难民认定法》（2009年修订）第18条第2款。

根据法务省有关规定，可以对该外国人附加入境时间、行动范围及其他认为必要的限制，并且必要时可让其留存指纹。2006—2010年，日本共收到非船民提交的110份临时庇护入境申请，批准了其中的4份。[①]

三、补充保护者的定义

补充保护者是指有特别理由需要留在日本的难民地位申请被拒绝的外国人。即使难民地位申请被拒绝的外国人符合强制遣返条件，也可能被补充保护，获得特别居留许可（Zairyu Tokubetsu Kyoka）。[②]1951年《日本入出国管理及难民认定法》（2009年修订）没有具体规定“特别理由”。法务大臣一般会从人道主义角度考虑寻求庇护者的以往履历、家庭成员、本国现状等情况，酌情确定是否有必要给予其特别居留许可。一些被拒绝的寻求庇护者因为其本国内战，而被签发特别居留许可。法务省通常在审理难民地位申请复议期间考虑是否给予被拒绝者特别居留许可。如果寻求庇护者已经进入遣返阶段，则不会被考虑给予特别居留许可。

日本从1991年起，向寻求庇护者提供补充保护并成为人道保护外国人的主要形式。1991—2011年，获得补充保护外国人1,994人，而同期获得难民地位外国人只有301人。如表15—1所示，1991—2011年21年间，日本给予外国人补充保护呈现稳定增长。以五年为一期间计算，1991—1996年、1999—2001年、2002—2006年、2009—2011年，日本分别给予20、192、215和1560名外国人补充保护，增势非常明显。1991—2004年，日本每年的补充保护人数一直在低位徘徊，总计仅284人，1992年是批准人数最低年份，仅两人。2009年是批准补充保护人数最高年份，达501人。

四、重新安置难民的定义

重新安置难民是指根据联合国难民署推荐，从国外难民营中选择和接收，并在日本安置的难民。选择重新安置难民时，不考虑可能恐怖分子和不受欢迎的人等会对日本国家安全造成威胁的人。[③] 重新安置难民与认定难民同为日本保护难民的渠道，只是接收方式不同。重新安置难民在居留许可期限内，具有与认定难民同样的法律地位，可以获得同样的安置待遇。日本重新安置难民的法律政策渊源是2008年《接收重新安置难民试点项目规定》、2008年《接收重新安置难民试点项目实施细则》（2012

---

① Immigration Bureau. Ministry of Justice Japan. *Immigration Control 2011*. Immigration Bureau. Ministry of Justice JAPAN.2012.62.

② 1981年《日本出入国管理及难民认定法》（2009年修订）第61条第2款第2项。

③ 第三国定住による難民の受入れに関するパイロットケース実施の具体的措置について第1パイロットケースの具体的な実施方法，平成20年（2008年）12月19日，難民対策連絡調整会議決定平成24年（2012年）3月29日一部改正。

年修订）、2008年《重新安置难民当地融合特别计划》、2012年《关于难民重新安置的目前形势和未来方针》。根据2008年《接收重新安置难民试点项目实施细则》（2012年修订），延期重新安置难民项目两年至2015年，增加两个难民营供选择重新安置难民，成立重新安置问题专家委员会（Council of Experts on Resettlement Issues）。[①] 日本重新安置难民项目始于2010年，在2010、2011、2013年，如表15—1所示，分别从泰国难民营接收来自缅甸的重新安置难民27、18、18人，共计63人。2014年1月，日本内阁通过了重新安置专家委员会（Resettlement Expert Council）的最终建议，计划从2016年重启重新安置难民项目。

五、日本的难民

难民人口、人均国内生产总值难民比、每1,000人难民比和每1,000平方公里难民比是衡量一国难民状况的重要指标。日本与澳大利亚、法国、德国、意大利、英国、加拿大、美国、韩国和新西兰等9个发达国家相比，如表15—2所示，2012年，除韩国和新西兰外，日本难民人口最少，仅2,581人。德国难民人口最多，为589,737人，其次是美国264,763人。

从人均国内生产总值难民比看，如表15—2所示，2012年，日本为0.07, 列世界第111位，远低于澳大利亚、法国、德国、意大利、英国、加拿大、美国，与新西兰持平。高于韩国的0.01。但是韩国颁布难民法远晚于日本。人均国内生产总值难民比最高的是德国为15.31, 其次是法国为6.11。

从每一千人难民比看，如表15—2所示，2012年，日本为0.02, 列世界第137位，远低于澳大利亚、法国、德国、意大利、英国、加拿大、美国和新西兰。高于韩国的0.01，但是韩国颁布难民法远晚于日本。每一千人难民比最高的是德国的7.1，其次是加拿大为4.8。

从每一千平方公里难民比看，如表15—2所示，日本2012年为6.91，列世界第99位，远低于法国、德国、意大利、英国、加拿大、美国国和新西兰。高于韩国的4.92和澳大利亚的3.91，但是澳大利亚许多土地为不适宜人类居住土地。每一千平方公里难民比最高的是德国，为1,655.55，其次是英国614.18。

---

① Japan Fact Sheet February 2014. 联合国难民署官方网站http://www.unhcr.org/5000196c13.html 2014-8-3访问。

表 15-2 日本与其他发达国家 2011-2012 年难民比率比较

	难民人口	人均 GDP 难民比	每1千人难民比	每1千平方公里难民比	人均 GDP 难民比排序	每1千人难民比排序	每1千平方公里难民比排序
日本2011	2,649	0.1	0.02	7.1	109	140	99
日本2012	2,581	0.07	0.02	6.91	111	137	100
韩国2011	401	0.02	0.008	4.1	132	154	112
韩国2012	487	0.01	0.01	4.92	132	147	109
澳大利亚2011	23,434	0.6	1.1	3	77	71	116
澳大利亚2012	30,083	0.69	1.34	3.91	77	62	113
新西兰2011	1,934	0.1	0.4	7.2	110	85	97
新西兰2012	1,517	0.05	0.35	5.62	112	88	103
法国2011	210,207	6	3.4	384.1	44	39	30
法国2012	217,865	6.11	3.45	398.04	47	40	29
德国2011	571,685	15.2	7	1605.8	26	20	9
德国2012	589,737	15.31	7.10	1655.55	30	19	10
意大利2011	58,060	1.9	1	192.8	60	73	43
意大利2012	64,779	2.15	1.07	215.12	62	68	43
英国2011	193,510	5.3	3.1	793.4	47	42	18
英国2012	149,799	3.98	2.41	614.18	55	49	23
加拿大2011	164,883	4	4.9	16.8	52	30	84
加拿大2012	163,756	3.75	4.80	16.66	56	30	85
美国2011	264,763	5.4	0.9	28.5	46	76	74
美国2012	262,023	5.22	0.84	28.16	49	76	76

资料来源：（1）UNHCR Global Refugees Trends 2011。（2）難民受入れでの日本の貢献度　国際比較2011年全国難民弁護団連絡会議2012年。（3）UNHCR Statistical Yearbook 2012。

注：（1）难民人口包括认定难民和补充保护者。（2）人均 GDP 国内生产总值难民比 = 难民人口 ÷ 人均 GDP；每1千平方公里难民比 = 难民人口 ÷ 国土面积（千平方公里）；每1千人难民比 = 难民人口 ÷ 人口（千人）；排序是指在世界189个国家和地区中的排位。

第二节 日本难民法的历史发展

日本难民法始终从属于外国人（出入境管理）法。本节以难民重大事件为届，以时间为序，系统梳理日本难民法在19世纪中叶以前、19世纪中叶—第二次世界大战、1949—1952年、1953—1980年、1981—2007年、2008年至今的六个时期的历史发展，重点分析1981—2007年、2008年至今两个时期的日本难民法的历史发展。

日本难民法始终从属于外国人法，难民政策和立法以本国国家利益为出发点和落脚点。19世纪中叶以前，由于闭关锁国政策，日本监督和限制清朝漂流难民。第二次世界大战以前和期间，出于开发侵占中国的领土和改善国际形象，日本实施宽松的犹太难民政策。第二次世界大战结束后以来相当长的一个时期内，日本实施无为难民政策。随着日本经济实力的恢复，日本难民政策从无为转向有为，从1953年开始提供难民捐款，但是直至1979年，数量都非常少。随着印支难民问题的爆发，日本开始接收难民。为解决印支难民问题以及对外战略的变化和需要，日本分别于1981年10月和1982年1月批准了1951年《关于难民地位的公约》和1967年《关于难民地位的议定书》，1979年6月批准了1966年《公民权利和政治权利国际公约》和1966年《经济、社会和文化权利国际公约》。1981年颁布《日本出入国管理及难民认定法》，加入了难民方面内容，并根据形势需要不断修订和完善该法。为提升国际地位，2008年12月，日本颁布《接收重新安置难民试点项目实施细则》，并于2012年3月修订，建立了难民重新安置制度，进一步完善难民法。

一、19世纪中叶以前：严格的清朝漂流难民政策

19世纪中叶以前，日本实施闭关锁国政策，严格管理外国人出入境和居留，与此相适应，严格管理清朝漂流难民。19世纪中叶以前的清朝商船随风漂流到日本境内后，由漂流所在地官府将漂流事件上报幕府，幕府派官吏前往处理。日本政府确定随风漂流的商船民众不是基督徒之后方给予救助。日本政府监督和限制漂流商船民众在日本逗留期间的行动，漂流商船民众不得与一般民众接触，日本官府提供随风漂流商船民众的生活所需。随风漂流的商船民众被送到长崎等待回国，期间居住在唐人坊，船上货物被允许以高价出售，出售所得部分上交长崎官府作为在日本逗留期间所耗费用的补偿。①

二、19世纪中叶至第二次世界大战：宽松的犹太难民政策

19世纪中叶至第二次世界大战，日本一方面严格管理外国人入出境和居留，另一方面依据与其他国家分别订立的通商条约等双边协议，实施差异的国别外国人管理。1918年，日本内务省颁布《关于外国人入境之件》，这是日本第一部正式的外国人入出境管理法律。② 1939年，为了服务于对外侵略战争，日本修订1918年《关于外国人入境之件》为《关于外国人入境停留及驱逐之件》，严格管理入境和在日本居留的外国人。该法令的主要内容有：（1）限制或禁止不受欢迎的外国人入境及通过；（2）在日本停留60日以上的外国人，必须从入境之日起15日内向所在地警察署长报

① 刘斐.清代中日漂风难民问题之研究[D].宁波大学人文与传媒学院2010届硕士学位论文，25。

② 朱江.中日外国人入出境(国)管理比较研究[D].武汉大学2005届硕士学位论文.6。

告登记;（3）在各口岸，未经警官的检查，不得入境或通过；接收外国人住宿的旅馆必须在12小时以内向所在地警察署长报告;（4）外国人在日本国内旅行须经警察署长批准;（5）对违反法令的外国人，地方长官有驱逐出境的权力。这一法令到日本1945年战败时被废止。[①]

在外国人出入境和居留政策因国别而异的背景下，日本实施了与德国迫害和灭绝犹太人政策相左的宽松的犹太难民政策，以利用犹太人的资金、技术和人才来开发它侵占中国的领土，巩固其殖民统治，以及利用犹太人的积极反应来向世界表明其“种族平等”的立场，缓和与美、英、苏等国的关系，改善国际环境。贯穿1930、1940年代日本对犹太人难民政策的主线是如何利用犹太人为日本利益服务。

1931年“九一八”事变之后到1940年9月日德结盟之前，日本采取了切实有效的措施改善远东地区的犹太人处境，展示日本对犹太人的“亲善”，获取了犹太人的好感。1934年，日本制定和实施了利用犹太人开发中国东北的“河豚鱼计划”。在1938年12月的五大臣会议上，有计划地利用犹太人正式成为日本政府的方针和政策。由于日本的积极态度和政策，日本与犹太人的关系呈现了良好的发展态势。

1940年9月，日本和德国建立盟友关系。由于德国推行坚决的反犹政策，并一再向日本施加压力，日本被迫调整了对犹太人的政策，与犹太人的关系日渐冷淡。1941年12月，太平洋战争爆发后，日本与美、英等国出于交战状态，日本将拥有与其敌对国家国籍的犹太人，按照敌侨处理，并在犹太难民人数最多的上海建立了犹太人隔离区，将大量犹太难民圈禁起来，但是日本始终没有采取迫害犹太人的政策和做法。[②]

三、1949—1952年：无为难民政策

第二次世界大战结束后至1952年，日本实施无为难民政策，对难民问题不关心和无作为。这一时期的日本奉行经济立国战略，致力于国内经济建设。外交为确保资源供应和经济安全服务，对自身经济利益无关的国际难民问题不感兴趣。战后日本外交唯美国是从，对重大国际难民问题以美国为主，无意在国际难民事务中有所作为。战后经济恢复时期，日本经济实力不足，而且要全力发展经济，无力为解决难民问题提供大量资金。

第二次世界大战后初期，日本处于盟国的管制之下，外国人入境、居留、出境等事宜须经盟军最高司令长官批准。1946年4月，以美军为首的盟军司令部公布了《关于非日本人的入境及登记的备忘录》，依据此《备忘录》，日本政府于1947年5月颁

① 警备法令研究会.外国人登记法[C].日本誓察时报社(1985).8。

② 周万鹏.论战时日本对犹太人的政策[D].苏州科技学院人文学院2008届硕士学位论文。

布了《外国人登记令》。登记令的主要规定:(1)对外国人的入境原则上暂予禁止,但经盟军最高司令长官批准者除外;(2)新入境的外国人必须于入境60日以内、已在日的外国人必须于登记令实施30日以内办理登记申请;(3)未经批准入境者和因违反登记规定应被判刑事处罚,予以强制出境。

1950年11月,日本成立了出入境管理厅,作为政府对外国人管理的行政机构,先隶属于外务省,后又归法务省领导,出入境管理厅即法务省入国管理局的前身。此前,日本对外国人的管理主要由警察部门实行。

1951年10月,日本政府公布了在美国指导下制定的《出入国管理法》,同年11月1日实施。1952年4月28日旧金山和约生效,日本恢复了自主管理,自主实施和执行《出入国管理法》,并同时公布了《外国人登录法》。出入境管理和外国人登记从1947年《外国人登记令》一部法律规范的业务转变为由1951年《出入国管理法》和1951年《外国人登录法》两部法律规范的业务。直至1981年,日本对出入境和外国人居留权的审批及管理,都是依照1951年《出入国管理法》和1951年《外国人登录法》,其间曾对这两部法律先后进行过十多次修改,但主要内容没有实质性变动,最近一次大的修改是在2009年。

四、1953—1980年:有为难民政策

1953—1980年,日本难民政策从无为向有为转变。这一期间,日本没进行难民立法,是以1951年《出入国管理法》和《外国人登录法》等外国人管理法为基础管理1975年后开始出现的非常有限的难民。日本外国人管理法的根本是登记和管理,[①]直至今日也没有发生改变。难民作为外国人的一个群体,享有外国人的权益。

1953年,日本国内经济接近完全恢复。同年,日本政府首次为救助国际难民捐款8万美元。随着经济实力的增长,日本政府为难民事务提供的捐款逐年增加,但幅度很小,1974年达到50万美元,21年间总共提供370万美元难民捐款,年均约18万美元。由于捐款数额太小,这一时期难民捐款的象征性意义大于实质意义。

1975年开始的接收印支难民加快了日本难民政策从无为转变为有为的步伐。该年5月,在外国船只救助下的18名越南难民在日本登陆,居住在民众寓所,从此,印支难民陆续入境日本并居留。日本内阁决定对他们提供补充保护(一時滞在)。[②]

1978年4月,日本政府正式作出接收印支难民决定,允许入境的印支难民在日本长期居留(閣議了解により日本に一時滞在するベトナム難民の定住許可が認めら

① 置志刚.王丽娜.现代日本的国际化与歧视问题透析[J].黑龙江社会科学1996(6):34。

② インドシナ難民に関する国際社会の動き(年表)[EB/OL].公益財団法人アジア福祉教育財団 難民事業本部.http://www.rhq.gr.jp/japanese/know/i-nan/01.htm. 2013-2-19访问。

れる)。

1979年是日本的难民政策元年，日本在这一年设立了难民管理部门，明确了难民政策方针，增加了难民援助金额，确立了难民配额，在日本难民法制史上具有重要意义。1979年4月，日本内阁决定接收印支难民500人。11月，受政府委托，设立亚洲福祉教育财团难民事业本部（福祉教育財団難民事業本部），负责接收和安置印支难民。12月，为安置入境的印支难民，日本设立位于兵库县姬路市的姬路长期居留促进中心（姫路定住促進センター），这是日本第一家印支难民长期居留促进机构，该促进中心于1996年3月关闭。

1979年，日本外务省亚洲局设立东南亚难民事务对策室，首次设立专门的外交事务机构处理难民问题。同年，日本为联合国救助印度支那难民的活动捐款9,520万美元，占当年该项经费的50%以上，加上为其他地区救难助民活动提供的近3,000万美元，使日本当年为联合国难民署提供的资金达1.2亿多美元，仅次于美国成为世界第二大难民捐款国。日本还批准1966年《经济、社会和文化权利国际公约》，外国人享有受教育权，难民也因此享有受教育权。

1980年2月，日本设立位于神奈川县大和市的大和长期居留促进中心（大和定住促進センターを），这是日本第二家印支难民长期居留促进机构，该促进中心于1998年3月关闭。此后又陆续开设了五家印支难民长期居留促进机构，这些印支难民机构不仅解决了印支难民安置问题，也为此后安置非印支难民积累了有益经验。同年6月，日本内阁决定将印支难民配额由500人扩大到1,000人，并允许家庭团聚。

五、1981—2007年：实施《日本出入管理及难民认定法》，完善有为难民政策

1981—2007年，日本实施并不断完善《日本出入国管理及难民认定法》。难民认定适用1981年《日本出入国管理及难民认定法》，难民登记适用《外国人登录法》，人数不断增长的印支难民在其中发挥了重要作用。

1981年3月，日本内阁决定将印支难民配额由1,000人扩大到3,000人，并允许政变前在日本的印支留学生在日本长期居留（母国の政变以前から日本に住んでいる留学生などの定住が認められる）。

1981年10月，由于解决印支难民问题以及对外战略的变化和需要，日本批准1951年《关于难民地位的公约》和1967年《关于难民地位的议定书》，撤销了有关国民年金、儿童津贴、国民健康保险中的国籍限制规定。1981年6月修订1951年《日本出入国管理法》，增加了有关难民身份认定的条款，法律名称改为《日本出入国管理及难民认定法》，1982年1月1日实施，正式开启日本难民法的历史。

1981年《日本出入国管理及难民认定法》包括总则、入境及登陆、登陆手续、居

留及出境、强制遣返的手续、船长及营运业主的责任、日本人的出国及回国、补则、罚则等九章及附则。难民内容主要集中在第二条难民定义、第18条之2临时庇护登陆许可、第七章之二难民认定（第61条之2至第61条之2·14）。

1982年2月，日本在长崎县大村市设立大村难民临时安置中心（大村難民一時レセプションセンター），该中心于1995年3月关闭。

1983年4月，日本在亚洲福祉教育财团难民事业本部下设立国际救援中心（国際救援センター），7月，内阁决定将印支难民配额由3,000人扩大到5,000人。国际救援中心于2006年3月关闭。

1985年，日本批准1979年《消除对妇女一切形式歧视公约》，随之修订了国籍法，采取了父母均等主义，取消了归化要件中的性别歧视。同时，修订了户籍法，允许使用外国人的姓。难民也因此享有了姓名权。

1985年7月，日本内阁决定将印支难民配额由5,000人扩大到10,000人。至此，从1979年4月日本内阁决定接收印支难民500人起，经过1980年6月、1981年3月、1983年4月、1985年7月四次扩充，日本最终确立了安置印支难民10,000人的规模。历经五次才确立安置印支难民最终规模说明，日本政府在安置印支难民问题上非常谨慎，无意过早和过多地承担安置印支难民的责任。与印支难民规模逐次扩大相一致，日本从1979年12月至1996年6月，陆续设立了姬路长期居留促进中心、大和长期居留促进中心、大村难民临时安置中心、亚洲福祉教育财团难民事业本部国际救援中心以及亚洲福祉教育财团难民事业本部关西支部等六家印支难民援助机构。

1989年9月，日本内阁通过和实施《选择船民难民办法》(ボート・ピープルのスクリーニング（難民資格審査認定制度）の実施)，丰富了难民资格审查认定制度内容，加强管控难民，该办法与1994年3月被废止。

1990年，日本修订1981年《日本出入国管理及难民认定法》，放宽印支难民申请长期居留。附件第二表规定：法务大臣可以核定印支难民一定期间的长期居留，也就是特别长期居留。该附件第二表特别长期居留栏规定了特别长期居留的七种情形，其中第一、二种情形与难民密切相关：

一、在亚洲各国暂时居留的印支难民有下列情形之一者：

1. 日本人的配偶、父母、子女或合法居留外国人的家属有相互抚养可能者（包括养子女）。

2. 下列情形之一，有足以维持就业的希望，及其配偶、父母、子女或同行的其他亲属而相互抚养的可能者：

（1）过去曾受雇于日本使领馆或在外国日本企业等相当期间者。

（2）过去为留学生、研修生等合法在日本相当期间者。

（3）过去曾受雇于日本人为个人的使用人相当期间者。

（4）过去在日本政府或日本政府援助设立的技术研修机关等跟随日本专家、青年海外协力队员学习日本语、职业上技术、柔道等相当期间者。

（5）除上述（1）、（3）和（4）外，过去曾与日本人共同或者在日本直接指挥、指导下工作相当期间者。

（6）其他具备日语会话能力，足以适应日本社会者。

3. 有长期善意作为保护人的养父母者。

二、根据联合国难民署与越南1979年5月30日谅解备忘录，居住越南的越南人来本国会晤亲属，作为良好社会之一员营生，有下列情形之一：

1. 日本人的配偶、父母、子女（包括养子女）。

2. 合法居留外国人的配偶、父母、未婚子女（包括养子女）有相互抚养的可能。

3. 在前，伴随以上两项的亲属，就其家族结构而言，在人道上应特予准许者，但仍有相互抚养可能者为限。

1991年，为了缓解接收难民的压力以及避免国际社会对不接收难民的责难，日本开始给予外国人补充保护。补充保护在日本难民保护中占重要地位。如表15—1所示，1991—2011年21年间，日本给予外国人补充保护呈现稳定增长。以五年为一期间计算，1991—1996年、1997—2001年、2002—2006年、2007—2011年，日本分别给予27、192、215和1,560名外国人补充保护。1991—2011年，1,994名外国人获得补充保护，是同期获得难民地位598名外国人的3倍，同期获得重新安置难民地位45名外国人的44倍。

1992年颁布和1998年修订《国际和平合作法》，使难民援助法律化和制度化。根据该法，即使人道主义灾难地区没有实现正式停火，只要有合适的国际组织例如联合国难民署实施救援，日本也可以提供国际人道主义救援。

1995年，日本开始通过行政复议和行政诉讼给予外国人难民地位，随之成为外国人获得难民地位的主要方式。1999—2011年17年间，日本通过行政复议和行政诉讼给予外国人难民地位呈现稳定增长。以五年为一期间计算，1999—2001年、2002—2006年、2009—2011年，日本分别通过行政复议认定6、37和56名外国人难民地位。如表15—1所示，1999—2011年，通过行政复议和行政诉讼获得难民地位共计100名外国人，是同期通过行政决定获得难民地位498人的20.08%。

1996年6月，日本在兵库县神户市设立亚洲福祉教育财团难民事业本部关西支部，更有效地提供难民安置。

1997年3月，日本总务厅发表《有关行政机关观察外国人居留建议书》，该《建议书》认为：(1) 严格管理非法滞留者。对于申请延长居留期间未获许可的，应自裁定不许可之日起15日内出境；地方入国管理局登录证明管理部门，掌握非法滞留者动向，与警察机关或出入国审查单位保持迅速和切实的联系；医疗单位如证实所收容的患者是非法滞留者，应向地方入国管理局联系。(2) 增列集体偷渡事件关系人的罪责。处罚对象包括使集体偷渡者进入日本，或使上述人员入境者。意图使集体偷渡者进入日本，或容留已偷渡入境的外国人，或载运偷渡入境的外国人、使其隐匿或躲藏者，此外对于转载上述外国人，其帮助运送、隐匿、躲藏者，均罚之。(3) 增列帮助、援助集体性及单独性偷渡犯的罪责。以营利为目的，而使偷渡者便于非法入国或入境者，科处刑罚。意图使偷渡者免于受强制出境处分，隐匿非法入国或非法入国者，或使其躲藏者，处罚之。(4) 即使持用有效护照，未经入国审查官加盖许可入境的戳记或未经入境的许可，而意图入境日本的外国人，视同非法入国者处罚之，并强制其出境。因帮助、援助集体性偷渡及单独性偷渡者而受科处刑罚的外国人，应强制其出境。法人亦列为处罚的对象，于国外犯上述之罪者，科处罚之。

1997年，修订1981年《日本出入国管理及难民认定法》，扩大非法入国者的认定范围，涵盖寻求庇护者。扩大强制出境处分的适用对象，从寻求庇护者自日本港口、机场入境之前限制其人身自由，处罚后强制其出境。判处刑罚的对象不限于使非法入国或使非法入国的行为，还包括前述未遂犯的处罚、运送犯人船舶的准备或提供，以及使人犯躲避、实施犯罪等行为。此外，提高刑罚为最高一年以上、10年以下之有期徒刑以及科处1,000万日元以下之罚金等重刑，意图靠重罚来强化社会治安。此次修订不考虑非法入国和被强制出境者是否是迁徙的外国人、支持难民的团体或组织、宗教界、市民或工会团体、该外国人的友人或情侣，也不从人道主义立场考量非法入国行为。[①]

1999年，修订1981年《日本出入国管理及难民认定法》，严格处罚非法入国或非法入国之后滞留本国的外国人。对于日本国内的非法入国者，增设非法居留罪，单处五年以下有期徒刑、拘役或30万日元以下罚金或并科刑责。受强制出境处分者，不得入境日本的期间由过去一年延长为五年。合法居留者经出境后如再度入境，其许可的有效期间自原订一年延长为三年。

2002年8月，日本内阁通过《公约难民长期居留安置政策以及寻求庇护者安置当前具体措施等问题的决定》(条約難民に対する定住支援策及び難民認定申請者への支援に関する当面の具体的措置等について)，2003年4月起实施，确立了安置公约难民和寻求庇护者的基本政策。该《决定》规定：亚洲福祉教育财团难民事业本部国际救援中心向入住的公约难民或者印支难民提供日语培训、求职设施、求职培训以及

① 宋全成.解永照.日本入出国管理制度及宪法理念[J].绥化学院学报2006(2):2。

支付生活援助资金，定居补贴，各种职业援助费。难民对策联系调整会议今后根据对等原则，根据寻求庇护者实际情况，基于对等原则，向寻求庇护者提供相应援助。

2003年3月，日本内阁决定从2004年3月以后不再受理印支难民根据《有序离境计划》（ODP）的家庭团聚申请。随之，2005年后，日本不再有新的印支难民。2003年7月，日本难民对策联络调整会议决定自2006年3月关闭国际救援中心。至此，日本安置印支难民行动完全结束。如表15—3所示，日本在1978—2005年的28年间，共安置船民、留学生、重新安置、有序离境计划各类印支难民11,319人。安置印支难民在日本难民法历史发展中发挥了重要作用，具有里程碑意义，实施和初步完善了难民法律制度，设立和优化了难民安置管理部门和难民安置机构，积累了丰富的难民立法和难民管理经验和教训，为全面的难民立法和难民管理打下了坚实基础。

表15-3　1978—2005年日本安置的印支难民

	船民	留学生	重新安置	有序离境计划 ODP	合计
1978	3	—	—	—	3
1979	2	—	92	—	94
1980	50	—	346	—	396
1981	48	742	393	20	1203
1982	216	—	217	23	456
1983	395	—	248	32	675
1984	738	—	229	12	979
1985	484	—	240	6	730
1986	129	—	149	28	306
1987	262	—	291	26	579
1988	164	—	193	143	500
1989	152		194	115	461
1990	171		321	242	734
1991	263		370	147	780
1992	239	—	411	142	792
1993	97		300	161	558
1994	84		165	207	456
1995	30		85	116	231
1996	1		4	146	151
1997	1		4	152	157
1998	5		5	122	132
1999	1		5	152	158
2000	0	—	9	126	135
2001	0	—	40	91	131

续表

	船民	留学生	重新安置	有序离境计划 ODP	合计
2002	0	—	15	129	144
2003	1	—	9	136	146
2004	0	—	18	126	144
2005	0	—	19	69	88
合计	3,536	742	4,372	2,669	11,319

资料来源：法務省ホームページ、政府統計 e-Stat、UNHCR オンライン統計データベース。難民認定申請及び処理数の推移．全国難民弁護団連絡会議，2012。

注：—为不适用；ODP 即 ordinarily departure program。

2004年，日本修订了1981年《日本出入国管理及难民认定法》，强化治安对策，大幅提高对非法入国者的罚金，30万日元提高到了300万日元。对性质恶劣的非法滞留者的"再入境拒绝许可期间"（不允许其再入境的时限）延长到10年。①

2004年7月，日本难民对策联络调整会议决定向寻求庇护者提供支持（難民対策連絡調整会議により難民認定申請者への支援について決定），初步确立了寻求庇护者安置制度。

2005年，修订1981年《日本出入国管理及难民认定法》，允许寻求庇护者在等候难民地位申请审理结果期间在日本临时居留，并建立难民审理顾问（Refugee examination counselors）制度。② 难民审理顾问是来自外国的相关领域的专家，从第三方的角度提出一些建设性建议。法务大臣必须听取作为难民审理顾问的外国有识之士的建议，谋求难民认定制度的公正性和中立性。难民审理顾问制度有利于难民保护相关的制度建设，加强了难民认定和管理，保护了难民的权益，树立了日本重视寻求庇护者人权保护的良好形象。③

2006年3月，位于东京的亚洲福祉教育财团难民事业本部国际救援中心关闭，取而代之的是新设立的难民事业本部支援中心，不再以印支难民作为专门服务对象。同年，日本对印支难民的接收工作正式宣告结束。

2006年，修订1981年《日本出入国管理及难民认定法》，于2007年11月实施。该法要求16岁以上的所有外国公民在入境审查时必须接受脸部拍照和指纹采集，以发现使用他人护照的人和恐怖分子等需要特别注意人员。入境外国人提供的指纹和面部照片等个人识别信息是重要的个人信息，将按照个人信息保护的基本法《保护行政

① 马玉珍.在日外国人问题及日本政府对策[J].环渤海经济瞭望2005(10):53。

② Immigration Bureau. Ministry of Justice Japan. *Immigration Control 2011*. Immigration Bureau. Ministry of Justice Japan. 2012. P.58.

③ 赵海清.日本对外国人的管理研究[D].外交学院2011届硕士学位论文。

机关保有个人信息法》适当处理。有义务提供个人识别信息的外国人士如果拒绝提供指纹或面部照片，将不获准进入日本，令其离开日本。[①] 该修订加强了对寻求庇护者的管控。

六、2008年至今：完善难民法

2008年至今，日本完善难民法，重点实施和完善重新安置难民方面的法律。同时，更全面履行不推回绝境和保障寻求庇护者权利的义务。

2008年12月，在联合国难民署（UNHCR）的多次敦促下，日本内阁通过《接收重新安置难民试点项目规定》(Concerning the Implementation of Pilot Case Relating to the Acceptance of Refugees by Resettlement to a Third Country, approved by the Cabinet on December 16, 2008)，确立了接收重新安置难民政策。2008年12月，为实施上述《试点项目规定》，日本难民对策联络调整会议作出试点接收项目的具体安排，颁布了《接收重新安置难民试点项目实施细则》(第三国定住による難民の受入れに関するパイロットケース実施の具体的措置について，Detailed Measures for Implementing Pilot Case Relating to the Acceptance of Refugees by Resettlement to a Third Country, Decision by the Liaison and Coordination Conference for Countermeasures for Refugees on December 19, 2008)。[②]

2008年12月，日本还颁布了《重新安置难民当地融合特别计划》(Specific Plans for Providing Local Integration Support for Refugees Admitted in Japan Through Resettlement)。根据2008年《接收重新安置难民试点项目实施细则》，日本计划从2010年开始，连续三年每年从泰国难民营中的缅甸难民中挑选和接收约30名难民，总计约90名难民，难民以家庭为单元。[③]

2010年7月，为稳定寻求庇护者的法律地位，日本法务省入国管理局确定，审理难民申请标准时间为六个月，并且每季度在法务省网站公布难民地位申请审理平均时间。2010年6月末，难民地位申请审理时间超过六个月的案件为612件，2011年3月

---

① 日本法务省入国管理局总务课.有关新入境审查手续(义务提供个人识别信息)的概要[R].日本法务省入国管理局. 2007。

② Immigration Bureau. Ministry of Justice Japan. *Immigration Control 2011*. Immigration Bureau. Ministry of Justice Japan. 2012. Points.

③ 《平成21年度出入境管理行政相关主要实施政策》(『平成第21年度における出入国管理行政に係る主要な施策等』)，第87页，日本法务省入国管理局 http://www.moj.go.jp/content/000058059.pdf.

大幅降至35件。[①]2011年年底，难民地位申请审理平均时间降至5.4个月。[②]

2011年1月，日本外务大臣前原诚司在第177届国会上的发表外交演说，将积极推进难民重新安置工作。[③]

2012年3月，日本难民对策联络调整会议在评估2010和2011年一共接收的45名重新安置难民状况后，通过了《关于难民重新安置的目前形势和未来方针》，确立了巩固和完善难民重新安置政策的未来走向，决定扩大选择范围，未来两年继续实施重新安置难民试点项目。同时，修订2008年《接收重新安置难民试点项目实施细则》，主要内容包括：延期重新安置难民项目两年至2015年，增加两个难民营供选择重新安置难民，成立重新安置问题专业委员会（Council of Experts on Resettlement Issues）。[④] 2010、2011、2013年，如表15—1所示，日本分别从泰国难民营接收来自缅甸的重新安置难民27人、18、18人，共计63人。2014年1月，日本内阁通过了重新安置专家委员会（Resettlement Expert Council）的最终建议，计划从2016年重启重新安置难民项目。日本重新安置难民项目尚处于试行阶段，需要更长时间了解情况和摸索规律。

另外，2009年，修订1981年《日本出入国管理及难民认定法》，履行不推回绝境义务，引渡目的地国家不包括1984年《禁止酷刑和其他残忍、不人道或有辱人格的待遇或处罚公约》或2006年《保护所有人免遭强迫失踪国际公约》禁止的国家。日本还设立了专家委员会，确保移民拘留设施提供待遇的透明度及改善设施的管理。按照与日本律师协会联合会的一项协议，律师还向被拘留者提供免费的法律咨询。[⑤]

2010年7月，为实施进一步保障被收容者权利于2009年修订的《入出国管理及难民认定法》:（1）设立移民拘留设施视察委员会（Immigration Detention Facilities Visiting Committee），建立被收容者不服申诉制度，监督移民收容所，保障被收容者的权益。移民收容所是对被判定强制出境的外国人进行临时拘留的地方。移民拘留设施视察委员会的工作方式是向移民拘留设施主任提交关于改善移民居留设施的建议。（2）允许外国人在等候延期居留申请审理结果期间在日本合法居留，直至作出延期居留申请决定或者居留许可到期后两个月，以先到者为准。如果司法部长认为，有合

---

① Immigration Bureau. Ministry of Justice Japan. *Immigration Control 2011*. Immigration Bureau. Ministry of Justice Japan. 2012. Points.

② Obi, Naoko. *A Review of Assistance Programmes for Asylum Seekers and Refugees in Japan*. Policy Development and Evaluation Service UNHCR. 2013. 3.

③ 前原诚司.外务大臣前原诚司在第177届国会上的外交演说[R]. 2011年1月24日.日本驻华大使馆官方网站http://www.cn.emb-japan.go.jp/fpolicy/seisaku110124-2.htm. 2013-2-7访问。

④ Japan Fact sheet February 2012,联合国难民署官方网站http://www.unhcr.org/5000196c13.html. 2013-2-7访问。

⑤ 普遍定期审议工作组报日本[R].联合国大会人权理事会第二十二届会议议程项目6普遍定期审议. A/HRC/22/14. 14 December 2012, 5。

理理由不拒绝外国人入境，即使外国人存在不予入境情形，边检官员（immigration inspector）也可以加盖确认章允许该外国人入境，而不需如以前履行边检官员、特别审讯官员（special inquiry officer）和司法部长三个环节审核。[①]（3）放宽特别居留许可的条件。为加快发现非法滞留者，设立了自首制度和举报制度，对初犯的自首的外国人相对处罚也较轻，拒绝入境期限仅为一年。

2012年7月，2009年修订的1981年《日本出入国管理及难民认定法》及《住民基本台帐法》的外国人台账制度即外国人户口簿制度部分生效，《外国人登录法》同时废止。新的法律将外国人作为本国居民对待，适用于日本的以家庭为单位的居民户口登记制度，用住民票（户口簿）和在留卡代替外国人登记证明书。外国人在入境口岸领取居留卡，决定居住地后，向住所地的市町村提出转入申请。日本市町村做成住民票，以户而不再以个人为单位，记载外国人姓名，户主姓名，与户主关系，出生年月日，性别，地址，国籍，成为外国人的时间，国民健康保险，国民年金等有关保险事项。如果搬家，外国人和日本公民一样，要向转出地的市町村申请转出，收到转出通知书后，向转入地的市町村提交附有转出通知书的转入申请。为临时庇护而得到入境许可的外国人，以及申请难民地位得到临时逗留许可的外国人，外国人住民票上还要记载临时庇护许可记载的入境期间，或者临时滞在许可记载的临时滞在期间。

第三节 日本难民法制建设的思路

日本难民法制建设具有明显的从自身利益考虑过多的功利主义色彩。政治上，重点援助亚洲国家和地区难民，维护本国及所在地区安全。经济上，难民援助以本土以外资金援助为主要形式，并相应增加人员和技术援助的比重，注重难民援助的综合效应，极少在本土保护难民。外交上，日本的难民外交与其环保外交、援助外交和联合国外交相辅相成，是其大国外交的重要组成部分，巧妙地构筑了国家软实力。文化上，由于岛国文化和单一民族文化特点，日本排斥难民，本土接收难民非常谨慎和保守，是接收难民数量和批准难民数量最少的发达国家，难民安置待遇不高。

一、政治：重点援助亚洲难民和维护本国及所在地区安全

日本从政治角度考虑，离本土越近国家和地区的难民对日本国家利益的影响越大，接受的难民和提供的援助主要都是与其地理相近的亚洲国家和地区。2013年2月，

① Immigration Bureau. Ministry of Justice. Japan. *Change to Immigration Control Act: Outline of the 2009 Partial Amendment to the Immigration Control and Refugee Recognition Act and Other Statutes*. Immigration Bureau, Ministry of Justice, Japan. P.5.

日本外务大臣岸田文雄（Fumio Kishida）与联合国难民署高级专员古特雷斯（António Guterres）通电话，岸田文雄认为，从促进人类安全角度看，日本对联合国难民署的积极支持是重要的。[①] 这里的人类安全主要是指日本及其所在地区的安全。

（一）向亚洲国家和地区提供大量难民援助资金

日本向离本土近的国家和地区提供了大量难民援助资金，以尽快解决当地难民问题，恢复正常社会秩序，消除负面影响日本国家利益的潜在因素。1979年，为联合国救助印支难民的活动捐款9,520万美元，占当年该项经费的50%以上。1989年联合国救济阿富汗难民计划提出2.27亿美元的预算，日本出资1.25亿美元，占总额的55%。1992年，为遣返柬埔寨难民，日本政府提供3,050万美元，占此项费用总额的1/4。[②] 日本还是联合国近东巴勒斯坦难民救济工作署（United Nations Relief and Works Agency for Palestine Refugees in the Near East，UNRWA) 和世界粮食计划署（World Food Programme，WFP) 的世界第二大捐款国。[③] 2013年，捐款1,380万美元用于叙利亚难民危机、200万美元用于菲律宾紧急援助。[④]

日本政府对海湾地区、阿富汗、印支的难民提供的援助明显多于对非洲难民的援助，主要是因为海湾地区稳定关系到日本石油供应安全，阿富汗问题若扩展到南亚则危及日本的能源运输线。印支地区则是日本营建东亚经济圈的中心地区和上下沟通的枢纽，印支难民一旦离开本国往往流向附近的富裕地区，日本也不能幸免，所以日本一直是为印支难民提供资金最多的国家。[⑤]

（二）接收印支难民

日本接收了大量印支难民。随着美国深陷越南战争，大量印支难民逃亡形成了国际人道主义灾难，美国出于稳定东南亚局势，防止共产主义进一步滋生的目的，要求日本政府接纳一部分印支难民。1975年5月，在外国船只救助下的18名越南难民在日本登陆，拉开了越南难民进入日本的帷幕，日本政府决定对他们提供补充保护。[⑥] 日本政府在没有加入有关难民的国际条约之前，于1978年正式作出决定接收印支难民，并于次年决定紧急接收500名印支难民，给予正式接收的印支难民定居许可，经

---

① Ministry of Foreign Affairs. Japan. Courtesy Call on Foreign Minister Kishida by Mr. António Guterres, United Nations High Commissioner for Refugees. http://www.mofa.go.jp/announce/announce/2013/2/0205_02.html. 2013-02-07访问。

② 小林新波.从国际难民问题到日本外交的拓展[J].日本问题研究1995(1):41。

③ Refugees. Ministry of Foreign Office. Japan. http://www.mofa.go.jp/policy/refugee/japan.html. 2013年2月7日访问。

④ Japan Fact Sheet February 2014. http://www.unhcr.org/5000196c13.html. 2014年8月3日访问。

⑤ 小林新波.从国际难民问题到日本外交的拓展[J].日本问题研究1995(1):42。

⑥ 田佳子：日本的越南人社群[M].晓印书馆. 2001. 2和1。

过1980年6月、1981年3月、1983年4月、1985年7月四次扩充，日本最终确立了安置印支难民的10,000人的规模。[①]

1975年5月—1994年1月，日本向14,332名印支难民提供补充保护，其中564名儿童出生在日本。1978年—2000年4月，日本允许10,592人在日本重新安置。[②] 据统计，从1978年到2005年为止，日本正式接纳印支难民11,319人，包括从各国难民营转移到日本的4,372人，船民3,536人，通过ODP项目来日团聚的2,669人，以及在日本留学生742人。其中来自越南的难民就多达8,656人，占到总数的76.4%。[③]2008年，如表15—3所示，来自越南、柬埔寨和老挝印支三国的难民946人，占难民总数共1,905的49.66%。除越南、柬埔寨和老挝印支三国外，缅甸是日本接收难民为最大来源国，为746人，占难民总数共1,905的39.16%。

日本为接收印支难民作出了不少前所未有的尝试和努力，并以此实施和初步完善了难民法，设立和优化了难民管理部门和难民安置机构，积累了丰富的难民立法和难民管理经验和教训，为全面的难民立法和难民管理打下了基础。接收和安置印支难民在日本难民法历史发展中发挥了重要作用，具有里程碑意义。日本政府派遣难民甄选队到东南亚难民营，通过面试选择合格难民，其中大部分都是来自越南，允许其在日本长期居留。从1980年代中期开始，允许已经在日本居留的难民通过《有序离境计划》（Orderly Departure Program, ODP）合法地邀请还在来源国的亲属来日本团聚，《有序离境计划》于2004年3月结束。日本设立亚洲福祉教育财团难民事业本部国际难民援助中心（International Refugee Assistance Center of the Refugee Assistance Headquarters, the Foundation for the Welfare and Education of the Asian People），提供日语培训、社会适应和习惯指导以及就业服务。

（三）绝大多数难民来自亚洲国家

日本的绝大多数难民来自亚洲国家，尤其是中南半岛国家。如表15—4所示，2008年，日本的难民前十大来源国家是越南、缅甸、柬埔寨、阿富汗、中国、伊朗、苏丹、土耳其、巴基斯坦和埃塞俄比亚，除苏丹和埃塞俄比亚外，其他八个国家均是亚洲国家，来自亚洲国家的难民1,852人，占难民总数1,905人的97.22%。第一大难民来源国是越南，达867人，占难民总数1,905人的45.5%。其他难民主要来自伊拉

① 《第四次出入境管理基本计划》，第22页，日本法务省入国管理局，http://www.moj.go.jp/content/000058059.pdf.2013-02-19访问.

② Refugees[EB/OL]. Ministry of Foreign Office, Japan. http://www.mofa.go.jp/policy/refugee/japan.html. 2013年2月7日访问。

③ 日本外务省.难民问题与日本III)国内的难民接收，http://www.mofa.go.jp/mofaj/gaiko/nanmin/main3.html. 2009年12月。

克、斯里兰卡、布隆迪、刚果、索马里、孟加拉国、老挝，共计53人，仅占难民总数共1,905的2.78%。

表15-4 1999—2008年日本的难民来源国

	1999	2000	2001	2002	2003	2004	2005	2006	2007	2008
越南	3135	2759	2284	1906	1691	1419	1285	1132	975	867
缅甸	16	72	117	128	136	145	240	269	371	746
柬埔寨	496	376	310	179	85	88	103	103	103	79
阿富汗	11	41	58	62	61	61	56	55	56	56
中国	2	28	28	34	35	35	32	43	44	43
伊朗	13	16	30	39	39	39	37	43	42	36
苏丹	6	12	17	17	16	16	16	17	16	16
土耳其	4	4	8	10	11	10	14	8	14	13
巴基斯坦	2	2	5	9	14	14	13	13	13	12
埃塞俄比亚	6	12	12	13	12	12	11	11	11	11
伊拉克	3	3	6	8	8	7	7	8	8	7
斯里兰卡	0	0	0	0	0	0	0	0	0	6
布隆迪	0	0	0	0	1	1	1	1	4	4
无国籍	1	1	2	4	4	4	4	4	4	4
刚果	0	0	0	0	0	0	1	2	2	2
索马里	0	0	0	0	0	0	0	0	1	2
孟加拉国	0	0	0	0	0	0	0	0	1	1
老挝	515	390	300	160	65	23	0	…	…	…
越柬老合计	4146	3525	2894	2245	1841	1530	1388	1235	1078	946
越柬老以外国家合计	64	191	283	324	337	344	432	474	587	959
总计	4,210	3,716	3,177	2,569	2,178	1,874	1,820	1,709	1,665	1,905

资料来源：联合国难民署统计；動向：難民人口 [R] 全国難民弁護団連絡会議，2012。
注：难民包括认定难民和补充保护者。

（四）绝大多数难民地位申请来自亚洲国家

受向亚洲国家倾斜的难民政策以及绝大多数难民来自亚洲国家影响，日本的绝大多数难民地位申请也来自亚洲国家。如表15—5所示，1982—2008年，难民地位申请前十大来源国家是缅甸、土耳其、斯里兰卡、巴基斯坦、伊朗、尼泊尔、孟加拉国、阿富汗、中国、印度，共计9,627件，占难民地位申请总数11,754件的81.9%。难民地位申请最多的国家是缅甸，达4,215件，占难民地位申请总数11,754件的35.86%。

其他难民地位申请主要来自埃塞俄比亚、喀麦隆、尼日利亚、刚果、乌干达五个非洲国家，共计583件，仅占难民地位申请总数11,754件的0.5%。

表15-5 1982—2011年日本的寻求庇护者来源国

	1982—2001	2002	2003	2004	2005	2006	2007	2008	2009	2010	2011	合计
缅甸	210	38	111	138	212	626	500	979	568	342	491	4,215
土耳其	354	52	77	131	40	149	76	156	94	126	234	1,489
斯里兰卡	35	9	4	9	7	27	43	90	234	171	224	853
巴基斯坦	357	26	12	12	10	12	27	37	92	83	169	836
伊朗	318	19	25	18	16	27	19	38	40	35	50*	605
尼泊尔	1	0	1	3	5	11	4	20	29	109	251	434
孟加拉	31	12	6	33	29	15	14	33	51	33	99*	356
阿富汗	247	6	3	0	2	3	12	4	5	1	4*	287
中国	100	22	22	16	16	13	17	18	18	17	19*	278
印度	24	9	12	7	0	2	2	17	59	91	51*	274
埃塞俄比亚	42	2	2	2	3	14	29	51	15	18	0	179
喀麦隆	16	15	8	11	1	5	12	29	11	20	0	128
尼日利亚	18	12	2	2	2	10	6	10	17	33	0	122
刚果	0	0	5	0	0	4	10	14	18	13	0	64
乌干达	0	0	1	1	1	2	4	16	46	21	0	90
其他		28	45	43	40	34	41	87	91	89	0	498
合计		250	336	426	384	954	816	1599	1388	1202	1867	11,754

资料来源：（1）法务省ホームページ、政府统计 e-Stat、UNHCR オンライン统计データベース。（2）出身国别難民認定申請者数の推移．全国難民弁護団連絡会議，2012。

注：空格为未知。

二、经济：以资金援助为主要的难民援助形式

日本难民援助以本土以外资金援助为主要形式，并相应增加人员和技术援助的比重，注重难民援助的综合效应，极少在本土保护难民。1992年颁布和1998年修订《国际和平合作法》，使难民援助法律化和制度化。根据该法，即使人道主义灾难地区没有实现正式停火，只要有合适的国际组织例如联合国难民署实施救援，日本也可以提供国际人道主义救援。

日本政府向联合国难民署大量捐款，为国际难民事务提供了大量资金。1979年，为联合国救助印支难民的活动捐款9,520万美元，占当年该项经费的50%以上，加上为其他地区救难助民活动提供的近3,000万美元，使日本当年为联合国难民署提供的资金达1.2亿多美元，仅次于美国成为居世界第二位的难民捐款大国。1989年联合国

救济阿富汗难民计划提出2.27亿美元的预算，日本出资1.25亿美元，占总额的55%。1990年，日本为救助科威特难民分别向联合国难民署和国际红十字会捐款6,000多万美元。1991年，又向西撒哈拉难民相继提供385万美元和320万美元。当年，日本共承担了联合国难民署全部经费的12.7 %, 达1.12亿美元。此外，对高加索山区的地震、菲律宾皮纳图博火山爆发、孟加拉国水灾、东部非洲干旱所造成的难民问题，日本也分别提供资金，总金额1.1亿美元，占联合国成员国全部捐款的25%。1992年，为遣返柬埔寨难民，日本政府提供3,050万美元，占此项费用总额的1/4。1993年为波黑难民捐款2,450万美元，为联合国索马里救搜行动出资1亿美元。[①] 1979—1991年，日本为联合国各种保护难民捐款总计16亿美元，一直是第二大捐款国。

21世纪以来，如表15—6所示，2000—2013年，日本已经总计捐款17.708亿美元。从捐款总额看，2007年、2010—2013年都是联合国难民署第二大捐款国。[②] 根据联合国难民署统计，2013年，日本政府捐款2.53亿美元，创历史最高。从人均政府捐款额看，日本2011年在世界各国中列第15位。日本是联合国近东巴勒斯坦难民救济和工程处（United Nations Relief and Works Agency for Palestine Refugees in the Near East UNRWA) 和世界粮食计划署（World Food Programme，WFP) 的世界第二大捐款国。[③] 日本政府捐款面向的优先区域是阿富汗、缅甸、叙利亚，以及西非、苏丹/南苏丹非洲、索马里和埃塞尔比亚等非洲地区。

表15-6　2000—2012年日本政府向联合国难民署捐款额

单位：美元

年度	2000	2001	2002	2003	2004
捐款	100,161,426	91,429,313	117,969,877	90,750,318	81,751,782
年度	2005	2006	2007	2008	2009
捐款	94,518,948	75,149,096 第三位	89,703,788 第二位	110,871,125 第三位	110,553,715 第三位
年度	2010	2011	2012	2013	总计
捐款	143,494,234 第二位	226,106,644 第二位	185,379,986 第二位	252,939,102 第二位	1770,778,354

资料来源：Japan Fact sheet February 2014, UNHCR。

① 小林新波.从国际难民问题到日本外交的拓展[J].日本问题研究1995(1).41。

② 在2012年1—9月，日本政府捐款1.853亿美元，其中6,500万美元为年度常规捐款,3,000万美元为解决阿富汗难民问题，7,470万美元为联合国难民署在13个非洲国家运作的专项捐款，850万用于埃及和也门难民，450万美元为紧急利比亚专项捐款，200万美元为紧急南苏丹专项捐款，50万美元用于JPO项目，10万美元由日本国际合作机构（JICA）捐款用于电子中心项目。Japan Fact Sheet February 2012, UNHCR. http://www.unhcr.org/5000196c13.html. 2013-02-19访问。

③ Refugees. Ministry of Foreign Office. Japan. http://www.mofa.go.jp/policy/refugee/japan.html. 2013-02-07访问。

注：日本向联合国难民署捐款包括常规捐款（Annual Core Contribution）、预算外捐款（Supplementary Budget Allocation for UNHCR）、专项捐款（Grant Aids）。

日本民间也向联合国难民署大量捐款。根据联合国难民署统计，2011和2010年和2009年，日本公司（Fast Retailing Co. Ltd., 等）共向联合国难民署捐款11,457,282美元、8,064,669美元和6,695,859美元。日本大型零售商UNIQLO公司与联合国难民署签署了《全球合作协议》，该公司在过去五年捐献了大约380万件衣服，2012年、2013年分别捐献100万、190万件衣服，其中包括2013年向叙利亚难民紧急捐助的62.8万件衣服。2012年年初，日本UNIQLO公司还向联合国难民署捐款200万美元，这是日本公司向联合国难民署捐献的最大一笔款项。[①] UNIQLO的母公司Fast Retailing Co., Ltd 向联合国难民署捐款100万美元用于叙利亚难民危机。[②]

日本政府支持非政府组织的海外活动，鼓励他们援助难民。例如，外务省设立了直接基金（Direct Fund），邮电和通信省设立了国际自愿援助邮政储蓄（Postal Savings for International Voluntary Aid），为非政府组织的难民紧急援助项目提供补贴。

除资金外，日本还为保护难民的国际行动提供了人力、技术等形式的援助，但规模相对小很多。1990年海湾危机期间，日本动用民航飞机将滞留在伊拉克和科威特的菲律宾、泰国、越南等国的劳工或难民送回其各自的国家。海湾战争爆发后，又向中东地区派出60人的医疗队，救治难民，与日本的经济大国地位不相称。西欧、北欧的一些中小国家也能派出几百人规模的医疗队。

与高居联合国难民署捐款国世界第二位迥异，日本在本土接受和安置难民方面非常谨慎和保守。如表15—2所示，2012年，日本在难民人口方面，与澳大利亚、法国、德国、意大利、英国、加拿大、美国、韩国和新西兰等九个发达国家相比，位居第八位。在人均GDP难民比、每一千人难民比、每一千平方公里难民比等三个难民比指标方面，只分别分列世界第111位、第137位和第100位。

三、外交：构筑难民巧实力

日本的难民外交与其环保外交、援助外交和联合国外交相辅相成，是其大国外交的重要组成部分，巧妙地构筑了国家软实力。日本成为世界第二经济大国后，具备了参与国际难民事务的能力。1981年日本外贸转为顺差，并逐年大幅度递增；对外净资产由负转正，1984年已达743亿美元。1987年国内生产总值1,607.7亿美元，人

---

① Japan Fact Sheet February 2012, UNHCR. http://www.unhcr.org/5000196c13.html. 2013-02-19访问。

② Japan Fact Sheet February 2014, UNHCR (http://www.unhcr.org/5000196c13.html)

均收入1.3万美元。2011年，日本国内生产总值44,403.8亿美元，人均国内生产总值35,091.8美元。[①] 如表15—7所示，2012年，日本人类发展指数（Human Development Index）0.912, 在极高人类发展国家之列（the very high human development category），在187个国家和地区中排名第10位。同年，中国人类发展指数0.699，列第101位。

表15-7　1980—2012年日本人类发展指数

年份	预期寿命	预期受教育年数	人类发展指数
1980	76.2	13.1	0.778
1985	77.8	13.1	0.803
1990	79.0	13.2	0.827
1995	79.9	14.1	0.850
2000	81.2	14.5	0.868
2005	82.3	14.9	0.886
2010	83.2	15.1	0.899
2011	83.4	15.1	0.901
2012			0.912

资料来源：Japan Explanatory note on 2014 HDR composite indices. Human Development Report 2014. UNDP. 2014.

1930、1940年代，日本通过实施宽松的犹太难民政策，在一定程度上达到了利用犹太人在世界上的影响力改善日本的国际形象，缓解与美国、英国、苏联等国家的关系的目的。越来越多的犹太人相信日本是亲犹的，将日本或者其殖民地当作避难所，愿意向自己的同胞和全世界表明日本的亲犹和"种族平等"是真的，从而使得一些具有世界影响力并且对日本侵略不满的犹太人逐渐改变了看法，承认日本是真正平等对待犹太人的。[②]

第二次世界大战后，日本将积极参与国际社会对难民的救助活动作为大国外交的重要内容。时任日本首相大平正芳说：日本应把参与解决难民问题作为走向国际化的一扇门。1981年《外交蓝皮书》首次写入难民问题。时任外务大臣圆田直也参加了在日内瓦举行的难民问题国际会议。外务省将除印支难民以外的难民事务划归联合国局的政治课、计划调整课分管。1984年，外务省在联合国局内设人权难民课，统一管理外交方面难民事务，使难民外交工作纳入规范管理的轨道。时任外务省联合国局人权难民课课长角崎利夫认为：应将迄今为止日本在国际难民救助事务上的业绩和

① UNHCR Global Refugees Trends 2011。難民受入れでの日本の貢献度　国際比較2011年全国難民弁護団連絡会議2012年。

② 周万鹏.论战时日本对犹太人的政策[D].苏州科技学院人文学院2008届硕士学位论文.37。

活跃姿态广为宣传，使世界各国都能了解和理解，以进一步拓展难民外交的效益和影响。绪方贞子认为：日本应当成为一个完整的国际大国，不仅是经济大国和政治大国，也应成为人道大国，应以人道主义作为日本国家行为准则，以国际社会需要和认可的方式，加深世界各国对日本的理解与信任。①

日本成为世界第二经济大国后，国际社会要求日本为解决难民问题作出更多贡献。随着冷战结束，世界处于新、旧格局转型、国际关系重新调整的过渡时期，地区矛盾上升、局部冲突不断，造成了大量难民，联合国却是经费不足，财政困难。美国也要求日本增加战略性对外援助，分担美国的全球性义务负担。联合国难民署发言人马赫西奇（Andrej Mahecic）希望日本在重新安置难民方面为亚洲国家树立一个榜样。② 美国越南战争期间，大量印支难民逃亡，美国出于稳定东南亚局势，要求日本政府接纳一部分印支难民。突尼斯和纳米比亚鼓励日本继续努力增加官方发展援助，以达到联合国0.7%的目标，苏丹要求日本继续努力保护难民的权利，防止在法律和实际中对他们的歧视。③

难民外交为日本积累了国际贡献实绩和提高了国际威望，淡化了第二次世界大战中的残暴侵略国家形象，树立了人道主义国家形象，为开拓商品、资金和技术市场创造了有利的国际环境。同时，日本通过难民外交还输出了日本文化，使受援助国认同日本的价值标准、社会制度和发展模式，拓展了国际活动空间。随着难民外交的展开，日本政府得到了越来越多的政治上发言权、决策权和干预权。联合国难民署高度评价日本给予的支持。2013年2月5日，日本外务大臣岸田文雄（Fumio Kishida）与联合国难民署高级专员古特雷斯（António Guterres）通电话，④ 2011年11月18日，时任日本外务大臣前元诚司（Koichiro Gemba）与联合国难民署高级专员古特雷斯通电话⑤，古特雷斯都表示感谢日本一直以来给予难民署的支持，愿意和日本发展更加密切的关系，并认为在难民问题上，难民署与日本的人类安全观是一致的。在联合国难民署工作人员中有不少日籍官员，1991—2001年，绪方贞子担任联合国难民署高级专员，这说明了日本在国际难民事务上具有的重要性及无可替代的作用。绪方贞子应对了伊拉克北部、波黑、科索沃和非洲大湖地区等大规模的紧急救援行动，发挥了巨

---

① 小林新波.从国际难民问题到日本外交的拓展[J].日本问题研究1995(1):43。

② Kitty McKinsey in Bangkok, Thailand and Yuki Moriya in Tokyo, Japan 28 September 2009.

③ 普遍定期审议工作组报日本[R].联合国大会人权理事会第二十二届会议议程项目6普遍定期审议. A/HRC/22/14. 14 December 2012,第9和24页。

④ Ministry of Foreign Affairs. Japan. Courtesy Call on Foreign Minister Kishida by Mr. António Guterres, United Nations High Commissioner for Refugees. http://www.mofa.go.jp/announce/announce/2013/2/0205_02.html. 2013-02-07访问.

⑤ Ministry of Foreign Affairs. Japan. Courtesy Call on Mr. Koichiro Gemba, Minister for Foreign Affairs, by Mr. António Guterres, United Nations High Commissioner for Refugees. http://www.mofa.go.jp/announce/announce/2011/11/1118_05.html. 2013-02-0访问.

大的影响力，成为当代的日本名片。

四、文化：岛国和单一民族文化导致排斥难民

由于岛国文化和单一民族文化特点，日本排斥难民，本土接收难民非常谨慎和保守，难民安置待遇不高。

（一）接收难民数量最少的发达国家

日本是接收难民数量最少的发达国家。日本从1982年开始正式认定外国人难民地位，如表15—1所示，至2011年的30年间，难民和补充保护者共2,637人，其中难民498人，补充保护者1,994人，年均88人。2011年，日本认定难民21人和补充保护者248人。即使按照根据联合国难民署的广义难民统计，难民不仅包括难民、补充保护者，还包括印支难民，截至2012年年底，日本境内仅有难民14,521人，寻求庇护者2,545人。[①]

面对成百万的越南难民潮，日本严格控制准入数额，仅接收了其中极小的一部分。1979年4月，日本内阁决定接收印支难民500人。这距离1975年5月18名越南难民在日本登陆已经过去了4年多。如表15—3所示，截至2005年保护难民结束的28年间，日本仅共安置船民、留学生、重新安置、有序离境计划各类印支难民11,319人。对于接收的印支难民，只是以让他们维持最基本的生活为目标，没有提供足够的支持和便利让他们融入。

日本与其他发达国家相比，在认定难民数量方面有天壤之别。截至1997年初止，日本共接纳来自东南亚等国的难民10,850人，只有208人被正式承认有难民资格。从1995年至1997年三年间有441人申请难民资格，仅有3人被认定对于许多的经济难民，日本法务省入国管理局先收容，然后遣送回国。[②]2010年，如表15—1所示，日本批准难民287人。而同期，美国批准难民73,293人和避难者21,113人。[③] 据联合国难民署统计，到1992年底，日本仅接收难民（含印支难民）6,982人。美国、加拿大和法国分别接收难民76万、13.4万和1万，而比日本更贫穷的马来西亚、印度尼西亚和泰国分别接收25.5万、12.3万、11.7万的难民。比日本人口更稠密的中国香港地区接收了10多万难民。

---

① Japan Fact Sheet February 2014,联合国难民署官方网站http://www.unhcr.org/5000196c13.html. 2014年8月3日访问。

② 置志刚.王丽娜.现代日本的国际化与歧视问题透析[J].黑龙江社会科学1999(6):34。

③ United States. Department of Homeland Security. *Yearbook of Immigration Statistics: 2010*. Washington D.C.: US Department of Homeland Security, Office of Immigration Statistics, 2011. P.40,43.

（二）难民认定率很低

日本难民认定率很低。如表15—1所示，1982—2011年30年间，498名外国人通过难民地位申请获得难民地位，占难民地位申请数11,754件的4.6%。以五年为一期间计算，1982—1986年，174名外国人通过难民地位申请获得难民地位，占719件难民地位申请的24.2%，位居各五年间的最高位，2007—2011年，132名外国人通过难民地位申请获得难民地位，占6,872件难民地位申请的1.9%，位居各五年间的最低位。2011年，难民地位申请最高点——1,867件并没有带来难民人数的猛增，反而由于直接难民认定率跌至有史以来的最低点——0.3%，直接认定难民数只有7人。

（三）收到难民地位申请数最少的发达国家之一

日本是世界上收到难民地位申请数最少的发达国家之一。受日本极端严格难民甄别标准影响，外国人向日本递交难民地位申请数少。根据联合国难民署统计，1992—2001年10年间，世界30个主要国家接受难民地位申请的年均总件数是593,925件。其中件数最多的国家是德国，年均159,747件。日本最少，年均只有155件。如表15—1所示，日本1982—2011年收到难民地位申请11,754件，年均392件。2011年，日本与澳大利亚、法国、德国、意大利、英国、加拿大、美国、韩国和新西兰等9个发达国家相比，如表15—2所示，除韩国和新西兰外，日本收到难民地位申请最少，但日本的经济总量、人口都远远大于韩国和新西兰，仅1,867件，法国收到难民地位申请最多为52,147件，其次是德国的45,741件。

（四）批准难民地位申请最少的发达国家

日本是批准难民地位申请最少的发达国家。日本难民管理部门批准难民地位申请极少，2011年，如表15—8所示，仅7人，比澳大利亚等9个发达国家都少，难民管理部门批准难民地位申请最多的是加拿大，为12,983人，其次是美国的12,114人。

2011年，如表15—8所示，日本批准补充保护248人，少于德国、意大利、法国、英国和韩国。

表15-8 2011年日本与其他发达国家难民地位申请、批准难民地位申请和批准补充保护的比较

	单位	申请数	难民	补充保护
日本行政	人	1,867	7	179
日本复议	人	1,719	14	69
日本司法	人	40	3	0
韩国行政	人	1,011	38	21

续表

	单位	申请数	难民	补充保护
韩国司法	人	129	17	0
澳大利亚行政	人	11,505	4,823	0
澳大利亚复议	件	3,936	903	0
新西兰行政	人	305	85	0
新西兰复议	人	184	44	0
法国行政	人	52,147	3,370	1,257
法国复议	人	31,983	4,820	1,197
法国司法	人	5,190	0	0
德国行政	人	45,741	6,481	2,319
德国复议	人	7,606	617	258
德国司法	人	0	0	0
意大利行政	人	34,117	1,803	2,526
英国行政	人	25,455	5,461	1,680
英国复议	人	994	21	31
英国再复议	件	9,980	2,785	0
加拿大行政	人	24,985	12,983	0
美国行政	人	22,062	12,114	0
美国复议	件	38,525	11,398	0

资料来源：(1) UNHCR Global Refugees Trends 2011。(2) 先進工業国における難民認定数等 . 2011年全国難民弁護団連絡会議2012年。

注：行政为行政机关批准难民地位申请，复议为复议机关推翻拒绝难民地位申请的行政决定，司法为法院推翻拒绝难民地位申请的复议决定。

（五）审理难民地位申请时间很长

日本审理难民地位申请时间很长。如表15—9所示，2003年，法务省入国管理局审理外国人难民地位申请耗时7个月，2008年增至15.5个月。虽然2010年入国管理局审理外国人难民地位申请时间一度降至13.5个月，但是2011年猛增至25.9个月。就难民地位申请行政复议审理时间而言，审理耗时长的现象出现的更早。如表15—8所示，2003年，难民地位申请行政复议审理已经达12个月，2006、2007和2008年分别增至17.9个月、19.8个月和25.2个月。

表15-9　2003—2011年日本审理难民地位申请的时间

单位：月

	2003	2006	2007	2008	2009	2010	2011
行政决定	7		13.4	15.5		13.5	25.9
行政复议	12	17.9	19.8	25.2			

资料来源:(1)参議院法務委員会における木庭健太郎議員質疑への政府参考人回答(2004年4月8日)。(2)福島みずほ議員質問主意書への回答(2007年11月16日)。(3)参議院法務委員会における木庭健太郎議員質疑への政府参考人回答(2008年3月25日)。(4)参議院法務委員会における今野東議員質疑への政府参考人回答(2009年3月17日)。(5)衆議院法務委員会における逢坂誠二議員質疑への政府参考人回答(2009年5月12日)。(6)法務省ホームページ。(7)難民手続の審査期間.全国難民弁護団連絡会議2012。

注：空格为未知。

2010年7月，为稳定寻求庇护者的法律地位，日本法务省入国管理局决定，审理难民申请的标准时间为六个月，并且每季度在法务省网站公布难民地位申请审理的平均时间。2010年6月末，难民地位申请审理时间超过6个月的案件为612件，2011年3月大幅降至35件。[①]2011年年底，难民地位申请审理平均时间降至5.4个月，但是由于不断增长的难民地位申请数量，难民地位申请复议的审理时间仍然在两年以上，难民地位行政诉讼会耗时几年。[②]

（六）加入日本国籍率低，享有政治、经济和社会权利不足

截至2005年底，日本一共接收了8,650名越南难民（包括船民、留学生和重新安置），其中不少人在日本已经连续居住了20年甚至30年之久，但是获得日本国籍的人直到2009年底只有730名，仅占总人数的8.4%。[③]由于没有获得日本国籍，大多数在日本越南人都无法像日本国民一样享有充分的政治权利，无法参与到主流政治中去为自己争取合法权益，而只是有关部门政策措施的被动接受者。据媒体调查，90%以上日本人反对给予外国人地方参政权，[④]日本越南人群体处境远比在美国、澳大利亚等国家的越南人群体处境困难。

基于行使公权或参与国家事务的公务员必须具有日本国籍的法律规定，可以任用外国人的国家公务员职位只限于国立大学教师。而且外籍教员不得就任校长、系主

① Immigration Bureau. Ministry of Justice JAPAN. *Immigration Control 2011*. Immigration Bureau, Ministry of Justice JAPAN.2012.Points.

② Obi, Naoko. *A Review of Assistance Programmes for Asylum Seekers and Refugees in Japan*. Policy Development and Evaluation Service UNHCR. 2013. 3.

③ 亚洲福祉教育财团难民事业本部.日本的难民收.http://www.rhq.gr.jp/japanese/know/ukeire.html 2013-02-19访问。

④ 直击日本参院竞选纲领外国人参政权受关注.http://japan1 people.com.cn/35469/7034642. Html. 2010-06-22访问。

任。在司法上，逮捕证、拘留证、起诉书等几乎都没有译文。由于口头说明不充分，外国人嫌疑者、被告人往往不能理解自己的嫌疑事实。[①] 日本对外国人申请入籍要求非常严格。根据1983年《日本国籍法》，即使符合入籍条件的外国人，也不享有取得日本国籍的权利，其入籍申请是否批准，由法务大臣酌定。

难民子女有接受义务教育的权利，但是没有就学的义务。除少数地方，由于缺乏懂外语的教师，事实上很难说他们能接受到教育。根据学校教育法设立的民族学校属于各种学校的范畴，尽管日本的公立、私立大学中给予民族学校毕业生入学资格的学校已超过100个，但是仍不给予进人国立大学的入学资格。就业保险的被保险者只限于长期居留者或配偶是日本人的人。即使在生活保障、医疗福利制度方面，长期居留外国人也不能完全享受有关待遇。

日本学者石毛直道提出，试图改善这些制度的讨论，常常是因受歧视一方的控告，作为问题提出后进行的。很少见到公权一方自觉地进行改革。这同外国人定居者没有对国政、地方行政的参政有关。着眼于日本多民族化的未来，要郑重考虑建立外国人也适宜居住的国家制度的需要，这是对日本走出以本国国民为中心的封闭型国家形态，确立面向世界的开放性国家的形态的探讨。由于外国人已关系到日本的各个层面，所以必须超越纵式行政框架，将其作为横贯各省厅的课题加以探讨。[②]

（七）岛国封闭性文化和单一民族文化

从文化上看，日本强烈排斥难民主要源于岛国封闭性文化和单一民族文化。日本四面环海，没有任何一个陆地邻国，长期在历史和文化上存在着较强的封闭性。近代日本的开国和世界科技的进步，已使情况发生了很大的变化，但地理和历史的影响仍未能消除岛国封闭性文化，岛国封闭性文化在很大程度上支配着日本社会的思想和行动，使得日本社会对于大量外国人士的到来存在一定的抵触和排斥心理。日本人排除异类，相互之间抱成团的倾向极为严重，总把与自己不同的人称为外人。即使外国人能流畅地说日语，加入了日本国籍，由于身体特征而被区别，还是不被视为日本人。对身体特征难以区别的来自亚洲各国的人，一旦判明他不是日本人，也作为区别的对象[③]。除了历史传统和社会结构的因素外，近代国家主义的影响和蔑视其他亚洲人，也是造成日本歧视外国人的重要原因之一。福泽谕吉的脱亚入欧思想，在改变日本的传统亚洲观，形成日本对中国人和朝鲜人的侮蔑意识中起了指导性作用。

---

① （日）石毛直道.郭洁敏译.趋于多民族和多元化的日本[R].日本《综合研究与开发》1997(2).现代外国哲学社会科学文摘1998(3):55。

② 同上注。

③ （日）石毛直道.郭洁敏译.趋于多民族和多元化的日本[R].日本《综合研究与开发》1997(2).现代外国哲学社会科学文摘1998(3):54。

虽说有土著虾夷族、在日韩国朝鲜人和华侨移民集团，但日本仍是单一民族占压倒多数的极为罕见单一民族国家。时任总务大臣麻生太郎2005年指出，日本是单一民族、单一语言和单一文化。[①] 持单一民族论观点者认为，日本是由单一民族构成的国家，人们长期生活并习惯于单一文化的结构中，从而形成了统一的思维方式和生活方式，这种一致性是日本得以迅速发展的重要原因。因此，日本国家应保持单一民族的优良传统，维护民族血统的纯粹，形成统一的国家观念。有强烈排斥异质文化倾向的日本单一民族文化，对外国人在日本定居非常保守。对于同日本主流社会格格不入并且有经济社会负担之虞的难民群体，日本政府更是采取了不欢迎的态度。民间出于就业、健康和养老等各方面实际需求的考虑，对接收难民往往持谨慎和保守态度。

第四节　难民和补充保护者的甄别[②]

一、难民甄别的标准

根据1951年《日本出入国管理及难民认定法》（2009年修订）第2条，被认定为难民的外国人须要满足以下四个条件：（1）在本国境外；（2）有充分理由而畏惧被迫害；（3）畏惧由于种族，宗教，国籍，参加某一社团或者持有某种政治见解而遭迫害；（4）因为以上的畏惧而不能或不愿意受本国的保护。与迫害无关，只是由于对本国政治体制不满出国的、经济穷困出国的、战乱和内乱自然灾害流落到国外的等外国人不属于难民。

迫害可以是因为种族、宗教、国籍、政治见解或者某一社团的成员。种族包含民族、部族、氏族等。政治见解包括所有的政治发言和政治活动。集团通常是由类似的背景、习惯或社会地位的人而组成的。仅属于某个特定的社会集团不足以成为认定难民的证据，但是特殊情况下只是属于某一个集团可作为充分的理由。寻求庇护者要向日本政府清楚说明，自己处于畏惧状态的理由。申请人的本国政府侵害人权或政情不稳定等不是充分的理由，寻求庇护者必须具体说明受迫害的具体理由。

日本难民支援协会（Japan Association for Refugees）在2008年《难民认定申请者的建议》中提出，以下对生命、人身、经济生活、财产方面的安全和自由的威胁可以被认定为迫害：

1. 生命、人身的安全及自由方面：（1）人身威胁：申请者在本国可能成为当局攻击的对象。（2）逮捕、拘禁：不管手续本身是否合法。如能证明是被警察，治安部

---

① 日本自民党干事长麻生太郎简介，http://news.sina.com.cn/w/2008-09-01/225716212345. 2008年。

② 除特别注明外，主要参考了日本法务省入国管理局.难民认定手续指南（第三版）[R].日本法务省入国管理局.2006。难民支援协会.难民认定申请者的建议：有关在日本申请难民认定手续的说明以及给与难民认定申请者的建议[R].特定非盈利活动法人难民支援协会.2008。

队，恐怖分子等任何集团逮捕、拘禁，但政府没有能力或不愿保护的情况下，可算是迫害。实质上，不但现实上被逮捕，而且逃脱逮捕或迫害也包括在内。（3）酷刑：一般被拷问，包括没有给予足够的食物与睡眠等各种情况。（4）威逼：申请者或其家族朋友受到直接的威逼。（5）失踪：申请者或其家族朋友因诱拐而失踪。

2. 经济生活、财产安全与自由方面：（1）财产被没收；（2）禁止工作，剥夺工作机会；（3）剥夺教育机会。

3. 其他方面：（1）强制向特定宗教的改宗或皈依；（2）强制加入特定政党或脱党。

二、难民甄别的程序

1951年《日本出入国管理及难民认定法》（2009年修订）第61条第2款第1项规定：法务大臣根据外国人提供的材料，认定该外国人的难民地位。能够认定为难民的，发给难民证明书；不能认定为难民的，应以书面形式将理由通知当事外国人。日本赋予申请难民地位成功者长期居留权，签发难民证（难民证明书）和难民旅行证（难民旅行证明书）。

（一）申请难民地位

在日本的外国人都可以申请难民地位，不管居留（在留）期限是否已过，是否以伪造护照入境，法律没有限制申请难民地位期间的特别规定。根据1951年《日本出入国管理及难民认定法》（2009年修订）第61条第2款第2项第1目，寻求庇护者在入国后六个月内提交难民地位申请，在等候难民地位申请结果期间可以获得临时居留（临时滞留）许可（Karitaizai，Permission for provisional stay），在日本合法居留。如果外国人因为入境之后发生某些特别理由而成为难民，则在知道该事情之时起六个月内，或者有正当理由不能在六个月内申请，也可以获得临时居留（临时滞留）许可。

在非法居留（非法在留）和非法入国（不法入国）的情况下，提出难民地位申请时，法务省入国管理局会要求申请人向违法调查（违反调查）部门自首。另外，接受难民地位申请前会要求接受入国审查官（immigration inspector）的违法调查。但是，为防止申请难民地位前被强制遣返，应在违法调查前提出申请。在合法居留（合法在留）和合法入境（合法入国）的情况下，申请难民地位时，入国管理局会要求申请人先进行外国人登记（登录），所以在最初阶段时应先登记。搬家时也要提出登记变更申请。进行外国人登记后，在难民地位申请期间可持有效的外国人登记证。由于外国人登记在各区役所及市役所等地方自治体进行，难民地位申请者进行外国人登记后不会被实时羁押或强制遣返。

外国人应向申请人住所或者居所所在地的地方入国管理局、支局以及出国管理所提交难民地位申请。申请应由本人亲自办理。但是，申请人不满16岁或因病等其他理由不能亲自办理时，可由父母、配偶、子女或者亲属代理申请。因为难民地位申请后可以再补交文件，所以应尽早提交难民地位申请。

申请难民地位必须提交《难民地位申请书》，证明本人是难民的资料，例如寻求庇护陈述书，照片等。寻求庇护陈述书主要包括所受迫害的状况、被迫害的原因、如果回国会受到什么样的迫害等三部分内容，不仅是本人的经历，也可以提供家庭成员、朋友和所属团体受迫害的情况。因有伤残不能亲自填写《难民地位申请书》的外国人，可向入国审查官或者难民调查官陈述必须填写的事项，替代填写《难民地位申请书》。另外，寻求庇护者需要出示：（1）护照或者居留资格证明书，如果不能出示护照或者居留资格证明书，必须提交一份不能出示的书面说明。（2）外国人登记证明书，如果持有。（3）被许可暂时入境、乘务员入境、紧急入境、遇难入境或者临时庇护入境的外国人，出示其入境许可。（4）入国拘留临时释放的外国人，出示入国拘留临时释放许可。

不管难民调查官有没有要求相关证据，申请者本人应尽量收集和提交与难民地位申请有关的证据。与难民地位申请有关的证据主要有：（1）报导申请者本人的活动状况或实际受迫害的报纸和杂志等。（2）记载申请者本人政治意见的报导。（3）申请者的本国政府发出的通缉令或逮捕状，以及表示明确迫害意思的文件。（4）申请者所属团体的证明文件，所属团体的会员证等能证明申请者是会员及申请者在团体内的地位与活动的文件。（5）与申请者的所述内容有关的身份证明书与学生证等文件。（5）美国国务院、大赦国际（Amnesty International），人权观察（Human Rights Watch）等外国政府部门和国际人权组织发布的有关难民的报告等。在法务省入国管理局的立场上，陈述书及其他文件的翻译工作是申请人的责任，不保证一定会阅读非日语材料。

（二）审理难民地位申请

审理外国人的难民地位申请要经过地方入国管理局面谈和调查事实，地方入国管理局撰写调查报告呈交法务省入国管理局，法务省入国管理局作出审理决定，寻求庇护者行政复议、寻求庇护者行政诉讼等五个环节的全部和其中某些部分。

受理难民地位申请的地方入国管理局指定难民调查官审理难民地位申请，主要是面谈申请人。面谈是难民地位申请审理的重要环节。难民调查官通常进行几次面谈。难民调查官会根据寻求庇护陈述书提问申请人。如果申请人的回答在寻求庇护陈述书上没有记录或者与记录内容有异，将会要求给予充分说明。为充分了解申请者的主张，难民调查官会提一些问题。为确认而不误解申请者提出的事实，会数次提问同一问题。难民调查官在面谈时，会安排懂申请者母语的翻译。如果寻求庇护者对翻译者的能力或政治态度有疑问，应主动要求难民调查官更换翻译。难民调查官会用日语撰写面谈记录，然后通过翻译者向寻求庇护者确认，之后寻求庇护者需在面谈记录上签名。寻求庇护者的律师、朋友等人员不能出席难民地位申请的面谈，但是可以出席行政复议和行政诉讼。

受理难民地位申请的地方入国管理局除面谈申请人外，还照会有关机构，向有关人员调查事实，然后撰写调查报告呈交法务省入国管理局。寻求庇护者有义务自己提交实质性证据或者证人证言来证明本人是难民。如果寻求庇护者提交的证据不足以证明自己是难民，难民调查官可以通过问询申请人、向其他有关官员了解情况调查申请人所称事实，努力妥当地审理其难民地位申请。

法务省入国管理局如果认为有必要，会向地方入国管理局下达调查指示，要求其重新调查难民地位申请的事实，否则会在地方入国管理局照会外务省、联合国难民署等有关机构后，作出审理决定。如果法务省入国管理局认定寻求庇护者符合难民标准，会签发难民证，或者给予人道主义立场考虑签发在留特别许可。如果入国管理局认定寻求庇护者不符合难民标准，作出和送达拒绝难民地位申请决定，决定应写明拒绝理由和法律救济。

法务省入国管理局与联合国难民署及相关机构合作，收集和整理难民本国、国际形势等基础资料，培养具有专业知识和调查能力的工作人员，完善难民审查顾问制度，优化难民认定体制，运用临时滞留许可，迅速确认难民合法地位。对不符合标准的寻求庇护者，例如由于本国的国内问题，如果遣返回国会导致本人生活困难，可以从人道主义出发，个别考虑给予特别居留许可。[①]

寻求庇护者不服入国管理局的拒绝难民地位申请，在收到拒绝难民地位申请行政决定之日起七日内，可以向所在地的住所或居所的地方入国管理局、支局、出张所（派出所）提交行政复议申请，有天灾等其他不可抗力等情况的除外。入国管理局复议部门审理行政复议申请时，需听取难民审查顾问（Nanmin Sanyo-in）的意见。入国管理局的复议部门认为寻求庇护者的行政复议申请没有正当理由时，可以维持原决定。当事人不可以再次提交行政复议申请。入国管理局的复议部门认为有正当理由时，可以推翻原拒绝难民地位申请决定，向被认定为难民的外国人签发难民证。

寻求庇护者不服入国管理局关于拒绝难民地位申请的行政复议的决定，可以根据《行政事件诉讼法》向裁判所提起行政诉讼，也可以在收到难民地位申请的行政决定时，直接提起行政诉讼。寻求庇护者应该在收到行政复议决定之日起六个月内提起行政诉讼。[②]

2010年7月，日本法务省入国管理局决定，审理难民申请的标准时间为六个月，

---

① 《第四次出入境管理基本计划》，第22页，日本法务省入国管理局官方网站http://www.moj.go.jp/content/000058059.pdf. P.30。

② 《出入国管理及难民认定法》(『出入国管理及び難民認定法』) 2009年7月15日法律第79号第61条第2、6款第2项。

并且每季度在法务省网站公布难民地位申请审理的平均时间。2010年6月末，难民地位申请审理时间超过六个月的案件为612件，2011年3月大幅降至35件。[①] 2011年年底，难民地位申请审理平均时间降至5.4个月，但是由于不断增长的难民地位申请数量，难民地位申请复议的审理时间仍然在两年以上，难民地位行政诉讼会耗时几年。日本法律不限制外国人申请难民地位，有很多外国人重复申请难民地位。2011年，29% 难民地位申请是重复申请。[②]

2013年秋天，日本法务省移民管理政策咨询委员会（Immigration Control Policy Advisory Committee）组建了由学者、非政府组织代表和难民律师组成的难民分委会（Sub-Committee consisting of academics, NGO representatives and an asylum lawyer, Immigration Control Policy Advisory Committee for the Minister of Justice），作为智库机构，负责评估难民地位申请和审理制度，提出相关政策建议。联合国难民署是移民管理政策咨询委员会及其难民分委会的观察员。

三、以临时庇护为目的的入境申请和审理

以临时庇护为目的的入境（临时庇护登陆许可）是指乘坐船舶或飞机的外国人，因1951年《关于难民地位的公约》规定的理由及其他类似的理由，从生命、身体或身体自由受到威胁的地区逃亡出来，入国审查官认为允许临时入境是合理的，因而批准的入境，是国家提供保护（领土庇护）的一种紧急措施。[③]

以临时庇护为目的的入境的申请人必须由乘坐船舶或飞机的外国人，而不是船只的船长、飞机的机长或运营该船只的运输业主提出。申请临时庇护时，由申请者本人自行前往到达海港或机场的入国管理局等机关提交申请。如果申请者不满16岁，或者因疾病或其他理由不能自行前往申请时，可以由父母、配偶、子女或亲属代为申请。

外国人申请以临时庇护为目的的入境，必须提交外国人入境记录、申请表、照片和寻求庇护理由的证明资料等证明合法入境和避难理由的材料。外国人入境记录E/D卡，有时在飞机内分发，如果在机场，可以从航空公司的柜台或入国审查台领取。申请表用于记载有关身份事项及申请理由，可以在海港或机场的入国管理局领取。另外，需要出示护照等国际旅行证件及其他证明本人身份的证件。

经审理，批准以临时庇护为目的的入境申请的，签发临时庇护入境许可（临时庇护登陆许可证）。入国审查官（immigration inspector）签发临时庇护许可时，根据法务

① Immigration Bureau. Ministry of Justice JAPAN. *Immigration Control 2011*. Immigration Bureau, Ministry of Justice JAPAN.2012.Points.

② Obi, Naoko. *A Review of Assistance Programmes for Asylum Seekers and Refugees in Japan.* Policy Development and Evaluation Service UNHCR. 2013. 3-4.

③ 1981年《出入国管理及难民认定法》第18条第2款。

省有关规定，可以对该外国人附加入境时间、行动范围及其他认为必要的限制，并且必要时可让其留存指纹。2006—2010年，日本共收到非法船民提交的110份临时庇护入境申请，批准了其中的四份。①

四、补充保护者甄别的标准和程序

外国人申请难民地位被拒绝，如果有特别人道理由需要留在日本，即使符合强制遣返条件，也可能被补充保护，获得特别居留许可（Zairyu Tokubetsu Kyoka），② 成为补充保护者。考虑寻求庇护者的特别居留许可申请的积极因素包括：希望居留理由；家族状况；日常行为；国内外情势；基于人道上之必要性考量；给予其他日本国内不法滞留者影响等。积极因素还包括：外国人于地方入国管理局自行申报自身之非法居留事由，长期居留日本国内，可认同其对于日本之定着性者，基于人道上之理由需加以量情斟酌等特殊情况。③

考虑寻求庇护者的特别居留许可申请的消极要素包括：（1）曾犯重罪受过刑罚者：曾犯凶恶、重大罪行，受过实际刑罚者；曾因走私、贩卖非法药物以及枪枝等有害社会物品，受过实际刑罚者。（2）曾违反出入境管理法律或具有高度反社会行为者，"曾犯下助长非法从事劳动、集体偷渡、非法取得护照等罪行，受过实际刑罚者；曾犯下助长非法、伪装居留等罪行，受过实际刑罚者；具有曾自身卖淫或唆使他人卖淫等，显著扰乱日本社会秩序等行为者；具有曾贩卖人口等显著侵害人权等行为者。（3）曾通过船舶偷渡、伪造护照或伪造在留资格入境者。（3）过去曾受到强制遣返者。（4）其他曾违反各项法令规定或相当于违反法令之素行不良者。(5) 具有其他居留问题者，例如为犯罪组织成员。④

法务省入国管理局考虑是否发给特别居留留许可时，将分别评价申请人的积极要素和消极要素，并综合审核应参考事项，如果积极要素的必要考虑事项明显多于消极要素必要考虑事项，基本上将酌情发给特别居留许可。因此，并非仅需符合一项积极要素，即单纯地决定发给特别居留许可；反之，亦非具有任何一项消极要素，即决定不发给特别居留许可。⑤ 即使外国人没有理由对不批准特别居留许可提出异议，但是如果拥有法务大臣认定有应发给特别居留许可的其他事由者，法务大臣可以批准其特

① Immigration Bureau. Ministry of Justice Japan. *Immigration Control 2011*. Immigration Bureau, Ministry of Justice Japan.2012.62.

② 1981年《日本出入国管理及难民认定法》（2009年修订）第61条第2款第2项。

③ 2006年《特别居留许可指南》（2009年修订）第1条积极因素。

④ 2006年《特别居留许可指南》（2009年修订）第1条。

⑤ 同上注，第2条。

别居留许可。[①] 一些被拒绝的寻求庇护者因为其本国内战，而被签发特别居留许可。

难民调查官决定给予补充保护时，会签发特别居留许可身份证明（a certificate of status of residence），给予长期居留许可（定住者）或者特定活动居留许可，确定特别居留许可的期限。长期居留许可三年期以内，特定活动居留许可一年期以内。长期居留许可没有活动限制，特定活动居留许可一般有活动限制，例如就业限制。[②] 法务省通常在审理难民地位申请复议期间考虑是否给予被拒绝者人道特别居留许可。如果寻求庇护者已经进入遣返阶段，则不会被考虑给予特别居留许可。

第五节　寻求庇护者的权利和义务[③]

本节从寻求庇护者享有权利的宪法和国际公约基础、临时居留（临时滞留）许可、经济补助、就业（工作许可）、医疗、教育和培训、住房、养老（年金）、社区活动、出国、行政复议、行政诉讼、强制遣返、寻求庇护者的义务等十四个方面，系统地分析日本给予寻求庇护者的权利。

一、寻求庇护者享有权利的宪法和国际公约基础

从权利性质角度看，日本《宪法》并非仅以日本公民为对象，也针对在日本居留的外国人，包括寻求庇护者和难民，保障他们享有同等的基本人权。[④] 日本给予寻求庇护者权利要遵守已经加入的国际公约。目前，日本已加入的主要人权公约有1966年《经济、社会、文化权利国际公约》、1966年《公民权利和政治权利国际公约》）、1966年《消除一切形式种族歧视国际公约》、1989年《儿童权利公约》、1979年《消除对妇女一切形式歧视公约》等。

葡萄牙、苏丹、朝鲜等国家认为，日本应加大力度予以消除对寻求庇护者和难民的歧视。[⑤] 有研究指出，近年来，一些寻求庇护者面临生活困境，甚至会睡在公园或网吧。由于不能工作，一些寻求庇护者只能依靠非常微薄的经济补助，有时不得不非

---

① 1981年《出入国管理及难民认定法实施细则》（2009年修订）第50条。

② 同上注，第56条第1款。

③ 除特别注明，本节所指寻求庇护者包括获得和未获得临时居留（临时滞留）许可的寻求庇护者。

④ 外国人在日本生活指南[R]. 日本外务省.2012年第2版。

⑤ 在联合国人权理事会第22届会议上，葡萄牙提出："确保所有移民，不论其法律地位如何，都可不受歧视地获得医疗与教育。"突尼斯提出："（日本）加大努力制止歧视和不容忍，包括针对移民、外国人、寻求庇护者和难民的歧视与不容忍。"苏丹提出："（日本）继续努力保护外国人（包括难民）的权利，防止在法律和实际中对他们的歧视。"朝鲜民主主义人民共和国提出："（日本）采取措施，消除对朝鲜人一切形式的歧视。"中国提出："认真并立即执行普遍定期审议的建议。"见普遍定期审议工作组报告（日本）. 联合国大会人权理事会第二十二届会议议程项目6普遍定期审议. A/HRC/22/14. 14 December 2012,20、24。

法工作。一些日本居民担心，如果生活困难的寻求庇护者找不到出路，可能会从事违法犯罪活动。很多寻求庇护者担心明天吃什么，他们没有时间和精力准备面谈。[①]

二、临时居留（临时滞留）许可

外国人申请难民地位时持有居留许可，并且是在入境日本后六个月内提交《难民地位申请书》，如果因为入境后发生某些特别理由而成为难民的话，则从知道该事情时算起，或者有正当理由不能在六个月内申请，或者从有可能受到1951年《关于难民地位的公约》所规定的受迫害地区直接入境日本，将获得临时居留（临时滞留）许可（Karitaizai, Permission for Provisional Stay）在日本合法居留。外国人申请难民地位时不需要另行申请临时居留许可，法务省入国管理局审理外国人的难民地位申请时，会同时决定是否给予临时居留许可。

即使外国人申请难民地位时没有持居留许可，如果满足一定条件，也会获得临时居留许可。没有居留许可的外国人申请难民地位时不具备以下九种情形之一，法务大臣会签发临时居留许可，允许其在日本临时居留，否则有可能被羁押（收容）。

（1）取得临时登陆许可。

（2）已经取得停泊地登陆许可、过境登陆许可、乘员登陆许可、紧急登陆许可或遇难登陆许可，护照和登陆许可未过期。

（3）脱离日本国籍或因出生等事由未办理登陆手续在日本居留的外国人，可以在脱离日本国籍之日或出生等事由发生之日起60日内，无居留资格在日本继续居留。

（4）入境日本时，具有患传染病、精神病、成为公共负担、曾被判处一年以上徒刑拒绝登陆情形的。

（5）有充分理由怀疑不正当为其他外国人取得或者伪造、篡改证明书、登陆许可等出入境文件的。

（6）该外国人于入境后六个月才申请难民地位，来日本后发生某些特别理由而成为难民的情况除外。不是从有可能受迫害地区直接入境。

（7）入境日本后，触犯刑法或其他法律而被判入狱。

（8）被签发强制遣返令。

（9）有充分理由怀疑该外国人将逃亡。[②]

由于受迫害后“直接”入境对于很多受迫害外国人来说是很困难的事情。实践中，通常对“直接”作宽松解释，但是要详细说明不能直接入境的理由。

---

① Obi, Naoko. A Review of *Assistance Programmes for Asylum Seekers and Refugees in Japan*. Policy Development and Evaluation Service UNHCR. 2013.12. 16.

② 1981年《日本出入国管理及难民认定法》（2009年修订）第61条第2款第4项。

2010年，日本审理了558名寻求庇护者的临时居留许可申请，但是只向其中的65名寻求庇护者签发了临时居留许可，比2009年减少了7名。不签发临时居留许可主要是因为374人在入境6个月后才提交难民申请，如果迫害事由发生在入境后，自知道被迫害算起6个月，246名寻求庇护者曾经收到遣返令（deportation order）。[①]

日本在临时居留许可期间，中止遣返获得临时居留许可的寻求庇护者。[②] 获得临时居留许可的寻求庇护者在临时居留许可期间可以合法在日本居留，不会被羁押（收容），但是需要经常携带此许可。即使有充分理由怀疑获得临时居留许可的寻求庇护者有被遣返的情形，在临时居留许可有效期间，也应中止遣返。临时居留许可不被承认的话，强制遣返的手续仍会进行，更有可能下达强制遣返通知。实践中，法务省在审理难民地位申请时，不会遣返寻求庇护者回国。

寻求庇护者的临时居留许可期间原则上为三个月，应在期满前十日申请延期。可以在各地方入国管理局、支局以及派出机构的窗口领取延期申请书。如果没有出现终止临时居留的情形，法务大臣应予批准。换句话说，入国管理局通常会不断延期寻求庇护者的临时居留许可。如果入国管理局拒绝了难民地位申请，可能不再延期寻求庇护者的临时居留许可，并羁押没有持有效临时居留许可的寻求庇护者，即使寻求庇护者随后提出了行政复议和行政诉讼。虽然入国管理局很少羁押寻求庇护者，但是寻求庇护者依然有可能被羁押。

如果出现以下五种情形之一，将撤销寻求庇护者的临时居留许可：

（1）违反临时居留许可所附条件。

（2）难民地位申请时提供虚假材料或者没有提交必须提交的材料，进行虚伪陈述，或者让相关人作虚假陈述。

（3）没有在规定期限内就不批准难民地位申请提出复议申请。

（4）难民地位申请在规定期限内就不批准难民地位申请提出复议申请，但是被不予受理或者驳回，或者申请撤回。

（5）离开日本。[③]

三、经济补助

日本是少数向寻求庇护者提供生活补助的亚太地区1951年《关于难民地位的公约》成员国之一。寻求庇护者在等候难民地位申请审理结果期间，可以向亚洲福祉教育财团难民事业本部(Refugee Headquarter，RHQ，位于东京）申请国家补助。外务

① Immigration Bureau. Ministry of Justice Japan. *Immigration Control 2011*. Immigration Bureau. Ministry of Justice Japan. 2012. 65.

② 1981年《日本出入国管理及难民认定法》（2009年修订）第61条第2款第6项。

③ 1981年《日本出入国管理及难民认定法》（2009年修订）第61条第2款第5项。

省通过亚洲福祉教育财团难民本部向寻求庇护者发放国家补助，用于日常生活和住宿，2008年预算为7,800万日元，每位寻求庇护者每月可获得8.5万日元（约合6342元人民币）补助，原则上每位寻求庇护者可领取4个月。接受这一补助的寻求庇护者在2005年时只有138人，但随着寻求庇护者人数增加，2008年约有230人。由于预算有限，2009年4月，外务省把重病者和儿童作为优先发放对象。有的寻求庇护者申请4个多月后才领到补助。一些寻求庇护者因为领不到补助流落街头。2009年10月，外务省解决预算问题后，解除了对寻求庇护者申请补助的限制。① 为了避免寻求庇护者从经济补助中获取不应有利益，下列寻求庇护者不能申请经济补助：（1）重新申请难民地位的；（2）兼职工作收入超过补助标准的；（3）收到国外家庭或朋友汇款超过补助标准的。2011年，大约1/3寻求庇护者是重新申请难民地位的，除去正在等候法院审理结果的，都不能合法地工作或者申请补助。如果外务省通过亚洲福祉教育财团难民本部向寻求庇护者发放的补助不能满足寻求庇护者的需求，寻求庇护者可以向日本难民协会（Japan Association of Refugee, JAR）等非政府组织申请民间补助。

四、就业（工作许可）

外国人申请难民地位时持有居留许可，会获得工作许可，在等候审理结果期间在日本合法地工作。反之，不会获得工作许可，不能合法地工作。很多外国人申请难民地位时，没有居留许可或者居留许可已经过期，处于非法居留状况，都不会获得工作许可。2007、2008、2009、2010、2011年，非法居留外国人提交难民地位申请的比例分别是43.6%、54.2%、62.5%、44.4% 和37.9% 。② 不能合法工作的寻求庇护者，原则上，有权向亚洲福祉教育财团难民事业本部 (Refugee Headquarter) 申请补助。

如果难民地位申请被法务省入国管理局拒绝，获得的工作许可会被撤销。为了获得工作许可，寻求庇护者应提交《资格外活动许可申请表》(application for permission to carry out activities outside the permit)。近年，外国人提交难民地位申请后六个月，入国管理局会发给工作许可。③ 如果法务省入国管理局拒绝难民地位申请，就不会延期寻求庇护者的工作许可。外国人申请难民地位时不持有居留许可，将不能获得工作许可，无法在日本合法工作。

获得了工作许可的寻求庇护者可以联系地方公共职业安定所（Public Employment

① 日本新华侨报网讯. 日本解除对难民资格申请者的生活费发放限制 [EB/OL]. http://www.jnocnews.jp/news/show.aspx?id=31572。

② Obi, Naoko. *A Review of Assistance Programmes for Asylum Seekers and Refugees in Japan*. Policy Development and Evaluation Service UNHCR. 2013.17.

③ 难民支援协会. 难民认定申请者的建议：有关在日本申请难民认定手续的说明以及给与难民认定申请者的建议 [R]. 特定非盈利活动法人难民支援协会2008。

Security Office，Hello Work），获取免费的就业服务。公共职业安定所建有网上招聘网站（www.hellowork.go.jp）和外国人就业服务中心网站（www.tfemploy.go.jp，www.gakusen-unet.ocn.ne.jp），后者专门为外国人提供求职服务。但是，根据难民支援协会（JAR）的调查，很多寻求庇护者是通过来自同一国家的同乡而不是政府招聘网站找到的工作。

获得了工作许可的寻求庇护者可以通过报纸、非政府网站寻找工作。英文报纸《日本时报》（Japan Time）每周一、英文报纸《读卖新闻》（Daily Yomiuri）每周三刊登招聘广告,《日本时报》还建有招聘网站（http://job.japantimes.com）。英文周刊《东京公告》（Tokyo Notice Board）是一份英文报纸，免费在东京派发，不仅有招聘信息，还有房屋租赁信息。① 有的网站（如 Dai Job Inc）提供日文和英文双语招聘信息。②

日本的劳动基本法、劳动合同法、最低工资法、劳动安全卫生法、劳动者灾害补偿保险法等劳动基本关系法令，同样适用于在日本国内就业的外国人。各地主要劳动局或劳动基本监督署中，设有“外国劳动者咨询台”，可提供劳动条件相关咨询的外语服务。

五、医疗

被企业雇佣的寻求庇护者必须参加雇员健康保险（Employee Health Insurance）。雇员健康保险面向全职雇员和工作时间是全职雇员3/4的兼职雇员。雇员健康保险覆盖参加保险的雇员及其符合条件的不工作的被抚养的家庭成员。不工作的被抚养的家庭成员年收入须低于130万日元，对于60岁以上及有残障者，年收入须低于180万日元。任何符合以上条件的雇员都可参加雇员健康保险，不论国籍和居留许可。雇主和雇员各自付一半的保险费。健康保险的加入手续，由寻求庇护者就业的公司或企业办理。寻求庇护者可以向所就业的公司咨询办理雇员健康保险事宜。加入健康保险者，会发给保险证。保险证是加入保险的证明。日本医疗费用很高，一般感冒的门诊和药费大约5,000日元，重病可能要花费更多。

办理了居民登记（住民登録）手续、有一年以上在留资格、未加入就业单位雇员健康保险的外国人，必须加入国民健康保险（National Health Insurance，Kokumin Kenko Hoken）。国民健康保险是一种国立基本医疗保险，但是不要求寻求庇护者必须参加。入境不足一年但已经获准继续停留一年以上者，必须加入国民健康保险。地方政府负责管理国民健康保险，设定了各自的外国人参加国民健康保险的条件，通常的主要条件是持居留许可一年以上。寻求庇护者加入后会获得保险卡，向医院出示保

---

① 关于《东京公告》的主要情况，请参见www.tokyonoticeboard.co.jp。

② 关于该网站的主要情况，请参见www.daijob.com。

险卡，可以降低医疗费用70%，只负担30%医疗费用。加入保险后每月都要缴纳保险费，医疗保险费金额因市区町村而异，一年定一次，根据收入所得与每户家庭成员的人数来决定，收入越高，缴纳费用越多。入国第一年，由于前一年的收入并非在日本所得，只缴纳最低额度的保险费，自第二年起根据收入所得等有所调整。向市区町村的役所办理居民登记（住民登録）转入申请的手续，即视为同时提出国民健康保险等的申请。一旦加入国民健康保险，就不能自动退出。离开日本（短时间离境除外）时，要提前携保险证与印章（无印章者不需要）、在留卡、飞机票等，到市区町村的役所办理保险退出手续。

没有参加国民健康保险和雇员健康保险等公立医疗保险的寻求庇护者，可以参加私立医疗保险 Minato Machi Health Group。Minato Machi Health Group 是会员制医疗保险，会员可以在指定医院门诊看病，仅支付30% 的医疗费用，但是不涵盖住院费用。成为 Minato Machi Health Group 会员，需要先在任一指定医院缴纳三个月会员费6,000日元，获得会员卡，然后每月缴纳会员费两千元以保持会员资格。Minato Machi Health Group 指定的医院都能提供多语种医疗服务。

如果寻求庇护者是产妇，其本人或者丈夫参加了国民健康保险，可以一次性报销生育费用35万日元。在日本，到医院生小孩，顺产没有任何并发症要花费大约30万日元，如果是剖腹产，要花费大约50万—80万日元。如果寻求庇护者没有参加医疗保险或者有严重经济困难，可以向所在地的福利部门（regional Welfare Office）申请指定医院生育救助（Hospital-Based Childbirth Scheme），缴纳很少或者不交生育费用。严重经济困难是指年缴纳所得税少于16,800日元。没有居留许可的寻求庇护者也可以申请指定医院生育救助。

日本公立健康中心（public health centres）为3—4个月、18个月和3岁婴儿提供免费体检。公立健康中心会提前寄送婴儿体检通知。日本地方政府向有外国人登记证（Alien Registration Certificates）（2012年7月以后为外国人居留卡）的儿童提供免费的防疫服务。

如果确定不住院治疗一个有精神病或者怀疑有精神病的人，他将伤害其他人，就会强行将其送往医院治疗。不论精神病或者怀疑有精神病的人有无参加医疗保险，该政府都负担住院、门诊和药费等医疗费用的95%，精神病患者负担余下的5%。

寻求庇护者可以享有免费体检服务。东京都（Tokyo Metropolitan）、千叶县（Chiba Prefecture）、埼玉县（Saitama Prefecture ）神奈川县（Kanagawa Prefecture）的几家非政府组织向寻求庇护者每年提供至少六次多语种的免费体检服务。群马县（Gunma prefecture）的非政府组织向持居留许可外国人提供很便宜的体检服务，每年只收2千日元。亚洲人和非洲人健康服务中心（Services for Health in African and Asian Regions）提供免费和便宜的体检服务方面的咨询。日本的公立健康中心和东京都南新宿检测咨询中心（Tokyo South Shinjuku Testing and Consultation Centre）提供免费的匿名的艾滋病病毒化验服务，无论申请化验的外国人有无居留许可。

如果外国人因为没有居留许可无法参加医疗保险，但是有急病需要治疗，可以通过《日本生病和死亡国际旅行者法》（Law Regarding Sick Travellers and the Death of Travellers）和地方政府的外国人未付医疗费用政策获得医疗救助。《日本生病和死亡国际旅行者法》规定：如果被救护车送往医院治疗的外国人没有固定住所，也没有其他人为其支付医疗费用，地方政府在必要情况下，可以联系该外国人本国的驻日使领馆，请求该外国人本国支付紧急医疗费用。

一些地方政府制定了未付医疗费用外国人医疗救助政策，支付被紧急救助的外国人无力负担的医疗费用，例如东京都外国人未付医疗费用补贴办法（Tokyo Metropolitan Area - Foreigners' Unpaid Medical Expenses Subsidy Programme）、群马县外国人未付医疗费用办法（Gunma Prefecture - Foreigners' Unpaid Medical Expenses Policy）、神奈川县外国居民紧急医疗救助费用资助办法（Kanagawa Prefecture - Foreign Residents' Emergency Medical Treatment Expenses Assistance Programme）、埼玉县外国人未付医疗费用办法（Saitama Prefecture - Foreigners' Unpaid Medical Expenses Programme）、千叶县外国人紧急医疗医疗费用资助办法（Chiba Prefecture - Foreigners' Emergency Medical Expenses Assistance Programme）等。

根据东京都外国人未付医疗费用补贴办法，东京都的医疗机构，不包括国立和都立的医疗机构，救治在东京都生活或者工作的没有参加公立医疗保险（国民健康保险和雇员健康保险）的外国人时，如果这些外国人不符合申请《日本生病和死亡国际旅行者法》、社会福利方面的医疗补助条件，尽管努力但是仍然无力支付由于不可预见伤害、交通事故等引起的治疗费用时，可以向东京都卫生和医疗公司（Tokyo Metropolitan Health and Medical Treatment Corporation）申请外国人紧急医疗补助。对于慢性病，只负担紧急状况下的医疗费用。最多负担14天的住院费用和3天的门诊费用。负担保险公司评估的医疗费用的70%，但是每位病人每家医院不超过200万日元。①

外国人发生急病时，可以拨打免费电话119叫救护车。救护车费用免费，如果伤病者属于轻度症状或轻度伤情，使用自家车或出租车即可运送，则不能够使用救护车。寻求庇护者和难民感觉身体不适要去医院，但是不知道应该去哪家医院和如何解释症状，可以联系非政府组织的多语种电话和网络服务。东京都医疗机构导航服务机

① 关于东京都外国人未付医疗费用补贴办法（Tokyo Metropolitan Area - Foreigners' Unpaid Medical Expenses Subsidy Programme）的主要内容，请参见东京都卫生和医疗公司官方网站 http://www6.ocn.ne.jp/%7Eiryo-hp/ under (Programme contents)。

构——向日葵（Himawari）免费提供英语、汉语、汉语和西班牙语的电话医疗机构咨询服务。[①] 成立于1991年的民间机构——亚洲医生协会国际医疗信息中心（Association of Medical Doctors of Asia International Medical Information Center）的东京中心免费提供英语、泰语、汉语、西班牙语、葡萄牙语、菲律宾语的医疗机构电话咨询服务，关西中心免费提供英语、西班牙语、葡萄牙语和汉语的医疗机构电话咨询服务，介绍能使用外国语诊疗的医院和医生，解释日本的医疗制度。[②]

日本医院不管患者有没有居留许可或其财政状况如何，通常都以人命为重，提供紧急医疗服务。这些紧急医疗服务不是免费的，治疗后会寄出账单。除通过《日本生病和死亡国际旅行者法》（Law Regarding Sick Travellers and the Death of Travellers）和地方政府的外国人未付医疗费用政策获得医疗救助外，还可以通过亚洲福祉教育财团难民事业本部（Refugee Headquarter）、日本难民协会（Japan Associate for Refugees）、日本国际社会事业团（International Social Service Japan，ISSJ）等难民机构和团体，接受联合国难民署提供的医疗费援助。

根据《日本残障人士服务和支持法》（Shogaisha Jiritsu Shienhou），无论国籍、居留身份，任何人都可获得免费治疗精神疾病，所以寻求庇护者也享有此权利。实际上，一些精神病医院由于语言障碍不愿意诊治寻求庇护者，寻求庇护者也因为文化背景不同导致对精神疾病理解不同，甚至不敢或者不愿求诊，有精神疾病的寻求庇护者常常要花费很多时间和精力才会获得实在的治疗精神疾病帮助。

六、教育和培训

在日本的寻求庇护者的未成年人不管有没有在留资格，都可以在公立的小学和初中报名，接受第一学年至第九学年的初等教育。日本遵循国际人权公约中的规定，保障外国人子女受初等教育的权利。对于寻求庇护者子女当中希望进入日本公立小学、中学学习，接受初等教育的适龄学童，免费入学，安排日语指导与适应性指导等，给予必要照顾。外国人的子女与日本人相同，可以免费到各地的小学与中学等入学或插班。外国人数量较多的学校，还会安排负责教授日语的教员与支援员。希望上公立的小学、初中时，可以带上本人的外国人登记证，到居住地的市町村教育委员会，在申请上学的资料上填写必要事项，申请入学。教育委员会接到申请后，决定学生应当到哪所学校上学，然后通知家长。

寻求庇护者可以在国际难民帮助中心（International Refugee Assistance Centre）

① 关于向日葵医疗机构咨询服务，请参见www.himawari.metro.tokyo.jp/kt。

② 关于AMDA国际医疗情报中心的主要情况，请参考其官方网站http://amda-imic.com/oldpage/foreign/chinese/C-index.html。

进行为期六个月的免费初级日语和在日本生活须知学习。国际难民帮助中心由非赢利机构——亚洲福祉教育财团难民事业本部（Refugee Headquarter）管理。课程从每年的4月至10月。日本地方政府也提供日语课程，收取很少费用或者免费。例如，搜索东京志愿者日语网（www.tnvn.jp），可以得到按照授课地点、最近车站和授课时间等顺序排列的157个东京地区的日语课程信息。联系地方政府的国际交流协会（international Exchange Association），可以找到东京都以外的地方政府提供的日语课程。如果是在私立日语学校学习日语，则需要支付费用，一年学费大约60万日元。

寻求庇护者可到初中夜校（Junior high night schools）报名和免费学习。初中夜校隶属地方政府教育主管部门（regional Education Office），入学政策因地方政府不同而有差异，总体上申请人必须是15周岁以上，初中没有毕业，不需要有在留资格。一些初中夜校除开设一般教育课程外，还开设日语课程。日本总计有34所初中夜校，19所在关东地区（Kanto），8所在东京都（Tokyo），6所在神奈川县（Kanagawa），1所在千叶县（Chiba）。①

七、住房

日本是少数向寻求庇护者提供公屋的亚太地区1951年《关于难民地位的公约》成员国之一。如果寻求庇护者持外国人登记证和至少一年期的外国人居留许可（2012年7月后是外国人居留卡）可以申请政府公租房（Public housing）。地方公共团体与公共企业提供公租房。地方公共团体提供的住宅，有都道府县营住宅、市营住宅等；公共企业提供的住宅，有UR都市机构的UR出租住宅（都市机构住宅）等。申请公租房的条件和优先考虑人群因地区和提供机构不同而各异。通常，申请公租房者的年收入必须低于政府划定的收入。公租房主要面向家庭而不是单身。如果申请公租房人数多于供给的公租房，将用抽签方式分配。抽签时优先考虑60岁以上、怀孕、残障、有学年前儿童、有三名以上20岁以下子女的申请人或其家庭成员。各种公租房都要求承租人必须完成外国人登记手续并且收入达到一定标准等，对入住资格有详细的规定。详情请向当地管理公共住宅的自治体（役所）或UR都市机构咨询。②

绝大部分的寻求庇护者和难民都是自己解决住房问题。绝大多数情况下，在日本租房必须交2—3个月房租金额的押金（Deposit）、1—2个月的礼金（Key Money）和有保证人，并支付房产中介一个月房租金额的佣金。有时候，房产中介和私人房屋的房东不愿意租房给外国人。如果刚抵达日本的寻求庇护者实在租不到住房，常常只好暂时住在青年旅馆或者招待所（youth hostels or guesthouses）。日本有320家青年

① 全日本的初中夜校见http://www1.ocn.ne.jp/~apuro21/yatyu004.htm。

② 外国人在日本生活指南[R].日本外务省.2012.4。

旅馆，每晚收费约3千日元。招待所提供日租、周租和月租服务。招待所房租根据位置和条件不同，单人间每晚约1,200—4,500日元，周租约1.2万日元，月租约4万日元。有些招待所要求支付押金。日本难民协会（JAR）在网站列出了招待所名录。有些招待所要求入住者出示护照和居留许可。J & F Networks是一家面向外国人的房产中介公司，提供多语种租房信息和服务。[①]

八、养老（年金）[②]

在日本国内居住、20岁以上60岁未满者寻求庇护者，需要加入国民年金。如果就业公司加入了厚生年金（即福利养老金）保险，自然也就加入了国民年金（即国民养老金）。国民年金的加入手续，要到市区町村役所的年金窗口办理，办理时需要携带个人印章（如果加入者本人在“届出书”（申请表）上签名，则不需要印章）。如果已经加入了厚生年金保险，则在加入厚生年金保险时自动加入国民年金，加入者本人不必再亲自办理国民年金加入手续。不论加入者的收入是多少，每月都必须支付保险费14,980日元（2012年度标准）。因收入过低等原因而难以负担保险费时，可以通过申请获准免除保险费的全额或一部分。

与健康保险相同，凡是就业员工总人数超过五人的企业，不论其员工总人数多少，所有全日制员工（外籍全日制员工也适用厚生年金保险政策），都必须加入厚生年金保险。即使非全日制员工，只要出勤时间与出勤日数超过该企业全日制员工出勤时间与出勤日数的约四分之三，就有义务加入厚生年金保险。加入手续由加入者就业的公司或企业办理。保险费由加入者就业的公司与员工各负担50%，但额度决定于员工的月工资额与奖金额。此外，保险费的支付也是通过就业公司办理的。

九、社区活动

一般来说，日本各市区町村都有名为“町内会”、“自治会”的居民组织。町内会和自治会在住区内逐家传阅回览板（逐家传递的信息联络板，信息内容为役所与保健所等机构的通知等），组织包括预防犯罪、防灾训练、节日庆典等在内的活动，促进同一住区居民的交流。活动的运营经费由居民的会费负担。外国国籍的居民也可以加入町内会、自治会。加入后可以获得该地区的信息。可以向邻居打听一下町内会、自治会的情况。[③]

---

① 关于该公司的主要情况，请参加其官方网站www.jafnet.co.jp。

② 外国人在日本生活指南[R].日本外务省.2012.8。

③ 外国人在日本生活指南[R].日本外务省.2012.9。

十、出国

寻求庇护者原则上在审理期间不能出国。由于日本加入了1951年《关于难民地位的公约》，日本政府有权处理难民地位申请。如果寻求庇护者向第三国申请入境许可，视为不再需要日本的保护。

十一、行政复议

如果寻求庇护者不服法务省入国管理局拒绝难民地位申请的行政决定，可以向法务省入国管理局申请行政复议。根据1981年《日本出入国管理及难民认定法》(2009年修订)第61条第2款第9项，寻求庇护者应该在收到拒绝难民地位申请行政决定之日起七日内向所在地的住所或居所的地方入国管理局、支局、出张所(派出所)提交行政复议申请，有天灾等其他不可抗力等情况的除外。行政复议申请书通常会与拒绝难民地位申请行政决定一起发给申请人。如果没有收到，可以在收到拒绝难民地位申请行政决定时向入国管理局索取。除了可以通过代理人申请行政复议外，也可以向当局邮寄必要材料申请行政复议。

申请行政复议时，必须提交《行政复议申请书》(異議申出書)和表示复议理由的资料。法务大臣审理行政复议申请时，需听取难民审查顾问(Refugee Examination Counselors，Nanmin Sanyo-in)的意见，这是2005年日本修订《日本出入国管理及难民认定法》时新加入的内容。根据1981年《日本出入国管理及难民认定法》(2009年修订)第61条第2款第10项，难民审查顾问必须品格高尚，有能力对难民复议申请作出公正判断，是具有法律和国际经验人士，由法务大臣根据联合国难民署、日本律师协会联合会和亚洲福祉教育财团难民事业本部等专业机构推荐任命，任期两年，可以连任。难民审查顾问可以询问行政复议申请人，与其一起参加开庭，向其陈述意见，并向法务部提交书面审查意见。2010年，难民审查顾问进行了541次口头陈述，提交了533份书面审查意见。①

如果行政复议申请人希望开庭，法务省入国管理局的复议部门会在收到开庭申请后六周内安排开庭。开庭通常会举行一次，律师可以出席。申请人可以要求难民审查顾问参与开庭。在有难民审查顾问参与的开庭过程中，包括翻译时间、难民审查顾问的提问和应答，大约两个小时。开庭过程会被录音。复议申请人的朋友和其他利益相关方可以参加开庭和陈述意见，但是复议申请人必须提前通知入国管理局的复议部门这些人的身份。复议开庭后，会通知申请人复议结果。

---

① Immigration Bureau. Ministry of Justice Japan. *Immigration Control 2011*. Immigration Bureau. Ministry of Justice Japan. 2012. 62.

法务省入国管理局的复议部门认为寻求庇护者的行政复议申请没有正当理由时，可以维持原决定。当事人不可以再次提交行政复议申请。认为有正当理由时，可以推翻原拒绝难民地位申请决定，向被认定为难民的外国人签发难民证明书。被认定为难民的外国人满足一定条件时，可以获得永久居留资格。即使该外国人未满足这些条件，在被认为确有可以特别许可居留的事由时，也有可能获得人道特别居留许可。

十二、行政诉讼

如果寻求庇护者不服法务省入国管理局关于拒绝难民地位申请的行政复议的决定，可以根据《行政事件诉讼法》向裁判所提起行政诉讼，也可以在收到绝难民地位申请的行政决定时，直接提起行政诉讼。[①] 寻求庇护者应该在收到行政复议决定之日起六个月内提起行政诉讼，预交8,200日元诉讼费用和6,400日元邮寄费用。在行政诉讼开庭时要求口译，需要预交几万日元口译费。如果无力支付口译费，要在提起诉讼时申请法律援助。

十三、强制遣返

1981年《日本出入国管理及难民认定法》(2009年修订)在第五章第29—55条具体规定了寻求庇护者的强制遣返 (Taikyo Kyosei Tetsuzuki)。绝大部分的强制遣返案件要履行以下三个程序。

(一)审查和违法调查

如果难民地位申请被拒绝而没有获得特别居留许可，经自首或者被入国管理官员发现，法务省入国管理局第三调查处会启动强制遣返程序，书面或者电话通知当事人参加强制遣返审查。拟被强制遣返外国人应该接受关于违反出入国管理法情况的审查。如果在东京入国管理局接受审查，负责审查的是该局第三科或者违法调查科。接受审查时，应该向调查官员陈述不能回国的理由。2011年，38%的难民地位申请人是在日本非法居留。日本努力通过临时释放等措施，减少拘留寻求庇护者的数量。2009年，日本拘留了332名寻求庇护者，2011年降至150人。[②]

(二)入国拘留的临时释放

如果经过审查和违法调查，认定拟被强制遣返外国人违反了出入国管理法，将会

① 《出入国管理及难民认定法》(『出入国管理及び難民認定法』)2009年7月15日法律第79号第61条2、6第2项。

② Obi, Naoko. A Review of Assistance Programmes for Asylum Seekers and Refugees in Japan. Policy Development and Evaluation Service UNHCR. 2013.4.

对其处以入国拘留。外国人在被入国拘留期间，一些自由会受到限制。被入国居留外国人符合以下三项条件，可以申请临时释放（Provisional release, PR），临时释放相当于保释。获得保释的条件是:（1）必须定期到入国管理局报到，通常是1—3个月一次。（2）不能离开现在居住的都、道、府、县，除非提出申请并被批准。（3）住所变更时必须提前通知入国管理办公室。法律没有规定应该提前多长时间报告地址变更。入国管理办公室常常会要求拟变更住所的临时释放的外国人提供新住所的租赁合同，确认其已经有了新住所。

为保证入国拘留人在被临时释放期间能够遵守以上三项条件，入国拘留人必须缴纳临时释放保证金和提供临时释放保证人。保证金最高限额300万日元，实际金额视个案而定。当事外国人可以与入国管理官员商谈保证金具体数额。完成强制遣返程序后，例如被入国拘留、取得居留资格，将返还保证金。保证人不需要支付款项，但是必须宣誓，有责任使临时释放外国人遵守临时释放条件。符合条件的入国拘留外国人缴纳保证金后，入国管理官员会签发临时释放许可。临时释放许可一直有效，直至完成强制遣返手续，如果强制遣返程序是在审理难民地位申请期间开始的，直至全部完成包括行政复议和行政诉讼的难民认定审理程序。

（三）关于强制遣返的行政复议

如果认定被入国拘留的外国人是非法居留或者非法入国，将会签发强制驱逐令。外国人不服关于非法居留或非法入国的行政决定，有权申请行政复议，要求特别审查官员再次进行审查，并可以和律师和熟人一起参加再次审查。外国人不服特别审查官的维持原决定的再次审查决定，有权要求司法部长或者其授权的地方入国管理局局长重新考虑关于非法居留、非法入国及强制驱逐令。司法部长或者其授权的地方入国管理局局长将最终决定是否签发强制驱逐令。除非全部完成难民申请的所有程序，否则不会执行强制驱逐令。

十四、寻求庇护者的义务

寻求庇护者除遵守以上权利的限定范围外，还需要履行配合审理、律师费自费等义务。寻求庇护者应法务省入国管理局难民调查官的要求，在被指定的时间和地点出面，配合其完成难民地位申请审理。寻求庇护者有义务自己提交实质性证据或者证人证言来证明本人是难民。不管难民调查官有没有要求相关证据，申请者本人应尽量收集和提交与难民地位申请有关的证据。寻求庇护者在可能的情况下，有义务将难民地位申请材料翻译成日文，否则法务省入国管理局不能保证一定阅读非日文材料，虽然审理时需要的话，入国管理局方面会翻译非日文材料。

寻求庇护者在难民地位申请审理、拒绝难民地位申请行政复议、拒绝难民地位申请行政诉讼、强制遣返行政复议等程序中，如果要聘请律师，需要自己支付律师费。尽管律师意见对难民地位申请、拒绝难民地位申请行政复议、拒绝难民地位申请行政诉讼和强制遣返行政复议等程序很有用，但是聘请律师不是必须的，即使没有律师也可以进行这些程序。聘请律师通常需支付约20万至50万日元，不包括翻译和交通费。有些律师协会提供特别面向外国人的法律咨询，包括免费咨询。

凡在日本居住者，包括外国国籍的寻求庇护者，只要有一定的收入，就有与日本人相同的纳税义务。日本的税金大体分为向国家缴纳的国税与向都道府县、市区町村缴纳的地方税。国税的代表税目为所得税，地方税的代表税目为住民税与汽车税等。无任何理由拒绝纳税，可能导致无法享受政府服务。

在日本居留的寻求庇护者应随身携带护照和其他许可证书，以备相关机构的检查。随着2012年7月外国人居留卡制度实施，外国人登记证明会被居留卡所代替，则可免除携带护照的义务。

第六节　难民和补充保护者的权利①

如果外国人的难民地位申请被法务大臣批准，可以享有1951年《关于难民地位的公约》规定的难民地位，以及获得相应权利。外国人申请难民地位被拒绝，如果有特别人道理由需要留在日本，即使符合强制遣返条件，也可能因获得人道主义地位（Humanitarian Status）而被补充保护，获得特别居留许可（Zairyu Tokubetsu Kyoka），② 成为补充保护者。

补充保护者在合法居留期间，不能和难民一样享有政府公屋（难民事业本部支援中心）、安居支持项目（Settlement support Porgram）、政府就业支持（难民事业本部支援中心）、部分中等和高等教育资助、申请家庭成员入境团聚、政府的地方融入项目（难民事业本部支援中心），以及遵守居留许可所附限制条件外，在医疗等方面与难民获得的基本相同的权利。

一、长期居留（定居许可）

对于符合难民认定条件的，法务大臣应批准难民地位申请，发给外国人难民证（难民证明书），赋予其长期居留资格（定居许可）。③ 难民长期居留资格有效期1—3年。法务大臣批准外国人的难民地位申请后，入国管理局应注销当事外国人所持护

① 除特别注明外，本部分内容主要整理和分析自日本难民支援协会.难民认定申请者的建议：有关在日本申请难民认定手续的说明以及给予难民认定申请者的建议[R].特定非盈利活动法人难民支援协会.2008。

② 1981年《日本出入国管理及难民认定法》（2009年修订）第61条第2款第2项。

③ 同上注，第61条第2款第2项。

照上的居留资格及居留期限，并加盖长期居留章。对没有护照的难民，发给长期居留资格证明书。盖章或发给之日起，长期居留资格生效。难民认定的主要条件是：符合1951年《关于难民地位的公约》的难民定义；难民地位申请外国人满足自入境后六个月内进行难民地位申请（如果因为来日后发生某些特别理由而成为难民的话，则自知道该事情之时算起），并从1951年《关于难民地位的公约》规定的有可能受迫害的地区直接入境。

二、永久居留（永住许可）

被认定为难民的外国人豁免对于其他外国人都适用的“有维持独立生活的足够资产或技能”的条件就可以申请永久居留，法务大臣根据其申请可以决定其获得永久居留（永住许可）。[①] 如果被认定为难民的外国人是脱离日本国籍或因出生等事由未办理入境手续而在日本居留，并在脱离日本国籍或因出生等事由发生之日起30日内提出永久居留申请，也享有取得永久居留资格条件中居住期限和生活能力方面的豁免权[②]。日本不为外国人办理入境前居留期限为永久性的永久居留签证。

根据1981年《日本出入国管理及难民认定法》（2009年修订）第22条，在日本居留的外国人申请变更长期居留资格为永久居留资格，应向法务大臣提出永久居留申请。如果申请人符合：（1）日本国家利益；（2）品行良好；（3）有维持独立生活的足够资产或技能；（4）申请人的永住与日本国的利益相一致等条件，法务大臣应批准其永久居留申请。总之，申请永久居留的外国人必须对日本社会的某一方面有贡献，具体的审批标准由法务大臣来作判断，换句话说，法务省入国管理局当局在批准永久居留申请与否上握有很大的自由裁量权。

日本国家利益是外交、社会、经济和文化等多种利益的综合，并且随着时代的变化和申请者的不同而有不同体现。品行良好是指申请者的品德和行为要达到作为正常人不受非难的程度，如没有前科，履行了公共义务，作为普通市民过着不被责难的日常生活等。有维持独立生活的足够资产或技能是指申请者不能成为公共负担，依靠其资产或技能在可预见的将来能够维持安定的生活。从理论上讲，这种经营生计的能力并不一定非得申请者本人具有，只要申请者与其配偶共同构成的家庭单位能继续保持安定的生活时，也可被承认。法务省入国管理局对家庭的男方往往比女方要求得严格。申请人的永住与日本国家利益相一致是指：（1）原则上持续在日本居留10年并合法工作5年以上。（2）未被处过罚款或徒刑、履行纳税义务等公共义务。（3）现有的居留许可应是出入国管理局及难民认定法施行规则附表第2所规定的时间最长的居留

① 同上注，第61条第2款第11项。

② 同上注，第61条第2款第3项。

签证。(3)无公共卫生危险。作为"原则上持续在日本居留10年并合法工作5年以上"的例外，被认定为难民的外国人只须在日本持续居留5年以上。需要说明的是，被日本认定为难民的外国人在日本居留满5年就可以申请永久居留，而不是永久居留申请一定会被批准。①

取得了永久居留资格的外国人，与其他外国人相比有以下便利：(1)在日本的居留期限不受限制，除因违法达到一定的程度而被强制出境者外，可永久在日本居住；(2)居留活动不受限制。除法律法令禁止外国人从事的职业外，可自由就职或从事经营活动；(3)其配偶和子女在申请永住时，审批条件较其他外国人为宽。②

三、入籍

日本对外国人申请入籍要求非常严格。根据1983年《日本国籍法》，即使符合入籍条件的外国人，也不享有取得日本国籍的权利。其入籍申请是否批准，由法务大臣酌定。归化入籍日本，应具备以下基本条件：

1. 在日本拥有固定住所并且已经连续居留5年以上；
2. 年龄在20岁以上；
3. 品行良好；
4. 具备能够独立维护本人和配偶及其他家属生活的足够资产或技能；
5. 无国籍或为取得日本国籍而丧失本国国籍的外国人。

对于某些与日本国民具有亲属关系或有特殊贡献的外国人，日本法律规定可以不受上述条件的限制，就可以取得日本国籍。这些人主要是：

(1)日本人的配偶，其在日本有自己的住所，并且连续居住三年以上，或者与日本人登记结婚三年以上，并且在日本连续居住一年以上。

(2)日本国民的子女，不包括养子女，并在日本有住所并连续居住三年以上。

(3)本人出生在日本，其父或母也在日本出生，具有住所，并且连续居住在日本三年以上。

(4)原来丧失日本国籍，现在日本有固定住所。

(5)对日本有特殊贡献的。

2008年6月，日本最高法院就一名未婚日籍男性和菲律宾女性的孩子起诉要求获得日本国籍一案作出裁定，认为把婚姻作为获得国籍之条件的规定是"不合理的歧视"，承认原告拥有日本国籍。2008年10月，鉴于最高法院裁定，日本政府通过

---

① 有关永住许可的审批标准.法务省入国管理局2006年3月31日 http://www.immi-moj.go.jp/chinese/keiziban/happyou/guide_residence.html。

② 朱江.中日外国人入出境(国)管理比较研究[D].武汉大学2005届硕士学位论文.15。

了《国籍法》修订案，修正案对未婚日本男性和外国女性所生子女作出新规定：只要男方承认是父亲，子女就能取得日本国籍。2008年12月，日本参议院通过《国籍法》修订案，未婚日籍男性和外籍女性间生下的孩子只要获得父亲的承认就能获得日本国籍。

四、身份证明和境内迁徙

被认定为难民的外国人有权获得难民证（难民证明书），作为证明难民身份和接受各种保护的证明，可以在日本境内自由迁徙。

五、工作、教育、住房、医疗和社会保障

被认定为难民的外国人，除享有寻求庇护者的权利外，还原则上享有和日本国民同样的工作、教育、公屋、医疗和社会保障等待遇，有权领取国民年金、儿童扶养津贴、福利津贴等社会福利。

六、担任公职

1983年《日本国籍法》规定，行使国家权力的公务员须是拥有日本国籍的人。直至1995年，内阁才修订该规定，允许各都道府县自行掌握聘用外国人从事“一般职务”。但迄今为止，仅川崎、横滨、大阪、神户市和神奈川县作了响应，而其余大部分地区仍拒不接受外国人出任管理职务。近年来，日本录用职员上废除所有业种的国籍条款的市、镇、村在不断增多。尽管自治省要求都道府县、政令指定都市控制一般公职中外国人的录用，然而川崎市还是允许大学毕业的在日韩国人担任一般公职。大约200个地方议会采纳了要求外国人有地方选举投票权的决议、意见书。[①] 1995年日本最高法院对外国人的选举权判定为：“虽然宪法没有保障这一权力，但在地方选举范围内不予禁止”。[②]

七、国际旅行证件

被日本认定为难民的外国人有权获得国际旅行证件，即难民旅行证（难民旅行证明书）。被认定为难民并在日本居住的外国人希望出境时，法务大臣可以根据其申请，签发难民旅行证（难民旅行证明书），但是法务大臣认为其行为可能损害日本国家利益或公共安全的除外。[③] 难民旅行证有效期一年。难民可以入境日本的期限，记

---

① （日）石毛直道.郭洁敏[译].趋于多民族和多元化的日本[R].日本《综合研究与开发》1997(2).现代外国哲学社会科学文摘.1998(3):55。

② 同上注，24。

③ 1981年《日本出入国管理及难民认定法》（2009年修订）第61条之2.12。

载在难民旅行证第一页。可以入境日本期限与难民旅行证有效期不同，难民出入日本不仅要在难民旅行证有效期内，还要在可以入境日本期限内。

由于难民无法从其本国或者常居住国处获得护照等旅行证件，而基本上所有国家在外国人出入境时都需要其持有护照等旅行证件，所以出于对难民的便利性考虑，1951年《关于难民地位的公约》和1981年《日本出入国管理及难民认定法》(2009年修订)》规定难民有权获得国际旅行证件，难民国际旅行证件具有护照的功能。1951年《关于难民地位的公约》第28条规定：

> （一）缔约各国对合法在其领土内居留的难民，除因国家安全或公共秩序的重大原因应另作考虑外，应发给旅行证件，以凭在其领土以外旅行。本公约附件的规定应适用于上述证件。缔约各国可以给在其领土内的任何其他难民上述旅行证件。缔约各国特别对于在其领土内而不能向其合法居住地国家取得旅行证件的难民发给上述旅行证件一事，应给予同情的考虑。
>
> （二）根据以前国际协定由此项协定缔约各方发给难民的旅行证件，缔约各方应予承认，并应当作根据本条给的旅行证件同样看待。

受理难民旅行证申请与受理难民地位申请为同一部门。原则上需要本人亲自前往申请，但是，如果申请者未满16岁或者由于生病等其他原因无法亲自前往，可由父母，配偶，子女或亲族人员代为申请。申请难民旅行证时，应提交难民旅行证申请书和照片，出示护照或逗留资格证明，无法出示护照或逗留资格证明的外国人，应提交记载有理由的书面资料两份。获得难民旅行证从日本离境的外国人，如果在旅行中遭遇意外事故等情况，无法在其有效期内入境日本的，可以前往最近的日本国大使馆或领事馆申请难民旅行证延期，但是境外延期通常不超过六个月。另外，如果在日本境外外国遗失了难民旅行证，可以前往最近的日本国大使馆或领事馆申请难民旅行证补办，也可以通过在日本的代理人申请难民旅行证补办。难民旅行证补办申请由原签发难民旅行证的地方入国管理局处理。延期和补办难民旅行证都需要缴纳申请费。

如果取得日本难民旅行证的外国人，同时持有其他国家的难民旅行证，在取得日本难民旅行证时，必须将持有的其他国家的难民旅行证交给法务大臣。如果法务大臣认为取得难民旅行证书的难民的行为可能损害日本国家利益或公共安全，可以在该难民在日本居留期间，命令其在指定期间交还难民旅行证。取得难民证明书并在日本居住的外国人收到强制遣返令时，应立即将所持的难民证明书和难民旅行证交还法务大臣。①

---

① 1981年《日本出入国管理及难民认定法》(2009年修订)第61条第2款第13项。

八、行政复议和行政诉讼

难民可以就入国管理局撤销难民身份，向法务大臣申请行政复议。难民不服撤销难民身份的行政复议决定，可以提起行政诉讼，也可以在收到撤销难民身份决定时，直接提起行政诉讼。难民撤销难民身份的行政复议和行政诉讼，与寻求庇护者拒绝难民地位申请的行政复议和行政诉讼基本一样。

第七节　重新安置难民

虽然日本重新安置难民管理与寻求庇护者、难民、补充保护（特别居留许可）者管理相比历史最短，始自2010年，但由于是亚洲首例，而且拓宽了保护难民的范围，所以在日本难民法中具有重要意义。本节首先梳理难民重新安置立法的历史发展，然后分析重新安置难民的现状和安置过程，接着探讨重新安置难民的权利，最后展望重新安置难民措施的未来发展。

一、难民重新安置法的历史发展

2008年12月16日，在联合国难民署的多次敦促下，日本内阁通过《接收重新安置难民试点项目规定》（*Concerning the Implementation of Pilot Case Relating to the Acceptance of Refugees by Resettlement to a Third Country*, approved by the Cabinet on December 16, 2008），确立了接收重新安置难民政策。2008年12月19日，为实施上述《规定》，日本难民对策联络调整会议作出试点接收项目的具体安排，颁布了《接收重新安置难民试点项目实施细则》（第三国定住による難民の受入れに関するパイロットケース実施の具体的措置について，*Detailed Measures for Implementing Pilot Case Relating to the Acceptance of Refugees by Resettlement to a Third Country*, Decision by the Liaison and Coordination Conference for Countermeasures for Refugees on December 19, 2008）。[①]2008年12月，日本还颁布了《重新安置难民当地融合特别计划》（*Specific Plans for Providing Local Integration Support for Refugees Admitted in Japan Through Resettlement*）。

根据2008年《接收重新安置难民试点项目实施细则》，日本计划从2010年开始，连续三年每年从泰国难民营中的缅甸难民中挑选和接收约30名难民，总计约90名难

① Immigration Bureau. Ministry of Justice Japan. *Immigration Control 2011*. Immigration Bureau. Ministry of Justice Japan. 2012. Points.

民，难民以家庭为单元。[①] 泰国北部的Mae La难民营共有61,000名缅甸难民，其中的20,500名已经得到了重新安置，大部分去了美国、澳大利亚和加拿大，目前仍然是泰国缅甸边境最大的难民营。[②]

2011年1月，日本外务大臣前原诚司在第177届国会上的发表外交演说，将积极推进难民重新安置工作。[③]

2012年3月29日，日本难民对策连络调整会议在评估2010和2011年一共接收的45名重新安置难民状况后，通过《关于难民重新安置的目前形势和未来方针》（第三国定住による難民の受入れ事業の現状と今後の方針について），确立了巩固和完善难民重新安置政策的未来走向，决定扩大选择范围，未来两年继续实施重新安置难民试点项目。同日，日本难民对策连络调整会议修订《接收重新安置难民试点项目实施细则》，主要内容包括：延期重新安置难民项目两年至2015年，增加两个难民营供选择重新安置难民，成立重新安置问题专业委员会（Council of Experts on Resettlement Issues）。[④]

日本的难民重新安置试点项目是亚洲第一个难民重新安置试点项目，日本因而成为亚洲第一个接受重新安置难民的国家，也是世界上27个接受重新安置难民国家之一。联合国难民署发言人马赫西奇（Andrej Mahecic）提出，希望日本在重新安置难民方面为亚洲国家树立一个榜样。马赫西奇说："这批难民的抵达标志着日本在加强难民和庇护政策方面掀开了一个新的篇章。日本是难民署的第二大捐款国。它不仅向世界许多地区的难民提供慷慨的财政支持，现在它也在自己国内为难民的未来提供了机会。"[⑤]

2014年1月，日本内阁通过了重新安置专家委员会（Resettlement Expert Council）的最终建议，计划从2016年重启重新安置难民项目。

二、重现安置难民的现状[⑥]

日本在2010、2011、2013年，分别接收重新安置难民27人、18人、18人，总计接收重新安置难民63人。2010年2月，日本官员访问了泰国Mae La难民营，挑选重

---

① 《平成21年度出入境管理行政相关主要实施政策》(『平成第21年度における出入国管理行政に係る主要な施策等』)。日本法务省入国管理局http://www.moj.go.jp/content/000058059.pdf.

② Kitty McKinsey in Bangkok, Thailand and Yuki Moriya in Tokyo, Japan 28 September 2009.

③ 前原诚司.外务大臣前原诚司在第177届国会上的外交演说[R]. 2011年1月24日.日本驻华大使馆官方网站http://www.cn.emb-japan.go.jp/fpolicy/seisaku110124-2.htm。

④ Japan Fact Sheet February 2012,联合国难民署官方网站http://www.unhcr.org/5000196c13.html 2013-2-7访问。

⑤ Kitty McKinsey in Bangkok, Thailand and Yuki Moriya in Tokyo, Japan 28 September 2009.

⑥ 『第三国定住による難民の受入れ事業の現状と今後の方針について』第1事業実施概要，日本難民対策連絡調整会議。

新安置难民。被选中的难民在难民营中学习基础日语和日本文化课程，为重新安置到日本作准备。2010年9月28日，泰国Mae La难民营的三对缅甸夫妇和他们的12位子女共计三个家庭18名难民抵达日本，他们是日本也是亚洲国家接收的第一批重新安置难民。[①]

2010年，日本接受的五个重新安置难民家庭27人，在完成亚洲福祉教育财团难民事业本部（Refugee Assistance Headquarters, the Foundation for the Welfare and Education of the Asian People）组织的入境后最初支持培训和支持中心居住支持后，离开位于东京都新宿区的最初安置处所，居住在三重县（Mie Prefecture）和千叶县（Chiba Prefecture）等地开始了自立生活。[②] 其中的三个家庭六名成人来到三重县铃鹿市居住，接受了六个月的适应性和语言培训。2011年9月，三个家庭六名成人中的三名男子与农场签订了全职劳动合同，三名女子与农场签订了兼职劳动合同，三个家庭的子女都已经在铃鹿市的小学或者幼儿园注册入学。另外两个家庭四名成人，被安置到千叶县东金市和八街县一个农场，接受六个月的适应性和语言培训，但是完成工作适应性和语言培训后未能签订劳动合同，除一名成人外，其他三名成人于2011年秋搬到了东京都，在东京都或者埼玉县的公司办公室工作。两个家庭的子女都已经在幼儿园、小学或者初中注册入学。[③]

2011年，日本接受了四个重新安置难民家庭18人。2012年3月，他们完成亚洲福祉教育财团难民事业本部组织的入境后最初支持培训和支持中心居住支持后，离开东京都新宿区，居住在埼玉县三乡市。同年4月，四名男子在东京都的皮鞋制造厂，四名女子在埼玉县三乡市服务业找到工作。他们也接受了六个月的适应性和语言培训。2012年2月，日本根据联合国难民署推荐，对泰国难民营的两个难民家庭10人进行了面试。[④]

2013年9月，日本均从提供难民营接收了第四组18名难民来到日本，日本接收重新安置难民总数达到了63人。

三、重新安置难民的安置过程

日本重新安置难民包括在泰国选择重新安置难民、被选中重新安置难民离境前培训、新安置难民入境日本后的最初支持、支持中心居住支持、长期居住支持、重新安

---

① Burmese Refugees Complete Japan Resettlement Program. ABC Radio Australia. 11 March 2011. http://www.radioaustralia.net.au/international/2011-03-11/burmese-refugees-complete-japan-resettlement-program/222712.

② Refugees[EB/OL]. Ministry of Foreign Office, Japan. http://www.mofa.go.jp/policy/refugee/japan.html. 2013年2月7日访问。

③ 『第三国定住による難民の受入れ事業の現状と今後の方針について』第1事業実施概要。

④ 『第三国定住による難民の受入れ事業の現状と今後の方針について』第1事業実施概要。

置难民生活状况调查等六个环节。

（一）在泰国选择重新安置难民

根据2008年《接收重新安置难民试点项目实施细则》（2012年修订），2010—2015年，日本每年计划接收重新安置难民以家庭为单元约30人。重新安置难民候选人来自泰国的缅甸难民营。日本政府根据联合国难民署推荐，前往泰国面试难民营中的难民。日本与国际移民组织和联合国难民署合作，派员到泰国进行审理并进行面试，被选中者，安排前往日本，并通知联合国难民署选择结果。选择重新安置难民时，不考虑可能会对日本国家安全造成威胁的人，例如恐怖分子和不受欢迎的人。①

（二）被选中重新安置难民离境前培训

委托国际移民组织在第一庇护国——泰国，组织被选中的重新安置难民进行3—4周入境前培训和体检。入境前培训内容包括日本生活指南和日语学习。提供从泰国难民营到日本临时安置住处的交通费用，这些措施被称为第一庇护国安置措施。②

（三）重新安置难民入境日本后的最初支持

日本政府委托亚洲福祉教育财团难民事业本部临时安置入境的重新安置难民，包括最初支持和支持中心居住支持两个阶段，帮助重新安置难民尽快适应日本的生活环境。

在东京都配备重新安置难民设施（第三国定住難民定住支援施設），设立重新安置难民寓所（第三国定住難民宿泊施設），确保重新安置难民入境后的稳定生活。重新安置难民入境后最初支持大约一周时间（入国当初の初動支援）。重新安置难民入境后，接到重新安置难民寓所，进行体检，熟悉日本的环境。寓所备有食品和衣物等生活用品。

（四）支持中心居住支持

最初支持结束后，亚洲福祉教育财团难民事业本部提供支持中心居住支持（定住支援プログラム）。具体内容请参见本章第九节日本难民管理部门中的非政府组织。

---

① 第三国定住による難民の受入れに関するパイロットケース実施の具体的措置について第1パイロットケースの具体的な実施方法，平成20年（2008年）12月19日，難民対策連絡調整会議決定平成24年（2012年）3月29日一部改正。

② 第三国定住による難民の受入れに関するパイロットケース実施の具体的措置について第2第三国定住難民に対する定住支援策の具体的措置之1第一次庇護国であるタイから我が国に入国するまでの支援，平成20年（2008年）12月19日，難民対策連絡調整会議決定平成24年（2012年）3月29日一部改正。

重新安置难民的最初支持和支持中心居住支持合计约180日。[①]

（五）长期居住支持

在支持中心居住支持结束后，开始为期六个月的重新安置难民离开支持中心后的长期居住支持（第三国定住難民定住支援施設退所後6か月間における定住支援）。内容包括以下三个方面：

（1）就业适应性培训（職場適応訓練の受講），进一步的针对性的日语学习（日本語学習に対する支援），专门的生活辅导员帮助重新安置难民开始新的生活和工作（生活相談員による定期的な指導・助言），所在地地方政府支持。

（2）六个月后，各种非政府组织根据重新安置难民的需求，提供置业介绍、日语学习、生活融入等方面的服务（上記6か月経過後の定住支援）。

（3）另外，日本提供教育和培训方面的资助（教育訓練援助金）和地方政府咨询服务，以及优先考虑公租房。[②]

（六）重新安置难民生活状况调查

为了保证重新安置难民的顺利融入和安置措施的有效实施，重新安置难民入境后，每六个月进行一次重新安置难民生活状况调查（当該難民の日本語能力、生活状況等について調査を行うこととする）。根据难民生活状况调查的结果，调整重新安置难民试点项目，召开难民对策连络调整会议，完善重新安置难民管理制度。为了使日本各界接受重新安置难民，要进行重新安置难民介绍、安置支持方面的宣传和推广。[③]

四、重新安置难民的权利

重新安置难民与认定难民同为日本保护难民的渠道，只是接收和安置的方式不同。重新安置难民在居留许可期限内，具有与认定难民同样的法律地位，可以获得同样的权利。此外，日本向接收的重新安置难民提供3—4周的入境前基础日语和日本文化课程培训，约180日的入境日本后最初支持和的支持中心居住支持，主要是提

---

① 第三国定住による難民の受入れに関するパイロットケース実施の具体的措置について第2第三国定住難民に対する定住支援策の具体的措置之2定住支援施設における総合的な定住支援，平成20年（2008年12月19日），難民対策連絡調整会議決定平成24年（2012年3月29日）一部改正。

② 第三国定住による難民の受入れに関するパイロットケース実施の具体的措置について第3第三国定住難民定住支援施設退所後の定住支援等，平成20年（2008年12月19日），難民対策連絡調整会議決定平成24年（2012年3月29日）一部改正。

③『による難民の受入れ事業の現状と今後の方針について』第3第三国定住による難民の受入れ事業の改善状況，日本難民対策連絡調整会議。

供住房、日语课程、文化适应、职业培训和找工作等适应性培训和语言学习，以及六个月的长期居住支持，主要是日语学习，社会生活适应指导，就业辅导，职业培训，学龄儿童入学支持等。联合国难民署还与三所大学合作，实施难民高等教育项目（Refugee Higher Education Program），向六名难民提供全额奖学金。日本向重新安置难民提供从难民营到日本的交通费，入境后最初六个月的住宿和基本生活费，以及入住长期居住地后的基本生活费、医疗费、交通费、培训费、失业金、雇主雇佣难民补助。

五、重新安置难民法的未来发展

根据2012年《关于难民重新安置的目前形势和未来方针》，日本将从以下四方面完善重新安置难民法：

（1）加强对泰国难民营和日本国内的重新安置难民项目的宣传，确保有充足的重新安置难民候选人。

（2）进行更有效的选择重新安置难民面试，获得更多的有益的参考信息，以确定重新安置难民有必要的自立能力、适应日本社会能力和真实的在日本生活的愿望。

（3）强化亚洲福祉教育财团难民事业本部组织的初步安置。社会生活适应性初步安置方面，不仅要培训在日本的社会生活适应能力，而且要加强未来生活目标性指导。就业培训方面，要帮助重新安置难民更清楚地知道自己所长和日本劳动力市场所需，以及就业前所需的帮助。日语方面，要加大工作语言的培训，特别是实践培训，使重新安置难民能更好地在工作场所用日语交流。

（4）充实所在地生活支持。发展重新安置难民居住地支持机制，建立起难民和当地政府沟通机制，使难民能够及时获得政府提供的支持。继续完善日语培训和工作适应性培训。①

第八节　鼓励非法滞留者自首和自愿回国②

根据法务省入国管理局颁布的2006年《有关特别居留许可的指导方针》（2009年修订）、2006年《自首指南：致因非法滞留而苦恼的外国人》、2006年《特别居留许可指南》（2009年修订），日本鼓励非法滞留者自首和自愿回国，这与国际移民组织德国等国际组织和国家倡导和践行的协助自愿回国相一致。

---

① 『第三国定住による難民の受入れ事業の現状と今後の方針について』第3第三国定住による難民の受入れ事業の改善状況，日本難民対策連絡調整会議2012年3月29日颁布。

② 主要参考日本法务省入国管理局颁布的2006年《自首指南：致因非法滞留而苦恼的外国人》和2006年《有关居留特别许可的指导方针》（2009年修订）。

如果超过居留期限却一直生活在日本的外国人自愿回国，可以免除羁押（收容），履行简易程序回国，获得出境命令。对于通过强制出境（遣返）手续回国的外国人，不得入境日本的最低期限是五年。而对于通过出境命令回国的外国人，不得入境日本的最低期限是一年。外国人符合以下情形之一者，可以申请出境命令：（1）具有迅速从日本出境的意向并亲自到入国管理局自首；（2）除了超过居留期限外，不符合其他强制出境事由；（3）入境后没有因为盗窃等法定罪被判处徒刑或者监禁；（4）过去没有被强制出境，也没有收到过强制出境命令而出境；（5）迅速从日本出境的意向确实值得信任。

在希望回国的非法滞留的外国人中，虽然不属于出境命令的适用范围，但是却亲自到法务省入国管理局自首的，可以申请和获得保释（临时释放许可），免除羁押并开始办理回国手续。

如果非法滞留外国人希望继续在日本生活，需要法务省入国管理局向法务省入国管理局申请，陈述希望继续在日本生活的理由。法务省入国管理局会考虑有以下情形的非法滞留外国人的继续在日本生活的特别居留许可申请：（1）是日本人的配偶；（2）亲自到法务省入国管理局自首；（3）正在监护或抚养就读初等、中等教育机构并于相当期间在日本生活的亲生子女；（4）被认为在日本的滞留期间为长期而且已经习惯于日本生活。[①] 外国人具有以上情形而且不违反其他法律，如果自首，则特别居留许可申请更容易获得批准。[②] 因为被揭发而被发现违反出入国管理法及难民认定法，原则上应予收容，但是如果自首，可以申请保释（临时释放许可），免除收容和办理出境手续。法务省入国管理局考虑以上因素，审理特别居留许可申请并作出决定。如果决定结果为不许可，将签发强制出境命令。

法务省入国管理局办理外国人强制出境手续的同时，会审理特别居留许可申请转报法务大臣，如果法务大臣批准其特别居留许可申请，就可以解除非法滞留状态，使其以正常居留者身份继续在日本生活。此外，如果因为被揭发而被发现有违反出入国法律规定的，原则上予以羁押，但是如果自首，可以申请和获得临时释放许可，免除羁押并开始办理回国手续。

第九节　日本难民管理部门

日本难民管理部门包括中央政府部门和地方政府部门。此外，国际组织、非政府组织、居民组织在日本难民管理工作中发挥着重要作用。

① 2006年《特别居留许可指南》（2009年修订）第1条必要考虑的积极因素。

② 2006年《特别居留许可指南》（2009年修订）第1条其他积极因素。

一、中央政府

（一）法务省[①]

法务省在日本中央政府管理难民中扮演最重要角色。1950年11月，日本成立了出入境管理厅，作为政府管理外国人的行政机构，先隶属于外务省，后又归法务省，出入境管理厅是法务省入国管理局的前身。此前，日本对外国人的管理主要由警察部门负责。法务省下设入国管理局，主要负责入出境和难民管理。入国管理局下设总务课、入境居留课、审判课、警备课、登录课。日本还设有札幌、仙台、东京、名古屋、大阪、广岛、高松、福冈八个地方入国管理局，另设有七个支局，78个出张所（派出所），三个入境管理中心（外国人收容所）。[②]

法务省入国管理局总务课（General Affairs Division）难民认定办公室（Refugee Recognition Office）负责难民管理，主要有三项职责：临时难民入境许可（Landing permission for temporary refuge），认定和撤销难民身份（Recognition of refugee status and revocation of refugee status），签发收回难民旅行文件（Issuance of refugee travel documents and return of refugee travel documents）。[③] 入国管理局的与难民管理相关的职责有：按法定程序执行收容、遣返非法入境、非法就业、非法滞留的外国人；审查外国人入出境，主要方式是入境审查官审查外国人的护照、签证、居留资格、期限等国际旅行证件的合法性和有效性；管理外国人居留，办理外国人的居留资格、居留期限的变更手续，通过地方的市区町村掌握外国人居留情况，审批外国人居留资格外活动、再入境，发放外国人居留资格证明书、就业资格证明书；办理永久居住、入籍等事项等。

外国人所在地的地方入国管理局、支局及出张所（派出所）负责难民认定申请。难民认定由希望得到日本庇护的外国人本人申请，法务大臣根据需要以及难民调查官的调查结果决定是否批准难民地位申请。寻求庇护者应该在收到拒绝难民地位申请行政决定之日起七日内向所在地的地方入国管理局、支局、出张所（派出所）提交行政复议申请，有天灾等不可抗力等情况的除外。

法务省入国管理局与联合国难民署及相关机构合作，作好难民本国情报搜集、国际形势等基础资料的整理，培养具有专业知识和调查技术的职员，完善难民审查顾问制度，优化难民认定体制，运用临时居留（临时滞留）许可，迅速确认寻求庇护者的

---

① 关于日本法务省入国管理局，请参见其官方网站http://www.immi-moj.go.jp。

② 邝马华.叁与外国人事务管理的日本政府部门[J].国际人才交流.2003(9):49。

③ Japan Immigration Bureau, *Ministry of Justice. Immigration Control 2011*. 2012.P.135.

法律地位。对不符合难民标准的申请人，例如由于本国的国内问题，回国导致本人生活困难等情况下可以从人道主义出发，个别考虑，给予特别居留许可。①

（二）厚生劳动省②

厚生劳动省职业安定局外国人雇用对策课负责管理包括寻求庇护者和难民在内的外国人的就业，主要职责有：对企业雇佣和外国人就业情况进行指导、建议和咨询；规范外国人在日就业、保证其劳动条件，帮助其解决生活与工作上的问题，保障就业和再就业；统计公布相关企业雇佣情况、在日工作的外国人数据；开展调查研究，就引进人才和劳动力进行规划和提出方案等。执行的法律、法规主要有《外国人雇用状况报告制度》、《关于雇用外国就业人员与就业条件的方针》等。日本的劳动基本法、劳动合同法、最低工资法、劳动安全卫生法、劳动者灾害补偿保险法等劳动基本关系法令，同样适用于在日本国内就业的外国人。

（三）外务省③

1984年，日本外务省在联合国局设人权难民课，统一管理外交方面的难民事务。此前，日本外务省在亚洲局设立东南亚难民事务对策室，负责东南亚难民事务，在联合国局设政治课和计划调整课，负责东南亚以外的难民事务。目前，外务省在国际合作局（International Cooperation Bureau）设人道援助和经济救助处（Humanitarian Assistance and Emergency Relief Division），负责人道援助和经济救助以及执行派遣救灾等方面的法律（matters concerning humanitarian assistance and enforcement of the law concerning dispatch of Japan disaster relief teams）。在对外政策局（Foreign Policy Bureau）设人权和人道事务处（Human Rights and Humanitarian Affairs Division），负责从比业务局更宽广视角制定基本和中长期的，特别是与国家安全、联合国、经济事务有关的人权和人道事务政策。

此外，日本外务省通过领事局（Consular Affairs Bureau）的外国公民事务处（Foreign Nationals' Affairs Division）管理外国人事务。日本驻外使领馆负责办理申请来日外国人的签证手续，提供签证申请所需要服务。

① 《第四次出入境管理基本计划》. 2009. 日本法务省入境管理局http://www.moj.go.jp/content/000058059.pdf. 第22页。

② 关于日本厚生劳动省，请参见其官方网站www.mhlw.go.jp。

③ 关于日本外务省，请参见其官方网站www.mofa.go.jp。

（四）警察组织[①]

日本的警察组织由国家机构内阁府的外局（包括各委员会和各厅），国家公安委员会管理下的警察厅，各地方机构属下东北、关东、中部、近畿、中国、四国及九州7个管区警察局，以及由作为地方自治体机构的各都道府县公安委员会管理下，设置的各都道府县警察总部所等机构组成。警察组织设立的外国人助困咨询中心提供英语、汉语、韩国·朝鲜语、泰语、菲律宾语等语种的免费电话犯罪咨询。警察组织在打击非法入境、非法居留和非法就业等违法分子方面发挥重要作用。

（五）难民对策联络调整会议

为协调各有关难民事务的部，日本于1993年成立难民对策联络调整会议（the Liaison and Coordination Conference for Countermeasures for Refugees），由外务、法务、厚生、运输、大藏等省派人参加，并设事务局处理日常工作。其任务有：追踪观察可能发生难民问题的国家，提出分析和预测，对已发生的难民问题及时提出援助方案，拟定有关难民外交的政策框架、原则方针。将难民外交的情报搜集、分析研究、危机管理超前对策都纳入正常、规范的管理系统。

难民对策连络调整会议2008年颁布和2012年修订《重新安置难民试点项目实施细则》（第三国定住による難民の受入れに関するパイロットケース実施の具体的措置について），并制定了《重新安置难民当地融合特别计划》（Specific Plans for Providing Local Integration Support for Refugees Admitted in Japan Through Resettlement）。为了保证重新安置难民的顺利融入和安置措施的有效实施，重新安置难民入境后，每六个月进行一次重新安置难民生活状况调查。根据难民生活状况调查的结果，调整重新安置难民试点项目，召开难民对策连络调整会议，完善重新安置难民管理制度。[②]

（六）其他部

此外，日本其他相关部如内阁官房、总务省、文部科学省等也设有相应机构参与难民管理。内阁官房在协调各省厅关系中发挥重要作用，许多涉及各省协作的事情都是由内阁官房牵头。

---

① 关于日本警视厅，请参见其官方网站www.npa.go.jp。

② 『第三国定住による難民の受入れ事業の現状と今後の方針について』第3第三国定住による難民の受入れ事業の改善状況，日本難民対策連絡調整会議。

二、地方政府

（一）劳动部门

日本各都道府县劳动局设外国人雇用管理顾问，各地方政府设公共职业介绍所，如东京、大阪外国人雇用服务中心等，参与管理外国人就业工作。各地方政府劳动局或劳动基本监督署设有外国劳动者咨询台，可提供劳动条件相关咨询的外语服务。获得了工作许可的寻求庇护者可以联系地方公共职业安定所（Public Employment Security Office，Hello Work），获取免费的就业服务。公共职业安定所建有网上招聘网站（www.hellowork.go.jp）和外国人就业服务中心网站（www.tfemploy.go.jp，www.gakusen-unet.ocn.ne.jp），后者专门为外国人提供求职服务。

（二）福利部门

日本一些地方政府制定了未付医疗费用外国人医疗救助政策，支付被紧急救助的外国人无力负担的医疗费用，例如东京都外国人未付医疗费用补贴办法、群马县外国人未付医疗费用办法、神奈川县外国居民紧急医疗救助费用资助办法、埼玉县外国人未付医疗费用办法、千叶县外国人紧急医疗医疗费用资助办法等。

如果寻求庇护者没有参加医疗保险或者有严重经济困难，可以向所在地的福利部门（regional Welfare Office）申请指定医院生育救助（Hospital-Based Childbirth Scheme），缴纳很少或者不交生育费用。严重经济困难是指年缴纳所得税少于16,800日元。没有居留许可的寻求庇护者也可以申请指定医院生育救助。

在日本国内居住、20岁以上60岁未满者（含外国人在内），需要加入国民年金。如果就业公司加入了厚生年金（即福利养老金，以下同）保险，自然也就加入了国民年金（即同民养老金，以下同）。国民年金的加入手续，要到市区町村役所的年金窗口办理。

（三）卫生部门

日本公立健康中心（Public Health Centres）为3—4个月、18个月和3岁婴儿提供免费体检。公立健康中心会提前寄送婴儿体检通知。日本地方政府向有外国人登记证（Alien Registration Certificates）（2012年7月以后为外国人居留卡）的儿童提供免费的防疫服务。

（四）公租房部门

日本地方公共团体与公共企业提供公租房。如果寻求庇护者持外国人登记证和至少一年期的居留许可（2012年7月后是居留卡）可以申请政府公租房（Public housing）。地方公共团体提供的住宅，有都道府县营住宅、市营住宅等；公共企业提供的住宅，有UR都市机构的UR出租住宅（都市机构住宅）等。

（五）教育部门

日本遵循国际人权公约的规定，保障外国人子女受教育的权利。向寻求庇护者和难民的子女提供免费公立小学、中学第一学年至第九学年教育。外国人数量较多的学校，还会安排负责教授日语的教员与支援员，提供适应性指导，给予必要的特别关照。寻求庇护者和难民可以到初中夜校报名和免费学习。初中夜校隶属于地方政府的教育主管部门。入学政策因地方政府不同而有差异，总体上申请人必须是15周岁以上，初中没有毕业，不需要有在留资格。一些初中夜校除开设一般教育课程外，还开设日语课程。日本总计有34所初中夜校。[①] 希望上公立的小学、初中时，可以带上本人的外国人登记证明，到居住地的市町村教育委员会，在申请上学的资料上填写必要事项，申请入学。教育委员会接到申请后，决定学生应当到哪所学校上学，然后通知家长。

日本地方政府提供日语课程，收取很少费用或者免费。例如，搜索东京自愿者日语网（www.tnvn.jp），可以得到按照授课地点、最近车站和授课时间等顺序排列的157个东京地区的日语课程信息。联系地方政府的国际交流协会，可以找到东京都以外的地方政府提供的日语课程。

（六）人权部门

东京法务局内人权咨询室、大阪法务局内人权咨询室、神户地方法务局内人权咨询室、名古屋法务局内人权咨询室、香川国际交流会馆、爱媛县国际交流中心等机构提供英语、汉语、朝鲜语、德语、菲律宾语、葡萄牙语和西班牙语等多语种人权咨询。

（六）国际交流协会

日本各督道府县通常设有公益财团法人性质的国际交流协会，增进与各国的友好亲善和相互理解，推进本地区的对外开放以及促进县民参加国际交流活动。国际交流协会主要从事以下工作：对支持本地区的非政府组织、市町村国际交流协会等举办的国际交流和促进活动，培育国际化人才，研究国际化和提供国际化方面的报告和信息，加深日本人的多元文化意识，构建外国孩子的日语学习环境，促进本地区外国人

① 全日本的初中夜校见http://www1.ocn.ne.jp/~apuro21/yatyu004.htm。

社区建设。

三、国际组织

与日本合作的难民方面的国际组织主要有联合国难民署和国际移民组织。

联合国难民署东京办事处主要负责：（1）监督日本政府执行1951年《关于难民地位的公约》及其议定书，例如，日本政府对于需要国际保护的人是否提供了可接受的保护申请的手续和给予相应保护。（2）监督对于寻求庇护者是否提供了从申请难民认定到最终结果期间的适当协助，例如，提供有效的信息，向寻求庇护者提供物质支持、儿童教育及基本医疗等服务。（3）监督难民认定手续及提供难民来源国的最新信息。（4）向法务省入国管理局与法院提供难民认定的法律意见，向寻求庇护者提供难民认定、入国管理或其他相关法律的咨询。（5）向法务省入国管理局推荐难民审查顾问。

联合国难民署与日本联合国难民署非政府组织论坛（Japan Forum for UNHCT-NGOs）、日本平台（Japan Platform）、日本国际合作非政府组织中心（Japan NGO Centre for International Cooperations）合作，促进政府难民管理能力的提高。2005年4月，联合国难民署与日本政府联合举办第八届高层政策和管理咨询会（Government of Japan-United Nations High Commissioner for Refugees High-level Policy and Management Consultations Meeting）。2013年8月，联合国难民和联合国难民署与日本平台（Japan Platform）联合举办了"叙利亚危机：满足人道主义需求和发挥日本作用"研讨会。2013年9—10月，联合国难民署在日本举办了第八届难民电影节（Refugee Film Festival），放映29部电影，4,400多人参加。

2000年，在日本政府人类安全信托基金资助（Trust Fund for Human Security of the Government of Japan）下，联合国难民署在东京成立了应急准备地区中心（Regional Centre for Emergency Preparedness），作为联合国难民署全球应急、安全和保障系统的组成部分，旨在加强集体应对人道主义紧急状况的能力，无论紧急状况是由于武装冲突，还是侵犯人权或者自然灾难引起的。联合国难民署应急准备地区中心与日本政府各部门建立了良好的合作关系。①

联合国难民署向日本政府推荐重新安置难民候选人。日本政府根据联合国难民署推荐，前往泰国面试难民营中的难民。被选中者，安排前往日本，并通知联合国难民署选择结果。

联合国难民署还与三所大学合作，实施难民高等教育项目（Refugee Higher Education Program），每年向六名难民提供全额奖学金。2014年，联合国难民署向三

① 关于联合国难民署应急准备地区中心，请参见其官方网站www.the-ecentre.net。

所合作大学推荐了四位难民。

委托国际移民组织在第一庇护国——泰国，组织被选中的重新安置难民进行3—4周入境前培训和体检。入境前培训内容包括日本生活指南和日语学习。提供从泰国难民营到日本临时安置住处的交通费用，这些措施被称为第一庇护国安置措施[①]。

四、非政府组织

（一）亚洲福祉教育财团难民事业本部

亚洲福祉教育财团受政府委托于1979年11月设立难民事业本部（福祉教育財団に難民事業本部），负责接收和安置印支难民。

表15-10　亚洲福祉教育财团难民事业本部及其下属机构

名称	位置	设立时间	关闭时间
亚洲福祉教育财团难民事业本部	东京都	1979年11月	
姬路长期居留促进中心（姫路定住促進センターを）	兵库县姬路市	1979年12月	1996年3月
大和长期居留促进中心（大和定住促進センターを）	神奈川县大和市		
大村难民临时安置中心（大村難民一時レセプションセンターを）	長崎县大村市	1982年2月	1995年3月
亚洲福祉教育财团难民事业本部国际救援中心（に国際救援センターを）	东京都品川区	1983年4月	2006年3月
亚洲福祉教育财团难民事业本部关西支部（兵庫県神戸市に関西支部を）	兵库县神戸市	1996年6月	
难民事业本部支援中心（RHQ 支援センター）		2006年5月	

资料来源：インドシナ難民に関する国際社会の動き（年表）[EB/OL]. 公益財団法人アジア福祉教育財団　難民事業本部。

如表15—10所示，日本从1979年12月至1996年6月，陆续设立了姬路长期居留促进中心、大和长期居留促进中心、大村难民临时安置中心、亚洲福祉教育财团难民事业本部国际救援中心以及亚洲福祉教育财团难民事业本部关西支部等六家印支难民援助机构。这些难民援助机构开展了一系列难民援助活动。按照流程规定，被日本接收的印支难民最长可以在促进中心、临时安置中心或者国际救援中心居留六个月。在此期间他们将得到一定的生活费和教育培训补助金，并接受必要的日语语言、生活习

① 第三国定住による難民の受入れに関するパイロットケース実施の具体的措置について第2第三国定住難民に対する定住支援策の具体的措置之1第一次庇護国であるタイから我が国に入国するまでの支援，平成20年（2008年12月19日），難民対策連絡調整会議決定平成24年（2012年3月29日）一部改正。

惯和职业技能等培训。然后，通过中心介绍相应的职业开始在日本自立的生活。对于离开促进中心、临时安置中心或者国际救援中心的印支难民，一些非盈利组织例如神奈川难民定居援助协会等还负责后续的服务工作。

难民事业本部的促进中心、临时安置中心或者国际救援中心向雇佣印支难民的雇主提供一定的资金补助。通过这一系列的措施，不少印支难民在当地找到了工作和住处，在日本的生活初步得到了保障。随着印支难民潮的平息，针对印支难民的各专门援助中心也逐渐停止运作。如表15—10所示，姬路定居促进中心和大和定居促进中心分别于1996年和1998年相继关闭，东京的国际救援中心也于2006年关闭，取而代之的是新设立的难民事业本部支援中心，不再以印支难民作为专门服务对象。同年，日本对印支难民的接收工作正式宣告结束。

寻求庇护者可向亚洲福祉教育财团难民事业本部申请资助。亚洲福祉教育财团难民本部接收外务省委托向寻求庇护者发放补助，用于日常生活和住宿，2008年预算为7,800万日元，每位寻求庇护者每月可获得8.5万日元（约合6,342元人民币）补助，原则上每位寻求庇护者可领取4个月。接受这一资助的人在2005年度时只有138人，但随着寻求庇护者人数增加，2008年约有230人。[①]

日本政府委托亚洲福祉教育财团难民事业本部临时安置入境的重新安置难民，包括最初支持和支持中心居住支持两个阶段，共计约六个月。帮助重新安置难民尽快适应日本的生活环境。在东京都配备重新安置难民设施（第三国定住難民定住支援施設），设立重新安置难民寓所（第三国定住難民宿泊施設），确保重新安置难民入境后的稳定生活。重新安置难民入境后最初支持大约一周时间（入国当初の初動支援）。重新安置难民入境后，接到重新安置难民寓所，进行体检，熟悉日本的环境。寓所备有食品和衣物等生活用品。寻求庇护者可以在难民事业本部支援中心进行为期六个月的免费初级日语和在日本生活须知学习。

最初支持结束后，亚洲福祉教育财团难民事业本部提供支持中心居住支持（定住支持プログラム）。包括：日语学习，社会生活适应指导，就业辅导，职业培训，学龄儿童入学支持，提供基本生活费、医疗费、交通费、培训费、失业金、雇主雇佣难民补助（第三国定住難民宿泊施設入所期間中の生活援助費、医療費，第三国定住難民宿泊施設から第三国定住難民定住支援施設に通所するための経費，職場適応訓練受講助費、移転援助費等の就職援助金，第三国定住難民を雇用する事業主に対する

① 难民支援协会.难民认定申请者的建议：有关在日本申请难民认定手续的说明以及给予-难民认定申请者的建议[R].特定非盈利活动法人难民支援协会2008.第13页。

雇用開発助成援助費）等难民融入方面的内容。[①]

（二）难民支援协会[②]

难民支援协会 (Japan Association for Refugee，JAR) 向寻求庇护者及难民提供支持，回答以下问题的咨询：（1）关于难民认定手续的咨询；（2）难民认定手续中的物质支持的咨询及建议；（3）在司法手续上帮助律师；（4）保释（暂时释放许可）；（5）等候难民地位申请审理结果期间在日本的生活。难民支援协会的义工还提供健康、工作、居住等日常生活方面的咨询服务。有必要的话，难民支援协会向寻求庇护者介绍亚洲福祉教育财团难民事业本部（RHQ），日本国际社会事业团（ISSJ），日本福音扶轮社（JELA）等专门非政府组织。寻求庇护者在等候难民地位申请审理结果期间，可以向日本难民支援协会（JAR）、亚洲福祉教育财团难民事业本部 (Refugee Headquarter) 申请救助，这些团体会提供一定的饭费、房费、医疗费和住房。

（三）日本律师协会联合会[③]

日本律师协会联合会（Japan Federation of Bar Associations，日本弁護士連合会）是由日本的52个律师协会及其个人会员和团体会员组成的法律工作者的自治组织，成立于1949年。日本律师协会联合会的目标是进一步发挥律师在社会中的重要作用，保护基本人权和实现社会公正。根据《日本综合法律援助法》（Comprehensive Legal Support Act），寻求庇护者的难民诉讼和非法居留外国人的法律诉讼不属于由政府财政支持的法律援助中心（Japan Legal Support Center with public funding under the Comprehensive Legal Support Act）的服务范围。

日本律师协会联合会通过自筹经费的法律援助基金为寻求庇护者提供法律援助服务。日本律师协会联合会每月向每位律师收取特别费6,200日元，用于法律援助基金（Fund for Legal Aid）、青少年和刑事辩护基金（Fund for Juvenile and Criminal Defense）和改变地区律师短缺状况基金（Fund for Correcting Regional Shortages of Attorneys）。其中的法律援助基金服务范围包括寻求庇护者的难民诉讼（legal support related to refugee adjudication）和非法居留外国人的法律援助（legal aid for foreign nationals, in case they lack lawful resident status）等九项。由于日本律师协会联合会的法律援助基金资金的来源来自于律师月度特别费，而不是政府，就保证了法律援助服

---

① 第三国定住による難民の受入れに関するパイロットケース実施の具体的措置について第2第三国定住難民に対する定住支援策の具体的措置之2定住支援施設における総合的な定住支援，平成20年（2008年）12月19日，難民対策連絡調整会議決定平成24年（2012年3月29日）一部改正。

② 关于难民支援协会（Japan Association for Refugee，JAR），请参见其官方网站www.refugee.or.jp。

③ 关于日本律师协会联合会，请参见其官方网站www.nichibenren.or.jp。

务的独立和客观性，有助于保护寻求庇护者和外国人的合法权益。[①]

（四）日本全国难民律师联席会议

日本全国难民律师联席会议（全国难民弁护团连络会议，Japan Lawyers' Network for Refugees）是日本各地难民律师的自治组织，成员有在日本缅甸人律师团（在日ビルマ人難民申請弁護団）、库尔德人律师团（クルド難民弁護団）、阿富汗难民律师团（アフガニスタン難民弁護団）、西日本律师团（西日本弁護団）、福冈难民律师团（福岡難民弁護団）、斯里兰卡律师团（スリランカ弁護団）、非洲联席会议（アフリカ連絡会）。日本全国难民律师联席会议收集、整理难民统计、难民研究、难民咨询、难民法规方面的资料，并向公众免费开放。同时，向会员单位提供有关难民的更专业的信息和联谊服务。[②]

（五）其他非政府组织

很多非政府组织积极展开了对难民的救助。日本天主教会在兵库县的宗座监牧区成立了印支难民接待中心，比利时籍圣母圣心会传教士哈里夸得弗里特神父始终在日本从事印支难民服务工作，被誉为印支难民之父。

寻求庇护者可以享有免费体检服务。东京都、千叶县、埼玉县神奈川县的几家非政府组织向持寻求庇护者每年提供至少六次多语种的免费体检服务。群马县（Gunma Prefecture）的非政府组织向持居留许可外国人提供很便宜的体检服务，每年只收2千日元。亚洲人和非洲人健康服务中心提供免费和便宜的体检服务方面的咨询。日本的公立健康中心和东京都南新宿检测咨询中心（Tokyo South Shinjuku Testing and Consultation Centre）提供免费的匿名的艾滋病病毒化验服务，无论申请化验的外国人有无居留许可。

根据东京都外国人未付医疗费用补贴办法，东京都的医疗机构，不包括国立和都立的医疗机构，救治在东京都生活或者工作的没有参加公立医疗保险（国民健康保险和雇员健康保险）的外国人时，如果这些外国人不符合申请《日本生病和死亡国际旅行者法》、社会福利方面的医疗补助条件，尽管努力但是仍然无力支付由于不可预见伤害、交通事故等引起的治疗费用时，可以向东京都卫生和医疗公司申请外国人紧急医疗补助。对于慢性病，只负担紧急状况下的医疗费用。最多负担14天的住院费用和三天的门诊费用。负担保险公司评估的医疗费用的70%，但是每位病人每家医院不

---

① *Introduction to Japan Federation of Bar Associations*. Japan Federation of Bar Associations. 2012. P5, 21.

② 关于日本全国难民律师联席会议（全国難民弁護団連絡会議,Japan Lawyers' Network for Refugees），请参见其官方网站www.jlnr.org。

超过200万日元。[①]

日本医院不管患者有没有居留许可或其财政状况如何，通常都以人命为重，提供紧急医疗服务。这些紧急医疗服务不是免费的，治疗后会寄出账单。除通过《日本生病和死亡国际旅行者法》(Law Regarding Sick Travellers and the Death of Travellers)和地方政府的外国人未付医疗费用政策获得医疗救助外，还可以通过日本国际社会事业团(International Social Service Japan，ISSJ)、亚洲福祉教育财团难民事业本部、日本难民协会等难民机构和团体，接受联合国难民署提供的医疗费援助。

五、居民组织

日本各市区町村通常都有名为“町内会”、“自治会”的居民组织。町内会和自治会在住区内逐家传阅回览板，内容主要为役所与保健所等机构的通知等，组织包括预防犯罪、防灾训练、节日庆典等在内的活动，促进同一住区居民的交流。活动的运营经费由居民的会费负担。寻求庇护者和难民可以加入町内会、自治会。加入后可以获得该地区的信息。[②]

① 关于东京都外国人未付医疗费用补贴办法（Tokyo Metropolitan Area - Foreigners' Unpaid Medical Expenses Subsidy Programme），请参见东京都卫生和医疗公司官方网站http://www6.ocn.ne.jp/%7Eiryo-hp/ under (Programme contents)。

② 外国人在日本生活指南[R].日本外务省.2012年第2版，9。

附件1

世界主要发达国家和地区的难民定义

序号	国别	难民定义	是否以战争为由	是否以自然灾害为由	申请地点
1	韩国	难民是指因为有正当理由畏惧由于种族、宗教、国籍、属于某一社会团体或具有政治见解而遭受迫害，不能或不愿意接受其国籍国保护的外国人；如果是无国籍人，因为此种畏惧，不能或不愿意回到其入境韩国前的居留国。因为人道原因可以在韩国停留的人是指对于有正当理由相信，酷刑、其他不人道待遇、惩罚或者其他情况会严重威胁生命或者个人自由者，司法部根据总统令可以允许停留。——2012年《韩国难民法》第2条	是	是	边境和境内
2	日本	难民是指适用1951年《关于难民地位的公约》第1条或者1967年《关于难民地位的公约的议定书》第1条的外国人。——1951年《日本出入境管理及难民认定法》(2009年修订)第2条	否	否	边境和境内提出申请。
3	中国台湾地区	外国人或无国籍人，因战争或大规模自然灾害被迫离开其原国籍国或原居住国，致不能在该国生活或受该国保护者，得向“我国”申请难民认定。 外国人或无国籍人，因种族、宗教、国籍、属于特定社会团体或持特定政治意见，离开其原国籍国或原居住国，且有充分正当理由畏惧受迫害，致不能受该国之保护或因该恐惧而不愿返回该国者，得向“我国”申请难民认定。外国人有前二项所定事由，且具有二个以上国籍者，以有充分正当理由不能在各该国籍国生活或受各该国籍国保护者，或恐惧受迫害，致不能受各该国籍国之保护，或因该恐惧而不愿返回各该国籍国者为限。 ——《难民法（草案）》(2009年12月31日“行政院”送审稿)第3条	是	是	境外、边境和境内
4	英国	根据1951年《关于难民地位的公约》关于难民规定提出，如果驱逐他出境或要求他离开英国及属于违反以上联合国关于难民规定的人。 ——2003年《英国移民法》第327条	是		
5	德国	难民是指因为政治迫害而申请庇护的外国人，或者遣返后会受到迫害的外国人。 ——1993年《德国庇护程序法》(2007年修订)第1条第1款第1项	否	否	境外、边境和境内
6	法国	难民是指因种族、宗教、国籍、特殊社会团体成员或政治立场受到迫害或有受迫害之虞的外国人。 ——《法国宪法》前言第4章规定：可以授予难民资格予任何因为争取自由而遭受迫害的人。	是	否	边境和境内

续表

序号	国别	难民定义	是否以战争为由	是否以自然灾害为由	申请地点
7	美国	难民是指不在其国籍所属国境内，或者就无国籍者而言，不在其最后的常住国家境内，由于因为种族、宗教、国籍、属于某特殊社会团体的成员或政治观点遭受迫害或有充分根据地害怕遭受迫害，不能或不愿意返回那个国家，且不能或不愿利用那个国家保护的人；在诸如总统经过适当磋商后可能明确说明之类的情况下，任何身居其国籍国境内，或就无国籍者而言，身居其常住国境内，且遭受迫害或者因为种族、宗教、国籍、属于某特殊社会团体的成员或政治观点有充分根据地害怕遭受迫害的人。 ——1990年《美国移民与国籍法》(2002年修订)第101条第1款第42项	是	否	在境外、边境及境内均可提出难民申请。
8	加拿大	难民是指被判定符合1951年《关于难民地位的公约》第1条规定的难民的外国人，或依照签证申请处于相似情况，依据签证成为永久居民以及依据临时居留许可成为临时居民的外国人，还包括需要保护人员。需要保护人员包括（境内）需要保护人员和境外需要人道主义保护人员两类人员。需要保护人员主要指由于受到1984年《禁止酷刑和其他残忍、不人道或有辱人格待遇或处罚公约》第1条所指精神折磨，以及国籍国或经常居住国内战、武装冲突或基本人权得不到尊重，需要重新安置的外国人。 ——2001年《加拿大移民及难民保护法》第2条第3、4款和第97条	否。如果确有因战争发生重大危害，可以根据情节从宽审查。	否	在境外、边境及境内均可提出难民申请。
9	澳大利亚	难民是指被判定符合1967年《关于难民地位的议定书》定义的外国人，受迫害的原因是本质和严重的，迫害对寻求庇护者造成严重伤害，迫害包括系统的、歧视性的行为。严重伤害包括：威胁人的生命或自由、对身体的巨大折磨、对身体的严重虐待、严重影响个人生存的经济困难、拒绝在基本服务威胁一个人生存时提供基础服务。在决定一个人是否受1967年《关于难民地位的议定书》确定的一个或多个原因而遭受迫害时，不考虑这个人在澳大利亚的任何行为，除非这个人使部长相信其所表现的行为主要是为了使自己增强根据1967年《关于难民地位的议定书》规定的难民身份。 ——1958年《澳大利亚移民法》(2003年修订)第91R条	是	否	在境外、边境及境内均可提出难民申请。
10	新西兰	难民是指因种族、宗教、国籍、特殊社会团体成员或政治立场受到迫害或有受迫害之虞的外国人。	是	否	边境和境内
11	巴西	难民是指因种族、宗教、国籍、特殊社会团体成员或政治立场受到迫害的外国人。	是	否，实际上，如果自然灾害导致重大危害，会根据情况从宽审查。	在边境和境内提出申请。

附件2

1951年《关于难民地位的公约》规定的难民权利

序号	名称	内容	对象	直接权利	间接权利	期望权利	例外	出处	国内法
1	难民个人身份	难民的个人身份；难民以前由于个人身份而取得的权利，特别是关于婚姻的权利。	所有难民	否	应受其住所地国家的法律支配，如无住所，则受其居住地国家的法律支配。	难民以前由于个人身份而取得的权利，特别是关于婚姻的权利，应受到缔约一国的尊重，如必要时应遵守该国法律所要求的仪式，但以如果他不是难民该有关的权利亦被该国法律承认者为限。	否	第12条	关于个人身份的法律
2	难民结社权	设立非政治性和非营利性的社团以及同业公会组织。	合法居留在领土内的难民	否	应给以一个外国的国民在同样情况下所享有的最惠国待遇	否	否	第15条	关于最惠国待遇法律
3	难民向法院起诉权之一	向所有缔约各国领土内的法院起诉。	所有难民	是	否	否	否	第16条第1款	关于难民向法院起诉权的法律
4	难民向法院起诉权之二	向法院诉讼的事项，包括诉讼救助和免予提供诉讼担保在内。	经常居住在本国的难民	否	与本国公民相同的待遇	否	否	第16条第2款	关于本国公民向法院诉讼的法律
5	难民向法院起诉权之三	向法院诉讼的事项，包括诉讼救助和免予提供诉讼担保在内。	不经常居住在本国的难民	否	给以他经常居住国家的国民所享有的待遇	否	否	第16条第3款	我国加入公约时予以保留
6	难民宗教权	关于举行宗教仪式的自由以及对其子女施加宗教教育的自由方面。	在其领土内的难民	否	至少给予其本国公民所获得的待遇	不确定	否	第4条	我国加入公约时予以保留

续表

序号	名称	内容	对象	直接权利	间接权利	期望权利	例外	出处	国内法
7	难民行政协助权之一	行使一项权利时正常地需要一个对他不能援助的外国当局的协助。	所有难民	是（难民居留地的缔约国应安排由该国自己当局或由一个国际当局给予此项协助）	否	否	否	第25条第1款	关于安排由该国自己当局或由一个国际当局给予此项协助的法律
8	难民行政协助权之二	正常地应由难民的本国当局或通过其本国当局给予外国人的文件或证明书。	所有难民	是（应给予难民，或者使这种文件或证明书在其监督下给予难民；代替由难民的本国当局或通过其本国当局发给难民的正式文件，并应在没有相反证据的情况下给予证明的效力）	否	否	否	第25条第2、3款	关于给予难民文件或证明书及证明效力的法律
9	难民行政协助权之三	“给予难民，或者使这种文件或证明书在其监督下给予难民；代替由难民的本国当局或通过其本国当局发给难民的正式文件，并应在没有相反证据的情况下给予证明的效力”服务。	居住在本国的难民	否	可以征收费用，但此项费用应有限度，并应相当于为类似服务向本国公民收取的费用。	对贫苦的人可能给予特殊的待遇	否	第25条第4款	关于向本国公民收取文件或证明书收取费用的法律
10	难民获得身份证件权	发给身份证件	在领土内不持有有效旅行证件的任何难民	是	否	否	否	第27条	关于向难民签发身份证件的法律
11	难民境内居住和迁徙自由	选择其居住地和在领土内自由行动。	合法在领土内的难民	否	受对一般外国人在同样情况下适用的规定	否	否	第26条	关于外国人在境内迁徙的法律
12	难民获得国际旅行证件权之一	发给旅行证件、以凭在其领土以外旅行。	合法在其领土内居留的难民	是	否	否	除因国家安全或公共秩序的重大原因应另作考虑外	第28条第1款	关于向难民签发国际旅行证件的法律

续表

序号	名称	内容	对象	直接权利	间接权利	期望权利	例外	出处	国内法
		发给旅行证件、以凭在其领土以外旅行	在领土内的任何其他难民	否	否	可以给在其领土内的任何其他难民上述旅行证件	否	第28条第1款	可以没有
13	难民获得国际旅行证件权之二	发给国际旅行证件、以凭在其领土以外旅行	在其领土内而不能向其合法居住地国家取得旅行证件的难民	否	否	特别对于发给国际旅行证件一事，应给予难民同情的考虑	否	第28条第1款	可以没有
14	难民获得国际旅行证件权之三	根据以前国际协定由此项协定缔约各方发给难民的旅行证件	所有难民	是（应被承认，并应当作根据本条签发的国际旅行证件同样看待）	否	否	否	第28条第2款	关于向难民签发国际旅行证件的法律
15	难民平等缴纳税费权	征收任何税或费用	所有难民	否	不得向难民征收其向本国公民在类似情况下征收以外的或较高于向其本国公民在类似情况下征收的任何税或费用	否	并不妨碍对难民适用关于向外国人发给行政文件包括旅行证件在内的法律和规章	第29条	关于向本国公民征收的任何税或费用的规定
16	难民资产转移权之一	将其携入该国领土内的资产，移转到难民为重新定居目的而已被准许入境的另一国家。	所有难民	是	否	否	符合法律和规章的情况下	第30条第1款	关于难民资产转移的规定
17	难民资产转移权之二	不论在何地方的并在另一国家重新定居所需要的财产，而且该另一国家已准其入境。	所有难民	是	否	缔约国对其申请应给予同情的考虑	否	第30条第2款	
18	难民融入和入籍便利	融入和入籍便利	所有难民	否	否	应尽可能便利难民的入籍和同化。应特别尽力加速办理入籍程序，并尽可能减低此项程序的费用	否	第34条	可以没有

续表

序号	名称	内容	对象	直接权利	间接权利	期望权利	例外	出处	国内法
19	难民动产和不动产权	在动产和不动产的取得及与此在关的其他权利，以及关于动产和不动产的租赁和契约方面	所有难民	否	无论如何，此项待遇不得低于在同样情况下给予一般外国人的待遇	应给予尽可能优惠的待遇	否	第13条	关于外国人动产和不动产的法律
20	难民知识产权（艺术权利和工业产权）之一	关于工业财产的保护，例如对发明、设计或模型、商标、商品名称以及对文学、艺术、和科学作品的权利。	经常居住的难民	否	应给予与本国公民所享有的同样保护	否	否	第14条前半部分	关于本国公民知识产权的法律
21	难民知识产权（艺术权利和工业产权）之二	关于工业财产的保护，例如对发明、设计或模型、商标、商品名称以及对文学、艺术、和科学作品的权利。	非经常居住的难民	否	应给以难民经常居住国家的国民所享有的同样保护	否	否	第14条后半部分	我国加入公约时予以保留
22	难民以工资受偿被雇佣权之一	从事工作以换取工资的权利	合法在领土内居留的难难民	否	给以在同样情况下一个外国国民所享有的最惠国待遇	应给予同情地考虑给予国民待遇，特别是对根据招工计划或移民入境法进入其领土的难民	否	第17条第1款、第3款	关于外国人以工资受偿被雇佣权最惠国待遇的法律
23	难民以工资受偿被雇佣权之二	对外国人施加的限制措施或者为了保护国内劳动力市场而对雇佣外国人施加限制的措施	在本公约对有关缔约国生效之日已免除此项措施的难民；已在该国居住满三年的难民；其配偶具有居住国的国籍，但如难民已与其配偶离异，则不得援引本项规定的利益；难民子女一人或数人具有居住国的国籍。	是（不得适用）	否	否	否	第17条第2款	关于对外国人施加的限制措施或者为了保护国内劳动力市场而对雇佣外国人施加限制措施的法律

续表

序号	名称	内容	对象	直接权利	间接权利	期望权利	例外	出处	国内法
24	难民自雇权	自己经营农业、工业、手工业、商业以及设立工商业公司方面	合法在领土内的难民	否	无论如何，此项待遇不低于一般外国人在同样情况下所享有的待遇	应给以尽可能优惠的待遇	否	第18条	关于外国人自营职业的法律
25	难民自由职业权之一	持有该国主管当局所承认的文凭愿意从事自由职业	合法居留于领土内的难民	否	无论如何，此项待遇不得低于一般外国人在同样情况下所享有的待遇。	应给以尽可能优惠的待遇	否	第19条第1款	关于外国人自由职业的法律
26	难民自由职业权之二	使这些难民定居下来	在其本土以外而由其负责国际关系的领土内的难民	否	否	应在符合法律和宪法的情况下，尽极大努力	否	第19条第2款	可以没有
27	难民获得定额供应权	如果存在着定额供应制度，而这一制度是适用于一般居民并调整着缺销产品的总分配	所有难民	否	给予本国公民所享有的同样待遇	否	否	第20条	关于本国公民适当定额供应的法律
28	难民住房权	如果该问题是由法律或规章调整或者受公共当局管制	合法居留于领土内的难民	否	无论如何，此项待遇不得低于一般外国人在同样情况下所享有的待遇。	应给以尽可能优惠的待遇	否	第21条	关于给予外国人住房的法律
29	难民公共教育权之一	初等教育	所有难民	否	给予难民凡本国公民所享有的同样待遇	否	否	第22条第1款	关于本国公民初等教育的法律

续表

序号	名称	内容	对象	直接权利	间接权利	期望权利	例外	出处	国内法
30	难民公共教育权之二	初等教育以外的教育、特别是获得研究学术的机会，承认外国学校的证书、文凭、和学位、减免学费，以及发给奖学金方面。	所有难民	否	无论如何，此项待遇不得低于一般外国人在同样情况下所享有的待遇	应给以尽可能优惠的待遇	否	第22条第2款	可以外国人初等教育以外的教育、特别是获得研究学术的机会，承认外国学校的证书、文凭、和学位、减免学费，以及发给奖学金方面的法律
31	难民公共救助权	就公共救济和援助方面	合法在领土内的难民	否	应给以凡其本国公民所享有的同样待遇。	否	否	第23条	关于本国公民公共救济和援助的法律

续表

序号	名称	内容	对象	直接权利	间接权利	期望权利	例外	出处	国内法
32	难民报酬和社会保障权之一	（1）报酬，包括家庭津贴——如此种津贴构成报酬一部分的话、工作时间、加班办法、假日工资、对带回家去工作的限制、雇佣最低年龄、学徒和训练，女工和童工、享受共同交涉的利益，如果这些事项由法律或规章规定，或者受行政当局管制的话；（2）社会保障（关于雇佣中受损害、职业病、生育、疾病、残疾、年老、死亡、失业、家庭负担或根据国家法律或规章包括在社会保障计划之内的任何其他事故的法律规定），但受以下规定的限制：（a）对维持即得权利和正在取得的权利可能作出适当安排；（b）居住地国的法律或规章可能对全部由公共基金支付利益或利益金的一部分或对不符合于为发给正常退职金所规定资助条件的人发给津贴，制订特别安排	合法居留于领土内的难民	否	应给以本国公民所享有的同样待遇：	否	否	第24条第1款	可以关于本国公民报酬和社会保障的法律
33	难民报酬和社会保障权之二	由于雇佣中所受损害或职业病死亡而获得的补偿权利，不因受益人居住地在缔约国领土以外而受影响	所有难民	是	否	否	否	第24条第2款	关于难民在雇佣中受损害或职业病死亡而获得补偿的法律

续表

序号	名称	内容	对象	直接权利	间接权利	期望权利	例外	出处	国内法
34	难民报酬和社会保障权之三	缔约各国之间所缔结或在将来可能缔结的协定，凡涉及社会保障既得权利或正在取得的权利，缔约各国应以此项协定所产生利益给予	所有难民	是	否	否	以符合对有关协定各签字国国民适用的条件者为限	第24条第3款	缔结或在将来可能缔结的涉及社会保障的协定
35	难民报酬和社会保障权之四	缔约各国对以缔约国和非缔约国之间随时可能生效的社会保障类似协定所产生的利益	所有难民	否	否	对尽量给予难民一事，将予以同情的考虑	否	第24条第4款	可以没有
36	难民不被无正当理由和以合法程序驱逐出境权之一	不被驱逐出境	合法在领土内的难民	是	否	否	除因国家安全或公共秩序理由外	第32条第1款	关于驱逐合法在领土内难民的法律
37	难民不被无正当理由和以合法程序驱逐出境权之二	准许难民提出有利于其自己的证据，向主管当局特别指定的人员申诉或者为此目的委托代表向上述当局或人员申诉。以按照合法程序作出的判决为根据	被驱逐出境的难民	是	否	否	除因国家安全的重大理由要求另作考虑外	第32条第2款	
38	难民不被无正当理由和以合法程序驱逐出境权之三	给予一个合理的期间，以便取得合法进入另一国家的许可	被驱逐难民	是	否	否	缔约各国保留在这期间内适用它们所认为必要的内部措施的权利	第32条第3款	可以

注：

1. 第1—18项是难民民事和政治方面权利。

2. 第19—26项是难民经济方面权利。

3. 第27—35项是难民社会（福利）方面的权利。

4. 第36—38项是难民遣返方面权利。

附件3

五国和欧盟的难民权利

	社会福利	工作和求职	境内迁徙	出入境	居留、永久居留	入籍	家属身份
美国	获得避难者身份，可以从当地的难民安置办公室获得为期八个月的经济援助和医疗援助，为期五年的就业准备、找工作、英语培训等服务。 可以向当地的社会保障部门申请无限制的社会保障卡，有权享受社会福利。 八个月后，避难者可以获得所居住州的州民的一些福利。避难者的社会福利的具体内容因居住州不同而有所差异。	避难申请被美国公民和移民批准时，自动赋予其两年工作权。到期时可以延期。 避难者的居住地政府、所在社区会提供求职服务。 有权享有劳动方面法律的全面保护，有权开设银行账户、拥有自己的财产和经营生意。	避难者可以在美国境内自由迁徙。	离境前60天，向公民和移民局申请难民旅行证。	取得难民身份一年后，仍然符合难民定义，可以申请永久居留。其获得的永久居民身份从其批准之日倒退一年算起。	回溯自取得避难者身份之日起满5年，申请入籍成为美国公民，但是连续离境不超过一年。	配偶和21岁以下未婚子女可以和避难者一起自动取得避难者身份，或者获得避难者身份后两年内提交申请。
澳大利亚	外国人被澳大利亚认定为难民后具有永久居民身份，与技术、投资、家庭等永久居民享有的同样的英语语言培训、就业培训、寻工、残障人就业等安置服务。 豁免104周新入境永久居民等待期，可以立即从澳大利亚政府得到社会福利。	无限制工作权。 与其他永久居民享有同样的求职服务。	避难者可以在澳大利亚境内自由迁徙。	凭永久居留签证，自由出入境。	外国人被澳大利亚认定为难民后具有永久居民身份。	澳大利亚给予难民和其他持永久居留签证外国人一样的入籍待遇，即以永久居民身份在4年中居住满3年，离开澳大利亚的时间不超过12个月，在申请前12个月内离开澳大利亚不超过3个月，可以申请入籍。	有配偶和未婚子女团聚权。

续表

	社会福利	工作和求职	境内迁徙	出入境	居留、永久居留	入籍	家属身份
德国	在社会福利方面，难民享有与德国公民同等的待遇。	难民从获得居留许可时起，就享有就业权，可以无限制地在德国从事经济活动。	被认定为难民后享有在德国境内的自由迁徙权。 难民不必再像寻求庇护者、次要保护者、暂缓遣返者那样受居住在被安置的特定县市，不再有义务居住在寻求庇护者寓所。	难民离开德国，只要持有德国有关机构签发的有效难民身份证件，居留许可不应失效。	先获得三年期居留权。 持居留许可在德国居住满三年后，如果仍然满足难民条件，并且不存在被撤销或者废止情形，可以申请永久居留。	德国给予难民和其他持永久居留许可外国人一样的入籍待遇，即持居留许可在德国居住满八年，并符合有足够经济能力负担家庭需要、没有犯罪、不对德国国家安全构成危险等条件的，可以申请加入德国国籍。	如果难民在遭受迫害的国家存在婚姻，配偶在其入境前、入境时或者入境后及时申请避难，而且没有理由撤销或者撤回难民认定，应视为难民的配偶与难民一起享有难民地位。 如果难民持有居留许可或者永久居留许可，应予以其未成年未婚子女居留许可。
日本	难民原则上享有和日本国民同样的工作、教育、住房、医疗和社会保障等待遇，有权领取国民年金、儿童扶养津贴、福利津贴等社会福利。	原则上享有和日本国民同样的工作权。	被认定为难民的外国人有权获得难民证明书，作为证明难民身份和接受各种保护措施的证明。 可以在境内自由迁徙。	难民有权获得国际旅行文件，即难民（国际）旅行证。	发给外国人难民认定证明书，赋予其长期居留资格（定居许可）。难民长期居留资格有效期1—3年。 难民在日本居留满五年就可以申请永久居留，但是不是永久居留申请一定会被批准。 难民豁免对于其他外国人都适用的“有维持独立生活的足够资产或技能”条件要求。	日本对外国人申请入籍要求非常严格。其入籍申请是否批准，由法务大臣酌定。 通常要在日本拥有固定住所并且已经连续居留五年以上，具备能够独立维护本人和配偶及其他家属生活足够资格或技能。	配偶和未婚子女团聚权。
菲律宾	—	认定为难民的外国人在菲律宾就业，应申请外国人就业许可。 由于缺乏工作培训等就业指导，寻求庇护者找工作非常困难。	可以在境内自由迁徙。	—	难民有权在菲律宾居留，获得移民法律法规规定的合适签证。 应该为难民及其随行配偶和未成年子女签发外国人登记证和临时访问者居留证。	难民和其他外国人基于同样条件，例如在菲律宾居留满10年，可以申请菲律宾国籍。	外国人被认定为难民的决定，如果需要，应自动适用于难民的随行家庭成员。

续表

	社会福利	工作和求职	境内迁徙	出入境	居留、永久居留	入籍	家属身份
欧盟	成员国应向获得了难民地位的外国人提供，与本国公民相同的必要的社会援助。 成员国应赋予所有获得了难民地位的未成年外国人，享有与本国公民相同的接受教育的权利。 成员国应向获得了难民地位的外国人提供，与本国公民相同的必要的健康福利。 成员国应确保获得了难民地位的外国人，有与在本国合法居留的第三国国民相同的获得住所的权利。 成员国应制定融合项目方面的规定，适用于难民或者确保创造了难民适用于该项目的前提条件。	外国人取得难民地位后，成员国应当立刻赋予其根据职业或者公共服务规则的就业权或者从事自雇权。 成员国应确保取得难民地位的外国人能够接受与本国公民同等条件的与就业有关的成人教育、职业培训以及进行工作场所实习。	成员国应确保获得了难民地位的外国人，有基于在本国合法居留的第三国国民相同限制的，在境内自由迁徙的权利	成员国应按照1951年《关于难民地位的公约》附件规定的格式，向获得了难民地位的外国人签发国际旅行文件，用于其在成员国境外旅行，除非存在国家安全或者公共秩序方面的有说服力的原因。	外国人取得难民地位后，成员国应当尽快向其签发有限期至少三年的居留许可，并在期满后予以延期，除非存在国家安全或者公共秩序方面的有说服力的原因。		基于确保获得难民地位外国人的家庭团圆权，成员国应向获得难民地位外国人的家庭成员签发有限期至少三年的居留许可，并在期满后予以延期。

注：—为未知

附件4

五国和欧盟的寻求庇护者的权利和义务

国别	社会福利	境内迁徙	停留 / 居留	出入境	身份文件	工作和求职	法律救济	主要义务
美国	寻求庇护者事实上不能获得社会福利，公共教育和紧急医疗除外。 即使寻求庇护者没有合法证件，仍然能为有资格的孩子申请社会福利。	未被拘留的寻求庇护者在等候保护签证申请审理结果期间美国境内自由迁徙。	如果外国人的避难申请被拒绝时所持签证未到期，可以继续在美国居留，直至签证到期。	寻求庇护者要离开美国，必须取得事先许可才能返回美国。否则视为放弃避难申请，将被拒绝回到美国。 如果寻求庇护者取得了回美证，但是返回了声称受迫害的国家，会认定其已经放弃避难申请。	寻求庇护者有权获得证明自己法律地位的身份文件。	外国人不可以在申请避难时一并申请工作许可证。只有已经提交境内避难申请超过150天，而且没有收到审理结果，才可以申请工作许可证。 申请第一份工作许可证免费。 有权享有劳动方面法律的全面保护，有权开设银行账户、拥有自己的财产和经营生意。	被拒绝的寻求庇护者可以向移民上诉委员会申请复议，然后向上诉法院提起诉讼。 寻求庇护者有权自费聘请法律代表陪同参加避难申请面试，也可以申请提供法律援助。	自己带翻译参加避难申请面试。 申请避难和参加避难面试时，必须详尽和真实地告知自身经历。 变更住址时必须通知美国移民和海关执行局。 被监视居住的寻求庇护者，必须定期向美国移民和海关执行局报到。

续表

国别	社会福利	境内迁徙	停留 / 居留	出入境	身份文件	工作和求职	法律救济	主要义务
澳大利亚	提供寻求庇护者补助，维持日常生活，直至获签保护签证、保护签证申请被拒绝28天后或者不再符合条件。 寻求庇护者补助非常微薄，最多只是特别福利补贴或者新生活开始补贴的89%。 要获得寻求庇护者资助办法项下的经济资助，必须提交有效保护签证申请超过六个月，不在移民拘留所，持有签证，没有从澳大利亚或者其他国家政府获得收入。正在等候审理结果，以及生活艰难。 寻求庇护者是无人陪伴未成年人、老人、有18岁以下子女的家庭、孕妇、不能工作等特别困难，可以免除提交保护签证申请超过6个月等期限方面条件要求。 寻求庇护者要享有医疗保险，必须持有过桥签证等临时签证，有工作权或者其近亲属是澳大利亚公民或者永久居民。 澳大利亚红十字会向不享受医疗保险的寻求庇护者提供紧急医疗服务。	未被拘留的寻求庇护者在等候保护签证申请审理结果期间在澳大利亚境内自由迁徙。	如果外国人提交保护签证申请时不在移民拘留所，澳大利亚将向其签发过桥签证，允许申请人在保护签证审理期间在澳大利亚合法停留。	持过桥签证A的寻求庇护者可以自由出入境。	2009年7月1日以后，持有实质签证并申请保护签证的外国人将获过桥签证A。不持有实质签证并申请保护签证的外国人获过桥签证C，非法在澳大利亚并申请保护签证外国人获过桥签证E。	2009年7月1日以前，合法入境后45天内提交保护签证申请的外国人享有工作权。 2009年7月1日以后，持有实质签证并申请保护签证的外国人将获过桥签证A，享有工作权。 不持有实质签证并申请保护签证的外国人获过桥签证C，非法在澳大利亚并申请保护签证外国人获过桥签证E，均不享有工作权。 持过桥签证C和E的保护签证申请人要获得工作权，必须证明自己面临经济困难，有“紧急的工作需要”。	通过移民咨询和申请援助计划IAAAS，向所有生活在澳大利亚的有困难的寻求庇护者，提供独立、免费的和专业的准备、提交、复议等方面的移民法律援助。	申请避难和参加避难面试时，必须详尽和真实地告知自身经历。 变更住址时必须通知管理部门。

续表

国别	社会福利	境内迁徙	停留 / 居留	出入境	身份文件	工作和求职	法律救济	主要义务
德国	如果寻求庇护者无法从祖国获得收入和财产，并且不能从事有报酬的工作，有权从德国政府获得津贴维持基本生活。寻求庇护者经济补助标准低于德国公民最低生活保障线。寻求庇护者经济补助以实物、代金券等非现金形式津贴为主，以现金形式津贴为辅。 2012年7月起，未婚成年人寻求庇护者每月津贴336欧元，其中133欧元以现金形式支付，2012年德国社会救济金每月374欧元。 只负担寻求庇护者等外国人的诊治急病和剧痛的费用，自由裁量是否负担诊治其他疾病的费用。	寻求庇护者和暂缓遣返者没有在德国境内自由迁徙权，必须在主管部门指定的地域通常是被安置寻求庇护者寓所的县市境内居住。 2011年，德国许多州颁布法规不再要求寻求庇护者必须居住在寻求庇护者寓所。	寻求避难在等候避难申请审理结果期间会被送往初步安置中心。如果申请在三个月内没有被审结，会从初步安置中心转送至县市寻求庇护者集体寓所。如果居留超过一年，可以申请从寻求庇护者集体寓所搬至公租个人寓所。 居住区域限于被安置的县市。未经所居住地的联邦移民和难民办公室分支机构的同意和获得通行证，不得离开被安置的县市。	不享有出入境权。寻求庇护者多次违反居住地域限制的，处一年以下监禁或者罚金。	寻求庇护者搬至县市寻求庇护者集体寓所后，会自动收到一份在德国的临时居留许可。	在德国居住一年后，才可以向居住地的联邦移民和难民办公室分支机构提交从属工作许可申请，将申请转至联邦劳动和社会事务部分支机构，由就业部门作出审理决定。优先审理已经有了工作邀请并且得到了雇主支持的从属工作许可申请。审理时，要进行劳动力市场测试。	外国人对拒绝避难申请行政决定享有法院一审权，以及受限制的二审权、三审权、宪法法院诉讼权。 如果寻求避难申请涉及欧洲难民法，当事人一方可以向欧洲司法法院提起诉讼。 如果寻求庇护者认为行政决定或者审法院判决侵犯了《1950年欧洲人权公约》规定的人权，在用尽德国法律救济后，可以向欧洲人权法院提起诉讼。	寻求庇护者离开被安置县市，要阐明迫切和合理理由并交纳申请费。

续表

国别	社会福利	境内迁徙	停留 / 居留	出入境	身份文件	工作和求职	法律救济	主要义务
日本	在等候避难申请审理结果期间，可以向日本难民协会、亚洲福祉教育财团难民事业本部申请救助，这些团体会提供一定的饭费、房费、医疗费和住房。 2008年每位寻求庇护者每月可获得8.5万日元（约合6342元人民币）补助，原则上每位寻求庇护者可领取4个月。	可以在境内自由迁徙，但是应法务省入国管理局难民调查官的要求，须在被指定的时间和地点出面，配合其完成避难申请审理。	法务省入国管理局审理外国人的避难申请时，会同时决定是否给予临时居留许可。 获得临时居留许可的寻求庇护者在临时居留许可期间可以合法在日本居留，不会被羁押（收容）。 临时居留许可期间原则上为三个月，应在期满前十天申请延期。如果没有出现终止情形，法务大臣应予批准。	寻求庇护者原则上在审理期间不能出国。如果寻求庇护者向第三国申请入境许可，视为不再需要日本的避难保护。	外国人申请避难时持有居留许可，并且是在入境日本后六个月内提交《避难申请书》，如果因为入境后发生某些特别理由而成为难民的话，将获得临时居留（临时滞留）。	外国人申请避难时持有居留许可，会获得工作许可，允许其在等候审理结果期间在日本合法地工作。 获得了工作许可的寻求庇护者可以联系地方公共职业安定所，获取免费的就业服务。	寻求庇护者不服法务省入国管理局拒绝避难申请的行政决定，可以向法务省入国管理局申请行政复议。 寻求庇护者不服拒绝避难申请的行政复议的决定，可以向裁判所提起行政诉讼，也可以在收到拒绝避难申请的行政决定时，直接提起行政诉讼。 寻求庇护者的难民诉讼不属于由政府财政支持的法律援助中心服务范围。	有义务自己提交实质性证据或者证人证言来证明本人是难民。 配合审理。 支付律师费。 有与日本人相同的纳税义务，应随身携带居留卡备相关机构的检查。

续表

国别	社会福利	境内迁徙	停留 / 居留	出入境	身份文件	工作和求职	法律救济	主要义务
菲律宾	—	可以在境内自由迁徙。	难民和无国籍人保护处收到外国人的难民地位申请后，应通知移民局局长。移民局局长收到通知后，应中止驱逐或者遣返寻求庇护者及其亲属的程序。 如果寻求庇护者及其亲属递交难民申请时正被拘留，司法部部长也可以根据有关条件，签发释放令指示移民局局长予以释放。	—	—	寻求庇护者在菲律宾就业，应申请外国人就业许可。由于缺乏工作培训等就业指导，寻求庇护者找工作非常困难。	如果难民申请被拒绝，被拒绝者有权申请复议。 如果寻求庇护者不服难民和无国籍人保护处决定或者司法部复议裁决，可以在规定期限内提起诉讼。	

续表

国别	社会福利	境内迁徙	停留 / 居留	出入境	身份文件	工作和求职	法律救济	主要义务
欧盟	成员国应该在外国人提出避难申请时向寻求庇护者提供物质待遇。成员国制定的接待和安置待遇应当以满足寻求庇护者健康和维持生活要求为标准。物质待遇主要适用于没有足够的生活来源保证健康和维持生活的寻求庇护者。	允许成员国限制寻求庇护者在境内自由迁徙。 但这种区域限制不能影响寻求庇护者的生活以及依据《2003年欧盟安置寻求庇护者指令》所享受的所有权利和利益。	允许成员国限制寻求庇护者在境内居留。 但这种区域限制不能影响寻求庇护者的生活以及依据《2003年欧盟安置寻求庇护者指令》所享受的所有权利和利益。	—	—	成员国有权决定寻求庇护者自申请避难之日起的一段期间不得进入该国的劳动力市场。如果寻求庇护者的一审审查决定在一年内没有作出且不属于申请者本人的原因造成，成员国应考虑寻求庇护者进入劳动力市场。在任何情况下，基于劳动力市场政策考虑，成员国应当给予欧盟公民和合法居留的第三国公民优先工作的权利。 无论寻求庇护者是否有权进入劳动力市场，成员国都可以要求寻求庇护者接收职业培训。	—	—

注：

1. 以上五国和地区均认可寻求庇护者享不被拘留（不能因为外国人申请难民而予以拘留）、不被推回绝境（不推回寻求庇护者至有正当理由相信由于种族、宗教、国籍、属于某一社会团体或具有某种政治见解而使生命或者自由受到威胁的国家）、不被处罚（如果寻求庇护者及其亲属非法入境或者在菲律宾非法居留后及时向有关部门报告，而且 / 或者有合理理由，不应因为其非法入境或者非法居留行为而被处罚）、有家庭团聚（保障和促进寻求庇护者的家庭团聚）等四方面的权利。

2. —为未知。

附件5

美国、澳大利亚和日本的重新安置难民管理

	入境前	入境初期	社会福利	工作和求职
美国	重新安置支持中心会为每一位难民，向在美国境内的难民安置机构申请保证，确定其难民安置保证人。 申请人在入境前还需要接受关于美国文化的行前培训。被批准的难民申请人可以获得前往美国的旅程协助。重新安置支持中心会为被批准的难民发放《美国欢迎您：重新安置指南》，在中心城市提供1—5天的行前美国文化培训。	重新安置支持中心根据难民接收计划提供的难民资料、社区资源和难民需求，向美国国务院人口、难民和移民局建议每位难民的安置地点。除非难民已有亲人在美国，其欲就近与亲人居住。该中心与国际移民组织合作，将难民送到在美国的住所。 当难民抵达美国时，被确定为安置保证人的难民安置机构，安排难民入住地区的其分支机构接待难民，提供抵达美国后30—90天的最初服务。提供必要家具、食物和衣物，将他们接入已经配备必要家具、食物和衣物的住房，引导他们适应入住地区的社区环境，帮助他们申请社会保障、医疗、就业、子女入学等服务。	美国国务院制定了难民重新安置项目，向难民的安置保证人支付每位难民1,850美元，购买其安置服务和用于难民抵达美国后30—90天的生活费用。 获得难民身份，可以从当地的难民安置办公室获得为期八个月的经济援助和医疗援助，为期五年的就业准备、找工作、英语培训等服务。可以向当地的社会保障部门申请无限制的社会保障卡，有权享受社会福利。八个月后，避难者可以获得所居住州的州民的一些福利。避难者的社会福利的具体内容因居住州不同而有所差异。 如抵美后7年仍无法获得美国国籍者，将无法继续享有此项社会福利。	以难民身份入境美国的外国人自入境之日起就有权在美国工作。难民的安置保证人、居住地政府、所在社区会向难民提供求职服务，帮助其在入境后尽快找到工作。难民重新安置办公室资助了匹配资助项目，为处于自立早期阶段的难民提供密集服务。
澳大利亚	向重新安置难民提供前往澳大利亚的费用或者贷款；向所有五岁以上的境外难民和在国特别人道主义者签证申请成功的外国人提供行前澳大利亚文化培训。	入境难民迎接和接站；帮助入境难民寻找短期和长期的住处，满足对医疗和衣物的紧急需求，提供基本的住所用品；提供其他安置机构和安置项目的信息，并向安置机构推荐需要服务的难民；个人安全、儿童保护、生活开支预算、租房等培训自难民入境2—6周后开始。 在申请之日处于严重的财务困境的，可以在入境后申请危机求助金和救急预支。	外国人被澳大利亚认定为难民后具有永久居民身份，与技术、投资、家庭等永久居民享有的同样的英语语言培训、就业培训、寻工、残障人就业等安置服务。另外，豁免104周新入境永久居民等待期，可以立即从澳大利亚政府得到社会福利。	无限制工作权。与其他永久居民享有同样的求职服务。

续表

	入境前	入境初期	社会福利	工作和求职
日本	日本与国际移民组织和联合国难民署合作，派员到泰国进行审理并进行面试，被选中者，安排前往日本，并通知联合国难民署筛选结果。 委托国际移民组织在泰国组织被选中的重新安置难民进行3—4周离开前培训和体检。离开前培训内容包括日本生活指南和日语学习。	重新安置难民入境后，接到重新安置难民寓所，进行体检，熟悉日本的环境。寓所备有食品和衣物等生活用品。 约180天的入境日本后最初支持和的支持中心居住支持，主要是提供住房、日语课程、文化适应、职业培训和找工作等适应性培训和语言学习。	日本向重新安置难民提供从难民营到日本的交通费，入境后最初六个月的住宿和基本生活费，以及入住长期居住地后的基本生活费、医疗费、交通费、培训费、失业金、雇主雇佣难民补助。	难民从获得居留许可时起，就享有就业权，可以无限制地在德国从事经济活动。

注：重新安置难民与认定难民同为难民，只是接收方式不同而已。重新安置难民在居留许可期限内，具有与认定难民同样的法律地位，可以获得与其同样的安置待遇。同时，因为重新安置的特点，享有一些本表中列出的入境前培训、入境初期密集安置等针对性待遇。

附件6

澳大利亚、德国、日本和欧盟寻求庇护者社会福利一览表

	住房	医疗	教育	语言培训	图书馆	交通	社会服务	经济补助
澳大利亚	绝大部分短期住房被分配给刚抵达的难民，只有很少一部分分配给寻求庇护者。 寻求庇护者没有永久居留签证，不能申请公共房屋。	不享受医疗保险的寻求庇护者有权免费获得公立医院的全面医疗服务。 有权获得与持健康卡者享有的同样服务，以及公立的牙医和社区健康服务，但是需要就其中的一些服务支付费用。	寻求庇护者儿童就读公立学校需要支付全额学费。 寻求庇护者可以向当地教育部门申请就读当地公立学校。	可以免费参加当地技术学院的英语课程。 当地拉技术学院提供从初级到高级的许多英语课程，其中包括成人移民英语项目，帮助学生做进一步学习和工作准备。	当地公立图书馆向所有寻求庇护者提供免费英语课程，以及常规的借阅、上网和群体活动服务，帮助他们适应澳大利亚文化和首都领地的生活方式。	可以以优惠票价乘坐公共交通。 本人或者家庭成员有严重残障致使其在至少6个月内无法使用公共交通寻求庇护者可以申请出租车补贴。	持首都领地服务卡的寻求庇护者可以直接申请政府提供的安置，不需再出示护照和签证等身份证件。 有权获得首都领地公共信托局提供的准备遗嘱或者授权律师等信托服务。	向居住在社区的等候审理决定的寻求庇护者提供寻求庇护者补助，维持日常生活，直至获签保护签证、保护签证申请被拒绝28天后或者不再符合条件。 寻求庇护者补助数额是非常微薄的，最多只是特别福利补贴或者新生活开始补贴的89%。
德国	如果寻求庇护者有收入，就不能再领取经济补助或者只能领取与收入相符的经济补助，并需要自己支付住宿费。 在德国居留超过一年的，可以向州社会服务办公室申请从寻求庇护者集体寓所搬至公租个人寓所。 优先考虑有孩子寻求庇护者家庭的申请。	只负担寻求庇护者的诊治急病和剧痛的费用，自由裁量是否负担诊治其他疾病的费用。 社会事务部门出具医疗保险券，有效期三个月。 有权免费进行预防性体检。 吸毒和酗酒的寻求庇护者可以进行戒毒和戒酒治疗。	寻求庇护者有义务确保将子女送往学校和完成学业。德国公立学校免费，寻求庇护者不需要支付学费。除非有工作收入，否则也不需要支付书本费。无权享有免费的成人教育和政府的融合课程补助。	每天必须到指定地点学德语，经常不到者，将领不到补助。	可以享有图书馆服务。	社会服务办公室还会提供其他的学校费用和往返住处与学校的交通费补助。	德国的绝大多数县市行政管理办公室设有融合代表，负责向寻求庇护者等移民提供资讯和建议。 鼓励寻求庇护者积极参加宗教团体，建立与当地宗教组织的联系，获得更多融入德国的机会。	地方的外国人管理部门或者社会保障部门会向寻求庇护者提供食品、住宿、取暖、衣物、医疗、化妆品和居家日用品等实物，还会提供购物券和购物卡等代金券。 2012年7月起，未婚成年人寻求庇护者每月津贴336欧元，其中133欧元以现金形式支付，2012年德国社会救济金每月374欧元。

续表

	住房	医疗	教育	语言培训	图书馆	交通	社会服务	经济补助
日本	绝大部分的寻求庇护者和难民都是自己解决住房问题。 如果寻求庇护者持外国人登记证和至少一年期的居留许可（2012年7月后是居留卡）可以申请政府公租房。 公租房主要面向家庭而不是单身。如果申请公租房人数多于供给的公租房，将用抽签方式分配。	被企业雇佣的寻求庇护者必须参加雇员健康保险。 办理了居民登记（住民登录）手续、有一年以上在留资格、未加入就业单位雇员健康保险的外国人，必须加入国民健康保险。 没有参加以上两者的，可以参加私立医疗保险。 享有免费体检服务。因为没有居留许可无法参加医疗保险，但是有急病需要治疗，可以获得医疗救助。	寻求庇护者可以到初中夜校报名和免费学习。 未成年人寻求庇护者不管有没有在留资格，都可以接受免费的公立小学和初中教育。	在国际难民帮助中心进行为期六个月的免费初级日语和在日本生活须知学习。	可以享有图书馆服务。	—	外国国籍的居民也可以加入町内会、自治会。加入后可以获得该地区的信息。	在等候避难申请审理结果期间，可以向日本难民协会、亚洲福祉教育财团难民事业本部申请救助，这些团体会提供一定的饭费、房费、医疗费和住房。 2008年每位寻求庇护者每月可获得8.5万日元（约合6342元人民币）补助，原则上每位寻求庇护者可领取4个月。
欧盟	成员国应该确保向所有寻求庇护者提供住所，确保其的家庭生活，与亲属、法律顾问和联合国难民署代表的可能交流。成员国应特别关注寻求庇护者的住所和集体寓所不受骚扰。	寻求庇护者有权获得必要的急症和普通诊治等医疗服务，成员国应当向有特殊需要的寻求庇护者提供必要的医疗服务或其他帮助。	成员国没有对寻求庇护者的成年子女或者未成年寻求庇护者的父母或本人实施遣返措施，就应当允许其以本国公民类似的条件进入学校或接受教育。 接受教育的期限不得迟于寻求庇护者提出申请之日起三个月	—	—	—	—	成员国应该在外国人提出避难申请时向寻求庇护者提供物质待遇。成员国制定的接待和安置待遇应当以满足寻求庇护者健康和维持生活要求为标准。物质待遇主要适用于没有足够的生活来源保证健康和维持生活的寻求庇护者。

注：—为未知。

主要参考国际文件

1883年《保护工业产权巴黎公约》
1907年《海牙第四公约》
1919年《国际劳工组织章程》
1922年《关于颁发俄国难民身份证件的协议》
1924年《向亚美尼亚难民颁发身份证件的协议》
1926年《关于向俄国和亚美尼亚难民颁发身份证件的协议》
1928年《关于将被俄国和亚美尼亚难民享有的特定便利措施扩展到其他种类难民的协议》
1930年《国籍法冲突的若干问题的公约》
1933年《关于难民国际地位的公约》
1935年《关于确定来自萨尔难民地位的临时协议》
1936年《关于来自德国难民地位的临时协议》
1938年《关于来自德国难民地位的公约》
1939年《关于来自德国难民地位的公约的议定书》，
1945年《联合国宪章》
1946年《联合国教育、科学及文化组织组织法》
1949年《关于战时保护平民之日内瓦公约》
1950年《联合国难民署章程》
1950年《欧洲人权保护和基本自由公约》（欧洲人权公约）
1951年《关于难民地位的公约》
1952年《欧洲人权公约第一任择议定书》
1954年《关于无国籍人地位的公约》
1957年《已婚妇女国籍公约》
1958年《海员国籍证书公约》
1959年《欧洲取消难民签证协定》
1961年《减少无国籍状态公约》
1961年《欧洲社会宪章》
1963年《联合国出入境自由和不歧视原则草案》
1963年《维也纳领事关系公约》
1966年《公民权利和政治权利国际公约》
1966年《经济、社会和文化权利国际公约》
1966年《难民地位和待遇原则》（曼谷原则）

1966年《消除一切形式种族歧视国际公约》
1966年《有关难民地位和待遇的原则》（曼谷原则）
1967年《成立世界知识产权组织公约》
1967年《关于庇护可能遭迫害者的第14号决议》
1967年《关于难民地位的议定书》
1967年《禁止酷刑和其他残忍、不人道或有辱人格的待遇或处罚公约》
1967年《领土庇护宣言》
1967年《欧洲庇护面临迫害危险的个人的14号决议》
1969年《关于非洲难民问题某些特定方面的公约》
1969年《美洲人权公约》
1969年非洲统一组织《关于非洲难民问题某些特定方面的公约》
1971年《世界版权公约第一附加议定书》
1972年《乌普萨拉出入境权宣言》
1974年《关于侵略定义的决议》
1975年《赫尔辛基欧洲安全与合作会议最后文件》
1975年《迁徙劳工（补充规定）公约》
1977年《领土庇护宣言》
1977年《欧洲移徙工人合法地位公约》
1979年《难民身份甄别程序和标准手册》
1979年《消除对妇女一切形式歧视公约》
1980年《欧洲关于为临时居留者提供医疗的协议》
1980年《欧洲转移难民责任协定》
1981年《非洲人权和民族权宪章》（非洲人权公约）
1981年《关于协调各国庇护程序的建议》
1981年《消除基于宗教或信仰的一切形式的不容忍和歧视宣言》
1984年《关于保护虽非正式难民、但符合1951年〈关于难民地位的公约〉者的建议》
1984年《禁止酷刑和其他残忍、不人道或有辱人格的待遇或处罚公约》
1984年《卡塔赫纳宣言》
1985年《非居住国国民的个人人权宣言》
1987年《海员遣返公约》
1988年《美洲人权公约附加议定书》
1989年《儿童权利公约》
1990年《保护所有迁徙劳工及其家庭成员权利国际公约》
1990年《都柏林公约》
1990年《开罗伊斯兰人权宣言》
1990年《欧洲安全和合作会议关于人权问题第二次会议文件》

1990年《世界全民教育宣言》

1991年《关于获得适当住房权的第4号一般性意见》

1992年《阿拉伯世界保护难民和流离失所者宣言》(开罗宣言)

1992年《关于在民族或族裔、宗教和语言上属于少数的人的权利宣言》

1993年《维也纳宣言和行动纲领》

1994年《阿拉伯国家人权宪章》

1995年《关于最低限度的庇护程序保证的决议》

1996年《欧洲社会宪章》

1997年《关于国内流离失所的指导原则》

1997年《联合国大会关于人权和人口大规模流亡的决议》

1999年《关于个人、群体和社会机构存进和保护普遍承认的人权和基本自由的权利和责任的宣言》

2000年《〈联合国打击跨国有组织犯罪公约〉关于预防、禁止和惩治贩运人口特别是妇女和儿童行为的补充议定书》

2000年《欧洲基本权利宪章》

2000年联合国难民署 Reception Standards For Asylum Seekers In the European Union

2000年联合国难民署方案执行委员会《关于独联体会议后续行动的决议》

2000年联合国难民署方案执行委员会《关于国际保护的决议》

2000年联合国难民署方案执行委员会《关于难民署工作人员和所有其他人道主义事务人员安全的决定》

2001年《〈1951年关于难民地位的公约〉及(或)其1967年〈议定书〉缔约国的宣言》

2002年《关于难民和移徙政策之未来的海牙宣言》

2002年第1号《关于国际保护的指导方针》(与性别有关的迫害)

2002年第2号《关于国际保护的指导方针》(属于某一社会团体)

2002年联合国难民署方案执行委员会《关于庇护所平民和人道主义性质的决议》

2002年联合国难民署方案执行委员会《关于筹资机制的决定》

2002年联合国难民署方案执行委员会《关于东道国贡献的决定》

2002年联合国难民署方案执行委员会《关于各个庇护系统接纳寻求庇护者的决议》

2002年联合国难民署方案执行委员会《关于国际保护的一般性决议》

2003年联合国大会第57届会议决议《联合国难民署高级专员办事处的续设问题》

2003年联合国难民署《对难民、返回者和国内流量失所者的性暴力和性别暴力预防和应对》

2003年联合国难民署方案执行委员会《关于国际保护问题的决议》

2003年联合国难民署方案执行委员会《关于据认为不需要国际保护的人员回返问题的决议》

2003年联合国难民署方案执行委员会《关于拦截措施的保护措施的决议》

2003年联合国难民署方案执行委员会《关于防止性虐待和性剥削的决议》

2002年联合国难民署方案执行委员会《关于国际保护的一般性决议》

2003年《联合国难民署对难民、返回者和境内流离失所者的性暴力与性别暴力预防与应对指导方针》

2003年第3号《关于国际保护的指导方针》（难民地位终止）

2003年第4号《关于国际保护的指导方针》（境内迁徙）

2003年第5号《关于国际保护的指导方针》（排除条款）

2004年《欧盟关于给予第三国公民或无国籍人难民或者需要国际保护者资格和身份及其保护内容的最低标准的令》

2004年第6号《关于国际保护的指导方针》（与宗教有关的迫害）

2004年第7号《关于国际保护的指导方针》（人口贩运受害者和危险人员）

2004年第8号《关于国际保护的指导方针》（儿童寻求庇护）

2005年《联合国归还 / 回复难民以及流离失所者住屋与财产的原则》

2005年联合国难民署方案执行委员会《关于当地融合的决议》

2005年联合国难民署方案执行委员会《关于国际保护的一般性决议》

2005年联合国难民署方案执行委员会《关于加强检察长办公室独立性的决定》

2005年联合国难民署方案执行委员会《关于设置助理高级专员（保护事务）职位的建议的决议》

2005年联合国难民署方案执行委员会《关于提供国际保护，包括补充保护的决议》

2006年联合国难民署方案执行委员会《关于处境危险的妇女和儿童的决议》

2006年联合国难民署方案执行委员会《关于无国籍的认定、防止和减少以及对无国籍人的保护的决议》

2007年联合国大会第58届会议决议《联合国难民署方案执行委员会的报告，A/62/12/Add.1》

2007年联合国难民署方案执行委员会《关于处于危险境况儿童的决议》

2009年联合国毒品和犯罪问题办公室《反恐怖主义刑事司法对策手册》

2011年《联合国难民署高级专员的报告：关于国际保护的说明》，A/AC.96/1098

2011年联合国大会第62届会议决议《联合国难民高级专员报告：关于国际保护的说明》

2011年联合国难民署方案执行委员会《关于高级专员方案执行委员会及其常设委员会工作方法的决议》

2011年联合国难民署方案执行委员会《关于国际保护的一般性决议》，联合国大会第62届会议 A/AC.96/1098。

2011年联合国难民署方案执行委员会《关于行政、财务和方案事项的一般性决定》

2011年联合国难民署方案执行委员会《关于民事登记的决议》

2011年联合国难民署方案执行委员会《关于修订〈由难民事务高级专员经管的自愿基金财务细则〉的决议》

2012年联合国大会第67届会议决议《向非洲境内难民、回返者和流离失所者提供援助》

2012年联合国难民署方案执行委员会常设委员会第五十四次会议的报告，联合国大会难民事务高级专员方案执行委员会第六十三届会议，A/AC.96/1116，2012年9月19日

2012年联合国人权理事会任意拘留问题工作组《关于习惯国际法中任意剥夺自由的定义和范围的第9号审议意见》

2013年《联合国大会向非洲境内难民、回返者和流离失所者提供援助的决议》

2013年联合国大会第67届会议关于联合国难民署的决议，A/RES/67/149

2013年联合国大会第67届会议决议《联合国难民署高级专员关于难民署活动的报告和联合国难民署方案执行委员会第六十三届会议工作报告及其中所载的决定》A/RES/67/149

2013年联合国大会第67届会议决议《向非洲境内难民、回返者和流离失所者提供援助》A/RES/67/150。

2013年联合国难民署高级专员的报告《关于国际保护的说明》，联合国大会难民事务高级专员方案执行委员会第六十二届会议 A/AC.96/1098。

主要参考其他国家和地区法律

1918年《日本关于外国人入境之件》
1921年《美国移民配额法》
1939年《日本关于外国人入境停留及驱逐之件》
1940年《菲律宾移民法》
1946年《巴基斯坦外国人法》(2000年修订)
1946年《日本关于非日本人的入境及等级的备忘录》
1947年《日本外国人登记令》
1948年《美国流离失所者法》(1950年修订)
1949年《德国基本法》(2006年修订)
1951年《日本出入境管理及难民认定法》(2009年修订)
1951年《日本出入国管理法》
1951年《日本外国人登录法》
1953年《美国难民救济法》
1957年《美国难民逃亡法》
1958年《澳大利亚移民法》(2003年修订)
1960年《美国公平难民法》
1962年《美国移民与难民法》
1963年《韩国出入国管理法》(1999年修订)
1966年《美国古巴人身份调整法》
1971年《英国移民法》(2012年修订)
1973年《巴基斯坦宪法》
1977年《加拿大国籍法》
1978年《美国印支难民调整法》
1980年《美国难民法》
1981年《英国国籍法》
1983年《日本国籍法》
1987年《菲律宾宪法》
1990年《美国移民与国籍法》(2002年修订)
1990年《德国外国人入境和居留法》(2007年修订)
1992年《日本国际和平合作法》(1998年修订)
1993年《德国庇护程序法》(2007年修订)

1996年《美国非法移民改革和移民责任法》

1997年《日本总务厅有关行政机关观察外国人居留建议书》

1998年《菲律宾关于审理难民地位申请程序令》

1999年《英国移民和政治避难法》

2001年《加拿大移民及难民保护法》

2001年《罗马尼亚外国人法》

2001年《美国爱国者法》

2002年《日本内阁关于公约难民长期居留安置政策以及寻求庇护者安置当前具体措施等问题的决定》

2002年《美国强化安全和签证改革法》

2003年《美国伊朗民主法》

2003年《缅甸自由和民主法》

2004年《德国外国人在联邦领域居留、从事经济活动和融合法》(2007年修订，简称(2004年《德国移民法》(2007年修订))

2004年《美国国土安全法》

2004年《美国北朝鲜人权法》

2005年《美国真实身份法》

2006年《英国难民和需要国际保护人员条例》

2006年《英国难民条例 CM6918修订说明》

2006年《罗马尼亚难民法》

2007年《澳大利亚公民资格法》

2008年《罗马尼亚重新安置难民令》

2008年《日本接收重新安置难民试点项目规定》

2008年《日本接收重新安置难民试点项目实施细则》(2012年修订)

2009年中国台湾地区《难民法(草案)》(2009年12月31日“行政院”送审稿)

2012年《日本关于难民重新安置的目前形势和未来方针》

2012年《美国北朝鲜人权再授权法》

主要参考书目

一、中文著作

1. 阿·菲得罗斯等 . 李培浩 [译]. 国际法（下册）[M]. 商务印书馆 .1981。
2. 奥本海 . 劳特派特修订 . 王铁崖陈体强 [译]. 奥本海国际法（上卷第二分册）[M]. 商务印书馆 . 1972。
3. 奥本海 . 詹宁斯、瓦茨修订 . 王铁崖等 [译]. 奥本海国际法（第1卷第二分册）[M]. 中国大百科全书出版社 . 1995。
4. 甘开鹏 . 欧盟难民政策研究（1957—2007）[M]. 厦门大学出版社 . 2011。
5. 公安部教材编审委员会 . 边防与出入境管理 [C]. 群众出版社 . 1999。
6. 广东、广西、湖南、河南辞源修订组，商务印书馆编辑部 . 辞源 [C]. 商务印书馆 . 1983年（2010年重排）。
7. 郭捷 . 劳动法与社会保障法 [C]. 法律出版社 . 2012。
8. 郝鲁怡 . 欧盟国际移民法律制度研究 [M]. 人民出版社 . 2011。
9. 黄河清 . 近现代辞源 [M]. 上海辞书出版社 . 2011。
10. 凯特·雅斯特拉姆，玛丽莲·阿奇隆 . 难民保护：国际难民法指南 [M]. 2004年修订版 . 联合国难民署，各国会议联盟 . 2004。
11. 理查德·佩鲁查得（Richard Perruchoud）. 茅海红 [译]. 国际移民法词汇 . 国际移民组织 . 2008。
12. 梁茂信 . 美国移民政策研究 [M]. 东北师范大学出版社 1996。
13. 梁淑英 . 国际难民法 [M]. 知识产权出版社 . 2009。
14. 梁淑英 . 国际法 [C]. 中国政法大学出版社 . 2011。
15. 林艺聪 . 行政驱逐出境理论与实务 [M]. 中国人民公安大学出版社 . 2011。
16. 刘国福 . 侨务法律制度研究 [M]. 法律出版社 2012。
17. 刘国福 . 移民法：出入境权研究 [M]. 中国经济出版社 . 2006. 1。
18. 刘国福 . 移民法：国际文件与案例选编 [C]. 中国经济出版社 . 2009。
19. 刘国福 . 移民法 [M]. 中国经济出版社 . 2010。
20. 刘国福 . 移民法理论与实践 [C]. 法律出版社 . 2008。
21. 刘国福 . 技术移民法律制度研究：中国引进海外人才的法律透视 [M]. 中国经济出版社 . 2011。
22. 罗斯玛丽·塞尔斯 [英]. 黄晨熹等译 . 解析国际迁移和难民政策冲突和延续 [M]. 格致出版社和上海人民出版社 . 2011。
23. 马金旗 . 马勇 . 吴华 . 国际移民法律制度比较研究 [M]. 中国人民公安大学出版社 . 2004。
24. 毛启雄 . 华侨华人百科全书编辑委员会法律条例政策编辑委员会 [C]. 中国华侨出版社 . 北京2000。
25. 民政部国际合作司 [译]. 在华国际难民材料汇编：重新安置篇 . 2013。
26. 潘兴明等 . 移民问题国际比较研究 [C]. 上海人民出版社 . 2011。
27. 全国人大常委会法制工作委员会行政法室 .《中华人民共和国出境入境管理法》释义及实用指南 [C]. 中国民主法制出版 . 2012。

28. 宋全成．欧洲移民研究：20世纪的欧洲移民进程与欧洲移民问题化 [M]. 山东大学出版社．2007。
29. 王国良．出入境管理学 [C]. 中国人民公安大学出版社．2002。
30. 王利民．物权法论 [M]. 中国政法大学出版社．1998。
31. 王铁崖．国际法．法律出版社．1995。
32. 吴光华．汉英大辞典 [C]. 上海交通大学出版社．1999年第2版。
33. 夏吉生．非洲难民的几个国际法问题 [J]. 中国国际法年刊．法律出版社．1987. 86。
34. 夏征农．陈至立．辞海 [C]. 上海辞书出版社．2011。
35. 谢振清．汉英英汉经贸大词典 [C]. 中国社会科学出版社．1993。
36. 徐显明．国际人权法 [C]. 法律出版社．2004。
37. 杨宇冠．联合国人权公约机构与经典要义 [C]. 中国人民公安大学出版社．2005。
38. 杨宇冠．人权法:《公民权利和政治权利国际公约》研究 [M]. 中国人民公安大学出版社．2003。
39. 英汉大词典编辑部．英汉大词典 [C]. 上海译文出版社．1993。
40. 英汉法律词典编写组．英汉法律词典（修订本）. 法律出版社．1999。
41. 余书通．文嘉．新汉英法学词典 [C]. 法律出版社．1998。
42. 郑成思．知识产权法教程 [C]. 法律出版社．1993。
43. 中国科学技术信息研究所．汉英科学技术大词典 [C]. 人民邮电出版社．2001。
44. 中国社会科学院语言研究所词典编辑室．现代汉语词典（汉英双语）[C]. 外语教学与研究出版社．2002。

二、中文论文

45. 车亮亮．论公民自雇权益的法律保障 [J]. 太平洋学报 2011(7)。
46. 笪志刚．王丽娜．现代日本的国际化与歧视问题透析 [J]. 黑龙江社会科学 1999(6)。
47. 丁强．对1933年《关于难民国际地位的公约》的历史考察 [J]. 历史教学（高校版）2009(6)。
48. 甘开鹏．第二次世界大战后国际难民政策的历史演变 [J]. 海南师范大学学报（社会科学版）2010(5)。
49. 甘开鹏．我国难民保护法律制度的缺失及构建 [J]. 科学经济社会 2010(1)。
50. 胡小芬．曾才．1933- 1945年美国的欧洲犹太难民政策 [J]. 学习月刊 2008（3）。
51. 孔结群，难民认同：基于苦难历史记忆、政策及现实利益的想象以广东省小岭华侨农场越南归侨为例 [J]. 华侨华人历史研究 2010(3)。
52. 邝马华．参与外国人事务管理的日本政府部门 [J]. 国际人才交流．2003(9)。
53. 李明奇．对难民公约中“某一社会团体”的分析 [J]. 广西民族师范学院学报 2012(1)。
54. 李明奇．难民公约中的排除条款 [J]. 哈尔滨师范大学社会科学学报 2011(5)。
55. 李涛．伊拉克难民问题及解决前景 [J]. 西亚非洲 2011(11)。
56. 李晓岗．美国的难民政策与冷战外交 [J]. 美国研究 1999(1)。
57. 李晓岗．难民问题的人道性与政治性 [J]. 世界经济与政治 1999(7)。
58. 梁淑英．非法入境难民的处理原则 [J]. 法学杂志 2008(6)。
59. 刘成社．对公安出入境管理部门加强难民管理的几点思考 [J]. 北京人民警察学院学报 2004(4)。
60. 刘国福．试论移民融合制度：以移民融入中国的法律问题为视角 [J]. 太平洋学报 2011(3)。
61. 刘国福．中国公民境外权益法律救济手段探析 [J]. 外交评论 2010（3）。

62. 马晓旭 . 试论美国难民政策的政治性和人道性 [J]. 宜春学院学报 2012(3)。
63. 马玉珍 . 在日外国人问题及日本政府对策 [J]. 环渤海经济瞭望 2005(10)。
64. 潘蓓英 . 非洲难民问题难解之源 [J]. 西亚非洲 2000(1)。
65. 宋全成，赵雪飞 . 论欧洲难民问题及其消极影响 [J]. 人文杂志 2007 (2)。
66. 宋全成 . 简析欧洲移民历史进程及移民类型 [J]. 天津社会科学 2006(4)。
67. 宋全成 . 论第二次世界大战后德国的合法移民及社会融合政策 [J]. 厦门大学学报（哲学社会科学版）2008（3）。
68. 王元君 . 关于建立我国难民保护法律制度的几点思考 [J]. 公安研究 2005(12)。
69. 吴喜 . 梁晋云 . 难民问题是影响中国边境地区社会稳定的诱因：云南河口县难民问题调研报告 [J]. 云南警官学院学报 2010(1)。
70. 向大有 . 让世人了解广西接待安置印支难民真相 [J]. 八桂侨刊 2011(3)。
71. 肖震宇 . 云南印支难民问题的审视及思考 [J]. 云南大学学报（法学版）2011(7)。
72. 小林新波 . 从国际难民问题到日本外交的拓展 [J]. 日本问题研究 1995(1)。
73. 徐地龙 . 伦理视域下的难民准入问题 [J]. 社会科学辑刊 2007(2)。
74. 闫金红，程早霞 . 论 20 世纪 80 年代美国难民政策 [J]. 北方论丛 2011(3)。
75. 杨君仁 . 德国移民法制之变迁及其对我之借镜 [J]. 法制论丛 2010(7)。
76. 余行 . 一个新的战场：美欧对伊拉克难民政策初析 [J]. 世界知识 1991(10)。
77. 曾国华 . 德国难民安置管窥 [J]. 八桂侨刊 2003(3)。
78. 张爱宁 . 难民保护面临的国际法问题及对策 [J]. 政法论坛 2007(6)。
79. 赵少群 . 国际法庭管辖的战争罪与武装冲突 [J]. 政治与法律 2006(6)。
80. 赵向华 . 加拿大的难民地位甄别制度及其借鉴意义 [J]. 安阳师范学院学报 2013(1)。
81. 赵向华 . 论日本的难民甄别制度 [J]. 北华大学学报（社会科学版）2012(6)。

三、中文报告

82. （日）石毛直道 . 郭洁敏译 . 趋于多民族和多元化的日本 [R]. 日本《综合研究与开发》1997(2). 现代外国哲学社会科学文摘 1998(3)。
83. 2012 年联合国大会第 67 届会议秘书长《关于保护和援助境内流离失所者的说明》
84. 2013 年联合国大会第三委员会《关于〈联合国难民署高级专员的报告：与难民、回返者和流离失所者有关的问题以及人道主义问题〉的报告》，A/68/450，2013 年 12 月 3 日。
85. Jeni Klugman. 2011 年人类发展报告 [R]. 联合国开发计划署 2011。
86. 爱知生活手册 [R]. 公益财团法人爱知县国际交流协会 2012。
87. 巴勒斯坦人民行使不可剥夺权利委员会的报告 . 2008 年向联合国大会第 63 届会议提交 . A/63/35。
88. 法国内政、海外、地方政府与移民事务部 . 申请避难指南 [R]. 2011。
89. 红十字国际委员会 . 对人的保护——难民和流离失所者 [R]. 红十字国际委员会 www.icrc.org. 2014 年 3 月 26 日。
90. 李小丽 . 难民问题的现实影响和发展 [R]. 中国网 www.china.com.cn 2003 年 1 月。
91. 联合国 . 人权概况介绍第 20 号：人权与难民 [R]. 联合国日内瓦办事处人权中心 . 2001。
92. 联合国 . 受到排斥的人：无国籍人的隐蔽世界 [R]. 联合国网站 . 2013 年 3 月 17 日。
93. 联合国近东巴勒斯坦难民救济和工程处主任专员的报告（2000 年 7 月 1 日至 2001 年 6 月 30 日）[R].

向联合国大会第56届会议提交，A/56/13。
94. 联合国难民署 . 各国会议联盟 . 国籍和无国籍：议员手册 [R]. 联合国难民署，各国会议联盟 . 2005。
95. 联合国难民署 . 对难民、返回者和境内流离失所者的性暴力与性别暴力预防与应对指导方针 [R]. 联合国难民署2003。
96. 联合国难民署高级专员报告（2000年）[R]. 2001年向联合国大会第68届会议提交，A/56/12。
97. 联合国难民署高级专员报告（2006年1月1日至2007年6月30日）[R]. 2007年向联合国大会第68届会议提交，A/62/12。
98. 联合国难民署高级专员报告（2007年1月1日至2008年6月30日）[R]. 2008年向联合国大会第68届会议提交 . A/63/12。
99. 联合国难民署高级专员2009年报告 [R]. 2009年向联合国大会第六十四届会议提交，A/64/12。
100. 联合国难民署高级专员报告（2012年1月1日至2013年6月30日）[R]. 2013年向联合国大会第68届会议提交 . A/68/12(Part I)。
101. 联合国日内瓦办事处人权中心 . 人权概况介绍：人权与难民 [R]. 联合国日内瓦办事处人权中心，2003。
102. 马凯（时任国务委员兼国务院秘书长）. 关于国务院机构改革和职能转变方案的说明2013年3月10日在第十二届全国人民代表大会第一次会议上 [R]。
103. 纽约公共权益倡导办公室，纽约移民同盟会 . 纽约移民同盟会移民公共福利指南 [R]（Public Advocate Betsy Gotbaum and the New York Immigration Coalition's: Guide to Public Benefits for Immigrants）。
104. 日本法务省入国管理局 . 难民认定手续指南（第三版）[R]. 日本法务省入国管理局 . 2006。
105. 日本法务省入国管理局总务课 . 有关新入境审查手续（义务提供个人识别信息）的概要 [R]. 日本法务省入国管理局 . 2007。
106. 日本难民支援协会 . 难民认定申请者的建议：有关在日本申请难民认定手续的说明以及给予难民认定申请者的建议 [R]. 特定非盈利活动法人难民支援协会2008。
107. 日本外务省 . 难民问题与日本国内的难民接收 [R], 2009年12月。
108. 日本外务省 . 外国人在日本生活指南 [R]. 2012年第2版。
109. 日本总务省 . 外国籍居民的住民基本台账制度开始实施 [R]. 日本总务省2011。
110. 陈素樌 . 驻外据点密码业务督考及考察难民法制定过程、实务执行情形 [R]. 台湾当局“内政部入出国及移民署”出国报告（2002年6月11-17日），2002年9月6日。
111. 伊利诺伊州移民及难民权利联盟 . 向难民和政治避难者提供的公共援助 (Public Assistance for Refugees and Asylees Chinese Version) [R]. 2003年11月20日。
112. 宗教或信仰自由问题特别报告员阿斯玛 · 贾汉吉尔根据联合国大会2007年第61/161号决议提交的临时报告《消除一切形式的宗教不容忍》[R]。
113. 宗教或信仰自由问题特别报告员阿斯玛 · 贾汉吉尔根据联合国大会2009年第63/181号决议提交的临时报告《消除一切形式的宗教不容忍》[R]。

四、学位论文

114. 林根 . 国际难民问题研究 [D]. 南昌大学2013届法律硕士学位论文。
115. 林依静 . 难民人权保障国际规范内涵与实践之研究 [D]. 国立东华大学财经法律研究所2010届硕士

学位论文。
116. 刘斐．清代中日漂风难民问题之研究 [D]. 宁波大学人文与传媒学院2010届硕士学位论文。
117. 秦祎．论我国对难民的法律保护 [D]. 中国政法大学2011届法律硕士（法学）学位论文。
118. 邵继娜．德国穆斯林移民族群及其社会融合问题研究 [D]. 山东大学2011届社会学专业硕士学位论文。
119. 王虎华．论大规模涌入中难民的国际保护 [D]. 华东政法大学2004届国际法专业硕士学位论文。
120. 王举．塔吉克斯坦内战分析 [D]. 兰州大学2008届硕士学位论文。
121. 王森．欧盟难民保护制度研究 [D]. 2011届中国政法大学国际法专业硕士学位论文。
122. 王玉玮．论难民不推回原则 [D]. 中国政法大学2001届国际法专业硕士学位论文。
123. 吴迪．庇护国际法律制度研究 [D]. 华东政法大学2013届国际法专业博士学位论文。
124. 钟俊辉．难民权利保护问题研究 [D]. 西南政法大学2008届国际法学专业硕士学位论文。
125. 周万鹏．论战时日本对犹太人的政策 [D]. 苏州科技学院人文学院2008届世界史专业硕士学位论文。
126. 朱江．中日外国人入出境（国）管理比较研究 [D]. 武汉大学2005届国际关系专业硕士学位论文。

五、中文新闻报道

127. 20万叙利亚难民外逃影响周边国家 [EB/OL]. 新华网2012年8月29日。
128. 克瑞格·理查德森（Craig Richardson）. 管锥译．外国人在华有可靠财产权"中国版"财产权保护 [N]. 美国《巴伦周刊》青年参考2008年11月4日。
129. R·努里（R. Nuri）. 长远解决难民困境：重新安置 [EC/OL]. 联合国难民署网站2013年1月17日。
130. 程浩．难民署：约十万卢旺达难民的相关身份将于6月30日终止 [EB/OL]. 联合国电台2013年6月28日。
131. 何春中．全国只有不到8%的地区未实现对外开放 [N]. 中国青年报2005年11月12日。
132. 何小东．限制武力使用：武装冲突法禁止"侵略" [N]. 中国国防报2003年4月8日第6版。
133. 黄培昭．韦冬泽．苑基荣．席来旺．动荡与冲突阻挡世界难民回家路 [EB/OL]. 人民网2011年6月21日。
134. 黄培昭．张梦旭．战乱饥荒导致难民空前激增 [N]. 人民日报2011年7月7日。
135. 黄培昭．动荡与冲突阻挡世界难民回家路 [EB/OL]. 人民网2011年6月21日。
136. 记者与非法移民面对面 [N]. 江苏商报2010年11月19日。
137. 联合国官员称叙难民涌入给黎巴嫩带来严重影响 [EB/OL]. 中国新闻网2013年8月21日。
138. 联合国难民署对中国遣返缅甸避难者表示关注 [N]. 中国日报2012年9月9日。
139. 刘瑾．叙3年240万难民替代阿富汗成难民人口最大国 [EB/OL]. 环球网2014年2月26日。
140. 美国国务院国际信息局（IIP）. 美国热情接纳难民并敦促其他国家也积极安置难民 [EB/OL]. 美国参考．美国国务院国际信息局网站2012年6月19日。
141. 前原诚司．外务大臣前原诚司在第177届国会上的外交演说 [EB/OL]. 2011年1月24日．日本驻华大使馆官方网站。
142. 任芊．无国籍人士：游走在国界边缘的"隐形人" [EB/OL]. 国际在线2012年5月28日。
143. 史冀．粮食危机明年或再袭全球 [N]. 深圳特区报2012年10月22日 B8版。
144. 王礼陈．吴陈．联合国难民署呼吁中非共和国交战双方确保民众安全 [EB/OL]. 新华网2013年3月16日。

145. 魏香镜．叙难民潮引发人道主义危机 [N]. 南方日报2012年8月2日 A07版。
146. 叙利亚之痛：百万难民流离失所谁之过？ [EB/OL]. 新华网2012-08-30。
147. 余合虎．腥风血雨中的印度宗教冲突 [N]. 合肥晚报逍遥津周刊2002年3月14日。
148. 云舟．难民问题—笼罩在地球上的阴影 [N]. 人民日报海外版 (2001年7月7日第三版。
149. 赵毅．李学军．布什授权向伊拉克等国难民提供紧急援助 [EB/OL]. 新华网2007年9月11日。

六、英文著作

150. Battjes, Hemme. *European Asylum Law and International Law*. Martinus Nijhoff Publishers. Leiden/Boston. 2006.
151. Baubock, Rainer. *Transnational Citizenship: Membership and Rights in International Migration*. Edward Elgar. 1994.
152. Bernard, Deibridge. *The Macquarie Concise Dictionary*. the Third Edition. The Macquarie Library Pty Ltd. 1998.
153. Bradley, Catherine. *What Do We Mean by Human Rights: Freedom of Movement*. Franklin Watts. 2002.
154. *Bruckman v. Federal Republic of Germany*. In Sieghart, Paul. *The International Law of Human Rights*. Oxford University Press. 1983.
155. Campbell, Henry. *Black Black's Law Dictionary*. West Publishing Co. 1979.
156. Carey-Wood, J., Duke, K., Karn, V. and Marshall, T. *The Settlement of Refugees in Britain*. HMSO. 1995.
157. Cholewinski, Ryszard. *International Migration Law: Developing Paradigms and Key Challenges*. TMC Asser Press. 2007.
158. Clayton, Gina. *Textbook on Immigration and Asylum*. Oxford University Press. 2008.
159. Crock, Mary and Saul, Ben. *Future Seekers: Refugees and the Law in Australia*. The Federation Press. 2002.
160. Ermacora, Felix., Nowak, Manfred and Tretter, Hannes. *International Human Rights: Documents and Introductory Notes*. Law Books in Europe. 1993.
161. Foldesi, Tamas. The Right to Move and Its Achilles' Hell: The Right to Asylum. in *Connell Journal of International Law*. Spring 1993.
162. Goodwin-Gill, Guy S. *The Refugee in International Law*. Glarendon Press. 1996.
163. Guild, Elspeth. *Security of Residence and Expulsion: Protection of Aliens in Europe*. the Hague. the Netherlands: Kluwer Law International. 2000.
164. Hathaway, James. C. *The Law of Refugee Status*. Butterworths. 1991.
165. Hathaway, James C. *The Rights of Refugees under International Law*. Cambridge University Press. 2005.
166. Hayes, D. and Humphries, D. *Immigration Control and Social Work*. Jessica Kingsley. 2004.
167. Henkin, Louis. *The International Bill of Rights: the Covenant on Civil and Political Rights*. Columbia University Press. 1981
168. Henriques, H. S. Q.. *The Law of Aliens and Naturalization including the Text of the Alien Act 1905*. Hardpress Publishing. 2012.
169. International Organization of Migration. *International Migration Law: Glossary on Migration*. International Organization of Migration. 2004.
170. Jagerskiold, S. Freedom of Movement in Henkin. Louis. *The International Bill of Rights: The Covenant on Civil and Political Rights*. Columbia University Press. 1981.
171. Meron, Theodor. *Human Rights Law-Making in the United Nations: A Critique of Instruments and Process*.

Clarendon Press. 1986.

172. Nocholson, Frances and Twomey, Patrick. *Refugee Rights and Realities: Evolving International Concepts and Regimes*. Cambridge University Press. 1999.

173. Nowak, Manfred. *U N Convenant on Civil and Political Rights CCPR: Commentary*. UN. 1993.

174. Nowak, Manfred. *UN Covenant on Civil and Political Rights: CCPR Commentary*[M]. Kehlam Rhein. Strasbourg. Arlington: N. P. Engel Press. 1993.

175. Plender, Richard. *International Migration Law*. Martinus Nijhoff Publishers. 1988.

176. Procter, Paul. *Cambridge International Dictionary of English*. Cambridge University Press. 1995

177. Reid, Karen. *A Practitioner's Guide to the European Convention on Human Rights*. Sweet & Maxwell. 1998.

178. Sieghart, Paul. *The International Law of Human Rights*. Oxford University Press. 1983.

179. Skran, Claudena. *Refugees in Inter- War Europe: The Emergence of a Regime*. Oxford University Press. 1995.

180. Solis, Gary D. *The Law of Armed Conflict: International Humanitarian Law in War*. Cambridge University Press. 2010.

181. Symes, Mark., Jorro, Peter. and Berry, Adrian. *Asylum Law and Practice*. Bloomsbery Professional Press. 2010.

182. Turack, Daniel C. *The Passport in International Law*. Lexington Books and D. C. Health Company. 1972.

183. Turk, Erika Feller and Nicholson, Frances. *Refugee Protection in International Law*. Cambridge University Press. 2003.

184. Ueda, Reed. *Postwar Immigrant America: A Social History*. Bedford Books 1994.

185. Vernan, Jacques. *The Refugee in the Post-War World*. George Allen & Unwin Ltd. 1953.

七、英文论文

186. Gelder, Anna-Louise van. Overview of Germany's Asylum System. Uniya. Sydney Australia 2004.

187. Haddad, Emma. The Refugee: the Individual Between Sovereigns. *Global Society*. Vol. 17. 2003.

188. Hallett, Nicole. Politicizing U. S. Refugee Policy toward North Korea. *Yale Journal of International Affairs*. Winter/ Spring 2006. of St. Martin's Press. 1994.

189. Hathaway, James C. The Evolution of Refugee Status in International Law: 1920- 1950. *The International and Comparative Law Quarterly*. Vol. 33. No. 2. 1984.

190. Jackson, Lvor C. The 1951 Convention Relations to the Status of Refugees: A Universal Basis of Protection. *International Journal Refugee Law* 1991(3).

191. Kibeab, Gaim. Environmental Causes and Impact of Refugee Movements: A Critique of the Current Debate. *Disasters*. 1997(1).

192. Nayar, M. G. Kaladharan. Right of Asylum in International Law: Its Status and Prospects. *Saint Louis University Law Journal*. 1972. Vol. 17.

193. Noll, Gregor. Rejected Asylum Seekers: The Problem of Return. *International Migration*. Volume 37. No. 37. No. 1 (1999).

194. Sales, Rosemary and Gregory, Jeanne. Refugee Women in London: the Experience of Somali Women. *Journal of the Centre for Refugee Studies*. Vol 17. no. 1.

195. Skran, Claudena. Profiles of the First Two High Commissioners. *Journal of Refugee Studies*. No. 1. 1988.

196. Sonntag, Adriana. Asylum Procedure: The Rights and Responsibilities of Asylum Seekers. Commissioner for

Foreigners' Affairs at the Thuringian Ministry for Health. *Family and Social Affairs*. May 2006.

197. Sonntag, Adriana. Guide to Health for Migrants in the State of Thuringia. The Commissioner for Foreigners' Affairs at the Thuringian Ministry for Health Family and Social Affairs, Germany 2009 the 2nd edition.

198. Weis, Paul. Nationality and Statelessness in International Law, Stevens & Sons Ltd., 1956.

199. Violeta, Moreno-Lax. Seeking Asylum in the Mediterranean: Against a Fragmentary Reading of EU Member States' Obligations Accruing at Sea. *International Journal of Refugee Law*. July. 2011. Vol. 23.

八、英文报告和文件

200. Allen, Tim. *EU Member States Granted Protection to 84. 100 Asylum Seekers in 2011*. Eurostat Press Office News Release. 96/2012 - 19 June 2012.

201. Bureau of Populations. Refugee and Migrants. Department of the State. *Refugee Admissions Reception and Placement Program*. May 2011.

202. Community and Family Services International. *CFSI and Urban Refugees in The Philippines in 2007*. CFCI 2008. www. cfsi. ph.

203. Department of Justice. Philippines. *2009 Department of Justice Annual Report*. The Management Services Office, Department of Justice. Philippines. 2010.

204. Department of Justice. Philippines. *2006 Department of Justice Annual Report*. The Management Services Office, Department of Justice. Philippines. 2007.

205. Division of International Protection Services UNHCR. *Rights of Refugees in the Context of Integration: Legal Standards and Recommendations*. POLAS/2006/02. June 2006.

206. Division of Programme Support and Management. UNHCR. 2011 in *Review Trends at a Glance*. UNHCR 2012.

207. Europe Council on Refugees and Exiles ECRE. *Complementary Protection in Europe*. ECRE 2009.

208. Europe Council on Refugees and Exiles ECRE. *The Impacts of the EU Qualification Directive on International Protection*. 2008. available on http://www.ecre.org/files/ecre_QD_study_full. pdf.

209. Federal Office for Migration and Refugees,Germany. *Facilitating Co-operation through a Clearing Point*. Federal Office for Migration and Refugees, Germany.

210. FIAN Fact Sheet 2012/9e. *Abolish the Asylum Seekers Benefits Act*. FIAN Germany Policy Brief. 2012.

211. Groenewold, George. Millennium Development Indicators of Education. Employment and Gender Equality of Afghan Refugees in Pakistan. Netherlands Interdisciplinary Demographic Institute. P17.

212. German National Contact Point for the European Migration Network (EMN). *Annual Policy Report 2011*. Federal Office for Migration and Refugees, Germany 2012.

213. German National Contact Point for the European Migration Network (EMN). *Annual Policy Report 2009*. Federal Office for Migration and Refugees, Germany 2010.

214. Germany National Contact Point for the European Migration Network (EMN). *Annual Policy Report 2010*. Federal Office for Migration and Refugees, Germany 2011.

215. Germany National Contact Point for the European Migration Network (EMN). *Annual policy Report 2013*. Federal Office for Migration and Refugees, Germany 2013.

216. Hek, R., Sales, R. and Hoggart, L.. Supporting Refugee and Asylum Seeking Children: an Examination of Refugees Experience and the Support Structures the Facilitate Settlement in School. Unpublished Report. Middlesex

University. 2001.

217. Hohmann, René. *Refugees' Contribution to Europe Country Report: Germany*. The Resource project received funding from the European Refugee Fund. 2004.

218. Immigration Bureau Ministry of Justice. Japan. *A Guide to the Procedure for Recognition of Refugee Status*. Immigration Bureau Ministry of Justice. Japan. 2006.

219. Immigration Bureau. Ministry of Justice JAPAN. *Immigration Control 2011*. Immigration Bureau. Ministry of Justice JAPAN. 2012.

220. Immigration Bureau. Ministry of Justice. Japan. *Change to Immigration Control Act: Outline of the 2009 Partial Amendment to the Immigration Control and Refugee Recognition Act and Other Statutes*. Immigration Bureau. Ministry of Justice. Japan.

221. Japan Association for Refugees. *To Those Who Wish to Apply for Refugee Status: An Explanation of The Refugee Application Process in Japan and Advice to Those Wishing to Make An Application*. Japan Association for Refugees. 2008.

222. Japan Explanatory Note on 2011 HDR Composite Indices. *Human Development Report 2011*. UNDP. 2012.

223. Japan Federation of Bar Associations. *Introduction to Japan Federation of Bar Associations*. 2012.

224. Jastram, Kate and Achiron, Marilyn. *Refugee Protection: An Guide to International Law*. UNHCR. 2003.

225. Kreienbrink, Jan Schneider Axel. *Return Assistance in Germany: Programmes and Strategies Fostering Assisted Return to and Reintegration in Third Countries*. Research Study I/2009 in the framework of the European Migration Network (EMN). Working Paper 31. Germany National EMN Contact Point and Research Section of Federal Office of Migration and Refugee. 2010.

226. Lauterpacht, Elihu and Bethlehem, Daniel. *The Scope and Content of the Principle of Non-refoulement*. Cambridge University Press. 2003.

227. Management Services Office. *2006 DOJ Annual Report*. Ministry of Justice. Philippine. 2007.

228. Mandal, Ruma. *Protection Mechanisms Outside of the 1951 Convention ("Complementary Protection")*. Department of International Protection, UNHCR. 2008.

229. Martin, Philip and Widgren, Jonas. *International Migration: Facing the Challenge*. Washington. the USA: Population Reference Bureau 2002.

230. Patrick, Erin. *The US Refugee Resettlement Program*. http://www.migrationinformation.org/feature/display.cfm?ID=229#1. 6 January 2012.

231. Refugee Council. *Understanding Resettlement to the UK: A Guide to the Gateway Protection Programme*. the Refugee Council on Behalf of the Resettlement Inter-Agency Partnership 2004.

232. Riera, Jose and Achiron, Marilyn. *Agenda for Protection*. UNHCR. 2003.

233. Robinson, Nehemiah. *The Universal Declaration of Human Rights: Its Origin. Significance, Application and Interpretation*. Institute of Jewish Affairs. World Jewish Congress. 1958.

234. Statement of the Chairman. Mr. Larsen of Denmark. *Statement of Mr. Henkin of the United States*. UN Doc. E/AC. 38. Aug 17. 1950.

235. The Government of the USA. *Country Chapter US-UNHCR Resettlement Handbook*. UNHCR. 2011.

236. U. S. Committee for Refugee and Immigrants. Country Updates: Canada in *World Refugee Survey 2010*.

237. U. S. Department of State. Bureau of Population Refugee and Migration (PRM). Worldwide Refugee Admissions Processing System. *Fiscal Years 1980 to 2011. USA*.

238. UNHCR. *Philippines Fact Sheet*. September 2012. UNHCR.

239. UNHCR. *2005 UNHCR Statistic Yearbook*. UNHCR. 2007

240. UNHCR. *An Introduction to International Protection: Protecting Persons of Concern to UNHCR*. UNHCR. 2005.

241. UNHCR. *Collective Centre Guidelines*. UNHCR. 2010.

242. UNHCR. Country Chapters: Canada in Division of International Protection in *UNHCR Resettlement Handbook*. UNHCR. Revised in July 2011.

243. UNHCR. *Japan Fact Sheet*. UNHCR. 2014.

244. UNHCR. *Korea Statistical Snapshot*. UNHCR. 2012.

245. UNHCR. *Statistical Snapshot China*. UNHCR. 2013.

246. UNHCR. *The State of the World's Refugees In Search of Solidarity*. UNHCR. 2012.

247. UNHCR. *UNHCR Global Appeal 2011* (Update). UNHCR. 2012.

248. UNHCR. *UNHCR Global Appeal 2012-2013*. UNHCR. 2012.

249. UNHCR. *UNHCR Global Appeal 2014-2015*. UNHCR. 2013.

250. UNHCR. *UNHCR Global Trend 2011*. United Nations High Commissioner for Refugees 2012.

251. UNHCR. *UNHCR Mid-Year Trends 2013*. UNHCR. 2014.

252. UNHCR. *UNHCR Statistical Yearbook 2012*. UNHCR. 2013.

253. UNHCR. *UNHCR Global Trend 2013*. UNHCR. 2014.

254. UNHCR. *Universal Periodic Review: the Philippines for the Office of the High Commissioner for Human Rights' Compilation Report*. Human Rights Liaison Unit Division of International Protection UNHCR December 2011.

255. United States. Department of Homeland Security. *Yearbook of Immigration Statistics: 2010*. Washington D. C.: US Department of Homeland Security. Office of Immigration Statistics. 2011.

256. United States. Department of Homeland Security. *Yearbook of Immigration Statistics: 2011*. Washington D. C.: US Department of Homeland Security. Office of Immigration Statistics. 2012.

257. United States. Department of Homeland Security. *Yearbook of Immigration Statistics: 2013*. Washington D. C.: US Department of Homeland Security. Office of Immigration Statistics. 2012.

258. Williams, Hazel. Paying the Way: *A Handbook on the Reception and Integration of Resettled Refugees*. International Catholic Migration Commission Europe. 2012.